Werner Führer
Gott und die Schrift Gottes
Gegenstand und Grundlage der christlichen Lehre

Band I: Die Erkennbarkeit Gottes
Band II: Gotteserkenntnis als Heilsgeschehen
Band III: Die Schrift Gottes

Werner Führer

Gott und die Schrift Gottes

Gegenstand und Grundlage der
christlichen Lehre

Band II:
Gotteserkenntnis als Heilsgeschehen

Vandenhoeck & Ruprecht

Bibliografische Information der Deutschen Bibliothek:
Die Deutsche Nationalbibliothek verzeichnet diese Publikation in
der Deutschen Nationalbibliografie; detaillierte bibliografische
Daten sind im Internet über https://dnb.de abrufbar.

© 2022 Vandenhoeck & Ruprecht, Theaterstraße 13,
D-37073 Göttingen,
ein Imprint der Brill-Gruppe
(Koninklijke Brill NV, Leiden, Niederlande; Brill USA Inc.,
Boston MA, USA; Brill Asia Pte Ltd, Singapore;
Brill Deutschland GmbH, Paderborn, Deutschland;
Brill Österreich GmbH, Wien, Österreich)
Koninklijke Brill NV umfasst die Imprints Brill, Brill Nijhoff,
Brill Hotei, Brill Schöningh, Brill Fink, Brill mentis,
Vandenhoeck & Ruprecht, Böhlau, Verlag Antike und
V&R unipress.

Alle Rechte vorbehalten. Das Werk und seine Teile sind
urheberrechtlich geschützt. Jede Verwertung in anderen als
den gesetzlich zugelassenen Fällen bedarf der vorherigen
schriftlichen Einwilligung des Verlages.

Druck und Bindung: Hubert & Co. BuchPartner, Göttingen
Printed in the EU

**Vandenhoeck & Ruprecht Verlage |
www.vandenhoeck-ruprecht-verlage.com**

ISBN 978-3-525-50358-4

Vorwort

Die Erkenntnis Gottes aus den Werken ist insofern keine Heilserkenntnis, als durch sie die Erinnerung an unwiederbringlich Verlorenes aktiviert wird. Heilserkenntnis im vollen Sinn des Wortes ist erst die Erkenntnis des dreieinigen Gottes. Das wird, in Anknüpfung an Bd. I über die Erkennbarkeit Gottes, in dem hier vorgelegten Bd. II auf biblischer Grundlage durch die theologische Interpretation des Glaubensbekenntnisses von Nicaea-Konstantinopel entfaltet und durch Luthers Katechismen überprüft und vertieft.

Bei der Interpretation setze ich den Wortbestand des Bekenntnisses zuerst in Beziehung zur biblischen Grundlage, ordne also die historische Fragestellung der theologischen Wahrheitsfrage unter. Dabei sind die Mehrfachbenennung von Bibelstellen und die Wiederholung von Sachaussagen unvermeidlich. Sie stehen im Zuge eines Verdichtungsprozesses, der in den Schlussthesen zum Abschluss gebracht wird.

Zu danken habe ich Herrn Pastor Dr. Klaus Zastrow, Bückeburg, Herrn Pastor Johann Hillermann, Berlin, Frau stud. theol. et phil. Lioba Fenske, Berlin, und Frau Bärbel Maus, Stadthagen. Mit Frau Maus verbindet mich nunmehr eine dreißigjährige gute Zusammenarbeit.

Die Benutzung seltener Quellen und Literatur hat mir die Staatsbibliothek Berlin ermöglicht. Dem Verlag Vandenhoeck & Ruprecht in Göttingen, insbesondere Herrn Dr. Izaak de Hulster, danke ich für reibungslose Kooperation.

Wolfenbüttel, im Advent 2021   Werner Führer

Inhalt

Biblische Grundlegung

Die Öffentlichkeitsbedeutung der Gotteserkenntnis nach Hosea 4,1–3	9
Die Unüberbietbarkeit der Erkenntnis Christi – Philipper 3,7–11	21
Die Erkenntnis der Herrlichkeit Gottes – 2. Korinther 4,6	64
Erkenntnis Gottes und ewiges Leben – Johannes 17,3	78

Bekenntnis- und Lehrbildung

Die Erkenntnis des dreieinigen Gottes nach dem Bekenntnis von Nicaea-Konstantinopel	105
Gotteserkenntnis und Heilserkenntnis bei Luther	197
Gotteserkenntnis – Sündenerkenntnis – Selbsterkenntnis	198
Die unbedingte Priorität Gottes	205
Der dreieinige Gott als Lebensgrund und Heil	212
Das erste Gebot	215
Exkurs: Unterrichtung über den Umgang mit Mose	218
Die Auslegung im Großen Katechismus	223
Der Glaube an den dreieinigen Gott nach dem Kleinen Katechismus	241
Der erste Artikel	242
Der zweite Artikel	253
Der dritte Artikel	302
Der Vollzug der Gottes- und Heilserkenntnis	338

Schluss

Zusammenfassende Thesen zur Erkenntnis Gottes 344

Biblische Grundlegung

Die Öffentlichkeitsbedeutung der Gotteserkenntnis nach Hosea 4,1–3

1.

„Ich bin für Ephraim wie ein Löwe ... Ich, ich zerreiße und gehe davon, schleppe fort, und niemand kann retten." (Hos 5,14; s.a. 13,7) Gott schlägt „drein durch die Propheten" (6,5), um das Gottesvolk mit der Unausweichlichkeit des Gerichts zu konfrontieren. Andererseits öffnet gerade der Prophet Hosea einen Blick auf die Glut der Liebe, die Gott zuinnerst erfüllt: „Mein Herz stürzt in mir um; mein Erbarmen ist mit Macht entbrannt" (11,8b).[1] Keiner zuvor hat „so von Gott zu reden gewagt"[2].

Das Wirken Hoseas, des einzigen Schriftpropheten aus dem Nordreich, beginnt vermutlich um 750 v.Chr. in der letzten Phase der Regierungszeit Jerobeams II. (787–747) und endet in der Zeit vor der Belagerung Samarias (um 725).[3] Als Ort seiner prophetischen Tätigkeit hat in erster Linie die Königsstadt Samaria zu gelten. Vor den Augen des Propheten hat sich die politische Auflösung des Nordreichs Israel von der letzten Blüte bis zum endgültigen Niedergang vollzogen.

---

[1] Gottes heilige Liebe ist Themaschwerpunkt des ganzen 11. Kap. Vgl. außerdem Hos 2,21 f.; 3,1; 9,15; 14,5.

[2] H. W. Wolff, Dodekapropheton 1: Hosea, BK XIV, 1, Neukirchen ^{4}1990, XVIII. S.a. G. v. Rad, Theologie des Alten Testaments, Bd. II, München ^{5}1968, 146 f.

[3] Vgl. Wolff, Hosea, XI f.; W. Rudolph, Hosea, KAT, Gütersloh 1966 / Berlin (DDR) 1971, 22–25. 36; Jörg Jeremias, Der Prophet Hosea, ATD 24, 1, Göttingen 1983, 17; ders., Hosea/Hoseabuch, TRE, Bd. 15, 1986, 586–598 (Lit.), 586 f.

2.

Hosea 4,1–3:

1 שִׁמְע֥וּ דְבַר־יְהוָ֖ה בְּנֵ֣י יִשְׂרָאֵ֑ל כִּ֣י רִ֤יב לַֽיהוָה֙ עִם־יוֹשְׁבֵ֣י הָאָ֔רֶץ כִּ֠י
אֵין־אֱמֶ֧ת וְאֵֽין־חֶ֛סֶד וְאֵֽין־דַּ֥עַת אֱלֹהִ֖ים בָּאָֽרֶץ׃
2 אָלֹ֣ה וְכַחֵ֔שׁ וְרָצֹ֥חַ וְגָנֹ֖ב וְנָאֹ֑ף פָּרָ֕צוּ וְדָמִ֥ים בְּדָמִ֖ים נָגָֽעוּ׃
3 עַל־כֵּ֣ן ׀ תֶּאֱבַ֣ל הָאָ֗רֶץ וְאֻמְלַל֙ כָּל־יוֹשֵׁ֣ב בָּ֔הּ בְּחַיַּ֥ת הַשָּׂדֶ֖ה וּבְע֣וֹף
הַשָּׁמָ֑יִם וְגַם־דְּגֵ֥י הַיָּ֖ם יֵאָסֵֽפוּ׃

1 Hört das Wort JHWHs, ihr Söhne Israels!
Denn JHWH hat einen Rechtsstreit mit den Bewohnern des Landes: Es gibt keine Zuverlässigkeit und keine Güte und keine Erkenntnis Gottes im Lande.
2 Verfluchen, Lügen, Morden, Stehlen und Ehebrechen haben sich ausgebreitet, und Blutschuld folgt auf Blutschuld.
3 Darum verdorrt das Land und schwindet alles dahin, was in ihm lebt, samt dem Getier des Feldes und den Vögeln des Himmels; sogar die Fische des Meeres verschwinden.

Dieses Gerichtswort bildet die Zusammenfassung der Anklage, die JHWH im Rechtsstreit mit seinem Volk gegen dieses erhebt. Es steht an der Spitze einer Sammlung von Prophetenworten, die sich von Hos 4,1–11,11 erstreckt und die gegen die Gottvergessenheit in Kult und Politik gerichtet ist. Mit großer Wahrscheinlichkeit gehört es in die Frühzeit der Verkündigung Hoseas wie auch die unmittelbar auf es folgenden Texte 4,4–19 und 5,1–7. Allerdings ist eine genauere chronologische Zuordnung nicht möglich, könnte die in 4,1 f. erhobene Anklage gegen Israel doch über allen Wirkungsperioden Hoseas stehen.

Das prophetische Gerichtswort ist durch den Rückgriff auf die Gattung der Anklagerede im Rechtsstreit geformt.[4] Es beginnt mit dem eindringlichen Appell an die Söhne Israels, auf das Wort JHWHs zu hören (4,1a); denn dieser hat Grund zur Klage gegen die Bewohner des Landes. Die Schuld, derentwegen sie angeklagt werden, wird mit drei zentralen Begriffen aus der

---

[4] Vgl. H. J. Boecker, Redeformen des Rechtslebens im Alten Testament, WMANT 14, Neukirchen ²1970, 149 ff.

Verkündigung Hoseas negativ als Mangel an Zuverlässigkeit, Güte und Gotteserkenntnis (4,1b) und positiv als Verfehlung gegen Grundgebote JHWHs (4,2) näher bestimmt. Dadurch sind die Grundlagen des Zusammenlebens in Israel zerstört worden, so dass sich Blutschuld an Blutschuld reiht. Die Folge davon ist, dass alles, was lebt, auch die Tiere und Vögel und selbst die Fische, in Mitleidenschaft gezogen und dahingerafft wird (4,3).

1 Zu Beginn werden die Adressaten zu gespanntester Aufmerksamkeit aufgefordert: „Hört ...!"[5] Angeredet werden sie mit dem „verpflichtenden Ehrentitel ‚Söhne Israels'"[6]. Auf was sollen sie hören? Das „Wort JHWHs".[7]

Die Constructus-Verbindung דְּבַר־יְהוָה *Wort JHWHs* bezeichnet in 225 von 242 Belegstellen der Biblia Hebraica „das von einem Propheten empfangene bzw. von ihm verkündete Gotteswort"[8]. Impliziert ist: Das *Wort JHWHs / Gottes* hat seinen Ursprung in Gott. Es ergeht an und durch einen Propheten zu einer bestimmten Zeit an einem bestimmten Ort. Es ergeht in gottheitlicher Freiheit und setzt durch das Wort des Propheten in Beziehung zu Gott selbst.

Das Gerichtswort beginnt mit dem Aufruf zum Prozess. Der Prophet redet von JHWH in der dritten Person[9] und verkündet, JHWH habe einen Rechtsstreit zu führen. ריב ist der „Streit" in außergerichtlichen Konflikten sowie der „Rechtsstreit" im Gerichtsverfahren.[10] Hosea dürfte hier wie in 2,4; 4,4 und 12,3 das Rechtsverfahren vor Augen gehabt haben, das im „Tor", bei der Enge der Gassen der einzige geräumige Platz, stattfand (s. 5. Mose 21,19; 22,15, 25,7; Am 5,10 ff. u.a.).[11] Die Vorstellung eines Rechtsstreites zwischen Gott und Volk gab es auch

---

[5] Außer Hos 4,1 noch 5,1. S.a. Joel 1,2; Am 3,1; 4,1; Mi 1,2; 3,1; 6,1; Jes 1,10; Jer 2,4 u.ö. Im Buch Hosea stehen Einleitungsformeln nur 4,1 und 1,1. Vgl. P. K. D. Neumann, Hört das Wort Jahwäs, Hamburg 1975.

[6] Rudolph, Hosea, 99.

[7] Lutherbibel: „des HERRN Wort" (1545; WA.DB 11 II, 189).

[8] O. Grether, Name und Wort Gottes im Alten Testament, BZAW 64, Gießen 1934, 75 f. S.a. E. Noort, Wort Gottes I, TRE, Bd. 36, 2004, 291–298, bes. 291.

[9] Zumeist ergeht das Wort in der ersten Person JHWHs (Hos 1,4 f.; 4,4 ff. u.a.; s. Wolff, Hosea (s. Anm. 2), XIV).

[10] HALAT, Bd. II, ³1995, 1143; THAT, Bd. II, ²1979, 771–777 (G. Liedke).

[11] Mit Wolff, Hosea, XIII. XV. 82 f.; vgl. Liedke, THAT II, 776.

außerhalb Israels; sie war in der Prophetie des 8. und 7. Jahrhunderts verbreitet.[12] Vorausgesetzt wird in dem prophetischen Gerichtswort: Gott ist der Kläger, aber zugleich der Richter.[13] Die Angeschuldigten sind die „Bewohner des Landes", des Landes, das ihnen von JHWH als Gabe übereignet worden ist (s. Hos 9,3 u.a.).

Der Prozess ist unumgänglich, weil das, was vorhanden sein sollte, nicht vorhanden ist, aber sichtbar geworden ist, was keinesfalls sein darf. So besteht der Schuldspruch in der Feststellung dessen, was da sein müsste, aber nicht da ist, anhand von drei Stichworten (4,1b), und in der Konstatierung der Übertretung von Grundgeboten Gottes durch die Auflistung konkreter Vergehen (4,2).

Mit einem Nominalsatz wird in Vers 1b unter dreimaliger Wiederholung von das Fehlen von Zuverlässigkeit, Güte [14]אֵין und Gotteserkenntnis festgestellt. Zuerst genannt wird אֱמֶת *Festigkeit / Zuverlässigkeit, Beständigkeit / Dauer, Treue, Wahrheit*.[15] Gemeint ist die Verlässlichkeit im Verhalten, Reden und Handeln. Dabei ist an das Sozialverhalten der Israeliten untereinander gedacht, das, wie aus dem dritten Stichwort hervorgeht, in dem Gottesverhältnis verwurzelt ist.

Außerdem fehlt חֶסֶד *Gemeinschaftspflicht, Treue, Güte*.[16] Gemeint ist hier ein Verhalten, das gegenseitiger Verbundenheit in Güte und Liebe entspricht. Doch solidarisches Verhalten, das in Güte und Liebe gründet, gibt es im Lande nicht, weil es keine Güte und Liebe gibt, die in der Gotteserkenntnis verwurzelt wäre.

Schließlich – und das ist der grundlegende Mangel – gibt es keine דַּעַת אֱלֹהִים, kein *Wissen um Gott*, keine *Erkenntnis Gottes*.[17] Selbstverständlich ist nicht an einen Mangel gedacht, der durch

---

[12] Vgl. Jes 3,13 ff.; 5,3; 27,8; Mi 6,2; Jer 2,9 u.a. Zu Deuterojesaja s. J. Begrich, Studien zu Deuterojesaja, hg.v. W. Zimmerli, TB 20, München 1969, 26–48.

[13] Vgl. Boecker, Redeformen (s. Anm. 4), 87 ff. 132.

[14] In Hos 3,4 kommt אֵין sogar fünfmal vor. Die Wiederholung ist ein Stilmittel (s. Wolff, Hosea, XVII).

[15] HALAT, Bd. I, ³1995, 66 f. S.a. THAT, Bd. I, ³1978, 177 ff., bes. 201–209 (H. Wildberger).

[16] HALAT I, 323. Zu den Belegen bei Hosea s.a. H. J. Stoebe, חֶסֶד, THAT, Bd. I, 1978, 600–621, 613–615.

[17] HALAT I, 229.

durch philosophische Erkenntnistheorie zu beheben wäre. In Israel gilt: Gott, der Schöpfer, wird *allgemein* aus den Werken der Schöpfung erkannt und *besonders* aus seiner Offenbarung in Israel. Letztere hat Hosea im Blick. Gottes Offenbarung gründet sich auf sein befreiendes Handeln in der Geschichte und verdichtet sich in der Tora, die er Israel gegeben hat. Denn Israels Existenz beruht auf den Geschichtstaten JHWHs, und zwar auf diesen „vom Land Ägypten her": „Ich bin JHWH, dein Gott, vom Land Ägypten her; du kennst keinen Gott neben mir, es gibt keinen Helfer (Luther: „Heiland") als allein mich." (Hos 13,4) Wie bei der Präambel des Dekalogs und dem ersten Gebot (2. Mose 20,2 f.) ist Hos 13,4 das Wissen um Gott und das Ausschließlichkeitsgebot auf Gottes Geschichtshandeln gegründet.

Die Erkenntnis Gottes / JHWHs ist ein Leitbegriff in der Verkündigung Hoseas. Neben Hos 4,1 und 13,4 findet er sich in einer Vielzahl von Belegen.[18] Daraus seien zwei hervorgehoben. In Hos 4,6 wird der Begriff parallel zu Tora gebraucht: „Mein Volk ist dahin, weil ihm die Erkenntnis fehlt. Denn du hast die Erkenntnis verworfen; darum will ich dich auch verwerfen, dass du nicht mehr mein Priester sein sollst. Du vergisst die Weisung deines Gottes; darum werde ich auch deine Söhne vergessen." Das Vergessen der Erkenntnis ist gleichbedeutend mit dem Vergessen der Tora, und das Vergessen der Tora wiederum beruht auf dem Vergessen dessen, was JHWH für Israel getan hat und tut, nämlich die Befreiung aus Ägypten (Hos 11,1), die Erziehung und Durchhilfe (11,3) sowie die Gewährung von Lebensgütern (2,10). Die Erkenntnis Gottes gründet nach Hosea also in der Anerkennung der unbedingten Priorität Gottes (JHWHs), der befreiend an Israel gehandelt hat und die Lebensgüter in dem von ihm geschenkten Land gewährt. Auf dieses Handeln ist wiederum die Tora gegründet: Erkenntnis Gottes erwächst daher aus der Hinwendung zur Tora und dem Geltenlassen der Tora, die ihrerseits auf die Erkenntnis Gottes ausgerichtet ist.

---

[18] Vgl. Hos 2,10; 2,22; 4,6; 5,4; 6,3; 6,6; 10,12 u.a. und dazu H. W. Wolff, „Wissen um Gott" bei Hosea als Urform von Theologie, 1953, in: ders., Gesammelte Studien zum Alten Testament, TB 22, München 1964, 182–205. Vgl. aus neuerer Perspektive R. Kratz, Erkenntnis Gottes im Hoseabuch, ZThK 94 (1997), 1–24; R. Feldmeier / H. Spieckermann, Der Gott der Lebendigen. Eine biblische Gotteslehre, Tübingen ³2020, 2 ff.

Der andere Beleg, der hier noch angeführt werden soll, ist Hos 6,6: „Denn ich habe Gefallen an der Güte, aber nicht am Schlachtopfer, und an der Erkenntnis Gottes mehr als an Brandopfern."[19] Während 4,6 „Erkenntnis" zweimal absolut gebraucht wird, steht 6,6 „Erkenntnis Gottes" wie 4,1b. 6,6 bildet eine zentrale, abschließende Aussage ab. Der Kontext wird wie bei 4,6 durch die prophetische Kritik am Kultus und an den Priestern bestimmt. Sie wurde vor dem Hintergrund geübt, dass die Hauptaufgabe der Priester die Unterweisung des Volkes in der „Erkenntnis Gottes" und der „Lehre" war. Aber die Erkenntnis wurde verworfen (4,6a), die Lehre wurde vergessen (4,6b) und die Weisungen fielen der Verachtung anheim (8,12). An ihre Stelle trat die Förderung des Opferkultes mit der Vermehrung von Opfern (5,6), von Altären (8,11; 10,1) und von Priestern (4,7 f.). „Hurengeist"[20] bestimmte den Gottesdienst (4,11–14). Das führte dazu, „dass sie JHWH nicht kennen" (5,4). Dass es keine Erkenntnis Gottes im Lande gibt (4,1), das ist also die Schuld der Priester, mit denen der Prophet deshalb schonungslos ins Gericht geht (4,4). Doch sie nehmen nicht nur ihre eigentliche Aufgabe nicht wahr, sie lauern sogar wie Räuber auf und morden (6,9).

2 Worin die Schuld positiv besteht und sichtbar in Erscheinung getreten ist, wird in V. 2 ausgeführt. Mit fünf absoluten Infinitiven werden fünf Vergehen bezeichnet, die gegen das apodiktische Recht verstoßen.[21] Die fünf angeführten Rechtsfälle entsprechen Verboten aus dem Dekalog. Sie werden in eigener Anordnung – ähnlich wie in Jer 7,9 – dargeboten, bezogen auf die Stichworte in V. 1: Verfluchen und Lügen untergraben die „Zuverlässigkeit"; Morden, Stehlen und Ehebrechen heben jede Verbundenheit, die auf „Güte" beruht, auf und zerstören die Gemeinschaft.

---

[19] Aufgenommen in Mt 9,13; 12,7; s.a. Mk 12,33.
[20] Das ist der „Zentralbegriff hoseanischer Kultkritik" (Jeremias, Hosea, TRE 15, 588, 40).
[21] Vgl. dazu A. Alt, Die Ursprünge des israelitischen Rechts, 1934, in: ders., Grundfragen der Geschichte des Volkes Israel, hg.v. S. Herrmann, München 1970, 203–257, bes. 242 mit Anm. 1.

אלה *über jemand eine Verfluchung aussprechen*,[22] und zwar unter Ausrufung des Namens Gottes (s. Ri 17,2 u.a.). Dadurch wird der Name Gottes missbraucht (III. Gebot [II. nach luth. Zählung]; 2. Mose 20,7). In ungerechtfertigtem Fluchen erfolgt „der Bruch der Grundordnungen des Dekalogs"[23]. Luther hat das bei der Erklärung des zweiten Gebotes direkt angesprochen: „Wir sollen ... bei seinem Namen nicht fluchen, schwören, zaubern, lügen oder trügen ..."[24]

כחש *lügen, täuschen* steht im Bezugsfeld des neunten Gebotes, das die falsche Zeugenaussage unter das Verbot Gottes stellt (2. Mose 20,16). Neben der Rechtsprechung ist es der Handel, aber gewiss auch der tägliche Umgang miteinander, in dem Lüge und Täuschung ihre zerstörerische Wirkung entfalten. Gott sieht auf Wahrhaftigkeit (Jer 5,3). Ohne sie breitet sich Gemeinheit in allen Lebensbereichen aus (s. Hos 7,3; 10,13; 12,1.8 u.a.).

רצח *töten, morden* wird im sechsten Gebot apodiktisch verboten (2. Mose 20,13). Gott stellt das Leben aller Menschen unter seinen Schutz. Die Verfügungsgewalt über das Leben anderer Menschen, wie sie in vorsätzlichem Mord zur Ausführung kommt, steht keinem Menschen zu.

גנב *stehlen*, im achten Gebot apodiktisch verboten (2. Mose 20,15), wird ebenfalls als ein todeswürdiges Vergehen angesehen (2. Mose 21,16). Dass hier Menschendiebstahl als totale Freiheitsberaubung eingeschlossen ist,[25] ist zwar möglich, lässt sich aber aus Hos 4,2 nicht erhärten.[26] Das Gebot ist allgemein als gegen Diebstahl gerichtet aufzufassen. Diebstahl ist nach Luther „das gemeinste handwerck und die groste zunfft auff erden"[27].

נאף *ehebrechen* bezeichnet den Einbruch des Mannes in eine fremde Ehe sowie den Einbruch einer Frau, wenn sie die Ehe, die sie eingegangen ist, bricht (s. 3. Mose 20,10). Auch das Ehebruchsverbot gehört zum apodiktischen Recht (VII. Gebot;

---

[22] Vgl. HALAT I, 50.
[23] W. Zimmerli, Das Gesetz im Alten Testament, in: ders., Gottes Offenbarung, TB 19, München ²1969, 249–276, 271 (mit Bezug auf Hos 4,2).
[24] KlKat, 1529; WA 30 I, 243 f. (EG 806.1).
[25] So Wolff, Hosea (s. Anm. 2), 85, unter Bezugnahme auf A. Alt.
[26] Mit Rudolph, Hosea (s. Anm. 3), 100, Anm. 7.
[27] GrKat, 1529; WA 30 I, 165, 8 f.

2. Mose 20,14). Niemandem wird von Gott die eigenmächtige Verfügungsgewalt über die menschliche Grundbeziehung eingeräumt. Wie es um das Nordreich Israel im 8. Jahrhundert v.Chr. unter der Perspektive des siebten Gebotes bestellt war, lässt sich Hos 1,2; 2,4; 3,1; 4,10; 4,13 f. und 7,4 entnehmen.

Prädikat zu den fünf Infinitiven ist פָּרָצוּ (*sich ausbreiten*).[28] Lügen, Stehlen und Ehebrechen hat es immer wieder gegeben, wohl auch Verfluchen und Morden, aber als Ausnahmen von der Regel. Hier aber stellt der Prophet fest, dass die Ausnahmen zur Regel geworden sind: Taten des Unrechts und der Gewalt haben sich epidemisch im Land[29] ausgebreitet. Es sind nicht die desolaten politischen Verhältnisse, auf die sich das zurückführen lässt.[30] Es sind die „Bewohner des Landes", die diese von dem Ungeist der Gewaltsamkeit verseuchte Atmosphäre erzeugen.

In dem Schlusssatz von V. 2 klagt der Prophet, Blutschuld reihe sich an Blutschuld. Blutschuld entsteht durch eigenmächtiges Vergießen von Menschenblut (1. Mose 9,6), also durch Totschlag und Mord.[31] Wird – bei einem Grenzfall – ein Dieb ergriffen und geschlagen, dass er stirbt, liegt keine Blutschuld vor, es sei denn die Sonne war schon aufgegangen, so dass alles sichtbar war; dann „liegt Blutschuld vor" (2. Mose 22,1 f.). David lobt Gott, dass er ihm Abigajil entgegengesandt hat, die ihn vor der Tötung Nabals und damit vor Blutschuld bewahrt hat (1. Sam 25,32 f.). Die Bitte um Erlass von Blutschuld ist Bestandteil des Bußgebets (Ps 51,16). Dass Blutschuld auf Blutschuld folgt, ist ein Indiz für die ungeheure Verrohung des Landes (s. außer Hos 4,2 auch 1,4 und 6,8).

3 Mit עַל־כֵּן wird keine Strafandrohung, sondern eine Straffeststellung eingeführt. So wird 1. Mose 2,24 mit עַל־כֵּן nicht angedroht, dass ein Mann seinen Vater und seine Mutter verlassen wird, sondern festgestellt: „Darum wird ein Mann seinen Vater

---

[28] HALAT II, 914.
[29] Die Septuaginta gibt die Stelle mit κέχυται ἐπὶ τῆς γῆς wieder. בָּאָרֶץ *im Land* wäre also einzufügen (mit Rudolph, Hosea (s. Anm. 3), 96).
[30] Mit Recht hebt A. Weiser hervor, der Prophet rede „hier nicht von der politischen Anarchie" (Hosea, ATD 24, Göttingen ³1959, 42).
[31] „Raufhändel" und „Körperverletzung" führen noch nicht zu Blutschuld (gegen Rudolph, Hosea (s. Anm. 3), 101).

und seine Mutter verlassen ..." Genauso ist auch Hos 4,3; 4,13; 6,5 und 13,6 aufzufassen.[32] 4,3 ist nicht zu übersetzen: „Darum soll das Land verdorren ..."[33], sondern: „Darum verdorrt das Land ..." Auch Hos 4,13; 6,5 und 13,6 ist עַל־כֵּן nicht im Sinne einer Androhung, sondern vielmehr im Sinne einer Feststellung zu übersetzen.

Die Folge der eklatanten Verstöße gegen Grundgebote JHWHs ist, dass das heilige Land austrocknet und verdorrt,[34] also von einer schweren Dürre heimgesucht wird. Alles, was auf ihm lebt, schwindet dahin[35]: die Bewohner des Landes (4,1) mitsamt „dem Getier des Feldes", dem Wild, „und den Vögeln des Himmels"; „sogar die Fische des Meeres verschwinden"[36].

Nach der prophetischen Botschaft ist es Gott selbst, der das Land davor bewahrt, dass es nicht zur Wüste und zum dürren Land wird (Hos 1,5). Aber die Landesbewohner wollen nicht erkennen, dass er es ist, der ihnen Korn, Wein und Öl gibt (2,10). Deshalb liegt über ihnen die Ankündigung: „Ich will eine Wildnis aus ihnen machen" (2,14). Er bestimmt über das Zusammenleben von Bevölkerung und Tierwelt (2,20). Die katastrophale Dürre, von der 4,3 die Rede ist, ist von ihm verfügt.[37]

Hosea denkt von der Einheit der gesamten Schöpfung aus. Diese Einheit liegt in Gott dem Schöpfer selbst begründet und spiegelt sich in der Einheit von Schöpfung und Gesetz wider (s. Ps 19). Wird dem Willen Gottes durch die mutwillige Übertretung seiner Gebote zuwider gehandelt, wie es der Schuldspruch Hos 4,2 feststellt, dann zieht das die Schöpfung in Mitleidenschaft (4,3; s.a. 1. Mose 3,17 f.; Röm 8,19 ff.), und diese kann

---

[32] Mit Rudolph, Hosea, 101.
[33] So Wolff, Hosea (s. Anm. 2), 81. Wolff erklärt Hos 4,3 S. 86 unter Bezugnahme auf K. Koch, Gibt es ein Vergeltungsdogma im AT ?, ZThK 52 (1955), 1–42. Ich halte diese Erklärung mit Rudolph für abwegig.
[34] Hos 4,3: אבל *austrocknen* (HALAT I, 7).
[35] Hos 4,3: אמל *dahinschwinden* (HALAT I, 61).
[36] Hos 4,3: אסף *weggenommen* werden (HALAT I, 72), *verschwinden* (Hebräisches und aramäisches Wörterbuch zum Alten Testament, hg.v. G. Fohrer u.a., Berlin / New York ²1989, 19).
[37] Angesichts dieses Befundes ist es ganz abwegig, in Hos 4,3 einen ergänzenden Zusatz aus späterer Zeit zu sehen (so z.B. G. Fohrer, Die Propheten des Alten Testaments, Bd. 1: Die Propheten des 8. Jahrhunderts, Gütersloh 1974, 71, Anm. 22; u.a.). Dagegen mit Recht Rudolph, Hosea (s. Anm. 3), 102, Anm. 12.

den Bewohnern des Landes daraufhin den Dienst versagen. Aber das beruht nicht auf einem Automatismus; es ist Gott, der das verfügt, der eine katastrophale Dürre über das Land heraufführt.

3.

Was Hosea zu sagen hat, ist nicht sein Wort, sondern Wort Gottes.[38] Dieses zu übermitteln, darauf kam es ihm selbst, den Redaktoren und den Herausgebern des prophetischen Buches an. Mit dem Wort Gottes ist die Notwendigkeit der Unterscheidung dieses Wortes von allen anderen Worten gegeben. Diese Unterscheidung impliziert: Das Wort Gottes hat seinen Ursprung in Gott selbst. Es ist an Gottes Volk gerichtete Anrede. Es ist von unverwechselbarem Inhalt, der sich zu einem Urteil verdichtet, das Gott ausspricht und das vor Gott gilt. Auf dieses Urteil ist zu hören, zunächst von denen, an die es gerichtet ist, den „Söhnen Israels" zur Zeit des Propheten, sodann zeitübergreifend von dem Volk Gottes, weil es „bewährtes Wort des Herrn der Geschichte (ist)"[39].

Der Hauptpunkt der Anklage Gottes gegen sein Volk ist, dass es keine Erkenntnis Gottes im Lande gibt (Hos 4,1b). Aus dem Zusammenhang von 4,1b und 4,2 ergibt sich unzweideutig: Gott erkennen heißt: Gottes Willen erkennen und ihn tun. Für hochfliegende Spekulationen ist bei Hosea kein Raum. Gotteserkenntnis erwächst für ihn vielmehr aus dem Israel offenbarten Willen Gottes. Unbegreiflicherweise aber hat Israel diese Erkenntnis verworfen (4,6). Statt zur Offenbarung und dem Einen Gott, den sie bezeugt, hat sich Israel dem Kultus zugewandt und diesen mit großem Aufwand intensiviert (s. 5,6; 8,11; 10,1 u.a.). Dadurch ist das, was an die Stelle des offenbarten Wissens um Gott getreten ist und was nun zu Gott führen soll, unter der Hand

---

[38] Hos 1,1a; 4,1a: „Wort JHWHs" (s.o. Anm. 8) meint 1,1 nicht nur „den prophetischen Einzelspruch, sondern die prophetische Gesamterfahrung" (Wolff, Hosea (s. Anm. 2), 2) und ist „als Überschrift zum ganzen Hosea-Buch gedacht" (Weiser, Hosea (s. Anm. 30), 15). Mit der Formel „Wort JHWHs" ist ein Anspruch zum Ausdruck gebracht, den der Prophet zur Legitimation seiner Verkündigung selbst erhoben hat und der in der vorliegenden Form auf deuteronomistischer Bearbeitung beruht (s. Wolff, ebd.).
[39] Wolff, Hosea, 5.

zu dem geworden, was Gott zugedeckt und unkenntlich gemacht hat.

Der Verdunklung und Verunehrung Gottes durch die Ausweitung des Opferkultes ist mit Hos 4,1–3 in stichwortartiger Kürze die nüchterne prophetische Botschaft entgegengestellt, aus der sich ergibt, wer Gott ist. Denn das, was die drei Verse über Gott bezeugen, ist klar: Gott erweist seine Gottheit darin, dass er das Richteramt wahrnimmt. Er überführt die Bewohner des Landes des Unrechts, indem er ihre Taten des Unrechts benennt und verurteilt. Daraus wird deutlich, dass er das Recht liebt und das Unrecht hasst (s. Jes 61,8) und dass er dem Bösen gegenüber unnachgiebig ist. Er legt die Tat- und Straffolge fest und verhängt eine katastrophale Dürre über das Land, so dass dahinschwindet, was lebt: die Bewohner des Landes, die Tierwelt und selbst – darin über die Sintflut hinausgehend (s. 1. Mose 7,21–23) – die Fische des Meeres. Gott erweist sich dadurch als der Allmächtige, der das Schicksal aller Geschöpfe wirkt. Er ist der, der das letzte Wort spricht und dessen Urteil Rechtskraft besitzt. Gott schafft und erhält oder lässt vergehen, was er verurteilt, indem er alles lenkt. Er lenkt jedoch nicht wie Geschöpfe lenken, etwa ein Reiter sein Pferd, sondern gottheitlich: „Wenn er spricht, so geschieht's" (Ps 33,9). Gott ist also der unvergleichlich Wirksame. Ihm gehört die ganze Erde (Ps 24,1), aber allein Israel hat er seinen Namen offenbart: „JHWH ist der Gott der Heerscharen, / JHWH ist sein Rufname!" (Hos 12,6)[40]

Ist Gott der Eine, der alles schafft, was ist, und es nach seinem Willen erhält und lenkt, dann ist die Erkenntnis Gottes durch die Erkenntnis seines Willens der sachgerechte Weg. Die Gesamtheit und Einheit seiner Willenskundgabe bildet der Dekalog ab, dessen Inbegriff das erste Gebot ist (s. Hos 13,4).[41] Aber die Erkenntnis Gottes durch die Erkenntnis seines Willens führt nicht zum Ziel, weil der konkrete Ungehorsam, wie er im Verfluchen, Lügen, Morden, Stehlen und Ehebrechen offenbar wird, den Zugang zu Gott versperrt und den sündigen Menschen in der Verkehrtheit seines Wesens festhält.

---

[40] Luther 1545: „der HERR ist der Gott Zebaoth / HERR ist sein Name."

[41] Vgl. dazu H. Gese, Das Gesetz, in: ders., Zur biblischen Theologie, Tübingen ³1989, 55–84, 60.

Kann es ein gedeihliches Zusammenleben ohne Zuverlässigkeit und Güte nicht geben, dann hat deren Fehlen für Hosea seinen tieferen Grund darin, dass die Erkenntnis Gottes fehlt. Der Prophet redet häufiger von dem „kultischen Abfall Israels zu den Baalen"[42] als von den unsozialen Zuständen im Land. Diese sind schlimm, aber dass Verfluchen, Lügen, Morden, Stehlen und Ehebrechen das Land überziehen, hat seinen letzten und eigentlichen Grund in dem Abfall von Gott und in der leichtfertigen Preisgabe der Erkenntnis Gottes. Diese erwächst aus dem offenbarten „Wissen um Gott".[43] Mit diesem Wissen, das lehrbar und lernbar ist und das auf die Erkenntnis Gottes hinzielt,[44] steht und fällt das Volk Israel. Alle anderen Mängel sind behebbar, an dem Vergessen der „Lehre" (Hos 4,6) und damit an der Preisgabe der Gotteserkenntnis scheitert das Volk Gottes. „Gotteserkenntnis ist nicht Privatsache, sondern von einer Öffentlichkeitsbedeutung unabsehbaren Ausmaßes."[45]

---

[42] H. D. Preuß, Theologie des Alten Testaments, Bd. 2: Israels Weg mit JHWH, Stuttgart 1992, 95. Nachweise ebd. Anm. 152.
[43] Ich nehme diesen Begriff von Wolff (s.o. Anm. 18) auf.
[44] Insofern ist die „Gotteserkenntnis ... also etwas, das gelehrt und gelernt werden muß" (R. Rendtorff, Theologie des Alten Testaments, Bd. 2, Neukirchen 2001, 180).
[45] H. W. Wolff, Die Hochzeit der Hure. Hosea heute, München 1979, 83.

Die Unüberbietbarkeit der Erkenntnis Christi – Philipper 3,7–11

1.

Phil 3,8 spricht der Apostel Paulus von der unüberbietbar großen Erkenntnis des Christus Jesus. Um ihretwillen ist er, tief jüdisch geprägt, bereit, die Vorzüge seiner Herkunft aus dem Judentum und seiner Zugehörigkeit zu den Pharisäern aufzugeben (3,3 ff.). Er führt dies in der Sprache der Rechtfertigung aus. Es dient zur Verteidigung und Bekräftigung des Evangeliums (1,7).

In Philippi, einer römischen Kolonie (Apg 16,12) im Osten von Mazedonien, ist auf der zweiten Missionsreise um 49/50 n.Chr. die erste christliche Gemeinde auf europäischem Boden gegründet worden (Apg 16,11–40)[1]. Sie bestand mehrheitlich aus Heidenchristen, wie man aus den Namen erschließen kann (Phil 2,25; 4,2 f. u.a.), aber auch Judenchristen (s. Apg 16,13) und „Gottesfürchtige" (Apg 16,14) gehörten ihr an. Als Versammlungsstätte diente wohl das Haus der Lydia, einer Erstbekehrten (Apg 16,15). Paulus stand in einem so herzlichen Vertrauensverhältnis zu dieser Gemeinde wie zu keiner anderen (s. bes. Phil 4,15 ff.). Mehrere Male hat er sie besucht (s. Apg 20,2.6).

In dem Brief an die Philipper sind theologische Ausführungen und persönliche Angelegenheiten, die sowohl den Apostel als auch die Gemeinde betreffen, auf eigentümliche Weise ineinander verflochten. Er ist durchaus ein apostolisches Schreiben, aber in dem Grundton der Freundschaft geschrieben.[2] Paulus hat die Philipper in seinem Herzen (1,7) und verlangt von Herzensgrund nach ihnen (1,8); die Philipper nehmen umgekehrt Anteil an seiner Gefangenschaft (1,7). An der Gefangenschaft wird die

---

[1] Vgl. P. Pilhofer, Philippi, Bd. I, WUNT 87, Tübingen 1995, 229 ff.; L. Bormann, Philippi, NT. S 78, Leiden 1995, 87 ff.

[2] Nach P. Wick, Der Philipperbrief, BWANT 135, Stuttgart 1994, 152 ff. vereint der Phil mehrere epistolographische Möglichkeiten der Antike in sich, darunter den Freundschaftsbrief.

Paradoxie des Apostolats und des Christseins offenbar; denn sie beeinträchtigt das Evangelium nicht, sondern dient vielmehr zu dessen Verteidigung und Bekräftigung (1,7).

Das Ineinander von theologischen Ausführungen, Ermahnungen und persönlichen Anliegen, soweit sie die Gemeinde betreffen, spricht nicht gegen, sondern vielmehr mit Nachdruck für die literarische Einheitlichkeit des Phil.[3] Insbesondere mit dem Umschwung zwischen Phil 3,1 und 3,2 hat man die Uneinheitlichkeit des Phil zu begründen versucht.[4] Aber die Sachargumentation des Paulus gibt dazu keinen Anlass. Das in Christus heraufgeführte endzeitliche Heil, verkündigt durch das Evangelium, an dem alle teilhaben (1,5), besungen im Christushymnus (2,6–11), erhebt den Widerspruch gegen die "Arbeiter" (3,2), die sich auf „Fleisch" verlassen (3,3 f.), zur unbedingten sachlichen Notwendigkeit, geht doch der Heilsfreude (3,1) verlustig, wer neben Christus das Gesetz und die Beschneidung setzt und damit die Exklusivität des Heils in Christus untergräbt. Die Abgrenzung gegen Verkündiger, die das Evangelium missbrauchen und verfälschen, durchzieht den Phil wie ein roter Faden: 3,2 ff. setzt 1,15 ff. und 2,21 ff. voraus, so sehr sich beide Stellen auch von 3,2 ff. unterscheiden, findet eine Fortsetzung in 3,18 ff. und den Schlusspunkt erst in 4,1. Alle Abschnitte des Briefes sind miteinander verflochten. Der Phil ist ein einheitlich verfasster Brief des Apostels Paulus.[5]

Nach der traditionellen Auffassung ist der Phil während der Haftzeit des Paulus in Rom um 60 n.Chr. geschrieben worden.[6] Aber gegen Rom als Abfassungsort spricht schon das Präskript. Es ist in der Forschung nicht genügend beachtet worden, dass der in Phil 1,1 als Mitabsender genannte Timotheus zwar die Christen in Rom von Korinth aus grüßen lässt (Röm 16,21), als Paulus dort den Brief an die Römer schreibt, dass Timotheus

---

[3] Zum Stand der Forschung vgl. B. Mengel, Studien zum Philipperbrief, WUNT II, 8, Tübingen 1982, 82 ff.; Wick, Phil. (s. Anm. 2), bes. 20 (tabellarische Übersicht); H. Balz, Philipperbrief, TRE, Bd. 26, 1996, 504–513, 507; U. Schnelle, Einleitung in das Neue Testament, Göttingen [8]2013, 165 ff.

[4] Exemplarisch ist J. Becker, Paulus. Der Apostel der Völker, Tübingen [2]1992, 325 ff.

[5] Mit Schnelle, Einl. NT, 168; u.a.

[6] Neuerdings wieder vertreten von Schnelle, Einl. NT, 159–163. Ähnlich argumentiert J. Roloff, Einführung in das Neue Testament, Stuttgart 1995, 139 ff.

aber selbst wohl niemals in Rom war. Aus keinem der 24 neutestamentlichen Belege, in denen Timotheus erwähnt wird, lässt sich entnehmen, dass er je in Rom gewesen wäre oder gar in Rom gewirkt hätte. Auch die altkirchliche Überlieferung sagt darüber nichts; nach ihr war Timotheus später Bischof von Ephesus.[7] Nach diesem Befund scheidet Rom als Abfassungsort des Phil aus. Dagegen sprechen aber noch weitere Gründe. Zwei seien hier genannt. Auch von Epaphroditus ist nicht anzunehmen, dass er Paulus von Philippi aus in Rom besucht hat, um ihm die Haft zu erleichtern, die in Rom nicht schwer gewesen sein kann, da sie Paulus in der eigenen Wohnung verbringen konnte (Apg 28,30). Schließlich benötigte man für die Reise von Philippi nach Rom auf dem Landweg auf der *Via Egnatia* etwa vier Wochen. Epaphroditus dürfte so wenig in Rom gewesen sein wie Timotheus. Der zweite Grund, der hier noch angeführt werden soll, ist, dass Paulus, als er den Brief an die Römer schrieb, die Missionsarbeit im Osten für abgeschlossen hielt (Röm 15,19) und dass er von Rom aus nach Spanien reisen wollte (Röm 15,24). Dazu passt nicht die Ankündigung des Paulus in Phil 2,24 (s.a. 1,25), er selbst werde bald nach Philippi kommen, nachdem er Timotheus gesandt habe (2,19−23). Rom kommt als Abfassungsort des Phil nicht in Betracht.

Was Caesarea als Abfassungsort betrifft,[8] so gehört Timotheus zwar zum Gefolge, das Paulus auf seiner letzten Reise nach Jerusalem begleitet (Apg 20,4), aber Lukas erwähnt ihn danach nicht mehr, so dass von einem Aufenthalt des Timotheus in Caesarea nichts bekannt ist. Für Epaphroditus wäre die Entfernung von Philippi nach Caesarea nicht geringer gewesen als die nach Rom. In Caesarea stand Paulus nicht in Todesgefahr, sondern wurde in leichtem Gewahrsam gehalten (Apg 24,23). Paulus hatte sich außerdem auf den Kaiser berufen (Apg 25,9−12) und rechnete mit seiner Überführung nach Rom (Apg 26,32; 27,1 ff.). Unter diesen Umständen konnte er sich keine

---

[7] Eusebius von Caesarea, Hist eccl III, 4, 5. Deutsche Ausgabe: Eusebius von Caesarea, Kirchengeschichte, hg.v. H. Kraft, Darmstadt ³1989, S. 153.

[8] Vertreten von E. Lohmeyer, Der Brief an die Philipper, KEK 9, 1, Göttingen ⁷1974, 3 f.; u.a.

Reise nach Philippi vornehmen (Phil 1,25; 2,24). Es ist ganz unwahrscheinlich, dass der Phil in Caesarea geschrieben wurde.

Wo Paulus den Phil verfasst hat, ist unbekannt. Kein Zweifel kann aber darüber bestehen, dass der Brief in den mazedonisch-kleinasiatischen Kontext hineingehört. Nach 1. Kor 15,32 (s.a. 4,9) war Paulus in Ephesus in Todesgefahr; nach 2. Kor 1,8 f. (s.a. 11,23 f.) in der „Provinz Asien", deren Hauptstadt Ephesus war. Das dürfte Gefangenschaft eingeschlossen haben. Diese ist am ehesten für Ephesus anzunehmen; zu Ephesus würde auch die Erwähnung des „Prätoriums" (Phil 1,13; s.a. 4,22) passen. Für die Abfassung des Phil in Ephesus spricht daher die größte Wahrscheinlichkeit.[9]

Wurde der Phil in Ephesus abgefasst, wo Paulus zwei Jahre gelehrt und verkündigt hat (Apg 19,9 f.), dann ist das vermutlich während der in 2. Kor. 1,8 genannten „Bedrängnis" geschehen, die so schwer war, „dass wir am Leben verzagten", und zwar an deren Ende, drückt der Apostel doch Phil 1,15; 2,24 schon wieder die Zuversicht aus, dass er sie überstehen wird. Da die Kollekte für Jerusalem im Phil keine Rolle spielt, muss man annehmen, dass der Brief vor der freiwilligen Sammlung der mazedonischen Gemeinden (2. Kor 8,1 f.; 9,2−4) geschrieben wurde, also höchstwahrscheinlich im Jahr 55 n.Chr.[10]

Der Phil, insbesondere 3,2 ff., setzt den Gal voraus,[11] ist aber vor dem Röm geschrieben worden,[12] etwa gleichzeitig mit dem

---

[9] Mit G. Barth, Der Brief an die Philipper, ZBK.NT 9, Zürich 1979, 8 f.; J. Gnilka, Der Philipperbrief, HThK X, 3, Freiburg/Br. ³1980, 199; W. Schenk, Philipperbriefe des Paulus, Stuttgart 1984, 338; U. B. Müller, Der Brief des Paulus an die Philipper, ThHK 11, 1, Leipzig 1993 (²2002), 15 ff.; Balz, TRE 26 (s. Anm. 3), 508; N. Walter, Der Brief an die Philipper, NTD 8, 2, Göttingen 1998, 17; J. Reumann, Philipperbrief, RGG, Bd. 6, ⁴2003, 1271−1274; ders., Philippians, AncB 33 B, New Haven, 2008, 14; C. B. Cousar, Philippians and Philemon, NTL, Chicago 2009, 10. Grundlegend war: A. Deißmann, Zur ephesinischen Gefangenschaft des Apostels Paulus, in: Anatolian Studies. FS W. M. Ramsay, hg.v. W. H. Buckler / W. M. Calder, Manchester 1923, 121−127.

[10] Vgl. Müller, Phil., 21 f.; Balz, TRE 26, 508, 45 ff.

[11] Der Gal „dürfte auch in die ephesinische Zeit gehören, allerdings noch vor der ‚Bedrängnis' in der Asia (2. Kor. 1,8) geschrieben sein" (Müller, Phil., 23).

[12] Ich datiere den Röm auf 56 n.Chr., diktiert von Paulus in Korinth. Vgl. H. Balz, Römerbrief, TRE, Bd. 29, 1998, 291−311, 295; M. Wolter, Der Brief an die Römer I: Röm 1−8, EKK VI, 1, Neukirchen 2014, 30.

Brief an Philemon, der ebenfalls nach Ephesus gehört.[13] Die Annahme einer „Spätdatierung" des Phil (Caesarea 58/59; Rom um 60 n.Chr.) ist abwegig. Als Paulus seine Reise nach Rom plante, hielt er seine Arbeit im Osten für abgeschlossen (Röm 15,19) und wollte sich neuen Zielen zuwenden (s. Röm 15,24). Keiner seiner authentischen Briefe fällt in diese Spätphase seines Wirkens, alle sind vielmehr auf der Höhe seines Wirkens zwischen 50 (1. Thess) und 56 n.Chr. (Röm) geschrieben worden.

2.

Philipper 3,7–11:
7[Ἀλλ'] ἅτινα ἦν μοι κέρδη, ταῦτα ἥγημαι διὰ τὸν Χριστὸν ζημίαν. 8 ἀλλὰ μενοῦνγε καὶ ἡγοῦμαι πάντα ζημίαν εἶναι διὰ τὸ ὑπερέχον τῆς γνώσεως Χριστοῦ Ἰησοῦ τοῦ κυρίου μου, δι' ὃν τὰ πάντα ἐζημιώθην, καὶ ἡγοῦμαι σκύβαλα, ἵνα Χριστὸν κερδήσω 9 καὶ εὑρεθῶ ἐν αὐτῷ, μὴ ἔχων ἐμὴν δικαιοσύνην τὴν ἐκ νόμου ἀλλὰ τὴν διὰ πίστεως Χριστοῦ, τὴν ἐκ θεοῦ δικαιοσύνην ἐπὶ τῇ πίστει, 10 τοῦ γνῶναι αὐτὸν καὶ τὴν δύναμιν τῆς ἀναστάσεως αὐτοῦ καὶ [τὴν] κοινωνίαν [τῶν] παθημάτων αὐτοῦ, συμμορφιζόμενος τῷ θανάτῳ αὐτοῦ, 11 εἴ πως καταντήσω εἰς τὴν ἐξανάστασιν τὴν ἐκ νεκρῶν.

7 Aber was immer mir Gewinn war, das habe ich um Christi willen für Schaden gehalten. 8 Ja wirklich: Ich halte dafür, dass alles Schaden ist, wegen der Unüberbietbarkeit der Erkenntnis Christi Jesu, meines Herrn, um dessentwillen ich das alles eingebüsst habe, und ich halte es für Dreck, damit ich Christus gewinne 9 und in ihm befunden werde – habe ich doch nicht meine Gerechtigkeit, die aus dem Gesetz kommt, sondern die, die durch den Glauben an Christus kommt, nämlich die Gerechtigkeit aus Gott aufgrund des Glaubens –, 10 um ihn zu erkennen, und zwar die Kraft seiner Auferstehung und die Teilhabe an seinen Leiden, gleichgestaltet seinem Tod, 11 dass ich zur Auferstehung von den Toten gelange.

---

[13] Vgl. P. Stuhlmacher, Der Brief an Philemon, EKK XVIII, Zürich u.a. ³1989, 20–24.

Phil 3:
1 Aufruf zur Freude
2−4a Warnung vor böswilligen Arbeitern
4b−6 Rückblick des Apostels auf seine Existenz
als Pharisäer
7−11 Die Wende zu Christus
12−16 Das Ziel: Gottes himmlische Berufung in Christus
17−21 Verpflichtung der Gemeinde auf das vorgesteckte Ziel

Die Konzentration der Auslegung auf 3,7−11 geschieht unter der Voraussetzung der Zusammengehörigkeit dieser Verse mit 3,4b−6 unter Berücksichtigung des ferneren Kontextes 3,1−4a einerseits und 3,12−21 andererseits. In 3,4b−11 erklärt Paulus die Gerechtigkeit aus dem Glauben, indem er die Heilswende zu dem Glauben an Christus vor dem Hintergrund seiner Existenz als gesetzestreuer Pharisäer theologisch reflektiert. Er schildert nicht seine Berufung und Bekehrung selbst, aber er bezieht sich auf sie, um an sich selbst exemplarisch darzulegen, worin die Gerechtigkeit aus dem Glauben an Christus besteht und was sie negativ und positiv einschließt.

7 Mit Ἀλλ' ἅτινα *Aber was immer* bezieht sich Paulus auf das zurück, was er in 4b−6 als Vorzüge, die sich aus seiner jüdischen Herkunft und der Zugehörigkeit zur pharisäischen Bewegung ergeben, dargelegt hat und stellt ihnen in 7−11 adversativ[14] die alles in Frage stellende und alles überbietende Wende zu Christus entgegen. Die in 5−6 aufgeführten Stichworte sind zunächst zu erläutern.

(5) An erster Stelle wird die Beschneidung (περιτομή) genannt. Schon an ägyptischen Mumien aus dem Alten Reich (3200−2200 v.Chr.) hat man den Brauch der Beschneidung feststellen können. Mit Abraham hat der „allmächtige Gott" (1. Mose 17,1) einen Bund geschlossen, dessen Zeichen die Beschneidung war: „Alles, was männlich ist unter euch, soll

---

[14] Ἀλλ' bringt das sprachlich zum Ausdruck, ist also sachgerecht, aber es ist handschriftlich schlecht bezeugt.

beschnitten werden" (17,10). Auch Nachbarvölker Israels übten den Brauch der Beschneidung (s. Jer 9,24 f.). Für Israel war die Beschneidung ein Zeichen der Verbundenheit mit JHWH – im Unterschied etwa zu den Philistern (s. 1. Sam 17,26). Zu einem distinktiven Merkmal der Israeliten wurde die Beschneidung während der Exilszeit und später dann in hellenistisch-römischer Zeit unter den Makkabäern. Vor diesem Hintergrund erklärt es sich, dass der von einer jüdischen Familie abstammende, etwa um 5 n.Chr. in Tarsus (Apg 21,39; 22,3) geborene Saul/Paulus am achten Tag beschnitten worden ist (Phil 3,5).[15]

Dass Paulus die Beschneidung in Phil 3,5 und 3,2 f. erwähnt, weist darauf zurück, dass sie zum Problem geworden war. Tatsächlich ist um sie die heftigste Auseinandersetzung in urchristlicher Zeit entbrannt, in der die Einheit der werdenden Christenheit aus Judenchristen und Heidenchristen äußerst bedroht war. Der Streit war über der Frage ausgebrochen, ob die Heiden, die zum Glauben an Christus kommen, beschnitten werden müssen, um als vollgültige Glieder des Volkes Gottes gelten zu können? Mit der Annahme der Beschneidung wäre für die „Proselyten" die Übernahme des ganzen Gesetzes verbunden gewesen. Dieses schwerwiegende Problem hat um 48/49 n.Chr. den Apostelkonvent in Jerusalem notwendig gemacht (Gal 2,1–10 / Apg 15,1–34),[16] auf dem Paulus zusammen mit Barnabas die Position der Gemeinde von Antiochien vertreten hat, die Beschneidung nicht zur Bedingung der Aufnahme in die christliche Gemeinde zu erheben. Das Aposteldekret fordert denn auch die Enthaltung vom Götzenopfer, vom Blut und vom Erstickten und von Unzucht (Apg 15,29), aber nicht die Beschneidung. Wenig später kam es zum Antiochenischen Zwischenfall (Gal 2,11–21), in dem Paulus Petrus Heuchelei vorwarf, weil sich Petrus aus der Tischgemeinschaft mit Heidenchristen zurückgezogen hatte, nachdem ihm von Abgesandten des Jakobus aus Jerusalem deswegen Vorhaltungen gemacht worden waren. Das Problem ging tief und berührte die „Wahrheit des Evangeliums" (Gal 2,14). Es

---

[15] Nach 1. Mose 17,12; 3. Mose 12,3 (vgl. Bill IV, 1, 23–40, 23 f.). Auch Jesus wurde am achten Tag beschnitten (Lk 2,21; s.a. 1,59).
[16] Vgl. C. Böttrich, Der Apostelkonvent und der Antiochenische Konflikt, in: F. W. Horn (Hg.), Paulus Handbuch, Tübingen 2013, 103–109 (Lit.).

kam in der Missionsarbeit der folgenden Jahre immer wieder zum Vorschein, insbesondere in Galatien, und hat den Brief an die Galater entscheidend geprägt,[17] aber auch die Heftigkeit der Reaktion des Paulus in Phil 3,2 hervorgerufen. Seine abschließende theologische Stellungnahme zum Problem hat Paulus im Brief an die Römer vorgelegt.[18]

Die Beschneidung ist in Phil 3,5 vorangestellt, weil sich an ihr der Streit entzündet hat. Es folgen weitere Stichworte, mit denen Paulus – wie auf einer Schnur aufgereiht – seine Vorzüge aufzählt, deren man sich nach dem „Fleisch" zu rühmen pflegt (3,3 f.). Er unterstreicht, er stamme „aus dem Volk Israel". Der Stolz, der sich auf diese Abstammung gründet, beruht auf Gottes erwählendem und befreiendem Handeln und nicht auf menschlichem Hochmut, so gewiss dieser verdunkelnd hinzukommen kann. Ferner hebt er hervor, er gehöre zum „Stamm Benjamin", sei also kein Proselyt, sondern Nachfahre des jüngsten Sohnes Jakobs und dessen Lieblingsfrau Rahel, der – im Unterschied zu den anderen Söhnen Jakobs – im verheißenen Land geboren wurde (1. Mose 35,16 f.). Nach dem Benjaminiten S(ch)aul, dem ersten König Israels, ist er benannt (Apg 7,58; 9,1 u.a.), bedient sich in seinen Briefen aber des hellenistisch-römischen Namens Paulus.[19] Er sei „ein Hebräer von Hebräern" – eine Selbstbezeichnung, durch die er weniger seine Herkunft betont als vielmehr seine kulturelle Identität und sprachliche Zugehörigkeit herausstellt; denn er war mit dem Hebräischen bzw. Aramäischen außer mit Griechisch, der Verkehrssprache, vertraut.

Nach der Aufzählung der Vorzüge, die auf seiner Abstammung beruhen, kommt Paulus darauf zu sprechen, was er persönlich daraus gemacht hat. Zuerst stellt er fest, was seine Stellung zum Gesetz (κατὰ νόμον) betreffe, sei er ein „Pharisäer" gewesen. Den Pharisäern kam es darauf an, dass das „Gesetz auch im Alltag zum Zwecke der Heiligung des Volkes verwirklicht wer-

---

[17] S. Gal 2,3.7–9.12; 5,2–3.6.11; 6,12–13.15. Vgl. ThWNT VI, 1959, 72–83, bes. 82 (R. Meyer); EWNT III, ²1992, 186–189 (O. Betz).

[18] Der Röm weist die meisten Belege zu περιτομή auf, nämlich 15 von 36 im NT; s. bes. 2,25–29; 3,1.30; 4,9–12; 15,8.

[19] Vgl. E. Lohse, Paulus, München 1996, 19: „Juden wählten sich in der fremden Umgebung ... oft einen zweiten Namen, der ihrem ursprünglichen Namen möglichst ähnlich klang, aber für Außenstehende sogleich verständlich war."

den müsse"[20]. Dieses Grundanliegen der pharisäischen Bewegung hat Paulus offenbar geteilt. Er war kein „Hellenist", sondern ein zwar in der Diaspora geborener, aber wahrscheinlich noch in seiner Jugend nach Jerusalem gekommener Jude, der „zu Füßen Gamaliels", eines angesehenen pharisäischen Schriftgelehrten, der zwischen 20 und 50 n.Chr. in Jerusalem gewirkt hat, „im väterlichen Gesetz" unterwiesen worden ist (Apg 22,3).[21] „Nach der allerstrengsten Richtung unseres Glaubens habe ich gelebt als Pharisäer", bekennt Paulus nach der Darstellung des Lukas in Apg 26,5.

(6) Zu dem, was ihn früher auszeichnete, zählt Paulus – und das ist ein „starkes Stück"[22] – „nach dem Eifer ein Verfolger der Gemeinde" gewesen zu sein. Nimmt man Gal 1,13–14 und 1. Kor 15,9 hinzu, ergibt sich daraus eindeutig: Paulus stand der jungen christlichen Gemeinde nicht nur in skeptischer Ablehnung gegenüber, sondern er war aktiv an ihrer Verfolgung beteiligt. Diese Verfolgung zielte auf Zerstörung und Vernichtung,[23] die brutale Gewaltanwendung einschloss. Sie beruhte auf dem „Eifer",[24] von dem einst Pinhas durchdrungen war (4. Mose 25,11; s.a. Ps 106,29 ff.). Dieses Eiferertum war in der Makkabäerzeit gegen die hellenistische Überfremdung Israels neu erstanden. Es kennzeichnete nicht nur die Zeloten, sondern auch die Pharisäer, die aber im Unterschied zu jenen den bewaffneten Kampf gegen die römische Besatzungsmacht ablehnten. Davon ausgenommen war aber der religiöse Eifer für die Geltung der Tora. Paulus war ein solcher pharisäischer Eiferer, der „die Gemeinde Gottes über

---

[20] R. Meyer, Φαρισαῖος, ThWNT, Bd. 9, 1973, 11–36, 15. Vgl. ferner Bill II, 494–519; IV, 1, 334–352; Joachim Jeremias, Jerusalem zur Zeit Jesu, Göttingen ³1962, 279–303; H.-F. Weiß, Pharisäer I–II, TRE, Bd. 26, 1996, 473–485; R. Deines, Pharisäer, TBLNT, Bd. II, ²2000, 1455–1468; K.-W. Niebuhr, Pharisäer in Jerusalem, in: Horn (Hg.), Paulus Handbuch (s. Anm. 16), 2013, 72–75.

[21] Vgl. M. Hengel, Der vorchristliche Paulus, in: ders., Paulus und Jakobus, KS III, WUNT 141, Tübingen 2002, 68–192, 130 ff.; P. Stuhlmacher, Biblische Theologie des Neuen Testaments, Bd. 1, Göttingen ³2005, 229.

[22] So z.St. K. Barth, Erklärung des Philipperbriefes, München 1928, 92.

[23] Phil 3,6; Gal 1,13: διώκω *verfolgen*; Gal 1,13.23 (s.a. Apg 9,21) außerdem πορθέω *zerstören, vernichten, vertilgen* (Bauer-Aland, Wb 1389).

[24] Phil 3,6: ζῆλος; 4. Mose 25,11 LXX. Gal 1,14; Apg 22,3: ζηλωτής *Eiferer*. Vgl. M. Hengel, Die Zeloten, AGJU 1, Leiden/Köln ²1976, 154 ff.

alle Maßen verfolgte und sie zu vernichten suchte" (Gal 1,13). Er überflügelte andere im Judentum darin weit und war nach seinem Selbstbekenntnis „ein über die Maßen großer Eiferer für die Überlieferungen der Väter" (Gal 1,14). Konkret gemeint dürfte die Verfolgung der Griechisch sprechenden Judenchristen des Stephanuskreises sein,[25] die etwa in die Zeit um 31/32 n.Chr. fällt. Stephanus waren Angriffe auf die Grundlagen des Judentums, den Tempel und das Gesetz, vorgeworfen worden (Apg 6,13; s.a. 7,48). Sein Denken und Verhalten hat den Pharisäer Saul empört; er „hatte Gefallen an seinem Tod" (Apg 8,1).[26]

Schließlich, als letztes Glied einer klimaktischen Aussagenkette, hebt Paulus hervor, er sei „nach der Gerechtigkeit" (κατὰ δικαιοσύνην), die im Bereich des Gesetzes (ἐν νόμῳ) gilt, „untadelig" (ἄμεμπτος) gewesen. Er sagt damit über sich selbst, er habe die ganze Tora, immerhin 613 Gebote und Verbote, durch ein bundesgemäßes Verhalten und Tun eingehalten. Von Zweifeln, ob die Tora erfüllbar sei, ist Paulus als Pharisäer offensichtlich nicht angerührt worden. Er gehörte vielmehr zu jenen, die wie der reiche Jüngling von sich sagen konnten (Lk 18,21): „Das habe ich alles gehalten von Jugend auf!" Aber von erbarmender Nähe zu Zöllnern und Sündern ist nichts bekannt. Er gehörte wohl eher zu den Pharisäern, die für sich standen, also zu Sündern Distanz hielten, und beteten: „Ich danke dir, Gott, dass ich nicht bin wie die anderen Leute, Räuber, Betrüger, Ehebrecher" (Lk 18,11).

7 Die Wendung zu Christus, von der Paulus ab V. 7 zu reden beginnt, ist eine das ganze Leben umfassende. Sie bedeutet den radikalen Bruch mit allem, was bis dahin bei ihm in Ansehen und Geltung stand. Mit dem Einbezogenwerden in die Erkenntnis des Christus Jesus ist dem Wertesystem, in das eingefügt Paulus existiert hat, der Boden entzogen worden. Paulus spricht nicht nur von einer Umkehrung, sondern geradezu von einem Umsturz, der durch Christus heraufgeführt worden ist.

---

[25] Vgl. M. Hengel, Zwischen Jesus und Paulus, in: ders., Paulus und Jakobus (s. Anm. 21), 1–67, 22.
[26] Lohse spricht von „Übertreibungen" des Lukas (Paulus (s. Anm. 19), 49), aber die Sprache des Paulus in Gal 1,13 f.; Phil 3,6 und 1. Kor 15,9 ist eindeutig und drastischer als die des Lukas.

Terminologisch argumentiert Paulus in 7 und 8 mit dem Gegensatzpaar κέρδος *Gewinn, Vorteil* – ζημία *Schaden, Nachteil, Verlust*[27] und in Entsprechung dazu in 8 mit den Verben κερδαίνω *gewinnen* – ζημιόω *Schaden erleiden, Einbuße erleiden*, aber in umgekehrter Reihenfolge. Das regierende Verb ἡγέομαι *halten für, erachten*,[28] das in 7 im Perfekt und in 8 zweimal im Präsens gebraucht wird, dient zur Bewertung und Beurteilung einer Gegebenheit oder Sache: Paulus hat „für Schaden gehalten", was er zuvor für „Gewinn" (im Griechischen steht der Plural) gehalten hatte. Der Grund für dieses Urteil wird ebenso knapp wie präzise mit der präpositionalen Wendung διὰ τὸν[29] Χριστόν angegeben: *um Christi willen*.

Es ist von großer sachlicher Bedeutung, präzise zu erfassen, was mit dem Gegensatzpaar Gewinn – Schaden hier zum Ausdruck gebracht wird. Die Kommentare verbreiten darüber wenig Klarheit. Werden die natürlich-geschichtlichen Vorzüge des Judentums gegenüber dem Heidentum als solche von dem Juden Paulus wirklich als „Schaden" angesehen, ja für „Dreck" (σκύβαλα) gehalten? Diese sind doch durch Abstammung und Geschichte unabänderlich gegeben. Juden können ihr Judentum für beschwerlich halten und sich nach einfacheren heidnischen Verhältnissen sehnen. Aber das hat Paulus niemals getan. Er war Jude mit römischem Bürgerrecht und ist es geblieben! Nein, nicht die natürlich-geschichtlichen und persönlichen Vorzüge als solche stellen einen Schaden dar, sondern vielmehr der soteriologische Wert, der ihnen vor Gott beigemessen wird, die Selbstbewertung aus ihnen. Der Untadeligkeit des Wandels im Gesetz nach der Ordnung der Pharisäer auf der Grundlage der mit der Beschneidung gegebenen Zugehörigkeit zum Gottesvolk – diesem allen wird Heilsrelevanz beigemessen! Dieses Verhalten ist in PsSal 9,5 gut zum Ausdruck gebracht: ὁ ποιῶν δικαιοσύνην θησαυρίζει ζωὴν αὐτῷ παρὰ κυρίῳ. *Wer Gerechtigkeit tut, der sammelt sich Leben bei dem Herrn*. Nicht die natürlich-

---

[27] Als Gegensatzpaar nur Phil 3,7.8 im NT; κέρδος außerdem noch Phil 1,21 und Tit 1,11; ζημία auch in Apg 27,10.21.

[28] Vgl. Bauer-Aland, Wb 696. „Erachten" nach der Lutherbibel 1984. Bei Paulus steht das Verb am häufigsten im Phil; außer 3,7.8 noch 2,3.6.25.

[29] Paulus kann wie hier den Artikel verwenden; dieser kann aber auch fehlen wie z.B. in 1. Kor 4,10.

geschichtlichen und persönlichen Vorzüge selbst bilden demnach den „Schaden", sondern die soteriologische Zielsetzung, die ihnen untergelegt worden ist, der Heilswert, den man ihnen zumisst. Das ist freilich eine Erkenntnis, die nicht aus pharisäischer Gesetzesobservanz erwachsen ist, sondern die einen Standpunkt voraussetzt, der jenseits von ihr liegt, nämlich in der Erkenntnis Christi, aus der befreiend deutlich wird: „um Christi willen" ist das ein unermesslicher „Schaden", etwas, das den Zugang zu Gott nicht öffnet, sondern im Gegenteil verschließt.

8 Dieser Vers gehört, zusammen mit den beiden folgenden, zu den theologisch aufschlussreichsten des Neuen Testaments. Er kann gar nicht genau genug ins Auge gefasst werden. Das gilt auch und vor allem für die Übersetzung. Sie ist schwierig:
Ja wirklich:[30] *Ich halte dafür, dass alles Schaden ist,*[31] *wegen*[32] *der Unüberbietbarkeit*[33] *der Erkenntnis Christi Jesu, meines Herrn, um dessentwillen ich das alles eingebüßt*[34] *habe, und ich halte es für Dreck, damit ich Christus gewinne.*
In wörtlicher und sachlicher Anknüpfung an V. 7 fährt Paulus bekräftigend und steigernd fort. Er sagt in der Sache dasselbe

---

[30] Auffällig ist der redundante Gebrauch der Partikel zu Beginn des Verses. Zu ἀλλὰ μενοῦνγε am Satzanfang s. BDR § 441, 6; 448, 6.

[31] Lutherbibel 1546: „ich achte es alles für Schaden" (WA.DB 7, 219). In der revidierten Fassung 1984 steht: „ich erachte es noch alles für Schaden". Aber im NTG steht ein AcI, der abhängig von ἡγοῦμαι (Präs.) ist. Sachgerecht wiedergegeben von der Zürcher Bibel (1993): „ich halte auch in der Tat dafür, dass alles (nur) Schaden ist".

[32] Phil 3,8 steht διά m. Akk. = *wegen/um willen* zur Angabe des Grundes. Die Übersetzung „gegen/gegenüber" (Lutherbibel; H. Menge, Die Heilige Schrift, Stuttgart [10]1940) ist nicht sachgemäß. Die Übersetzung mit „im Vergleich" (Gute Nachricht Bibel, Stuttgart 1982; K. Berger / C. Nord, Das Neue Testament und frühchristliche Schriften, Frankfurt/M. 1999) ist geradezu irreführend, ist der Aussageduktus des Paulus doch, dass es zur Erkenntnis Christi *keine* vergleichbare Größe gibt.

[33] τὸ ὑπερέχον ist ein substantiviertes Partizip, das wie ein Abstraktum gebraucht wird (s. BDR § 413, 8) und entsprechend zu übersetzen ist. Das hat in keiner der mir bekannten Übersetzungen eine angemessene Berücksichtigung gefunden.

[34] ἐζημιώθην (Aor. Pass.) sollte nicht mit „preisgegeben" (Menge) oder „aufgegeben" (Einheitsübersetzung) wiedergegeben werden. Paulus ist nicht der Akteur; er hat nicht etwas aus freien Stücken aufgegeben, sondern das alles um Christi willen „eingebüßt" (mit F. Stier, Das Neue Testament, München 1989, z.St.).

wie in V. 7, aber in der Zeitform der Gegenwart.³⁵ Ist in 7 die Konsequenz aus der Offenbarung Christi, die ihm widerfahren ist, im Perfekt formuliert, so unterstreicht er in 8 die fortdauernde Geltung dieser mit dem Offenbarungsgeschehen gesetzten Entscheidung mit demselben Verb in der Präsensform. Das ist gegen die Beschneidungsbefürworter gerichtet und soll die Gemeinde zum unverdrossenen Festhalten an dem gesetzesfreien Evangelium ermutigen.

Als Grund dafür, weswegen Paulus alles, was Gewinn war, für Schaden gehalten hat (V. 7) und weiterhin hält (V. 8), wird in 7 „Christus" angegeben und in 8 die „Erkenntnis Christi", der etwas Überragendes, Unüberbietbares zu eigen ist. Worin dieses Überragende, Unüberbietbare besteht, kann vollständig erst nach Auslegung aller Verse gesagt werden. Aus 3,4b–6.7 und 8 lässt sich aber bereits konstatieren: Christus überragt das Gesetz, insofern zur Erkenntnis Christi die Erkenntnis der heilsgeschichtlichen Begrenztheit des Gesetzes und die Einsicht in die Schädlichkeit des im Judentum, auch und vor allem im Pharisäismus, zum Heilsweg erhobenen Gesetzes gehört.

Phil 3,8³⁶ und 10³⁷ gehören – neben 2. Kor 4,6; Gal 4,9; 1. Kor 2,14; 8,2 f.; 13,12; 2. Kor 5,16; 10,5 und Röm 11,33 f. – zu den wichtigsten Belegen für den Begriff der Erkenntnis bei Paulus. Phil 3,(2)7–11 enthält autobiographische Informationen, in denen die Wende des Paulus zu Christus vor Damaskus (Apg 9,3 ff.) zwar nicht ausführlich geschildert, aber doch theologisch reflektiert und ausgewertet wird. Unter Berücksichtigung des näheren Kontextes geht aus Phil 3,8 hervor, dass die Erkenntnis Christi auf der Offenbarung des Christus Jesus beruht und mit

---

[35] Die Steigerung liegt nicht in dem „alles" (πάντα), sondern in dem – zweimaligen – Tempuswechsel (gegen W. de Boor, Die Briefe des Paulus an die Philipper und an die Kolosser, Berlin 1964, 112; Gnilka, Phil. (s. Anm. 9), 192; mit Müller, Phil. (s. Anm 9), 151).

[36] γνῶσις *Erkenntnis* kommt im Phil nur in 3,8 vor. Die 19 anderen paulinischen Belege entfallen auf den Röm (3), 1. Kor (10) und 2. Kor (6). Paulus hat den Begriff in der griechischen Bibel vorgefunden (vgl. z.B. Weish 1,7; 2,13) und nicht etwa aus der „Gnosis" übernommen.

[37] Phil 3,10: γνῶναι Aor. Inf. γινώσκω *erkennen*. In den authentischen Briefen des Paulus kommt γινώσκω 43 x vor: Röm: 9; 1. Kor: 16; 2. Kor: 8; Gal. 4; Phil: 5; 1. Thess: 1.

ihr gesetzt worden ist.[38] Nach ihr hat er als gesetzestreuer Pharisäer nicht nur nicht gesucht, sie ist ihm vielmehr als Negation und Falsifikation seiner religiösen Grundausrichtung widerfahren; nach Apg 9,9 befand er sich danach drei Tage im Schockzustand. Aus Phil 3,10 ergibt sich außerdem, dass die Erkenntnis Christi zwar einmal durch Offenbarung gegeben worden ist, dass sie aber exklusiv auf den gekreuzigten und auferstandenen Christus bezogen und ausgerichtet bleibt.

„Erkenntnis Christi" ist bei Paulus also ein Offenbarungsbegriff. Christus erschließt sich weder durch die Anwendung einer Erkenntnistheorie, sei sie philosophischer oder gnostischer Herkunft, noch durch empirische Nachforschung, sondern dadurch, dass er sich selbst zu erkennen gibt (Apg 9,5) und das Evangelium offenbart (Gal 1,11 f.). Das geschieht bei Paulus durch eine Erscheinung des Christus (Christophanie) in der Nähe von Damaskus (Apg 9,3), einer nachträglichen, außerordentlichen und darin einmaligen Ostererscheinung (1. Kor 15,8). Bei der Gemeinde zu Philippi und in anderen Gemeinden geschieht es durch die Verkündigung des Evangeliums von Jesus Christus, das ebenfalls auf der Offenbarung Jesu Christi beruht (Gal 1,12), so dass mit dem Verkündigungsgeschehen Gottes Gerechtigkeit als rettende Kraft offenbart wird (Röm 1,17; Phil 3,9).

Die Wendung „wegen der Unüberbietbarkeit der Erkenntnis Christi Jesu, meines Herrn" findet sich nur hier im Neuen Testament; einzelne Teile von ihr dagegen überall. So begegnet Χριστοῦ Ἰησοῦ bereits im Präskript (Phil 1,1; s.a. Röm 1,1; 1. Kor 1,1; 2. Kor 1,1; Phlm 1) und außerdem an weiteren Stellen des Briefes (z.B. Phil 1,6; 1,8, 3,12). Paulus hat die Verschmelzung des Christustitels mit dem Eigennamen bereits vorausgesetzt; sie geht „auf die vorpaulinische Gemeinde der Hellenisten in Jerusalem zurück"[39]. Aber auch nach dieser Verschmelzung unterstreicht der zum Cognomen gewordene Christustitel die Exklusivität Jesu als des von Gott um unserer

---

[38] In Gal 1,11–17, einer autobiographischen Parallele zu Phil 3,2–11, bes. aber in Gal 1,12 hebt Paulus hervor, er habe das Evangelium von keinem Menschen empfangen oder gelernt, „sondern durch eine Offenbarung Jesu Christi".

[39] M. Hengel, Erwägungen zum Sprachgebrauch von Χριστός bei Paulus und in der „vorpaulinischen" Überlieferung, in: ders., Paulus und Jakobus (s. Anm. 21), 240–261, 261. S.a. F. Hahn, Χριστός, EWNT, Bd. III, ²1992, 1147–1165.

Sünden willen dahingegebenen und um unserer Rechtfertigung willen auferweckten (Röm 4,25) messianisch-endzeitlichen Heilsbringers. Der Person- und Eigenname „Jesus" ist „zunächst Ausdruck seines Menschseins"[40] und steht sodann in soteriologischem Zusammenhang für das stellvertretende Heils- und Erlösungshandeln Gottes in ihm und durch ihn (s. Röm 3,24).

Im Unterschied zu Χριστός ist der Titelcharakter bei Κύριος gewahrt geblieben. Der Titel dient zur Bezeichnung einer unvergleichlich hohen Würde: Jesus Christus ist Träger des Gottesnamens „Kyrios" aus dem griechischen Alten Testament. Auch die Bezeichnung und Anrufung Jesu Christi als Kyrios hat Paulus bereits vorgefunden. Das geht aus Phil 2,11 hervor; durch die Zitation des Christushymnus wird aber auch unterstrichen, dass er sie sich bewusst angeeignet und nachvollzogen hat. Die Genitivverbindung τοῦ κυρίου ἡμῶν kommt häufig vor; τοῦ κυρίου μου, also der singularische Gebrauch des Possessivpronomens, das bei Paulus nie bei Χριστός, sondern immer bei Κύριος steht, findet sich dagegen nur hier. Es dürfte in Phil 3,8 „durch den Charakter der Aussage als eines persönlichen Bekenntnisses veranlaßt"[41] sein.

Ist Jesus Christus der Kyrios, der Träger des Gottesnamens, dann ist die Erkenntnis Christi ein synonymer Ausdruck für die Gotteserkenntnis. Charakteristisch für sie ist, dass Paulus sie nicht aus der Distanz heraus entfaltet hat, die zwischen Gott und Mensch besteht. Hat diese Distanz bei ihm doch lediglich eine eingebildete, anmaßende Gotteserkenntnis mit mörderischen Folgen zugelassen. Die Gotteserkenntnis, von der Paulus hier redet, beruht vielmehr auf dem unverhofften, unableitbaren Nahegekommensein des Kyrios selbst, auf seiner Selbsterschließung in der Erscheinung vor Damaskus. Erschienen ist Jesus der Gekreuzigte, der gestorben, begraben und am dritten Tag auferstanden ist nach der Schrift (1. Kor 15,3 f.); der gesehen worden ist von Kephas, danach von den Zwölfen (15,5); zuletzt ist er auch von Paulus „als einer unzeitigen Geburt gesehen worden"

---

[40] W. Foerster, Ἰησοῦς, ThWNT, Bd. III, 1938, 284–294, 287.

[41] G. Delling, Zusammengesetzte Gottes- und Christusbezeichnungen in den Paulusbriefen, in: ders., Studien zum Neuen Testament und zum hellenistischen Judentum, Göttingen 1970, 417–424, 418, Anm. 9.

(15,8). Darauf beruft sich Paulus, wenn die Legitimität und Freiheit seines Apostolats in Zweifel gezogen wird. 1. Kor 9,1 stellt er die rhetorische Frage: οὐχὶ Ἰησοῦν τὸν κύριον ἡμῶν ἑόρακα; *Habe ich nicht Jesus, unseren Herrn, gesehen?* Die Erkenntnis Christi gründet nicht in einer Vision, sondern in dem Sehen des Kyrios, der, „gehorsam geworden bis zum Tod, ja zum Tod am Kreuz" (Phil 2,8), von Gott erhöht worden ist (2,9a). Ihn, der Herr ist über alles (2,10 f.), nennt Paulus „mein Herr" (3,8). Aus Phil 3,8 ergibt sich klar und eindeutig, dass Paulus an den κύριος Ἰησοῦς Χριστός (Phil 2,11) denkt, der, wie man schon vor Paulus bekannt hat, „gestorben ist für unsere Sünden nach der Schrift" (1. Kor 15,3). Er meint also nicht eine Figur der Vergangenheit, die beliebiger Deutung preisgegeben wäre, sondern vielmehr den gegenwärtigen Herrn Jesus Christus, dessen Geschichte sich dem Glauben an das Für-unsere-Sünden seines Todes erschließt. Aus dem persönlichen Bekenntnis "mein Herr" in Phil 3,8 wird nachvollziehbar, weswegen Paulus die Erkenntnis Christi Jesu für schlechthin überragend und unüberbietbar ansieht: Weil sie die Erkenntnis des für unsere Sünden gestorbenen Kyrios und eben darin Gottes- und zugleich Heilserkenntnis ist.

Auf die Hauptaussage des Verses über die Erkenntnis folgt ein Relativsatz, in dem Paulus die Konsequenz herausstellt, die sich aus der Erkenntnis Christi unmittelbar ergibt: „um dessentwillen ich das alles eingebüßt habe". Die Erkenntnis Christi impliziert die Einbuße und Preisgabe der soteriologischen Zielsetzung, die dem Gesetz vom Pharisäismus untergelegt worden ist. Hier gibt es kein Sowohl-als-auch. Zur Erkenntnis Christi gehört die Anerkenntnis, dass allein in Christus das Heil Gottes beschlossen liegt. Im Nachvollzug des Allein erfolgt der Durchbruch zur Erkenntnis Christi. „Es gibt eben einen Punkt, an dem alles hängt, einen Punkt, an dem es sich entscheidet, wie es steht zwischen Gott und dem Menschen."[42]

Nicht nur eine Fehleinschätzung, die in der Vergangenheit liegt, gilt es anzuerkennen, ihre Zurückweisung muss vielmehr auch und gerade in der Gegenwart durchgehalten werden. Daran lässt es Paulus denn auch nicht fehlen. Mit einem derben Aus-

---

[42] E. Thurneysen, Der Brief des Paulus an die Philipper, Basel o.J. ([4]1943), 102.

druck negiert er den Heilscharakter des Gesetzes, der diesem in der pharisäischen Gesetzesobservanz beigemessen wird: „und ich halte es für Dreck"[43]. In dem verächtlichen Ausdruck klingt die Empörung über die Irreführung nach, der Paulus als Pharisäer erlegen war. Zugleich spricht daraus die unendliche Überlegenheit, Erhabenheit und Heilsgewissheit der Christuserkenntnis, die in ihrem verborgenen Zentrum Gotteserkenntnis ist.

Nach der Anleihe bei der Vulgärsprache argumentiert Paulus in dem den Vers abschließenden Finalsatz „damit ich Christus gewinne" wieder mit einem Terminus aus dem Gegensatzpaar *schaden – gewinnen:*[44] Christus hat die Heils- und Lebenswende heraufgeführt. Das bedeutet den Bruch mit allen lebensbestimmenden Werten, die bis dahin in Geltung standen. Aber er ist nicht die Wende, um nach deren Vollzug in Vergessenheit zu geraten, sondern er ist die Wende, weil er – und zwar er allein – das Ziel ist. Deshalb will Paulus Christus „gewinnen"[45], und das ist möglich, weil Christus sogar Paulus, den Verfolger, gewonnen und zum Apostel berufen hat. Gewinnen heißt auf dieser Grundlage: Christus, der sich zu erkennen gegeben hat, wiederum erkennen zu lernen, nämlich als den Kyrios, der keine tote Person der Vergangenheit ist, sondern der lebendige Herr, der nicht eine bloße Idee oder ein Gedanke ist, sondern der, der von Gott „um unserer Sünden willen dahingegeben und um unserer Rechtfertigung willen auferweckt ist" (Röm 4,25). Christus gewinnen heißt daher: „in ihm befunden zu werden". Das sagt Paulus zu Beginn von V. 9 und führt es danach in den folgenden Versen näher aus.

---

[43] σκύβαλον Dreck (Lutherbibel), *Abfall, Unrat, Kot* (Bauer-Aland, Wb 1514). Phil 3,8 steht der Plural. Die Wendung „und ich halte es für Dreck" gehört nicht zum Relativsatz, sondern ist eine Fortsetzung des Hauptsatzes (gegen P. Ewald, Der Brief des Paulus an die Philipper, KNT 11, Leipzig ³1923, 174 f.; Schenk, Phil. (s. Anm. 9), 265; mit E. Haupt, Die Gefangenschaftsbriefe, KEK VIII/IX, Göttingen ⁸1902, 126; Lohmeyer, Phil. (s. Anm. 8), 131. 135; vgl. Müller, Phil. (Anm. 9), 153, Anm. 66).

[44] S.o. Anm. 27.

[45] „Gewinnen" (κερδαίνω) kann man „die ganze Welt", aber dabei Schaden an seiner Seele nehmen (Mt 16,26 / Mk 8,36 / Lk 9,25). „Gewinnen" kann man aber auch den „Bruder" im *mutuum colloquium* (Mt 18,15). „Christus gewinnen" steht nur hier in Phil 3,8. Wichtig für den Sprachgebrauch des Paulus ist außerdem 1. Kor 9,19–22.

9 Weil die Existenz „im Gesetz" (3,6: ἐν νόμῳ) und „in Christus" (3,9: ἐν αὐτῷ = ἐν Χριστῷ) in einem ausschließlichen Gegensatz zueinander stehen, will Paulus „in ihm (sc. Christus) befunden[46] werden". Er denkt dabei aber nicht nur an einen Wechsel der Existenzweise, sondern er möchte Anteil haben an dem Tod und der Auferstehung Jesu Christi (3,10 f.). Durch den stellvertretend geschehenen Tod und durch die Auferstehung Jesu Christi ist der alte Mensch gerichtet und aufgehoben und der neue Mensch auf den Plan getreten. Das ist real ἐν αὐτῷ, in Christus, geschehen. Daher liegt alles daran, „in ihm befunden zu werden"; denn das Sein des Menschen ist nun durch Christi Pro-me-Sein qualifiziert und muss von diesem her angesehen und beurteilt werden.

Phil 3,9 ist ein locus classicus der Rechtfertigungslehre des Paulus. Der Vers bleibt an theologischer Prägnanz nicht hinter den Ausführungen im Gal und Röm zurück und hat den Vorzug, die Zäsur in der Biographie des Paulus im Licht seines persönlichen Bekenntnisses sehen zu können. „In Phil 3,9 spricht Paulus seine eigenste Sprache ... Die so akzentuierte Christologie hat singulären Charakter ... Sie macht das Eigenste gerade des Paulus aus."[47]

Der Schlüssel zum Verständnis des Verses ist der Begriff der Gerechtigkeit (δικαιοσύνη).[48] Ohne Gerechtigkeit kann kein Mensch vor Gott bestehen. Davon geht Paulus mit dem Alten Testament und Judentum aus. Sein Thema ist die Gerechtigkeit coram Deo und nicht Gerechtigkeit als ethischer oder juristischer Begriff. Er entfaltet den Begriff der Gerechtigkeit auf dem Hintergrund der grundlegenden theologischen Unterscheidung zwischen Gesetz und Christus bzw. zwischen Gesetz und Evangelium. Der in Phil 3,9 beschriebene Gegensatz zwischen Gesetzesgerechtigkeit und Glaubensgerechtigkeit gründet in jener Unterscheidung und stellt den soteriologischen Gegensatz zwischen Gesetz und Christus im Blick auf die Rechtfertigung des

---

[46] Zum Gebrauch von εὑρίσκω *finden* in Phil 3,8 s.a. 2. Kor 5,3 u. Gal 2,17.

[47] G. Eichholz, Die Theologie des Paulus im Umriss, Neukirchen ²1977, 10.

[48] Den Begriff gebraucht Paulus 50 x von insgesamt 92 Belegen im NT, davon 34 x im Röm und 4 x im Phil: 1,11; 3,6; 3,9 (2 x). Vgl. P. Stuhlmacher, Gerechtigkeit Gottes bei Paulus, FRLANT 87, Göttingen ²1966, bes. 99−101 (zu Phil 3,9).

Menschen vor Gott heraus. Diesen Gegensatz als nicht nur erdachten, sondern als wirklichen, durch Christus gesetzten und im Evangelium offenbarten Gegensatz zwischen Tod und Leben, Unheil und Heil zu erfassen, das heißt die Gerechtigkeit Gottes als Inbegriff des Heils und mit ihr die Rechtfertigungslehre verstehen.

Paulus geht von der Perspektive aus, die durch die „Erkenntnis Christi" (3,8) eröffnet wird, wenn er in dem mit μὴ ἔχων eingeleiteten Partizipialsatz in V. 9 den Gegensatz zwischen Gesetzesgerechtigkeit und Glaubensgerechtigkeit mit einer doppelten Antithese zum Ausdruck bringt:

Gesetzesgerechtigkeit	Glaubensgerechtigkeit
δικαιοσύνην	δικαιοσύνην
– (τὴν)[49] ἐμήν	– τὴν διὰ πίστεως Χριστοῦ[50]
meine Gerechtigkeit	*die durch den Glauben an Christus (kommt)*
– τὴν ἐκ νόμου[51]	– τὴν ἐκ θεοῦ ἐπὶ[52] τῇ πίστει
die aus dem Gesetz (kommt)	*(nämlich) die (Gerechtigkeit) aus Gott aufgrund des Glaubens*

Paulus beginnt den Partizipialsatz in V. 9 mit einer Negation: μὴ ἔχων ἐμὴν δικαιοσύνην *habe ich doch nicht meine Gerechtigkeit*. „Meine" bezieht sich zurück auf das, was er als Pharisäer war und was ihn auszeichnete (Phil 3,5–6). Diese „meine Gerechtigkeit" wird näher bestimmt durch τὴν ἐκ[53] νόμου *die (Gerechtigkeit) aus dem Gesetz*. Was der Apostel unter der Gerechtigkeit, die aus dem Gesetz kommt, versteht, sagt er Röm 10,5, indem er

---

[49] Zum Fehlen des Artikels im Text von Phil 3,9 vgl. BDR § 285, 7.

[50] Wie γνώσεως Χριστοῦ in 3,8 ist πίστεως Χριστοῦ hier Genitivus objektivus, bezeichnet also nicht den Glauben, den Christus hat, sondern vielmehr den Glauben *an* Christus. Paulus hat das Gottesverhältnis Jesu Christi niemals mit πίστις bezeichnet. S.a. Gal 2,16; Röm 3,26 u.a.

[51] Vgl. BDR § 272, 2.

[52] Die verschiedenen Präpositionalwendungen (ἐκ, διά, ἐπί u.a.) sind bedeutungsgleich und stellen keine besonderen Nuancen im Verständnis der Rechtfertigung heraus.

[53] ἐκ bezeichnet in Phil 3,9 beide Male den Ursprung der Gerechtigkeit (Bauer-Aland, Wb 473).

3. Mose 18,5 anführt: ὁ ποιήσας αὐτὰ ἄνθρωπος ζήσεται ἐν αὐτοῖς ...⁵⁴ *der Mensch, der sie* (sc. die Satzungen und Rechte der Tora) *tut, wird dadurch leben*. Die Gesetzesgerechtigkeit gründet sich also auf das gesetzeskonforme Tun des Menschen, weswegen die synonyme Bezeichnung „Werkgerechtigkeit" durchaus sachgerecht ist. Diese Gerechtigkeit versteht die Lebenszusage von 3. Mose 18,5 als Heilszusage, derzufolge das Heil auf dem Weg der Gesetzesobservanz erlangt werden könne. Danach habe Israel – exemplarisch nach Phil 3,4b–6 der Pharisäer Saul – gestrebt, als komme die Gerechtigkeit aus den Werken (Röm 9,32). Paulus bezeugt Israel, dass das mit „Eifer" geschehe, „aber ohne Einsicht" (10,2). Dadurch werde vielmehr „die eigene Gerechtigkeit"⁵⁵ aufgerichtet, die der Gerechtigkeit Gottes nicht untertan sei (10,3).

Der fundamentale Irrtum, dem Israel erlegen ist, besteht nicht darin, dass das Tun des Gesetzes nicht zum Leben führte, sondern dass diesem Tun infolge der Abgekehrtheit des Menschengeschlechts von Gott, der Juden wie der Heiden, der Boden entzogen ist, und zwar durch das von Gott abgekehrte Sein des Menschen vor all seinem Tun. Im ersten Teil des Römerbriefes (1,18–3,20) hat Paulus dargelegt, dass das Tun des Menschen unter einem gottabgewandten Vorzeichen steht, so dass es ausgeschlossen ist, die Gerechtigkeit vor Gott auf dem Weg der Gesetzesobservanz zu erlangen.

Was damit sachlich gemeint ist, kann man sich am Beispiel des höchsten Gebotes deutlich zu machen versuchen (Mk 12,28–34 Par.). Auf die Frage eines Schriftgelehrten nach dem höchsten Gebot gab Jesus zur Antwort: „Das höchste Gebot ist das: ‚Höre, Israel: Der Herr ist unser Gott, der Herr ist einzig! Du sollst den Herrn, deinen Gott, lieben von ganzem Herzen, von ganzer Seele, von ganzem Gemüt und von allen deinen Kräften' (5. Mose 6,4.5)." (Mk 12,29 f.) Die Liebe, die im höchsten Gebot gefordert wird, ist entweder da oder nicht da. Man kann sie sich nicht vornehmen, um sie in Zukunft zu erwei-

---

⁵⁴ Wortgenaues Zitat aus 3. Mose 18,5 LXX. Vgl. dazu D.-A. Koch, Die Schrift als Zeuge des Evangeliums, BHTh 69, Tübingen 1986, 293 f.
⁵⁵ Die ἰδία δικαιοσύνη (Röm 10,3) ist die δικαιοσύνη ἐκ νόμου (10,5), wie dies auch die ἐμὴ δικαιοσύνη in Phil 3,9 ist.

sen; denn dadurch zeigt man, dass sie in der Gegenwart nicht geübt wird, dass man also das höchste Gebot übertreten hat und vor Gott schuldig ist. Der Schriftgelehrte bestätigte Jesus zwar, dass das Liebesgebot das höchste Gebot sei (Mk 12,32 f.), hat aber nicht zu erkennen gegeben, ob er ihm gerecht werden kann.

Die Frage, ob man es hält und zu halten vermag, ist jedoch keineswegs auf die Antike und das Judentum beschränkt. Es ist die Grundfrage der Menschheit zu allen Zeiten. Wer liebt Gott so, wie es in 5. Mose 6,4 f. gefordert wird? Wer fürchtet, liebt und vertraut Gott über alle Dinge[56]? Welcher Mensch hat „ein solches Herz, das nichts als Gutes von ihm erwarten kann, besonders in Nöten und Mangel, dazu alles gehen und fahren lassen will, was nicht Gott ist"[57]? „Frage und erforsche dein eigenes Herz gründlich, so wirst du wohl finden, ob es allein an Gott hängt oder nicht."[58] Für Luther war klar, dass der Mensch die Gebote Gottes, seines Schöpfers, aus seinen natürlichen Kräften nicht zu halten vermag. Das hat er in seinen frühen Disputationen thetisch herausgestellt,[59] als Ertrag seiner Vorlesung über den Römerbrief 1515/16. Darin hat er sich als gelehriger Schüler des Apostels Paulus erwiesen.

Paulus hatte in seiner Zeit als Pharisäer seine eigene Gerechtigkeit, die aus dem Gesetz kam (Phil 3,9). Aber diese eigene Gerechtigkeit, die er – wie andere Israeliten – als Pharisäer vor Gott aufzurichten gesucht hat, war der Gerechtigkeit Gottes nicht untertan (Röm 10,3). Das kann doch nur heißen, dass die äußere Befolgung der Gebote der Tora die innere Übertretung der Tora, besonders des ersten und höchsten Gebotes, zugedeckt hat. Ihm war offenbar noch nicht bewusst, „dass alle, Juden wie Griechen, unter der Sünde sind" (Röm 3,9). Den eigentlichen Sinn des Gesetzes, nämlich dass durch das Gesetz Erkenntnis der Sünde kommt (Röm 3,20; 7,7), enthüllte ihm erst die Glaubensgerech-

---

[56] Nach M. Luther, KlKat, 1529; WA 30 I, 243, 14 f. (Erklärung des ersten Gebotes).

[57] Luther, GrKat, 1529; WA 30 I, 136, 21–23 (1. Gebot; sprachlich geglättet).

[58] WA 30 I, 136, 19–21.

[59] Quaestio de viribus et voluntate hominis sine gratia disputata, 1516; WA 1, (142) 145–151. Vgl. außerdem vor allem die Disputatio contra scholasticam theologiam, 1517; WA 1, (221) 224–228, bes. 225, 1 f. (Th. 17).

tigkeit. Die Glaubensgerechtigkeit ist die Position, von der aus Paulus auf die Gesetzesgerechtigkeit blickt und sie bewertet. Das jedoch nicht, weil sie nur eine neue oder eine andere theologische Vorstellung wäre, sondern weil die Glaubensgerechtigkeit vielmehr die neue Wirklichkeit darstellt, durch die Gott selbst (ἐκ θεοῦ) das Heil gesetzt hat.

Die Genitivverbindung διὰ πίστεως Χριστοῦ (durch den Glauben *an* Christus), die Paulus hier gebraucht, findet sich auch an anderen gewichtigen Stellen wie Röm 3,22 und Gal 2,16,[60] in denen der Apostel die Rechtfertigung allein durch den Glauben entfaltet. In diesen Schriftbelegen steht der Glaube an Christus für das unerhört Neue, das Gott durch Jesus Christus heraufgeführt und in dem zum Kyrios erhöhten Christus als das endzeitliche Heil gesetzt hat. Dieser Glaube erwächst nicht auf dem Boden der Welt. Er ist keine Spielart der jüdischen Gesetzesexistenz, sondern er setzt vielmehr deren Ende voraus. Er ist nicht machbar, sondern er „kommt"[61] von außen, und zwar kommt er „aus dem Hören" auf die Verkündigung, die wiederum „durch das Wort Christi" kommt.[62] Er beruht also „nicht auf Menschenweisheit, sondern auf Gottes Kraft"[63] und ist eine „Frucht des Geistes"[64]. Obwohl er nicht von dieser Welt ist, vielleicht auch gerade deswegen, wird von ihm in aller Welt geredet.[65]

Der Glaube wird durch das „Objekt" des Glaubens, Christus, inhaltlich näher bestimmt und ist infolgedessen eindeutig identifizierbar. Er ist von allem anderen unterschieden und unterscheidbar. Zuerst ist hervorzuheben: Glaube *an* Christus ist Glaube an den Kyrios Jesus Christus (Phil 2,11; 3,8). Das schließt ein, dass Christus an Gottes Gottheit Anteil hat; dass der Glaube an ihn nicht dem ersten Gebot zuwiderläuft, sondern ihm vielmehr entspricht und es erfüllt. Gehörte Christus nicht in das erste Gebot hinein, wäre der Glaube *an* ihn praktizierte Abgötterei.

---

[60] An beiden Stellen steht die um den Eigennamen Jesus erweiterte Fassung διὰ πίστεως *Ἰησοῦ* Χριστοῦ.
[61] Gal 3,23: ἐλθεῖν τὴν πίστιν. S.a. 3,25.
[62] Röm 10,17: ἡ πίστις ἐξ ἀκοῆς, ἡ δὲ ἀκοὴ διὰ ῥήματος Χριστοῦ.
[63] 1. Kor 2,5: ἡ πίστις ὑμῶν μὴ ᾖ ἐν σοφίᾳ ἀνθρώπων ἀλλ' ἐν δυνάμει θεοῦ.
[64] Gal 5,22: καρπὸς τοῦ πνεύματός ἐστιν ... πίστις.
[65] Röm 1,8: ἡ πίστις ὑμῶν καταγγέλλεται ἐν ὅλῳ τῷ κόσμῳ.

Die Wendung „Glaube an Christus" impliziert das christologische und soteriologische Bekenntnis des Urchristentums. Nach dem Christushymnus, den Paulus Phil 2,6−11 anführt, gehört dazu unabdingbar das Bekenntnis zur Präexistenz Christi, nämlich dass Jesus Christus in „Gottes Gestalt" (2,6a) und „Gott gleich" (2,6b) war, bevor er sich selbst entäußerte und Mensch wurde (2,7).[66] Die Selbstentäußerung des Gottgleichen bestimmt sodann das Bekenntnis zur Inkarnation und qualifiziert diese als das freie Handeln dessen, der in der Einheit mit Gott existiert und im Einklang mit dem Liebeswillen Gottes, des Vaters, Mensch wird. Dadurch hat sich Gott selbst in Jesus anschaubar, vernehmbar und erkennbar gemacht, freilich zugleich unter seiner Menschheit verhüllt. An zentraler Stelle des Hymnus gehört dazu ferner das Bekenntnis zum Tod Jesu Christi am Kreuz (2,8). Dieser gewinnt seine volle Kontur erst durch den Rückbezug auf die Menschwerdung des Präexistenten, kommt Christi Tod am Kreuz doch deshalb unvergleichliche Bedeutung zu, weil er der Tod dessen ist, der zuvor in „Gottes Gestalt" (2,6a) existent war und der die Menschheit durch seine Selbstentäußerung freiwillig angenommen hat. Denn welche zeitübergreifende Bedeutung könnte der Kreuzestod eines galiläischen Juden während der römischen Herrschaft in Palästina haben, der nichts gewesen wäre als ein Mensch? Schließlich ist die Erhöhung des gekreuzigten Jesus Christus zum Kyrios wesentlicher und unverzichtbarer Bestandteil des urchristlichen Bekenntnisses: Jesus ist der Name gegeben, der über alle Namen ist (2,9); er, der Gekreuzigte, ist der Richter über alle (2,10); alle Zungen werden bekennen, „dass Jesus Christus der Herr ist, zur Ehre Gottes, des Vaters" (2,11).[67]

Ebenso wie das christologische Bekenntnis sind die soteriologischen Bekenntnisaussagen in der Wendung „Glaube an Christus" mit inbegriffen. Die grundlegenden sind bereits vor Paulus gebildet worden; dieser hat weitergegeben, was er empfangen hat (1. Kor 15,3a). Hier ist vor allem an das Bekenntnis in 1. Kor

---

[66] Vgl. W. Führer, Ursprung und Geburt Jesu Christi, Berlin 2017, 34 ff.

[67] Aus der Fülle der Literatur vgl. vor allem O. Hofius, Der Christushymnus Philipper 2,6−11, WUNT 17, Tübingen ²1991, 18 ff., 64 ff.

15,3b–5⁶⁸ zu denken: „Dass Christus gestorben ist für unsere Sünden nach der Schrift; und dass er begraben wurde und dass er auferweckt worden ist am dritten Tage nach der Schrift; und dass er erschienen ist dem Kephas, danach den Zwölfen." Zum Glauben an Christus gehört demnach unabdingbar der Glaube an das von Gott im Tod Jesu am Kreuz „für unsere Sünden" gewirkte Heilshandeln[69] sowie der Glaube an die Auferstehung Jesu und die in ihr vollzogene Inkraftsetzung des stellvertretenden Sühnehandelns.

Die Wendung „Glaube an Christus" umfasst also das ganze Heilsgeschehen. In dessen Zentrum stehen der stellvertretende Tod und die Auferstehung Jesu Christi. Christus ist, wie Paulus den soteriologischen Ertrag des Heilsgeschehens in einer schon vor ihm geprägten Bekenntnisformel zusammenfasst, „um unserer Sünden willen dahingegeben und um unserer Rechtfertigung willen auferweckt" (Röm 4,25).[70]

Den Abschluss von Phil 3,9 bildet die zweite antithetische Näherbestimmung der Glaubensgerechtigkeit: τὴν ἐκ θεοῦ δικαιοσύνην ἐπὶ τῇ πίστει *die Gerechtigkeit aus Gott aufgrund des Glaubens*. Nicht der Glaube, Gott ist der Urheber der Gerechtigkeit. Die Gerechtigkeit aus Gott wird aber allein dem Glauben zuteil. Dies jedoch nicht, weil der Glaube die Bedingung ihrer Möglichkeit wäre, sondern weil er die einzig adäquate Weise ist, an Gottes Heilswerk, vollzogen in Jesus Christus, Anteil zu gewinnen. Der letzte und eigentliche Gegensatz zwischen der auf Werken beruhenden Gesetzesgerechtigkeit und der Glaubensgerechtigkeit liegt in dem Heilswerk Gottes selbst begründet, das dieser in Christus „für unsere Sünden" (1. Kor 15,3) vollbracht hat. Gottes Heilswerk negiert somit die auf das Heil vor Gott zielenden Werke des Gesetzes und setzt ihrem soteriologischen Motiv durch Christus ein definitives Ende (s. Röm 10,4).

---

[68] Vgl. z.St. F. Lang, Die Briefe an die Korinther, NTD 7, Göttingen 1986, 208 ff.; W. Schrage, Der erste Brief an die Korinther, EKK VII/4, Düsseldorf u.a. 2001, 10 ff. (Lit.), bes. 31–53.

[69] Zum Verständnis des Kreuzestodes Jesu bei Paulus vgl. O. Hofius, Sühne und Versöhnung, in: ders., Paulusstudien, WUNT 51, Tübingen ²1994, 33–49; H.-C. Kammler, Jesus Christus – Grund und Mitte des Glaubens, Leipzig 2021, 19–82.

[70] Vgl. z.St. P. Stuhlmacher, Der Brief an die Römer, NTD 6, Göttingen ²1998, 70 f.

10 Der inhaltlich gewichtige Partizipialsatz in V. 9 steht in Parenthese. Denn V. 10 beginnt mit einem Infinitivsatz, der den ἵνα-Satz in V. 8 fortsetzt. Der Zusammenhang ist dadurch gegeben, dass Paulus Christus gewinnen (V. 8) und in ihm befunden werden will (V. 9a), „um ihn zu erkennen" (V. 10a). In der Parenthese V. 9 führt er den Grund dafür aus: Weil dem Glauben an Christus das eschatologische Heilsgut der Gerechtigkeit Gottes zuteil wird.

Die Satzglieder der Verse 10–11 stehen in chiastischer Anordnung:[71]

> *um ihn zu erkennen,*
> a *und zwar*[72] *die Kraft seiner Auferstehung*
> b *und die Teilhabe an seinen Leiden,*
> b *gleichgestaltet seinem Tod,*
> a *dass ich zur Auferstehung von den Toten*
> *gelange.*[73]

Thema dieses Verses ist die Unverwechselbarkeit der Christuserkenntnis. Ihn, der Paulus bei Damaskus aus seinen Irrtümern und von seiner mörderischen religiösen Gesinnung befreit und zum Apostel berufen hat, gilt es zu erkennen! Die christliche Gotteserkenntnis geht davon aus, von Gott, der sich in Christus zu erkennen gibt, erkannt zu sein (Gal 4,9). Aber das ist nicht nur der Ausgangspunkt der christlichen Gotteserkenntnis, es ist auch ihr Gegenstand und ihr Ziel. Beleg dafür ist Phil 3,10: Paulus will nicht irgendetwas erkennen, sondern *ihn* selbst, ihn, Christus, als Person, und zwar durch das, was sie als Person einzigartig macht, nämlich „die Kraft seiner Auferstehung und die Teilhabe an seinen Leiden". Das Spezifikum der christlichen Erkenntnis ist mithin: Christus vermittelt nicht eine Heils- und Gotteserkenntnis, die irgendwann überholt wäre, als würde die

---

[71] Vgl. Joachim Jeremias, Chiasmus in den Paulusbriefen, in: ders., Abba, Göttingen 1966, 276–290, 280.

[72] Das καί ist „epexegetisch aufzufassen und mit ‚und zwar' zu übersetzen" (Müller, Phil. (s. Anm. 9), 158).

[73] Zur Übersetzung von εἴ πως καταντήσω εἰς s. BDR § 375, 4: εἰ gibt einer Erwartung Ausdruck; es wird verstärkt durch πῶς; das Verb steht im Aor. Konj. Mögliche Wiedergabe von V. 11: „(in der Hoffnung,) dass ich zur Auferstehung von den Toten gelange(n) (werde)".

Christuserkenntnis nur eine Durchgangsstation zu höheren Erkenntnisstufen darstellen, vielmehr ist und bleibt er als Person in seinem Werk selbst der Gegenstand und das eschatologische Ziel der Heils- und Gotteserkenntnis. Nur das ist wesentlich für Paulus, was zur Erkenntnis Christi führt; alles andere dagegen unwesentlich und randständig.

Um die Person und das Werk Jesu Christi zu erkennen, muss man zuerst „die Kraft seiner Auferstehung" erkennen. Von vornherein wird Christus nicht als ein Erkenntnisgegenstand neben anderen innerweltlichen Erkenntnisgegenständen angesehen. Vielmehr ist er schlechthin analogielos; denn er hat im Unterschied zur gesamten kreatürlichen Welt, die ausnahmslos auf den Tod zugeht, den Tod überwunden und hinter sich gelassen. Das ist der entscheidende Aspekt für das sachgerechte Verständnis der Erkenntnis Christi. Denn wer Christus auf eine innerweltliche Erscheinung reduziert, findet keinen Zugang zu ihm, weil er ihn auf etwas festzulegen sucht, was hinter ihm liegt. Paulus spricht hier davon, die δύναμιν τῆς ἀναστάσεως αὐτοῦ, die schöpferische *Macht* seiner Auferstehung zu erkennen. Er setzt dabei voraus, dass die Auferstehung des gekreuzigten Jesus vom Tod auf einer unvergleichlichen Machttat des allmächtigen Gottes beruht, für die es keine Analogie gibt, es sei denn die Schöpfung aus dem Nichts (1. Mose 1,1). Nun lebt Christus in der Kraft Gottes.[74] Diese Kraft Gottes aber ist zugänglich gemacht worden in dem Evangelium Gottes (Röm 1,1), das die Kraft Gottes ist zur Rettung für jeden, der glaubt (Röm 1,16). Christus in der Kraft oder Macht seiner Auferstehung zu erkennen, heißt also: an das Evangelium glauben, das ihn als den Auferstandenen verkündigt, „der sich selbst für unsere Sünden dahingegeben hat, dass er uns errette von dieser gegenwärtigen, bösen Welt nach dem Willen Gottes, unseres Vaters" (Gal 1,4).

Obwohl Phil 3,10 sprachlich und theologisch eindeutig ist, herrscht bei der Auslegung der beiden Innenglieder des Chiasmus „und die Teilhabe an seinen Leiden, / gleichgestaltet seinem Tod" eine große Unklarheit. Die Ausleger sprechen von den „Leiden und Beschwernissen des Paulus bei seinem Wirken als

---

[74] 2. Kor 13,4: καὶ γὰρ ἐσταυρώθη ἐξ ἀσθενείας, ἀλλὰ ζῇ ἐκ δυνάμεως θεοῦ.

Apostel"[75] oder gar von seinem „Martyrium"[76], aber Paulus hat die Leiden und den Tod Christi selbst im Blick. Das ergibt sich klar aus der Satzstruktur und dem Sprachgebrauch von Phil 3,10. Es geht in diesem Vers ausschließlich darum, „ihn (sc. Christus) zu erkennen", und das in doppelter Hinsicht, einmal durch die Erkenntnis der „Kraft seiner Auferstehung" und zum anderen durch die Erkenntnis der „Teilhabe an seinen Leiden", der Gleichgestaltung mit „seinem Tod". Das dreimalige αὐτοῦ zeigt unmissverständlich an, dass von „*seiner* Auferstehung", „*seinem* Leiden" und „*seinem* Tod" die Rede ist. Warum für die Leiden und den Tod nicht gelten soll, was von den Auslegern für die Auferstehung als selbstverständlich vorausgesetzt wird, ist nicht nachvollziehbar. Was also heißt Christus dadurch zu erkennen, dass man die Teilhabe an seinen Leiden erkennt?

Paulus gebraucht in Phil 3,10 κοινωνία. Mit dem Wortfeld κοινωία werden die verschiedenen Gemeinschaftsverhältnisse bezeichnet, die durch das wechselseitige Anteilgeben und Anteilnehmen entstehen.[77] Das Wort wird im Zusammenhang der Kollekte für Jerusalem (s. z.B. Röm 15,26; 2. Kor 8,4; 9,13) und in der Abendmahlsperikope 1. Kor 10,14−22 verwendet. 1. Kor 10,16 steht κοινωία wie in Phil 3,10 mit dem Genitiv der Sache und bezeichnet die reale Teilhabe an der im Genitiv genannten Größe,[78] nämlich an dem Leib und Blut Christi. Dementsprechend bedeutet κοινωνίαν τῶν παθημάτων[79] αὐτοῦ in Phil 3,10 die reale „Teilhabe an seinen (sc. Christi) Leiden".[80] Christus erkennen durch das Innewerden der Teilhabe an seinen Leiden, das heißt erkennen, dass man als der Erkennende in die Leiden

---

[75] Müller, Phil. (s. Anm. 9), 160; u.a.

[76] So durchgängig in seinem Kommentar Lohmeyer, Phil. (s. Anm. 8).

[77] Vgl. J. Hainz, κοινωνία, EWNT, Bd. II, ²1992, 749−755, bes. 751. Paulus denkt nicht mystisch, sondern partizipatorisch (vgl. Müller, Phil. (s. Anm. 9), 159).

[78] Vgl. z.St. O. Hofius, Gemeinschaft am Tisch des Herrn, in: ders., Exegetische Studien, WUNT 223, Tübingen 2008, 203−217, 206 mit Anm. 18. Κοινωνία m. Gen. der Person ist dagegen mit „Gemeinschaft" zu übersetzen (s. 1. Kor 1,9).

[79] πάθημα kommt bei Paulus 7 x vor und bezeichnet im Plural „Leidenschaften" (Röm 7,5; Gal 5,24) oder „Leiden" (Christi und der Christen). Phil 3,10 ist eindeutig Jesu eigenes Leiden, nämlich seine Verwerfung und besonders sein Leiden am Kreuz gemeint.

[80] Die Wendung „und die Teilhabe an seinen Leiden" ist grammatikalisch von dem Infinitivsatz „um ihn zu erkennen" (τοῦ γνῶναι αὐτόν) abhängig.

Jesu Christi real einbezogen ist. Das liegt darin begründet, dass Christi Leiden von vornherein ein stellvertretendes Leiden war. Das wiederum geht auf Gott selbst zurück;[81] „denn Gott war in Christus und versöhnte die Welt mit sich selber" (2. Kor 5,19a).[82]

Die beiden Innenglieder des Chiasmus sind formal durch partizipialen Anschluss und thematisch durch den Gedanken der Anteilhabe an dem Leiden und Tod Jesu Christi verbunden. Mit der passivischen Wendung συμμορφιζόμενος[83] τῷ θανάτῳ αὐτοῦ *gleichgestaltet seinem Tod* wird die reale Teilhabe an dem Tod des gekreuzigten Christus ausgesagt. Darunter ist nach der Sachparallele Röm 6,3 ff. das Mitgekreuzigtsein und Mitgestorbensein der auf Christus Getauften zu verstehen. In Röm 6,6 gebraucht Paulus wie in Phil 3,10 das Verb „erkennen" (γινώσκω) und stellt fest: „Wir erkennen (wissen), dass unser alter Mensch mitgekreuzigt ist[84], damit der Leib der Sünde vernichtet werde, so dass wir der Sünde nicht mehr dienen." Um Christus zu erkennen, hat der Erkennende im Glauben wahrzunehmen und „dafür zu halten", also gelten zu lassen, dass er mit Christus gekreuzigt ist, so dass der „alte Mensch", nämlich er selbst, tot und damit auch der Sünde gestorben ist.[85] Der Ermöglichungsgrund für die reale Teilhabe an dem Tod Christi liegt wie bei der Teilhabe an seinen Leiden darin, dass der Tod Jesu Christi am Kreuz stellvertretend für die an die Sünde verfallene Menschheit geschehen ist.

11 Die Aussage über die Auferstehung Jesu steht an der Spitze des Chiasmus, umfasst ihn formal und bestimmt ihn inhaltlich. Die unvergleichliche Machttat Gottes, der den gekreuzigten, gestorbenen und begrabenen Jesus am dritten Tag auferweckt hat, ist, so ist noch einmal zu unterstreichen, die Grundlage und der Ausgangspunkt der Erkenntnis Jesu Christi. Diese führt aber nicht vom Kreuz Jesu Christi weg, sondern vielmehr zu ihm hin

---

[81] 2. Kor 5,18: τὰ δὲ πάντα ἐκ τοῦ θεοῦ.

[82] 2. Kor 5,19a: ὡς ὅτι θεὸς ἦν ἐν Χριστῷ κόσμον καταλλάσσων ἑαυτῷ.

[83] συμμορφίζω *dieselbe Gestalt verleihen* (Bauer-Aland, Wb 1554). Nur Phil 3,10 im NT. Auf das Partizip Passiv folgt der soziative Dativ τῷ θανάτῳ.

[84] Röm 6,6: συνεσταυρώθη.

[85] Vgl. Röm 6,11: ... λογίζεσθε ἑαυτοὺς [εἶναι] νεκροὺς μὲν τῇ ἁμαρτίᾳ ...

und erschließt dessen zentrale, die Zeiten übergreifende Heilsbedeutung. In der realen Anteilhabe am Leiden und Tod des gekreuzigten und auferstandenen Christus liegt zugleich der Grund für die Hoffnung auf die Auferstehung von den Toten. Von ihr spricht Paulus in der den Chiasmus beschließenden Zeile (V. 11).

Paulus gebraucht das bei ihm nur hier und auch sonst im Neuen Testament nicht mehr vorkommende Doppelkompositum ἐξανάστασις.[86] Damit wird die Zusammengehörigkeit mit der Auferstehung (ἀνάστασις) Jesu Christi, deren Kraft es zu erkennen gilt, um Christus zu erkennen, aber auch der Unterschied zu ihr, dieser jedoch auf der Grundlage unlöslicher Zusammengehörigkeit, angezeigt. Die Zusammengehörigkeit besteht darin, dass die Auferweckung Jesu die Auferweckung von (aus) den Toten in sich begreift.[87] Der Unterschied ist durch den zeitlichen Abstand gegeben, der zwischen der Auferweckung Jesu und der Auferweckung derer, die an ihn glauben, besteht. Paulus betont Phil 3,10–11 die Zusammengehörigkeit, aber ebenso – um dem Enthusiasmus zu wehren[88] – den Unterschied. Das eschatologische Heil wird als Gerechtigkeit Gottes durch das Evangelium verkündigt und im Glauben schon jetzt als freisprechende und neuschaffende Kraft Gottes ergriffen, aber es ist noch nicht in Erscheinung getreten. Das In-Erscheinung-Treten ist an die Parusie Christi gebunden und wird sich in der Auferstehung von den Toten realisieren, in welcher offenbar werden wird, was in Christus bereits vollzogen ist.

Für Paulus, der als Pharisäer die jüdische Auferstehungshoffnung teilte, stellt die Auferstehung der Toten eine unumstößliche Gewissheit dar. Aber nicht davon geht er hier aus, sondern von Gottes Heilstat der Auferweckung des Gekreuzigten. Wenn er in V. 11 der Hoffnung Ausdruck gibt, er möge doch zur Auferstehung von den Toten gelangen, dann denkt er nicht an die allge-

---

[86] Vgl. aber Röm 1,4: ... ἐξ ἀναστάσεως νεκρῶν. Zur Auferstehungsterminologie im Überblick s. J. Kremer, EWNT I (²1992), 210 ff.

[87] S. außer Phil 3,10 f. 1. Thess 4,14; 1. Kor 6,14; 2. Kor 4,14 u. Röm 8,11. Vgl. G. Delling, Die Bedeutung der Auferstehung Jesu für den Glauben an Jesus Christus, in: ders., Studien (s. Anm. 41), 347–370, 363.

[88] Vgl. P. Siber, Mit Christus leben. Eine Studie zur paulinischen Auferstehungshoffnung, AThANT 61, Zürich 1971, 118 ff.

meine Totenauferstehung, sondern an die Auferstehung derer, die Christus erkennen, indem sie die Kraft seiner Auferstehung und die Teilhabe an seinen Leiden erkennen (V. 10), und die durch diese Verbundenheit mit Christus an der „ersten Auferstehung" (Offbg 20,4-6) teilhaben. Diese ist mit der allgemeinen Totenauferstehung verknüpft, aber ihr vorgeordnet. Paulus geht davon aus, dass in Christus alle lebendig gemacht werden (1. Kor 15,22). „Aber ein jeder in seiner Ordnung: als Erstling Christus; danach, wenn er kommen wird, die, die Christus angehören; danach das Ende, wenn er das Reich Gott, dem Vater, übergeben wird, nachdem er alle Herrschaft und alle Macht und alle Gewalt vernichtet hat." (1. Kor 15,23 f.)

Neuere Kommentare lassen einen bei der Auslegung von Phil 3,11 weitgehend im Stich. Man muss auf ältere Auslegungen zurückgreifen. Wilhelm Löhe führte 1857 in einer Predigt über Phil 3,7-11 aus: „... die Toten in Christo stehen auf zuerst, nämlich in der ersten Auferstehung; die in Christo Lebenden werden verwandelt ..."[89] Diese „erste Auferstehung ist das nächste Ziel der heiligen Apostel und ihrer Gemeinden gewesen: sie ist auch unser nächstes Ziel, da wir noch in derselbigen Weltperiode leben, wie die Apostel."[90]

3.

Die Exegese hat erhärtet, dass der Philipperbrief um 55 n.Chr. entstanden sein wird. Er fällt nicht in die Spätphase des apostolischen Wirkens des Paulus, sondern dieser hat ihn auf der Höhe seines Werkes geschrieben, vermutlich in Ephesus, nach dem Galaterbrief, aber vor dem Römerbrief.[91] In diesem Kontext kann er am sachgerechtesten interpretiert werden. Phil 3, eines der theologisch aufschlussreichsten Kapitel des Neuen Testaments, lässt sich wie eine Kurzform des Galaterbriefes auffassen.[92]

---

[89] W. Löhe, Gesammelte Werke, hg.v. K. Ganzert, Bd. 6/1, Neuendettelsau 1957, 695-706, 698.
[90] A.a.O., 699.
[91] Nachweise s.o. Anm. 9 ff.
[92] Vgl. Becker, Paulus (s. Anm. 4), 332.

Charakteristisch für den Brief an die Philipper ist, dass persönliche Angelegenheiten und theologische Ausführungen auf eigentümliche Weise miteinander verflochten sind. Aber so mannigfaltig diese auch sind, sie werden von einem Generalanliegen umfasst, nämlich wie die gemeinsame Teilhabe am Evangelium (s. bes. Phil 1,7) gewährleistet werden kann.[93] Aus dieser übergreifenden Perspektive hat Paulus den Brief geschrieben. Das erwies sich als notwendig, weil sich die Teilhabe am Evangelium offenbar nicht von selbst verstand. Um sie zu erhalten, mussten die Verfälscher des Evangeliums zurückgewiesen werden.

Bei den Gegnern, gegen die sich Paulus in Phil 3 wendet, muss es sich um judenchristliche Missionare und Agitatoren gehandelt haben.[94] Die Schärfe seiner Sprache und die Schroffheit und Kompromisslosigkeit der Zurückweisung dürfte sich daraus erklären, dass das Problem auf dem Apostelkonvent (um 48/49 n.Chr.) benannt worden war und gelöst zu sein schien, dass sich aber judenchristliche Agitatoren an die getroffene Vereinbarung nicht gebunden fühlten. Die Entschiedenheit der Ablehnung und Zurückweisung durch Paulus lässt auf eine reale Bedrohung der Gemeinde in Philippi durch die Verfälschung des Evangeliums schließen.

Die Beschneidung als Zeichen der Verbundenheit mit JHWH und der Zugehörigkeit zum Volk Israel stellte in dem Gottesvolk aus Juden und Heiden nicht nur eine Möglichkeit, sondern eine Gegebenheit dar. Aber der Heilscharakter, der ihr von judenchristlichen Agitatoren beigemessen wurde, als wäre sie die unerlässliche Bedingung der Aufnahme in das Volk Gottes für die zu Christus bekehrten Heiden, *musste* um der Wahrheit des Evangeliums willen zurückgewiesen werden. Das ist auf dem Apostelkonvent denn auch geschehen. Die Missionare, die nach dem Aposteldekret (Apg 15,29) auch in Kleinasien und Mazedonien auf der Beschneidung als heilsnotwendiger Einlassbedingung in das Gottesvolk beharrten (s.a. Gal 5,12), unterliefen die

---

[93] Vgl. Balz, TRE 26 (s. Anm. 3), 509 f.
[94] Nicht „jüdische Missionare" (C. Kähler, Konflikt, Kompromiß und Bekenntnis, KuD 40 (1994), 47–64, 56), sondern „judenchristliche Missionare" (mit Müller, Phil. (s. Anm. 9), 186–191) waren die Gegner.

Wahrheit des Evangeliums und untergruben die Freiheit des Glaubens. Paulus bezeichnet sie als „böswillige Arbeiter" (Phil 3,2). Vor ihnen hat man sich zu hüten! „Denn *wir* sind die Beschneidung, die wir im Geist Gottes dienen und uns Christi Jesu rühmen und uns nicht auf Fleisch verlassen" (3,3). Paulus hat durch seine kompromisslose Ablehnung der Beschneidungsbefürworter das eine Volk Gottes aus Juden und Heiden nicht gespalten, sondern erhalten.

Der eigentliche Kontroverspunkt lag im Gesetz beschlossen, unter das sich die Heiden mit der Beschneidung hätten stellen müssen, und zwar unter die ganze Tora (s. Gal 5,3), nützt die Beschneidung doch nur dann etwas, wenn man das Gesetz hält (Röm 2,25). Die Proselyten wären wie die Juden darauf ausgerichtet worden, durch Tora-Observanz die Gerechtigkeit zu suchen (s. Gal 5,4), um durch strengen Gesetzesgehorsam vor Gott bestehen zu können. Aber das ist eine Konstruktion, die auf einem doppelten Irrtum beruht.

Zum einen liegt ihr die Verkennung der Situation des Menschen coram Deo zugrunde. Der Mensch steht unter der Sünde (Ps 51,7; Röm 3,9; 5,12−21 u.a.); er ist fleischlich, unter die Sünde verkauft (Röm 7,14; Gal 3,22), und existiert in heimlicher oder offener Rebellion gegen Gott. Die Probe darauf ist das höchste Gebot (5. Mose 6,4 f.; Mk 12,29 f. Par.): Welcher Mensch liebt Gott von ganzem Herzen, von ganzer Seele und mit all seiner Kraft? Steht Gott nicht vor und über allem, und zwar aus aufrichtiger, inniger Liebe, nicht aus religiöser Nötigung, dann ist das ein Indiz für die Übertretung des ersten Gebotes. Die äußere Befolgung der anderen Gebote verdeckt unter dieser Voraussetzung nur den inneren Abfall und den tief verborgenen Hass auf den Gesetzgeber. Das Gesetz kann Liebe gebieten, aber es kann sie nicht ins Herz geben. In Wirklichkeit richtet das Gesetz „nur Zorn an" (Röm 4,15).

Die Erkenntnis, dass das Gesetz Zorn anrichtet, verdankt sich schon der Perspektive des Evangeliums, von der aus Paulus das Gesetz bewertet. Damit ist der zweite Irrtum angesprochen, nämlich die Verkennung der eigentlichen Funktion des Gesetzes. Diese benennt Paulus im Römerbrief gleich zweimal: Durch das

Gesetz kommt Erkenntnis der Sünde (3,20; 7,7).[95] Es ist heilig, gerecht und gut (Röm 7,12.16), weil es den heiligen, gerechten und guten Willen Gottes unverfälscht bezeugt. Aber es kann das Heilige, Gerechte und Gute nicht bewirken, sondern lediglich offenbar machen und apodiktisch fordern. Ihm ist eine unübersteigbare Grenze gesetzt: es kann nicht lebendig machen (Gal 3,21). Das Gesetz ist kein Heilsweg und war dies nie, aber es gehört zur Heilsökonomie Gottes: „Ehe aber der Glaube kam, waren wir unter dem Gesetz verwahrt und verschlossen auf den Glauben hin, der dann offenbart werden sollte." (Gal 3,23)

Gal 3,23 wirft ein Licht auf die Zeit des Paulus als Pharisäer. Er habe nach der allerstrengsten Richtung als Pharisäer gelebt (Apg 26,5) und sei nach der Gerechtigkeit, die das Gesetz fordert, „untadelig" gewesen (Phil 3,6). Aber offensichtlich verkannte er den soteriologischen Bezugsrahmen, in die er durch die Tora-Observanz eingebunden war, ist in „Untadeligkeit" doch eine – wenn auch verdeckte – soteriologische Zielbestimmung enthalten. Denn vor wem oder was war er „untadelig" (ἄμεμπτος)? Vor sich selbst? Niemand ist sein eigener Richter! Vor dem Gesetz? Ja, aber das Gesetz ist auf den bezogen, der es gegeben hat: Gott. Untadeligkeit stellt also eine Qualifikation dar, die Paulus in das Verhältnis zu Gott einzubringen gesucht hat. Damit jedoch ist ein Vertrauen in die Werke des Gesetzes zum Ausdruck gebracht, das den Zugang zu Gott nicht öffnen kann, sondern vielmehr verschließen muss; denn in dem Vertrauen auf die Werke des Gesetzes wird in Wahrheit die Übertretung des ersten Gebotes, Gott vor allem und über alles zu vertrauen, manifest. Das ist dem Pharisäer Saul offenbar nicht bewusst gewesen. Er war „unter dem Gesetz verwahrt und verschlossen auf den Glauben hin, der dann offenbart werden sollte" (Gal 3,23).

Ein grundsätzliches Urteil über das Gesetz aus der eschatologischen Perspektive des Evangeliums findet sich in Gal 4,4–5 und in der Sachparallele Röm 8,3–4. Durch diese Stellen[96] wird der Grund für den tiefen Unterschied zwischen der Gesetzesgerechtigkeit und der Glaubensgerechtigkeit, die Paulus in Phil 3,6

---

[95] Röm 3,20b: διὰ γὰρ νόμου ἐπίγνωσις ἁμαρτίας.
[96] Vgl. zu ihnen Führer, Ursprung (s. Anm. 66), 111–148 (Lit.) u. 171–190. 225 f. (Lit.).

und 3,9 einander entgegengesetzt hat, enthüllt. Ich beschränke mich darauf, Röm 8,3−4 anzuführen: „Denn was dem Gesetz unmöglich war, weil es wegen des Fleisches unvermögend war, das hat Gott getan: Er sandte seinen eigenen Sohn in der Gleichgestalt des Fleisches der Sünde und um der Sünde willen und verdammte die Sünde im Fleisch, damit die Rechtsforderung des Gesetzes in uns erfüllt würde, die wir nicht nach dem Fleisch wandeln, sondern nach dem Geist."

Zunächst wird assertorisch festgestellt, dass es dem Gesetz schlechterdings „unmöglich"[97] ist, von Sünde und Tod, welche die Existenz des Menschen bestimmen und ihn versklaven, zu befreien. Als Begründung wird angegeben, das Gesetz sei wegen des Fleisches unvermögend. Der Mensch ist nicht „fleischlich", weil er „Fleisch" ist im Sinne der Geschöpflichkeit, Geschlechtlichkeit und Vergänglichkeit, sondern weil er im Zentrum seiner Person, in seinem Herzen und Willen, von Gott abgewandt und in „Feindschaft gegen Gott" (Röm 8,7) befangen ist. Dass das Gesetz wegen des Fleisches unvermögend ist, das gründet im Abgekehrtsein des Menschen von Gott im „Unglauben"[98]. Die pharisäische Torafrömmigkeit hat diese Grenze, die dem Gesetz durch die Fleischlichkeit des Menschen gezogen ist, nicht wahrgenommen. Doch der Fleischlichkeit gegenüber ist das Gesetz „unvermögend", machtlos. Man schloss aus dem Besitz des Gesetzes wie selbstverständlich auf das Vermögen, es halten zu können. Aber das war und ist ein Trugschluss. Er brachte lediglich religiösen Eifer hervor, dem die Einsicht fehlt (Röm 10,2).

Bedeutsam für die Bestimmung des Verhältnisses Gesetz – Christus ist die Hauptaussage von Röm 8,3: Gottes Handeln hat die Wende zum Heil heraufgeführt, und zwar durch die Sendung seines Sohnes und dessen Fleischwerdung als Voraussetzung zur Sühnung der Sünde und sodann die Verdammung der Sünde im Fleisch durch den Vollzug der Sühne am Kreuz. Emphatisch hebt Paulus hervor, dass es *Gott* war, der die Initiative zum Heil ergriffen und sie durch die Sendung seines Sohnes in Gang gesetzt hat. Der präexistente Sohn Gottes ist in die Menschenwelt eingetreten, und zwar unumkehrbar durch die Annahme des

---

[97] Passivische Wiedergabe von ἀδύνατος (s. Bauer-Aland, Wb 34 f.).
[98] M. Luther, Vorrede Röm., 1546, WA.DB 7, 13, 14 f.

Fleisches. Das ist „um der Sünde willen"⁹⁹ geschehen. Über die Sünde hat Gott Gericht gehalten und sie „verdammt"¹⁰⁰. Das Verdammungsurteil über „die Sünde im Fleisch" ist aber nicht an den Sündern, sondern an dem sündlosen Christus vollzogen worden – „im Fleisch", das heißt an seinem Leib am Kreuz. Die Sünde ist nun entmachtet, im Fleisch, ein für allemal, jedoch nicht durch die allgemeine Verurteilung der Sünde im Fleisch, hätte diese doch zur Vernichtung des Fleisches geführt, sondern durch die stellvertretende Vollstreckung des Verdammungsurteils über die Sünde an dem fleischgewordenen, gekreuzigten Christus.

In Röm 8,3 f. (Gal 4,4 f.) ist der eigentliche Grund für den tiefen Graben, der sich zwischen der Gesetzesgerechtigkeit und der Glaubensgerechtigkeit auftut, bloßgelegt. Er liegt in Gottes Handeln an und in seinem Sohn selbst beschlossen. Während sich die Gesetzesgerechtigkeit auf das Tun des *Menschen* gründet, beruht die Glaubensgerechtigkeit auf *Gottes* Tat der Versöhnung, die durch das Wort von der Versöhnung verkündigt und im Glauben ergriffen wird. Darum ist das Evangelium keine Ergänzung des Gesetzes und kann dies nur unter der Preisgabe der Wahrheit des Evangeliums sein. Deshalb ist die soteriologische Zielbestimmung, die dem Gesetz untergelegt wird, eine Irreführung. Denn in Wirklichkeit kann der von Gott abgekehrte Mensch vor Gott nur existieren, wenn Gott selbst für ihn ins Mittel tritt und vor sich gelten lässt, was er in Christus für ihn getan hat. Dass das geschehen ist, aus Gnade allein, und dass sich Paulus darin einbezogen sehen darf, das ist der Grund, warum er das, was ihm Gewinn war, für Schaden angesehen hat, ja für Dreck (Phil 3,7 f.). Und „Dreck"¹⁰¹ ist es auch in Wahrheit, gemessen an der alles überragenden Erkenntnis Christi.

Das Urteil über das Gesetz, das von den Judenchristen grundlegend anders bewertet werden muss als im Judentum, hat Paulus aus der Erkenntnis Christi gewonnen. Es lässt sich nur aus der

---

⁹⁹ „Sünde" ist das entscheidende Stichwort: ἁμαρτία kommt dreimal in Röm 8,3 vor.
¹⁰⁰ κατέκρινεν (Aor. von κατακρίνω) verurteilen, verdammen (Bauer-Aland, Wb 837). Vgl. außer Röm 8,3 auch 2,1; 8,34; 14,23 u. 1. Kor 11,32.
¹⁰¹ Das ist keine „*Selbst*beschimpfung" (Kähler, Konflikt (s. Anm. 94), 57), sondern ein theologisches Werturteil. Paulus argumentiert nicht psychologisch, sondern rechtfertigungstheologisch.

Christologie und Soteriologie erklären, die Paulus mit dem Urchristentum gemeinsam hat, die er aber – darin einzigartig – konsequent durch die Rechtfertigungslehre, in Phil 3 durch die Gegenüberstellung und Entgegensetzung von Gesetzesgerechtigkeit und Glaubensgerechtigkeit auf dem Hintergrund seiner pharisäischen Vergangenheit, entfaltet hat. Nur durch die Rechtfertigungslehre kann erhoben und stringent dargelegt werden, was mit und in Christus auf den Plan getreten ist, nämlich dass er, der Sohn Gottes, an die Stelle aller Menschen trat, um die Sünden aller zu sühnen. Dadurch hat er die Gerechtigkeit Gottes als das endzeitliche Heil heraufgeführt, an dem alle, die glauben, Anteil erhalten. „Das alles aber von Gott ... Denn Gott war in Christus und versöhnte die Welt mit sich selber" (2. Kor 5,18.19). In Röm 4,5 hat Paulus die Prädikation geprägt, Gott sei der, „der den Gottlosen rechtfertigt".[102] Darin spiegelt sich seine eigene Berufung wider, die den Hintergrund von Phil 3 bildet; denn an Paulus ist exemplarisch deutlich geworden, was mit der Rechtfertigung des Gottlosen gemeint ist.

Was sagt Paulus über die Erkenntnis Christi aus? Das ist am Schluss zusammenzufassen:

1. Zunächst muss festgestellt werden: Phil 3,(2)7−11, daraus besonders 3,8−10, ist eine grundlegende Schriftstelle, in ihrer Kürze, Prägnanz und Aussagekraft wohl die für die Erkenntnis Christi aufschlussreichste im Neuen Testament. Aus ihr wird deutlich, dass Paulus keine isolierte Erkenntnislehre vertritt, sondern dass die Erkenntnis Christi Bestandteil der Rechtfertigungslehre ist, die er durch die Entgegensetzung von Gesetzesgerechtigkeit und Glaubensgerechtigkeit entfaltet. Daher wäre es von vornherein unsachgerecht, die Frage nach der Erkenntnis Christi gegenüber der durch die Rechtfertigungslehre explizierten Christologie und Soteriologie zu verselbständigen. Man brächte sich dadurch in den Gegensatz zu dem Ansatz und Duktus der Argumentation des Apostels.

2. Die Erkenntnis Christi schließt die Absage an die Gesetzesgerechtigkeit und damit zugleich die Negation der ihr adäquaten Erkenntnis Gottes ein. Durch die soteriologische Zielbestim-

---

[102] Vgl. dazu O. Hofius, „Rechtfertigung des Gottlosen" als Thema biblischer Theologie, in: ders., Paulusstudien (s. Anm. 69), 121−147.

mung, die dem Gesetz durch die Gesetzesgerechtigkeit untergelegt wird, wird das Heil vor Gott in die Abhängigkeit von menschlicher Leistung gebracht. In dem „Seinsvertrauen", das sich auf die „Heilsträchtigkeit der eigenen Leistung (gründet)"[103], liegt die Übertretung des ersten Gebotes. Die Übertretung des ersten Gebotes aber ist die Sünde schlechthin, weil durch sie Gott zum Abgott wird. Aus sachlicher Notwendigkeit schließt daher die Erkenntnis Christi die Zerstörung des Gottesbildes ein, das der Gesetzesgerechtigkeit zugrunde liegt. Die Offenbarung Gottes in Christus trifft den Menschen nicht leer an, den jüdischen so wenig wie den heidnischen, sondern diesen vielmehr jeweils fixiert auf Gottesvorstellungen, durch die Gott verunehrt wird. Diese müssen preisgegeben werden, damit die Erkenntnis Christi Platz greifen kann. Phil 3 ist ein Beleg für diesen Antagonismus zwischen Fleisch und Geist (s. bes. 3,3 f.). Paulus hat es gründlich verlernt, auf Fleisch zu vertrauen.

3. Die Erkenntnis Christi beruht auf der Offenbarung des Christus Jesus selbst, und zwar ausschließlich auf ihr. „Erkenntnis Christi" ist mithin ein Offenbarungsbegriff. Dieser Begriff impliziert formal: Durch Offenbarung wird erschlossen, was der Vernunft und allen Sinnen unzugänglich und unerschließbar ist. Die Initiative wie der Vollzug liegen bei dem Offenbarer, der frei ist, sich selbst zu erkennen zu geben, wo und wann er will. Der Offenbarungsempfänger bleibt ihm gegenüber passiv. Paulus hat nach der Offenbarung Christi nicht nur nicht gesucht, vielmehr widerstrebte er Christus; die Offenbarung des Christus Jesus war ein Widerfahrnis.

3.1 Einschlägig für den Begriff der Offenbarung ist Gal 1,12 aus dem Selbstzeugnis des Paulus über seine Berufung: „Ich habe es (sc. das Evangelium) nicht von einem Menschen empfangen noch gelernt, sondern durch eine Offenbarung Jesu Christi."[104] Christus und das Evangelium kann man demnach nicht von Paulus her erklären, aber sehr wohl umgekehrt Paulus, den Apostel, von Christus und dem Evangelium her; verglichen damit ist auch sein jüdischer Hintergrund sekundär. Das muss

---

[103] G. Klein, Gesetz III, TRE, Bd. 13, 1984, 58–75, 68.
[104] Gal 1,12: οὐδὲ γὰρ ἐγὼ παρὰ ἀνθρώπου παρέλαβον αὐτὸ οὔτε ἐδιδάχθην, ἀλλὰ δι' ἀποκαλύψεως Ἰησοῦ Χριστοῦ.

unterstrichen werden gegenüber einer Forschungsrichtung, die meint, Paulus durch seinen jüdischen Hintergrund verstehen zu können. Dieser ist zwar zum Verständnis unentbehrlich, aber über das Entscheidende und Eigentliche bei Paulus kann er keine Auskunft geben. Das erschließt allein Christus; das ergibt sich allein aus der Offenbarung Jesu Christi. Paulus hat das in Gal 1 und Phil 3 selbst unmissverständlich hervorgehoben.

3.2 Nach Gal 1,15−16 ist *Gott* der Urheber der Offenbarung. Für den erwählenden Gott stellt es keinen „Bruch" dar, was Paulus als Bruch widerfahren ist und empfinden musste, nämlich seine, des Widersachers, Berufung zum Apostel vor Damaskus. Denn Gott, der Paulus dazu „von Mutterleib an ausgesondert hat"[105], „gefiel es wohl"[106], „dass er seinen Sohn offenbarte an mir, damit ich ihn (durchs Evangelium) unter den Heiden verkündigte"[107]. Der Inhalt der Offenbarung Jesu Christi, der zugleich der Inhalt des Evangeliums *von* Jesus Christus ist (s. Röm 1,3 f.), ist also die Person des Kyrios Jesus Christus selbst. Um der eindeutigen Identifizierbarkeit der Person des Kyrios Jesus Christus willen gehört zur Offenbarung Jesu Christi wie auch zum Evangelium von Jesus Christus, was Paulus als unverzichtbare Näherbestimmung über das Werk und den soteriologischen Ertrag des Werkes Christi „empfangen und gelernt" hat:

− Dass Christus durch seinen stellvertretenden Tod am Kreuz „für unsere Sünden" (1. Kor 15,3b) die Versöhnung Gottes mit der „Welt" (2. Kor 5,19) vollbracht hat.

− „Dass er auferstanden ist am dritten Tage nach der Schrift" (1. Kor 15,4b) und dass dadurch die Tat der Versöhnung zeitübergreifend in Kraft gesetzt worden und als „Wort von der Versöhnung" (2. Kor 5,19) zu verkündigen ist.

− „Dass er Kephas erschienen ist,[108] danach den Zwölfen" (1. Kor 15,5); sie unterrichtete über das Muss seines Leidens (Lk

---

[105] Gal 1,15: ὁ ἀφορίσας με ἐκ κοιλίας μητρός μου. Vgl. Jes 49,1; Jer 1,5; Röm 1,1; 1. Kor 15,10.

[106] Gal 1,15: εὐδόκησεν. Zum Gebrauch des Verbs vgl. z.B. 1. Kor 1,21; 10,5; Mt 3,17 Par.

[107] Gal 1,16: ἀποκαλύψαι τὸν υἱὸν αὐτοῦ ἐν ἐμοί, ἵνα εὐαγγελίζωμαι αὐτὸν ἐν τοῖς ἔθνεσιν. Zu ἐν ἐμοί vgl. BDR § 220, 1.

[108] 1.Kor 15,5: ὤφθη Aor. Pass. ὁράω *gesehen werden, erscheinen* (s. Bauer-Aland, Wb 1170−1172). 1. Kor 15,5−8 wird ὤφθη 4 x gebraucht; zuletzt erschien der Kyrios auch Paulus (15,8: ὤφθη κἀμοί). Die Erscheinung haben die Jünger nicht

24,25–27) und sie zur weltweiten Verkündigung des Evangeliums beauftragte (2. Kor 5,20; Mt 28,19 f.; Mk 16,15).
– Dass ihm als dem erhöhten Kyrios alle Macht gegeben ist über Lebende und Tote, Himmel und Erde (Röm 14,7–9; Phil 2,9–11; Mt 28,18).

3.3 Dieser Inhalt qualifiziert die Offenbarung Jesu Christi, von der Paulus in Gal 1,12.16 spricht, als schlechthin grundlegend. Sie unterscheidet sich von allen „Offenbarungen", die Paulus sonst noch erwähnt (z.B. Gal 2,2; 2. Kor 12,1), gäbe es diese doch ohne jene gar nicht. Und das Evangelium von Jesus Christus, das denselben Inhalt hat wie die Offenbarung Jesu Christi, ist das *eine* „Evangelium Gottes" (Röm 1,1), neben dem es „kein anderes gibt" (Gal 1,7). Der Inhalt des Evangeliums von Jesus Christus ist nicht beliebig austauschbar, so wenig der gekreuzigte, auferstandene und erhöhte Jesus Christus als Inhalt der Offenbarung durch einen anderen Christus ausgetauscht werden kann.[109]

4. Die Erkenntnis Christi ist Gotteserkenntnis, insofern sie die Erkenntnis des Kyrios ist. Das ist der letzte und eigentliche Grund, weswegen Paulus Phil 3,8 von „der Unüberbietbarkeit der Erkenntnis Christi Jesu, meines Herrn" spricht. Sie ist Gotteserkenntnis als Heilserkenntnis und als Heilsgeschehen; denn mit ihr öffnet sich der Zugang zum Reich Gottes, der wegen der Sünde verschlossen war, weil sie die Erkenntnis dessen ist, der die Schuld der Sünde stellvertretend durch seinen Tod am Kreuz gesühnt hat. Die Erkenntnis Christi ist der große Durchbruch durch den Sperrkreis unüberwindlicher Ignoranz, das unverhoffte Finden des Schatzes im Acker (Mt 13,44), für den man alles dahingibt. Als sich Paulus erschloss, dass mit dem Tod Jesu Christi am Kreuz das Leben (Phil 1,21) und die Gerechtigkeit Gottes (3,9) als das endzeitliche Heil in Erscheinung getreten ist, da war es aus mit allem anderen!

4.1 Der Kyrios Jesus Christus ist der lebendige Herr. Es ist ein Charakteristikum der Erkenntnis Christi, dass sie in eine Relati-

---

durch eine Vision in sich selbst gebildet, der Erscheinende ist nach den neutestamentlichen Zeugnissen vielmehr selbst von außen und wider Erwarten an sie herangetreten.

[109] Wo immer das geschieht, und zwar vorgeblich im Namen Jesu Christi, ist das ein Zeichen der Verführung und des Abfalls (s. Mt 24,4 f. Par.).

on versetzt und eine Lebensbeziehung herstellt. Diese entsteht durch den Glauben im Hören auf das Evangelium und besteht in der Einheit mit Christus aufgrund des wechselseitigen Tausches der Sünde des Menschen mit der Gerechtigkeit Gottes, die Christus heraufgeführt hat.

5. Christus erkennen heißt erkennen, dass man in seine Geschichte, seinen Tod und seine Auferstehung, real einbezogen ist. Das jedoch nicht, weil man sich in etwas hineinsteigerte, was man gern wäre, aber nicht ist, sondern weil es von Gott aus Gnade so gesetzt ist. In der Existenzstellvertretung Jesu Christi liegt das Mitgekreuzigtsein und Mitgestorbensein der auf Christus Getauften beschlossen (Röm 6,3 ff.). Das gilt es, im Glauben anzuerkennen und gegen anderslautende Gedanken und Gefühle gelten zu lassen; dessen gilt es, im Glauben inne zu werden. Darin gründet die unvergleichliche Freiheit des Glaubens an Christus. Denn frei ist nicht, wer Sünde und Tod ignoriert, weil man gegen sie doch nicht ankommen kann, sondern wer diese auf Christus geladen und durch dessen stellvertretenden Tod und Auferstehung überwunden sieht und dies im Glauben für die eigene Person gelten lässt. Die Erkenntnis Christi besteht in der befreienden Wahrnehmung des von Gottes Geist bewirkten Versetztseins in Christus aufgrund der realen Teilhabe an dessen Tod und Auferstehung. An die Galater hat Paulus geschrieben (2,19 f.): „Ich bin mit Christus gekreuzigt. Ich lebe, doch nun nicht ich, sondern Christus lebt in mir."

5.1 In der realen Anteilhabe am Leiden und Tod des gekreuzigten und auferstandenen Christus liegt auch der Grund für die Hoffnung auf die Auferstehung von den Toten, von der Paulus in Phil 3,11 spricht. Die Erkenntnis Christi ist defizitär, wenn man verkennt, dass die Auferweckung Jesu die Auferstehung von den Toten in sich begreift. Aber die Erkenntnis Christi wird auch durch den Enthusiasmus aufgehoben, der von der Annahme ausgeht, die Auferstehung sei schon geschehen. Vielmehr ist das In-Erscheinung-Treten des Reiches Gottes an die Parusie Jesu Christi gebunden. Mit ihr wird die Auferstehung von den Toten geschehen. Dann wird offenbar werden, was in Christus bereits vollzogen ist. Im Philipperbrief ist diese Erwartung ungebrochen. Sie liegt der Abfassung des Briefes zugrunde und bestimmt das Leben der Gemeinde.

6. Aus Phil 3,8.10 wird unmissverständlich deutlich: Die Erkenntnis Christi ist nicht durch philosophische Erkenntnistheorie erlangbar; sie wird nicht durch empirische Forschung nach dem „historischen" Jesus gewonnen. Vielmehr kommt die Erkenntnis Christi ausschließlich und allein aus dem Glauben an das Evangelium von Jesus Christus. Sie steht nicht nur Philosophen und Historikern, sondern allen Menschen offen. Der „Erkentnisgegenstand" ist nicht der historische Jesus, sondern der erhöhte Kyrios Jesus Christus. Zur Identität des Kyrios Jesus Christus gehört aber seine Davidssohnschaft (Röm 1,3), seine Geistgezeugtheit (Mt 1,18.20; Lk 1,35) und vor allem das, was oben unter 3.2 aus 1. Kor 15,3−8 angeführt ist. Seine Identität hat der Auferstandene seinen Jüngern selbst erschlossen und ihnen die Notwendigkeit seines Leidens und Sterbens aufgedeckt (Lk 24,25−27), ihnen also − in der Sprache des Paulus − seinen Tod als stellvertretenden Sühnetod zur Versöhnung Gottes mit der Welt enthüllt. Wer Jesus Christus ist, wird erkennbar und erfahrbar aus der „Kraft seiner Auferstehung" und aus der „Teilhabe an seinen Leiden", aus der „Gleichgestaltung" mit „seinem Tod". Man beachte aber die Reihenfolge, in der das in Phil 3,10 geschrieben steht: Von der Auferstehung Jesu Christi aus wird offenbar, wer der Gekreuzigte und Menschgewordene ist. Diese Reihenfolge ist nicht umkehrbar. Denn sie umkehren heißt: Jesus Christus die Deutung seines Todes aus der Hand nehmen und sie Spekulation und Willkür ausliefern.

6.1 Aus der Vorordnung des Auferstandenen und Erhöhten vor dem Geschichtlichen und Gekreuzigten bei der Erkenntnis Christi folgt nun aber keineswegs die Entwertung des Todes Jesu am Kreuz auf Golgatha, sondern ganz im Gegenteil, dass das Kreuz dadurch in den Mittelpunkt gerückt wird, und zwar als die ein für allemal vollzogene Tat der Versöhnung. Diese ist durch die Auferstehung und Erhöhung Jesu Christi unverlierbar und unüberholbar in Kraft gesetzt. Davon ist Paulus, der Theologe des Kreuzes, ausgegangen, und das ist der Grund, weswegen er unter den Korinthern von nichts wissen wollte als allein von Jesus Christus, dem Gekreuzigten (1. Kor 2,2).

6.2 Auch Luthers Theologia crucis geht von der Inkraftsetzung der Versöhnung durch den auferstandenen und erhöhten Kyrios Jesus Christus aus. Diese entfaltet er stringent durch die reformatorische Rechtfertigungslehre. Gegen die scholastische Theologie hat er 1531 zu Gal 3,13 festgestellt: „Diese Erkenntnis Christi und diese allersüßeste Tröstung, dass Christus für uns zum Fluch gemacht ist, um uns von dem Fluch des Gesetzes zu erlösen, rauben uns die Sophisten, wenn sie Christus von den Sünden und Sündern scheiden und ihn lediglich als Beispiel hinstellen, das wir nachzuahmen haben."[110] Durch diese Scheidung wird Christus, der beladen ist mit den Sünden der Welt, also zu etwas gemacht, was er nicht war und nicht ist, nämlich zu einer *persona privata*. Das wiederum heißt, dass das Kreuz Christi entwertet und „unbrauchbar"[111] wird.

6.3 Der neuzeitliche Forschungsansatz, in dem man sich „vom historischen Jesus zum kerygmatischen Gottessohn" vorzuarbeiten sucht,[112] hat Phil 3,10 gegen sich. Er ist theologisch grundfalsch; denn erst aus der Auferstehung des Gekreuzigten wird erkennbar, wer Jesus Christus ist. Erst mit der Auferstehung und Erhöhung ist Gottes Geist als neuschaffende Macht entbunden worden und die christliche Gemeinde entstanden. Erst aus der Auferstehung und Erhöhung des Gekreuzigten erwächst die Einsicht in die unvorgreifliche und unlösliche Einheit Gottes, des allmächtigen Vaters, mit seinem eingeborenen Sohn und lässt die Wesenseinheit des Sohnes mit Gott bei personaler Unterschiedenheit erkennbar werden. Denn es ist Gott selbst, der Jesus „um unserer Sünden willen dahingegeben und um unserer Rechtfertigung willen auferweckt hat" (Röm 4,25; s.a. 2. Kor 5,18 f,). Hat aber Gott selbst sühnend, versöhnend und rechtfertigend in und durch Jesu Christi Tod und Auferstehung gehandelt, dann ist Jesus Christus keine Privatperson, sondern das Heil der Welt. Dann ist es erst die Auferstehung, welche die Kreuzigung Jesu ins Licht stellt und ihre universale Heilsbedeutung offenbar macht. Auf dieser Grundlage wird es nachvollziehbar, warum

---

[110] In epistolam S. Pauli ad Galatas Commentarius, (1531) 1535, WA 40 I, 434, 21−24 (Dr): *Hac cognitione Christi et consolatione suavissima, Quod Christus pro nobis factus sit Maledictum, ut nos a maledictio legis redimeret, privant nos Sophistae, cum segregant Christum a peccatis et peccatoribus et eum tantum proponunt ut exemplum nobis imitandum*.

[111] WA 40 I, 434, 25: *inutilem*.

[112] Vgl. z.B. G. Theissen, Vom historischen Jesus zum kerygmatischen Gottessohn, EvTh 68 (2008), 285−304.

Paulus bei der Erkenntnis Christi in Phil 3,10 der Auferstehung die Priorität einräumt. Ferner wird plausibel, warum Luther mit seinem Einwand gegen die Scheidung Jesu Christi von den Sünden und Sündern sachlich im Recht ist. Schließlich wird auf dieser Argumentationsgrundlage nachvollziehbar, warum die historische Jesusforschung der letzten Jahrhunderte im Ansatz falsch ist.[113] Gerade sie, die der Geschichte absoluten Vorrang zugesteht, ist es, welche die Kreuzigung Jesu als die in der Geschichte geschehene Tat der Versöhnung entwertet und verdunkelt hat. Sie öffnet nicht, sondern verstellt vielmehr den theologisch sachgerechten Zugang zur Erkenntnis Christi.

6.4 Die hier vorgelegte theologische Interpretation von Phil 3,7–11 ist aus den Quellen selbst gewonnen. Sie bestätigt die Sachgerechtheit der Paulusdeutung Luthers, der das christologische und soteriologische Zeugnis des Paulus durch den Artikel von der Rechtfertigung entfaltet hat. Damit hat er das Denken des Apostels „zutreffend erfaßt und zur Geltung gebracht"[114]. Diese Feststellung nötigt zur Zurückweisung der „New Perspective on Paul" und mit noch größerer Entschiedenheit der „Paul within Judaism Perspective"[115]. Besonders die letztere wird dem theologischen Ansatz des Paulus nicht im geringsten gerecht und führt zu dem grotesk anmutenden Ergebnis, Paulus habe nie aufgehört, auch nach Damaskus nicht, ein Tora observanter Jude zu sein.[116] Er blieb zweifellos Jude, aber an die Stelle der Toraobservanz trat der Christusglaube. Jene Paulusdeutung ist theologisch noch abwegiger, als es die der spätmittelalterlichen Scholastik vor der Reformation war.

---

[113] Ausführlicher dazu Führer, Ursprung (s. Anm. 66), 521–551, bes. 544 ff.

[114] O. Hofius, Vorwort, in: ders., Paulusstudien (s. Anm. 69), V. S.a. das Vorwort von Hofius zu seinen *Paulusstudien II*, 2002, V f.

[115] Vgl. im Überblick M. Bachmann, „The New Perspective on Paul" und „The New View on Paul", in: Horn (Hg.), Paulus Handbuch (s. Anm. 16), 2013, 30–38; ferner vor allem U. Schnelle, Über Judentum und Hellenismus hinaus: Die paulinische Theologie als neues Wissenssystem, ZNW 111 (2020), 124–155, bes. 126 ff. (Lit.); Kammler, Jesus Christus (s. Anm. 69), 2021, 255–279.

[116] P. Fredriksen, Paul. The Pagan's Apostle, New Haven / London 2017, Preface. Dagegen mit Recht Schnelle, a.a.O., 127 ff.

Die Erkenntnis der Herrlichkeit Gottes – 2. Korinther 4,6

1.

Zur Erkenntnis Gottes bedarf es der Erleuchtung. Diese bringt die apostolische Verkündigung des Evangeliums. Durch sie wirkt Gott die „Erkenntnis der Herrlichkeit Gottes im Angesicht Jesu Christi" (2. Kor 4,6).

Dieses Wort an die Gemeinde in Korinth, die Paulus auf der zweiten Missionsreise um 50 n.Chr. gegründet hat,[1] gehört zu seinen Ausführungen über den im Evangelium gründenden Apostolat in 2. Kor 2,14–7,4. Sie haben sich als notwendig erwiesen, weil das Apostelamt und die Apostelwürde des Paulus in der Zwischenzeit von Gegnern in Korinth angezweifelt worden waren.

Man kann davon ausgehen, dass die Abfassung des 2. Kor in dasselbe Jahr wie die des Phil fällt. Während der Phil vor der freiwilligen Sammlung der mazedonischen Gemeinden geschrieben worden sein dürfte, ist der 2. Kor ein wenig später in Mazedonien entstanden (2. Kor 7,5; 8,1; 9,4), und zwar vor dem Winteraufenthalt des Paulus in Korinth 55/56, also im Herbst des Jahres 55 n.Chr.[2]

Wie der Phil ist der 2. Kor ein persönlicher Brief, aber im Unterschied zum Phil ist das Persönliche im 2. Kor durch Anfeindungen bedingt. Es fehlt ihm daher die Beschwingtheit, die dem Phil eigen ist. Thematisch ist der Phil mit dem ein wenig älteren Gal verbunden, aber nicht mit dem 2. Kor. Denn der 2. Kor ist nicht gegen judenchristliche Agitatoren geschrieben, die die

---

[1] Vgl. Apg 18,1–17. Nach 18,11 blieb Paulus 18 Monate in Korinth „und lehrte unter ihnen das Wort Gottes". Zum Gründungsaufenthalt vgl. J. Jervell, Die Apostelgeschichte, KEK III, Göttingen 1998, 456 ff. Zur Gemeinde in Korinth im Überblick s. W. Schrage, Der erste Brief an die Korinther, EKK VII, 1, Zürich 1991, 25 ff.; D. Zeller, Der erste Brief an die Korinther, KEK V, Göttingen 2010, 32 ff.

[2] Vgl. H. Lietzmann / W. G. Kümmel, An die Korinther, HNT 9, Tübingen ^{5}1969, 135; C. Wolff, Der zweite Brief des Paulus an die Korinther, ThHK 8, Leipzig ^{2}2011, 10; u.a. Zum Stand der Diskussion s. U. Schnelle, Einleitung in das Neue Testament, Göttingen ^{8}2013, 96 f.

Beschneidung und Gesetzesobservanz fordern, sondern gegen judenchristliche Bestreiter der Legitimität seines Apostolats. Daraus ergeben sich wiederum Berührungen mit Gal 1. Offenbar hatte Paulus an mehreren Fronten zu kämpfen.

Der 2. Kor ist vermutlich mit Unterbrechungen geschrieben worden. Es ist möglich, dass Teile des Briefes schon in Ephesus entstanden sind. Aber diese Teile bilden keine selbständigen Briefe. Denn dass Paulus ausgerechnet in Briefen, in denen es um die Legitimität des Apostolats geht, das Präskript mit ausdrücklicher Angabe des Apostelstitels, das Proömium und den Briefschluss weglässt, wovon man bei der Annahme einer Briefsammlung ausgehen müsste, ist ganz und gar unwahrscheinlich. Daher kann der 2. Kor unter Berücksichtigung der konfliktgeladenen Umstände seiner Entstehung als einheitlich aufgefasst werden.[3]

2.

2. Korinther 4,6:

ὅτι ὁ θεὸς ὁ εἰπών· ἐκ σκότους φῶς λάμψει, ὃς ἔλαμψεν ἐν ταῖς καρδίαις ἡμῶν πρὸς φωτισμὸν τῆς γνώσεως τῆς δόξης τοῦ θεοῦ ἐν προσώπῳ [Ἰησοῦ] Χριστοῦ.

Denn Gott, der sprach: „Aus Finsternis leuchte Licht auf!", der hat es Licht werden lassen in unseren Herzen, zum Aufstrahlen der Erkenntnis der Herrlichkeit Gottes im Angesicht Jesu Christi.

2. Kor 4,6 ist eine Fundamentalaussage, die im Zentrum der großangelegten Apologie des Apostolats steht, in der Paulus die Grundlagen seines apostolischen Verkündigungsdienstes theologisch beleuchtet. Diese Ausführungen erstrecken sich von 2,14 –

---

[3] Mit Schnelle, a.a.O., 99−109. Einen Forschungsüberblick über die verschiedenen Teilungshypothesen bieten R. Bieringer, Teilungshypothesen zum 2. Korintherbrief, in: ders. / J. Lambrecht, Studies on 2. Corinthians, BETL 112, Leuven 1994, 67−105; M. Thrall, A Critical and Exegetical Commentary on the Second Epistle to the Corinthians, ICC, Bd. I, Edinburgh 1994, 1−76; T. Schmeller, Der zweite Brief an die Korinther, Teilband 1: 2. Kor 1,1−7,4, EKK VIII, 1, Neukirchen 2010, 19 ff.

7,4. In 4,1–6 bringt Paulus seine Ausführungen über die Herrlichkeit des Dienstes im neuen Bund resümierend zum Abschluss.

2. Kor 4,6 hat folgende Struktur:[4] ὁ θεός ist Subjekt; der sich anschließende Partizipialsatz ὁ εἰπών· ἐκ σκότους φῶς λάμψει ist Apposition. Die Verbindung zwischen 4a und 4b ist anakoluthisch. Der mit ὅς eingeleitete Relativsatz enthält die Satzaussage und verhält sich zum Subjekt wie ein Prädikatsnomen:[5] *Gott, der sprach ... (ist der), der leuchtete ...* Prädikat des Satzes ist ἔλαμψεν. Die Wendung πρός mit Akkusativ φωτισμόν gibt das „Ziel" an, „auf das losgesteuert wird"[6]. Von den sich anschließenden Genitiven ist τῆς γνώσεως Genitivus subjectivus und τῆς δόξης Genitivus objectivus. ἐν bezeichnet „das Ziel des Lichtscheins"[7]. Die Wendung ἐν προσώπῳ Ἰησοῦ Χριστοῦ ist präpositionales Attribut zu τῆς δόξης τοῦ θεοῦ. Der Vers enthält hymnische Elemente; diese erlauben es aber nicht, ihn einer bestimmten Gattung, etwa einer Taufkatechese, zuzuordnen.[8]

Gott ist das Subjekt des Geschehens. Dass Gott der in schöpferischer Freiheit Handelnde ist, sagt Paulus nicht nur hier, sondern im ganzen Brief. Daraus einige Belege. Im Präskript unterstreicht er, er sei „Apostel Christi Jesu durch den Willen Gottes". Auf „Gott, der die Toten auferweckt", ist das Vertrauen zu setzen (2. Kor 1,9). Gott „ist es, der uns fest macht mit euch in Christus" (2,21). Gott „hat uns tüchtig gemacht zu Dienern des neuen Bundes, nicht des Buchstabens, sondern des Geistes" (3,6). Es ist nicht der traditionelle jüdische Schöpfungsglaube, so gewiss dieser im Hintergrund steht, sondern der auf dem Aposto-

---

[4] Vgl. P. Bachmann, Der zweite Brief des Paulus an die Korinther, KNT 8, Leipzig ³1918, 189 f.; A. Schlatter, Paulus der Bote Jesu, Stuttgart (1934) ³1962, 530; A. Oepke, λάμπω, ThWNT, Bd. IV, 1942, 17–28, 25 f.; V. P. Furnish, II Corinthians, AncB 32 A, New Haven 1984, 224; O. Hofius, Wort Gottes und Glaube bei Paulus, in: ders., Paulusstudien, WUNT 51, Tübingen ²1994, 148–174, 161 f.; E. Gräßer, Der zweite Brief an die Korinther, ÖTBK 8, Bd. 1, Gütersloh 2002, 158 f.; Schmeller, 2. Kor., 232 ff. (Lit.); C. Niemand, Teilhabe an der Bildgestalt des Sohnes, in: Kontexte neutestamentlicher Christologie, Freiburg/Br. 2018, 9–59, bes. 27 ff. (Lit.).

[5] Vgl. Schlatter, a.a.O., 530.

[6] Bauer-Aland, Wb 1422.

[7] Oepke, ThWNT IV, 26, 10.

[8] Vgl. die Diskussion bei Schmeller, 2. Kor., 235, Anm. 388.

lat beruhende und in der Erfahrung der apostolischen Verkündigung ausgeprägte Glaube an Gott, den Schöpfer, der Paulus bewogen hat, in 4,6 mit einem freien Zitat assertorisch zur Aussage zu bringen: „Gott, der sprach: ‚Aus Finsternis leuchte Licht auf!', *der* hat es Licht werden lassen in unseren Herzen ..."

Dieser Versanfang zeigt die Vertrautheit des Paulus mit der griechischen Bibel und der Sprache der jüdischen Weisheit. Es handelt sich strenggenommen nicht um ein Zitat, sondern um eine freie Nachbildung von 1. Mose 1,(2)3, was die Sachaussage betrifft, mit sprachlichen Anklängen an Ps 111,4 LXX; Hiob 37,15 LXX; Jes 9,1 LXX und Weish 18,4. Die Finsternis-Licht-Metapher wird von Paulus hier in schöpfungstheologischem Kontext aufgefasst. Er sagt mit ihr aus: Gott – ihm allein – kommt das Prädikat zu, der Schöpfer zu sein. Er schafft, indem er spricht, und indem er sein schöpferisches Wort ergehen lässt, wird, was nicht war: Licht.[9] Das ist gewaltig und unvergleichlich: Gott ruft das Nichtseiende ins Sein; aus der Finsternis leuchtet Licht auf.[10]

Das Prädikat des Satzes ἔλαμψεν[11] hat transitive, kausative Bedeutung:[12] Gott „hat es Licht werden lassen". In Analogie zur Schöpfung des Lichts im Anfang der Welt hat es Gott an einem neuen Tag, dem „Tag des Heils" (2. Kor 6,2), durch seine Schöpfermacht in unseren Herzen Licht werden lassen. Die Neuschöpfungsaussage in 4,6b steht in Korrelation zur Schöp-

---

[9] Zu 1. Mose 1,(2)3 vgl. G. v. Rad, Das erste Buch Mose. Genesis, ATD 2–4, Göttingen ⁹1972, 30–32; W. H. Schmidt, Die Schöpfungsgeschichte der Priesterschrift, WMANT 17, Neukirchen ³1973, 95 ff. Luther hat bei der Auslegung von 1. Mose 1,3 umgekehrt auf 2. Kor 4,6 zurückgegriffen (WA 42, 14, 15–17). Zu 1. Mose 1,3 stellt er fest (14,6 f.): *Ergo in principio et ante omnem creaturam est verbum, et est tam potens verbum, quod ex nihilo facit omnia.* „Also ist das Wort im Anfang vor aller Kreatur, und es ist ein so mächtiges Wort, dass es aus Nichts alles schafft."

[10] Vgl. Philo, SpecLeg IV, 187: τὰ γὰρ μὴ ὄντα ἐκάλεσεν εἰς τὸ εἶναι ... ἐκ δὲ σκότους φῶς ἐργασάμενος. Deutsch von I. Heinemann, in: Philo von Alexandrien, Die Werke in deutscher Übersetzung, Bd. II, Berlin ²1962, 299: „Das Nichtseiende hat er (sc. Gott) ins Sein gerufen, indem er ... an Stelle der Finsternis Licht schuf."

[11] Aor. λάμπω; bei Paulus nur 2. Kor 4,6, hier aber zweimal; vgl. Thrall, II Cor (s. Anm. 3), 316–318.

[12] Vgl. R. Bultmann, Der zweite Brief an die Korinther, KEK.S, Göttingen 1976, 101. 110 f.; Hofius, a.a.O. (s. Anm. 4), 162, Anm. 105; u.a. Anders z.B. Oepke, ThWNT IV, 26, 5.

fungsaussage in 4,6a. „Es ist der Schöpfergott, der erleuchtet"[13]; aber Paulus spricht in 2. Kor 4,6 nicht von einer „Schöpfungsoffenbarung"[14]; davon redet er in Röm 1,19. Vielmehr ist es der Eine Gott, der sich als der Schöpfer in Jesus Christus durch seinen Geist (s. 2. Kor 3,3.6.8.17 f.) zu erkennen gibt. Diese Erkenntnis ist Heilsgeschehen, das eine „neue Kreatur" (2. Kor 5,17; s.a. Gal 6,15) hervorbringt.

Der Mensch wird nicht obenhin berührt, sondern in seinem Innersten erfasst. Denn im Zentrum seiner Person, im Herzen, hat es Gott Licht werden lassen. Paulus gebraucht ἐν ταῖς καρδίαις ἡμῶν,[15] um mit Nachdruck hervorzuheben, dass das Licht, das Gott im Menschen aufleuchten lässt, sich in seinem inneren Wesen ausbreitet und von der Mitte der Person aus auf die ganze Person ausstrahlt: die Vernunft und alle Sinne. Dessen ist der Mensch im höchsten Maße bedürftig; denn sein „unverständiges Herz ist verfinstert" (Röm 1,21).

2. Kor 4,(3–)6 gehört wie 1. Kor 15,8–10; Gal 1,11–24 und Phil 3,4–11 zu den Stellen, in denen Paulus auf seine Bekehrung und Berufung bei Damaskus anspielt.[16] Betont er in Phil 3 die in der Erkenntnis Christi begründete Umwertung aller Werte, öffnet er in 2. Kor 4 den Blick auf den Gegenstand der extraordinären Ostererscheinung, die ihm zuteil geworden ist, nämlich auf den gekreuzigten Jesus Christus selbst, aber auf diesen in seiner gottgleichen Herrlichkeit, die ihm als dem auferstandenen und erhöhten Kyrios zu eigen ist. In diesem Geschehen ist Paulus offenbart worden, wer Jesus Christus in Wahrheit ist und worin das Evangelium besteht, das er den Heiden verkündigen soll. Bei Damaskus ist er zugleich „selbst zur neuen Kreatur geworden (2. Kor 5,17)"[17].

---

[13] K. Berger, Theologiegeschichte des Urchristentums, Tübingen/Basel ²1995, 301; mit ausdrücklichem Bezug auf 2. Kor 4,6.

[14] So H. Schlier, Die Erkenntnis Gottes nach den Briefen des Apostels Paulus, in: Gott in Welt. FS Karl Rahner, hg.v. J. B. Metz u.a., Freiburg/Br. 1964, 515–535, 522 f.

[15] Außer 2. Kor 4,6 auch 1,22; 3,2 f.; 3,15; s.a. Röm 5,5.

[16] Mit Joachim Jeremias, Der Schlüssel zur Theologie des Apostels Paulus, CwH 115, Stuttgart 1971, 20–25. Gegen R. v. Bendemann, Christusgemeinschaft – Christusmystik, in: F. W. Horn (Hg.), Paulus Handbuch, Tübingen 2013, 305–309, 307.

[17] C. Dietzfelbinger, Die Berufung des Paulus als Ursprung seiner Theologie, WMANT 58, Neukirchen ²1989, 50.

Paulus spielt zwar auf den Offenbarungsempfang bei Damaskus an, aber er will nicht die Besonderheit betonen, sondern die Gemeinsamkeit herausstellen, spricht er 2. Kor 4,6 doch ausdrücklich im Plural von „unseren Herzen". Weil der Inhalt der Offenbarung Jesu Christi auch der Inhalt des Evangeliums von Jesus Christus ist, nämlich der Kyrios Jesus Christus selbst, darum lässt es Gott durch die Verkündigung des Evangeliums im Herzen aller Glaubenden Licht werden. Der Unterschied zwischen der Erleuchtung des Paulus bei Damaskus und der Erleuchtung der Christen in Korinth und in der ganzen Ökumene besteht im Modus der Erleuchtung. Aber das Gemeinsame überwiegt und liegt im Grund, Inhalt und in der Heilswirksamkeit der Erleuchtung.

Zu welchem Zweck und Ziel hat Gott es in unseren Herzen Licht werden lassen? Die beabsichtigte Folge bringt Paulus mit der Wendung πρὸς φωτισμόν zum Ausdruck. Das Wort φωτισμός kommt im Neuen Testament nur 2. Kor 4,4 und 6 vor. Es ist bei Paulus noch kein Terminus technicus für die Taufe wie bei Justin und in der Alten Kirche.[18] Es ist auch nicht Bestandteil einer Illuminationstheorie. Im Deutschen gibt es kein angemessenes Äquivalent.[19] Luthers Übersetzung „das durch uns entstunde die erleuchtung von der erkentnis"[20] entspricht zwar dem Kontext, aber nicht dem Wortlaut des Verses. Auch die Wiedergabe mit einem Infinitivsatz[21] oder einem Finalsatz[22] ist wenig sachgerecht. Angemessen für die Wiedergabe einer beabsichtigten Folge ist ein Konsekutivsatz oder besser noch die wörtliche Übersetzung „zum Aufstrahlen"[23]. Ausgesagt wird: Gott hat es

---

[18] Justin, Apol. 61; s.a. Clemens von Alexandrien, Paed. I, 6, 26 u.a.

[19] M.E. auch im Englischen nicht. Die *King James Version* und die *Common Bible* übersetzen: „... to give the light of the knowledge of the glory of God in the face of (Jesus) Christ."

[20] WA.DB 7, 148 (1522) / 149 (1546). Die Revisionsausgabe 1984 hat „zur Erkenntnis" statt „von der erkentnis".

[21] Vgl. z.B. H. Menge ([10]1940): „um uns die Erkenntnis der Herrlichkeit Gottes im Angesicht Christi erglänzen zu lassen".

[22] Vgl. z.B. die *Einheitsübersetzung* ([2]1980): „... damit wir erleuchtet werden zur Erkenntnis ..."

[23] Mit Oepke, ThWNT IV, 25, 24. φωτισμός ist „d. Erstrahlen, d. Leuchten, d. Licht" (Bauer-Aland, Wb 1741). Der folgende Genitiv τῆς γνώσεως ist Gen. subj. und sollte nicht als Gen. obj. übersetzt werden (mit H. Windisch, Der zweite Korintherbrief, KEK 6, 1924 (Nachdr. Göttingen 1970), 140; Oepke, ThWNT IV, 26, 11;

in Analogie zur Schöpfung des Lichtes am Anfang der Welt Licht werden lassen in unseren Herzen zum Aufstrahlen der Erkenntnis der Herrlichkeit Gottes. Zu beachten ist, dass nicht das Aufstrahlen der Herrlichkeit Gottes ausgesagt wird; denn diese liegt schon auf dem Angesicht Jesu Christi, aber das verfinsterte menschliche Herz nimmt sie nicht wahr. Vielmehr kommt es zum Aufstrahlen der Erkenntnis im Sinne eines schöpferischen Vorgangs, der eine „neue Kreatur" (2. Kor 5,17) nach sich zieht. Mithin ist Erkenntnis Christi bei Paulus Synonym für Neuschöpfung, und zwar für eine neue Kreatur „in Christus" (2. Kor 5,17).

Weil diese Erkenntnis ein neues Sein impliziert und sie aufstrahlt wie die Morgenröte eines neuen Schöpfungstages, darum unterscheidet sie sich grundlegend von philosophischer, historischer und jeder Art von innerweltlicher Erkenntnis. Dass sie eine Erkenntnis sui generis ist, liegt in ihrem Ursprung, Gott, begründet; ferner in dem Mittel, durch das sie bewirkt wird, dem Evangelium; in dem Objekt, auf das sie bezogen ist, die Herrlichkeit Gottes; in dem „Ort" der Erkenntnis, dem Angesicht Jesu Christi; und schließlich in dem Ziel und Vollzug der Erkenntnis durch den Glauben.

2. Kor 3,1 ff. führt Paulus aus,[24] dass die ein neues Sein einschließende Erkenntnis durch die apostolische Verkündigung des Evangeliums, die ein Dienst im Geist ist, der lebendig macht (3,6), bewirkt wird. Aber das geschieht keineswegs automatisch, als wenn die Verkündigung ein Selbstläufer wäre. Vielmehr widersetzt sich ihr „der Gott dieser Welt", der Satan, indem er den Ungläubigen die Sinne verblendet, so dass sie gegenüber dem Evangelium verschlossen bleiben (4,4). Wo immer es „zum Aufstrahlen der Erkenntnis der Herrlichkeit Gottes im Angesicht Jesu Christi" (4,6) kommt, beruht das auf der Schöpfermacht Gottes, der es in Menschenherzen Licht werden lässt und durch seinen Geist den Glauben an das Evangelium wirkt.

Hofius, a.a.O. (s. Anm. 4), 163, Anm. 106; gegen Bultmann, 2. Kor. (s. Anm. 12), 111; M. Winter, φωτισμός, EWNT, Bd. III, ²1992, 1078–1080, bes. 1080; Bauer-Aland, Wb 1742 (Übersetzungsvorschlag zu 2. Kor 4,6 unter 2.).

[24] Vgl. dazu O. Hofius, Gesetz und Evangelium nach 2. Korinther 3, in: ders., Paulusstudien (s. Anm. 4), 75–120; Schmeller, 2. Kor. (s. Anm. 3), 168 ff. (Lit.).

Das Objekt der „Erkenntnis"[25] ist die „Herrlichkeit Gottes". Δόξα, Herrlichkeit, gebraucht Paulus am häufigsten im 2. Kor, in diesem wiederum besonders häufig in dem Abschnitt 3,7–4,6.[26] Mit „Herrlichkeit Gottes" ist 4,6 das Wesen Gottes gemeint, wie es in seiner Offenbarung in Erscheinung tritt.[27] Wo tritt es in Erscheinung? Das ergibt sich eindeutig aus der Zusammengehörigkeit von τῆς γνώσεως τῆς δόξης τοῦ θεοῦ mit ἐν προσώπῳ Ἰησοῦ Χριστοῦ: „im Angesicht Jesu Christi". Aus dem fünfmaligen Gebrauch von πρόσωπον in 2. Kor 3,7–4,6 geht hervor,[28] dass mit πρόσωπον das menschliche Angesicht im eigentlichen und keineswegs im übertragenen Sinn gemeint ist. Das bedarf der Erläuterung und Präzisierung.

In 2. Kor 4,4 bezeichnet Paulus Christus als „das Ebenbild Gottes"[29]. Das heißt: In Christus Jesus, dem Menschgewordenen, Geschichtlichen, Gekreuzigten, ist der unsichtbare Gott sichtbar in Erscheinung getreten. „Angesicht" ist in 4,6 unter dieser Voraussetzung Abbreviatur für das ganze Menschsein und Personsein Jesu Christi und steht für die vorbehaltlose Zugewandtheit, Menschenfreundlichkeit und Nähe Gottes in Jesus Christus. Die Vorbehaltlosigkeit der Zuwendung und die Unbedingtheit der Liebe Gottes wurden endgültig in Kraft gesetzt und offenbar in der Auferweckung und Erhöhung des Gekreuzigten. Der Lichtglanz, der auf dem Angesicht Jesu Christi als dem Ebenbild Gottes

---

[25] Auf dem vergleichsweise häufigen Gebrauch dieses Begriffs in den Korintherbriefen beruht die Hypothese von den Gnostikern in Korinth. Der Begriff „geht jedoch nicht auf ein gnostisches System, sondern auf die Sprache der jüdischen Weisheit und im Anschluss daran auf die hellenistische Synagoge zurück" (M. Hengel, Paulus und die Frage einer vorchristlichen Gnosis, in: ders., Paulus und Jakobus, KS III, WUNT 141, Tübingen 2002, 473–510, 491 f.).

[26] 13 x von 19 Belegen in 2. Kor. Im NT weist nur noch das Johannesevangelium 19 Vorkommen auf bei insgesamt 166. Vgl. M. Gielen, Von Herrlichkeit zu Herrlichkeit, in: R. Kampling (Hg.), Herrlichkeit, Paderborn 2008, 79–122, bes. 111 ff.

[27] Vgl. H. Hegermann, δόξα, EWNT, Bd. I, ²1992, 832–841, 837 f. (Lit. 833 u. 1146).

[28] Auffällig häufig kommt πρόσωπον im 2. Kor vor, nämlich 12 x von insgesamt 76 im NT (vgl. E. Lohse, πρόσωπον, ThWNT, Bd. VI, 1959, 769–781; K. Berger, πρόσωπον, EWNT, Bd. III, ²1992, 435–438). Die Interpretation von 2. Kor 4,6 bleibt in beiden Artikeln blass.

[29] 2. Kor 4,4: ... ὅς ἐστιν εἰκὼν τοῦ θεοῦ. Vgl. Kol 1,15; Hebr 1,3 und zu beiden Stellen W. Führer, Ursprung und Geburt Jesu Christi, Berlin 2017, 229 ff. 441 ff. (Lit.). S.a. Niemand, Teilhabe (s. Anm. 4), 13 ff.

liegt, ist der Lichtglanz des Kyrios Jesus Christus, „der sich selbst für unsere Sünden dahingegeben hat, dass er uns errette" (Gal 1,4). Es sind die Auferweckung und Erhöhung, die den Lichtglanz auf dem Angesicht des gekreuzigten Jesus Christus haben erstrahlen lassen.

Mit dieser Erläuterung sind Antworten auf noch offene Fragen gegeben. Zunächst auf die Frage, was Paulus bei Damaskus gesehen hat? Paulus hat den gekreuzigten Jesus gesehen,[30] aber diesen in verklärter Gestalt als den auferstandenen und erhöhten Kyrios, der an der Herrlichkeit Gottes teilhat, also in der Wesenseinheit mit Gott steht, aber als Person von Gott, dem Vater, unterschieden ist. Darin ist sodann die Antwort auf die Frage enthalten, wer Jesus Christus ist? Jesus Christus ist der „Herr der Herrlichkeit"[31], „auferweckt von den Toten durch die Herrlichkeit des Vaters"[32], auf dessen Angesicht sich die Herrlichkeit Gottes widerspiegelt.[33] Ihm als dem Träger der Herrlichkeit Gottes ist die Macht gegeben über Lebende und Tote (Röm 14,7–9) sowie über die ganze Schöpfung „zur Ehre Gottes, des Vaters"[34]. Er hat aber nicht nur die Macht, sondern auch den Willen, die Glaubenden durch seine Herrlichkeit zu verwandeln (2. Kor 3,18; s.a. Phil 3,21; Röm 8,29 f.). In dem Heilswillen des Herrn der Herrlichkeit liegt es begründet, dass alle, die an das Evangelium glauben, die gleiche Erkenntnis der Herrlichkeit Gottes in Christus erlangen, die Paulus bei Damaskus zuteil geworden ist, jedoch in umgekehrter Reihenfolge: Paulus kam über das Schauen zum Glauben, alle Christen nach ihm kommen über den Glauben zum Schauen. „Nun aber schauen wir alle mit aufgedecktem Angesicht die Herrlichkeit des Herrn wie in einem Spiegel" (2. Kor 3,18a).

---

[30] Gemeint ist nicht eine Vision, sondern eine Christophanie, die unerwartet von außen auf Paulus zugekommen ist (vgl. H.-J. Eckstein, Die Wirklichkeit der Auferstehung Jesu, in: ders., Der aus Glauben Gerechte wird leben, BVB 5, Münster 2003, 152–176, bes. 159 u. 173).

[31] 1. Kor 2,8: κύριος τῆς δόξης.

[32] Röm 6,4: ... ἠγέρθη ... ἐκ νεκρῶν διὰ τῆς δόξης τοῦ πατρός.

[33] Zu diesem Aspekt von 2. Kor 4,6 s.a. Dietzfelbinger, Berufung (s. Anm. 17), 62–64.

[34] Phil 2,11c: εἰς δόξαν θεοῦ πατρός.

3.

Die Apologie des im Evangelium gründenden Apostolats 2. Kor 2,14–7,4 ist zwar auf dem Hintergrund der Bestreitung der Legitimität des Apostolats entstanden, aber die Argumentation des Paulus ist theologisch so prinzipiell ausgefallen, dass es nicht möglich ist, die Gegner seines Apostelamtes konkret zu benennen.[35] Wahrscheinlich ist die Apologie nicht während der Auseinandersetzung um den Apostolat, sondern erst nach deren Ende niedergeschrieben worden. In dem ganzen Abschnitt herrscht der Geist der Versöhnung vor.[36] Was Paulus in 2. Kor 2,14–4,6 über den apostolischen Verkündigungsdienst und die Erkenntnis Christi und in 5,11–21 über die Versöhnung ausgeführt hat, gehört zum Tiefgründigsten und Wertvollsten seines theologischen Erbes.

Aus dem theologischen Fundamentalsatz des Paulus 2. Kor 4,6 wird deutlich, dass die Erkenntnis Gottes ein schöpferisches Geschehen ist, durch das der Erkennende eine neue Kreatur wird. Gott erkennen heißt: ein neuer Mensch werden, der in die Herrlichkeit Gottes einbezogen wird, die sich auf dem Angesicht Jesu Christi spiegelt.

Der theologische Aussagegehalt des Verses lässt sich präzise herausstellen, wenn man 1. den Initiator und das Subjekt, 2. das Mittel und den Modus und 3. den Ort und das Ziel der Gotteserkenntnis näher bestimmt:

1. Gott, er selbst und er allein, ist der Initiator des Erleuchtungs- und Erkenntnisgeschehens, von dem Paulus in 2. Kor 4,6 redet. Über Gott sagt Paulus in dem Vers, dass er der Schöpfer ist. Er ist der eine Schöpfer, der am Anfang der Schöpfung das, was nicht war, nämlich die ganze Welt, schuf, so dass sie ins Dasein trat; der aus Finsternis, die nichts war als Finsternis, also aus sich selbst kein Licht hervorzubringen vermochte, Licht hat aufleuchten lassen. Das geschah, indem er sprach, und indem er sprach,

---

[35] Vgl. Schmeller, 2. Kor. (s. Anm. 3), 37; T. Witulski, Der alte und der neue Bund, in: D. Sänger (Hg.), Der zweite Korintherbrief. FS für Dietrich-Alex Koch, FRLANT 250, Göttingen 2012, 337–354, bes. 353 f.

[36] I. Vegge, 2 Corinthians – A Letter about Reconciliation, WUNT II, 239, Tübingen 2008, versteht den ganzen 2. Kor als einen Brief zur Versöhnung zwischen Paulus und der Gemeinde.

wurde, was nicht war. Diese alttestamentlich-jüdische Schöpfungsaussage bildet den Hintergrund und Verstehenshorizont der Neuschöpfungsaussage,[37] auf die es Paulus in diesem Zusammenhang ankommt: Gott, der eine und einzige Schöpfer, neben und außer dem es nur von ihm Geschaffenes gibt, hat es in unseren Herzen Licht werden lassen.

Das Ziel des schöpferischen Handelns Gottes ist das „Aufstrahlen der Erkenntnis". Gott setzt etwas Neues, indem er sich in seinem Wesen auf dem Angesicht Jesu Christi – und nirgendwo sonst – zu erkennen gibt. Paulus sagt also über Gott in diesem Vers außerdem aus, dass er als der Schöpfer, der er ist, in der Wesens- und Handlungseinheit mit Christus steht, „seinem Sohn" (Röm 1,3a), „durch den alles ist" (1. Kor 8,6d) und der sich als der Gottgleiche selbst entäußert hat (Phil 2,6–8).
2. Wie Gott das Licht schuf, indem er sprach (1. Mose 1,3), so lässt er es auch in unseren Herzen Licht werden, indem er spricht. Das Wort, durch das er spricht, so dass es im Herzen, das verfinstert ist (Röm 1,21), Licht wird, ist das Evangelium. Zum sachgerechten Verständnis sind einige Klarstellungen vonnöten:
– Das Evangelium ist für Paulus Gottes eigenes Wort und seiner apostolischen Verkündigung vorgegeben.[38] Es beruht auf der Selbstoffenbarung des gekreuzigten und auferstandenen Kyrios Jesus Christus, der den Augenzeugen, die ihn als Gekreuzigten *und* Auferstandenen gesehen haben, die Bedeutung und Heilsnotwendigkeit seines Todes am Kreuz als Tat der Versöhnung Gottes mit der Welt erschlossen hat, nämlich – um einen Schriftbeleg stellvertretend für andere anzuführen – „dass er (sc. Christus) gestorben ist für unsere Sünden nach der Schrift" (1. Kor 15,3b).
– Die apostolische Verkündigung des Evangeliums geschieht in der exklusiven Bindung an das „Evangelium Gottes" (Röm 1,1; 2. Kor 11,7). Die Auseinandersetzungen um den Apostolat im

---

[37] Paulus setzt die Neuschöpfungsaussage in Korrelation zur Schöpfungsaussage. Es ist zumindest missverständlich, zu interpretieren: „So ist die Berufungserfahrung (sc. des Paulus) Wiederholung des Schöpfungsanfangs (2. Kor 4,6)" (J. Becker, Paulus, Tübingen ²1992, 81). In 2. Kor 4,6 ist eine Neuschöpfung in Analogie zur Schöpfung bezeugt, aber keineswegs eine „Wiederholung des Schöpfungsanfangs".
[38] Vgl. O. Hofius, „Gott hat unter uns aufgerichtet das Wort von der Versöhnung" (2. Kor 5,19), in: ders., Paulusstudien (s. Anm. 4), 15–32, bes. 28 f. 31.

Gal und 2. Kor beruhen auf der Voraussetzung, dass das Evangelium ein bestimmtes und unverwechselbares ist, das weder Verkürzungen noch Zusätze verträgt. Allein in der Ausschließlichkeit der Bindung an das Evangelium Gottes liegt die Gewähr, dass Gott bzw. der erhöhte Kyrios in der Verkündigung gegenwärtig ist und im Wort der Boten selbst das Wort ergreift (2. Kor 5,20).[39]

– Das Evangelium ist das schöpferische Wort, durch das Gott die Verschlossenheit des menschlichen Herzens gegenüber Gott durchbricht. Weil in ihm die „Kraft Gottes" (Röm 1,16) wirksam ist, setzt es „eine neue Kreatur" (2. Kor 5,17; Gal 6,15).

– Die Verkündigung des Evangeliums macht lebendig, weil der „Geist des lebendigen Gottes" (2. Kor 3,3) in ihr wirksam ist. Gottes Geist spricht mit dem Evangelium von dem Todesurteil des Gesetzes frei und gibt an der Freiheit von der Gewalt der Sünde und des Todes Anteil, die Christus durch seinen stellvertretenden Tod und seine Auferstehung von den Toten heraufgeführt hat.[40] Mit dem Hören auf das den Glauben wirkende Evangelium empfängt der Mensch den Geist (Gal 3,2.5), und zwar ihn als „den lebendigmachenden Geist"[41]. Gott, der in dem Evangelium selbst spricht, lässt es durch seinen Schöpfergeist in unseren Herzen Licht werden (2. Kor 4,6). Mit dieser Lichtschöpfung ist die Neuschöpfung des ganzen Menschen grundgelegt.

– Aus dem Hören auf das verkündigte Evangelium kommt der Glaube.[42] Der Glaube ist *creatura evangelii*.[43] Er steht nicht auf sich selbst, sondern in einer Relation. Er ist Glaube *an* das Evangelium; der Glaube an das Evangelium wiederum ist Glaube an dessen zentralen Inhalt: Christus. Aber der Glaube an Christus ist nicht der Glaube an einen ersehnten oder erdachten Christus, sondern an den vom Evangelium verkündigten Christus, der

---

[39] Vgl. Hofius, a.a.O., 30.

[40] Deshalb gilt (2. Kor 3,17): οὗ δὲ τὸ πνεῦμα κυρίου, ἐλευθερία. „Wo aber der Geist des Herrn ist, da ist Freiheit."

[41] 2. Kor 3,6: τὸ δὲ πνεῦμα ζῳοποιεῖ.

[42] Vgl. Röm 10,17. Die Glauben schaffende Verkündigung des Evangeliums gründet im „Wort Christi", nicht in dem der Prediger. Dieses ist vielmehr nur wirksam im exklusiven Anschluss an das Wort Christi.

[43] Das Evangelium ist also *divina potentia* (P. Melanchthon, Annotationes in posteriorem Epistulam Pauli ad Corinthios, 1521/22, in: Melanchthons Werke in Auswahl, Bd. IV, hg.v. P. F. Barton, Gütersloh 1963, 110, 29 f.; zu 2. Kor 4,6).

gestorben ist für unsere Sünden am Kreuz, der begraben wurde, auferstanden ist am dritten Tag und zur Rechten Gottes sitzt. Der Christusglaube, der aus dem Hören auf das Evangelium kommt, ist also Glaube an den Kyrios Jesus Christus, nicht etwa an einen „historischen" Jesus. Vielmehr ist allein der Glaube an den Kyrios Jesus Christus Glaube an Jesus, wie er im Evangelium verkündigt wird, ist es doch der geschichtliche, gekreuzigte Jesus selbst, der auferstanden ist und zum Kyrios erhöht wurde. Weil Jesus zum Kyrios erhöht ist, darum steht sein Kreuz im Zentrum der Verkündigung des Evangeliums und des Glaubens. Ohne die Erhöhung des Gekreuzigten stünde es nicht für das Heil, sondern für die Tötung eines Unschuldigen und wäre längst vergessen. Aber in ihm liegt das Heil beschlossen. Deshalb wollte Paulus bei der Predigt des Evangeliums in Korinth nichts wissen „außer Jesus Christus, und zwar diesen als den Gekreuzigten"[44].

3. Der „Ort", wo die Herrlichkeit Gottes erkennbar wird, ist das „Angesicht Jesu Christi". Innerhalb des Kontextes 2. Kor 4,1–6 korrespondieren einander die Wendungen ἡ δόξα τοῦ Χριστοῦ, ὅς ἐστιν εἰκὼν τοῦ θεοῦ (4,4) und ἡ δόξα τοῦ θεοῦ ἐν προσώπῳ Ἰησοῦ Χριστοῦ (4,6). Daraus ergibt sich: „Die Herrlichkeit Christi, der das Ebenbild Gottes ist" (4,4), *ist* „die Herrlichkeit Gottes im Angesicht Jesu Christi" (4,6). „Herrlichkeit Gottes" steht für das Wesen Gottes; dieses ist im Angesicht Jesu Christi in Erscheinung getreten.

Das Wort „Angesicht" kann im Alten Testament die gesamte Person meinen.[45] Dieser Sprachgebrauch steht im Hintergrund von 2. Kor 4,6; Paulus versteht unter „Angesicht" die ganze Person Jesu Christi, des Gekreuzigten, Auferweckten und Erhöhten. Mit πρόσωπον ist in 4,6 das Angesicht des Menschgewordenen und Gekreuzigten gemeint, aber dieses in der verklärten Gestalt des Auferweckten und Erhöhten. Dieses Angesicht hat Paulus bei der Christophanie vor Damaskus gesehen. Mit der Christophanie vor Damaskus haben die Ostererscheinungen ihren endgültigen Abschluss gefunden. Auf diese Weise kann die Herrlichkeit Gottes in Christus fortan nicht mehr erkannt werden. Aber diese Erkenntnis bleibt gleichwohl ein schöpferisches

---

[44] 1. Kor 2,2: ... εἰ μὴ Ἰησοῦν Χριστὸν καὶ τοῦτον ἐσταυρωμένον. S.a. 1,23.
[45] Vgl. Lohse, ThWNT VI, 771, 34 ff.

Geschehen: Gott lässt es durch die Verkündigung des Evangeliums in unseren Herzen Licht werden. Durch diese Lichtschöpfung kommt es „zum Aufstrahlen der Erkenntnis der Herrlichkeit Gottes im Angesicht Jesu Christi". Damit kann nur gemeint sein: Der in der Verkündigung des Evangeliums wirksame Geist Gottes gibt den gekreuzigten Jesus als den *Herrn* zu erkennen,[46] der er ist, nämlich als den „Herrn der Herrlichkeit" (1. Kor 2,8).

Die „Erkenntnis der Herrlichkeit Gottes im Angesicht Jesu Christi" ist die Erkenntnis des „Herrn der Herrlichkeit" selbst, des inneren, wahren Wesens Gottes, das in der Person Jesu Christi – ausschließlich und allein in ihr – in Erscheinung getreten ist.[47] Dass sich die Herrlichkeit Gottes auf dem Angesicht Jesu Christi widerspiegelt, heißt, dass der allmächtige, ewige, heilige Gott in ihm dem Menschengeschlecht freundlich, barmherzig und gnädig, nämlich in der Unbedingtheit seiner Liebe, zugewandt ist. Diese Erkenntnis ist die höchste überhaupt (s. Eph 3,19). Sie ist eine Erkenntnis sui generis, die ihre Evidenz in sich selbst trägt. Wenn sie fehlt, fehlt das Entscheidende. Denn in der Erkenntnis des Herrn der Herrlichkeit liegt die Erkenntnis des Heils beschlossen, in der den Glaubenden aufgeht,[48] dass sie in Jesu Christi Tod und Auferstehung real einbezogen sind und an seiner Herrlichkeit teilhaben.

---

[46] 1. Kor 12,3: ... οὐδεὶς δύναται εἰπεῖν· Κύριος Ἰησοῦς, εἰ μὴ ἐν πνεύματι ἁγίῳ. „Niemand kann sagen: ‚Herr ist Jesus!', außer durch den Heiligen Geist." S.a. Röm 10,9.

[47] In der Literatur bleibt diese Erkenntnis theologisch zumeist unzulänglich bestimmt; vgl. z.B. Schmeller, 2. Kor (s. Anm. 3), 250: „Inhalt der Erkenntnis ... ist Christus als authentischer Repräsentant Gottes und als neuer, Gott ebenbildlicher Mensch." Ist Christus für Paulus lediglich der „authentische Repräsentant Gottes"? Wurde Gott nicht auch durch Mose authentisch repräsentiert?

[48] Vgl. dazu O. Hofius, „Fides ex auditu", in: ders., Exegetische und theologische Studien, WUNT 467, Tübingen 2021, 105–120, 108, Anm. 21.

Erkenntnis Gottes und ewiges Leben – Johannes 17,3

1.

Das ewige Leben besteht nach Joh 17,3 in der Erkenntnis des allein wahren Gottes und des von ihm Gesandten. Diese Erkenntnis wird durch Jesus Christus, der als der Sohn Gottes von Ewigkeit her in einzigartiger Weise mit Gott, dem Vater, verbunden ist, erschlossen.

Joh 17,3 gehört zum Abschiedsgebet Jesu (17,1–26), dem „hohenpriesterlichen Gebet", wie es seit David Chytraeus (1531–1600), einem Rostocker Theologen, genannt wird.[1] Joh 17 ist ein originaler Bestandteil des vierten Evangeliums[2] und bildet den Abschluss der Abschiedsreden.[3] Thematisch bestehen aber nicht nur Bezüge zu den Abschiedsreden, sondern zum ganzen Evangelium bis hin zum Prolog (vgl. z.B. Joh 17,5 mit 1,1–3).

Der Verfasser wird im gesamten Evangelium nicht namentlich genannt. Der Titel ΕΥΑΓΓΕΛΙΟΝ ΚΑΤΑ ΙΩΑΝΝΗΝ gehört jedoch ebenfalls zum Text des Evangeliums,[4] hat doch dieses „öffentlich nie in einer anderen als der uns überlieferten Gestalt existiert"[5]. Der Titel stammt nicht von den späteren Herausge-

---

[1] Jesu Fürbitte (Joh 17,9 ff.) und seine Selbstheiligung für die Jünger (17,19) nehmen breiten Raum in dem Gebet ein. Die Bezeichnung „hohepriesterlich" ist aber nicht johanneisch, sondern geht auf den Hebräerbrief zurück (Hebr 4,14 f.; 7,26 ff.). Den Gedanken einer hohenpriesterlichen Fürbitte hat schon Cyrill von Alexandrien (um 380–444), In Jo. 17,9, PG 74, 505, hervorgehoben; im Mittelalter etwa Rupert von Deutz (um 1075–1129/30), PL 169, 764. Vgl. R. Schnackenburg, Das Johannesevangelium. III. Teil, HThK IV, 3, Freiburg ⁶1992, 190, Anm. 2.

[2] Mit U. Wilckens, Das Evangelium nach Johannes, NTD 4, Göttingen 1998, 5 u. 259.

[3] Gegen R. Bultmann, Das Evangelium des Johannes, KEK II, Göttingen ²¹1986, 349 ff. 371 ff.; mit U. Schnelle, Das Evangelium nach Johannes, ThHK 4, Leipzig ⁴2009, 12 u. 280.

[4] $\mathfrak{p}^{66.75}$ (Mitte des 2. Jh.).

[5] H. Thyen, Johannesevangelium, TRE, Bd. 17, 1988, 200–225 (Lit.), 200, 47 f. Es stimmt nicht, dass die Überschrift erst später entstanden wäre, „als die vier

bern, welche die Evangelien zusammengestellt haben, sondern seine Hinzufügung steht am Beginn des Überlieferungsprozesses und weist auf die Herausgeber des Evangeliums zurück, die im Nachtragskapitel Joh 21 das Wort nehmen. Doch auch unter dieser Voraussetzung ist in dem Titel die Aporie enthalten, welcher Johannes gemeint ist?[6] Charles Kingsley Barrett hat diese Fragestellung angesichts der überbordenden Literatur als „ein frustrierendes Problem"[7] bezeichnet.

Dass zwischen dem Urheber des Evangeliums und den Herausgebern zu unterscheiden ist, ergibt sich aus Joh 21,24: Οὗτός ἐστιν ὁ μαθητὴς ὁ μαρτυρῶν περὶ τούτων καὶ ὁ γράψας ταῦτα, καὶ οἴδαμεν ὅτι ἀληθὴς αὐτοῦ ἡ μαρτυρία ἐστίν. *Dieser Jünger ist es, der dieses alles bezeugt und es aufgeschrieben hat; und wir wissen, dass sein Zeugnis wahr ist.* Zu diesem Vers einige kurze Erläuterungen: „Dieser – ein deiktisches οὗτος[8] – weist zurück auf den „Jünger", „den Jesus lieb hatte" (Joh 21,20−23; 21,7 u.a.). Genannt wird nicht der Aposteltitel, sondern er wird ausdrücklich als „Jünger" bezeichnet. Er bezeugt, was in dem Evangelium ausgeführt ist.[9] Was er zuvor mündlich bezeugt hat, dieses Zeugnis hat er nun zusammengefasst und ihm eine feste schriftliche Form gegeben, indem er „es aufgeschrieben hat". Er ist also nicht nur der geistige Urheber, sondern auch der Verfasser. Er „bezeugt"[10] die Wahrheit dessen, was Kapitel 1−20 geschrieben steht. Mit der Verschriftung ist die höchste Stufe der Verbindlichkeit gegeben. In V. 24b heben sich die Herausgeber dann mit „wir wissen" bewusst von dem Verfasser ab, schließen

---

Evangelien zusammengestellt wurden" (J. Schneider, Das Evangelium nach Johannes, ThHK.S, Berlin [2]1978, 41). Vgl. J. Zumstein, Das Johannesevangelium, KEK II, Göttingen 2016, 794 f.

[6] Vgl. M. Hengel, Die johanneische Frage, WUNT 67, Tübingen 1993, 33.

[7] C. K. Barrett, Das Evangelium nach Johannes. (Engl. [2]1978; ins Deutsche übers. v. H. Bald), KEK.S, Göttingen 1990, 21.

[8] Vgl. H. Thyen, Das Johannesevangelium, HNT 6, Tübingen 2005, 793.

[9] Der in V. 24 erhobene Anspruch bezieht sich „auf das gesamte Evangelium" (Barrett, Joh. 561).

[10] Der Sprachgebrauch μαρτυρῶν (V. 24a) und μαρτυρία (V. 24b) weckt die Assoziation an μαρτύριον und μάρτυς (Apg 22,20 „Blutzeuge"); s. Bauer-Aland, Wb 998−1002.

sich aber sogleich wieder mit ihm zusammen, indem sie ihrerseits bezeugen, „dass sein Zeugnis wahr ist".[11]

Die Frage, welcher Johannes im Titel des Evangeliums gemeint ist, ist in ihrem Kern also die Frage, wer der Jünger ist, den Jesus lieb hatte? Der Befund der Quelle ist eindeutig: Der Name des Jüngers, den Jesus lieb hatte, wird im Evangelium nirgendwo genannt; seine Identität wird vielmehr bewusst verhüllt. Das entspricht der Absicht der Herausgeber; denn diese hätten das Inkognito Joh 21,24 lüften können, aber sie tun es nicht.

Der Jünger, „den Jesus lieb hatte", wie er erstmals 13,23 bezeichnet wird,[12] um ihn von den anderen Jüngern zu unterscheiden, auch und gerade von Petrus, stand in einem besonders engen Vertrauensverhältnis zu Jesus. Beim Abschiedsmahl lag er „an der Brust Jesu" (13,23),[13] und Petrus versuchte über ihn den Namen des Verräters zu erfahren (13,24 ff.). Am Kreuz befahl ihm Jesus seine Mutter und dieser wiederum ihn an (19,26 f.). Von Maria von Magdala erhielt er zusammen mit Petrus die Nachricht vom leeren Grab und lief mit ihm zum Grab (20,1–10). Er identifizierte den auferstandenen Herrn, als er am See Tiberias erschien (21,7). Ein verborgenes Konkurrenzverhältnis zwischen Petrus und ihm, was die Nähe zu Jesus betraf, bestand bis zum Schluss (21,20–24).

Der Jünger, den Jesus lieb hatte, dürfte auch einer der „zwei Jünger" sein, die von Johannes dem Täufer zu Jesus übergehen (Joh 1,37 f.).[14] Sein Name bleibt ungenannt; dagegen wird der Name des anderen Jüngers enthüllt: Andreas, der Bruder des Simon Petrus (1,40). An den Jünger, den Jesus lieb hatte, ist ferner in Joh 18,15 gedacht, wo berichtet wird, dass Petrus und

---

[11] Gedacht ist „an den Schülerkreis" (Schneider, Joh. (s. Anm. 5), 334). Zur „johanneischen Schule" s. Schnelle, Joh. (s. Anm. 3), 1–3 (Lit.). Statt von „Schule" sollte man wohl besser von einem „Kreis" reden (mit O. Cullmann, Der johanneische Kreis, Tübingen 1975).

[12] Joh 13,23: ὃν ἠγάπα ὁ Ἰησοῦς. Auch 19,26; 21,7 und 21,20 steht ἠγάπα; 20,2 ἐφίλει. Zum Überblick über den Stand der Forschung vgl. L. Simon, Petrus und der Lieblingsjünger im Johannesevangelium, EHS 23, 498, Frankfurt/M. 1994, 34 ff.; J. H. Charlesworth, The Beloved Disciple, Valley Forge PA 1995, 127 ff.

[13] Zum Verständnis vgl. Bill IV, 1, 611–639: Ein altjüdisches Gastmahl. Zur Exegese s. vor allem Wilckens, Joh. (s. Anm. 2), 213 f.

[14] Vgl. z.St. Schnelle, Joh. (s. Anm. 3), 63 f.

ein „anderer Jünger" (ἄλλος μαθητής) bei Jesu Verhör vor Hannas und Kaiphas anwesend waren. Auch hier wird sein Name nicht erwähnt, aber es wird festgestellt: „Dieser Jünger war dem Hohenpriester bekannt" (18,15). Schließlich wird dieser Jünger als Augenzeuge des wirklichen und nicht etwa eines scheinbaren Todes Jesu am Kreuz hingestellt (19,31 ff.). Er ist der Garant für die Wahrheit des im Evangelium Bezeugten (19,35): „Und der das gesehen hat, der hat es bezeugt, und sein Zeugnis ist wahr, und jener weiß, dass er die Wahrheit sagt, damit auch ihr glaubt." In diesem Vers ist 21,24 aus dem Nachtrag der Herausgeber vorweggenommen. Außerdem wird in 19,35 schon der Abfassungszweck des Evangeliums enthüllt, der am Schluss des Evangeliums ausdrücklich angegeben wird (20,31): „Diese (sc. Zeichen) aber sind aufgeschrieben, damit ihr glaubt, dass Jesus der Christus ist, der Sohn Gottes, und damit ihr als Glaubende das Leben habt in seinem Namen."

Aus allen Stellen ergibt sich, dass die Identität des Jüngers, den Jesus lieb hatte, verborgen gehalten werden sollte. Dahinter steht die bewusste Gestaltungsabsicht der Herausgeber des Evangeliums. Aber warum haben sie dann im Titel des Evangeliums den Namen „Johannes" angegeben? Die Herausgeber dürften sich mit Absicht dafür entschieden haben, nur im Titel den Namen zu nennen, den die Leser des Evangeliums aufgrund der einschlägigen Stellen ohnehin kannten oder zumindest erahnten: Johannes, der zu den Erstberufenen gehörte, der in einem besonderen Vertrauensverhältnis zu Jesus stand, der eine exponierte Stellung im Kreis der Jünger wie auch in der nachösterlichen Kirche innehatte. Das Evangelium selbst legt diesen Schluss jedenfalls nahe.

Aus der Zusammengehörigkeit von Text und Titel des Evangeliums lässt sich schließen, dass allein der Jünger, den Jesus lieb hatte, als der Urheber, Gewährsmann und Verfasser des Evangeliums nach Johannes ernsthaft in Betracht kommt. Dabei ist nicht an einen Unbekannten mit Namen Johannes gedacht,[15] auch nicht an den „Alten Johannes",[16] sondern an den allseits

---

[15] So z.B. B. Lindars, The Gospel of John, London 1972, 33; J. Becker, Das Evangelium nach Johannes, Bd. I, ÖTK 4,1, Gütersloh ³1991, 62–64.

[16] So Hengel, Frage (s. Anm. 6), 264 ff.

bekannten Evangelisten und Apostel Johannes, der allein einen Gegenpol zu Petrus gebildet haben kann. Dieser hat nicht mit seinem Bruder Jakobus um 44 n.Chr. den Märtyrertod erlitten (Apg 12,2), sondern war beim Apostelkonvent noch am Leben und wurde von Paulus zu den „Säulen" (Gal 2,9) der Christenheit gezählt. Auf ihn geht die wichtigste Schrift des Neuen Testaments nach den Paulusbriefen zurück.

In der neueren Forschung wird die Verfasserschaft des Johannes mehrheitlich bestritten.[17] Die Gründe, weswegen er angeblich nicht der Verfasser des Evangeliums sein könne,[18] sind aber letztlich nicht stichhaltig.[19] Sie verdichten sich schließlich in dem einen, dass ein galiläischer Fischer unmöglich der Urheber dieser subtilen Gedanken sein könne,[20] sondern dass der Verfasser aus der Jerusalemer Priester-Aristokratie stammen müsse.[21] Aber das ist konstruiert und beruht auf einem Vorurteil, in dem Priester- und Professorendünkel ziemlich unverhohlen zum Vorschein kommen. Nach dem Selbstzeugnis des Evangeliums ist es allein der Geist der Wahrheit, der in alle Wahrheit leitet (Joh 16,13), und zwar „euch", die Jünger, unabhängig vom Bildungsstand. Das Griechisch, das man zur Darlegung dieser Wahrheit brauchte und das als semitisierendes Griechisch[22] in dem Evangelium schließlich seinen Niederschlag gefunden hat, konnte ein ehemaliger Fischer aus Galiläa sehr wohl erlernen.

---

[17] Vgl. im Überblick zur älteren und neueren Forschung W. G. Kümmel, Einleitung in das Neue Testament, Heidelberg [17]1973, 200–211; U. Schnelle, Einleitung in das Neue Testament, Göttingen [8]2013, 552–555.
[18] Vgl. die Auflistung der Gründe bei P. Parker, John the Son of Zebedee and the Forth Gospel, JBL 81 (1962), 35–43. S.a. Zumstein, Joh. (s. Anm. 5), 56.
[19] Sie erlauben nicht den Schluss, dass eine Abfassung durch den Apostel Johannes unmöglich sei, wie Barrett, Joh. (s. Anm. 7), 147, Anm. 155, zugibt. Er selbst ist allerdings der Meinung, alle Wahrscheinlichkeit spreche gegen die Verfasserschaft des Zebedaiden (ebd.).
[20] Stellvertretend für andere sei angeführt: „Von dem galiläischen Fischer J(ohannes), nach Apg 4,13 einem ἄνθρωπος ἀγράμματος, kann das Joh aus inneren und äußeren Gründen keinesfalls verfasst sein." (H. Thyen, Ἰωάννης, EWNT, Bd. II, [2]1992, 517–524, 523)
[21] So Hengel, Frage (s. Anm. 6), 306 ff. War nicht die Priester-Aristokratie für Jesu Tod verantwortlich (s. Joh 18,12 ff. Par.)?
[22] Vgl. A. Schlatter, Die Sprache und Heimat des vierten Evangelisten, 1902, in: K. H. Rengstorf (Hg.), Johannes und sein Evangelium, WdF 82, Darmstadt 1973, 28 ff.

Mit großer Wahrscheinlichkeit ist das Johannesevangelium nach und nach während eines längeren Zeitraums entstanden. In ihm wird die Person und das Wirken Jesu Christi, des Sohnes Gottes, dargestellt, der mit Gott, dem Vater, eins ist (Joh 10,30), und zwar aus der Perspektive, die durch die Auferstehung und Erhöhung Jesu eröffnet worden ist. Vorausgesetzt wird außerdem Pfingsten, die Entbindung des Geistes der Wahrheit. Die Fleischwerdung des Logos (1,14) und der Tod des Sohnes Gottes am Kreuz werden durch den Parakleten jedoch keineswegs spiritualistisch verflüchtigt, vielmehr ist es gerade der Geist der Wahrheit, der die Einzigartigkeit und die Heilsbedeutung des menschgewordenen Gottessohnes sowie seines Kreuzestodes und seiner Auferstehung erschließt. Das vierte Evangelium besteht aus geistgewirkter Lehre und Verkündigung, die in Gottesdienst und Unterweisung vorgetragen worden sein dürfte, und ist wiederum für Gottesdienst und Unterweisung bestimmt, die zum Glauben an Christus, den Sohn Gottes, führen soll (20,30 f.). Unter Wahrung der thematischen Geschlossenheit, die dem Christuszeugnis eigen ist, wird der Text des Evangeliums auf der Grundlage schriftlicher Vorlagen von den Herausgebern redigiert und redaktionell bearbeitet worden sein. Den Herausgebern, die in enger Gemeinschaft des Glaubens mit dem Verfasser standen, war es ein besonderes Anliegen, zu unterstreichen, dass das Evangelium auf dem Christuszeugnis des Jüngers, den Jesus lieb hatte, beruht, das dieser selbst „aufgeschrieben hat" (21,24). Es gibt keinen zwingenden Grund, weder einen historischen noch einen theologischen, dies in Abrede zu stellen. Das Evangelium nach Johannes ist authentisches Christuszeugnis, das das der anderen Evangelien überragt und das so wenig wie die Briefe des Paulus von einem beliebigen Theologen oder einem Autorenkollektiv hätte hervorgebracht werden können.

Wo und wann ist das Johannesevangelium entstanden? Setzt Joh 11,48 die Zerstörung Jerusalems 70 n.Chr. durch Titus voraus,[23] dann ist das Evangelium mit Sicherheit danach entstanden. Dafür spricht auch, dass der Bruch mit der Synagoge im Joh als vollzogen gilt. Vermutlich hat der Jünger und Apostel Johan-

---

[23] Bestritten von K. Berger, Im Anfang war Johannes, Stuttgart 1997, 88–90. Dagegen mit Recht Schnelle, Einleitung (s. Anm. 17), 556 f., Anm. 133.

nes den palästinischen Raum bereits kurz vor der Zerstörung Jerusalems verlassen. Die Herausgabe des Evangeliums ist nach Irenäus von Lyon geschehen, als sich Johannes in Ephesus, der Hauptstadt der Asia, aufhielt.[24] Um Johannes muss sich ein geistlicher Kreis gebildet haben, vielleicht in den Anfängen nicht größer als ein Hauskreis, der sich irgendwann auf mehrere Orte verteilte, so dass Briefe notwendig wurden. In diesem Umfeld wird das Johannesevangelium entstanden sein; die abschließende Fassung lag um 100 n.Chr. vor.[25]

Die äußere Unscheinbarkeit des Apostels Johannes und des johanneischen Kreises steht in gewaltigem Kontrast zu der Wirkung, die von dem Evangelium ausgegangen ist und noch ausgeht. Es bedurfte allein des Wortes Jesu und des Geistes der Wahrheit, der in diesem Wort wirksam war, sowie des Gebotes der Bruderliebe für das gemeinsame Leben, um das Christentum zum Leuchten zu bringen.

2.

Johannes 17,3:

αὕτη δέ ἐστιν ἡ αἰώνιος ζωὴ ἵνα γινώσκωσιν σὲ τὸν μόνον ἀληθινὸν θεὸν καὶ ὃν ἀπέστειλας Ἰησοῦν Χριστόν.
Das ist aber das ewige Leben, dass sie dich erkennen, den allein wahren Gott, und den du gesandt hast, Jesus Christus.

Jesu Abschiedsgebet Joh 17 hat den folgenden Aufbau:[26]
1–5   Die Bitte um Verherrlichung

---

[24] Irenäus von Lyon, Haer. III, 1, 1. S.a. Eusebius von Caesarea, Hist eccl V, 8, 4. Ephesus ist der wahrscheinlichste Abfassungsort (vgl. S. van Tilborg, Reading John in Ephesus, NT.S 83, Leiden 1996; U. B. Müller, Die Heimat des Johannesevangeliums, ZNW 97 (2006), 44–63, bes. 61; vorsichtiger dagegen H. W. Attridge, Johannesevangelium, RGG, Bd. 4, ⁴2001, 552–562, 553).

[25] Mit der Mehrheit der Exegeten; Nachweise bei Schnelle, Einleitung (s. Anm. 17), 557, Anm. 138.

[26] Zur Gliederung vgl. H. Ritt, Das Gebet zum Vater, fzb 36, Würzburg 1979, 92 ff.; M. T. Sprecher, Einheitsdenken aus der Perspektive von Joh 17, EHS 23, 495, Frankfurt/M. 1993, 33 ff. Insbesondere der Mittelteil Joh 17,6–19 lässt noch weitere Untergliederungen zu. Darauf kommt es hier aber nicht an.

6−19 Die Fürbitte für die Jünger
17−19 Die Bitte um die Heiligung in der Wahrheit
20−23 Die Bitte um die Einheit aller Glaubenden
24−26 Die Bitte um die Vollendung

Innerhalb von 17,1−5 ist V. 3 eine Parenthese,[27] aber keine redaktionelle Glosse.[28] In Anknüpfung an das Stichwort „ewiges Leben" im vorangegangenen Vers bestimmt der Evangelist in V. 3 näher, worin das ewige Leben besteht.[29]

Der Begriff αἰώνιος ζωή *ewiges Leben* kommt nirgendwo im Neuen Testament so häufig vor wie im Joh. Das Adjektiv αἰώνιος steht bei den 17 Vorkommen im Joh immer hinter dem Nomen ζωή, nur in 17,3 tritt das Adjektiv vor das Nomen. Dadurch wird der Akzent bei der Erklärung dessen, was Leben ist, auf αἰώνιος gelegt.[30] Das Nomen ζωή kommt im Joh außer in der Verbindung mit αἰώνιος noch weitere 19 Mal vor. Was versteht das Joh unter αἰώνιος ζωή?

Leben ist − auch ohne das Adjektiv „ewig" − ein Grundwort im Joh und 1. Joh. Es wird erstmals im Prolog gebraucht: ἐν αὐτῷ ζωὴ ἦν. *In ihm war das Leben* (Joh 1,4a);[31] in ihm, dem λόγος (1,1-3). Im Unterschied zu Himmel und Erde, die Gott im Anfang geschaffen hat (1. Mose 1,1), wurde der Logos nicht geschaffen, sondern er war vor aller Welt und Zeit. Er partizipiert an Gottes Präexistenz, an dem „Vor-der-Schöpfung-Sein"[32] Gottes des Schöpfers. Gott und der Logos haben niemals anders existiert als in der aller Zeit und Schöpfung vorgegebenen Unterschiedenheit und Zusammengehörigkeit von Gott und Logos

---

[27] Mit Barrett, Joh. (s. Anm. 7), 487. S.a. Thyen, Joh. (s. Anm. 8), 684 f.; Zumstein, Joh. (s. Anm. 5), 634 f., Anm. 47.

[28] Gegen J. Becker, Aufbau, Schichtung und theologiegeschichtliche Stellung des Gebetes in Johannes 17, ZNW 60 (1969), 56−83, 73 ff.; Schnackenburg, Joh. III (s. Anm. 1), 195 f.

[29] Ähnlich wie in Joh 17,3 verfährt der Evangelist z.B. in 13,9 (vgl. Bultmann, Joh. (s. Anm. 3), 378, Anm. 1).

[30] Vgl. A. Schlatter, Der Evangelist Johannes, Stuttgart 1930, 318.

[31] Zu Struktur und Aufbau des Prologs ist grundlegend: O. Hofius, Struktur und Gedankengang des Logos-Hymnus in Joh 1,1−18, in: ders. / H.-C. Kammler, Johannesstudien, WUNT 88, Tübingen 1996, 1−23.

[32] H. Gese, Der Johannesprolog, in: ders., Zur biblischen Theologie, Tübingen ³1989, 152−201, 161.

(1,1b) bzw. von Vater und Sohn (1,14d; 14,6). Die personale Unterschiedenheit sowie die untrennbare Zusammengehörigkeit von Gott und Logos sind nicht vor oder gar in der Zeit entstanden, als wenn der Logos einmal nicht bei Gott gewesen wäre, sondern diese sind wesensmäßig vorgegeben. Weil der Logos „im Anfang bei Gott war" (1,2) und weil durch ihn alles geworden ist (1,3), darum „war in ihm das Leben" (1,4a), nämlich das schöpferische Leben, das alles geschöpfliche Leben hervorgebracht hat und kontinuierlich erhält.

Der Logos-Begriff aus Joh 1,1 wird V. 14a.b wieder aufgenommen: Καὶ ὁ λόγος σὰρξ ἐγένετο καὶ ἐσκήνωσεν ἐν ἡμῖν. *Ja, das Wort ward Fleisch und wohnte unter uns.*[33] Die Gemeinde, die zu Beginn der vierten Strophe des Logos-Hymnus das Wort nimmt, stellt ein „Ereignis von ungeheurer Tragweite"[34] fest und bekennt, dass der präexistente Logos, der im Anfang bei Gott war (1,1b.2), Fleisch geworden ist, und zwar nicht allgemein in der Menschheit, sondern konkret und exklusiv in Jesus Christus (1,17). Mit der Fleischwerdung des Logos ist etwas grundlegend Neues und Analogieloses gesetzt worden, was zuvor nicht da war und vom Fleisch selbst nicht hätte hervorgebracht werden können, nämlich der Sohn Gottes Jesus Christus. Die Analogielosigkeit Jesu Christi besteht in der unlöslichen Einheit des ewigen Logos mit der Geschöpflichkeit des Menschen Jesus in einer Person. Johannes versteht darunter aber nicht die Verwandlung des Logos in den Menschen Jesus oder des Menschen Jesus in den Logos, so dass dieser weder Gott noch Mensch gewesen wäre, sondern entweder ein Halbgott oder ein Scheinmensch. Vielmehr war er beides ganz, Gott und Mensch, in einer Person, aber unvermischt. „Was er vorher war, das zu sein hört er (sc. der Logos) nicht auf; aber er ist (durch die Fleischwerdung) geworden, was er vorher nicht war"[35], nämlich Gott und Mensch in ein und derselben Person: Jesus Christus, der „unter uns

---

[33] Vgl. W. Führer, Das Wort ward Fleisch – Johannes 1,14, in: Die bleibende Bedeutung der lutherischen Reformation, hg.v. K.-H. Kandler, Lutherisch glauben 9, Neuendettelsau 2018, 45–87.

[34] Schneider, Joh. (s. Anm. 5), 60.

[35] J. A. Bengel, Gnomon Novi Testamenti, ³1773, Nachdr. Stuttgart 1915, 322, Anm. 1 (z.St.): *Quod prius fuerat, id esse non desiit: at factus est quod non fuerat prius.*

wohnte" (1,14b).³⁶ Er weilte leibhaftig unter uns Menschen als Mensch mit dem Namen Jesus zu einer bestimmten Zeit in Galiläa und Jerusalem.

Weil der Logos, in dem das Leben war (1,4), Fleisch geworden ist (1,14), darum ist dem Sohn als dem fleischgewordenen Logos vom Vater gegeben, wie dieser das Leben in sich selber zu haben (5,26): ὥσπερ γὰρ ὁ πατὴρ ἔχει ζωὴν ἐν ἑαυτῷ, οὕτως καὶ τῷ υἱῷ ἔδωκεν ζωὴν ἔχειν ἐν ἑαυτῷ. *Denn wie der Vater das Leben in sich selber hat, so hat er auch dem Sohn gegeben, das Leben in sich selber zu haben.* Die einzigartige Vollmacht des Sohnes, die Toten ins Leben zu rufen (5,25), liegt in dem begründet, was er ist und hat: Er ist der fleischgewordene Logos, der das Leben in sich selber hat. Mit der Wendung „das Leben in sich selber haben" wird einerseits die Einheit zwischen Vater und Sohn zum Ausdruck gebracht. Sie ist, wie schon an 1,4 deutlich geworden ist, nicht eine irgendwann wie auch immer hergestellte, sondern eine ursprünglich gegebene, wesenhafte Einheit. In dem Vers wird ausdrücklich unterstrichen, das Leben in sich selber zu haben, sei dem Sohn vom Vater „gegeben". Dadurch wird andererseits „zugleich die Unumkehrbarkeit des zwischen beiden bestehenden Ursprungsverhältnisses und damit ihre *personale Unterschiedenheit* (markiert)"³⁷.

Was es heißt, dass Jesus, der Sohn Gottes, wie Gott, der allmächtige Vater, das Leben in sich selber hat, wird in der Erzählung von der Auferweckung des Lazarus (11,1–44) vor Augen gestellt. Theologisch gipfelt die Erzählung in der Selbstprädikation Jesu: ἐγώ εἰμι ἡ ἀνάστασις καὶ ἡ ζωή· *Ich bin die Auferstehung und das Leben.* (11,25) Jesus korrigiert Marta, deren Hoffnung sich auf einen allgemeinen Auferstehungsglauben gründet (11,24), und stellt heraus, dass die Auferstehung und das Leben in ihm selbst auf den Plan getreten sind. Weil sie aber in seiner Person da sind, darum liegt die Hoffnung auf die Teilhabe an der Auferstehung und dem Leben auch allein in ihm begründet. Marta lässt sich korrigieren; sie spricht zu ihm: „Ja, Herr, ich

---

³⁶ Mit Joh 1,14b wird die Inkarnationsaussage unterstrichen: Der Logos ist nicht vorübergehend und episodenhaft Fleisch geworden, sondern ein für allemal und unumkehrbar.

³⁷ H.-C. Kammler, Christologie und Eschatologie. Joh 5,17–30 als Schlüsseltext johanneischer Theologie, WUNT 126, Tübingen 2000, 183 (z.St.).

glaube, dass du der Christus bist, der Sohn Gottes, der in die Welt gekommen ist." (11,27) Dass Jesus der „Christus", der „Sohn Gottes" ist, diese Hoheitstitel schließen ein, dass er die Auferstehung und das Leben ist, und was er ist, das erweist er wiederum durch sein beispielloses Werk der Auferweckung des Lazarus, der seit vier Tagen im Grab lag (11,39). Aus dem Erzählzusammenhang ergibt sich: „Jesu Gang nach Judäa, um Lazarus vom Tode aufzuerwecken, ist der Gang, der ihn selbst in den Tod führt. Das aber ist nicht einfach im Sinne einer ‚historischen' Feststellung gemeint, sondern in einem tiefen theologischen Sinn: Damit Lazarus lebt, muß Jesus sterben. Jesus wird somit als der gezeichnet, der sein Leben für die Seinen dahingibt."[38]

Wie in dem Ich-bin-Wort 11,25 bezeichnet sich Jesus in 14,6 – dem Vers, in dem die Ich-bin-Worte kulminieren –[39] als das Leben: ἐγώ εἰμι ἡ ὁδὸς καὶ ἡ ἀλήθεια καὶ ἡ ζωή. *Ich bin der Weg und die Wahrheit und das Leben.* Jesus ist das Leben, nämlich das schöpferische Leben, wie aus dem Prolog aufzunehmen ist (1,4), im Unterschied zum kreatürlichen Leben; es war als Logos im Anfang bei Gott (1,2) und ist Fleisch geworden (1,14). Weil aber Jesus das Leben ist, darum gibt und erschließt er es, und zwar er allein. In 14,6 ist eine radikale, durch den Ursprung in Gott begründete Exklusivität zum Ausdruck gebracht. Die Selbstprädikation Jesu schließt ein, dass abgesehen von ihm kein Leben ist, sondern nur Schein, Tod und Verdammnis. „Wer den Sohn hat, der hat das Leben; wer den Sohn Gottes nicht hat, der hat das Leben nicht." (1. Joh 5,12)

Durch die Ich-bin-Worte Jesu wird die für das Johannesevangelium charakteristische Einheit von Christologie und Soteriologie unverwechselbar und unüberbietbar zum Ausdruck gebracht. Indem Jesus enthüllt, wer er ist, weist er voraus auf das, was er tut, und zeigt an, was er gibt, nämlich sich selbst. Beispiele: „Ich bin das Licht der Welt" (8,12); daraus folgt, dass er Licht in die Finsternis bringt, Orientierung, die das Leben auf ein Ziel aus-

---

[38] O. Hofius, Die Auferweckung des Lazarus. Joh 11,1–44 als Zeugnis narrativer Christologie, 2005, in: ders., Exegetische Studien, WUNT 223, Tübingen 2008, 28–45, 33. Ebd. Anm. 24 verweist Hofius auf Joh 11,51 f.; 10,11.15.17 f.; 15,13.

[39] Vgl. Wilckens, Joh. (s. Anm. 2), 223 f.; Schnelle, Joh. (s. Anm. 3), 139 f. 252 f.

richtet. Aus „Ich bin der gute Hirte" (10,11.14) lässt sich auf die Innigkeit und Unzerstörbarkeit der Gemeinschaft zwischen ihm und den Seinen schließen und die Zusage entnehmen, dass die Seinen niemand aus seiner Hand reißen wird (10,28). In der Selbstprädikation „Ich bin das Brot des Lebens" (6,35 u.ö.) liegt seine Selbsthingabe „für das Leben der Welt" (6,51) beschlossen. In der Selbstprädikation „Ich bin ... das Leben" (11,25; 14,6) ist die Errettung aus dem Tod, dem alle Menschen verfallen sind, also die Verheißung der Heilsgabe des ewigen Lebens, mit ausgesagt und enthalten.[40]

Wodurch gibt Jesus Anteil an dem, was er ist? Durch sein Wort: „Wer mein Wort hört und glaubt dem, der mich gesandt hat, der hat das ewige Leben und kommt nicht in das Gericht, sondern er ist vom Tode zum Leben hindurchgedrungen." (5,24) Seine Worte sind nicht einfach nur Worte, sie „sind Geist und sind Leben" (6,63). Denn er hat „Worte des ewigen Lebens" (6,68). Ferner bietet Jesus sich selbst dar, indem er seinen Leib und sein Blut darbietet im Sakrament: „Ich bin das lebendige Brot, das vom Himmel gekommen ist. Wer von diesem Brot isst, der wird leben in Ewigkeit. Und dieses Brot ist mein Fleisch, das ich geben werde für das Leben der Welt." (6,51) Und: „Wer mein Fleisch isst und mein Blut trinkt, der hat das ewige Leben, und ich werde ihn auferwecken am Jüngsten Tag." (6,54)

Wie wird wahrgenommen, wer Jesus ist, und empfangen, was er bringt? Wenn man die einschlägigen Stellen durchgeht, fällt die Antwort eindeutig aus: Durch den Glauben. Das ganze Werk, das Jesus getan hat und das, was ihm widerfahren ist, ist – bis hin zur Erhöhung – geschehen, „damit jeder, der *glaubt*, in ihm das ewige Leben hat" (3,15). Darauf folgt der wohl bekannteste Vers des Evangeliums, der hier stellvertretend für andere angeführt werden soll (3,16): „Denn so sehr hat Gott die Welt geliebt, dass er seinen eingeborenen Sohn gab, damit jeder, der an ihn glaubt, nicht verloren gehe, sondern das ewige Leben habe."[41]

Als Zwischenergebnis ist festzuhalten: „Ewiges Leben" ist ein zentraler Begriff in der johanneischen Botschaft. Mit ihm be-

---
[40] Insofern sind die Ich-bin-Worte „miniature Gospels" (J. Ashton, Understanding the Fourth Gospel, Oxford 1991, 186).
[41] Vgl. außerdem 3,36; 5,24; 6,40.47; 20,31.

zeichnet Johannes das eschatologische Heilsgut, das Christus – und zwar er allein – heraufgeführt hat und das er selbst ist. Der Begriff nimmt im johanneischen Denken den Stellenwert ein, den bei Paulus der Begriff der Gerechtigkeit Gottes einnimmt. Soweit beide begrifflich auseinanderliegen, in der Sache stehen sie nahe beieinander. Denn beide verstehen unter dem eschatologischen Heilsgut das Bestehenkönnen (Paulus) oder das Lebendürfen (Johannes) des sündigen, dem Tod verfallenen Menschen vor Gott um Jesu Christi willen aus Gnade allein durch den Glauben, der schon jetzt ergreift, was den Menschen in Ewigkeit freispricht (Paulus) und ihm das ewige Leben gewährt (Johannes). Für beide, Paulus und Johannes, ist die Erkenntnis Gottes Heilsgeschehen. Einen besonderen Akzent hat Johannes im hohenpriesterlichen Gebet gesetzt.

Bei der Näherbestimmung des ewigen Lebens in 17,3 kommt der Evangelist direkt zur Sache. Er formuliert nicht, dies führe zum ewigen Leben oder jenes bringe das ewige Leben, sondern: „Das ist aber (δέ ἐστιν) das ewige Leben." Was? „Dass (ἵνα) sie erkennen ..." Nicht etwas Beliebiges, sondern den allein wahren Gott und den er gesandt hat: Jesus Christus. Diese Erkenntnis vermittelt nicht nur, sondern *ist* das ewige Leben.

Der Evangelist gebraucht hier wie auch sonst häufig γινώσκω *erkennen*.[42] Um zu verstehen, welchen Stellenwert γινώσκω hat, muss man den Zusammenhang mit πιστεύω *glauben* beachten. Wer Christus ist, das erschließt der Glaube. Die, die an ihn glauben, haben das ewige Leben (3,15.36a; 5,24; 6,40 u.a.). „Wer aber dem Sohn nicht gehorsam ist, der wird das Leben nicht sehen, sondern der Zorn Gottes bleibt über ihm." (3,36b) Er versteht Jesu Sprache nicht, weil er sein Wort nicht hören (8,43), es nicht ertragen kann. Daraus ergibt sich: Dem Glauben gebührt die Priorität; durch ihn wird die Relation zu Christus hergestellt. Ist diese Beziehung aber geknüpft, dann folgt das Erkennen. Das geht aus 6,69 hervor, wo Petrus bekennt: „... wir haben geglaubt und erkannt: Du bist der Heilige Gottes." Das Erkennen wird von dem Glauben hervorgebracht; als Funktion des Glaubens

---

[42] 57 Vorkommen, die meisten im NT (insgesamt 222 Vorkommen). Außerdem 1. Joh: 25 und 2. Joh: 1 Vorkommen. Vgl. R. Bultmann, γινώσκω, ThWNT, Bd. I, 1933, 688–719, 711 ff.

aber ist es wesentlich für die Erlangung des Lebens. Denn ist Gott das Leben, dann erlangt das Leben, wer ihn und den Sohn, den er gesandt hat, erkennt. In der Zuordnung zum Glauben ist das Erkennen sehr wohl auch ein „intellektueller Akt"[43]. Dagegen führt das Erkennen, das dem Glauben vorgeordnet wird und sich ihm gegenüber verselbständigt, auf Ab- und Irrwege. Nicht philosophische Erkenntnistheorie führt auf den Weg in das ewige Leben, sondern allein der Glaube, aus dem folgt, dass Gott und der, den er gesandt hat, erkannt wird.

„... dass sie dich erkennen", *dich*, nicht ihn. Wer ihn zu erkennen sucht, begibt sich von vornherein auf einen Abweg; denn er macht, bevor er zu erkennen anfängt, Gott zu etwas, was er nicht ist, nämlich zu einem Erkenntnisgegenstand, und das heißt zu etwas Gegenständlichem, Geschöpflichem. Vor diesem Irrweg bewahrt Jesus die Seinen, indem er sie von vornherein in sein persönliches Verhältnis zu Gott, dem Vater, hineinnimmt. Das ist seine grundlegende Gabe. Sie scheint gering zu sein oder sich von selbst zu verstehen,[44] aber in Wahrheit liegt in ihr alles beschlossen. Sie ist die Weichenstellung, die über Erfolg oder Misserfolg der Gotteserkenntnis entscheidet. Aus ihr wird die Vergeblichkeit eigenmächtigen Erkenntnisstrebens mit Bezug auf Gott deutlich. Denn Gott ist Gott, der Schöpfer; nicht ein Gegenstand, der in Analogie zur geschöpflichen Welt gedacht werden könnte. Im Status corruptionis suchen Religion und Philosophie „ihn" zu erkennen, weil das Vertrauensverhältnis zwischen Gott und Mensch durch die Sünde zerstört ist. Jesus befreit von diesem Weg der Gotteserkenntnis, der niemals zur Gotteserkenntnis führt, indem er die Seinen in die Gemeinschaft hineinnimmt, in der er als der eingeborene Sohn mit Gott, dem Vater, steht. Durch die Fürbitte Jesu, die auf seinem stellvertretenden Lebenseinsatz beruht (17,19), wird das verschlossene Tor (s. 1. Mose 3,24) zur Gotteserkenntnis wieder aufgestoßen. In diesem Sinne ist Jesus Christus „das Ende aller Religionsgeschichte"[45].

---

[43] Gegen E. Haenchen, Das Johannesevangelium, Tübingen 1980, 502.
[44] Sie bleibt in vielen Kommentaren und in der Literatur zumeist unterbestimmt, wenn sie überhaupt Erwähnung findet.
[45] H. Strathmann, Das Evangelium nach Johannes, NTD 4, Göttingen ⁴1968, 224.

Apposition zu σέ ist τὸν μόνον ἀληθινὸν θεόν: *dich, den allein wahren Gott.* Dich, Gott, zu erkennen, ist ewiges Leben. Gemeint sein kann nur der Schöpfer, der das Leben ist und gibt. Er, der sich in Israel offenbart hat, ist der Eine und Einzige (5. Mose 6,4). Das Bekenntnis zur Einzigkeit Gottes ist in μόνος enthalten;[46] hier unterstreicht μόνος das als Attribut Gottes gebrauchte ἀληθινός.[47] Ausgesagt wird: Er allein, der Schöpfer, der sich in Israel offenbart hat, ist der wahre, wirkliche, eigentliche Gott „im Gegensatz zur Nichtigkeit der Heidengötter"[48].

17,3 ist vor alttestamentlich-jüdischem Hintergrund formuliert worden. 2. Kön 19,15.19 (s.a. Jes 37,16.20) betet Hiskia, der König von Juda: „HERR, Gott Israels, der du über den Cherubim thronst, du allein bist Gott über alle Königreiche auf Erden, du hast Himmel und Erde gemacht ... Nun aber, HERR, unser Gott, errette uns aus seiner (sc. Sanheribs, des Königs von Assyrien) Hand, damit alle Königreiche auf Erden erkennen, dass du, HERR, allein Gott bist."[49] Nach Ps 86,9–10 werden alle Völker kommen, anbeten und bekennen: „Du allein bist Gott."[50] Jes 65,16 diene als Beleg für den Gebrauch von ἀληθινός als Attribut Gottes: „Wer sich segnen wird auf Erden, der wird sich bei dem *wahrhaftigen* Gott segnen ..." Neben den aufgeführten Stellen sei verwiesen auf 2. Mose 34,6; 4. Mose 14,18; 2. Chr 15,3; 3. Makk 6,18; ferner auf Philo[51]; Sib frgm I, 20; III, 46 und JosAs 11,10.

Die Verkündigung Gottes als des „allein wahren Gottes" war ein Grundbestandteil der urchristlichen Mission[52] und hat sich in der Bekehrung von „den Abgöttern" zu „dem lebendigen und wahren Gott" (1. Thess 1,9) niedergeschlagen. Über die Mission hat der Topos Bedeutung für die Bekenntnisbildung gewonnen und Eingang in den Gottesdienst gefunden (s. 1. Tim 1,17; 1. Joh

---

[46] μόνος *allein, einzig* (Bauer-Aland, Wb 1067 f.). Vgl. z.St. Zumstein, Joh. (s. Anm. 5), 635.
[47] Vgl. Bauer-Aland, Wb 71 f.
[48] R. Bultmann, ἀληθινός, ThWNT, Bd. I, 1933, 249–251, 250, 20 f.
[49] 2. Kön 19,15.19 LXX: ... σὺ εἶ ὁ θεὸς μόνος.
[50] Ps 85,10 LXX: σὺ εἶ ὁ θεὸς μόνος.
[51] Philo, SpecLeg I, 332: τὸν ἕνα καὶ ἀληθινὸν θεόν. S.a. LegGai 366.
[52] Mit Wilckens, Joh. (s. Anm. 2), 262.

5,20; Offbg 6,10; 1. Clem 43,6).[53] Das wird bei der Verwendung von „allein" und „wahr" als Gottesattribute in Joh 5,44 und 17,3 vorausgesetzt.

... καὶ ὃν ἀπέστειλας Ἰησοῦν Χριστόν ... *und den du gesandt hast, Jesus Christus.* Beides, die Erkenntnis des allein wahren Gottes und die Erkenntnis Jesu Christi, den er gesandt hat, gehört für Johannes untrennbar, aber durchaus unterscheidbar zusammen. Gott war nicht zuerst, und dann brachte er das Wort hervor. Vielmehr geht Johannes davon aus: „Im Anfang war das Wort, und das Wort war bei Gott, und Gott war das Wort. Dasselbe war im Anfang bei Gott. Alle Dinge sind durch dasselbe gemacht ..." (1,1–3). Hätte Gott das Wort im Anfang hervorgebracht, wäre das Wort Geschöpf, wenn auch das erste und hervorragendste, aber nicht das Wort, durch das alles geschaffen ist, also Schöpfer wie der Schöpfer. Aber Gott war nie ohne das Wort, sondern das Wort war im Anfang bei Gott, und Gott war das Wort. Dieses Wort ist Fleisch geworden (1,14). Nicht nur der *Logos asarkos*, sondern auch der *Logos ensarkos* partizipiert daher an Gottes Gottsein. Das bedeutet: Jesus Christus gehört in das Grundbekenntnis Israels zur Einzigkeit Gottes hinein. Er wird nicht hineinprojiziert, sondern er ist für Johannes von vornherein in ihm enthalten. Deshalb ist die Erkenntnis dessen, „den du gesandt hast", nicht etwas Zweites neben der Erkenntnis des „allein wahren Gottes", sondern die Erkenntnis beider in ihrer unauflöslichen Zusammengehörigkeit, aber personalen Unterschiedenheit ist die eine Gotteserkenntnis, in der das ewige Leben besteht. Durch den, den er gesandt hat, wird der, der sendet, allererst erkannt (14,7.9); aber auch der Gesandte wird nur erkannt, wenn man die unvorgreifliche Wesens- und Handlungseinheit wahrnimmt, in der er mit dem Sendenden steht (s. 10,30).

Die Sendung des Sohnes Gottes durch Gott, den Vater, zur Rettung der Welt aus Liebe ist das Thema des vierten Evangeliums. 17,3 gebraucht der Evangelist ἀποστέλλω *(aus)senden*,[54] und zwar in derselben Aoristform wie in 11,42; 17,8; 17,21;

---

[53] Vgl. G. Delling, ΜΟΝΟΣ ΘΕΟΣ, in: ders., Studien zum Neuen Testament und zum hellenistischen Judentum, Göttingen 1970, 391–400, bes. 399.

[54] 28 Vorkommen im Joh; die meisten im NT bei insgesamt 132. Vgl. J.-A. Bühner, Der Gesandte und sein Weg im vierten Evangelium, WUNT II, 2, Tübingen 1977.

17,23 und 17,25. Im hohenpriesterlichen Gebet begegnet viermal der Satz ὅτι σύ με ἀπέστειλας / *dass du mich gesandt hast* (17,8.21.23.25).[55] Diese rettende Bewegung, die von Gott ausgeht und in der Einheit Gottes, des Vaters, mit seinem präexistenten und fleischgewordenen Sohn durchgeführt wird, zu glauben und zu erkennen, ist Zweck und Ziel der Sendung Jesu Christi.

Am Ende des das ewige Leben „definierenden" Satzes 17,3 steht Ἰησοῦν Χριστόν. Johannes geht mit der Verwendung des Doppelnamens Jesus Christus äußerst sparsam um. Außer hier findet er sich nämlich nur noch 1,17, einer ebenfalls zentralen Stelle im vierten Evangelium, und ferner in 20,31, wo Jesus, um Verwechslungen auszuschließen und jesulogischen Missverständnissen vorzubeugen, als „der Christus, der Sohn Gottes" christologisch unmissverständlich bezeichnet wird. Um Unmissverständlichkeit geht es auch in 17,3: Weder ein seiner göttlichen Herkunft entkleideter Jesus noch eine Christusidee vermittelt das ewige Leben, sondern vielmehr der Menschgewordene, der den Namen Jesus trägt, der auf Golgatha gekreuzigt wurde (19,17 ff.), nicht scheinbar, sondern wirklich „verschied" (19,30), am dritten Tag auferstanden (20,1 ff.) und den Jüngern erschienen ist, um nun sie zu senden, wie er vom Vater gesandt war (17,18; 20,21), und ihnen den Heiligen Geist zu geben (20,22). Die Erkenntnis dessen, der bei Gott war (1,1 f.), den Gott gesandt hat und der in der Einheit mit Gott, dem Vater, sein Werk „vollbracht" (19,30) hat, erwächst aus dem Glauben an die Person des geschichtlichen, von den Aposteln und Evangelisten verkündigten Jesus Christus.

Zum Schluss ist die Auslegung von 17,3 noch durch den Kontext zu überprüfen. Jesu Abschiedsgebet verbindet die Abschiedsreden mit der Passionsgeschichte. 17,3 gehört zum ersten Teil des Abschiedsgebets. Jesus bittet Gott, den Vater: „Verherrliche deinen Sohn, damit der Sohn dich verherrliche" (17,1). Worin diese Verherrlichung besteht, geht klar aus dem Kontext hervor: Jesus ist im Begriff, in den Tod zu gehen; die Verherrli-

---

[55] Zu der mit ἀποστέλλω gebildeten Formel kommt die nicht weniger häufige mit πέμπω hinzu: (ὁ πατὴρ) ὁ πέμψας με. Vgl. C. Mercer, ἀποστέλλειν and πέμπειν in John, NTS 36 (1990), 619–624.

chung ist darin zu sehen, dass er in der völligen Übereinstimmung mit dem Rat und Willen Gottes in den Tod geht, um seine Sendung zu erfüllen. Im Tod am Kreuz vollendet sich die Sendung Jesu, indem er als Gottes Lamm die Sünde der Welt trägt (1,29). „Denn Gott hat seinen Sohn nicht in die Welt gesandt, dass er die Welt richte, sondern dass die Welt durch ihn gerettet werde." (3,17) Im Tod Jesu am Kreuz vollzieht sich der Rettungsbeschluss Gottes in der Willens- und Handlungseinheit mit seinem eingeborenen Sohn zur gegenseitigen Verherrlichung. Dieser wird durch die Auferstehung und Erhöhung Jesu in Kraft gesetzt. Darin wird der Liebesratschluss Gottes offenbar, „dass er uns geliebt hat und gesandt seinen Sohn zur Versöhnung für unsere Sünden" (1. Joh 4,10).

Die Berücksichtigung des Kontextes bestätigt und vertieft die vorgelegte Auslegung von Joh 17,3. Das ewige Leben besteht in der Erkenntnis des allein wahren Gottes, des Schöpfers, der sich in der Geschichte Israels offenbart hat, und des von ihm gesandten Jesus Christus, seines einziggeborenen Sohnes, der in der Einheit des Rates, Willens und Handelns mit ihm, dem Vater, sein Leben „für das Leben der Welt" (6,51) dahingegeben hat, um durch seine stellvertretende Selbstheiligung die Heiligung in der Wahrheit (17,19) und das ewige Heil heraufzuführen.

3.

Nach Johannes gründet die Geschichte Jesu Christi nicht in der Geschichte, sondern sie ist unableitbar; denn ihr Beginn in der Geschichte ist von Gott mit der Fleischwerdung des Logos (1,14) gesetzt worden. Als Konsequenz ergibt sich daraus, dass Johannes die Geschichte Jesu aus der übergreifenden Perspektive der Einheit Jesu, des einziggeborenen Sohnes Gottes, mit Gott, dem Vater (10,30), dargestellt hat. Diese Einheit ist durch die Auferweckung und Erhöhung des Gekreuzigten bekräftigt und endgültig besiegelt worden. Aufgrund der unvorgreiflichen Einheit der Person des Sohnes Gottes mit Gott, dem Vater, ist durch das Werk, das Jesus Christus vollbracht hat (19,30), das eschatologische Heil heraufgeführt worden. Aus der spezifisch johanneischen Perspektive folgt nicht die Abwertung seiner Geschichte auf Erden, seines Leidens und Sterbens am Kreuz, sondern im Gegenteil deren Erschließung als Heilsgeschichte. Der Glaube, der das Heil empfängt, ist auf die Person und das Werk Jesu Christi gerichtet, wie beide in ihrer Zusammengehörigkeit im Evangelium dargestellt sind und durch es verkündigt werden.

Die Einfachheit der Jesus-Darstellung im Johannesevangelium ist gewollt und gehört zur Intention des Verfassers, aber sie beruht keineswegs auf geistiger Schlichtheit, sondern vielmehr auf tiefgründiger theologischer Reflektiertheit. Das Johannesevangelium ist nicht das Werk eines Anonymus, schon gar nicht das Elaborat einer Mehrzahl von Namenlosen, sondern das Werk einer in der Christenheit des ersten Jahrhunderts allseits bekannten Persönlichkeit, die den Stoff, den sie darstellt, souverän beherrscht und gestaltet hat. Wie der Römerbrief nicht von einem beliebigen Unbekannten verfasst worden sein kann, sondern als Autor nur der Apostel Paulus in Frage kommt, so kommt als Verfasser des Johannesevangeliums nur ein intimer Kenner der Geschichte und Verkündigung Jesu in Frage, und zwar ein Kenner und Augenzeuge der Ereignisse vor und nach Ostern, dem obendrein die außerordentliche Bedeutung von Pfingsten bewusst war. Der Verfasser des Johannesevangeliums ist der Jünger, den Jesus lieb hatte, der in einem besonderen Vertrauensverhältnis zu Jesus stand, nämlich der Jünger, Apostel und Evangelist Johannes, der Sohn des Zebedäus, der einen Gegenpol zu Petrus gebildet hat.

Von Johannes, „der dieses alles bezeugt und es aufgeschrieben hat" (21,24), heben sich die ab, die das Evangelium herausgegeben haben. Unter dem „wir" von 21,24 ist der Kreis zu vermuten, der sich um Johannes gebildet hat. Zu diesem Kreis hat der Presbyter gehört, von dem der 2. Joh und 3. Joh stammen. Es ist nicht nötig, sich weitere Figuren mit dem Namen Johannes auszudenken.[56] Für die vorgetragene Hypothese der Entstehung des Johannesevangeliums, die sich auf das beschränkt, was sich den Quellen entnehmen lässt, spricht die

---

[56] R. Bultmann nimmt 7 verschiedene Autoren und Redaktoren zu dem Evangelium und den Briefen an; M. Hengel 5 (mit Apokalypse) und R. E. Brown 4 (Nachweise in: Hengel, Frage (s. Anm. 6), 96). Man möchte den Exegeten empfehlen, dass sie einen „Guide" beilegen, aus dem zu entnehmen ist, von welchem Johannes sie gerade reden.

größte Wahrscheinlichkeit. Sie setzt den folgenden hypothetisch rekonstruierten chronologischen Aufriss voraus:

Um	10 n.Chr.	Geburt des Johannes
	27/28	Jünger des Täufers. Berufung durch Jesus. Einer der „Donnersöhne" (Mk 3,17 Par.)
	30	Zeuge des Leidens (Gethsemane) und Todes Jesu (Golgatha) und der Erscheinungen des Auferstandenen (Jerusalem und Galiläa)
		Als Apostel zur Gründungsgeneration der Kirche gehörend
Um	44	Martyrium seines Bruders Jakobus (Apg 12,2)
	48/49	Apostelkonvent. Eine der „Säulen" (Gal 2,9) der Urkirche
	70	Zerstörung Jerusalems. Übersiedlung nach Kleinasien (Ephesus)
		Entstehung des johanneischen Kreises
Um 80 ff.		Entstehung des Evangeliums auf der Grundlage der Lehre und Verkündigung in der Hauskirche des Kreises
		Schriftliche Ausarbeitung
Um 95		Tod des Johannes[57]
Um 100		Herausgabe des Evangeliums
		Redaktion durch den Herausgeberkreis

Das Johannesevangelium ist mit großer Wahrscheinlichkeit Abschnitt nach Abschnitt aus der Lehre und Verkündigung in gottesdienstlichen Versammlungen des johanneischen Hauskreises erwachsen. Bei dem Hauskreis oder der Hauskirche ist nicht an eine Sekte zu denken, die sich gegenüber der gesamtkirchlichen Entwicklung abschloss, so kritisch sie gewesen sein mag, sondern vielmehr an eine Gemeinschaft, in der Jesus und sein Wort im Mittelpunkt standen und der Glaube exemplarisch gelebt wurde, so dass sich andere Gemeinden, wenn sie es denn wollten, daran orientieren konnten. Theologisch korrespondiert der Einheit des Sohnes Gottes mit Gott, dem Vater, bei Johannes die Einheit des Menschgewordenen und Gekreuzigten mit dem Auferstandenen und Erhöhten. Diese Einheit in ihrer doppelten

---

[57] Nach Irenäus von Lyon, Haer. II, 22, 5 hat Johannes bis in die Zeit Trajans in Kleinasien gewirkt. Trajan wurde am 27.01.98 röm. Kaiser.

christologischen Ausprägung bildet das Fundament, auf dem die Lehre und Verkündigung des Johannes ruht. Aus ihr erklärt sich auch die spezifische Eigenart des Evangeliums. Worin besteht sie?

Johannes hat die Geschichte Jesu Christi so zur Sprache gebracht, dass sich in seinen Taten und Worten die einzigartige Relation widerspiegelt, in der er zu Gott steht, so dass deutlich wird, was Gott durch ihn bewirkt. Er erzählt Begegnungen wie die mit Nikodemus oder die Heilung des Blindgeborenen nicht allein um ihres Ereignischarakters willen, obwohl er die Tatsächlichkeit des Geschehenen keineswegs bestreitet, sondern um ihres Bezuges zur Gottes- und Heilsfrage willen. So unterstellt er der Passionsgeschichte keinen Sinn, den sie nicht hat, sondern er schildert, was nach seiner Erinnerung geschehen ist, aber er durchleuchtet das Geschehene zugleich vor dem Hintergrund der Beziehung, in der Jesus zu Gott, dem Vater, steht. Dieser hat ihn gesandt, aber die Sendung führt Jesus in den Tod am Kreuz. Das geschieht jedoch nicht im Widerspruch, sondern vielmehr im Einklang mit der Sendung. Das aber ist nicht aus dem Geschehen selbst abzulesen, sondern erschließt sich aus der Relation Jesu zu Gott. In allem, was Jesus tut und was ihm widerfährt, kommt die einzigartige Beziehung zum Ausdruck, in der Gott zu ihm und er zu Gott steht. Die Durchleuchtung dieser Beziehung ist die Enthüllung des Rettungsbeschlusses Gottes, der in den Taten und Worten Jesu zur Ausführung kommt. Dieses rettende Handeln Gottes in den Taten und Worten Jesu herauszustellen, und zwar nicht gegen die Ereignisse, die geschehen sind, sondern in ihnen, mit ihnen und durch sie, ist die spezifische Eigenart der Jesus-Darstellung des Johannes. Es ist die Darstellung der Geschichte Jesu Christi in meditativ-theologischer Durchleuchtung – nicht, um ihr einen Sinn zu geben, der ihr fernlag, sondern um den Sinn hervorzukehren, der ihr innewohnt.

Um ein Missverständnis, das zur Fehldeutung des Evangeliums führte, auszuschließen, ist zu unterstreichen: Johannes hat die Geschichte Jesu Christi nicht meditativ durchdrungen, um die Meditation an die Stelle der Geschichte treten zu lassen, vielmehr hat er die Geschichte Jesu Christi selbst durch die Meditation auf ihr soteriologisches Ziel hin durchsichtig gemacht. Der Sitz im Leben war die gottesdienstliche Lehre und Verkündigung. Das Evangelium besteht aus Christuspredigten,[58] die Johannes der selbständigen Hauskirche seines Kreises vorgetragen haben dürfte. Die Zielsetzung, „damit ihr glaubt, dass Jesus der Christus ist, der Sohn Gottes" und „damit ihr als Glaubende das Leben habt in seinem Namen" (20,31), ist am Schluss des Evangeliums genannt. Die Predigten sind sicherlich nicht aus dem Stegreif gehalten worden. Dazu sind sie inhaltlich zu anspruchsvoll und außerdem bis ins Detail durchgestaltet. Sie müssen daher auf schriftlichen Vorlagen beruhen, die dem Herausgeberkreis zur Verfügung standen. Der Rahmen der Darstellung ist durch die Geschichte Jesu Christi gesetzt. Diese war zuvor schon von Markus dargestellt worden; vielleicht war Johannes auch das Evangelium nach Lukas bekannt.[59] Traditionsgeschichtlich war er außerdem mit Paulus verbunden, der ebenfalls in Ephesus gewirkt hatte. Johannes ging eigene Wege, aber er hat ein Glaubensbuch für die ganze Christenheit geschaffen.

Joh 17 ist exemplarisch für die Entstehung und Darstellungsart des Evangeliums. Jesus wendet sich im Gebet Gott zu. Das hat er zweifellos unablässig getan. Er redet ihn als Vater an (17,1 u.ö.).[60] Darin enthüllt sich das innerste Geheimnis seiner Person; es steht über seinem gesamten Leben und Wirken. Das Abschiedsgebet ist auf die „Stunde" (17,1) ausgerichtet, in der sich seine Sendung erfüllt. Aber die leidenschaftliche Erregtheit des Ringens Jesu um die Übereinstimmung mit dem Willen Gottes, des Vaters, in Gethsemane (Mk 14,32 ff. Par.) schildert Johannes nicht. Er zeigt Jesus vielmehr nach der Überwindung der Anfechtung, da er schon wieder ganz den Seinen zugewandt ist und hohenpriesterlich für sie eintritt. Aus der hohenpriesterlichen Dimension des Betens Jesu bei dem Abschied von den Jüngern wird der Unterschied zu den Synoptikern deutlich: Johannes sieht den irdischen Jesus, der in den Tod geht, in eins mit dem

---

[58] Der Predigt-Hintergrund ist mit Recht in dem Kommentar von Lindars (s. Anm. 15) hervorgehoben worden.

[59] Zu dem Verhältnis des Johannes zu den Synoptikern vgl. Barrett, Joh. (s. Anm. 7), 140 ff.; Schnelle, Joh. (s. Anm. 3), 17 mit Anm. 76 (Lit.); Zumstein, Joh. (s. Anm. 5), 44 ff.

[60] Vgl. dazu L. Goppelt, Theologie des Neuen Testaments, Teil I, hg.v. J. Roloff, Göttingen 1975, 250–253.

erhöhten Jesus, der für die Seinen betet.[61] Diese Erweiterung der Perspektive entspricht der gottesdienstlichen Situation, in der Johannes das Abschiedsgebet Jesu vorgetragen hat. Johannes hat seinen Hörern Jesus vor Augen gestellt, der kraft seiner für die Jünger geschehenen Selbstheiligung (17,19), die er als der Irdische in Gethsemane bejaht und auf Golgatha vollzogen hat, nun als der Erhöhte für sie eintritt. Für Johannes ist Jesus keine Figur der Vergangenheit, sondern der Christus praesens. Wie Jesus Christus durch seine Menschwerdung nicht aufgehört hat, der in seiner Wesenseinheit mit Gott stehende Logos zu sein, weshalb ihm der Titel Sohn Gottes gebührt, so hört er durch seine Verherrlichung nicht auf, der „Menschensohn" zu sein. Vielmehr wendet sich der *eine* Jesus Christus in seiner Wesenseinheit mit Gott und seiner Wesensgleichheit mit dem Menschengeschlecht im Gottesdienst, der in seinem Namen gehalten wird, allen Menschen als der zu, der für sie gebetet und sich selbst für sie geheiligt hat, um sie durch den Glauben an ihn in die Gemeinschaft hineinzunehmen, in der er mit Gott, dem Vater, steht.

Damit ist die pneumatologische Dimension der johanneischen Theologie berührt, die in diesem Zusammenhang nicht ausführlich behandelt werden kann, die aber für Johannes eine solche Bedeutung hat, dass sie nicht völlig unerwähnt bleiben darf. Jesus verheißt in den Abschiedsreden den „Tröster"[62], den „Geist der Wahrheit"[63] oder den „Heiligen Geist"[64]. Dieser wird auf Jesu Bitte hin vom Vater gegeben, „dass er bei euch sei in Ewigkeit" (14,16); er wird vom Vater gesandt in Jesu Namen (14,26). Er lehrt und erinnert an alles, was Jesus gesagt hat (14,26), und gibt Zeugnis von ihm (15,26). Sein Wirken zielt darauf, in alle Wahrheit zu leiten (16,13).[65] Er durchbricht also den Panzer der Lüge, mit dem sich der fleischliche Mensch gegenüber Gott verschlossen hat, indem er Jesu Wort in Erinnerung bringt, durch es anredet, das Verständnis der Person und des Werkes Jesu Christi sowie den Glauben an ihn wirkt und in ein lebendiges

---

[61] Vgl. O. Cullmann, Das Gebet im Neuen Testament, Tübingen ²1997, 140.
[62] Joh 14,16.26; 15,26; 16,7: παράκλητος.
[63] Joh 14,17; 15,26; 16,13: τὸ πνεῦμα τῆς ἀληθείας.
[64] Joh 14,26; vgl. außerdem bes. 20,22: τὸ πνεῦμα τὸ ἅγιον.
[65] Vgl. z.St. H.-C. Kammler, Jesus Christus und der Geistparaklet, in: Hofius/Kammler, Johannesstudien (s. Anm. 31), 87–190, 138 f.

Verhältnis zu Gott versetzt. Das tut er nicht als ein geschöpfliches Instrument, sondern als der Schöpfergeist, der in der Einheit mit dem Vater und dem Sohn steht, aber in personaler Unterschiedenheit von ihnen handelt. Er handelt, indem er die Erkenntnis des allein wahren Gottes sowie des von ihm gesandten Jesus Christus und eben dadurch das ewige Leben wirkt.

Mit dem pneumatologischen Aspekt sind alle theologischen Voraussetzungen angeführt, die zum Verständnis von Joh 17,3 grundlegend sind. Der Vers berührt die erkenntnistheoretische Problematik nur insofern, als von vornherein klar ist, dass die philosophische Erkenntnislehre zu seinem Verstehen nicht in Betracht kommt. Außerdem „fehlt die Ethik"[66]. Dagegen enthält der Vers theologische, christologische und pneumatologische Implikationen. Sie sind zur Sprache gekommen und sollen in ihrer Bedeutung für die Gotteserkenntnis am Schluss zusammengefasst werden.

Joh 17,3 ist ein Beleg für die definitorische Redeweise des Johannes. Definitorisch kann er auch von Gott reden, z.B. 4,24: „Gott ist Geist ..."[67] Die Grundlage der johanneischen Aussagen über Gott ist wie in sämtlichen neutestamentlichen Schriften das Bekenntnis Israels zu dem einen Gott (5. Mose 6,4).[68] Dieses Bekenntnis kann implizit vorausgesetzt oder explizit ausgedrückt werden wie in 17,3 mit der formelhaften Wendung „der allein wahre Gott".[69]

Diese Formel entspricht in der Sache 1. Kor 8,6, wo Paulus ein urchristliches Bekenntnis aufgenommen hat.[70] In ihm ist das Grundbekenntnis Israels „*einer* ist Gott" (5. Mose 6,4; 1. Kor 8,6a) mit dem christlichen Grundbekenntnis „einer ist Herr, Jesus Christus" (8,6c)[71] verknüpft worden. Damit wurde nicht ein zweites Bekenntnis additiv hinzugefügt, vielmehr stellt der parallel geformte zweite Teil des Bekenntnisses 1. Kor 8,6 die

---

[66] H. J. Iwand, Predigt-Meditationen, Göttingen ³1966, 637 (z.St.).
[67] Vgl. außerdem 1. Joh 1,5: „Gott ist Licht"; ferner 4,8.16: „Gott ist Liebe".
[68] Vgl. F. Hahn, Theologie des Neuen Testaments, Bd. I, Tübingen ²2005, 600 f.
[69] S.o. Anm. 46–48.
[70] Vgl. Hahn, Theologie I, 601; ders., Theologie des Neuen Testaments, Bd. II, ²2005, 65 f.; ferner W. Führer, Ein Bekenntnis macht die Runde – 1. Korinther 8,6, in: In der Schule der Heiligen Schrift. FS Kristlieb Adloff, hg.v. R. Depke / J. Vocke, Kamen 2019, 69–96.
[71] Vgl. Phil 2,11; 1. Kor 12,3; Röm 10,9.

Spezifizierung, Entfaltung und Konkretisierung des einen Bekenntnisses dar: „Einer ist Gott" – nicht neben und außer Christus, sondern in ihm und durch ihn, und doch in zwei Personen. Daher gilt ebenso unverbrüchlich: „Einer ist Herr, Jesus Christus". Die Zweigliedrigkeit des Bekenntnisses trägt dem endzeitlichen Geschehen Rechnung, dass das Bekenntnis zu dem einen Gott das Bekenntnis zu dem einen Kyrios insofern einschließt, als die unlösliche Einheit Gottes mit Jesus Christus durch die Auferweckung des Gekreuzigten machtvoll offenbar geworden ist. Schöpfung und Erlösung gehen auf ein und denselben Gott und Herrn zurück. Aber die Identität dieses Einen ist nicht eine einfache, sondern eine doppelte: Einer ist Gott, aber dies ist er in der Unterschiedenheit zwischen dem Vater und dem Kyrios, der im Verhältnis zum Vater der Sohn ist. Der Sohn ist mit dem Vater eins, aber er kann nicht einfach mit ihm identifiziert werden, weil er im Unterschied zum Vater Mensch geworden und geschichtlich in Erscheinung getreten ist. 1. Kor 8,6 ist das älteste binitarische Bekenntnis der Christenheit. Aus ihm geht klar und unmissverständlich hervor, dass der Kyrios Jesus Christus in das Sein und Wesen des einen Gottes einbezogen ist. Jesus Christus, den die Gemeinde im Gottesdienst als Kyrios anruft und anbetet, gehört wie Gott, der Vater, in das erste Gebot hinein, wäre seine Anrufung doch ansonsten Abgötterei.

Die Verknüpfung des Grundbekenntnisses Israels mit dem christlichen Grundbekenntnis liegt auch in Joh 17,3 vor.[72] Johannes vertritt einen binitarischen Monotheismus, der durch eine Exklusivität gekennzeichnet ist, die eine doppelte Ausprägung hat: dem „allein wahren Gott" korrespondiert der „einziggeborene" Sohn, den dieser gesandt hat, personal unterschieden, aber eins mit ihm im Sein und Wirken. Damit ist von Johannes nicht etwa eine Relativierung der Einzigkeit Gottes, sondern vielmehr deren Unterstreichung gemeint, und zwar diese durch ihre Erschließung in Jesus Christus. Johannes sagt nicht, der allein wahre Gott werde auch in Jesus erkannt, sondern vielmehr allein in Jesus und durch ihn. Was es heißt, dass Gott der allein wahre Gott ist, das ist erst in Jesus Christus offenbar geworden und

---

[72] Vgl. Schnackenburg, Joh. (s. Anm. 1), 196; Wilckens, Joh. (s. Anm. 2), 262; ders., Theologie des Neuen Testaments, Bd. II, 1, Neukirchen 2007, 175–178.

wird allein in ihm erschlossen. Ihn im Glauben zu erkennen, den Vater durch den Sohn und den Sohn wiederum durch den Vater, ist das ewige Leben, nämlich das Einbezogenwerden in die von inniger Liebe getragene Gemeinschaft zwischen Vater und Sohn, in der diese vor aller Zeit standen und in Ewigkeit stehen werden.

Der Jesus am prägnantesten charakterisierende Wesenszug ist sein Sohn-Sein.[73] Mit dem Sohnestitel ist seine Einheit mit Gott ausgesagt, aber auch die personale Unterschiedenheit. Der Titel impliziert bei Johannes das wahre Gott-Sein, aber auch das wahre Mensch-Sein Jesu.[74] Gott und Mensch in einer Person, ist Jesus die praesentia Dei auf Erden. In ihm liegt das eschatologische Heil beschlossen. Daher ist die Erkenntnis Jesu Christi Heilsgeschehen.

Sie ist Heilsgeschehen, weil Gott in Christus hier und jetzt erkennbar ist. Das beruht auf dem Wirken des Heiligen Geistes, den der Vater im Namen des Sohnes sendet (Joh 14,26a). Sein Wirken besteht darin, dass er alles lehrt und an alles erinnert, was Jesus den Jüngern gesagt hat (14,26b).[75] Indem er an Jesu Wort erinnert, setzt er in Relation zu Jesus selbst, den Kyrios. Durch das Wirken des Heiligen Geistes ist die Erkenntnis Gottes in Christus ein pneumatisches Geschehen, das in eine lebendige Beziehung zu dem in Christus offenbar gewordenen Gott hineinstellt und in ihr erhält. Die Lebendigkeit dieser Beziehung äußert sich im Glauben, der Gott in Christus durch den Heiligen Geist anruft. Der Vollzug der Erkenntnis Gottes in Christus ist also Bestandteil des Gottesdienstes, der Gott „im Geist und in der Wahrheit anbetet" (4,24).

Die Lehre – *Lehre* und nicht nur Theologie! –, die Johannes entfaltet und mit der er in 17,3 die Zusammengehörigkeit von Gotteserkenntnis und ewigem Leben zum Ausdruck gebracht hat, beruht auf der Offenbarung Gottes des Vaters, des Sohnes und des Heiligen Geistes. Wie der Sohn eins mit dem Vater ist

---

[73] Vgl. R. Guardini, Johanneische Botschaft, Freiburg/Br. 1966, 54.

[74] Gegen den Duktus der Interpretation von E. Käsemann, Jesu letzter Wille nach Johannes 17, Tübingen ⁴1980; mit U. Schnelle, Antidoketische Christologie im Johannesevangelium, FRLANT 137, Göttingen 1987, bes. 87 ff.

[75] Joh 14,26: ὁ δὲ παράκλητος, τὸ πνεῦμα τὸ ἅγιον, ὃ πέμψει ὁ πατὴρ ἐν τῷ ὀνόματί μου, ἐκεῖνος ὑμᾶς διδάξει πάντα καὶ ὑπομνήσει ὑμᾶς πάντα ἃ εἶπον ὑμῖν [ἐγώ].

und sich doch als Person von ihm unterscheidet, so ist und handelt auch der Paraklet in der Einheit mit dem Vater, von dem er ausgeht, und dem Sohn, der ihn sendet, und ist doch nicht personidentisch mit dem Vater und dem Sohn. Die Einheit und personale Unterschiedenheit von Gott Vater, Sohn und Heiligem Geist ist nicht geworden, sondern sie war, bevor alles wurde, aber sie ist offenbar geworden mit der Offenbarung Gottes in Christus durch den Heiligen Geist. Davon ist Johannes ausgegangen; das ist der Grund, warum er trinitarisch gedacht hat.[76]

---

[76] Vgl. dazu U. Wilckens, Gott, der Drei-Eine. Zur Trinitätstheologie der johanneischen Schriften, in: ders., Der Sohn Gottes und seine Gemeinde, FRLANT 200, Göttingen 2003, 9–28; U. Schnelle, Theologie des Neuen Testaments, Göttingen 2007, 669–672; ders., Joh. (s. Anm. 3), 203–206; H.-C. Kammler, Die Theologie des Johannesevangeliums, in: ders., Jesus Christus – Grund und Mitte des Glaubens, Leipzig 2021, 163–186, bes. 184.

Bekenntnis- und Lehrbildung

Die Erkenntnis des dreieinigen Gottes
nach dem Bekenntnis von Nicaea-Konstantinopel

1.

Der christologische Leitbegriff bei den theologischen Auseinandersetzungen in der Alten Kirche, der im 4. Jahrhundert zur Ausbildung des trinitarischen Dogmas geführt hat, ὁμοούσιος *wesenseins*, findet sich in der Bibel nicht, aber er wäre ohne das biblische Christuszeugnis sicherlich nicht gebraucht worden. Er gehört in den Zusammenhang der Näherbestimmung des Verhältnisses von Gott, dem Vater, und dem Sohn und hat schließlich auch bei der Verhältnisbestimmung zwischen Vater, Sohn und Heiligem Geist eine erkenntnisleitende Rolle gespielt. In diesem Begriff hat sich ein Sachverhalt verdichtet, der seinen Grund in dem biblischen Christuszeugnis selbst hat. Es kann ein Jota sein wie bei der Entgegensetzung von ὁμοούσιος *wesenseins* und ὁμοιούσιος *wesensähnlich*, durch das ein unüberbrückbarer Sachunterschied im Christusverständnis zum Ausdruck gebracht wird. Bei solchen Zuspitzungen, wenn sie sich um der Wahrheitsfrage willen als sachlich notwendig erweisen, bleibt es keinem erspart, Position zu beziehen. Auch die, die gern eine Festlegung vermieden hätten, werden schließlich doch daran erkannt, ob sie „Schibbolet" oder „Sibbolet" sagen (s. Ri 12,6).

Im Juni-Juli 325 haben 318 Väter[1] auf der Reichssynode in Nicaea (Bithynien), der ersten ökumenischen Synode,[2] „Schibbolet" gesagt und den Glauben an Christus mit der Formel ὁμοούσιος bekannt: Christus ist als der einziggeborene Sohn

---

[1] Zahl der „heiligen Väter" nach Acta conciliorum oecumenicorum, ed. E. Schwartz, II, 1, 1, Berlin (Nachdr.) 1962/65, 195, 37 ff. (1072).
[2] Vgl. H. C. Brennecke, Nicäa I, TRE, Bd. 24, 1994, 429–441 (Lit.).

Gottes „wahrer Gott vom wahren Gott", das heißt aus dem Wesen Gottes, „gezeugt, nicht geschaffen, wesenseins mit dem Vater".[3] Diese Kernaussage ist nach etwas mehr als einem halben Jahrhundert, das angefüllt war mit komplexen theologischen Auseinandersetzungen und dogmatischen Abgrenzungen, kirchlichen Gruppenbildungen und Verwerfungen,[4] auf der zweiten ökumenischen Synode, dem Konzil von Konstantinopel 381, ausdrücklich bekräftigt worden. Das *Nicaenum* (N) bildete die Grundlage und wurde kirchenrechtlich als verbindlich fixiert, aber neben das Nicaenum trat das dieses in weiten Teilen enthaltende, die Homoousie durch die Drei-Hypostasen-Lehre interpretierende und pneumatologisch erweiterte *Nicaeno-Constantinopolitanum* (NC).[5] Dieses Bekenntnis, das man im Mittelalter, aber bisweilen auch noch in der Neuzeit, zu Unrecht mit dem Nicaenum gleichgesetzt hat, ist das einzige Bekenntnis, das heute in der ganzen Ökumene von allen Kirchen anerkannt wird.

Was das Nicaeno-Constantinopolitanum mit dem Konzil von Konstantinopel 381 zu tun hat, ist eine wohl aufzuwerfende,[6] aber wegen des Quellenbefundes nur schwer zu beantwortende Frage. Ich gehe von der Hypothese aus, dass es als das Glaubensbekenntnis dieses Konzils zu gelten hat.[7] Bei der Interpreta-

---

[3] Als Textgrundlage dient die kritische Ausgabe von G. L. Dossetti, Il simbolo di Nicea e di Constantinopoli, Rom/Freiburg 1967, 225 ff. Abgedruckt z.B. in: DH 125 f.; TRE 24, 445 f. (s.u. Anm. 7).

[4] Vgl. im Überblick R. Seeberg, Lehrbuch der Dogmengeschichte, Bd. II, Erlangen/Leipzig ³1923, 87 ff.; F. Loofs, Leitfaden zum Studium der Dogmengeschichte, 1. u. 2. Teil, hg.v. K. Aland, Tübingen ⁷1968, 179 ff.; K. Beyschlag, Grundriss der Dogmengeschichte, Bd. I, Darmstadt ²1988, 254 ff.; A. M. Ritter, Dogma und Lehre in der Alten Kirche, in: HDThG, Bd. I, Göttingen 1989, 99−283, 190 ff.; R. Lorenz, Das vierte Jahrhundert (Osten), KIG 1, C 2, Göttingen 1992; W.-D. Hauschild, Lehrbuch der Kirchen- und Dogmengeschichte, Bd. 1, Gütersloh 1995, 25 ff.; u.a.

[5] Zum synoptischen Vergleich von N und NC s. TRE 24, 445 f.

[6] Vgl. L. Abramowski, Was hat das Nicaeno-Constantinopolitanum mit dem Konzil von Konstantinopel 381 zu tun?, ThPh 67 (1992), 481−513.

[7] Zum Stand der Forschung vgl. A. v. Harnack, Konstantinopolitanisches Symbol, RE, Bd. 11, ³1902, 12−28; A. M. Ritter, Das Konzil von Konstantinopel und sein Symbol, FKDG 15, Göttingen 1965, bes. 189 ff.; ders., Dogma (s. Anm. 4), 206−214; ders., Konstantinopel I, TRE, Bd. 19, 1990, 518−524; J. N. D. Kelly, Altchristliche Glaubensbekenntnisse, Göttingen ²1993, 294−327; Beyschlag, DG I (s. Anm. 4), 299; W.-D. Hauschild, Nicäno-Konstantinopolitanisches Glaubensbekenntnis, TRE, Bd. 24, 1994, 444−456; R. Staats, Das Glaubensbekenntnis von Nizäa-Konstantinopel, Darmstadt 1996, bes. 114 ff.

tion nehme ich den Wortlaut des Bekenntnisses selbst zum Ausgangspunkt und nicht die theologische Entwicklung, die zu ihm geführt hat. Ich setze den Wortbestand des Bekenntnisses zuerst in Beziehung zur biblischen Grundlage und gehe danach auf der Basis des Vergleichs mit dem Nicaenum und anderen Bekenntnissen auf die Entstehungsgeschichte ein. Die historische Fragestellung ist der theologischen Wahrheitsfrage nachgeordnet. Am Schluss komme ich auf die Frage des Zusammenhangs mit dem Konzil von 381 zurück.

2.

Das Bekenntnis von Nicaea-Konstantinopel (*Symbolum Nicaeno-Constantinopolitanum*):[8]

1 Πιστεύομεν
2 εἰς ἕνα θεὸν πατέρα, παντοκράτορα,
3 ποιητὴν οὐρανοῦ καὶ γῆς,
4 ὁρατῶν τε πάντων καὶ ἀοράτων.

5 Καὶ εἰς ἕνα κύριον Ἰησοῦν Χριστὸν
6 τὸν υἱὸν τοῦ θεοῦ
7 τὸν μονογενῆ,
8 τὸν ἐκ τοῦ πατρὸς γεννηθέντα πρὸ πάντων τῶν αἰώνων,
9 φῶς ἐκ φωτός,
10 θεὸν ἀληθινὸν ἐκ θεοῦ ἀληθινοῦ,
11 γεννηθέντα οὐ ποιηθέντα,
12 ὁμοούσιον τῷ πατρί,
13 δι' οὗ τὰ πάντα ἐγένετο·
14 τὸν δι' ἡμᾶς τοὺς ἀνθρώπους καὶ διὰ τὴν ἡμετέραν σωτηρίαν
15 κατελθόντα ἐκ τῶν οὐρανῶν
16 καὶ σαρκωθέντα
17 ἐκ πνεύματος Ἁγίου καὶ Μαρίας τῆς παρθένου
18 καὶ ἐνανθρωπήσαντα,
19 σταυρωθέντα τε ὑπὲρ ἡμῶν ἐπὶ Ποντίου Πιλάτου

---

[8] Die folgende Zählung der Zeilen des NC stammt von mir. Die Durchzählung soll das Wiederauffinden der bekenntnisrelevanten theologischen Stichworte erleichtern. Zitierweise: NC + Angabe der Zeile, z.B. NC 12.

20 καὶ παθόντα
21 καὶ ταφέντα
22 καὶ ἀναστάντα τῇ τρίτῃ ἡμέρᾳ
23 κατὰ τὰς γραφάς
24 καὶ ἀνελθόντα εἰς τοὺς οὐρανούς
25 καὶ καθεζόμενον ἐν δεξιᾷ τοῦ πατρὸς
26 καὶ πάλιν ἐρχόμενον μετὰ δόξης
27 κρῖναι ζῶντας καὶ νεκρούς,
28 οὗ τῆς βασιλείας οὐκ ἔσται τέλος·

29 Καὶ εἰς τὸ πνεῦμα τὸ ἅγιον,
30 τὸ κύριον καὶ ζωοποιόν,
31 τὸ ἐκ τοῦ πατρὸς ἐκπορευόμενον,
32 τὸ σὺν πατρὶ καὶ υἱῷ συμπροσκυνούμενον
    καὶ συνδοξαζόμενον,
33 τὸ λαλῆσαν διὰ τῶν προφητῶν.
34 Εἰς μίαν ἁγίαν καθολικὴν καὶ ἀποστολικὴν ἐκκλησίαν,
35 ὁμολογοῦμεν ἓν βάπτισμα εἰς ἄφεσιν ἁμαρτιῶν,
36 προσδοκῶμεν ἀνάστασιν νεκρῶν
37 καὶ ζωὴν τοῦ μέλλοντος αἰῶνος.
38 Ἀμήν.

1 *Wir glauben*
2 *an den einen Gott, den Vater, den Allmächtigen,*
3 *den Schöpfer des Himmels und der Erde,*
4 *alles Sichtbaren und Unsichtbaren.*

5 *Und an den einen Herrn Jesus Christus,*
6 *den Sohn Gottes,*
7 *den Einziggeborenen,*
8 *aus dem Vater gezeugt vor aller Zeit:*
9 *Licht vom Licht,*
10 *wahrer Gott vom wahren Gott,*
11 *gezeugt, nicht geschaffen,*
12 *wesenseins mit dem Vater,*
13 *durch den alles geworden ist.*
14 *Wegen uns Menschen und wegen unseres Heils*
15 *ist er herabgekommen vom Himmel*
16 *und ist Fleisch geworden*

17 *aus Heiligem Geist und Maria, der Jungfrau,*
18 *und ist Mensch geworden.*
19 *Er wurde für uns gekreuzigt unter Pontius Pilatus,*
20 *hat gelitten*
21 *und ist begraben worden.*
22 *Er ist auferstanden am dritten Tag*
23 *nach der Schrift*
24 *und aufgestiegen in den Himmel*
25 *und sitzt zur Rechten des Vaters.*
26 *Er wird wiederkommen in Herrlichkeit,*
27 *zu richten die Lebenden und die Toten;*
28 *seiner Herrschaft wird kein Ende sein.*

29 *Und an den Heiligen Geist,*
30 *den Herrschenden und Lebensspender,*
31 *der aus dem Vater hervorgeht,*
32 *der mit dem Vater und dem Sohn angebetet und gepriesen wird,*
33 *der gesprochen hat durch die Propheten,*
34 *und die eine, heilige, allgemeine und apostolische Kirche.*
35 *Wir bekennen die eine Taufe zur Vergebung der Sünden.*
36 *Wir erwarten die Auferstehung der Toten*
37 *und das Leben der kommenden Welt.*
38 *Amen.*

„Das Christentum ist seinem Wesen nach eine bekennende Religion."[9] Der Ursprung des Bekennens liegt im Wort Jesu, das Glauben hervorruft, der sich wiederum im Bekenntnis niederschlägt, durch das die Zugehörigkeit zu Wort und Person Jesu zum Ausdruck gebracht wird. Den Gegensatz zum Bekennen (ὁμολογέω) stellt das Verleugnen (ἀρνέομαι) dar: „Jeder nun, der sich zu mir bekennt vor den Menschen, zu dem werde ich mich auch bekennen vor meinem Vater im Himmel. Wer mich aber verleugnet vor den Menschen, den werde auch ich verleugnen vor meinem Vater im Himmel." (Mt 10,32–33; s.a. die Par.

---

[9] H. v. Campenhausen, Das Bekenntnis im Urchristentum, 1972, in: ders., Urchristliches und Altchristliches, Tübingen 1979, 217–272, 217.

Lk 12,8 f.) Aus diesem „Doppelspruch"[10] wird deutlich: Bekenntnis ist in seinem innersten Kern das Bekenntnis zu Jesus selbst durch einen „Schwur der Zugehörigkeit"[11] zu ihm. Es besteht in der Anerkennung des Hoheitsanspruches Jesu und erfolgt in der Zustimmung zu seinen „Worten" (s. Mk 8,38; Lk 9,26), und zwar öffentlich vor der „Welt in ihrer widergöttlichen Geschlossenheit"[12].

Gegen Irrlehren, etwa den gnostischen Doketismus, musste das Bekenntnis zu Christus durch eine inhaltliche Näherbestimmung präzisiert werden. Exemplarisch ist 1. Joh 4,2: „Jeder, der bekennt, dass Jesus Christus in das Fleisch gekommen ist, der ist von Gott." Warum war diese Erweiterung notwendig? Weil „viele Verführer in die Welt ausgegangen (sind), die nicht bekennen, dass Jesus Christus in das Fleisch gekommen ist. Das ist der Verführer und der Antichrist." (2. Joh 7) So ist dem Bekenntnis zu Jesus ein Bekenntnissatz an die Seite getreten, in dem eine stichwortartige, antihäretische Sachaussage zum Ausdruck kommt. Durch sie wird expliziert, was in dem Bekenntnis zu Jesus Christus impliziert ist.

Dabei ist zu beachten, dass die Negation einer Häresie auf der Position beruht, die den Gottesdienst und die Taufunterweisung trägt und bestimmt. Grundlegend war das Bekenntnis „Herr ist Jesus" (Röm 10,9; 1. Kor 12,3; 2. Kor 4,5; Phil 2,11). Angeführt sei hier Röm 10,9: „Wenn du mit deinem Munde bekennst, dass Jesus der Herr ist, und in deinem Herzen glaubst, dass ihn Gott von den Toten auferweckt hat, so wirst du gerettet." In dem Bekenntnis des Mundes manifestiert sich der Glaube, „der den Gekreuzigten als den von Gott auferweckten und zum Weltherrscher erhöhten Herrn anerkennt, sich seiner Herrschaft unterstellt und sich in Lobpreis und Anbetung zu ihm bekennt"[13].

---

[10] Der „Doppelspruch" ist „im antithetischen Parallelismus" formuliert und drückt ein „konditionales Entsprechungsverhältnis" aus (O. Hofius, ὁμολογέω, EWNT, Bd. II, ²1992, 1255–1263, 1259).

[11] J. Schniewind, Das Evangelium nach Matthäus, NTD 2, Göttingen (1936) ¹³1984, 134 (z.St.).

[12] G. Bornkamm, Das Wort Jesu vom Bekennen, 1935, in: ders., Geschichte und Glaube I. GAufs. III, BEvTh 48, München 1968, 25–36, 30.

[13] Hofius, EWNT II (s. Anm. 10), 1261.

Die Glaubensbekenntnisse von Nicaea und Konstantinopel gründen wie die Bekenntnisse davor in Gottesdienst und Unterweisung und stehen in der Tradition der antihäretischen Bekenntnisse, aber sie setzen die geschichtliche Zäsur der konstantinischen Wende voraus. Durch sie sind ganz neue Voraussetzungen entstanden: Aus den Bekenntnissen mit lokalem und regionalem Geltungsbereich sind Bekenntnisse geworden, die den Anspruch auf universale Geltung in der gesamten Ökumene erheben und die – darin ist der Hauptunterschied zur Zeit davor zu sehen – im Falle der Zustimmung des Kaiserhofes „zu einer Größe erzwingbaren Rechts"[14] werden konnten. Aus diesen Gründen repräsentieren die Bekenntnisse von Nicaea und Konstantinopel einen „neuen Bekenntnistypus"[15]: Bewährte Bekenntnisformulierungen, die als Zusammenfassung des christlichen Glaubens gedient hatten, wurden durch präzisierende Formulierungen ergänzt, durch die Lehrstreitigkeiten auf den Synoden entschieden worden waren und die durch die Rezeption des Bekenntnisses in allen Gemeinden gewissermaßen nachentschieden und zur allgemeinen Anerkennung gebracht werden sollten.

1 *Wir* ... Das erste Wort des Bekenntnisses wirft die Frage auf, warum die lateinische Version mit *Credo / Ich glaube*[16] von der Pluralform des griechischen Originals abweicht. Bevor man aber nach tieferen Gründen sucht, die es m.W. gar nicht gibt, sollte man sich in Erinnerung rufen, dass auch das altrömische Symbol (*Romanum* = *R*), das zur Vorgeschichte des Apostolikums gehört, mit „Ich" eingeleitet wird.[17] Mit der Einleitung des Bekenntnisses in der ersten Person Singular konnte der Charakter eines Taufbekenntnisses besser gewahrt bleiben.[18] Das Wir des griechischen Originals entspricht eher einem Bekenntnis, in dem der Glaube der Kirche zusammengefasst werden sollte. Doch was auch immer der Beweggrund für die lateinische Version gewesen sein mag, beide Fassungen sind sachgerecht. Denn

---

[14] A. M. Ritter, Glaubensbekenntnis(se) V, TRE, Bd. 13, 1984, 399–412, 411, 12 f.
[15] Kelly, Glaubensbekenntnisse (s. Anm. 7), 206.
[16] Recensio latina nach DH 150.
[17] Text in: DH 11 f.
[18] Vgl. Staats, Glaubensbekenntnis (s. Anm. 7), 22.

schon in den Psalmen wechseln Wir und Ich einander ab. Im Hebräerbrief ist mit ὁμολογία (3,1; 4,14; 10,23) das Bekenntnis der Gemeinde gemeint, „das sich der einzelne im Akt des persönlichen Bekennens zu eigen macht"[19]. Wer daher „Ich glaube" sagt, der „ist schon in das Wir der Kirche einbeschlossen"[20]. Es wäre also völlig abwegig, den modernen Gegensatz von östlichem Kollektivismus und westlichem Individualismus in ein Bekenntnis aus dem 4. Jahrhundert einzutragen.

...*glauben*. Gemeint ist der durch das Christus- und Pfingstgeschehen auf den Plan getretene Glaube, der zuvor nicht da war (s. Gal 3,23). Was Glaube ist, wird nicht vorher definiert oder aus der Geschichte des Wortes Glaube abgeleitet, sondern vielmehr durch den Gegenstand des Glaubens selbst, den dreieinigen Gott, zur Entfaltung gebracht. Das NC ist ein Beispiel für die Begründung des Glaubens aus seinem einzigartigen Inhalt und seiner spezifischen Wirkung. Der einzigartige Inhalt ist Gott, der Schöpfer,[21] der in seinem einziggeborenen Sohn Mensch geworden ist, als der menschgewordene Sohn für uns gekreuzigt wurde und als der Heilige Geist das neue Leben spendet. In der Lebensspendung durch Gottes Geist ist die spezifische Wirkung des Glaubens zu sehen.

Die Glaubensbekenntnisse des 4. Jahrhunderts – die technische Bezeichnung für sie lautete πίστις/*fides* – sind Ausdruck der tiefen Zusammengehörigkeit von theologischer Lehre und praktischer Gemeindearbeit. Das belegen vor allem die Taufkatechesen Cyrills von Jerusalem, die dieser in der von Kaiser Konstantin erbauten Grabeskirche in Jerusalem um 350 gehalten hat.[22] Die erste Katechese stellt eine allgemeine Einleitung für die Taufbewerber dar; in den Katechesen 2–5 behandelt Cyrill Grundthemen wie Sünde, Buße und Glauben; in den folgenden Katechesen 6–18 legt er das Glaubensbekenntnis aus. Dabei

---

[19] Hofius, EWNT II (s. Anm. 10), 1261.

[20] H. Vogel, Das Nicaenische Glaubensbekenntnis, Berlin 1963, 22.

[21] Zum Glauben an den einen Schöpfer sowie zum Aufbau der Bekenntnisse *vor* dem NC vgl. DH 40 ff.

[22] Nach G. Kretschmar (Die Geschichte des Taufgottesdienstes in der alten Kirche, in: Leiturgia, Bd. V, Kassel 1970, 1–349) „noch als Presbyter in der Fastenzeit 348" (200). Vgl. E. J. Yarnold, Cyrillus von Jerusalem, TRE, Bd. 8, 1981, 261–266, 261, 7.

handelt es sich um das Taufsymbol von Jerusalem (J),[23] das zu den Grundlagen von NC gehört. An dem Konzil von Konstantinopel 381 hat Cyrill auch selbst teilgenommen, ohne dass er allerdings in den Beratungen besonders hervorgetreten wäre.[24] Zum besseren Verständnis der Voraussetzungen des NC seien einige wichtige Aspekte aus den Taufkatechesen Cyrills hervorgehoben.

Erstens: Der Glaube gründet in der Schrift, und zwar „in der ganzen Schrift"[25] des Alten und Neuen Testaments. Der Inhalt der Schrift und des Glaubens ist Gott. Aber Gott ist als der Inhalt der Schrift und des Glaubens zugleich das Gegenüber des Glaubens. Er redet, sendet, zieht zur Verantwortung, richtet, vergibt und liebt. Cyrill legt die Schrift durch das Glaubensbekenntnis aus, weil das Glaubensbekenntnis die Zusammenfassung der Schrift darstellt.[26] Das heißt aber: Cyrill legt die Schrift durch diese selbst, ihre *res* aus. Die Einheit der ganzen Schrift liegt für ihn in Gott selbst, der die Welt erschaffen hat;[27] der in Jesus Christus, Gottes einziggeborenem Sohn, in Erscheinung getreten ist und in dessen Kreuzigung und Auferstehung das Heil heraufführend gehandelt hat;[28] „der durch die Propheten gesprochen hat",[29] als „Paraklet"[30] gegenwärtig handelt und in der Kirche wirksam ist. Dieses Schriftverständnis und dieser Schriftgebrauch ist repräsentativ für das ganze 4. Jahrhundert. Im Unter-

---

[23] DH 41/Kelly, Glaubensbekenntnisse (s. Anm. 7), 182 f. Der Text des Bekenntnisses ist aus einzelnen Stellen der Katechesen zusammengefügt worden. Textausgabe der Werke Cyrills: Cyrilli Hierosolymorum Archiepiscopi Opera quae supersunt omnia, ed. W. C. Reischl / J. Rupp, 2 Bd., 1848/1860, Nachdr. Hildesheim 1967.

[24] Cyrill trat als „Homoousianer" auf, der freilich zuvor eine homoiousianische Position vertreten hatte. Nach Sokrates, Hist. eccl. 5, 8 (Sokrates, Kirchengeschichte, hg.v. G. C. Hansen, GCS NF 1, Berlin 1995, 279 ff.); Sozomenos, Hist. eccl. 7, 7 (Sozomenos, Kirchengeschichte, Teilband III, hg.v. G. C. Hansen, FC 73/3, Turnhout 2004, 851 ff.). Es bedurfte seiner „Ehrenerklärung" (Yarnold, TRE 8, 262, 1).

[25] Cyrill, Cat. V, 12.

[26] In Anspielung an Mt 13,31 f. führt Cyrill aus, das Glaubensbekenntnis beinhalte in wenigen Worten das ganze Alte und Neue Testament, wie der Senfsame in einem kleinen Körnlein die vielen Äste in sich birgt (Cat. V, 12 f.).

[27] Hauptaussage des 1. Artikels (DH 41).

[28] Kurzzusammenfassung des 2. Artikels nach DH 41.

[29] DH 41: λαλῆσαν ἐν τοῖς προφήταις.

[30] Der Heilige Geist wird johanneisch als παράκλητον näher gekennzeichnet (DH 41).

schied zur heutigen Bibelwissenschaft hat Cyrill nicht etwa nach der Gottesvorstellung Deuterojesajas oder Johannes des Täufers gefragt, sondern vielmehr immer nach Gott selbst. Jes 40−55 war ihm und den Kirchenvätern jedoch sehr wohl vertraut, aber als Zeugnis von Gott dem Schöpfer und dem souveränen Lenker der Geschichte. Und die Bußpredigt Johannes des Täufers haben Cyrill und die Kirchenväter des 4. Jahrhunderts sehr ernst genommen.

Zweitens: Der Taufbewerber soll sich „den Wortlaut des Glaubens(bekenntnisses)" einprägen.[31] Das Auswendiglernen des Glaubensbekenntnisses steht bei Cyrill nicht im Widerspruch zur Verinnerlichung. Im Gegenteil, es ist der einfache Glaube an Gott, wie er im Glaubensbekenntnis dargelegt ist, der die Seele errettet.[32] Aus der Annahme des Glaubensbekenntnisses erwächst die Einsicht und aus dieser wiederum die Abwendung von Irrtum und Häresie.[33] „Der Glaube ist das Auge, welches Licht ins ganze Innere bringt und Verständnis gibt."[34] Glaube und Erkennen sind also keine Gegensätze, vielmehr folgt das Erkennen dem Glauben.[35]

Drittens: Der Übergabe des Glaubens(bekenntnisses) durch den Katecheten entspricht die Übergabe des Katechumenen an den Glauben in der Taufe. Der Glaube ist ein „Schatz zum Leben"[36], den es zu bewahren gilt. Er wird durch die Taufe übereignet. Die Taufe ist „etwas Großes", nämlich „den Gefangenen Befreiung; Vergebung der Sünden; Tod der Sünde; Wiedergeburt der Seele ..."[37] Man muss den Zusammenhang von Glaube und Neuwerdung in der Taufe sehen, um Cyrill, aber auch das NC zu verstehen. Es war die Taufe, die sich den Getauften als Fundament ihres Christseins unauslöschlich eingeprägt hat. An

---

[31] Cyrill, Cat. V, 12 f.
[32] Cyrill, Cat. V, 10 f.
[33] Cyrill, Cat. VI, 36.
[34] Cyrill, Cat. V, 4.
[35] Cyrill beruft sich dabei auf Jes 7,9 LXX (Cat. V, 4). Das ist auch eine Schlüsselstelle bei Augustin; vgl. z.B. Ep. 120, 3; CSEL 34 II, 706, 26.
[36] Cyrill, Cat. V, 13.
[37] Cyrill, Cat. II, 16: ...αἰχμαλώτοις λύτρον· ἁμαρτημάτων ἄφεσις· θάνατος ἁμαρτίας· παλιγγενεσία ψυχῆς ...

dem Empfang der Taufe unterschieden sich die Christen von den Nichtchristen.[38]

2 ... *an den einen Gott ...* εἰς mit Akk. weist auf die – personal gedachte – Macht hin, auf die der Glaube als seinen Grund und letzten Zielpunkt bezogen ist. Diese Macht ist der *eine* Gott. Mit der Aufnahme des Grundbekenntnisses Israels (5. Mose 6,4) wird von vornherein klargestellt, dass nicht an eine unbekannte numinose Macht gedacht ist, sondern an den einen Gott, der Himmel und Erde geschaffen hat. Die alttestamentlich-jüdische Monotheismusformel εἷς ὁ θεός *Gott ist einer* ist Bestandteil des christlichen Glaubensbekenntnisses und wird gegen heidnischen Polytheismus ins Feld geführt. Sie ist neutestamentlich vermittelt und setzt Mk 10,18; 12,29 f. Par. aus der Verkündigung Jesu voraus. Das Bekenntnis zur Einzigkeit Gottes im ersten Artikel ist im NC die Voraussetzung der binitarischen und trinitarischen Entfaltung dieses Bekenntnisses im zweiten und dritten Artikel. Die neutestamentliche Grundlage dafür ist 1. Kor 8,6: „*Einer* ist Gott, der Vater, von dem alles ist und wir zu ihm; und *einer* ist Herr, Jesus Christus, durch den alles ist und wir durch ihn." Ferner – in Umkehrung der Reihenfolge – Eph 4,5–6: „*ein* Herr, ein Glaube, *eine* Taufe; *ein* Gott und Vater aller, der da ist über allen und durch alle und in allen."[39]

Die Monotheismusformel findet sich in nahezu allen östlichen Bekenntnissen.[40] Ihre Aufnahme in das Glaubensbekenntnis geht auf die Kämpfe gegen die Gnosis und die alten Häresien zurück, „welche die Einheit von Schöpfer- und Erlösergott und damit einen christlichen Monotheismus in Frage gestellt hatten"[41]. Ohne das ausdrückliche Bekenntnis zur Einzigkeit und Exklusivität Gottes hätte der eine Gott im gnostischen Umfeld des Ostens wohl nur als eines der höchsten Wesen unter mehreren

---

[38] Die Taufe hat im 3. Artikel von J und NC ausdrücklich Erwähnung gefunden; dagegen bleibt sie in N unerwähnt.

[39] Vgl. außerdem 1. Tim 2,5 u. Jak 2,19.

[40] Vgl. Eusebius von Caesarea, Brief an seine Diözese, 325, DH 40; Cyrill von Jerusalem, DH 41 (J); Epiphanius von Salamis, Ancoratus, 374, DH 42; u.a.

[41] Staats, Glaubensbekenntnis (s. Anm. 7), 138.

gegolten.[42] Aber die Einzigkeit Gottes entspricht dem Wesen Gottes und ist sein Erkennungszeichen.

Von dem *In Unum-Credo* unterschied sich das *In Deum-Credo*[43] der westlichen Bekenntnisse wie das altrömische Bekenntnis oder das Apostolikum.[44] Dass in ihnen die Einzigkeit Gottes nicht ausdrücklich unterstrichen wird, beruht auf anderer Tradition.[45] In der Sache ist selbstverständlich hier wie dort derselbe eine Gott gemeint.

Nach Cyrill von Jerusalem genügt es den Taufbewerbern zu wissen, „dass wir *einen* Gott haben, und zwar einen Gott, der ist, ewig lebt, sich selbst immer gleich bleibt ..., der alles wirkt, aber doch einfach ist ... Denn er ist ein und derselbe, auch wenn er in tausendfacher Weise seine göttlichen Wirkungen zeigt."[46]

... *den Vater* ... „Vater" ist das am häufigsten vorkommende Nomen im NC; außer hier wird es noch dreimal im zweiten und zweimal im dritten Artikel gebraucht. Der biblische Grund für die Verwendung im ersten Artikel ist mit 1. Kor 8,6 und Eph 4,6 gelegt. Der Bekenntnissatz „*Einer* ist Gott, der Vater" (1. Kor 8,6a) wird in doppelter Hinsicht näher bestimmt. Zum einen durch die kosmologische Aussage „von dem alles ist" (6ba), die den Vater als den Schöpfer des Alls kennzeichnet, und zum anderen durch die sich anschließende soteriologische Aussage „und wir zu ihm" (6bb), die den Vater zugleich als den Schöpfer des neuen Seins in Christus herausstellt. Man muss beide Aspekte beachten. Einmal: Alles, was ist, hat sein Sein und Wesen nicht aus und in sich selbst, sondern es hat seinen Ursprung in Gott, dem Vater. Unlöslich damit verbunden ist der andere Aspekt: Der Schöpfer des Alls und Herr der Geschichte ist der Initiator des Heils, an dem die Christen, diese „kleine Herde" (Lk 12,32), schon jetzt durch die Taufe Anteil haben, und er ist auch der Bürge der Vollendung des Heils.

Für das NC ist der *eine* Gott der Vater, der Himmel und Erde geschaffen hat, und zwar durch den Sohn, „durch den alles ge-

---

[42] Vgl. Beyschlag, DG I (s. Anm. 4), 238.

[43] Statt mit *Credo unum Deum* beginnt das R u.a. mit *Credo in Deum*.

[44] Das Apostolikum beginnt bekanntlich mit *Ich glaube an Gott* (EG 804); im Unterschied zum NC: *Wir glauben an den einen Gott* (EG 805).

[45] Vgl. dazu Kelly, Glaubensbekenntnisse (s. Anm. 7), 103 ff. u. 107 ff.

[46] Cyrill, Cat VI, 7.

worden ist",⁴⁷ und dies ist er als der „Herrschende und Lebensspender", nämlich der Heilige Geist, „der aus dem Vater hervorgeht" und „der mit dem Vater und dem Sohn angebetet und gepriesen wird". Der Vater-Titel ist im NC also nicht aus menschlichen Verhältnissen auf Gott übertragen worden, sondern er beruht auf dem apostolischen Zeugnis und gründet in der Relation Gott – Christus, die im zweiten Artikel näher bestimmt wird. Der Glaube an den dreieinigen Gott steht daher nicht nur im Gegensatz zum Polytheismus, „sondern auch zu allem humanen Monotheismus"⁴⁸ in Philosophie und Dichtung. „Für einen Hellenen musste ... Zeus-Jupiter als Göttervater und Vater der Welt entthront sein. Er stand vor der Alternative, entweder Zeus oder den Vater Jesu Christi zu verehren."⁴⁹

... den Allmächtigen ... Aus der Septuaginta ist παντοκράτωρ *Allmächtiger, Allherrscher* in die Kirchensprache gekommen und zum Bestandteil des Glaubensbekenntnisses geworden. Ein Beleg dafür aus Am 4,13:⁵⁰ יְהוָה־אֱלֹהֵי־צְבָאוֹת übersetzt die LXX mit κύριος ὁ θεὸς ὁ παντοκράτωρ; von Luther aus dem Hebräischen wiedergegeben mit „HERR, Gott Zebaoth".⁵¹ Im Neuen Testament kommt παντοκράτωρ nur 2. Kor 6,18 am Schluss einer alttestamentlichen Zitatenreihe und neunmal in der Apokalypse vor; davon in 4,8; 11,17; 15,3; 16,7 und 21,22 gemäß dem Sprachgebrauch der LXX: κύριος (oder der Vokativ κύριε) ὁ θεὸς ὁ παντοκράτωρ. Diese Stellen machen „Gottes Allmacht und Allherrschaft anschaulich"⁵²; sie sind aber nicht auf den ersten, sondern auf den zweiten Artikel bezogen.

Aus dem biblischen Quellenbefund lässt sich nicht erklären, dass „Vater" und „Allmächtiger" als ein einziger Titel anzusehen

---

⁴⁷ Nach 1. Kor 8,6d: „durch den alles ist und wir durch ihn". Das ist eine Parallelaussage zu 8,6b. Vgl. z.St. W. Führer, Ein Bekenntnis macht die Runde – 1. Korinther 8,6, in: In der Schule der Heiligen Schrift. FS für Kristlieb Adloff, hg.v. R. Depke u. J. Vocke, Kamen 2019, 69–96.

⁴⁸ Vogel, Glaubensbekenntnis (s. Anm. 20), 31.

⁴⁹ J. Becker, Paulus, Tübingen ²1992, 114 (zu 1. Kor 8,6).

⁵⁰ Weitere Belege, vor allem aus dem Zwölfprophetenbuch, bei G. Delling, Zum gottesdienstlichen Stil der Johannes-Apokalypse, in: ders., Studien zum Neuen Testament und zum hellenistischen Judentum, Göttingen 1970, 425–450, 444 ff.

⁵¹ Die Zürcher Bibel (1993) übersetzt: „Herr, Gott der Heerscharen".

⁵² H. Langkammer, παντοκράτωρ, EWNT, Bd. III, ²1992, 27.

wären.⁵³ Wie in der Septuaginta und der Johannes-Apokalypse ist παντοκράτωρ im N wie im NC als selbständige Gottesbezeichnung aufzufassen. Gemeint ist im griechischen Original⁵⁴ nicht eine Eigenschaft Gottes, sondern dieser selbst, der als der Allmächtige alles umfasst und nach seinem – verborgenen – Willen lenkt. So haben es die griechischen Apologeten und Kirchenväter auch verstanden. Theophilus von Antiochien hat Gott den Allmächtigen genannt, „weil er alle Dinge beherrscht und umfasst. Denn die Höhen der Himmel und die Tiefen der Abgründe und die Enden der Welt sind in seiner Hand."⁵⁵ Cyrill von Jerusalem stellt lapidar fest: „Nichts steht außerhalb der Macht Gottes."⁵⁶ Gregor von Nazianz kommt zu dem Schluss, alle Dinge stünden in gleicher Weise unter der Macht, die das All leite.⁵⁷ Der eine Gott teilt seine Macht nicht mit Göttern. Würde etwas seiner Macht entzogen sein, wäre er nicht Gott, sondern ein Götze, mit dem sich hantieren ließe.

3 ... *den Schöpfer des Himmels und der Erde* ... Die biblische Grundlage ist Gen 1,1 LXX: Ἐν ἀρχῇ ἐποίησεν ὁ θεὸς τὸν οὐρανὸν καὶ τὴν γῆν. *Im Anfang schuf Gott den Himmel und die Erde.* Mit diesem Vers aus dem Beginn der priesterschiftlichen Schöpfungsgeschichte und der Bibel überhaupt ist das alttestamentliche, auch im Neuen Testament geltende Schöpfungsver-

---

⁵³ So F. Kattenbusch, Das apostolische Symbol, Bd. 2, Leipzig 1900, 517 ff. Dagegen mit Recht Kelly, Glaubensbekenntnisse (s. Anm. 7), 134 f.

⁵⁴ Im Lateinischen ist der sprachliche Befund ein anderer. Die Versio latina von N und NC *Patrem omnipotentem* (DH 125; 150) legt die deutsche Übersetzung „den allmächtigen Vater" nahe, macht sie aber durchaus nicht zwingend. Gen 17,1 kann *El Shaddaj* mit *Deus omnipotens* übersetzt werden; deutsch „der allmächtige Gott". Für Pater omnipotens („der allmächtige Vater") gibt es dagegen m.W. keinen biblischen Beleg. Der Gottesname Am 4,13 wird lat. mit *Dominus Deus exercituum* wiedergegeben.

⁵⁵ Theophilus von Antiochien, Ad Autolycum I, 4; PG 6, 1029, 4. Neuere Ausgabe: Theophilus of Antioch, Ad Autolycum, ed. R. M. Grant, OECT, Oxford 1970, 6 f. Entstanden ist das aus 3 Bänden bestehende Werk „kurz nach 180" (B. Altaner / A. Stuiber, Patrologie, Freiburg/Br. 1993, 75).

⁵⁶ Cyrill von Jerusalem, Cat. VIII, 5.

⁵⁷ Gregor von Nazianz, Orationes XXVII, 6; ed. A. J. Mason, Cambridge 1899 (aus der ersten der fünf theologischen Reden, die Gregor 380 in Konstantinopel zur Darlegung der Trinitätslehre gehalten hat). Er gehört „zur Dreiheit der ‚großen Kappadokier'" neben Basilius von Caesarea und dessen jüngerem Bruder Gregor von Nyssa (H. v. Campenhausen, Griechische Kirchenväter, Stuttgart ⁴1967, 101).

ständnis bündig zusammengefasst: Gott ist der, der in seiner Allmacht und Freiheit alles geschaffen hat und es gemäß seinem Willen erhält und lenkt. In einem Glaubensbekenntnis kann nicht alles über Gott gesagt werden, aber dass er der Schöpfer ist, diese Aussage darf in den ausformulierten Glaubensbekenntnissen unter keinen Umständen fehlen. Sie ist grundlegend, um zu verstehen, dass Gott Gott ist – im ersten, zweiten und dritten Glaubensartikel.

Im Neuen Testament wird für „Schöpfer" nicht ποιητής gebraucht,[58] sondern – einmal, nämlich 1. Petr 4,19 – κτίστης; ansonsten stehen Verbformen von κτίζω u.a., durch die die Schöpfertätigkeit Gottes zum Ausdruck gebracht wird.[59] Doch welcher Terminus auch immer verwendet wird: Gott ist Gott der Schöpfer in der ewigen Priorität seines Gottseins vor aller Schöpfung durch die Schöpfung aus dem Nichts.

Im NC geht es zunächst um den Glauben an Gott als den Schöpfer; erst danach ist von dem Schöpfungswerk die Rede. Was wird über Gott ausgesagt, wenn gesagt wird, er sei der Schöpfer? Es wird unterstrichen, dass er allmächtig ist. Selbst ungeschaffen, schafft er; denn er ist der Eine, der nicht wurde, sondern war, vielmehr der *ist*, und der sich niemandem verdankt. Also: „Er ist ohne Anfang, weil er nicht geworden ist."[60] Aber er vermag in seiner gottheitlichen Freiheit kraft seiner Allmacht einen Anfang der Schöpfung zu setzen, indem er spricht: „Es werde!" (1. Mose 1,3 u.ö.). Er ist „unveränderlich, weil er unsterblich ist"[61]. Selbst unveränderlich, verändert er alles, indem er durch sein Wort alles, was ist, „aus dem Nichts ins Dasein ruft"[62].

Für die theologische Interpretation von Gen 1, des grundlegenden biblischen Textes der Schöpfungslehre, hat sich in der

---

[58] Das Nomen ποιητής wird im NT für „Täter" verwendet, um den Unterschied zwischen Hörern und Tätern des Gesetzes herauszustellen (Röm 2,13; Jak 1,22.23.25; 4,11). Außerdem steht es einmal für „Poet" (Apg 17,28).
[59] Vgl. Bauer-Aland, Wb 924 f. 1365.
[60] Theophilus von Antiochien, Autol. I, 3.
[61] Ebd.
[62] Ebd. Die Lehre von der *creatio ex nihilo* wird um 180 in der Kirche also bereits vertreten; vgl. dazu G. May, Schöpfung aus dem Nichts. Die Entstehung der Lehre von der creatio ex nihilo, AKG 48, Berlin 1978.

Alten Kirche die Hexaemeron-Auslegung eingebürgert.[63] Den Höhepunkt im 4. Jahrhundert dürften die Homilien über das Hexaemeron (Sechstagewerk) des Basilius von Caesarea bilden.[64] In der ersten Homilie, gehalten wahrscheinlich in der Fastenzeit 378 in Caesarea,[65] hat Basilius, der „schon zu Lebzeiten ‚der Große' genannt"[66] wurde und dessen Pneumatologie für die Formulierung des dritten Artikels im NC maßgeblich geworden ist, Gen 1,1 ausgelegt. Wie vor dem Konzil von Konstantinopel 381 über den Schöpfer und die Schöpfung gedacht worden ist, wird aus den neun Homilien, besonders der ersten, deutlich.

Basilius hebt gleich zu Beginn hervor, die Erschaffung von Himmel und Erde sei nicht ein von selbst erfolgter Vorgang, sondern sie sei als ein Werk aufzufassen, das seine Ursache in Gott habe.[67] Er ist als Ausleger darauf bedacht, den Wortsinn zu erfassen, und gerade daraus erwächst das „Staunen" über Gott.[68] Aus dem Verb „schuf" (1. Mose 1,1) schließt Basilius im Blick auf Gott, „dass die Schöpfung nur ein sehr kleiner Teil der Macht des Schöpfers ist. Denn wie der Töpfer mit derselben Kunst tausend und abertausend Gefäße anfertigt, ohne seine Kunst und Kraft zu erschöpfen, so hat auch der Schöpfer dieses Universums eine nicht auf *eine* Welt beschränkte, sondern ins Unendliche reichende Schöpferkraft, durch die er nur mit dem Wink seines Willens die sichtbare Welt in ihrer Größe ins Dasein gerufen hat."[69] Wer ist Gott angesichts der unermesslichen Schöpferkraft, die ihm zu eigen ist? „Das selige Wesen, die unerschöpfliche Güte, der Gegenstand der Liebe für alle vernunftbegabte Kreatur, die heißersehnte Schönheit, der Anfang der Dinge, der Quell des Lebens, das Licht des Geistes, die unbegreifliche Weisheit – das ist er, der im Anfang den Himmel

---

[63] Vgl. J. C. M. van Winden, Hexaemeron, RAC 14 (1988), 1250–1269, bes. 1260 ff.; G. May, Schöpfer/Schöpfung V, TRE, Bd. 30, 1999, 296–299, 298.

[64] Basilius von Caesarea, Homilien zum Hexaemeron, hg.v. E. A. de Mendieta / S. Y. Rudberg, GCS NF 2, Berlin 1997.

[65] Vgl. J. Pauli, Basilius, in: W. Geerlings (Hg.), Theologen der christlichen Antike, Darmstadt 2002, 67–81, 78. S.a. van Winden, RAC 14 (1988), 1260.

[66] W.-D. Hauschild, Basilius von Caesarea (ca. 329–379), TRE, Bd. 5, 1980, 301–313, 301.

[67] Basilius, Hex. I, 1.

[68] Basilius, Hex. I, 2.

[69] Basilius, Hex. I, 2.

und die Erde schuf."⁷⁰ Aus diesen Sätzen wird deutlich, dass Theologie und Doxologie bei Basilius eine Einheit bilden.

Gregor von Nazianz hat über die Hexaemeron-Homilien des Basilius gesagt, dass sie ihm Gott den Schöpfer und die Schöpfung erschlössen.[71] In der Tat ist auch das, was Basilius über die Schöpfung ausführt, beachtenswert. Drei Aspekte, die zu den Voraussetzungen der Schöpfungslehre im NC gehören, seien hervorgehoben. Erstens: Gott bedarf in seiner Allmacht nicht eines Grundstoffes – bei Thales von Milet ist dieser das Wasser; bei Anaximenes die Luft – für die Erschaffung des Himmels und der Erde. Bei der Annahme eines Grundstoffes werde die Ursache von allem Sein in die Elemente der Welt gelegt.[72] Dadurch wird ihnen jedoch eine Schöpferkraft beigelegt, die sie nicht haben. Aber Gott schafft in seiner Allmacht aus dem Nichts.[73] Gott schuf Himmel und Erde „nicht halb, sondern einen ganzen Himmel und eine ganze Erde, das heißt die Substanz samt der Gestalt. Er ist nicht bloß der Erfinder der Formen, sondern der Schöpfer des Wesens der Dinge."[74]

Der zweite Aspekt, der zu unterstreichen ist, betrifft das Verständnis der Zeit. Basilius grenzt sich gegen „den Irrtum von einer anfangs- und endlosen Welt"[75] ab, wie er von den Pythagoreern, aber auch von Platon und Aristoteles vertreten worden ist. „Alles, was mit der Zeit begonnen hat, muss ganz notwendig auch mit der Zeit vergehen."[76] Der Anfang ist nicht hinterfragbar: „Einen Anfang vom Anfang ausklügeln ist überaus lächerlich."[77] Aufgrund der Lehre vom Endgericht muss außerdem auf das Weltende geschlossen werden und darauf, „dass die Welt notwendig eine Verwandlung durchmachen muss"[78].

---

[70] Ebd.
[71] Gregor von Nazianz, Or. XLIII, 67; PG 36, 585.
[72] Basilius, Hex. I, 2.
[73] Basilius, Hex. II, 2. Mit der Lehre von der *creatio ex nihilo* ist die „Lehre vom materiellen Prinzip durchbrochen" (May, TRE 30 (s. Anm. 63), 297).
[74] Basilius, Hex. II, 3.
[75] Basilius, Hex. I, 3.
[76] Ebd.
[77] Basilius, Hex. I, 6.
[78] Basilius, Hex. I, 4.

Schließlich sei noch festgestellt, dass Basilius die atheistische Vorstellung zurückweist, das Universum sei steuer- und ordnungslos und dem blinden Zufall überlassen.[79] Von der Vorstellung, die Welt sei einem Demiurgen ausgeliefert, ist die Kirche durch die Gnosis angefochten worden. Sie steht im Widerspruch zu 1. Mose 1,31 und zum Vater-Titel Gottes. „Gott schuf in seiner Güte das Nützliche, in seiner Weisheit das Schönste, in seiner Macht das Größte."[80]

4 ... *alles Sichtbaren und Unsichtbaren*. Als biblische Grundlage für diese Bekenntnisaussage hat Vers 16 des Christushymnus in Kol 1,15–20 gedient:

Denn in ihm ist alles geschaffen worden
in den Himmeln und auf Erden,
das Sichtbare und das Unsichtbare,
Throne oder Herrschaften,
Mächte oder Gewalten;
alles ist durch ihn und auf ihn hin geschaffen.

Die ausdrückliche Bezugnahme auf Kol 1,16 im ersten Artikel zeigt, wie unlöslich die Artikel des Glaubensbekenntnisses zusammengehören; denn dass Christus der Schöpfungsmittler ist, wird im zweiten Artikel wieder aufgenommen (NC 13). Der Schriftgebrauch spricht für die Einheit Gottes bei der Unterschiedenheit der Personen. Festzuhalten ist, dass der Artikel von dem Schöpfer und der Schöpfung neben Gen 1,1 auf eine neutestamentliche Stelle, Kol 1,16, gegründet ist.

Die Wendung τὰ ὁρατά *das Sichtbare* kommt im Neuen Testament nur Kol 1,16 vor; τὰ ἀόρατα *das Unsichtbare* wird außer in Kol 1,15.16 noch Röm 1,20, 1. Tim 1,17 und Hebr 11,27 gebraucht. Gemeint sind Kol 1,16 die unsichtbaren Mächte im Unterschied zur sichtbar wahrnehmbaren Welt. Im Christushymnus Kol 1,15–20 wird mit V. 16 ausgesagt, dass auch die kosmischen Mächte und Gewalten, die überirdischen Wesen und Kräfte wie die sichtbare Welt in und durch Christus geschaffen wor-

---

[79] Basilius, Hex. I, 2; I, 6 f.
[80] Basilius, Hex. I, 7.

den sind[81] und dass sie bei aller Überlegenheit über die sichtbare Welt Christus untertan sind wie diese.

Die überirdischen Kräfte sind keine Emanationen Gottes, sondern vielmehr von Gott selbst geschaffen.[82] Dieser zentrale Aspekt ist aus dem Neuen Testament aufgenommen worden und hat in der orthodoxen Theologie Bestand über die Jahrhunderte hin. Im NC wird mit der Formel *alles Sichtbaren und Unsichtbaren* bekannt, dass nichts existiert, auch nicht in der unsichtbaren Welt, das Gott nicht geschaffen hätte. Vorausgesetzt wird freilich, dass überirdische Wesen, unsichtbare Engel existieren. Es ist ja ein rationalistischer Fehlschluss, aus ihrer Unsichtbarkeit auf ihre Unwirklichkeit zu schließen. Über die Art und Weise der Erschaffung der himmlischen Kräfte gibt es allerdings keine genauere Kenntnis, räumt Basilius von Caesarea ein.[83] Unter Bezugnahme auf Kol 1,16 erklärt er sie sich so: „Denke im Akt, der sie schuf, als erste Ursache den Vater, als schöpferische den Sohn, als vollendende den Geist, so daß die ‚dienenden Geister' (Hebr 1,14) durch den Willen des Vaters existieren, durch das Wirken des Sohnes zum Sein gelangen, durch den Beistand des Geistes vollendet werden. Die Vollendung der Engel aber besteht in ihrer Heiligkeit und in ihrem Verbleiben darin."[84]

5 *Und an den einen Herrn Jesus Christus.* Der biblische Grund für die parallele Gestaltung des Beginns des ersten und zweiten Artikels ist 1. Kor 8,6a *Einer ist Gott, der Vater* und 8c *und einer ist Herr, Jesus Christus.*[85] 1. Kor 8,6 ist der älteste Beleg für die explizite Verknüpfung des Grundbekenntnisses Israels mit dem Grundbekenntnis des Christentums. Das christliche Grundbekenntnis wird laut in der Akklamation Κύριος

---

[81] Vgl. z.St. E. Lohse, Die Briefe an die Kolosser und an Philemon, KEK IX/2, Göttingen ²1977, 91 f.

[82] Irenäus, Haer. I, 5, 1 (Irenäus von Lyon, Epideixis. Adversus Haereses, hg.v. N. Brox, FC 8/1, Freiburg/Br. 1993, 154 ff.). Entstanden ist das umfangreiche Werk um 180; es ist gegen die Gnosis, hier gegen die Valentinianer gerichtet.

[83] Basilius, De Spiritu sancto 38. Abgeschlossen im Frühjahr 375, gehört diese Schrift „zu den großen Werken der Theologiegeschichte" (Hauschild, TRE 5 (s. Anm. 66), 306, 24). Textausgabe: Basilius von Cäsarea, De Spiritu sancto. Über den Heiligen Geist, übers. u. eingel. v. H. J. Sieben, FC 12, Freiburg/Br. 1993.

[84] Basilius, De Spir. 38.

[85] Vgl. außerdem vor allem Eph 4,5: „... *ein* Herr, *ein* Glaube, *eine* Taufe."

Ἰησοῦς (Χριστός) *Herr (ist) Jesus (Christus)* (1. Kor 12,3; Phil 2,11b; Röm 10,9). Dieses Bekenntnis liegt 1. Kor 8,6c zugrunde und ist im N und NC aufgenommen worden. Es besteht aus dem Kyriostitel, dem Namen Jesus, dem in 1. Kor 8,6; Phil 2,11; 2. Kor 8,9 u.a. das Cognomen „Christus" zur unverwechselbaren Identifizierung des von Gott auferweckten Jesus, des Gekreuzigten, Gestorbenen und Begrabenen, beigefügt ist. Der Kyriostitel dürfte von dem griechischsprachigen Teil der Urgemeinde, den sogenannten „Hellenisten", bereits in Jerusalem nach Ostern auf Jesus angewandt worden sein. Auch die Verschmelzung des Namens Jesus mit dem Christustitel wird auf die Hellenisten in der Jerusalemer Urgemeinde zurückzuführen sein. Paulus hat nach seiner Bekehrung vor Damaskus (32/33 n.Chr.) diesen Sprachgebrauch in der Gemeinde von Antiochien bereits vorgefunden und übernommen. Durch die Verwendung in den Gottesdiensten und im Katechumenat konnte dieser Sprachgebrauch bei der Bekenntnisbildung als allseits bekannt vorausgesetzt werden. N und NC kennen keinen von dem Titel Kyrios und dem Beinamen Christus isolierten Jesus.

Während die westlichen Bekenntnisse den zweiten Artikel mit der knappen Formulierung *et in Iesum Christum* beginnen,[86] heben die östlichen Bekenntnisse die Einzigkeit des Herrn Jesus Christus in Analogie zu Einzigkeit Gottes des Vaters ausdrücklich hervor.[87] Das ist biblisch wohlbegründet und sachgerecht. Es wäre allerdings konsequent gewesen, wenn das NC wie J auch den dritten Artikel mit der Betonung der Einzigkeit des Heiligen Geistes begonnen hätte.[88] Aber das ist merkwürdigerweise unterblieben, obwohl es sich auf 1. Kor 12,4 und Eph 4,4 hätte gründen können.

Dass der Kyriostitel in den östlichen Bekenntnissen vor dem Namen Jesus Christus steht, dürfte auf den Christushymnus Phil 2,(6–)11 zurückgehen, der den Gemeinden von Anfang an liturgisch vertraut war. In den westlichen Bekenntnissen ist die Reihenfolge eine andere: Auf *et in Iesum Christum* folgt zunächst

---

[86] Vgl. z.B. DH 30 (R).
[87] Eusebius von Caesarea (DH 40), Cyrill von Jerusalem (DH 41) und Epiphanius von Salamis (DH 42. 44) führen den zweiten Artikel mit exakt derselben Bekenntnisformulierung ein wie N (DH 125) und NC (DH 150).
[88] J beginnt den 3. Art. mit (καί) ἐις ἓν ἅγιον πνεῦμα (DH 41).

Filium eius unicum und danach *Dominum nostrum*.[89] Es ist von erheblicher Relevanz, dass der Kyriostitel angeführt wird. Denn dieser Titel ist wie kein anderer theologisch geeignet, die einzigartige Heilsbedeutung der Person und des Werkes Jesu Christi auf einen Nenner zu bringen. Das wird aus Röm 14,8−9 deutlich: „Leben wir, so leben wir dem Herrn; sterben wir, so sterben wir dem Herrn. Darum: wir leben oder sterben, wir sind des Herrn. Denn dazu ist Christus gestorben und wieder lebendig geworden, dass er über Tote und Lebende Herr sei." Was in dem zweiten Artikel des NC christologisch und soteriologisch mit vergleichsweise großer Ausführlichkeit entfaltet wird, dafür ist gleich zu Beginn des Artikels durch den Gebrauch des Kyriostitels der Weg bereitet, ist in ihm doch enthalten, was in den folgenden Klauseln näher ausgeführt wird.

Der Kyrios trägt den Namen, „der über alle Namen ist" (Phil 2,9): Jesus Christus. Mit diesem Namen „wird der unaussprechliche Gottesname (2. Mose 3,14), den Israel in der Verschweigung ehrte, zu dem aussprechbaren Namen dessen, in dessen Namen wir das Vater-unser beten"[90]. Wegen der Nennung dieses Namens haben N und NC in der Eröffnungszeile des zweiten Artikels ihre Mitte. Die folgenden Zeilen, quantitativ immerhin zwei Drittel des NC, sagen, wer Jesus Christus ist. Er ist geschichtlich eindeutig identifizierbar, aber er ist keine Person der Vergangenheit, sondern der erhöhte Herr, dessen Tod am Kreuz den Bezugs- und Fixpunkt des kommenden Weltgerichts bildet.

6 ... *den Sohn Gottes* ... Im Neuen Testament ist „Sohn Gottes" der zentrale Hoheitstitel Jesu.[91] Von den 379 Stellen, in denen υἱός vorkommt, sprechen 80 von der Gottessohnschaft Jesu.[92] Um zu erfassen, was darunter zu verstehen ist, muss man auf der Grundlage der Wahrnehmung des einzigartigen Vater-Sohn-Verhältnisses, in dem Jesus zu Gott stand und das sein Personsein und Wirken bestimmt hat, unterscheiden zwischen

---

[89] Das spiegelt sich im Apostolikum noch bis in dem heutigen Wortlaut wider: „Und an Jesus Christus, / seinen eingeborenen Sohn, unsern Herrn" (EG 804).

[90] Vogel, Glaubensbekenntnis (s. Anm. 20), 47.

[91] Vgl. M. Hengel, Der Sohn Gottes, in: ders., Studien zur Christologie, KS IV, hg.v. C.-J. Thornton, WUNT 201, Tübingen 2006, 74−145, 124.

[92] Vgl. F. Hahn, υἱός, EWNT, Bd. III, ²1992, 912−937, 914.

dem messianischen Sohn-Gottes-Begriff, der vom Alten Testament und Judentum vorgegeben ist, und dem metaphysischen Sohn-Gottes-Begriff, in dem die Aussagen über Ursprung und Wesen Jesu auf den Punkt gebracht sind.[93]

Das NC ist ein Dokument, aus dem unübersehbar deutlich wird, dass der letztere der theologisch maßgebliche ist. Das entspricht auch dem Aussagegefälle des Neuen Testaments, in dem dieser dominiert. Was der Sohn-Gottes-Titel impliziert, das ist im NC in einer langen Reihe von Näherbestimmungen und Unterscheidungen ausgeführt.

7 ... *den Einziggeborenen* ... Sprachgebrauch und Theologie dieser Wendung sind johanneisch. Im Logos-Hymnus und am Ende des Prologs, nämlich Joh 1,14 und 1,18, sowie in Kernstellen des Evangeliums (3,16.18) und in 1. Joh 4,9 wird μονογενής zur Näherbestimmung des Verhältnisses des Sohnes Gottes zu Gott als exklusives „Hoheitsprädikat Jesu"[94] gebraucht. Mit Nachdruck wird unterstrichen: Jesus ist die eine analogielose Person, der Einziggeborene, dem das Gottessohn-Prädikat gebührt;[95] denn in ihm allein ist Gott der Vater sichtbar geworden (Joh 14,9). In Joh 1,14d und wohl auch in 1,18 ist μονογενής[96] substantivisch verwendet. Auf diesen beiden Stellen dürfte der Sprachgebrauch im NC beruhen. Dann wäre μονογενής im NC nicht als adjektivisches Attribut aufgefasst, sondern als substantivisches Attribut, also als Apposition zu „Sohn Gottes". Daraus ergibt sich die Übersetzung „den Sohn Gottes, den Einziggeborenen".[97]

---

[93] Vgl. F. Hahn, Christologische Hoheitstitel, Göttingen [5]1995, 281 ff.; O. Hofius, Ist Jesus der Messias?, in: ders., Neutestamentliche Studien, WUNT 132, Tübingen 2000, 108−134, 122 (These 5.1.2).

[94] F. Büchsel, μονογενής, ThWNT, Bd. IV, 1942, 745−750, 748, 22.

[95] Bei Johannes bleibt υἱός Jesus vorbehalten; diejenigen, die Jesus im Glauben aufnehmen, heißen „Kinder Gottes" (Joh 1,12).

[96] Die Bedeutung von μονογενής ist nicht μονογέννετος; der Übersetzungsvorschlag „Einzigerzeugter" (zu Joh 1,18) von W. Bauer (Das Johannesevangelium, HNT 6, Tübingen [3]1933, 28; aufgenommen in Bauer-Aland, Wb 1067)) ist irreführend (mit J. A. Fitzmyer, μονογενής, EWNT, Bd. II, [2]1992, 1082).

[97] Die übliche adjektivische Übersetzung „Gottes eingeborenen Sohn" (EG 805) ist zwar nicht unmöglich, aber weniger angemessen. „Eingeboren" weckt außerdem heute falsche Assoziationen.

8 ... *aus dem Vater gezeugt vor aller Zeit ...* Mit ἐκ *aus, von* wird der Ursprung bezeichnet.[98] Diese Präposition wird auch in den folgenden Zeilen verwendet, um den göttlichen Ursprung des Sohnes Gottes zum Ausdruck zu bringen, und dann wieder im dritten Artikel, um das Hervorgehen des Heiligen Geistes aus dem Vater zu bezeichnen. Der Ursprung des Sohnes Gottes ist Gott der Vater. Diese theologisch-christologische Hauptaussage wird durch die Lichtmetapher in der folgenden Zeile veranschaulicht und in NC 10 mit anderer Terminologie wiederholt. Durch die Wiederholung wird mit Nachdruck unterstrichen, dass der Ursprung des Sohnes Gottes in Gott dem Vater selbst liegt. Das muss um des wahren Gottes willen, der in Jesus Christus offenbar geworden ist, ausdrücklich gesagt werden; denn Gott *ist* Vater und Sohn und Geist. Nicht war Gott erst und dann auch Vater, Sohn und Geist; vielmehr ist Gott nie anders Gott denn als Vater, Sohn und Geist gewesen. Das ist der Hauptaspekt; ihm zugeordnet ist der andere Aspekt: Der mit ἐκ bezeichnete Ursprung des Sohnes Gottes in Gott dem Vater bringt die Priorität des Vaters in der innergöttlichen Relation zwischen dem Vater und dem gleichewigen Sohn zum Ausdruck.

Für die innergöttliche Relation zwischen Gott dem Vater und dem Sohn Gottes gibt es keinen einschlägigen Schriftbeleg. N und NC gebrauchen eine Passivform von γεννάω *zeugen, gebären, hervorbringen*. Dieser Sprachgebrauch dürfte auf Mt 1,20c zurückgehen, wo zu Josef gesagt wird: ἐν αὐτῇ γεννηθὲν ἐκ πνεύματός ἐστιν ἁγίου. *Das in ihr (sc. Maria) Gezeugte ist vom Heiligen Geist*. Diese Stelle – sachlich verwandt, aber mit anderer Wortform, ist Lk 1,35 – scheint als Grundlage für die Darstellung der innergöttlichen Relation gedient zu haben. Das würde bedeuten, dass die Konzilsväter die innergöttliche Relation in Analogie zum Heilshandeln Gottes des Vaters in der Geburt des Sohnes Gottes Jesus Christus durch den Heiligen Geist, das in der Geschichte Ereignis wurde, gedacht und also die immanente trinitarische Relation gemäß dem heilsökonomischen Handeln Gottes in seinem Sohn durch seinen Geist dargestellt haben. Die Ausführungen über den innergöttlichen Ursprung des Sohnes Gottes beruhen unter dieser Voraussetzung nicht auf Spekulati-

---

[98] Vgl. Bauer-Aland, Wb 471–476; BDR § 212.

on, sondern sie stellen eine Konsequenz dar, die sich aus dem Heilshandeln Gottes in der Geschichte ergibt.

Es mag in den Auseinandersetzungen des 4. Jahrhunderts auch „spekulative Rechthaberei"[99] gegeben haben, aber der Bekenntnissatz über die innergöttliche Relation zwischen Gott dem Vater und dem Sohn Gottes gehört nicht dazu. Er zählt vielmehr zu den theologisch-christologischen Spitzensätzen des NC, mit dem der Arianismus[100] abgewiesen wurde. Arius, wohl Libyer von Geburt, ein alexandrinischer Presbyter,[101] hatte dem Sohn Gottes (Logos) die Gleichewigkeit mit Gott dem Vater entschieden abgesprochen. Der Sohn Gottes habe nicht Anteil an dem anfanglosen Sein Gottes, vielmehr müsse gesagt werden: „Der Sohn hat einen Anfang, Gott aber ist ohne Anfang."[102] Mit dieser These hat Arius die ewige Zeugung des Sohnes bestritten. Ihm ging es um die Einzigkeit und Transzendenz Gottes, dem allein das Prädikat der Ungewordenheit (ἀγεννησία) gebühre, an dem der Sohn durch das Gezeugtsein aus dem Vater nicht teilhabe.[103] Alexander von Alexandrien[104] bezeichnete Arius, einen Amtsträger in seiner Kirche, in Reaktion darauf als "Apostaten"[105]. Im Widerspruch zu den heiligen Schriften habe er sich ausgedacht: „Gott war nicht immer Vater; vielmehr gab es eine Zeit, da Gott nicht Vater war."[106] Auch der Logos sei nicht immer

---

[99] Loofs, Leitfaden (s. Anm. 4), 180.

[100] Zur älteren Forschung s. F. Loofs, Arianismus, RE, Bd. 2, ³1897, 6–45; E. Schwartz, Zur Geschichte des Athanasius, GS 3, Berlin 1959, 177 ff.; zur neueren A. M. Ritter, Arianismus, TRE, Bd. 3, 1978, 692–719; Lorenz, Das vierte Jahrhundert (s. Anm. 4), 111 ff.

[101] Vgl. A. M. Ritter, Arius, in: GK, Bd. 1, 1984, 215–223, der die Lebenszeit des Arius auf etwa 260–337 ansetzt.

[102] Arius, Brief an Euseb von Nikomedien, um 318, in: Athanasius, Werke, Bd. III, 1: Dokumente zur Geschichte des arianischen Streites (318–328), hg.v. H.-G. Opitz, Berlin 1934, Urkunde 1, 5: ἀρχὴν ἔχει ὁ υἱός, ὁ δὲ θεὸς ἄναρχός ἐστι.

[103] Aus dem Glaubensbekenntnis des Arius, um 320; Urkunde 6, 4: οὐδὲ ... ἐστιν ... συναγγέννητος τῷ πατρί.

[104] Ab 311 Bischof von Alexandrien; gestorben 328 (s. BBKL, Bd. I, 1990, 108 f.). Athanasius von Alexandrien (um 295–373), Sekretär Alexanders ab 319, der diesen 325 auf die Synode nach Nicaea begleitete, wurde 328 dessen Nachfolger als Bischof von Alexandrien (s. M. Tetz, Athanasius von Alexandrien, TRE, Bd. 4, 1979, 333–349, 334 ff. Lit.: C. Butterweck (Hg.), Athanasius von Alexandrien. Bibliographie, Opladen 1995).

[105] Enzyklika Alexanders von Alexandrien, um 319; Urkunde (s. Anm. 102), 4b, 6.

[106] Urkunde 4b, 7: ... ἦν ὅτε ὁ θεὸς πατὴρ οὐκ ἦν.

gewesen; es gab eine Zeit, „da er nicht war"[107]. Der Sohn sei „Geschöpf"[108]. Er sei geschaffen worden, damit uns Gott durch ihn wie durch ein Werkzeug (ὄργανον) erschüfe.[109]

Mit der Aufnahme des Gedankens der Schöpfungsmittlerschaft hat Arius den Anschein erweckt, auch er habe die Präexistenz des Sohnes vertreten. Das hat er auch tatsächlich dadurch, dass er dem Sohn die Funktion des Schöpfungsmittlers zugewiesen hat; aber dieses Zugeständnis ist zugleich wieder dadurch konterkariert worden, dass er den Sohn auf die Rolle eines Halbgottes festgelegt hat. Das geht aus dem folgenden Zitat hervor: „Der Sohn, erzeugt vom Vater außerhalb der Zeit, geschaffen und konstituiert vor allen Äonen, war nicht, bevor er erzeugt wurde ... Er ist weder ewig noch gleichewig mit dem Vater ...; auch hat er nicht mit dem Vater zusammen das Sein ..."[110] Diese Auffassung ist mit Paulus, etwa 1. Kor 8,6, oder dem Johannesprolog theologisch unvereinbar. Der Bischof von Alexandrien hat gegen Arius mit Recht Joh 1,1.3 und 1,18 ins Feld geführt.[111] Der biblische Hauptbeleg, auf den Arius sein Verständnis der Präexistenz des Sohnes gründet, ist Spr 8,22 f.,[112] wo die Präexistenz der Weisheit bezeugt wird. Die Präexistenz des Sohnes ist zwar traditionsgeschichtlich und typologisch in der Präexistenz der Weisheit vorgebildet, aber die Präexistenz des Sohnes ist im Unterschied zu ihr eine absolute Präexistenz wie die Gottes des Vaters selbst.[113] N und NC sind mit der differenzierenden Formel γεννηθέντα οὐ ποιηθέντα / *gezeugt, nicht geschaffen* theologisch gegenüber Arius und dem Arianismus zweifellos im Recht. Die Voraussetzung dieser Differenzierung stellt der we-

---

[107] Ebd.: ... ἦν ποτε ὅτε οὐκ ἦν.

[108] Ebd.: κτίσμα ... ποίημα.

[109] Urkunde 4b, 9.

[110] Das Glaubensbekenntnis des Arius; Urkunde 6, 4.

[111] Enzyklika Alexanders von Alexandrien; Urkunde 4b, 12.

[112] Ritter bezeichnet die Stelle als „,locus classicus' des arianischen Schriftbeweises" (Dogma (s. Anm. 4), 149).

[113] Es ist ein schwerwiegendes theologisches Defizit in der heutigen neutestamentlichen Exegese, dass zwischen dem Präexistenzverständnis der alttestamentlich-jüdischen Weisheit und dem im Neuen Testament vertretenen Verständnis der Präexistenz Jesu Christi nicht ausreichend differenziert wird (vgl. W. Führer, Ursprung und Geburt Jesu Christi. Studien zur Präexistenz und Inkarnation, Berlin 2017, 81–91 u. 244–252). Der Schriftgebrauch des Arius hätte als Mahnung oder vielmehr als abschreckendes Beispiel dienen können!

senstrinitarische Bekenntnissatz „aus dem Vater gezeugt[114] vor aller Zeit" dar.

9 *Licht vom Licht.* Die Lichtsymbolik findet sich in Religion und Philosophie genauso wie in Poesie und Prosa. Im Neuen Testament kommt sie vor allem im johanneischen Schrifttum zur Geltung. Als Wesensaussage über Gott steht φῶς 1. Joh 1,5: „Und das ist die Botschaft, die wir von ihm gehört haben und euch verkündigen: Gott ist Licht, und in ihm ist keine Finsternis." Aus dem Ich-bin-Wort Jesu Joh 8,12 „Ich bin das Licht der Welt" lässt sich schließen, dass der Sohn Gottes wesensmäßig an dem Licht-Sein Gottes partizipiert und dass dieses mit ihm als „das Leben der Menschen" (Joh 1,4) in die Welt gekommen ist (Joh 3,19; 9,5; 12,46; s.a. Mt 4,16 Par.; Lk 2,32).

Die drei aufeinander folgenden Formeln „aus dem Vater gezeugt vor aller Zeit" (NC 8), „Licht vom Licht" (NC 9) und „wahrer Gott vom wahren Gott" (NC 10) haben dieselbe zweifache Aussageintention. Zunächst wird mit ihnen theologisch ausgesagt: Gott ist Gott, aber dies ist er als der Vater in der unvorgreiflichen Einheit und ewigen innergöttlichen Gemeinschaft mit dem Sohn und – nimmt man den dritten Artikel aus dem NC hinzu – dem Heiligen Geist. Darin ist sodann die christologische Aussage enthalten: Der Sohn ist Gott aus Gott. Mit dem Gedanken des Gezeugtseins wird nicht etwa die Abstammung, sondern vielmehr die Wesensherkunft *aus* und die Wesenseinheit *mit* Gott dem Vater *in* dem einen Gott zum Ausdruck gebracht. Bei der Vorstellung des ewigen Gezeugtseins ist nicht an ein zeitliches Nacheinander oder eine ontologische Abstufung gedacht, vielmehr sollen gerade diese beiden Aspekte mit jener Vorstellung als unsachgerecht und falsch abgewiesen werden. Denn der Sohn steht nicht in einem Verhältnis des zeitlichen Nacheinanders zum Vater, wäre er doch dann ein Geschöpf, wenn auch das erste, sondern er ist mit ihm a priori da in Ewigkeit und bildet mit ihm eine Gemeinschaft, die nicht irgendwann gestiftet worden ist, son-

---

[114] Beide Vorkommen von γεννηθέντα (NC 8 u. 11) sollten einheitlich mit *gezeugt* übersetzt werden. Dass im Deutschen dasselbe Wort Z. 8 mit *geboren* und Z. 11 mit *gezeugt* übersetzt wird (TRE 24, 446; EG 805), geht auf die lat. Fassung *natum* (NC 8) einerseits und *genitum* (NC 11) andererseits zurück (DH 150).

Das Bekenntnis von Nicaea-Konstantinopel 131

dern die immer da ist und da war vor aller Schöpfung und aus der Gott unablässig hervorbringt und schafft.

Auf diesem Vorstellungshintergrund wird die Lichtmetapher verwendet. Sie besitzt den Vorzug einer größeren Anschaulichkeit und ruft keine abwegigen Assoziationen hervor, aber sie macht jene erste Bekenntnisaussage in NC 8 nicht überflüssig. Die Formel „Licht vom Licht" ist seit längerem in Gebrauch.[115] Cyrill von Jerusalem deutet sie ganz im Sinne des Nicaenums, wenn er von Christus sagt: „Gott erzeugt aus Gott, Leben erzeugt aus dem Leben, Licht erzeugt aus dem Licht."[116] Vor dem Konzil von Konstantinopel interpretiert Gregor von Nyssa in seinem dogmatischen Hauptwerk die Formel durch die Unterscheidung zwischen der Lichtquelle und dem Lichtstrahl: „Der Strahl stammt zwar aus der Sonne, besteht aber nur zusammen mit der Sonne und ist nicht später als sie."[117]

Mit größter Nachdrücklichkeit hat Athanasius von Alexandrien die nicaenische Position vertreten. In seinen „Reden gegen die Arianer", wohl um 340 in Rom während seines zweiten Exils entstanden,[118] kommt er in der Auseinandersetzung mit der „Thalia" des Arius[119] auf die Formel „Licht vom Licht" zu sprechen. Er führt dazu aus, Christus sei „wahrer Gott und gleichen Wesens mit dem wahren Vater ... Denn er ist das Abbild der Person des Vaters und Licht vom Licht und Kraft und wahres Bild der Substanz des Vaters ... Er war und ist immer und war niemals nicht. Denn da der Vater ewig ist, ist auch sein Wort und seine Weisheit ewig."[120] Ebenso argumentiert er an einer anderen Stelle, der Sohn gehöre „überhaupt nicht zu den gewordenen Dingen", „sondern er ist das ewige Bild und Wort des Vaters, das niemals nicht war, sondern immer ist, als der ewige Abglanz

---

[115] Vgl. z.B. Hippolyt von Rom (gest. 235), Contra haeresin Noeti, PG 10, 817 B-C. Vgl. dazu Staats, Glaubensbekenntnis (s. Anm. 7), 231.

[116] Cyrill von Jerusalem, Cat. IV, 7.

[117] Gregor von Nyssa, Contra Eunomium I, um 380, in: Gregorii Nysseni Opera, hg.v. W. Jaeger, Bd. I, Leiden 1960, S. 180 (532). Zur Datierung s. D. L. Balás, Gregor von Nyssa, TRE, Bd. 14, 1985, 173–181, 176.

[118] Vgl. Tetz, TRE 4 (s. Anm. 104), 338. Or. c. Ar. III datiert Tetz auf 345/46.

[119] Vgl. dazu C. G. Stead, The Thalia of Arius and the Testimony of Athanasius, JThS 29 (1978), 20–52; R. Lorenz, Die Christusseele im Arianischen Streit, ZKG 94 (1983), 1–51, bes. 19 ff.

[120] Athanasius, Orationes contra Arianos I, 9; PG 26, 27 ff.

des Lichtes, das ewig ist"[121]. Schließlich noch ein Zitat aus dem zweiten Buch gegen die Arianer: „Wo der Vater ist, da ist auch der Sohn, und wo das Licht ist, da ist auch der Abglanz."[122] Die Wesenseinheit und Gleichewigkeit von Vater und Sohn kann man nicht deutlicher herausstellen.

10 ... *wahrer Gott vom wahren Gott* **...** Die biblische Grundlage ist auch für diese Formel das johanneische Schrifttum. In Betracht kommt in erster Linie 1. Joh 5,20:[123] „Wir wissen aber, dass der Sohn Gottes gekommen ist und uns das Denkvermögen[124] gegeben hat, dass wir den Wahrhaftigen (sc. Gott)[125] erkennen. Und wir sind in dem Wahrhaftigen, in seinem Sohn, Jesus Christus. Dieser ist der wahrhaftige Gott und das ewige Leben." Jesus Christus gehört von seinem Ursprung und Wesen her zu Gott. Er ist als der „einziggeborene Gott" (Joh 1,18: μονογενὴς θεός) der „wahrhaftige Gott" (1. Joh 5,20c: ὁ ἀληθινὸς θεός). Das ist er nicht nur in der Relation zu Gott dem Vater, sondern in sich selbst. Deshalb ist mit seiner Person die Erkenntnis des wahren Gottes und das ewige Leben (s.a. Joh 11,25) gegeben.

Die Formel „wahrer Gott vom wahren Gott" beruht auf biblischer Grundlage, aber ihr Wortlaut geht auf antiarianische Zuspitzung zurück. Gegen den Arianismus wird mit dieser Formel zur Aussage gebracht: Jesus Christus ist nicht eine Hervorbringung des Willens Gottes, durch die er zu einem vollkommenen Geschöpf geworden wäre, wie Arius meinte,[126] sondern er ist „wahrer Gott vom wahren Gott", also gleichen Wesens wie Gott der Vater und in derselben einen Gottheit wie dieser, eins mit dem Vater (Joh 10,30), aber als Person von ihm unterschieden. Die Arianer reagierten auf diese Zuspitzung, die ihnen keine

---

[121] Athanasius, Or. c. Ar. I, 13.

[122] Athanasius, Or. c. Ar. II, 41.

[123] Kaum in Betracht kommt dagegen Joh 3,31−34, wie Staats, Glaubensbekenntnis (s. Anm. 7), 228 annimmt.

[124] διάνοια *Denkvermögen, Verstand, Erkenntnisvermögen, Fähigkeit* (s. Bauer-Aland, Wb 374 f.).

[125] ἀληθινός *wahrhaftig, wahr*. Gemeint ist hier der „wahre Gott". Das Wort ἀληθινός dient zur Abgrenzung gegenüber „falschen Göttern" (s. Jes 65,16 LXX). Vgl. z.St. W. Vogler, Die Briefe des Johannes, ThHK 17, Leipzig 1993, 178.

[126] Das Glaubensbekenntnis des Arius; Urkunde (s. Anm. 102) 6, 2. S.o. Anm. 108.

Ausflucht mehr ließ, mit dezidierter Ablehnung. Sie beriefen sich dabei auf das johanneische μόνον ἀληθινὸν θεόν (Joh 17,3: *den allein wahren Gott*), hat Athanasius berichtet.[127] Doch Joh 17,3 bezeugt den Unterschied der Personen, aber nicht den Wesensunterschied zwischen Vater und Sohn, sondern setzt vielmehr die Seins- und Handlungseinheit zwischen beiden in dem *einen* Gott voraus.

11 ... *gezeugt, nicht geschaffen* ... Für diese Formel gibt es keinen biblischen Beleg; die absolute Präexistenz Christi, die durch sie bezeugt wird, ist dagegen sehr wohl biblisch begründet. Der Sprachgebrauch dieser Formel erklärt sich wie der in der nachfolgenden Zeile aus der Kontroverse mit den Arianern. Die Formel enthält wie die in NC 10 und 12 eine sachlich notwendige, bewusst in das Glaubensbekenntnis aufgenommene antiarianische Spitze.

Arius war in seinem Denken davon ausgegangen, dass Gott ἀγένητος (ungeworden), ἄναρχος (anfanglos), ἄτρεπτος (unveränderlich) und ἀΐδιος (ewig) sei.[128] Diese aus der Bibel durchaus begründbare Gottesvorstellung verband er mit der platonischen Philosophie der Kaiserzeit, in der die Frage nach der Transzendenz dominierte.[129] Dadurch hatte er sich auf ein Gottesbild festgelegt, das ein „Hervortreten" aus Gott, was immer es sei, prinzipiell ausschloss, da durch ein solches die Unveränderlichkeit Gottes negiert worden wäre. So ist für Arius die Alternative ἀγένητος – γενητός konstitutiv geworden.[130] Die Gleichewigkeit des Sohnes Gottes (Logos) war für ihn undenkbar. Christus konnte im Sinne der Weisheit das erste, herausragende Geschöpf sein, aber keineswegs gleichewig im Sinne der absoluten Präexistenz Gottes. Es war der biblizistisch und philosophisch unterfütterte Monotheismus, den Arius zum Erkenntnisprinzip erhoben hatte, der die Vorstellung von der Ungewordenheit und

---

[127] Athanasius, De synodis 39 f.; in: ders., Werke, Bd. II, hg.v. H. C. Brennecke u.a., Berlin 2006, 265, 26 ff.
[128] Das Glaubensbekenntnis des Arius; Urkunde 6, 2.
[129] Vgl. F. Ricken, Das Homoousios von Nikaia als Krisis des altchristlichen Platonismus, in: Zur Frühgeschichte der Christologie, hg.v. H. Schlier, QD 51, Freiburg/Br. 1970, 74–99, 75 ff.
[130] Mit Ritter, Dogma (s. Anm. 4), 148 f.

Gleichewigkeit des Sohnes Gottes grundsätzlich ausschloss. Eine Annäherung an die Position seines alexandrinischen Bischofs Alexander war unmöglich und konnte allenfalls taktischer Art sein. Dies gilt es festzuhalten aus der arianischen Kontroverse, dass ein biblizistischer, popularphilosophischer Monotheismus den Zugang zur Christologie versperrt, und zwar nicht nur zur nach-neutestamentlichen, sondern vielmehr zur neutestamentlichen Christologie selbst, wenn er zum erkenntnisleitenden Prinzip erhoben wird.

Die Bekenntnisaussagen τὸν μονογενῆ (NC 7), ἐκ τοῦ πατρὸς γεννηθέντα (NC 8) und γεννηθέντα οὐ ποιηθέντα (NC 11) haben in der arianischen Kontroverse die Bedeutung erlangt, die sie bis heute besitzen, und sind historisch gegen den Arianismus und über den konkreten Anlass hinaus gegen den Typus jeder arianischen Häresie gerichtet. Sie besagen: Jesus Christus, der Sohn Gottes, der Logos, ist nicht geschaffen, sondern aus Gott dem Vater hervorgegangen „vor aller Zeit" (NC 8), also ewig wie Gott selbst, und zwar er allein im Unterschied zu allen Geschöpfen, den sichtbaren wie unsichtbaren. Er ist gezeugt aus dem Wesen Gottes des Vaters. „Zeugung" heißt: „Mitteilung der einen gleichen Natur des Vaters"[131].

Mit „Zeugung" ist selbstverständlich kein physisches Geschehen gemeint. Es ist blasphemisch, eine solche Vorstellung mit Gott in Verbindung zu bringen. „Die Zeugung Christi darfst du dir nicht nach Menschenart vorstellen. Vielmehr ewig besitzt Gott seinen Sohn, welchen er nicht nach Menschenart gezeugt hat."[132] Der Hervorgang des Sohnes aus dem Vater ist als „Zeugung" interpretiert worden, um eine adoptianische Christologie auszuschließen. Cyrill von Jerusalem sagt: „Christus ist der Sohn Gottes von Natur und nicht durch Adoption."[133] „Zeugung" steht außerdem für die unauflösliche Zugehörigkeit des Vaters zum Sohn und des Sohnes zum Vater sowie für die Innigkeit der personalen innergöttlichen Gemeinschaft zwischen ihnen.

---

[131] A. Grillmeier, Jesus der Christus im Glauben der Kirche, Bd. 1: Von der Apostolischen Zeit bis zum Konzil von Chalcedon (451), Freiburg/Br. ²1982, 408.
[132] Cyrill von Jerusalem, Cat. XI, 8.
[133] Cat. XI, 7.

Während für Arius ἀγένητος (ungeworden) und ἀγέννητος (unerzeugt) „offenbar Synonyme"[134] waren, hat das Nicaenum die Gleichbehandlung beider Begriffe durch das zweimalige γεννηθέντα *gezeugt* ausgeschlossen. Bei Athanasius herrscht in der Schreibweise wie in der Sache Eindeutigkeit. Der Sohn ist „nichts anderes, als was aus dem Vater gezeugt (!) ist", nämlich „sein Wort, seine Weisheit und sein Abglanz"[135]. Der Sohn selbst ist so beschaffen wie der Vater, von dessen Substanz er die eigene Geburt, Wort und Weisheit ist.[136] Athanasius argumentiert gegen die Arianer binitarisch, wie es der Kontroverspunkt erfordert: „Da der Vater immer ist, so ist auch sein Abglanz ewig, der sein Wort ist ... Und weder ist das Wort nachträglich geworden, da es früher nicht war, noch war der Vater jemals ohne Wort."[137] In solchen Sätzen ist der ganze Athanasius sowie die spätere Trinitätslehre in nuce enthalten.

12 ... *wesenseins mit dem Vater* ... Der Begriff ὁμοούσιος findet sich im Neuen Testament nicht. Das ist lediglich eine Feststellung, allenfalls ein fundamentalistischer oder biblizistischer Einwand, aber kein stichhaltiges theologisches Argument. Das Stichwort dient zur Näherbestimmung des Verhältnisses von Gott, dem Vater, und dem Sohn Gottes. Es berührt also das letzte Geheimnis der Person und der Sendung Jesu.[138] Vor allem im Johannesevangelium steht die Vater-Sohn-Relation beherrschend im Hintergrund der gesamten Darstellung. Ohne die nähere Bestimmung des Verhältnisses Gott – Sohn Gottes würde die Theologie im Vorläufigen verharren. Sie muss es auf den Punkt zu bringen versuchen. Das geschieht im Nicaenum durch die Kurzformel ὁμοούσιον τῷ πατρί *wesenseins mit dem Vater*. Deshalb stellt diese „zweifellos das centrum Nicaenum dar"[139].

---

[134] Ritter, TRE 3 (s. Anm. 100), 700, 56.
[135] Athanasius, Or. c. Ar. I, 14.
[136] Or. c. Ar. I, 19.
[137] Or. c. Ar. I, 25.
[138] Vgl. aus neutestamentlicher Perspektive J. Jeremias, Neutestamentliche Theologie. Erster Teil: Die Verkündigung Jesu, Gütersloh 1971, 73 u.ö.
[139] A. Gilg, Weg und Bedeutung der altkirchlichen Christologie, TB 4, München 1955, 61.

Das Wort ὁμοούσιος hat eine große Bedeutungsbreite.[140] Was im Nicaenum darunter zu verstehen ist, ist zuerst und zuletzt diesem selbst zu entnehmen. Dabei kann der synoptische Vergleich von N und NC den Weg zum sachgerechten Verständnis weisen. Während die Zeilen 9–13 in N und NC wortgleich sind, steht im N vor ihnen ein Passus, der im NC fehlt und der für das Verständnis des ὁμοούσιος im N konstitutiv ist:[141]

γεννηθέντα ἐκ τοῦ πατρὸς μονογενῆ
τουτέστιν ἐκ τῆς οὐσίας τοῦ πατρός,
θεὸν ἐκ θεοῦ
gezeugt aus dem Vater als Einziggeborener,
das heißt aus dem Wesen des Vaters,
Gott von Gott

Von Bedeutung ist vor allem die Erläuterung „aus dem Wesen des Vaters", kommen die anderen Bekenntnisaussagen doch auch sonst in N und NC vor. Unterstrichen wird mit der Erläuterung, dass der einziggeborene Sohn seinen Ursprung nicht in Geschaffenem, sondern vielmehr im „Wesen des Vaters" hat, also an dem gottheitlichen Sein Gottes, des Vaters, vor aller Zeit und Schöpfung partizipiert. Das ist wie die anderen Bekenntnisaussagen gegen Arius und den Arianismus gerichtet, nach dem es eine Zeit gab, da der Logos oder Sohn „nicht war", weil er „Geschöpf" sei.[142] Alle antiarianischen Bekenntnisaussagen werden durch die Wendung ὁμοούσιον τῷ πατρί formelhaft zusammengefasst. Mit der in N vorangestellten Erläuterung wird bekräftigt: Der Sohn ist eines Wesens mit dem Vater, weil er *aus* dem gleichen Wesen ist wie er: Gott von Gott.

Diese theologische Kernaussage hat sich indessen keineswegs sofort durchgesetzt. Vielmehr herrschte zwischen 325–361, der zweiten Phase des arianischen Streits, im Osten eine „antinicänische Majorität".[143] Als Hauptverteidiger des Nicaenums trat

---

[140] Zur Geschichte und Bedeutung des Begriffs vgl. Ricken, a.a.O. (s. Anm. 129); F. Dinsen, Homoousios. Die Geschichte des Begriffs bis zum Konzil von Konstantinopel (381), Diss. theol. Kiel 1976, bes. 97 ff.; C. G. Stead, Divine Substance, Oxford 1977, 190 ff.; ders., Homousios, RAC 16 (1994), 364–433; Kelly, Glaubensbekenntnisse (s. Anm. 7), 240 ff.
[141] Zitiert nach TRE 24, 445.
[142] Nachweise s.o. Anm. 107 f.
[143] Loofs, Leitfaden (s. Anm. 4), 190 ff.

Athanasius hervor, der in der Sache mit diesem völlig übereinstimmte, aber in der Verwendung des Terminus ὁμοούσιος vorerst Zurückhaltung übte. Diese gab er um 350 auf[144] und wurde für die Folgezeit zum wichtigsten theologischen Befürworter dieser Formel. Dabei ist zu beachten, dass er nicht um die Geltung der Formel um der Formel willen stritt, sondern weil er in ihr die Substanz der christlichen Lehre ausgedrückt fand, nämlich die Wesenseinheit des menschgewordenen Sohnes (Logos) mit Gott, dem Vater, als der unabdingbaren Voraussetzung der Erlösung des Menschen.

Um die theologische Position des Athanasius zu verstehen, muss auf seine dogmatischen Schriften zurückgegriffen werden, besonders auf die *Oratio de incarnatione Verbi*.[145] Athanasius bezeichnet diese Schrift als den „Abriss einer Glaubenslehre über Christus und seine göttliche Epiphanie unter uns"[146]. Die ὁμοούσιος-Formel fehlt, aber es werden die theologischen Voraussetzungen dargelegt, auf denen die spätere Rezeption dieser Formel beruht. Diese ergibt sich folgerichtig aus der inneren Einheit seines theologischen Denkens.[147]

Athanasius kontrastiert Adam und Christus miteinander, ohne dass er diese Denkfigur aus Röm 5 direkt hervorhöbe. Er entfaltet die Menschwerdung des Wortes und dessen leibliche Erscheinung in Christus unter uns vor dem Hintergrund des „Ursprungs der Menschen"[148], der durch die Abkehr von Gott[149] und den sich daraus ergebenden Folgen, den heidnischen Götzenwahn[150] und den Verfall der Menschen an die Lüste,[151] gekenn-

---

[144] Athanasius, De synodis 41, 1 f., in: ders., Werke II (s. Anm. 127), 266, 27 ff.; abgedruckt in: Kirchen- und Theologiegeschichte in Quellen, Bd. I, hg.v. A. M. Ritter, Neukirchen (1977) ¹⁰2012, Nr. 70. Zum Gebrauch des Begriffs bei Athanasius u.a. s. G. Müller (Hg.), Lexicon Athanasianum, Berlin 1952, 992−997.

[145] PG 25, 95 ff. (CPG 2091); neuere Textausgabe: Athanasius, Contra Gentes and De Incarnatione, ed. R. W. Thomson, OECT, Oxford 1971, 134 ff. Verfasst wahrscheinlich um 335/337 im Exil in Trier (s. Tetz, TRE 4 (s. Anm. 104), 344 f.; Hauschild, DG I (s. Anm. 4), 34. Deutsch: BKV 31, 1917, 82 ff. (A. Stegmann).

[146] De inc. 56.

[147] Mit Recht hat A. Adam die „innere Einheit" der „athanasianischen Theologie" hervorgehoben (Lehrbuch der Dogmengeschichte, Bd. I, Gütersloh ⁴1981, 229).

[148] De inc. 4; PG 25, 104 A: ...λέγειν καὶ περὶ τῆς ἀνθρώπων ἀρχῆς.

[149] De inc. 3.

[150] De inc. 1.

[151] De inc. 12.

zeichnet ist. Die Menschheit existiert *extra paradisum* und ist „der Verwesung im Tod" unterworfen.[152] Den Anlass für die Herabkunft des Logos und sein In-Erscheinung-Treten unter uns hat die Schuld unserer Sünde gegeben: „Wir nämlich sind die Ursache seiner Einleibung (ἐνσωματώσεως), und um unserer Rettung (σωτηρίαν) willen erwies er seine Menschenliebe und wollte in einem menschlichen Leib geboren werden und in Erscheinung treten."[153] So nahm er einen Leib an, nämlich den unsrigen;[154] bereitet in der Jungfrau – zum Tempel, in dem er sich zu erkennen gibt.[155] Das Wunderbare daran war, dass er wie ein Mensch lebte und als Logos alles belebte.[156] Der Logos kam nicht als numinose Macht, die auf anonyme Wirkung aus war, sondern er kam persönlich zu uns.[157] Worauf zielte die Menschwerdung des Logos? Darüber lässt Athanasius seine Leser nicht im Ungewissen.

Gleich zu Beginn seiner Schrift stellt Athanasius heraus, dass der Logos „um unseres Heiles willen in menschlichem Leib unter uns erschienen ist"[158]. Die Menschwerdung und Erscheinung des Logos unter uns war notwendig, weil der Logos erkannt hatte, dass das Verderben (ἡ φθορά) unter den Menschen nicht anders behoben werden könnte als durch sein vorbehaltloses Sterben (διὰ τοῦ πάντως ἀποθανεῖν).[159] Daher hat er den Leib, den er angenommen hat, als makelloses Opfer in den Tod gegeben und durch dieses stellvertretende Opfer den Tod von allen abgetan.[160] Damit hat er ein Entgelt für alle entrichtet und die Schuld mit seinem Tod beglichen.[161] Infolgedessen hat auch die Auflösung im Tod keine Macht mehr über die Menschen.[162]

---

[152] De inc. 3 u.ö.
[153] De inc. 4.
[154] De inc. 8.
[155] De inc. 8.
[156] De inc. 17.
[157] De inc. 13.
[158] De inc. 1; PG 25, 97 C: ... διὰ τὴν ἡμῶν σωτηρίαν ἐν ἀνθρωπίνῳ σώματι ἡμῖν πεφανέρωται.
[159] De inc. 9.
[160] Ebd.
[161] De inc. 9; PG 25, 112 B: ... προσάγων ἀντίψυχον ὑπὲρ πάντων, ἐπλήρου τὸ ὀφειλόμενον ἐν τῷ θανάτῳ.
[162] Ebd.

Athanasius kommt zu dem Schluss: „Das Menschengeschlecht wäre verloren gewesen, wenn nicht der Herr und Heiland aller, der Sohn Gottes, gekommen wäre, um dem Tod ein Ende zu setzen."[163]

Die Schrift *De incarnatione Verbi* gehört zu den tiefgründigsten der Theologiegeschichte. Auf sie wird weiterhin zurückzugreifen sein. An dieser Stelle seien drei Aspekte unterstrichen. Dabei werden auch die *Orationes contra Arianos* des Athanasius mit herangezogen.[164]

Erstens: Der Glaube an Christus, den Sohn Gottes, schließt den Glauben an dessen Wesenseinheit mit Gott ein. Das wird mit der Kurzformel ὁμοούσιον τῷ πατρί expressis verbis zum Ausdruck gebracht und bedeutet nach Athanasius: Gott war nie Gott, der Vater, ohne Gott, den Sohn.[165] Vielmehr sind beide in untrennbarer Einheit der eine Gott.[166] Diese Einheit beruht nicht auf ihrem Willen, sondern liegt in ihrem Wesen begründet,[167] das ewig ist. Der eine Gott hat in der aller Zeit und Schöpfung vorauslaufenden, also ungewordenen, je schon bestehenden, ewigen Einheit und Gemeinschaft von Vater und Sohn (und Geist) die ganze Welt erschaffen.[168]

Zweitens: Athanasius denkt die Inkarnation von vornherein im Zusammenhang der Christologie, und zwar wie Johannes in deren unlöslicher Zusammengehörigkeit mit der Soteriologie. Ihm geht es nicht um die christologische Formel als solche; zweifellos gilt ihr sein Hauptinteresse, aber immer zugleich mit dem Blick darauf, was sich aus ihr für das Heil des Menschen ergibt. Das geht aus der oben zitierten Stelle hervor,[169] aber ebenso aus der folgenden, die den Schwerpunkt unterstreicht, dem er sich sachlich verpflichtet wusste: „Wenn der Herr nicht Mensch geworden wäre, so wären wir nicht von der Sünde erlöst

---

[163] De inc. 9; PG 25, 112 C: Παραπωλώλει γὰρ ἂν τὸ τῶν ἀνθρώπων γένος, ἐι μὴ ὁ πάντων δεσπότης καὶ Σωτὴρ τοῦ θεοῦ Υἱὸς παρεγεγόνει πρὸς τὸ τοῦ θανάτου τέλος.

[164] Zur Datierung s.o. Anm. 118.

[165] Or. c. Ar. I, 9 (s.o. Anm. 120); Or. c. Ar. I, 13; Or. c. Ar. I, 25 (s.o. Anm. 137); Or. c. Ar. III, 29.

[166] Or. c. Ar. III, 4. 5. 7.

[167] Or. c. Ar. I, 29.

[168] Vgl. De inc. 2 u. 3.

[169] S.o. Anm. 163.

worden und wären nicht von den Toten auferstanden, sondern wir wären dem Tod unter der Erde unterworfen geblieben."[170] Der Zusammenhang von Sünde und Tod ist Athanasius aus dem Corpus Paulinum vertraut, besonders aus Römer 5. Seine Deutung der Notwendigkeit der Menschwerdung als Voraussetzung des stellvertretenden Kreuzestodes Jesu setzt diesen Zusammenhang voraus: „Wenn nur Sünde und nicht auch Vernichtung als deren Folge dagewesen wäre, dann wäre es mit der Reue gut gewesen. Wenn aber die Menschen einmal nach geschehener Sünde dem natürlichen Tod preisgegeben und der Gnade ihrer Gottebenbildlichkeit verlustig gegangen waren, was musste dann geschehen? Oder wessen Hilfe war dann zu solcher Gnade und Wiederherstellung nötig, wenn nicht die des Logos Gottes, der auch im Anfang alles aus nichts gemacht hat? Ihm kam es wieder zu, sowohl das Verwesliche zur Unverweslichkeit zurückzuführen als auch für alle die Ehrenschuld beim Vater einzulösen. Denn als der Logos des Vaters und über alle erhaben, war er allein dazu imstande, alles zu erneuern und für alle zu leiden und fähig, für alle beim Vater als Mittler einzutreten."[171]

Drittens: Das wechselseitige Aufeinanderbezogensein von Inkarnationschristologie und Soteriologie ist Ausdruck der Schriftgebundenheit, aus der heraus Athanasius argumentiert hat. Die Lektüre von *De incarnatione* und *Contra Arianos* vermittelt den Eindruck, er habe die Bibel auswendig gekonnt. Die am häufigsten herangezogenen biblischen Bücher aus dem Alten Testament sind die Genesis, der Psalter und Jesaja; aus dem Neuen Testament das Johannesevangelium und die Paulusbriefe. Neutestamentliche Hauptbelegstellen sind Joh 1, bes. 1.3 und 14; 8,12; 10,30; 14,6.9.10; 17; Röm 9,5; 1. Kor 1,24; 8,6; 2. Kor 4,4; 5,17.19; Gal 3,13; 4,4.5; Phil 2,6 ff.; Kol 1,15–17; Hebr 1,2 f. Die Heilige Schrift galt Athanasius als „inspiriert" und „ganz klar"[172]. Sie war für ihn „die alleinige Autorität"[173]. Allein auf ihr Christuszeugnis hat er das Verständnis der Inkarnation und

---

[170] Or. c. Ar. I, 43.
[171] De inc. 7.
[172] De inc. 33; PG 25, 153 A: ... πάσης ... θεοπνεύστου βίβλου ... ὡς καὶ αὐτὰ τὰ ῥήματα πρόδηλα.
[173] Seeberg, DG II (s. Anm. 4), 57.

Erlösung gegründet.[174] Er war Offenbarungstheologe, der spekulative Hilfskonstruktionen verschmähte und in seiner Zeit „eine geradezu archaische Form von Christentum"[175] verkörperte. Er wollte „von einem Christus nicht hören, der nicht wahrhaft zu retten vermag ... Das apostolische Kerygma spricht vom wirklichen Retter. Ein Heros jedoch oder ein Halbgott ... hat die Kraft und Vollmacht zum Werk der σωτηρία nicht. Wer dem Logos-Sohn das ὁμοούσιος τῷ πατρί abspricht, der depotenziert ihn so oder so zu einem Götzen und negiert unser Heil."[176]

13 ... *durch den alles geworden ist.* N und NC stimmen wortwörtlich überein; diese Wendung findet sich öfter, z.B. 374 bei Epiphanius.[177] Der Sprachgebrauch der Formel ist biblisch: δι᾽ οὗ wie im Zeileneingang von 1. Kor 8,6d und Hebr 1,2c; (τὰ) πάντα wie in 1. Kor 8,6d; Kol 1,16a und Joh 1,3a; ἐγένετο wie Joh 1,3. Diese Stellen gehören zu den biblischen Hauptbelegen des Athanasius.

Der Kyrios Jesus Christus ist „nicht geschaffen" (NC 11), sondern „durch ihn ist alles geschaffen"[178]. In dem Gegensatz „nicht geschaffen" – „durch ihn ist alles geschaffen" ist der grundlegende ontologische, qualitative Unterschied zwischen Schöpfer und Geschöpf zum Ausdruck gebracht: Gottes Sein ist Schaffen; das Sein aller Geschöpfe dagegen das Geschaffensein, sie seien im Himmel oder auf Erden, sichtbar oder unsichtbar (Kol 1,16). Nach dem Bekenntnis in 1. Kor 8,6 ist Gott, der Vater, der Urheber und der Kyrios Jesus Christus der Mittler der Schöpfung und der Erlösung. Der Unterschied zwischen beiden besteht nicht im Sein, sondern in der Funktion, ist Jesus Christus doch nicht ein Instrument Gottes, sondern der Kyrios, der in der unlöslichen Einheit mit Gott, dem Vater, existiert und handelt, und zwar sowohl bei der Schöpfung als auch bei der Erlösung.

---

[174] Dazu zählt auch die sog. „physische" Erlösungslehre des Athanasius. Unter der „Vergottung" (De inc. 54) verstand er die „Gemeinschaft mit Gott", „die der Mensch im Glauben an Jesus Christus erhält und die sachlich mit der Erkenntnis Gottes identisch ist" (Hauschild, DG I (s. Anm. 4), 34).

[175] Beyschlag, DG I (s. Anm. 4), 276.

[176] Gilg, Weg (s. Anm. 139), 80.

[177] DH 44.

[178] NC 13 nach EG 805.

Jesus Christus ist also nicht ein Teil der Schöpfung, schließt dies doch schon der Kyriostitel aus, sondern durch ihn als den Schöpfungsmittler ist in der Seins- und Handlungseinheit mit Gott, dem Vater, alles geworden (1. Kor 8,6; Kol 1,16; Hebr 1,2; Joh 1,3). Er ist kein „Zwitterwesen" zwischen Schöpfer und Geschöpf,[179] sondern er partizipiert, wie sich aus Joh 1,1−3 ergibt, an Gottes, des Schöpfers, „Vor-der-Schöpfung-Sein"[180].

14 *Wegen*[181] *uns Menschen und wegen unseres Heils ...* Unter der Voraussetzung der Zusammengehörigkeit von Christologie und Soteriologie beginnt nach dem christologischen Abschnitt NC 6−13 mit NC 14 der erste soteriologische Abschnitt des Bekenntnisses, in dem bis NC 18 die Menschwerdung des präexistenten Gottessohnes Jesus Christus behandelt wird.

Nicht der Kosmos, auch nicht etwa die Engel,[182] der Mensch gibt den Grund dafür ab, weswegen Gott in seinem einziggeborenen Sohn handelt und *Mensch* wird. Der Mensch ist der Anlass für das Heilshandeln Gottes jedoch nicht wegen seiner Vorzüglichkeit, sondern im Gegenteil wegen der Kläglichkeit und Ausweglosigkeit seiner Situation coram Deo; denn er ist von Gott abgefallen und existiert *extra paradisum* (1. Mose 3,24). Der Grund, warum der Mensch der Grund für Gottes Handeln ist, wird im zweiten Teil der Zeile präzise benannt: *wegen unseres Heils*. Mit σωτηρία ist die Rettung aus der Verlorenheit des Menschen coram Deo gemeint. Durch die für „uns Menschen" geschehene Menschwerdung und die „für uns" (NC 19) erfolgte Kreuzigung Jesu Christi wird der Mensch „heil" vor Gott, erlangt er das eschatologische Heil.[183]

---

[179] Mit Vogel, Glaubensbekenntnis (s. Anm. 20), 53.

[180] H. Gese, Der Johannesprolog, in: ders., Zur biblischen Theologie, Tübingen ³1989, 152−201, 161.

[181] Mit διά c. Akk. wird im Griechischen der Grund angegeben (s. z.B. Mk 2,27). Im Deutschen ist statt *wegen / um willen* auch die Wiedergabe von NC 14 mit *Für uns* (Menschen) möglich (s. EG 805).

[182] Die Engel begehren vielmehr zu schauen (1. Petr 1,12), was in Christus Ereignis geworden ist.

[183] Zur engen Verwandtschaft des Adjektivs *heil* mit dem Substantiv *Heil* s. L. Mackensen, Ursprung der Wörter. Etymologisches Wörterbuch der deutschen Sprache, Wiesbaden o.J., 176.

15 *... ist er herabgekommen vom Himmel* ... Das Heil erwächst nicht aus einer allmählich voranschreitenden innerweltlichen Wandlung zum Besseren, sondern wird vielmehr durch ein Handeln heraufgeführt, das von außen initiiert wird. Dieses Heilshandeln ist ein für allemal Ereignis geworden in dem In-Erscheinung-Treten des Sohnes Gottes. Mit κατελθόντα *herabgekommen* ist die Unableitbarkeit der Initiative zur Rettung und zugleich der Beginn ihres Vollzugs zum Ausdruck gebracht. Der „Ort", wo diese Rettung ihren Ausgang genommen hat, ist der „Himmel".

Der Begriff οὐρανός *Himmel* umfasst physische und metaphysische Komponenten.[184] Wenn es Hebr 4,14 heißt, Jesus habe die Himmel durchschritten, so setzt der Verfasser des Briefes zwar gewiss das antike Weltbild voraus, aber ebenso gewiss denkt er dabei nicht an das Durchschreiten der Himmelswolken. Der physische Himmel dient, wenn er nicht selbst gemeint ist, vielmehr als Metapher für die Unzugänglichkeit des metaphysischen Himmels. Denn Gott „wohnt in einem Licht, zu dem niemand kommen kann" (1. Tim 6,16). Aus dem allem Geschöpflichen, das Raum und Zeit unterworfen ist, sei es im physischen Himmel oder auf der Erde, entzogenen metaphysischen Himmel ist der Sohn Gottes gekommen.

Dieser Bekenntnisaussage liegt die Lehre von der Präexistenz und Gottheit des Sohnes Gottes zugrunde, die im Neuen Testament klar bezeugt wird.[185] Unter Anspielung auf diese Lehre hat Cyrill von Jerusalem von der Notwendigkeit des Herabkommens des Sohnes Gottes vom Himmel gesprochen und die – rhetorische – Frage gestellt: „War es etwa nicht notwendig, dass der Sohn kam, und zwar damit der Vater erkannt würde?"[186] Das In-Erscheinung-Treten des Sohnes Gottes war notwendig, um der Verfälschung der Gotteserkenntnis in der antiken multireligiö-

---

[184] Vgl. H. Traub / G. v. Rad, οὐρανός, ThWNT, Bd. V, 1954, 496–543 (Lit. ThWNT X, 1207); U. Schoenborn, οὐρανός, EWNT, Bd. II, ²1992, 1328–1338 u. 1380.

[185] Vgl. 1. Kor 8,6; Phil 2,6–8; Gal 4,4 f.; Röm 8,3 f.; Kol 1,15 ff.; Hebr 1,1–4, Joh 1,1.18 u.a. Zusammenfassend dazu Führer, Ursprung (s. Anm. 113), 521 ff.

[186] Cyrill, Cat. VI, 11.

sen, polytheistischen Gesellschaft die Erkenntnis des einen Gottes in Christus entgegenzusetzen.[187]

Für Athanasius war das Kommen des immateriellen Logos Gottes in unsere Welt das Grunddatum der neutestamentlichen Heilsgeschichte.[188] Gott, der Vater, wollte die Erlösung der Welt in dem durchführen, durch den er sie erschaffen hat.[189] Gegen die Arianer hebt Athanasius hervor, dass der Sohn, indem er herabkam, nicht besser wurde, aber verbesserte, was der Besserung bedurfte.[190] Weil der Sohn das Wort ist, das vom Himmel herabgekommen ist, darum ist er vom Tod zwar überwältigt, aber nicht besiegt worden.[191] Wie wenig die Gottesvorstellung an die Kategorie des Raumes gebunden ist, geht aus dem folgenden Zitat hervor: „Nichts ist dem Ort nach fern von Gott, sondern nur der (Gott abgekehrten) Natur nach ist alles fern von ihm."[192]

16 ... *und ist Fleisch geworden* ... Das ist, im Griechischen durch ein einziges Wort, σαρκωθέντα, ausgedrückt, die zentrale Aussage des Bekenntnisses. Die für N und NC, aber auch für die Theologie des Athanasius maßgebliche Bibelstelle ist Joh 1,14a: Καὶ ὁ λόγος σὰρξ ἐγένετο / *Ja*,[193] *das Wort ward Fleisch*.

Ein „Ereignis von unermesslich großer Tragweite" wird Joh 1,14 festgestellt und bekannt: Der Logos, der im Anfang bei Gott war (1,1b.2), durch den alles geworden ist (1,3), ist seinerseits zu etwas geworden, was nicht zu seinem gottheitlichen Sein gehört: Fleisch. Das Subjekt der Fleischwerdung ist der Logos selbst. Die Fleischwerdung (ἐνσάρκωσις) beruht nicht auf innerweltlichen Möglichkeiten und Notwendigkeiten. Sie erfolgt nicht zur

---

[187] So hat Staats, Glaubensbekenntnis (s. Anm. 7), 239 diese Aussage des Cyrill interpretiert.
[188] De inc. 8.
[189] De inc. 1.
[190] Or. c. Ar. I, 38.
[191] Vgl. Or. c. Ar. I, 44.
[192] Or. c. Ar. III, 22.
[193] Das καί am Versbeginn ist kein „weiterführendes" (so R. Schnackenburg, Das Johannesevangelium. I. Teil, HThKNT IV, 1, Freiburg ⁷1992, 241), sondern ein bekräftigendes, affirmatives καί wie in Psalmen, z.B. Ps 71,8.15 LXX (mit O. Hofius, Struktur und Gedankengang des Logos-Hymnus in Joh 1,1–18, in: ders. / H.-C. Kammler, Johannesstudien, WUNT 88, Tübingen 1996, 1–23, 21).

Erfüllung von Menschheitsträumen oder zur Befriedigung religiöser Sehnsüchte. Sie ist vielmehr unableitbare Tat *Gottes*, durch die der Logos hat Wirklichkeit werden lassen, was die Schöpfung aus sich heraus nicht hervorzubringen vermocht hätte. Die Fleischwerdung des Logos ist Vollzug von Gottes Heilswillen.

Warum heißt es nicht Menschwerdung, wenn doch klar ist, dass Jesus Christus, der Einziggeborene (Joh 1,17.18), gemeint ist? Mit σάρξ ist der umfassendere Ausdruck gebraucht worden, der in der urchristlichen Überlieferung bereits eingeführt war. Er findet sich in dem vorpaulinischen Beleg Röm 1,3 (s.a. 8,3) und in dem Hymnus 1. Tim 3,16 und besagt: Christus ist in ein Dasein eingetreten, dessen Prägemal die σάρξ ist. „Fleisch" steht für die Realität des Menschseins, dessen Kennzeichen die Gottabgewandtheit, Hinfälligkeit und Vergänglichkeit ist (s. 1. Mose 6,3.12; Jes 40,6 u.a.). In das durch die σάρξ bestimmte Dasein ist der Logos (Sohn) freiwillig eingetreten – nicht besuchsweise, sondern unumkehrbar, und zwar in der Seins- und Handlungseinheit mit Gott, dem Vater, und, wie aus der folgenden Zeile hervorgeht, dem Heiligen Geist.

Nach Athanasius hat der Logos durch die Fleischwerdung nicht einen Menschen aus der Gattung Mensch angenommen, der schon da war,[194] sondern die Gattung oder menschliche Natur selbst, und zwar *indem* er Mensch geworden ist. Durch diese Differenzierung hat er sicherzustellen versucht, dass der Logos tatsächlich Fleisch geworden ist, jedoch nicht, „indem er sich in Fleisch verwandelte, sondern so, dass er für uns lebendiges Fleisch annahm und Mensch wurde"[195]. Diese Differenzierung hat erhebliche Relevanz für die Zwei-Naturen-Lehre, die er in ihrem Sachanliegen implizit schon vertritt, die aber erst viel später, im Chalcedonense 451, dogmatisiert worden ist. Gegen die Arianer stellt Athanasius fest: „... der Logos hat nicht, da er Mensch geworden ist, aufgehört, Gott zu sein, noch ist ihm, da er Gott ist, die Menschheit entschwunden."[196]

---

[194] Or. c. Ar. III, 30.
[195] Ep. ad Epictetum 8 (s.a. 2), 371; PG 26, 1061 f.
[196] Or. c. Ar. III, 38.

17 ... *aus Heiligem Geist und Maria, der Jungfrau* ... Auf die für das Credo zentrale Inkarnationsaussage von Joh 1,14 folgt eine summarische Zusammenfassung der Geburtsgeschichten von Matthäus und Lukas, wobei die von Matthäus die Grundlage bildet.[197] Während diese Zeile in N gänzlich fehlt, ist der erste Teil der Formulierung des NC aus Mt übernommen. Das zeigt der direkte Vergleich.

Mt 1,20c   ἐκ πνεύματός ἐστιν ἁγίου
NC 17   ἐκ πνεύματος ἁγίου

Mt 1,20c entspricht sachlich Lk 1,35b. Hier wie dort ist das πνεῦμα ἅγιον nicht als ein geschöpflicher, sondern vielmehr als der schöpferische Geist Gottes verstanden.[198] Er setzt durch seine Schöpferkraft – analog zu 1. Mose 1,2 – etwas schlechthin Neues, Einmaliges und Einzigartiges, indem er aus der Jungfrau Maria den hervorbringt, den hervorzubringen das Menschengeschlecht nicht vermocht hätte.[199] Bei der Empfängnis Jesu in Maria ist Gott selbst mit der Schöpferkraft seines heiligen Geistes in der geschöpflichen Welt zur Zeit der Herrschaft des Kaisers Augustus (Lk 2,1) auf den Plan getreten.

Im Unterschied zu allen anderen Gliedern der Generationenkette Mt 1,2–17 ist Jesus doppelten Ursprungs. Sein menschlicher Ursprung liegt in Maria, „aus der Jesus gezeugt wurde, der Christus genannt wird" (1,16b). Seine Menschwerdung beruht auf der Schöpferkraft des Heiligen Geistes. Dieser ist nicht nur in ihm wirksam gewesen wie in Johannes dem Täufer (Lk 1,15), Jesus ist vielmehr aus ihm hervorgegangen (Lk 1,35). Er hat ins Dasein gesetzt, was die Möglichkeiten des Menschengeschlechts übersteigt; vermöge seiner Allmacht ist in Maria das Leben des ihr angekündigten Sohnes geworden, in dem Gott und Mensch eine einzigartige Verbindung eingegangen sind.

NC 17 ist biblisch wohlfundiert. Die Auffassung vom doppelten Ursprung Jesu folgt dem biblischen Zeugnis. Sie ist antimo-

---

[197] Nicht die „nach Lukas" (so Staats, Glaubensbekenntnis (s. Anm. 7), 239), so gewiss sie mit im Hintergrund steht.

[198] Der Gedanke an einen ἱερὸς γάμος ist von vornherein ausgeschlossen (mit G. Delling, παρθένος, ThWNT, Bd. V, 1954, 824–835, bes. 834).

[199] Mt 1,20c wird nicht nur „das kreative Eingreifen Gottes durch den Geist" (U. Luz, Das Evangelium nach Matthäus, EKK I, 1, Zürich/Neukirchen ⁵2002, 148) bezeugt, sondern das einen neuen Anfang setzende Handeln des Schöpfergeistes.

nophysitisch;²⁰⁰ in ihr ist die spätere Zwei-Naturen-Lehre vorweggenommen. Die Geburt aus Maria, der Jungfrau, steht in sachlicher Entsprechung zur Geistgewirktheit Jesu und ist noch nicht mariologisch und sexualasketisch verselbständigt.

18 ... *und ist Mensch geworden.* N und NC vertreten wie Athanasius die Einheit von Fleischwerdung und Menschwerdung. Im Unterschied zu N ist mit NC 17 zusätzlich zu NC 18 eine – wohl in Übernahme römischer Tradition – präzisierende Verdeutlichung in das Glaubensbekenntnis aufgenommen worden, in der sich das synoptische Zeugnis von der Geburt Jesu niederschlägt.

In der Annahme des menschlichen Leibes durch die Geburt aus der Jungfrau Maria hat Athanasius ein Zeugnis für die wahre Menschheit Jesu gesehen.²⁰¹ Ebenso Cyrill von Jerusalem: „Nicht zum Schein und nicht in der Einbildung, sondern in Wahrheit ist er Mensch geworden. Nicht ist er durch die Jungfrau wie durch einen Kanal gegangen, sondern er hat wahrhaft aus ihr Fleisch angenommen. Er hat wahrhaft gegessen wie wir, hat wahrhaft getrunken wie wir ..."²⁰²

19 *Er wurde für uns gekreuzigt unter Pontius Pilatus ...* Diese Klausel gehört wie NC 17 zum Sondergut des NC. Die Aufnahme in das Bekenntnis geht wie bei NC 17 wahrscheinlich auf westlich-römischen Einfluss zurück. Ist diese Aufnahme geschehen, weil man den soteriologischen Teil von N für unvollständig ansah, dann ist zumindest die Platzierung im NC als misslungen anzusehen. Denn die summarische Aussage, Christus sei für uns unter Pontius Pilatus gekreuzigt worden, steht vor und nicht hinter „hat gelitten". Außerdem fehlt, verglichen mit dem Apostolikum, die Wendung „ist gestorben" vor der Begräbnisaussage in NC 21. Letzteres geht wohl auf 1. Kor 15,3–4 zurück, wo auf

---

²⁰⁰ Auf dem Konzil von Konstantinopel 381 ist die Christologie des Apollinaris von Laodicea (ca. 315–392) verurteilt worden, weil er die volle Menschheit des fleischgewordenen Christus nicht vertreten hat (vgl. E. Mühlenberg, Apollinaris, TRE, Bd. 3, 1978, 362–371, bes. 367; Grillmeier, Jesus der Christus I (s. Anm. 131), 480 ff.; Staats, Glaubensbekenntnis (s. Anm. 7), 239).

²⁰¹ De inc. 8.

²⁰² Cat. IV, 9.

das soteriologische Zeugnis die Begräbnisaussage unmittelbar folgt.

Mit dieser Klausel wird das soteriologische Zeugnis des Neuen Testaments im NC zusammenzufassen versucht. Die ὑπέρ-Formel, die nur hier vorkommt und in N ganz fehlt, hat im Neuen Testament außerordentlich großes Gewicht. Sie steht im Zentrum der Abendmahlsüberlieferung (Mt 14,24; Lk 22,19 f.; 1. Kor 11,24 f.); an zentraler Stelle bei Johannes (Joh 6,51; 10,11.15; 11,50 f.; 15,13; 17,19; 18,14; 1. Joh 3,16) und in der paulinischen Soteriologie (Röm 5,6.8; 1. Kor 5,7; 15,3; 2. Kor 5,14 f. 21; Gal 1,4; 2,20; 3,13). Der Kreuzestod Jesu ist bei Paulus der Vollzug der Sühne und Versöhnung;[203] die rettende Versöhnungstat Gottes, die im Wort von der Versöhnung, dem Evangelium, verkündigt wird.

Der Kreuzestod Jesu ist als Gottes Versöhnungstat ein für allemal geschehen. Wie Jesus wirklicher Mensch war, „mit Seele, Leib, Geist und allem, was der Mensch ist, außer der Sünde", wie es Epiphanius von Salamis 374 credoartig zusammengefasst hat,[204] so ist die Kreuzigung Jesu ein wirkliches Geschehen „unter Pontius Pilatus" gewesen,[205] der von 26−36 n.Chr. römischer Prokurator in Judäa war. (Das wahrscheinlichste Datum des Kreuzestodes Jesu ist der 14. Nissan (= 7. April) des Jahres 30 n.Chr.)[206] Die Tatsächlichkeit der Kreuzigung Jesu wurde freilich im 4. Jahrhundert als selbstverständlich vorausgesetzt und ist nicht der Grund für die ausdrückliche Erwähnung des Pilatus im NC. Mit ihr sollte vielmehr herausgestellt werden, dass das Christusgeschehen in die Politik hineinreicht und dass die Religion ein Faktor des öffentlichen Lebens ist.[207]

Die eigentliche theologische Leistung des Konzils für das Verständnis des zweiten Glaubensartikels ist die Hervorhebung der Präexistenz und Gottheit Christi sowie die Betonung der

---

[203] Vgl. O. Hofius, Sühne und Versöhnung, in: ders., Paulusstudien, WUNT 51, Tübingen ²1994, 33−49, bes. 38 f.

[204] Epiphanius, Ancoratus; DH 44. S.u. Anm. 216.

[205] Vgl. M. Hengel / A. M. Schwemer, Jesus und das Judentum, Tübingen 2007, 601 ff.

[206] Mit R. Riesner, Die Frühzeit des Apostels Paulus, WUNT 71, Tübingen 1994, 51 f., Anm. 144.

[207] Vgl. R. Staats, Pontius Pilatus im Bekenntnis der frühen Kirche, ZThK 84 (1987), 493−513.

Inkarnation. Die Versöhnungslehre klappt nach, aber sie ist hier immerhin explizit erwähnt. Implizit ist sie im Verständnis der Inkarnation enthalten, stellt doch die Fleischwerdung des Gottessohnes das tragfähige, unverrückbare Fundament des „für uns gekreuzigt" dar.

Was die Menschwerdung für die Versöhnung bedeutet, darüber hat Athanasius Aufschluss gegeben. Der fleischgewordene Logos ist zur Auslösung aller mit seinem Leiden und Tod eingetreten; nur er allein war dazu imstande.[208] Er hat durch sein stellvertretendes Opfer das Entgelt für das Leben aller entrichtet und die Schuld mit seinem Tod beglichen.[209] „Der über alle verhängte Tod übte sein Recht am Leib des Herrn, und Tod und Verwesung wurden wegen des einwohnenden Logos aufgehoben. Der Tod musste eintreten, und zwar im Interesse aller, um die allgemeine Schuld zu zahlen."[210] So „ist er das Leben aller, der wie ein Schaf zum Heil aller seinen Leib als Entgelt dem Tod überantwortete"[211]. Er „(starb) zur Sühne für alle"[212] und hat die „ewige Gerechtigkeit" gebracht.[213] Durch den Sohn wurde die Schöpfung mit Gott ausgesöhnt.[214]

20–21 ... *hat gelitten und ist begraben worden.* Mit „gelitten" und „begraben" ist die Passionsgeschichte der Evangelien stichwortartig zusammengefasst worden. Aus dem urchristlichen Bekenntnis 1. Kor 15,3–5 ist „gestorben für unsere Sünden" (15,3) ausgelassen, weil dies in der vorangegangenen Zeile mit „für uns gekreuzigt" bereits ausgesagt ist, und – nicht in N, aber ausdrücklich in NC – „begraben" (15,4a) aufgenommen worden.

Die Kenosis beginnt mit der Fleischwerdung des Präexistenten. Daher ist Leiden das Vorzeichen der Existenz des Menschgewordenen von Beginn an. Dieses Leiden kulminiert im Tod am Kreuz. Es ist stellvertretendes Leiden, zu dem allein Christus

---

[208] De inc. 7. S.u. Anm. 215.
[209] De inc. 9. S.o. Anm. 159 ff.
[210] De inc. 20. Nach der Übersetzung von A. Stegmann, BKV 31, 1917, 108.
[211] De inc. 37.
[212] De inc. 21; PG 25, 133 C: ... καὶ ἀπέθανε ... ὑπὲρ πάντων λύτρον ...
[213] De inc. 39; PG 25, 164 B: καὶ τοῦ ἀγαγεῖν δικαιοσύνην αἰώνιον ...
[214] Or. c. Ar. III, 6. Biblische Grundlage ist für Athanasius hier 2. Kor 5,19. S.a. Or. c. Ar. III, 31. Belegstellen: Gal 4,4; 1. Petr. 4,1; Jes 53,4 u.a.

imstande war, wie Athanasius hervorgehoben hat,[215] und zwar wegen seiner Sündlosigkeit.[216] Christus hat „durch sein Leiden, durch das Blut des Kreuzes versöhnt, was im Himmel und auf Erden ist", nämlich als „der menschgewordene Gott", der „nicht gezwungen sein Leben opferte", sondern der „freiwillig seinen Geist aufgab"[217]. In dem menschgewordenen, gekreuzigten Christus hat Gott selbst gelitten; das meint, dass „Gott in dem gekreuzigten Sohn die Schuld und die Not der Welt auf sich selbst gezogen hat und daß hierin die Bürgschaft der Erlösung liegt"[218].

Christus ist nicht zum Schein gestorben, sondern wirklich; daher ist er „begraben worden". Sein Tod war notwendig, er „musste eintreten"[219] um der Auslösung aller willen.

22–23 *Er ist auferstanden am dritten Tag nach der Schrift.*
Die Bekenntnisaussage über die Auferstehung Jesu ist 1. Kor 15,4 nachgebildet:

1. Kor 15,4b καὶ ὅτι ἐγήγερται τῇ ἡμέρᾳ τῇ τρίτῃ
κατὰ τὰς γραφὰς
N/NC 22 καὶ ἀναστάντα τῇ τρίτῃ ἡμέρᾳ
NC 23 κατὰ τὰς γραφὰς

Das Verb in N und NC, ἀνίστημι, ist anderen neutestamentlichen Auferstehungszeugnissen entnommen;[220] außerdem ist ἡμέρα umgestellt.

1. Kor 15,3b–5 ist das älteste christliche Glaubensbekenntnis und gehört zu den Zeugnissen, die Paulus überkommen sind, die er sich nach seiner Bekehrung eingeprägt und als Missionar an die Gemeinden weitergegeben hat. Es handelt sich um ein katechetisches Summarium, das wahrscheinlich in der Jerusalemer Urgemeinde entstanden ist. Mit vier ὅτι-Sätzen wird der Inhalt des Evangeliums von Jesus Christus umrissen:
– Christus ist gestorben für unsere Sünden nach der Schrift

---

[215] De inc. 7; PG 25, 109 A: ... μόνος ἦν δύνατος, καὶ ὑπὲρ πάντων παθεῖν ...
[216] Epiphanius, Ancoratus, 374; DH 44: ... χωρὶς ἁμαρτίας.
[217] Cyrill von Jerusalem, Cat. XIII, 33.
[218] W. Elert, Die Theopaschitische Formel, ThLZ 75 (1950), 195–206, 206 (mit Bezug auf Athanasius).
[219] Athanasius, De inc. 20; PG 25, 132 B: θανάτου γὰρ ἦν χρεία ... S.o. Anm. 210.
[220] Vgl. z.B. Mk 16,9; Lk 24,7.46; Joh 20,9.

- er ist begraben worden
- er ist auferstanden am dritten Tag nach der Schrift
- er ist Kephas erschienen, danach den Zwölfen.

Der grundlegende soteriologische Bekenntnissatz ist in NC 19 mit eigener Formulierung aufgenommen; die zweite und dritte Bekenntnisaussage wird in NC 21 und 22 mit – weitestgehend – derselben Terminologie wiedergegeben. Der dritte Satz, die Bezeugung der Auferstehung Jesu, ist theologisch zentral und ebenso gewichtig wie die erste Bekenntnisaussage über das Sterben Christi für unsere Sünden. Auf beide in ihrer wechselseitigen Bezogenheit und Zusammengehörigkeit gründet sich die missionarische Verkündigung des Evangeliums, der sich die Ausbreitung des Christentums in der antiken Welt verdankt.

Im Hintergrund der Auferstehungsbotschaft steht die menschliche Erfahrung der Unerbittlichkeit und Übermacht des Todes über alles Leben. Vor diesem Hintergrund stellt die Auferstehung des gekreuzigten und begrabenen Jesus eine schlechthin analogielose Machttat dar. Sie beruht auf der Allmacht Gottes, der aus seiner unvorgreiflichen Einheit mit seinem einziggeborenen Sohn an diesem schöpferisch gehandelt hat, als er tot im Grab lag. Auferstanden ist Jesus „am dritten Tag", nämlich in der Nacht nach dem Sabbat auf den ersten Tag der Woche (Mk 16,1 Par.). Die Auferstehung Jesu ist nach allen neutestamentlichen Zeugnissen ein wirkliches Geschehen in Raum und Zeit, aber zugleich ein Geschehen, in welchem Raum und Zeit überschritten worden sind. Jesu gekreuzigter Leib ist durch die Auferweckung kein wiederbelebter Leichnam geworden, der erneut der Vergänglichkeit unterworfen gewesen wäre, wie es der Leib des von Jesus auferweckten Lazarus (Joh 11) war. Vielmehr ist Jesus mit seinem gekreuzigten Leib durch die Auferstehung in Gottes unzerstörbares Leben einbezogen worden. Er ist der „Erstling" (1. Kor 15,20) der neuen Schöpfung und den Beschränkungen von Raum und Zeit nicht mehr unterworfen, jedoch nicht als ein ins Überdimensionale gesteigertes Geschöpf, sondern als der zur Rechten Gottes erhöhte Kyrios.

Die Auferstehung Jesu ist von der frühen Kirche nicht problematisiert, sondern als grundlegend anerkannt und als Befreiung aus der Ausweglosigkeit des „Todesgefängnisses, in das das unglückselige Menschengeschlecht eingesperrt war"[221], geglaubt worden. Für Cyrill von Jerusalem gehört die Auferstehung Jesu wie die Geburt aus der Jungfrau und das Kreuz zu den fundamentalen Zeugnissen, auf denen der Glaube beruht.[222] Die Botschaft von der Auferstehung Jesu ist auf das Zeugnis der Apostel gegründet, die Jesus vor und nach seiner Auferstehung gesehen haben und die bei der Bezeugung der „Wahrheit seiner Auferstehung ... Marter und den Tod erlitten haben"[223].

Christus hat den Tod „für uns" κατὰ τὰς γραφάς, wörtlich *gemäß den Schriften* (1. Kor 15,3b), erlitten. Dabei dürften die Jerusalemer wie auch der schriftgelehrte Paulus an Jes 53,4f.8b.11b.12b.c gedacht haben.[224] Aber auch die Auferstehung Jesu ist „gemäß den Schriften" (1. Kor 15,4b) geschehen. Nach Cyrill ist dabei auf Jona 2,1 angespielt worden.[225] Außerdem ist auf Hos 6,2 zu verweisen. In dem Bekenntnis 1. Kor 15,3b–5 wird durch die Formel κατὰ τὰς γραφὰς schon vor Paulus und sodann durch Paulus selbst zum Ausdruck gebracht, dass der stellvertretende Tod und die Auferstehung Jesu Christi gemäß dem in den Schriften bezeugten Heilswillen Gottes geschehen sind. In N fehlt dieser Verweis auf die Schrift; in NC 23 ist er ausdrücklich aufgenommen.

24–25 *... und aufgestiegen in den Himmel und sitzt zur Rechten des Vaters.* Die Schriftgrundlage für das Bekenntnis zur Himmelfahrt und Erhöhung Jesu Christi in den Evangelien bilden Mt 28,16–20; Mk 16,9–20; Lk 24,13–53 (Apg 1,9–14) und Joh 20,11–23; 21. Die Erhöhung kann implizit mit dem Bekenntnis zur Auferstehung Jesu zum Ausdruck gebracht werden; sie kann aber auch ausdrücklich hervorgehoben werden wie z.B. in Phil 2,9 und Hebr 1,3. Auferstehung, Erscheinungen des Auferstandenen, Himmelfahrt und Erhöhung Jesu Christi stellen eine

---

[221] Gregor von Nyssa, Oratio catechetica magna 35,4 / Die große katechetische Rede, hg.v. J. Barbel, BGrL 1, Stuttgart 1971, 82. Die Schrift dürfte um 383 entstanden sein (vgl. Balás, TRE 14 (s. Anm. 117), 176, 36–38).
[222] Cyrill, Cat. IV, 9 ff.
[223] Cyrill, Cat. IV, 12.
[224] Vgl. O. Hofius, Das vierte Gottesknechtlied in den Briefen des Neuen Testaments, in: ders., Ntl. Studien (s. Anm. 93), 340–360, 351, Anm. 56.
[225] Cyrill, Cat. IV, 9.

Einheit dar. Ihre Unterscheidung ist möglich und auch notwendig, aber nur sachgerecht bei Berücksichtigung ihrer Zusammengehörigkeit.

Im Griechischen wie Lateinischen liegt der Bezeichnung für die gegenläufige Bewegung des Herabkommens des präexistenten Christus vom Himmel (NC 15: κατελθόντα/*descendit*) und der Aufnahme des auferstandenen Christus in den Himmel (NC 24: ἀνελθόντα/*ascendit*) jeweils dasselbe Simplex zugrunde. Was oben zu NC 15 ausgeführt wurde, gilt auch hier: Der physische Himmel ist Metapher für die Unzugänglichkeit des metaphysischen Himmels. Mit „Himmelfahrt" ist der endgültige Abschluss der Erscheinungen durch die Aufnahme Jesu Christi in die verborgene Herrlichkeit Gottes gemeint.

Während in N die ausdrückliche Erwähnung der Erhöhung zur Rechten Gottes fehlt, wird diese in NC 25 explizit hervorgehoben. Das geschieht mit Anspielung auf Ps 110,1 (109,1 LXX): „Setze dich zu meiner Rechten ..." Auf keine andere Stelle des Alten Testaments hat man sich im Neuen Testament öfter bezogen. Der Psalmvers hat die Christologie von Anfang an entscheidend „mitgeformt"[226] und ist maßgeblich für die Erhöhungsvorstellung geworden.[227]

Ein Beispiel für die Verwendung des Psalmverses im Neuen Testament gibt Hebr 1,3: „Er (sc. der Sohn) ist der Abglanz seiner Herrlichkeit und die Ausprägung seines Wesens; er trägt das All durch sein machtvolles Wort; er hat die Reinigung von den Sünden vollbracht und sich gesetzt zur Rechten der Majestät in der Höhe." Der Inthronisationsbefehl „Setze dich zu meiner Rechten" (Ps 110,1) ist mit der Inthronisation des Sohnes vollzogen: „Er *hat* sich gesetzt ..."[228] Durch die Feststellung des Vollzugs ist die gottheitliche Souveränität des Sohnes – doxologisch –[229] zum Ausdruck gebracht. Der Sohn hat Anteil an Gottes Hoheit, Macht und Herrlichkeit und herrscht in der Einheit und Gemeinschaft mit ihm über alles. Er ist aber nicht

---

[226] M. Hengel, „Setze dich zu meiner Rechten!" Die Inthronisation Christi zur Rechten Gottes und Psalm 110,1, in: ders., KS IV (s. Anm. 91), 281–367, 295.

[227] Vgl. Hahn, Hoheitstitel (s. Anm. 93), 126–132.

[228] Hebr 1,3d (s.a. 8,1; 10,12): ἐκάθισεν (Aorist von καθίζειν) hat die intransitive Bedeutung von „sich setzen" (Bauer-Aland, Wb 791).

[229] Vgl. H. Hegermann, Der Brief an die Hebräer, ThHK XVI, Berlin 1988, 38.

nach dem Erleiden des Todes am Kreuz in die Herrlichkeit zurückgekehrt, als wäre das Kreuz eine „Episode" gewesen.[230] Vielmehr ist er als der auferstandene *Gekreuzigte* inthronisiert worden.[231] Er hat die von seiner Person nicht ablösbare Geschichte, die er als der Menschgewordene durchlaufen und die ihn ans Kreuz geführt hat, mit in den gottheitlichen Status aufgenommen, den er als der zur Rechten Gottes Erhöhte innehat. Die Erhöhung ist die zeitübergreifende Inkraftsetzung seiner am Kreuz gewirkten Sühne zur „Reinigung von den Sünden" (Hebr 1,3c). Erst die Erhöhung hat seinem Opfertod also die vollgenugsame Sühnewirkung und ewige Gültigkeit sichergestellt. Nicht etwa der „historische Jesus", der Erhöhte gibt Anteil an dem eschatologischen Heil, der Reinigung von den Sünden, das er als der Gekreuzigte und Auferstandene heraufgeführt hat, und zwar durch Evangeliumsverkündigung und Sakramentsverwaltung in seinem Namen.

Nicht nur im Neuen Testament, auch in der Patristik hat Ps 110,1 eine bedeutende Rolle gespielt.[232] So war es Cyrill von Jerusalem wichtig, im Blick auf diese Psalmstelle zu betonen, dass Christus die Ehre des Thrones nicht erst nach seiner Menschwerdung zuteil geworden ist, sondern dass er vielmehr vor aller Zeit den Thron zur Rechten des Vaters innehatte.[233]

In der Erhöhung Jesu Christi zur Rechten des Vaters liegt die Annahme des Menschengeschlechts vor Gott beschlossen. Das hat Athanasius gesehen und gegen die Arianer ausgesprochen: „Der Menschheit (sc. Christi) kommt die Erhöhung zu ... Denn der Mensch bedurfte dessen wegen der Niedrigkeit des Fleisches und des Todes. Da nun das Wort ... die Gestalt des Knechtes annahm und um unseretwillen als Mensch sich in seinem Fleisch

---

[230] So E. Grässer, An die Hebräer, EKK XVII, 1, Zürich, Braunschweig, 1990, 64 f. Dagegen mit Recht H.-F. Weiss, Der Brief an die Hebräer, KEK XIII, Göttingen 1991, 149; u.a.

[231] Die Auferstehung bleibt Hebr 1,1–4 unerwähnt, jedoch nicht, weil sie „mit der Himmelfahrt identisch" (Grässer, Hebr. 65) wäre, sondern weil sie als Machttat Gottes, die in die Erhöhung einmündet, in der Erhöhungsaussage inbegriffen ist und vorausgesetzt wird (mit J. Jeremias, Zwischen Karfreitag und Ostern, 1949, in: ders., ABBA, Göttingen 1966, 323–331, 330).

[232] Vgl. dazu C. Markschies, „Sessio ad Dexteram", in: M. Philonenko (Hg.), Le Trône de Dieu, WUNT 69, Tübingen 1993, 252–317.

[233] Cyrill, Cat. XIX, 30.

dem Tod unterzog, um sich so für uns im Tod dem Vater darzubringen, darum heißt es, dass er als Mensch um unseretwillen und für uns erhöht wurde, damit wir, wie wir in seinem Tod alle in Christus starben, ebenso in Christus auch selbst wieder erhöht würden, indem wir von den Toten auferweckt werden ..."[234]

26 *Er wird wiederkommen in Herrlichkeit* ... Der Gebrauch von πάλιν ἐρχόμενον[235] *wieder kommen* weist sprachlich auf Joh 14,3b zurück: πάλιν ἔρχομαι καὶ παραλήμψομαι ὑμᾶς πρὸς ἐμαυτόν, ἵνα ὅπου εἰμὶ ἐγὼ καὶ ὑμεῖς ἦτε / *ich will wiederkommen und euch zu mir nehmen, damit ihr seid, wo ich bin*. Zwischen dem ersten Kommen in der Fleischwerdung (Joh 1,14) und dem zweiten Kommen bei der eschatologischen Wiederkunft (21,22 f.) liegt bei Johannes das Kommen des Parakleten (14,26 u.ö.), durch den „es ein ständig gegenwärtiges *Kommen* Christi (gibt)"[236].

Die neutestamentlichen Zeugen lehren „gemeinsam die Erwartung von Parusie und Endgericht"[237]. Mit der Parusie ist die endzeitliche Wiederkunft des erhöhten Jesus Christus am „Tag des Herrn" gemeint, der „kommen wird wie ein Dieb in der Nacht" (1. Thess 5,2; s.a. Mt 24,42−44 Par.). Schlechterdings alles, das Gebet, die Verkündigung, das Abendmahl, die Paraklese, ist auf die Vollendung des Reiches Gottes ausgerichtet. Diese wird nicht durch innerweltliche Entwicklung erreicht, sondern durch die Parusie Jesu Christi mit der Herabkunft eines neuen Himmels und einer neuen Erde (Jes 65,17; 2. Petr 3,13; Offb 21,1).

Mit der konstantinischen Wende ist das Verhältnis Kirche – Staat auf eine neue Grundlage gestellt worden. Damit mag es zusammenhängen, dass die Eschatologie bisweilen aus dem Blick geraten und an den Rand gedrängt worden ist; es hat aber die Erinnerung an die Martyrien in der Verfolgungszeit keineswegs ausgelöscht. So verdankt sich die Aufnahme der Klausel über die Parusie Christi wahrscheinlich der Erinnerung an die

---

[234] Or. c. Ar. I, 41.
[235] N hat nur ἐρχόμενον; καὶ πάλιν und μετὰ δόξης sind im NC hinzugewachsen.
[236] J. Schneider, ἔρχομαι, ThWNT, Bd. II, 1935, 662−682, 670, 21 f.
[237] P. Stuhlmacher, Biblische Theologie des Neuen Testaments, Bd. 2, Göttingen ²2012, 310.

Lehre des Apologeten Justin,[238] der um 165 das Martyrium in Rom erlitt[239] und der die Parusie für einen unverzichtbaren Bestandteil des Glaubens an Christus hielt.[240]

Cyrill von Jerusalem hat ausdrücklich von der Parusie als der zweiten Ankunft Jesu Christi gesprochen.[241] Diese werde den Herrn Jesus Christus allen Menschen in einer Lichterscheinung sichtbar machen.[242] Das wird das Ende des ganzen Kosmos sein; dieser wird verwandelt werden.[243]

In der Neuzeit ist die Parusie Christi von der protestantischen Theologie vielfach umgedeutet oder auch ganz bestritten worden.[244] Zu bedenken ist aber, dass Jesus Christus mit der Leugnung der Parusie abgesprochen wird, dass er der Kyrios ist, der Herr der Welt, der, wesenseins mit Gott, als der Erhöhte über den Gesetzen von Raum und Zeit steht. Mit der Bestreitung der Parusie bringt man sich in den – zumeist uneingestandenen – Gegensatz zur eschatologischen Botschaft des Neuen Testaments und zum Bekenntnis der Kirche. Unter dieser Voraussetzung werden „Kyrios" und „Reich Gottes" zu Chiffren, mit denen kirchliche Amtsträger und Theologen ihren Machtanspruch und ihre Machtausübung in der Kirche bemänteln. Das Regiment über die Kirche ist Christus entwunden und wird dann von dem „bösen Knecht" ausgeübt, „der in seinem Herzen sagt: Mein Herr kommt noch lange nicht." (Mt 24,48; Lk 12,45)

27 ... *zu richten die Lebenden und die Toten* ... Die Wendung κρῖναι ζῶντας καὶ νεκρούς stimmt wortwörtlich mit 1. Petr 4,5b und ebenso – allerdings in anderer Verbform – mit einem Passus in 2. Tim 4,1 überein. In N und NC 27 ist also eine bereits in neutestamentlicher Zeit geprägte Bekenntnisformel aufgenommen, die sich in der Zeit der Apostolischen Väter durchgehalten[245] und Eingang in die frühen Bekenntnisse gefunden hat.[246]

---

[238] Staats, Glaubensbekenntnis (s. Anm. 7), 125 hält dies für „zweifellos".

[239] Vgl. O. Skarsaune, Justin der Märtyrer, TRE, Bd. 17, 1988, 471–478, 472.

[240] Justin, Dial. c. Tryph. 54; 1. Apol. 52, 3. (Griechisch-deutsche Textausgabe: Die Apostolischen Väter, hg.v. A. Lindemann / H. Paulsen, Tübingen 1992.)

[241] Cyrill, Cat. XV, 1–4.

[242] Cat. XV, 2 f.

[243] Cat. XV, 4.

[244] Vgl. dazu R. Slenczka, Ziel und Ende, Neuendettelsau 2008, 67–115 u. 375 ff.

[245] Barn 7, 2; 2. Clem 1, 1; Polykarp, 2. Phil 2, 1.

Christus ist „von Gott zum Richter der Lebenden und der Toten bestimmt" (Apg 10,42; s.a. Joh 5,22). Bei seiner Wiederkunft in Herrlichkeit „wird er sitzen auf dem Thron seiner Herrlichkeit, und alle Völker werden vor ihm versammelt werden; und er wird sie voneinander scheiden, wie ein Hirt die Schafe von den Böcken scheidet" (Mt 25,31b.32). Das Weltgericht umfasst alle, die am Gerichtstag noch Lebenden wie alle Verstorbenen, die zuvor wieder ins Dasein gerufen werden (1. Kor 15,51 f.).

Jesus Christus wird nicht irdisch wiederkehren – solche Messiasprätendenden sind Verführungsversuche des Antichristen[247] –, sondern in Herrlichkeit, unaufhaltsam und unwiderstehlich, zum Weltgericht. Er wird kommen, „um zu richten die Lebenden und die Toten und um über ein himmlisches, ewiges, unvergängliches Reich zu regieren"[248].

Der Gerichtsgedanke fügt sich nicht ein in die herrschende neuzeitliche Vorstellung einer stetig fortschreitenden Menschheit. Dass der Gerichtsgedanke erloschen ist, auch in den protestantischen Kirchen selbst, ist aber keine Spielart des Christlichen mehr, sondern vielmehr ein Indiz für den Abfall von Christus. Das Evangelium von Jesus Christus ist die Rettung aus Sünde, Tod und Gericht. Die Preisgabe des Gerichtsgedankens untergräbt die Heilsnotwendigkeit von Kreuz und Auferstehung Jesu Christi und macht das Evangelium überflüssig.

28 ... *seiner Herrschaft wird kein Ende sein.* Die Schlussklausel des zweiten Artikels fehlt in N und besteht im NC in der wörtlichen Übernahme von Lk 1,33b in das Glaubensbekenntnis. Lk 1,33b gehört zum Erzählabschnitt 1,26–38 über die Ankündigung der Geburt Jesu. Mit fünf Aussagen wird in den Versen 32–33 die hohe Bedeutung des verheißenen Sohnes näher bestimmt. Das leitende Stichwort in V. 33 ist „Herrschaft".[249] Ihr Kennzeichen ist, dass sie von unbegrenzter Dauer sein wird, also „in Ewigkeit" besteht. Ihre ewige Dauer schließt aus, dass sie

---

[246] Vgl. z.B. Hippolyt von Rom, DH 10 (*iudicare vivos et mortuos*); R, DH 30; Eusebius von Caesarea, DH 40; J, DH 41; Epiphanius von Salamis, DH 42. 44.
[247] Cyrill, Cat. IV, 15.
[248] Ebd.
[249] Lk 1,33a βασιλεύσει *er wird König sein*; 33b βασιλεία *Königsherrschaft* (Bauer-Aland, Wb 270).

irdischer Art ist. Lukas denkt sie sich als Herrschaft des Auferstandenen (23,42 f.; 24,26), der zur Rechten Gottes erhöht ist und den Geist auf die Seinen herabsendet (24,48), um sie bis zur Vollendung des Reiches durch die Parusie zu leiten. Ausdrücklich hervorgehoben wird in V. 33b, dass seine „Herrschaft" oder sein „Reich" „kein Ende"[250] haben wird. In Lk 1,32–33 wird ausgesagt: Der Verheißene wird als Sohn des Höchsten von einzigartigem, nämlich göttlichem Ursprung sein (s. 1,35); er wird als Nachkomme Davids eine Königsherrschaft heraufführen, welche die Davids übertrifft, weil sie wegen ihrer ewigen Dauer der Königsherrschaft Gottes analog ist und daher niemals aufhören wird.

In der Aufnahme dieser Klausel in das NC spiegelt sich die dogmatische Abgrenzung gegen Marcell von Ancyra (ca. 280–374) und seine Anhänger wider.[251] Marcell, nach Nicaea ein Parteigänger des Athanasius, zwischen 337 und 339 in Rom zusammen mit diesem im Exil, hat sich später von Athanasius theologisch entfernt bzw. dieser von ihm. Während Athanasius davon ausging, die Dreiheit sei nicht geworden, sondern eine ewige und einzige Gottheit sei in der Dreiheit,[252] vertrat Marcell „keine dreipersönliche Trinität"[253], sondern hielt an einem monistischen, monarchianischen, einpersönlichen Gottesverständnis fest. Unter Bezugnahme auf 1. Kor 15,28, Gott werde alles in allem sein,[254] bestritt er – theologisch kurzschlüssig – die Ewigkeit der Herrschaft Christi.[255] Die ausdrückliche Ablehnung seiner Ansicht durch das Konzil 381 hat sich in NC 28 niederge-

---

[250] Vgl. Mi 4,7; Dan 7,14. Mit οὐκ ἔσται τέλος wird unterstrichen, dass eine Herrschaft ohne Ende, ohne Aufhören verheißen ist (s. G. Delling, τέλος, ThWNT, Bd. VIII, 1969, 55–58, bes. 57).
[251] Vgl. Beyschlag, DG I (s. Anm. 4), 282 f.; Staats, Glaubensbekenntnis (s. Anm. 7), 54, 140 f., 254 f. Zur Christologie Marcells s.a. Grillmeier, Jesus der Christus I (s. Anm. 131), 414 ff.
[252] Athanasius, Or. c. Ar. I, 18.
[253] K. Seibt, Marcell von Ancyra, TRE, Bd. 22, 1992, 83–89 (Lit.), 86, 3. Vgl. im Überblick H. G. Thümmel, Die Kirche des Ostens im 3. und 4. Jahrhundert, KGE I, 4, Berlin 1988, 66 f.
[254] Vgl. Marcell von Ancyra, Fragm. 121; in: H. Karpp, Textbuch zur altkirchlichen Christologie, Neukirchen 1972, Nr. 106.
[255] Dagegen wendet sich nachdrücklich Cyrill, Cat. IV, 15.

schlagen. Damit wurde unter eine Auseinandersetzung, die vor mehr als vierzig Jahren begann,[256] der Schlusspunkt gesetzt.

Mit der Bekenntnisaussage, dass seiner Herrschaft kein Ende sein wird, schließt der zweite Glaubensartikel. Der Glaube an den einen Herrn Jesus Christus umfasst den Glauben an seine einzigartige Gottessohnschaft, Gottgleichheit, Wesenseinheit mit dem Vater, Schöpfungsmittlerschaft, Fleischwerdung aus der Jungfrau Maria, Kreuzigung für uns, Auferstehung, Erhöhung und Wiederkunft. Wie Predigt und Glaube vergeblich sind, wenn Christus nicht auferstanden ist (1. Kor 15,14), so ist der Kyriostitel leer, wenn Jesus Christus nicht sichtbar wiederkommt, um seine Herrschaft, die mit der Gottes eins ist, zu vollenden, indem er über Lebende und Tote richtet und alles, was ist, abbricht, verwandelt und neu macht.

29 *Und an den Heiligen Geist* ... Während der dritte Artikel in N nur aus einer Zeile besteht, ist er in NC beträchtlich angewachsen. Schon aus diesem quantitativen Unterschied geht hervor, dass die Pneumatologie in der Zwischenzeit die Aufmerksamkeit auf sich gezogen hat und dass der dritte Artikel das Spezifikum des NC darstellt. Was nun vorliegt, steht am Ende einer kontroversen Lehrentwicklung und bildet den Abschluss des trinitarischen Dogmas.

Der Gebrauch der Präposition εἰς *an* wie zu Beginn des ersten und zweiten Artikels signalisiert, dass der Heilige Geist wie Gott, der Vater, und der Kyrios Jesus Christus Gegenstand des Glaubens ist und also in das erste Gebot gehört. Es wäre nur konsequent gewesen, wenn auch hier „an *einen* Geist" stünde. Der Sprachgebrauch τὸ πνεῦμα τὸ ἅγιον in NC 29 entspricht wörtlich dem in Joh 14,26.

Das Fundament für die Dogmatisierung der Gottheit des Heiligen Geistes im Rahmen der Ausbildung des trinitätstheologischen Dogmas bildet das biblische, besonders aber neutestamentliche Zeugnis vom Heiligen Geist. Dieses ist freilich so kom-

---

[256] Vgl. E. Molland, „Des Reich kein Ende haben wird", in: ders., Opuscula Patristica, Oslo 1970, 235–253.

plex,[257] dass nur einige grundlegende Aspekte in Erinnerung gerufen werden können.

Sehr aufschlussreich ist eine Stelle aus der ältesten Schrift des Neuen Testaments: „... unsere Verkündigung des Evangeliums geschah bei euch nicht allein im Wort, sondern auch in Kraft und im Heiligen Geist und in großer Gewissheit ...[258] Und ihr ... habt das Wort aufgenommen in großer Bedrängnis mit der Freude des Heiligen Geistes" (1. Thess 1,5.6). Die Verkündigung des Evangeliums geschieht durch das Wort, aber der Mensch ist ihm gegenüber verschlossen. Es ist der Heilige Geist, der diese Verschlossenheit durchbricht, indem er das Evangelium in Kraft setzt, so dass es schafft, wozu es gepredigt wird: den Glauben an Christus, in dem der von Gott abgewandte Mensch Gott recht gibt, und zwar nicht aus Zwang, sondern aus der inneren Zustimmung des Herzens. Die Aufnahme des Wortes wird durch Bedrängnisse nun nicht etwa beeinträchtigt, sondern vielmehr vertieft. Das kommt in der Freude zum Ausdruck, die der Heilige Geist mit der Heraufführung des Heils im Verkündigungsgeschehen durch die Inkraftsetzung des Evangeliums bei jedem, der glaubt, bewirkt.

Durch 1. Thess 1,5.6 ist die Grundrelation aufgezeigt, in welcher der Heilige Geist als der Schöpfergeist neuschaffend wirksam ist, nämlich die Relation zu Jesus Christus und dem Evangelium von Jesus Christus. Mit Jesus Christus, den Maria von dem Heiligen Geist empfangen hat (Mt 1,20), der, als er gestorben und begraben war, von dem Heiligen Geist vom Tod auferweckt worden ist (Röm 1,4; 1. Petr 3,18; 1. Tim 3,16), ist die Zeit des Geistes angebrochen. Er hat ihn durch seinen stellvertretenden Sühnetod am Kreuz für alle, die Juden wie die Heiden, entbunden und den neuen Bund gestiftet, dessen Kennzeichen das neue Leben im Glauben an Christus aus der Kraft des Geistes ist. Der Geist setzt die Kraft Gottes frei, die mit dem Evangelium zur

---

[257] Im NT kommt πνεῦμα 379 Mal vor. Grundlage der neueren Diskussion ist ThWNT, Bd. VI, 1959, 330–453. Weitere Lit.: ThWNT IX, 1238–1242; EWNT III, 279–281. 1230.

[258] Am angemessensten würde πληροφορία hier mit „Vergewisserung" übersetzt (s. T. Holtz, Der erste Brief an die Thessalonicher, EKK XIII, Zürich, Braunschweig ²1990, 47 mit Anm. 96).

Rettung aller auf den Plan getreten ist (Röm 1,16).[259] Er gibt Christus zu erkennen und öffnet den Zugang zu ihm, indem er dazu ermächtigt, Jesus den Kyrios zu nennen (1. Kor 12,3).

Neben Paulus ist besonders Johannes konstitutiv für das Verständnis des Heiligen Geistes. Es sei Joh 14,26 aus dem zweiten Parakletspruch angeführt, an dessen Wortlaut sich die Formulierung von NC 29 anlehnt: „Der Tröster aber, der Heilige Geist, den der Vater in meinem Namen senden wird, er wird euch alles lehren und euch an alles erinnern, was ich euch gesagt habe." Der Paraklet (Luther: *der Tröster*) wird – erstmals hier – mit dem Heiligen Geist gleichgesetzt. Er gehört nicht zum Kosmos, sondern wird gesandt. Das Subjekt der Sendung ist Gott, der Vater, der den Heiligen Geist „in meinem (sc. Jesu Christi) Namen senden wird", also aus der unvorgreiflichen Einheit heraus, die zwischen dem Vater und dem Sohn im Sein und Handeln besteht.[260] Der Gebrauch der Sendungsterminologie lässt den Schluss zu, dass der zu sendende Geist wie der gesandte Sohn an Gottes Präexistenz teilhat und dass Johannes den Heiligen Geist „als eine vom Vater und vom Sohn distinkt unterschiedene *selbständig subsistierende Person* begreift, die ihrem Wesen nach auf die Seite des Vaters und des Sohnes gehört"[261]. Die Aufgabe und Funktion des Heiligen Geistes ist, die Jüngerschaft zu lehren und an Jesu Wort zu erinnern. Er bringt also nicht eine neue Offenbarung, sondern er erschließt und vergewissert, dass Jesu Wort und Werk die eine Offenbarung Gottes ist. Der Heilige Geist lehrt und erinnert aber nicht als bloßes Instrument, vielmehr ist sein Lehren und Erinnern schöpferisches Wirken, durch das er an dem eschatologischen Heil, das Gott in Christus heraufgeführt hat, hier und heute Anteil gibt, indem er den Glauben schafft und aus den Glaubenden die Gemeinde der Heiligen bildet.

Der arianische Streit hat auch das Verhältnis des Heiligen Geistes zu Christus und Gott berührt. Nach 350, besonders zwischen 360 und 380, ist es zu pneumatologischen Streitigkeiten in

---

[259] Röm 1,16 steht δύναμις *Kraft* wie 1. Thess 1,5.
[260] Wegen dieser Einheit kann auch der erhöhte Christus der Sendende sein (s. Joh 15,26; 16,7; 1. Joh. 2,20.27).
[261] H.-C. Kammler, Jesus Christus und der Geistparaklet, in: O. Hofius / Kammler, Johannesstudien, WUNT 88, Tübingen 1996, 87–190, 109.

Ägypten gekommen, die von den später so genannten „Pneumatomachen", den Bekämpfern des Geistes, hervorgerufen worden waren.[262] Aus den Briefen des Athanasius an Serapion, den Bischof von Thmuis, ist zu entnehmen, dass sie den Heiligen Geist, darin den Arianern geistesverwandt, für ein „Geschöpf" hielten[263] und ihm den Rang der Engel als den „dienstbaren Geistern" (Hebr 1,14), nur graduell von ihnen unterschieden, zuwiesen.[264] Dagegen hat Athanasius den grundsätzlichen Einwand erhoben, dass die Pneumatologie nicht von der Christologie und Soteriologie getrennt werden darf, weil „die Erkenntnis des Sohnes auch die richtige Erkenntnis des Heiligen Geistes gewinnen lässt"[265]. Unter Bezugnahme auf Gal 4,6; Joh 15,26; 1. Kor 2,11 f. u.a. legt Athanasius dar, dass der Geist keineswegs Geschöpf genannt werden dürfe.[266] Der Ungeschöpflichkeit des Sohnes entspricht die Ungeschöpflichkeit des Heiligen Geistes; das ergibt sich für Athanasius außer aus der Relation Christus – Geist auch aus der Grundunterscheidung zwischen Schöpfung und Geschöpf: „Die Geschöpfe sind aus dem Nichts entstanden und haben einen Anfang ihres Seins (gemäß Gen 1,1) ... Der Geist aber ist aus Gott und wird dementsprechend gemäß dem Wort des Apostels [1. Kor 2,11 f.] prädiziert."[267] Ist aber der Sohn, weil er nicht aus Nichts ist, sondern aus Gott, kein Geschöpf, dann ergibt sich mit Notwendigkeit, dass auch der Heilige Geist kein Geschöpf ist, weil er „aus Gott" (1. Kor 2,12) ist.[268] Der Geist ist kein Geschöpf, sondern vielmehr am Schöpfungswerk beteiligt: „Der Vater erschafft das All durch den Sohn im Geist."[269] Aber nicht allein am Werk der Schöpfung, auch und gerade am Werk der Versöhnung ist der Heilige Geist gottheitlich beteiligt: „Der Vater wirkt alles durch den Logos im Geist."[270] Der Heilige Geist setzt die Offenbarung Gottes in

---

[262] Vgl. W.-D. Hauschild, Die Pneumatomachen, Diss. theol. Hamburg 1967, 16 ff.
[263] Athanasius, Epistula ad Serapionem I, 3; PG 26, 530 ff. (CPG 2094). Die 4 Briefe an Serapion sind zwischen 357–359 geschrieben worden.
[264] Serap. I, 1.
[265] Serap. III, 2.
[266] Ebd.
[267] Ebd.
[268] Ebd.
[269] Serap. III, 5.
[270] Serap. I, 28. 31.

Christus in Kraft, denn er „ist Leben um der Gerechtigkeit willen" (Röm 8,10), indem er mit der Erkenntnis Gottes in Christus erleuchtet und in Christus Jesus lebendig macht (s. Röm 8,2).[271]

Auf der Synode von Alexandrien 362 hat Athanasius außer der Ächtung der arianischen Häresie, wie sie das Nicaenum ausspricht, auch die ausdrückliche Verurteilung derer durchgesetzt, „die den Heiligen Geist ein Geschöpf nennen und ihn vom Wesen Christi trennen"[272]. „Denn erst das heißt, sich wirklich von der abscheulichen Irrlehre der Arianer zu scheiden, wenn man die heilige Dreifaltigkeit nicht spaltet und nicht behauptet, aus dieser sei einer ein Geschöpf."[273] Damit hat die Synode den Weg bereitet, der in den beiden folgenden Jahrzehnten zum Abschluss der trinitätstheologischen Lehrbildung durch die Kappadozier führen sollte.[274]

Grundlegend für das Verständnis des Heiligen Geistes und die Erweiterung des dritten Artikels im NC ist die Schrift *De Spiritu sancto* des Basilius von Caesarea (in Kappadozien) aus dem Jahr 375.[275] Der unmittelbare Anlass der Schrift war ein Streit um die Sachgerechtheit einer liturgischen Formulierung, nämlich ob im Gottesdienst die Formel „mit dem Sohn und mit dem Heiligen Geist" oder „durch den Sohn im Heiligen Geist" zu gebrauchen sei.[276] Basilius erklärte die erstere für die theologisch korrekte. Dementsprechend heißt es in NC 32, dass der Heilige Geist „mit dem Vater und dem Sohn angebetet und gepriesen wird". In der Unsicherheit bei dem Gebrauch liturgischer Formeln spiegelt sich die Intensität der pneumatologischen Streitigkeiten wider, die inzwischen ihren Schwerpunkt in Kleinasien hatten. Die Schrift des Basilius ist gegen die Pneumatomachen in Kleinasien und deren Wortführer Eustathius von Sebaste gerichtet, welche

---

[271] Serap. I, 19 ff., bes. 22 u. 25.
[272] Athanasius, Tomus ad Antiochenos 3, 1, 362; PG 26, 800 A (CPG 2134). Vgl. M. Tetz, Über nikäische Orthodoxie, ZNW 66 (1975), 194–222.
[273] Athanasius, ebd.
[274] Vgl. im Überblick Ritter, Dogma (s. Anm. 4), 198 ff.; u.a.
[275] S.o. Anm. 83.
[276] Vgl. H. Dörries, Basilius und das Dogma vom Heiligen Geist, in: ders., Wort und Stunde, Bd. I, Göttingen 1966, 118–144, 122; Staats, Glaubensbekenntnis (s. Anm. 7), 77 f.

die Gleichstellung des Heiligen Geistes mit Gott und Christus in der Doxologie resolut abgelehnt haben.[277]

Eine Verstehenshilfe für die erste Zeile des dritten Artikels ist vor allem Kapitel 9 von *De Spiritu sancto*, in dem Basilius „Bestimmungen über den Geist gemäß der Lehre der Schrift"[278] darlegt. Der Heilige Geist sei das „Unkörperliche, rein Immaterielle"[279]. Auf die Frage der Samariterin, an welchem Ort Gott anzubeten sei, habe ihr Jesus geantwortet: „Gott ist Geist" (Joh 4,24). Zu seinen Kennzeichen gehört also, dass er „unumgrenzt", unräumlich ist,[280] was wiederum bedeutet, dass der Heilige Geist an den „Eigenschaften" (*attributa*) Gottes partizipiert. Das setzt sich fort in den „Bestimmungen", die Basilius aufzählt: Gottesattribute wie Ewigkeit, Heiligkeit, Allmacht, Allgegenwart werden wie die Unräumlichkeit als Erkennungsmerkmale und Attribute des Heiligen Geistes angeführt. Basilius, der wie Athanasius die „direkte Gottesprädikation" des Heiligen Geistes vermeidet, „bringt sie aber der Sache nach"[281]. Beispiele: Ganz in sich selbst gründend, ist der Heilige Geist doch überall.[282] Er ist einfach in seinem Wesen, aber vielfältig in seinen Wirkungen; er bietet sich jedem einzelnen ganz dar und ist doch überall ganz.[283]

30 ... *den Herrschenden und Lebensspender* ... In der griechischen Vorlage steht nicht das Substantiv, sondern das Adjektiv τὸ κύριον; es ist von dem Akkusativ Neutrum τὸ πνεῦμα (NC 29) abhängig.[284] Der Kyriostitel für den Heiligen Geist wird also vermieden, aber sachlich dasselbe gesagt. In diesem Sprachgebrauch entspricht das NC Athanasius und Basilius.

---

[277] Vgl. Dörries, a.a.O., 123 f.; W.-D. Hauschild, Eustathius von Sebaste, TRE, Bd. 10, 1982, 547−550; H. J. Sieben, Einleitung, in: Basilius von Cäsarea, De Spiritu sancto (s. Anm. 83), 7−70, 21 ff.

[278] Basilius, De Spir. 22. Kapitelüberschrift nach der Übersetzung von Sieben in der Textausgabe (s. Anm. 83), 137.

[279] De Spir. 22.

[280] Ebd.

[281] W.-D. Hauschild, Geist / Heiliger Geist / Geistesgaben IV, TRE, Bd. 12, 1984, 196−217, 201, 3 f.

[282] De Spir. 22 (a.a.O., 138): ἐν ἑαυτῷ ἱδρυμένον καὶ πανταχοῦ ὄν.

[283] De Spir. 22 (a.a.O., 138 f.): Ἁπλοῦν τῇ οὐσίᾳ, ποικίλον ταῖς δυνάμεσιν· ὅλον ἑκάστῳ παρὸν καὶ ὅλον ἁπανταχοῦ ὄν.

[284] Mit Staats, Glaubensbekenntnis (s. Anm. 7), 25 u. 257 f.

Auch der Gebrauch von ζῳοποιέω *lebendig machen* weist in dieselbe Richtung; denn im Neuen Testament steht das Verb bei schöpferischem Handeln des Geistes. Das belegen folgende Stellen: Joh 6,63: „Der Geist ist's, der lebendig macht." Röm 8,11: „Wenn aber der Geist dessen, der Jesus von den Toten auferweckt hat, in euch wohnt, dann wird er, der Christus von den Toten auferweckt hat, auch eure sterblichen Leiber lebendig machen durch seinen Geist, der in euch wohnt." 2. Kor 3,6: „Denn der Buchstabe tötet, der Geist aber macht lebendig." Schließlich noch 1. Petr 3,18, wo es von Christus heißt, er sei „lebendig gemacht nach dem Geist". Der Geist ist exklusiv auf das Offenbarungs- und Heilsgeschehen in Christus bezogen und handelt in völligem Einklang mit Christus, aber er ist mit diesem nicht identisch, würde er doch dann nicht von ihm unterschieden, sondern er ist eine Parallelgestalt zu Christus,[285] die gottheitlich, nämlich schöpferisch im Sinne der Schöpfung aus dem Nichts, und lebensspendend handelt, und zwar mit ausdrücklichem Rückbezug auf Christus.

Unter Berufung auf Röm 8,10.11; Joh 6,63 u.a. hat Basilius festgestellt: „Der Geist macht lebendig mit Gott, der alles Leben hervorbringt, und mit dem Sohn, der das Leben gibt."[286] Das lässt ihn dann die Rückfrage stellen: „Wie können wir also den Geist von der Macht, die Leben schafft, entfernen und ihn einer Natur zuweisen, die selber des Lebens bedarf?"[287] Es ist widersinnig, lautet die Schlussfolgerung, den Geist der Schöpfung zuzuordnen und ihn von der Gottheit zu entfernen.[288] Ganz ähnlich hat auch Athanasius argumentiert.[289]

31 *... der aus dem Vater hervorgeht ...* Die biblische Grundlage dieser Klausel ist Joh 15,26: „Wenn der Tröster kommt, den ich euch senden werde vom Vater, der Geist der Wahrheit, der vom Vater ausgeht, der wird Zeugnis von mir geben." Dieses Wort aus den Abschiedsreden ist von dem Redeteil über den

---

[285] Gegen L. Schottroff, ζῳοποιέω, EWNT, Bd. II, ²1992, 273 f., die mit Bezug auf Joh 6,63 den lebendigmachenden Geist mit Jesus identifiziert.
[286] Basilius, De Spir. 56.
[287] Ebd.
[288] Ebd.
[289] Athanasius, Serap. I, 22 f.

Hass der Welt (Joh 15,18–25) und über die Verfolgung durch die Synagoge 16,1–4a) umschlossen; unmittelbar daran schließt sich der Abschnitt über das Wirken des Parakleten in der Welt an (16,4b–15). Über den Geist wird in Joh 15,26 ausgesagt: 1. Er ist der „Paraklet", der „Anwalt" oder „Beistand" (Luther: „Tröster") in den Verfolgungen – und nicht etwa der Verkläger. 2. Er „kommt"; sein Woher und Wohin ist nicht aus der Welt oder Schöpfung ableitbar. 3. Er wird „gesandt"; vom Vater (14,16.26) oder vom Sohn (15,26; 16,17). 4. Er ist „der Geist der Wahrheit" inmitten einer Welt des Hasses und der Lüge (15,15–25) bei den Verfolgungen (16,1–4a). 5. Er „geht vom Vater aus". 6. Er legt „Zeugnis" ab von Jesus, und zwar für Jesus.

Daraus ergibt sich: Der Geist wird personal gedacht; er steht in der unlöslichen Gemeinschaft mit Gott dem Vater und dem Sohn, aber er ist weder mit dem Vater noch mit dem Sohn identisch, sondern als eigenständige Person von ihnen unterschieden. Die Sendung des Geistes beruht auf der Seins- und Handlungseinheit von Vater und Sohn, an welcher der Geist aufgrund der Gemeinschaft mit dem Vater und dem Sohn partizipiert. Der Geist ist also gottheitlichen und keineswegs geschöpflichen Ursprungs.

Das herauszustellen, dass der Geist und sein Wirken nicht auf menschlichen Voraussetzungen beruht, sondern vielmehr gottheitlichen Ursprungs ist, ist die Intention von NC 31. Die Klausel ist gegen die Pneumatomachen gerichtet und nimmt auf, was gegen sie ausgeführt worden ist. Denn Joh 15,26 spielt bei den Vätern eine hervorgehobene Rolle. Athanasius bestreitet mit dieser Stelle die Geschöpflichkeit des Geistes.[290] Basilius zieht den Beleg heran bei der Bestimmung des Geistes.[291] In einem Brief, der Eustathius von Sebaste vorgelegt worden ist, nimmt Basilius Joh 15,26 für das Bekenntnis in Anspruch, dass der Heilige Geist ungeschaffen aus Gott stammt[292]. Daher sind die zu anathematisieren, „die den Heiligen Geist ein dienendes Wesen nennen", um ihn durch diese Bezeichnung „auf die Stufe

---

[290] Athanasius, Serap. III, 2 (s.o. Anm. 265 f.).
[291] Basilius, De Spir. 22.
[292] Basilius, Epist. 125, 3. Griech.-engl.: Saint Basil, The Letters, ed. R. J. Deferrari, Vol. II, Cambridge/Mass. (1928) 1962, 239–271, bes. 268 f.

eines Geschöpfes herabzuziehen"²⁹³. Bei Gregor von Nazianz dient Joh 15,26 als Schriftbeleg für die innertrinitarische Verhältnisbestimmung: Insofern der Heilige Geist vom Vater ausgeht, „ist er kein Geschöpf. Insofern er nicht gezeugt ist, ist er nicht Sohn. Insofern er in der Mitte steht zwischen Ungezeugtem und Gezeugtem, ist er Gott."²⁹⁴

Wie bei Gregor von Nazianz ist Joh 15,26 auch in NC 31 als innertrinitarische Näherbestimmung aufgefasst. In Joh 15,26 ist eindeutig bezeugt, dass der „Geist der Wahrheit" „vom Vater ausgeht" (τὸ πνεῦμα τῆς ἀληθείας ὃ παρὰ τοῦ πατρὸς ἐκπορεύεται). Das sagt das Neue Testament zwar nur an dieser Stelle, aber es sagt an keiner Stelle, dass der Heilige Geist vom Vater *und* Sohn ausgeht (*Filioque*). Während der Sohn „aus dem Vater gezeugt" ist „vor aller Zeit" (NC 8), ist der Heilige Geist „aus dem Vater hervorgegangen" (NC 31). Darunter ist nun keineswegs zu verstehen, der Vater habe den Sohn und den Geist hervorgebracht, wären Sohn und Geist doch dann Geschöpfe, sondern damit wird vielmehr die innergöttliche Ursprungsrelation beschrieben, die zwischen dem Vater, dem Sohn und dem Geist unter der Voraussetzung der Wesenseinheit und Gottgleichheit der drei Personen der Trinität besteht. Wie der Vater nie ohne den Sohn war, so war er auch nie ohne den Geist. Die Gemeinschaft von Vater, Sohn und Geist ist eine nicht irgendwann hergestellte, sondern vielmehr eine immer schon bestehende: Der *eine* Gott ist Vater, Sohn und Heiliger Geist in unvorgreiflicher Dreieinigkeit.

Inwiefern stimmt das NC theologisch mit Johannes überein? Im Kontext von Joh 15,18–16,15 geht es Johannes nicht um die Bestimmung des Verhältnisses von Vater, Sohn und Geist, sondern um den Beistand, den der Geist gegen den Hass der Welt bei Verfolgungen gewährt. Aber implizit geht es sehr wohl um das Verhältnis von Vater, Sohn und Geist; denn wie kann der Geist Beistand leisten, wenn er nicht von Gott kommt und nicht in der Bezogenheit auf Jesu Person und Werk agiert? Die Aussage von Joh 15,26, dass der Geist „vom Vater ausgeht", lässt an Eindeutigkeit nichts zu wünschen übrig: Zweifellos liegt in ihr

---

[293] Ebd.
[294] Gregor von Nazianz, Or. XXI, 8. S.o. Anm. 57.

die Näherbestimmung des Ursprungsverhältnisses von Vater und Geist beschlossen. Der Geist leistet Beistand, *weil* er vom Vater ausgeht und vom Sohn gesandt wird (Joh 15,26a).

Die Frage nach der Bestimmung des Verhältnisses von Vater, Sohn und Geist stellt sich auf jeden Fall! Ohne dass man sich ihr aussetzt, kann man Johannes nicht verstehen. Nach der Grundstelle Joh 10,30 hat Johannes einen binitarischen Monotheismus vertreten; er hat nicht ditheistisch oder gar polytheistisch gedacht. In den Abschiedsreden tritt der Geist als parallele Gestalt der Offenbarung des einen Gottes zu Jesus hinzu: Der Heilige Geist ist eigenständige Person, vom Vater und Sohn unterschieden, aber er geht vom Vater aus (Joh 15,26b) und wird vom Sohn gesandt (15,26a). Wer ist der Heilige Geist, in dem und durch den der Vater und der Sohn offenbar werden und der angefochtenen Gemeinde beistehen, wenn er in diesem Beistand nicht aufhört, der Geist zu sein, sondern vielmehr gerade in ihm erweist, dass er der Geist ist?

Eins wird man an dieser Stelle auf jeden Fall festhalten müssen: Der Heilige Geist steht in unvorgreiflicher Einheit mit Gott dem Vater und dem Sohn. Er handelt aus dieser Einheit heraus in völligem Einvernehmen mit dem Vater und dem Sohn. Durch dieses Handeln wird die Einheit nicht hergestellt, sondern offenbar. Johannes hat den Geist nicht nur funktional, sondern auch und vor allem personal aufgefasst. Er hat kein trinitätstheologisches Dogma formuliert, aber er hat trinitarisch gedacht. Daran knüpft das NC an. Die Klauseln gegen die Pneumatomachen sind theologisch zweifellos sachgerecht.

Auch die Formulierung des griechischen Originals von NC 31 ist sachgerecht. Die lateinische Fassung von NC 31, die durch *Filioque* erweitert worden ist, ist dagegen exegetisch nicht korrekt. Im Neuen Testament wird zwischen Ausgehen/Hervorgehen (ἐκπορεύομαι) und Senden (πέμπω) unterschieden. Der Heilige Geist geht vom Vater aus (Joh 15,26b) und wird vom Vater (14,16.26) oder vom Sohn (15,26a; 16,7) gesandt. Die Verben des Sendens sind Handlungsverben und bezeugen die heilsökonomische Handlungseinheit, aber sie sagen nichts über den ontologischen Ursprung des Geistes. Die innergöttliche Ursprungsrelation wird in Joh 15,26b mit ἐκπορεύομαι zum Ausdruck gebracht. NC 31 folgt der biblischen Vorgabe. Die ganze

Christenheit auf Erden sollte den Glaubensartikel mit dem Wortlaut des NC bekennen.[295]

32 *... der mit dem Vater und dem Sohn angebetet und gepriesen wird.* Was das Nicaenum 325 durch das Bekenntnis zur Wesenseinheit des Sohnes mit dem Vater im zweiten Glaubensartikel herausgestellt hat, das ergänzt das NC 381 durch das Bekenntnis zur Homotimie[296] des Heiligen Geistes mit dem Vater und dem Sohn im dritten Artikel. Den konkreten Anlass für die Aufnahme dieser Formel hat die Auseinandersetzung mit den Pneu-matomachen gegeben.[297] Aber man hat sich zu vergegenwärtigen, dass eine so schwerwiegende Ergänzung nicht nur auf einer theologischen Kontroverse beruht, sondern vielmehr der Lehre und Praxis der Kirche mit innerer Notwendigkeit Ausdruck verleiht. Tatsächlich entspricht die Formel dem Missionsbefehl des auferstandenen Herrn, auf den Namen des Vaters und des Sohnes und des Heiligen Geistes zu taufen (Mt 28,19), sowie der Erfahrung, dass der Heilige Geist in der Missions- und Taufpraxis von Anfang an wirksam war, und zwar schöpferisch als der Begründer des Glaubens und des neuen Lebens aus dem Glauben (s. 1. Thess 1,5 f.; Apg 2,4; 4,31; 8,14–17; 10,44; 19,6 u.a.).

Für Basilius war der trinitarische Taufbefehl „die feste Gegebenheit"[298]. Er gehört zum Ansatz seines Denkens; ihn hat er gegen die Pneumatomachen durchgehalten. Es gelte, „den Geist vom Vater und vom Sohn ungetrennt zu bewahren und festzuhalten an der Tauflehre im Bekenntnis des Glaubens und in der

---

[295] Die abendländische Christenheit folgt mit Tertullian, Ambrosius, Augustin über die Reformation bis heute der mit *Filioque* erweiterten lateinischen Fassung des NC (DH 150; BSLK 27, 2 f. / BSELK 49, 30 f.). Aufgrund der Handlungseinheit von Vater und Sohn ist das sachlich zwar vertretbar, aber trinitätstheologisch und terminologisch nicht korrekt. Das *Filioque* markiert einen theologischen Kontroverspunkt, birgt aber heute eigentlich kein kirchentrennendes Potential mehr in sich; dieses war ihm im Mittelalter durch die Verquickung mit (kirchen)politischen Machtinteressen zugewachsen. Das Glaubensbekenntnis sollte heute in der ganzen Ökumene gemäß dem griechischen Original von NC 31 gebetet werden. Im deutschen Sprachbereich müsste die Zeile „der aus dem Vater und dem Sohn hervorgeht" (EG 805) also durch „der aus dem Vater hervorgeht" korrigiert werden.
[296] Von τὸ ὁμότιμον das *gleiche Ehren* (des Geistes mit dem Vater und dem Sohn).
[297] S.o. Anm. 277.
[298] Dörries, Basilius (s. Anm. 276), 132.

Darbringung des Lobpreises"[299]. Aus dem Handeln Gottes in Taufe und Verkündigung, das heißt aus den Wirkungen kommt die Erkenntnis, „aus der Erkenntnis die Anbetung"[300]. Der Geist macht sich sogar selbst zur „Gabe" (Apg 2,38 u.ö.), aber er „(bleibt) das *schöpferische Subjekt*"[301]. „Der Herr ist der Geist; wo aber der Geist des Herrn ist, da ist Freiheit." (2. Kor 3,17) Aus dieser Freiheit heraus wird er „mit dem Vater und dem Sohn angebetet und gepriesen (verherrlicht)". Das geschieht in der trinitarischen Doxologie, die zum festen Bestandteil des Gottesdienstes in Ost und West geworden ist.

33 ... *der gesprochen hat durch die Propheten* ... Wie der Heilige Geist aus dem Vater hervorgeht, wie er lehrt und erinnert an das, was der Sohn gesagt hat, und daher *zusammen* mit dem Vater und Sohn angebetet wird, so handelt der Geist nicht ohne, sondern mit dem Wort und durch das Wort Gottes. Wie wenig das NC einen Spiritualismus oder Enthusiasmus vertritt, erhellt aus dieser Klausel. Sie stellt heraus, was als selbstverständlich genommen wird, in Wirklichkeit aber ein Wunder darstellt: Der Heilige Geist bleibt nicht stumm wie die Götzen (s. Ps 115,5; 135,16), sondern er hat gesprochen „durch die Propheten" und redet täglich in der Bindung an das Wort der Propheten und Apostel. Durch ihn sind die Worte Jesu „Leben" (Joh 6,63).

Der biblische Hauptbeleg für diese Klausel dürfte Hebr 1,1–2a sein: „Nachdem Gott vorzeiten vielfach und auf vielerlei Weise zu den Vätern geredet hat durch die Propheten, hat er in dieser Endzeit zu uns geredet durch den Sohn ..." Die grundlegende theologische Aussage ist: Gott hat geredet. Mit den „Vätern" sind nicht nur die Patriarchen gemeint, sondern das Gottesvolk Israel in seiner Gesamtheit. Auch bei der Wendung „durch die Propheten"[302] denkt der Autor nicht nur an Elia, Jesaja oder Jeremia, sondern überdies an die Leitfiguren des Gottesvolkes wie Mose (Hebr 3,1–5; 7,14 u.a.) und David (4,7). „Sohn" ist absolut gebraucht; er steht nicht nur in einem Auftragsverhältnis

---

[299] Basilius, De Spir. 26.
[300] Basilius, Epist. 234, 3: ...ἀπὸ δὲ γνώσεως ἡ προσκύνησις.
[301] Vogel, Glaubensbekenntnis (s. Anm. 20), 141.
[302] Hebr 1,1: ... ἐν τοῖς προφήταις ist instrumental zu verstehen wie in 4,7 ἐν Δαυίδ.

zu Gott wie die Propheten, sondern in einem analogielosen Wesensverhältnis zu dem einen Gott. Gott redet zu „uns"[303] durch das Menschsein des Sohnes, „der versucht worden ist", „doch ohne Sünde" (Hebr 4,15); der „an dem, was er litt, Gehorsam gelernt (hat)" (5,8); dessen Blut „redet" (12,24), weil er sich als der Hohepriester selbst zur Sühne für die Sünden des Volkes dargebracht hat. Der Sohn ist Gottes abschließendes Wort; durch ihn hat Gott das endzeitliche Heil heraufgeführt, das er durch die Propheten verheißen hatte. Die Prophetie spiegelt den hellen Schein wider, der von Gottes abschließendem Wort ausgeht und von ihr wieder auf dieses zurückgeworfen wird.

An das Schriftverständnis, wie es in Hebr 1,1 f.; Röm 1,2; 1. Petr 1,10 f. u.a. zum Ausdruck gebracht ist, hat man im 2. Jahrhundert angeknüpft.[304] Die Theologen vor und auf dem Konzil 381, Athanasius oder die Kappadozier, standen auf diesem Fundament. Man ging davon aus, dass der eine Heilige Geist im Gesetz und in den Propheten, aber ebenso in den Evangelien und in den Aposteln geredet hat.[305] Die Schrift des Alten und Neuen Testaments galt als „eingegeben" (2. Tim 3,16; 2. Petr 1,21 f.).[306] Schriftlehre und Hermeneutik waren Bestandteil der Pneumatologie.

34 ... *und die eine, heilige, allgemeine und apostolische Kirche.* Die Klausel über die Kirche gehört zum Artikel über den Heiligen Geist, wie das Geschaffene zu dem gehört und auf den zurückweist, der es geschaffen hat. Eine gegenüber der Pneumatologie und Christologie verselbständigte Ekklesiologie schließt das NC prinzipiell aus.

Im Neuen Testament gibt es keinen Glauben „an" die Kirche. Der Gebrauch der Präposition εἰς in NC 34 ist eine sprachliche Leichtfertigkeit, die das Missverständnis hervorrufen kann, es sei ein fiduziales Verhältnis zur Kirche gemeint. Das würde aber gerade das Gegenteil von Kirche abbilden; denn Kirche ist Kir-

---

[303] In dem ἡμῖν (Hebr 1,2a) sind alle eingeschlossen, auch die Späteren, die nicht Augen- und Ohrenzeugen waren.
[304] Vgl. Justin, Dial. c. Tryph. 7, 1; 1. Apol. 31, 1; 32, 8; 33, 6; 36, 1; 40, 1; 44, 11; Irenäus, Haer. I, 10, 1; u.a.
[305] Vgl. Cyrill, Cat. XVII, 5.
[306] Ebd. S.a. Basilius, De Spir. 77 (a.a.O., 318/319): τῆς θεοπνεύστου Γραφῆς.

che, weil sie aus Menschen besteht, die gemäß dem ersten Gebot allein Gott über alle Dinge fürchten, lieben und vertrauen.[307] Es war daher sachgerecht, dass die lateinische Fassung das Äquivalent „in" weggelassen hat.[308] Rufin von Aquileia (um 345–407) hat mit Recht darauf hingewiesen, dass im Glaubensbekenntnis nur den drei Personen der Trinität die Präposition *in* (εἰς) vorangestellt sei; „Kirche" hingegen gehöre wie „Auferstehung" nicht zum Gegenstand, sondern vielmehr zum Inhalt des Glaubens. Durch diese Präposition werde „der Schöpfer von den Geschöpfen geschieden und das Göttliche vom Menschlichen getrennt"[309].

Die ἐκκλησία, von der im Neuen Testament die Rede ist, ist die Gemeinde der unter dem Evangelium Versammelten, die an Christus glauben.[310] Eine klerikale Großorganisation ist im Neuen Testament nicht im Blick. Aber die Gemeinde bzw. Kirche ist von Anfang an nicht auf einen Ort beschränkt, sondern auf die missionarische Verkündigung des Evangeliums in der ganzen Ökumene angelegt. Anhand der vier Attribute, die in NC 34 genannt sind, lässt sich Kirche als Kirche näher bestimmen.

1. *Einheit*. Nach Joh 17,20–23 gründet sich die Einheit der Kirche auf das Einssein von Gott und Sohn Gottes. Dieses Einssein beschreibt Johannes als wechselseitige Einwohnung des Vaters im Sohn und des Sohnes im Vater.[311] Die Einheit zwischen Gott, dem Vater, und seinem einziggeborenen Sohn ist nicht eine irgendwann hergestellte, sondern vielmehr eine ursprünglich bestehende, wesenhafte Einheit. An ihr gewährt Jesus Anteil durch die Gabe der Herrlichkeit (17,22). Diese besteht in der Teilgabe an der Fülle des Lebens und des Heils, die in ihm beschlossen liegt; denn er hat sich für sie geheiligt, „damit auch sie geheiligt seien in der Wahrheit" (17,19).

---

[307] Formulierung nach Luthers Erklärung des ersten Gebotes im KlKat 1529 (WA 30 I, 284, 2 f.).

[308] Vgl. DH 150.

[309] Rufin, Expositio symboli 34 (s.a. 37); CChr. SL 20, 169 f. 171. Zu Person und Werk s. N. Henry, Rufin von Aquileia, TRE, Bd. 29, 1998, 460–464.

[310] Aus der umfangreichen Literatur vgl. vor allem J. Roloff, Die Kirche im Neuen Testament, NTD. E 10, Göttingen 1993.

[311] U. Schnelle spricht von gegenseitiger „Inexistenz" (Das Evangelium des Johannes, ThHK 4, Leipzig ⁴2009, 283).

Die Einheit der Kirche entsteht wie die Kirche selbst durch die Verkündigung des Wortes Gottes und besteht im Glauben an Christus. Durch den Glauben wird der Mensch mit Christus zu einer Einheit verbunden und in die Einheit des Sohnes Gottes mit Gott, dem Vater, einbezogen. In dieser Einheit stehen alle, die auf Christus im Namen des dreieinigen Gottes getauft sind. Im Glauben sind alle eins – wie Glieder eines Leibes sowohl mit dem Haupt als auch untereinander verbunden. Diese Einheit ist eine organische und nicht eine durch Beschluss und Vereinbarung herbeigeführte. Sie wird durch Verkündigung und Glaube in der Geschichte Ereignis, aber sie ist vorgeschichtlichen Ursprungs.

Das ist der Grund, warum die Einheit der Kirche einzigartig ist. Mit Johannes ist davon auszugehen, dass durch das Verkündigungsgeschehen *die* auf den Plan gerufen werden, „die durch ihr Wort an mich (sc. Christus) glauben werden" (17,20). Die, die wahrhaft hören, werden im Glauben dessen inne, dass sie Christus gehören und dass darin ihre Seligkeit liegt. Und darin sind alle eins, dass sie alle im Glauben allein auf Christus bezogen sind und Christus ihr Leben ist. Das zu erkennen, beruht auf der Wirksamkeit des Heiligen Geistes, der lehrt und an Jesu Wort erinnert (14,26).

Festzuhalten ist: Die Einheit der Kirche besteht nicht in der Übereinstimmung des Willens und Denkens ihrer Glieder; sie ist keine Gesinnungseinheit und erst recht „nicht als die Einheit einer Organisation gedacht"[312]. Luther hat Joh 17,20 ff., aber auch den theologischen Kontroverspunkt des 4. Jahrhunderts richtig erfasst, wenn er feststellt: „Die Arianer haben daraus eine Einheit des Herzens und Willens gemacht, wie zwei eines Willens sind. Nein, sondern es ist vom Wesen gesagt. Die Christenheit ist ein Wesen, Körper und Leib ... Wie der Vater und der Sohn eines Wesens sind, so ist die Christenheit mit Christus ein Wesen."[313] Das muss unterstrichen werden, weil Joh 17,21a „damit sie alle eins seien" seit 1948 als Losung der ökumeni-

---

[312] R. Bultmann, Das Evangelium des Johannes, KEK II, Göttingen (1941) ²¹1986, 392.
[313] Predigt über Joh 17,22 f., 1528, WA 28, 187, 10–12.16 f. Aus der deutsch-lateinischen Nachschrift ins heutige Deutsch übertragen.

schen Bewegung gilt. Aber eine organisatorische Einheit ist bei Johannes überhaupt nicht ins Auge gefasst. Sie spielt auch im 4. Jahrhundert keine Rolle. Exemplarisch dafür ist die Bezugnahme auf Joh 17,20−23 bei Athanasius in seiner Auseinandersetzung mit den Arianern.[314] Die Einheit der Kirche liegt in der Einheit von Vater, Sohn und Heiligem Geist begründet. Sie ist also der Geschichte vorgegeben und wird in der Geschichte gewahrt durch das Bleiben in der Wahrheit. Indem Athanasius um der Wahrheit des biblischen Christuszeugnisses willen den Arianern widersprach, hat er die Einheit der Kirche nicht verletzt, sondern wiederhergestellt. Ebenso haben die Kappadozier, insbesondere Basilius, die Einheit der Kirche durch die Zurückweisung der Pneumatomachen gewahrt. Basilius war dabei sehr wohl bewusst, wie kläglich es um den äußeren Zustand der Kirche in seiner Zeit bestellt war. Er verglich ihren Zustand dem „einer Seeschlacht, die sich Leute liefern, die auf Krieg zur See lüstern sind und aufgrund alter Querelen einen ungeheuren Groll gegeneinander hegen"[315].

2. *Heiligkeit*. Die Heiligkeit der Christen beruht darauf, dass Jesus sich selbst für die Seinen geheiligt hat, damit auch sie geheiligt seien in der Wahrheit.[316] Daran hat die ganze Kirche Anteil, die „eine" ist, „auch wenn sie durch die vielen Orte getrennt ist ..."; denn „wenn der Ort trennt, eint doch der Herr, der allen gemeinsam ist"[317]. Paulus hat die Christen als die „berufenen Heiligen" angesprochen[318]; ihre Heiligkeit gründet in dem apostolisch – und später kirchlich – vermittelten Ruf, durch den sie Heilige sind in Christus Jesus (Phil 1,1), der ihnen von Gott zur Heiligung gemacht ist.[319]

Die Heiligkeit der Kirche kann und sollte um des Kontextes willen in NC 34 im Sinne des biblischen Verständnisses von

---

[314] Or. c. Ar. III, 17 ff.
[315] De Spir. 76 (a.a.O., 312/313). Das ganze Kap. handelt über den gegenwärtigen Zustand „der Kirchen" (Plural (!): τῶν ἐκκλησιῶν).
[316] Joh 17,19: ... ἐγὼ ἁγιάζω ἐμαυτόν, ἵνα ὦσιν καὶ αὐτοὶ ἡγιασμένοι ἐν ἀληθείᾳ.
[317] Johannes Chrysostomus, Hom. I in 1. Kor 1; PG 61, 13. Chrysostomus (ca. 350−407) lehrte und predigte im „Windschatten der großen theologischen Streitigkeiten der Zeit" (J.-M. Leroux, Johannes Chrysostomus, TRE, Bd. 17, 1988, 118−127, 122, 26 f.).
[318] Röm 1,7; 1. Kor 1,2: κλητοῖς ἁγίοις.
[319] 1. Kor 1,30: ... ἐγενήθη ... ἀπὸ θεοῦ ... ἁγιασμὸς ...

Heiligkeit aufgefasst werden. Aber zu bedenken ist, dass mit dem Aufkommen des Mönchtums im 4. Jahrhundert, das sich dem Heiligkeitsideal eines „engelgleichen Lebens" (ἀγγελικὸς βίος) verschrieb, etwas hinzugewachsen ist, durch das der Akzent von dem Glauben und der Taufe in der Heiligung gemäß Röm 6,3–11 auf die Werke in der Askese verschoben worden ist. Vorreiter war der ägyptische Mönch Antonius, dessen Leben Athanasius dargestellt hat.[320] Gestorben 356, begann der Kult um die Mönche noch in dem Jahrzehnt vor dem Konstantinopeler Konzil.[321] „Indem der Heilige anstrebt, die durch die Erbsünde eingetretene Macht des Bösen durch Gebete und Buße zu verdrängen,"[322] hat er sich entgegen seiner Absicht ein Ziel gesetzt, das anmaßend ist, weil er damit die soteriologische Rolle Jesu Christi usurpiert, und töricht, weil das asketische Streben nach Heiligkeit die Person des Asketen in ihrem Zentrum unverändert lässt und lediglich den äußeren Schein der Heiligkeit hervorbringt. In der Heiligung muss das Sein dem Tun vorangehen, nämlich das neue Sein, das Christus durch seinen stellvertretenden Tod und seine Auferstehung heraufgeführt hat und an dem er durch die Taufe im Glauben Anteil gibt.

3. *Katholizität*. Seit der Reformation, für manche sogar seit dem Schisma zwischen der Ostkirche und Westkirche 1054, wird „katholisch" konfessionalistisch aufgefasst. Diese Auffassung verbaut den Zugang zum sachgerechten Verständnis dessen, was hier intendiert ist. Aus dem Kontext ergibt sich, dass die Katholizität der Kirche zum Wesen der Kirche gehört und dass sie der empirischen Kirche ebenso vorgegeben ist wie die Einheit, Heiligkeit und Apostolizität. Es gehört zum Glauben an den Heiligen Geist, dass Kirche da ist als eine, heilige, allgemeine und apostolische.

Der Grund, weswegen die Katholizität ein Wesensmerkmal der Kirche ist, liegt in dem dreieinigen Gott selbst beschlossen, zu dem sich die Kirche bekennt. Gott hat den Himmel und die

---

[320] Athanasius, Vita Antonii, nach 356. (CPG 2101). Textausgabe: Athanasius von Alexandrien, Vita Antonii, hg.v. P. Gemeinhardt, FC 69, Freiburg/Br. 2018.
[321] Nach Sozomenos, Hist. eccl. 3, 14. (Kirchengeschichte. Zweiter Teilband, hg.v. G. C. Hansen, FC 73/2, Turnhout 2004, 376 ff.)
[322] C. Hannick, Heilige/Heiligenverehrung VI. Die orthodoxe Kirche, TRE, Bd. 14, 1985, 660–664, 661, 38 f.

Erde geschaffen (1. Mose 1,1; aufgenommen in NC 3); alles Sichtbare und Unsichtbare (NC 4). „Die Erde ist des HERRN und was darinnen ist" (Ps 24,1; 1. Kor 10,26). Deshalb: „Jauchzet dem HERRN, alle Welt!" (Ps 98,4; 100,1) Doch alle, Juden wie Griechen (Heiden), sind unter der Sünde (Röm 3,9); alle ermangeln des Ruhmes (3,23) und stehen unter der Herrschaft des Todes (5,14). Aber durch Christus, der nicht einem Religionsstifter, sondern Adam gegenübergestellt ist (5,12−21), ist „für alle Menschen die Rechtfertigung gekommen, die zum Leben führt" (5,18). „Denn wie sie in Adam alle sterben, so werden sie in Christus alle lebendig gemacht werden." (1. Kor 15,22) Gott hat „alle eingeschlossen in den Ungehorsam, damit er sich aller erbarme" (Röm 11,32). Zu allen Völkern sind die Jünger gesandt, um sie zu taufen und zu lehren (Mt 28,19 f.). Alle gehen dem Gericht entgegen; „alle Völker werden vor ihm (sc. dem wiedergekommenen Menschensohn) versammelt werden" (Mt 25,32; s. NC 27). Alle werden vor ihm die Knie beugen (Phil 2,10), „und alle Zungen werden bekennen, dass Jesus Christus der Herr ist" (2,11). Er, der Sohn, ist eingesetzt „zum Erben über alles" (Hebr 1,2). Nicht etwas, *alles* wird neu werden (Offb 21,5).

Ist die Kirche, wo immer sie ist, nicht auf alle Menschen „auf der ganzen Welt" (καθόλον τοῦ κόσμου) ausgerichtet, dann ist sie nicht nur provinziell, sondern dann fehlt der empirischen Kirche ein Merkmal der wesentlichen Kirche. Umgekehrt kann der Ort, wo die Kirche ist, noch so klein sein: Ist sie an diesem Ort für alle offen und auf alle ausgerichtet, also missionarisch in ihrer Lehre und Verkündigung und seelsorglich in ihrer Praxis, dann repräsentiert sie an diesem Ort die eine, heilige, allgemeine und apostolische Kirche, ausgestattet mit allen Rechten der Kirche.

„Wo Christus Jesus ist, da ist die allgemeine Kirche."[323] Das ist – geschrieben um 110 – der älteste Beleg für den Ausdruck „katholische Kirche", verstanden im Sinn einer allgemeinen, die ganze Erde umfassenden Kirche. Wie sehr dieses Verständnis

---

[323] Ignatius von Antiochien, Smyrn. 8, 2: ὅπου ἂν ᾖ Χριστὸς Ἰησοῦς, ἐκεῖ ἡ καθολικὴ ἐκκλησία. Vgl. z.St. W. Bauer / H. Paulsen, Die Briefe des Ignatius von Antiochia und der Polykarpbrief, HNT 18, Tübingen 1985, 96 f.

der Katholizität auch im 4. Jahrhundert vorherrscht, geht aus den Katechesen Cyrills von Jerusalem hervor. Cyrill stellt heraus, die Kirche heiße katholisch, 1. weil sie über den ganzen Erdkreis ausgebreitet sei; 2. weil sie allgemein und unablässig lehrt, was man über das Sichtbare und Unsichtbare, das Himmlische und Irdische wissen muss; 3. weil sie die ganze Menschheit, ungeachtet ihrer Standes- und Bildungsunterschiede, zur Gottesverehrung führt; 4. weil sie sich der Sünden annimmt; 5. weil sie jede Art von Tugenden und vielfältige Charismen besitzt.[324]

4. *Apostolizität*. Die Kirche ist „erbaut auf den Grund der Apostel und Propheten, da Jesus Christus der Eckstein ist" (Eph 2,20). Sie wird nicht, sie *ist* auf diesen Grund gebaut. Das Fundament ist ein für allemal gelegt. Dieses Fundament zu ignorieren, es zu missachten und durch ein anderes ersetzen zu wollen, steht am Beginn von Abfall und Häresie. Der Einmaligkeit und Endgültigkeit der Offenbarung Gottes in Jesus Christus entspricht die Einmaligkeit und Unwiederholbarkeit der Apostel und des Apostolats. Denn die Apostel haben nicht nur den gekreuzigten, sondern auch den auferstandenen Christus gesehen (1. Kor 15,7 u.a.). Ihr Zeugnis ist unersetzbar. Die Kirche setzt es nicht fort, sondern vielmehr als grundlegend voraus.

Merkwürdigerweise fehlt in R,[325] der Vorstufe des Apostolikums, und auch im späteren Apostolikum selbst die ausdrückliche Nennung von „apostolisch" als Wesensmerkmal der Kirche. Sie fehlt auch in J;[326] Cyrill von Jerusalem sah die Apostolizität offenbar in der Katholizität mit enthalten. Das kann daraus geschlossen werden, dass er die Bestimmung der Kirche als „katholisch" für notwendig hielt, um die Kirche von den Versammlungen der Häretiker zu unterscheiden.[327] In Wahrheit kann allein die Apostolizität die Abwehr von Häresien verbürgen. „Apostolisch" als Wesensmerkmal der Kirche geht wahrscheinlich auf die Schlusswendung des antiarianischen Anathema von N zurück. Der griechische Wortlaut von NC 34 findet sich sie-

---

[324] Cyrill, Cat. XVIII, 23. Katechese XVIII ist „die Quintessenz dessen, was die Griechen allezeit von der Kirche ausgesagt haben" (A. v. Harnack, Lehrbuch der Dogmengeschichte, Bd. 2, Tübingen ⁴1909/10, Nachdr. Darmstadt 1983, 111).
[325] DH 30.
[326] DH 41.
[327] Cyrill, Cat. XVIII, 26.

ben Jahre vor dem Konzil in Konstantinopel auch bei Epiphanius.[328]

Die in NC 34 genannten vier Wesensmerkmale der Kirche sind in der Folgezeit nicht erweitert oder ergänzt worden. Offenbar ist die Kirche hinlänglich näher bestimmt, wenn erkannt und bekannt wird, dass sie als „die eine, heilige, allgemeine und apostolische Kirche" da ist.

35 *Wir bekennen die eine Taufe zur Vergebung der Sünden.*
Die Klauseln NC 2-34 werden von NC 1 *Wir glauben* regiert. Mit NC 35 *Wir bekennen* beginnt der Schlussabschnitt. Worauf weist die sprachliche Zäsur zurück? Ist die Taufklausel anlässlich der Taufe des Nektarius[329] auf dem Konzil selbst entstanden? Das ist nicht auszuschließen, muss aber offen bleiben.

Die griechischen Termini in NC 35 sind allesamt biblisch: ὁμολογέω *bekennen* wird z.B. beim Christusbekenntnis gebraucht (Joh 1,20; 9,22; Röm 10,9 f. u.a.); das Kompositum ἐξομολογέω findet im Zusammenhang mit der Taufe in Mt 3,6 und Mk 1,5 Verwendung. Eph 4,5 steht ἓν βάπτισμα *eine Taufe*; in Mk 1,4 / Lk 3,3 εἰς ἄφεσιν ἁμαρτιῶν *zur Vergebung der Sünden*.

Das Neue Testament legt größten Wert darauf, dass sich Jesus von Johannes dem Täufer hat taufen lassen (Mk 1,9−11 Par.), obwohl er für sich selbst der Taufe nicht bedürftig war. Aber er hat die Notwendigkeit der Taufe bekräftigen wollen und den Ruf des Täufers zur Umkehr wörtlich aufgenommen (Mt 3,2 = 4,17). Die Stellung seiner Hörer zu sich hat er davon abhängig gemacht, wie sie die Taufe des Johannes, die etwas völlig Neues in Israel war, beurteilen würden (Mk 11,30). „Jesus setzt das Todesurteil unausweichlich fest, das in des Johannes Taufe ausgesprochen war."[330] Dieses Todesurteil über die Sünde hat er am Kreuz auf sich selbst genommen, um sein Leben als Lösepreis für viele zu geben (Mk 10,45; Mt 20,28). Der stellvertretende Tod und die Auferstehung Jesu bilden die Voraussetzung für den Missions- und Taufbefehl Mt 28,16−20. Der Auferstandene ist

---

[328] DH 42.
[329] Vgl. Staats, Glaubensbekenntnis (s. Anm. 7), 184 u. 270.
[330] J. Schniewind, Was verstand Jesus unter Umkehr?, in: ders., Die Freude der Buße, hg.v. E. Kähler, KIVR 32, Göttingen ²1960, 19−33, 26.

der Kyrios, dem alle Gewalt im Himmel und auf Erden gegeben ist (28,18). Er beauftragt seine Jünger, dass sie ihrerseits alle Völker zu Jüngern machen, indem sie sie taufen „auf den Namen des Vaters und des Sohnes und des Heiligen Geistes" und unterweisen, dass sie sein Wort halten (28,19 f.).

Gemäß dem Missions- und Taufbefehl Jesu Christi war das Ziel, auf das die Mission ausgerichtet war, von Anfang an die Taufe. Zum Verständnis der Taufe gehörte zu wissen, „dass wir, die wir auf Christus Jesus getauft sind, in seinen Tod getauft sind. Wir sind mit ihm begraben durch die Taufe in den Tod" (Röm 6,3 f.).[331] Warum sind wir mit ihm gestorben und begraben? Weil der Tod Jesu Christi am Kreuz stellvertretend geschehen ist, nämlich „für unsere Sünden" (1. Kor 15,3; s.a. Röm 4,25), darum sind wir, „wenn *einer* für alle gestorben ist", „*alle* gestorben" (2. Kor 5,14). Die Taufe geschieht, um Anteil zu erhalten an Gottes eschatologischem Heil, das er in dem stellvertretenden Sühnetod seines Sohnes am Kreuz zur Vergebung der Sünden heraufgeführt hat. Die Taufe setzt also in Beziehung zu Jesu Tod und damit zugleich zu Jesu Auferstehung (Röm 6,4b.5), indem sie Gottes stellvertretendes Handeln in Jesu Tod und Auferstehung als Mitgestorbensein, Mitbegrabensein und Mitauferstandensein zueignet und durch diese Zueignung den alten Menschen in den Tod gibt, nicht symbolisch, sondern realiter, wie Jesus wirklich gestorben ist und begraben wurde, und „eine neue Kreatur" (2. Kor 5,17) ins Dasein setzt.

Die neue Kreatur, durch den Tod und die Auferstehung Jesu Christi heraufgeführt und mit der Taufe in seinen Tod auf den Plan getreten, hat in der noch fortbestehenden alten Welt zu existieren. In ihr gilt es, das neue Sein im Glauben festzuhalten. Das geschieht durch die Absage an die Sünde, die durch Christi Tod und Auferstehung entmachtet worden ist, und zwar im Glauben an die in der Taufe gegebene Verheißung, mit ihm in seinem Tod und seiner Auferstehung verbunden und gleichgeworden zu sein (Röm 6,5). Am Schluss des Textabschnitts, in dem Paulus die neuschaffende Kraft der Taufe vor den Lesern seines Briefes entfaltet, schärft er ihnen ein: „So auch ihr, haltet

---

[331] Das zu wissen, war „urchristliches Gemeingut" (G. Delling, Die Taufe im Neuen Testament, Berlin 1963, 126).

dafür, dass ihr der Sünde gestorben seid und lebt Gott in Christus Jesus." (Röm 6,11)

Durch die Bindung an den Missions- und Taufbefehl sowie den unmittelbaren Bezug auf die Evangelien und apostolischen Briefe war im Taufverständnis des 4. Jahrhunderts die Kontinuität zum urchristlichen gegeben. Die Diskontinuität war durch die konstantinische Wende bedingt, durch die der Kirche Aufgaben zugewachsen waren, die sie zuvor nicht wahrzunehmen hatte. Dass die Kirche zu einer Massenorganisation zu werden begann, verdankte sie zunächst ihren missionarischen Erfolgen und erst danach der Gunst der politischen Verhältnisse. Beide Faktoren haben das Taufverständnis und die Taufpraxis in dem halben Jahrhundert zwischen Nicaea und Konstantinopel bestimmt. Aus der Fülle der tauftheologischen Zeugnisse ragen vor allem die von Cyrill und den Kappadoziern hervor.

In NC 35 sind drei tauftheologische Leitgedanken auf den Punkt gebracht. Erstens wird mit *Wir bekennen die eine Taufe* die Heilsnotwendigkeit der Taufe ausdrücklich hervorgehoben. Mit der Formel *eine Taufe* wird zweitens ihre Einmaligkeit und Unwiederholbarkeit unterstrichen. Sie stammt aus Eph 4,5: „*ein* Herr, *ein* Glaube, *eine* Taufe". Wie es nur einen Kyrios gibt, so gibt es nur einen Glauben an ihn und eine Taufe auf ihn. Mit der geprägten Wendung *zur Vergebung der Sünden* wird drittens herausgestellt, dass die Taufe das eschatologische Heilsgut vermittelt. In dem dritten Aspekt liegt zugleich die inhaltliche Begründung der beiden anderen Aspekte.

1. *Heilsnotwendigkeit*. In den theologischen Auseinandersetzungen unmittelbar nach Nicaea spielte die Taufe keine Rolle. Sie galt als heilsnotwendig, wie es in Mk 16,16 bezeugt wird. Erst ab etwa 360 mit den pneumatologischen Streitigkeiten geriet sie in den Fokus. Basilius fragte, wodurch wir zu Christen würden?[332] „Durch den Glauben".[333] Daran schließt sich die Frage an: „Wie werden wir gerettet? Offenbar durch die Wiedergeburt in der Gnade der Taufe. Wodurch denn sonst?"[334] Wenn das aber so ist, „wenn die Taufe für mich der Anfang des Lebens und der

---
[332] De Spir. 26 (s. Anm. 83).
[333] Ebd.
[334] Ebd.

erste meiner Tage jener Tag der Wiedergeburt ist, dann ist auch das kostbarste aller Worte jenes, das bei der Gnade der Einsetzung in die Sohnschaft gesprochen wurde"[335]. Dieses Wort ist der trinitarische Taufbefehl Mt 28,19. Es ist der dreieinige Gott, der den Tag der Wiedergeburt durch die Taufe heraufführt. Die Gegenwart des Heils, das die Taufe bringt, verbürgt der Heilige Geist. Die Heilsnotwendigkeit der Taufe liegt somit in dem Heilshandeln Gottes, der als der Dreieinige handelt, selbst begründet.

Wenn sich die Kirche im dritten Glaubensartikel ausdrücklich zur Taufe bekennt, dann hat das seinen Grund in dem beharrlichen Festhalten am trinitarischen Taufbefehl.[336] Durch dieses Festhalten hat Basilius mit dem Verständnis der Gottheit des Geistes zugleich das Verständnis der Taufe vertieft. Für Basilius ist es „genauso schlimm, eine Taufe empfangen zu haben, bei der auch nur ein Element der Überlieferung fehlt (sc. ein Glied der dreigliedrigen Taufformel), wie ohne Taufe zu sterben"[337].

2. *Einmaligkeit.* Im Neuen Testament wird vorausgesetzt, dass die Taufe nur einmal empfangen werden kann. Die Taufe mit Wasser und der Empfang des Geistes stellen eine Einheit dar.[338] Die Taufe ist Gottes Heilshandeln, das seine Gültigkeit nicht durch menschliches Fehlverhalten verliert, und deshalb unwiederholbar.

Nach dem Ketzertaufstreit zwischen Cyprian von Karthago und Stephan I. von Rom (254−256) hat sich die römische Praxis durchgesetzt, dass Häretiker, die sich bekehren, nicht erneut getauft werden. Davon ging man auch im 4. Jahrhundert aus. Es scheint aber gelegentlich Abweichungen von dieser Regel gegeben zu haben. So hat Cyrill von Jerusalem die Ansicht vertreten, Häretiker seien „wieder" zu taufen, „weil ihre Taufe keine Taufe ist"[339]. Damit meinte er eine offensichtlich nicht „rite" auf den Namen des dreieinigen Gottes durch dreimaliges Untertauchen oder Übergießen mit Wasser durchgeführte Taufe.[340]

---

[335] Ebd.
[336] S.o. Anm. 298 f.
[337] De Spir. 26.
[338] Vgl. U. Schnelle, Taufe II, TRE, Bd. 32, 2001, 663−674, bes. 671.
[339] Cyrill, Procat. 7.
[340] Vgl. Staats, Glaubensbekenntnis (s. Anm. 7), 271.

In NC 35 wird die Einmaligkeit und Unwiederholbarkeit der Taufe nachdrücklich unterstrichen. Vorausgesetzt wird in der Klausel die trinitarische Taufformel und die im Osten übliche Taufpraxis.[341]

3. *Heilsgut: Sündenvergebung.* Die Vergebung der Sünden öffnet den Zugang zu Gott, der durch die Sünde verschlossen ist. Nur wer ermisst, dass der Mensch nicht allein in seinem Tun, sondern auch in seinem Sein der Macht der Sünde verfallen ist, und zwar unentrinnbar, wie es schließlich im Tod offenbar wird, vermag zu erkennen, was die Taufe ist und was mit ihr auf den Plan tritt, nämlich der neue Mensch, der im Glauben vor Gott um Jesu Christi willen lebt. Der neue Mensch wird geschaffen durch den Heiligen Geist, der in der Taufe mit Wasser auf den Tod Jesu Christi an dem Täufling in Kraft setzt, was am Kreuz und in der Auferstehung Jesu Christi für alle geschehen ist. Mit der Taufe – selbstverständlich nicht mit der des Johannes, sondern mit der apostolischen Taufe, die den stellvertretenden Tod und die Auferstehung Jesu voraussetzt – wird nachträglich bekräftigt, „dass der Menschensohn Vollmacht hat, Sünden zu vergeben auf Erden" (Mk 2,10 Par.). Die Vergebung der Sünden ist das eschatologische Heilsgut, das durch die Taufe schon hier auf Erden zugeeignet und im Glauben ergriffen wird, durch den „Christus in mir lebt" (Gal 2,20).

Mit der Betonung der Heilsnotwendigkeit und Einmaligkeit der Taufe sowie der Bestimmung ihres Heilsgutes hat das NC die Taufe in den Bekenntnisstand erhoben. Diese Taufklausel kann in der ganzen Christenheit Geltung beanspruchen. Blickt man auf das Taufverständnis und die Taufpraxis im 4. Jahrhundert müssen aber auch kritische Fragen gestellt und Einwände erhoben werden, sind doch in der frühen Reichskirche die Weichen für die Folgezeit gestellt worden. Der hauptsächliche theologische Einwand betrifft die Rezeption des Paulus. Man spricht von einer „Neuentdeckung des Paulus"[342], tatsächlich aber ist der Zusammenhang von Rechtfertigung, Taufe und neuem Leben,

---

[341] Vgl. dazu H. Lietzmann, Geschichte der Alten Kirche, Bd. III, Berlin ²1953, 315 f.; Kretschmar, Geschichte (s. Anm. 22), 145–165; E. J. Yarnold, Taufe III, TRE, Bd. 32, 2001, 674–696 (Lit.), bes. 679 f.

[342] Kretschmar, Geschichte (s. Anm. 22), 148.

der den Duktus der Argumentation des Apostels bestimmt, weitgehend ignoriert worden und unverstanden geblieben. Im Zusammenhang damit stehen folgenreiche Fehlentwicklungen:
- Die Taufe, die zum Leben gegeben ist, wurde zu einem Sterbesakrament.
- Die Taufhandlung wurde ritualisiert, als wenn die Taufe Bestandteil einer Mysterienreligion wäre. Die Taufe gehört aber nicht in den Zusammenhang der Mystagogie, sondern in den der Offenbarung Gottes in Jesus Christus, der den Taufbefehl zusammen mit dem Missionsbefehl gegeben hat.
- Der Taufkatechumenat wurde der Arkandisziplin unterworfen. Die Taufunterweisung gehört aber um des Wortes Gottes willen zur öffentlichen Lehre. Diese wird nicht von Mystagogen wahrgenommen, sondern von öffentlich berufenen Lehrern (s. 1. Kor 12,28; Eph 4,11).
- Es beruht auf einer Illusion, das in der Taufe verheißene Heil durch die Ausgestaltung des Taufrituals anschaubar und erlebbar machen zu wollen. In Wahrheit kann niemand seinen Tod erleben. Dieser muss vielmehr auf Gottes Wort hin vor aller Erfahrung geglaubt werden: „Haltet dafür, dass ihr der Sünde gestorben seid und lebt Gott in Christus Jesus" (Röm 6,11).

36—37 *Wir erwarten die Auferstehung der Toten und das Leben der kommenden Welt.* Diese beiden letzten Zeilen setzen die eschatologischen Passagen des zweiten Glaubensartikels (NC 26—28) voraus und geben am Schluss des Bekenntnisses der Hoffnung auf die Auferstehung und das Leben in der zukünftigen Welt Ausdruck. Auch sie gehören zum Sondergut des NC.[343]

In eschatologischem Kontext steht προσδοκῶμεν *wir erwarten* in 2. Petr 3,13, bezogen auf den neuen Himmel und die neue Erde nach Jes 65,17. Als Ausdruck für die Hoffnung auf die endzeitliche Auferstehung der Toten findet sich ἀνάστασις z.B. Apg 23,6 und 24,21; oft gebraucht mit *der* (Mt 22,31; 1. Kor 15,42) oder *aus* (Lk 20,35; Apg 4,2), um unmissverständlich darzutun, dass tatsächlich die Auferstehung aus dem Bereich der Toten gemeint ist. *Leben* (ζωή) ist ein zentraler Terminus im

---

[343] Im Vergleich mit N; R und J haben dagegen am Ende ebenfalls einen Ausblick auf das Eschaton (DH 30 u. 41).

Johannesevangelium; in 11,25 und 14,6 spiegelt sein Gebrauch unübersehbar die Zusammengehörigkeit von Christologie und Eschatologie wider. Im Sinne von „das ewige Leben ererben" steht ζωή αἰώνιος Mt 19,29 Par. An diesen Sachverhalt ist implizit auch in NC 37 gedacht. Die Wendung ζωήν τοῦ μέλλοντος αἰῶνος *Leben der kommenden (zukünftigen) Welt* steht nicht wörtlich im Neuen Testament. Mit ihr wird die Hoffnung auf die kommende Welt in Anspielung auf Mt 12,32; Eph 1,21; 1. Tim 4,8; Hebr 13,14 u.a. zusammengefasst.

Die Erwartung, von der das Bekenntnis spricht, ist weder grundlos noch ziellos. Sie ist nicht aus religiöser Sehnsucht geboren worden noch beruht sie auf philosophischen Erwägungen, vielmehr ist sie von außen, nämlich durch die apostolische Verkündigung der Auferstehung Jesu, an die Griechen herangetragen worden und hat der Hoffnung einen Inhalt gegeben, den die Athener lächerlich fanden (Apg 17,32) und den christliche Kreise in Korinth rundweg bestritten (1. Kor 15,12 ff.): die Auferstehung der Toten. Der Grund, warum die Auferstehung der Toten zu erwarten ist, ist die Auferstehung Jesu Christi (NC 22–23). Das Ziel, die Auferstehung der Toten, ist also eine Konsequenz, die sich aus der Auferstehung Jesu ergibt (s. Röm 1,4a). Nach 1. Thess 4,14 ist Gottes unvergleichliche Machttat der Auferweckung des gekreuzigten Jesus die Voraussetzung dafür, dass die Verstorbenen an der Überwindung des Todes in der Auferstehung Jesu Anteil erhalten werden.

Es genau zu ermessen, ist unmöglich, aber wahrscheinlich lässt es sich kaum überschätzen, dass der schließliche missionarische Erfolg des Christentums in der Antike zu einem großen Teil auf dem Glauben an die Auferstehung der Toten beruht. „Die Zuversicht der Christen gründet in der Auferstehung der Toten. Indem wir daran glauben, sind wir."[344] Was Tertullian (gest. nach 220) gegen die Gnostiker ausgeführt hat, gilt auch im 4. Jahrhundert ohne Einschränkung. Aus der Fülle der Belege sei ein einziger angeführt: „Sollte dir der Unglaube den Gedanken eingeben: ‚Das (sc. die Auferstehung der Toten) ist unmöglich',

---

[344] Tertullian, De resurrectione mortuorum 1; CChr.SL 2, 921: „Fiducia Christianorum resurrectio mortuorum. Illam credentes sumus". Vgl. z.St. R. Staats, Auferstehung I/4, TRE, Bd. 4, 1979, 467–477, 468.

dann schaue auf dein eigenes Leben und schließe daraus auf das, was du noch nicht siehst! Denke einmal darüber nach und sage mir, wo warst du vor hundert oder mehr Jahren? Wie klein und einfach war die Substanz, aus der du dich entwickelt hast, und wie groß, schön und würdevoll bist du geworden! Soll denn der, der das Nichtseiende ins Dasein rief, nicht imstande sein, das, was bereits war, aber zerfiel, wieder zu erwecken?"[345] Der Glaube an die Auferstehung der Toten ist die Probe auf den Glauben an die Gottheit Gottes, „der die Toten lebendig macht und ruft das, was nicht ist, dass es sei" (Röm 4,17).

Die Hoffnung auf das Leben in der kommenden Welt, also das Leben auf der neuen Erde unter dem neuen Himmel (s. Jes 65,17), setzt im NC wie im Neuen Testament die Auferstehung der Toten voraus, die wiederum die Parusie Jesu Christi zum Gericht sowie die unumschränkte Herrschaft des Kyrios Jesus Christus voraussetzt (NC 26–28). Die christliche Hoffnung beruht mithin nicht auf allgemeinen religiösen Erwartungen oder philosophischen Unsterblichkeitsvorstellungen, die notwendigerweise vage, hypothetisch oder gänzlich illusionär sind, sondern vielmehr auf der Überwindung des Todes in der Auferstehung des für die Sünden aller gekreuzigten Jesus Christus (NC 19. 22) sowie auf der Teilhabe an Christi Tod und Auferstehung in der Taufe (NC 35). Diesen Unterschied zu verwischen, bedeutet: das Kreuz Jesu Christi zu entleeren und die Wiedergeburt zu einer lebendigen Hoffnung durch die Auferstehung Jesu Christi von den Toten (1. Petr 1,3) durch mehr oder weniger verzweifelte Selbsttröstungen zu ersetzen.

Die Schlüsselfrage, die sich aus der Zusammengehörigkeit von Christologie und Eschatologie ergibt, lautet: Ist Jesus Christus, in dem Gott aus seiner Verborgenheit herausgetreten und Mensch geworden ist, der Herr der Zeit, oder ist die Zeit auch über ihn mächtig geworden? Wenn er nicht der Herr der Zeit ist, dann ist das Bekenntnis der Kirche leer und dann kann er selbstverständlich nicht über die Zukunft bestimmen. Ist Christus aber „dazu gestorben und wieder lebendig geworden, dass er über Tote und Lebendige Herr sei" (Röm 14,9), dann setzt er in der Einheit und Gemeinschaft mit dem Vater und dem Heiligen

---

[345] Cyrill von Jerusalem, Cat. IV, 30.

Geist dieser Weltzeit in souveräner Freiheit eine Frist, wie er jedem einzelnen Menschen eine Lebensspanne zumisst. Dann ist es der dreieinige Gott, vor dem Jahrtausende zu einem Punkt zusammenschrumpfen, als wären sie „wie der Tag, der gestern vergangen ist" (Ps 90,4), der allein darüber befindet, wann – nicht ob, sondern *wann* dieser Weltzeit ein Ende gesetzt wird.

Wie jeder Mensch sterben wird, so wird der ganze Kosmos einmal vergehen. Gemeint ist nicht das Ende, auf das alles Endliche ohnehin zuläuft, auch wenn es sich zeitlich und räumlich ins Unermessliche erstreckt, sondern das Ende, das ihm der dreieinige Gott setzen wird. Aber die Welt wird nicht vergehen, damit gar nichts mehr sei, sondern sie wird vergehen, weil sie verwandelt werden soll. „Denn siehe, ich will einen neuen Himmel und eine neue Erde schaffen, dass man der vorigen nicht mehr gedenke und sie nicht mehr zu Herzen nehmen wird." (Jes 65,17) Die Kontinuität zwischen der alten und neuen Schöpfung liegt nicht in der Schöpfung, sondern in dem Schöpfer.

Gott wird alles in allem sein (1. Kor 15,28). Die Neigung, Gott zu marginalisieren und die vergehende Welt in den Mittelpunkt zu rücken, als wenn sie alles wäre, war zwar nicht immer so ausgeprägt wie in der Neuzeit, aber die Versuchung, dieser Neigung nachzugeben, beginnt in der Kirche recht eigentlich mit der konstantinischen Wende. Eusebius von Caesarea (seit 313 Bischof von Caesarea in Palästina) hat diese als den Beginn der eschatologischen Friedens- und Heilszeit aufgefasst.[346] Damit ist der biblischen Eschatologie zwar nicht nominell, aber faktisch der zweite Rang zugewiesen worden.

Das Leben aus der Auferstehung der Toten in der kommenden Welt ist kein notdürftig repariertes oder renoviertes Leben, sondern das neue Leben, das Gottes Geist schafft. Es wird den Erweis erbringen, dass Jesus Christus, der Sohn Gottes, den der Vater gesandt hat, das Leben ist (Joh 14,6). Glaube und Erkennen werden in Schauen und Anbeten Gottes übergehen. Das ewige Leben ist „die unendliche Freude, das Bleiben in Gott"[347]

---

[346] Eusebius von Caesarea, Hist. eccl. X, 1–3. Deutsche Ausgabe: Eusebius von Caesarea, Kirchengeschichte, hg.v. H. Kraft, Darmstadt ³1989, 411 ff.

[347] Basilius, De spir. 23: ἡ ἀτελεύτητος εὐφροσύνη, ἡ ἐν θεῷ διαμονή.

um Gottes und seiner Liebe willen, der als der Dreieinige „unmittelbar evident sein (wird)"[348].

38 *Amen.* Die Väter haben den Inhalt des Glaubensbekenntnisses mit *Amen* als wahr, gewiss und für die Kirche gültig bekräftigt. Im Gottesdienst erklärt die Gemeinde am Schluss des Bekenntnisses dieses mit *Amen* als die sie bindende Wahrheit des Glaubens an den dreieinigen Gott. Dadurch wird sie im Glauben erhalten und Gott gepriesen.

3.

Zunächst ist die zu Beginn gestellte Frage wieder aufzunehmen, was das NC mit dem Konzil von Konstantinopel 381 zu tun hat?[349] Die theologische Interpretation des NC kann den Nachweis der direkten Zugehörigkeit zum Konzil nicht erbringen; aus ihr lassen sich aber auch keine Gegenargumente ableiten.

Protokolle des Konzils von Konstantinopel sind nicht erhalten.[350] Der protokollierte Text des NC wird in den Akten des Konzils von Chalcedon 451 angeführt, und zwar unter der Überschrift „Das heilige Glaubensbekenntnis, das die heiligen 150 Väter (sc. von Konstantinopel) erklärten, welches übereinstimmt mit der heiligen großen Synode in Nicaea"[351]. Daraus kann gefolgert werden, dass das „NC zusammen mit N mindestens vom Kaiserhof als Bekenntnis des Konzils von 381 amtlich rezipiert war" und dass „sein Text in den Akten der Konstantinopeler Kirche schon länger vorhanden war"[352].

Die Entstehungsgeschichte des NC ist nur hypothetisch rekonstruierbar. Auszugehen ist von dem Glaubensbekenntnis selbst. Es ist ausgewogen; unprätentiös, aber klar und bestimmt; unpolemisch, aber unmissverständlich in der Aussage. Seine

---

[348] Vogel, Glaubensbekenntnis (s. Anm. 20), 211.
[349] S.o. Anm. 6 f.
[350] Die Quellenbasis ist schmal, aber durchaus nicht völlig unergiebig (vgl. Ritter, Konzil (s. Anm. 7), 19−21).
[351] Acta conciliorum oecumenicorum, ed. E. Schwartz, Bd. II, 1, 2 Berlin (Nachdr.) 1962/65, 80, 1 f. (Übers. aus dem Griech.). Ebd. 80, 3−16 (14) folgt der Text; vgl. die kritische Textausgabe von Dossetti, NC (s. Anm. 3), 244 ff.
[352] Hauschild, TRE 24, 1994 (s. Anm. 7), 445, 12−14.

Sprache ist liturgisch. Es ist aus der christlichen Unterweisung erwachsen und wiederum für diese und den Gottesdienst bestimmt, in dem es gebraucht worden sein dürfte. Das bedeutet: das NC ist kein Konzils- oder Konferenztext.[353] Daraus wiederum ist zu schließen, dass es nicht auf dem Konzil selbst entstanden ist, sondern vielmehr als ein bereits vorhandenes eingebracht worden sein dürfte. Bei der Frage, von wem es eingebracht wurde, und der anderen, wo es entstanden ist, ist man auf Vermutungen angewiesen. Naheliegend ist, dass es Meletius von Antiochien, der das Konzil vorbereitet und bis zu seinem Tod 381 den Vorsitz auf dem Konzil in Konstantinopel innehatte,[354] eingebracht hat oder unter seiner Billigung hat einbringen lassen. Unter der Leitung des Meletius fand 379 auch eine Synode in Antiochien statt, an der ebenfalls etwa 150 Väter teilgenommen haben. Mit nicht geringer Wahrscheinlichkeit ist das NC oder dessen unmittelbare Vorlage schon auf der antiochenischen Synode bekannt gewesen und von den Teilnehmern, die zu einem großen Teil auch in Konstantinopel dabei waren, als Bekenntnisgrundlage akzeptiert worden.[355] Das spräche dafür, dass es in Antiochien oder dessen Einflussbereich entstanden ist. Überarbeitungen, Präzisierungen oder Auslassungen in Antiochien 379 und Konstantinopel 381 sind möglich, lassen sich aber nicht mehr identifizieren.

Welche Rolle hat das NC auf dem Konzil 381 gespielt? Der Befund der Quellen erlaubt nur hypothetische Antworten.[356] Drei wegweisende Erklärungsversuche seien kurz skizziert:

a) Fenton J. A. Hort[357] und Adolf von Harnack[358] haben durch detaillierte wortstatistische Untersuchungen nachgewiesen, dass das NC gegenüber N ein eigenständiges Bekenntnis darstellt. Es begegne schon 374 in Epiphanius' *Ancoratus*[359] und weise in-

---

[353] Mit Kelly, Glaubensbekenntnisse (s. Anm. 7), 322.
[354] Vgl. F. Loofs, Meletius von Antiochien, RE, Bd. 12, ³1903, 552–558, bes. 557; Staats, Glaubensbekenntnis (s. Anm. 7), 79–81.
[355] Mit Staats, a.a.O., 175 ff.
[356] In der Forschung spricht man zwar von „Thesen" (z.B. Ritter, Dogma (s. Anm. 4), 210 f.; Hauschild, TRE 24 (s. Anm. 7), 447 f.), aber es handelt sich in Wirklichkeit um Hypothesen.
[357] Two Dissertations, Cambridge 1876.
[358] Konstantinopolitanisches Symbol, RE 11, 1902 (s. Anm. 7), 12 ff.
[359] DH 42–45.

haltliche und terminologische Berührungen mit den Taufkatechesen Cyrills von Jerusalem auf. Das NC sei höchstwahrscheinlich das Jerusalemer Taufbekenntnis, das Cyrill mit nach Konstantinopel gebracht habe, um den Nachweis seiner angezweifelten Orthodoxie zu erbringen. Man habe es entgegengenommen, aber eine Rolle auf dem Konzil habe es nicht gespielt.

Gegen diese Hypothese ist einzuwenden, dass die Bezugnahme auf Epiphanius nicht stichhaltig ist, weil dieser den Text von N bietet und das NC erst später interpoliert worden ist.[360] Außerdem gibt es keinen einzigen Hinweis darauf, dass das NC auf Cyrill zurückgehe; diese Ansicht „ist ein unhistorisches Konstrukt"[361]. Schließlich ist das NC kein spezifisches Taufbekenntnis, so gewiss es auch in einem Taufgottesdienst gebetet worden sein kann, z.B. anlässlich der Taufe des Nektarius auf dem Konzil (s.o. zu NC 35). Aber es repräsentiert den neuen Bekenntnistyp, der nach der konstantinischen Wende aufgekommen ist.[362]

b) Eduard Schwartz[363] hat die Hypothese vertreten, das NC sei auf dem Konzil unter Berücksichtigung älterer Bekenntnisse formuliert und offiziell angenommen worden. Man habe es neben N gestellt, in dessen Text nicht eingegriffen werden sollte. Das NC richte sich dezidiert gegen Apollinaristen und Pneumatomachen.

Diese Hypothese ist plausibler als die von Hort und Harnack, aber aus den Quellen lässt sich nicht entnehmen, dass das NC auf dem Konzil formuliert worden wäre. Es ist wahrscheinlicher, dass es – zumindest im Grundriss – seit der Synode von Antiochien 379 bereits vorlag.

c) Zu den Grundlagen der Diskussion seit 1965 gehört die Studie von Adolf Martin Ritter „Das Konzil von Konstantinopel und sein Symbol".[364] Ritter geht von dem merkwürdigen Um-

---

[360] Nachgewiesen von B. M. Weischer, Die ursprüngliche nikänische Form des ersten Glaubenssymbols im Ankyrotos des Epiphanios von Salamis, ThPh 53 (1978), 407–414.

[361] Hauschild, TRE 24 (s. Anm. 7), 447, 38 f. Vgl. außerdem Ritter, Konzil (s. Anm. 7), 169 ff.; ders., Dogma (s. Anm. 4), 210; Kelly, Glaubensbekenntnisse (s. Anm. 7), 311 ff.

[362] S.o. Anm. 15.

[363] Das Nicaenum und das Constantinopolitanum auf der Synode von Chalkedon, ZNW 23 (1926), 38–88.

[364] Weitere Lit. s.o. Anm. 7.

stand aus, dass die Quellen bis zum Konzil von Chalcedon über das NC „so gut wie völliges Stillschweigen bewahren"[365]. Das erklärt sich für ihn daraus, dass das NC zwar seinen Platz auf dem Konzil habe, dass es aber lediglich die Verhandlungsgrundlage für die von Kaiser Theodosius I. gewünschten Einigungsverhandlungen mit der Pneumatomachendelegation unter Eleusius von Cyzicus bildete, ohne dass es ein offizielles Bekenntnis des Konzils gewesen wäre, als das den Konzilsvätern das N gegolten habe.[366]

Diese Hypothese kann sich nicht auf die Berichte antiker Historiker über das Konzil stützen,[367] denen im Unterschied zu modernen Historikern Quellenmaterial aus der Konstantinopeler Kirche zur Verfügung stand. Es steht vielmehr in Spannung zu ihnen.[368]

Versucht man, die Hypothesen zur Rolle des NC auf dem Konzil auszuwerten, ist mit Hort/Harnack daran festzuhalten, dass das NC bei allen Gemeinsamkeiten im Wortbestand ein eigenständiges Bekenntnis gegenüber N darstellt. Dass es nur eine marginale Rolle auf dem Konzil gespielt habe, wie Hort/Harnack und modifiziert Ritter/Kelly vermuten, trifft aber sicherlich nicht zu. Im Gegenteil, gerade die Eigenständigkeit des NC spricht für seine Bedeutung auf dem Konzil! Unterscheidet sich das NC von N doch darin, dass es ein trinitarisches Bekenntnis ist, während N ein binitarisches Bekenntnis mit einem pneumatologischen Zusatz ist. Es kann keinem ernsthaften Zweifel unterliegen, dass das trinitarische Bekenntnis auf dem Konzil, dessen theologisches Thema das trinitarische Dogma war, im Zentrum des Interesses und der Überlegungen gestanden haben muss. Nur das entspricht der Erwartung, die Kaiser Theodosius I., aber auch sein theologischer Vertrauter Meletius von Antiochien, den Vorbereiter des Konzils, und die Mehrheit der

---

[365] Ritter, Dogma (s. Anm. 4), 210.

[366] Ritter, Konzil (s. Anm. 7), 182 ff.; ders., Dogma (s. Anm. 4), 211. Dieser Hypothese hat sich Kelly, Glaubensbekenntnisse (s. Anm. 7), 323 f. angeschlossen.

[367] Sokrates, Hist. eccl. V, 8, 1–20; Sozomenos, Hist. eccl. 7, 7, 4; 9, 1 (s. Anm. 24). Sokrates wurde kurz vor dem Konzil geboren und lebte bis ca. 439 in Konstantinopel. Die Kirchengeschichte des Sozomenos (5. Jh.) setzt die des Sokrates voraus.

[368] Diesen Einwand gegen Ritter und Kelly hat Hauschild, TRE 24 (s. Anm. 7), 448, 11–23 unter Bezugnahme auf Sokrates und Sozomenos mit Recht erhoben.

150 Väter mit dem Konzil verbunden haben. Hatte nicht der Kaiser selbst in dem Edikt *Cunctos populos* am 28. Februar 380 ausgesprochen, dass „gemäß apostolischer Weisung und evangelischer Lehre *eine* Gottheit Vaters, Sohnes und Heiligen Geistes in gleicher Majestät und heiliger Dreifaltigkeit (zu) glauben"[369] sei? War aber das trinitarische Dogma der hauptsächliche theologische Verhandlungsgegenstand des Konzils 381, vom Kaiser gefordert und von den Theologen gewollt, dann ist es abwegig anzunehmen, dass das trinitarische Bekenntnis, also das NC, auf diesem Konzil eine marginale Rolle gespielt haben soll. Wenn die Akten des Konzils von Chalcedon siebzig Jahre danach außer und neben N ausdrücklich das NC erwähnen, dann bestätigt diese nachträgliche Erwähnung zwar den Mangel an authentischen Quellen für das Konzil von 381, aber daraus lässt sich nicht schließen, das NC habe am Rande des Konzils gestanden, sondern daraus kann ganz im Gegenteil geschlossen werden, dass das NC auf dem Konzil 381 eine herausragende Rolle gespielt hat, wäre es doch ansonsten 451 unerwähnt geblieben. Wegen der Zusammengehörigkeit mit N einerseits und der Unterschiedenheit von N andererseits muss das NC mit im Mittelpunkt der Verhandlungen des Konstantinopeler Konzils 381 gestanden haben und wird mit Recht *Nicaeno-Constantinopolitanum* genannt.

Aus den Beschlüssen des Konzils sind zwei besonders hervorzuheben. Der eine ist ein Kanon, der N ausdrücklich bekräftigt. Dadurch sind das homöische Reichsdogma von 359 außer Kraft gesetzt und die das Nicaenum ablehnenden und bekämpfenden theologischen Gruppen verurteilt worden, namentlich die Eunomianer oder Anhomöer, Arianer oder Eudoxianer, Semiarianer oder Pneumatomachen, Sabellianer, Marcellianer, Photinianer und Apollinaristen.[370] Der andere herausragende Beschluss ist das Lehrdekret (*Tomus*) zum trinitarischen Dogma.

---

[369] CodTheod 16, 1, 2: „... patris et filii et spiritus sancti unam deitatem sub parili maiestate et sub pia trinitate ..." Übers.: KTGQ I (s. Anm. 144), Nr. 80, S. 200. „Dieses Gesetz bedeutet keinen allgemeinen Glaubenszwang, sondern definiert lediglich, wer als katholisch gelten solle ..." (H. Leppin, Theodosius I., TRE, Bd. 33, 2002, 255–258, 256, 16–18).

[370] Die Dekrete des Konzils von Konstantinopel 381, in: KTGQ I (s. Anm. 144), Nr. 81, S. 200 ff. Vgl. dazu Ritter, Dogma (s. Anm. 4), 212 f.

Das Lehrdekret teilt mit dem NC das Schicksal, das durch die schlechte Überlieferung der Quellen zu dem Konzil bedingt ist.[371] Aber es teilt mit dem NC auch die zeitübergreifende, ökumenische Geltung, ist doch mit dem Lehrdekret das trinitarische Dogma fixiert, wie im NC das trinitarische Glaubensbekenntnis formuliert ist. Es ist gut vorstellbar, dass beide zusammen in die Konzilsverhandlungen eingebracht worden sind.

Wie auch immer, das NC gehört jedenfalls wie N und das Lehrdekret zum Kernbestand des Konzils. Mit N wurden die Grenzen der Kirchenzugehörigkeit, die schon bestanden, gegenüber Häresien bekräftigt. Das NC bestätigt diese Grenzen durch die Gemeinsamkeiten des ersten und zweiten Artikels im Wortbestand wie in den Sachaussagen und zieht diese Grenzen im dritten Glaubensartikel weiter aus. Die Wiederholung der Bekenntnisaussagen im ersten und zweiten Artikel des NC ist nicht nur aus Reverenz gegenüber N geschehen, sondern weil beide Artikel unabdingbar zur Wahrheit des christlichen Glaubens gehören. Aber ebenso unverzichtbar gehört dazu der dritte Artikel. Der dritte Artikel des NC bildet zusammen mit dem Lehrdekret das theologische Spezifikum des Konzils von 381.

Im dritten Glaubensartikel bekennt die Kirche, dass der Heilige Geist „mit dem Vater und dem Sohn angebetet und gepriesen wird" (NC 32). Der Geist gehört wie der Sohn nicht auf die Seite des Geschaffenen, sondern des Schöpfers. Was das N im Jahr 325 durch das Bekenntnis zur Wesenseinheit des Sohnes mit dem Vater im zweiten Artikel herausgestellt hat, das hat das NC durch das Bekenntnis zur Homotimie des Heiligen Geistes mit dem Vater und dem Sohn 381 im dritten Artikel nachvollzogen. Das gründet sich auf den Missions- und Taufbefehl des auferstandenen Christus, auf den Namen des Vaters und des Sohnes und des Heiligen Geistes zu taufen (Mt 28,19). Für Basilius, den pneumatologischen Vordenker des NC, war der trinitarische

---

[371] Der *Tomus* ist nicht erhalten. Der wesentliche Inhalt des Lehrdekrets geht aus einem Sendschreiben der Konstantinopeler Synode von 382 hervor; nach Theodoret, Hist. eccl. V, 9−13 (Theodoret, Kirchengeschichte, hg.v. L. Parmentier, 3. Aufl. v. G. C. Hansen, GLS NF 5, Berlin ³1998, 291−293). Vgl. I. Ortiz de Urbina, Nizäa und Konstantinopel, Mainz 1964, 314 ff.; Ritter, TRE 19 (s. Anm. 7), 521. Die *Kirchengeschichte* des Theodoret ist um 449−450 entstanden; s. J.-N. Guinot, Theodoret von Kyrrhos, TRE, Bd. 33, 2002, 250−254, 253, 3 f.

Taufbefehl der Ansatz und die Grundlage seines Denkens in der Auseinandersetzung mit den Pneumatomachen. Wie Basilius hat sich auch das trinitätstheologische Lehrdekret des Konzils ausdrücklich auf den Taufbefehl bezogen.[372] Auf dieser Basis lehrt uns das Glaubensbekenntnis „zu glauben an den Namen des Vaters und des Sohnes und des Heiligen Geistes, nämlich so, dass *eine* Gottheit, Macht und Wesenheit des Vaters, Sohnes und Heiligen Geistes in gleicher Ehre, Würde und Herrschaft geglaubt wird, in drei vollkommenen Hypostasen (Existenzweisen) oder drei vollkommenen Personen"[373].

Diese trinitätstheologische Formel steht am Ende der trinitarischen Streitigkeiten. Sie ist nicht ausgedacht, sondern steht auf biblischem Grund. Denn die Dreiheit von Vater, Sohn und Geist wird im Taufbefehl Mt 28,19 ausdrücklich erwähnt. In diesem ist wie im Lehrdekret nur von *einem* Namen die Rede. Ihn haben Vater, Sohn und Heiliger Geist gemeinsam. Der eine Name, in dem Vater, Sohn und Heiliger Geist wesensmäßig verbunden sind, ist der Name Gottes. Das wird Mt 28,19 nicht gesagt, aber vorausgesetzt; ebenso im Lehrdekret. Vater, Sohn und Heiliger Geist sind der eine Gott. In welchem Verhältnis sie zueinander stehen, wird im Taufbefehl nicht ausgeführt. Das Lehrdekret interpretiert: Die eine Gottheit von Vater, Sohn und Geist ist *ein Wesen* (μία οὐσία) und existiert in drei Hypostasen (τρεῖς ὑποστάσεις) oder drei Personen.

Die trinitätstheologische Formel des Konzils beruht wie das NC auf der theologischen Pionierleistung des Athanasius und der Theologie der drei Kappadozier, vor allem auf Basilius' *De Spiritu sancto*. Durch Athanasius und besonders Basilius dürfte auch die Spiritualität des Mönchtums bei der Dogmatisierung der Gottheit des Heiligen Geistes indirekt zum Tragen gekommen sein. Das NC bekennt sich zur Gottheit des Heiligen Geistes, indem es sich zur Homotimie des Geistes bekennt, also – vergli-

---

[372] Theodoret, Hist. eccl. V, 9 (KTGQ I, Nr. 81c).

[373] Aus dem Lehrdekret des Konzils nach dem Synodalschreiben der Synode von 382 bei Theodoret, Hist. eccl. V, 11 (Theodoret, Kirchengeschichte (s. Anm. 371), 292): ... πιστεύειν εἰς τὸ ὄνομα τοῦ πατρὸς καὶ τοῦ υἱοῦ καὶ τοῦ ἁγίου πνεύματος, δηλαδὴ θεότητος καὶ δυνάμεως καὶ οὐσίας μιᾶς τοῦ πατρὸς καὶ τοῦ υἱοῦ καὶ τοῦ ἁγίου πνεύματος πιστευομένης, ὁμοτίμου τε τῆς ἀξίας καὶ συναϊδίου τῆς βασιλείας, ἐν τρισὶ τελειοτάταις ὑποστάσεσιν, ἤγουν τρισὶ τελείοις προσώποις ...

chen mit dem Lehrdekret – mit theologischer Zurückhaltung. Nach Gregor von Nazianz, der kurzzeitig den Konzilsvorsitz innehatte, hätte die Homoousie des Geistes im NC deutlicher formuliert werden können.[374] Aber die Zurückhaltung, die Athanasius und Basilius geübt haben, hat seelsorgliche Gründe, wollten sie doch die Gemeinden nicht überfordern. Sie beruht jedenfalls nicht auf Unsicherheit gegenüber dem theologischen Sachproblem. Besonders Athanasius hat an Eindeutigkeit und Klar-Klarheit in der Sache nichts zu wünschen übrig gelassen. Es sei am Schluss in wenigen Sätzen rekapituliert, warum Gott in seiner Offenbarung nicht erkannt werden kann, wenn er nicht als der Dreieinige erkannt wird.

Christen glauben an den einen Gott; der eine Gott ist Vater, Sohn und Heiliger Geist. Diese Dreiheit ist nicht geworden,[375] etwa durch die Menschwerdung des Sohnes oder die Ausgießung des Heiligen Geistes, sondern sie war, bevor alles, was geworden ist, durch Gott geschaffen wurde. Denn Gott war nie der Vater ohne den Sohn, der in Jesus Christus in Erscheinung getreten ist, und nie ohne den Geist der Liebe und Gemeinschaft des Sohnes mit dem Vater und des Vaters mit dem Sohn. Das Wort bzw. der Sohn Gottes ist also nicht nachträglich geworden, auch nicht vor aller Schöpfung; vielmehr war der Vater nie ohne das Wort;[376] das Wort ist gleichewig wie der Vater, dessen ewiges Wort es ist.[377] So ist auch der Heilige Geist nicht geworden,[378] weil der Vater und der Sohn nie ohne die Gemeinschaft des Heiligen Geistes waren, sondern der Geist ist gleichewig wie der Vater und der Sohn, müsste doch ansonsten eine Zeit angenommen werden, in der die Gemeinschaft des Vaters und des Sohnes und des Heiligen Geistes nicht bestanden hätte. Weil der Vater nie

---

[374] Gregor von Nazianz, De vita sua, hg.v. C. Jungck, Heidelberg 1974, 1525 ff. (S. 128 ff.). Vgl. dazu W.-D. Hauschild, Das trinitarische Dogma von 381 als Ergebnis verbindlicher Konsensusbildung, in: K. Lehmann / W. Pannenberg (Hg.), Glaubensbekenntnis und Kirchengemeinschaft. Das Modell des Konzils von Konstantinopel (381), Freiburg/Göttingen 1982, 13–48, 26 f.

[375] Athanasius, Or. c. Ar. I, 18 (s.o. Anm. 252).

[376] Or. c. Ar. I, 25.

[377] Or. c. Ar. I, 18.

[378] Die Auffassung, der Heilige Geist sei ein Geschöpf, hat Athanasius als „abscheuliche Irrlehre" zurückgewiesen (s.o. Anm. 272 f.). Er partizipiert nach Basilius vielmehr an dem Wesen und Eigenschaften Gottes (s.o. Anm. 279 ff.).

ohne den Sohn und nie ohne den Geist ist, ist der Vater immer der Vater[379] und niemals der Sohn oder der Geist. Ist der Vater aber immer der Vater, dann ist auch der Sohn immer der Sohn und der Heilige Geist immer der Heilige Geist. In ihrer wesensmäßigen Einheit, also nicht in einer auf Willen, Entschluss und Vereinbarung gründenden Einheit, sondern in der analogielosen Einheit, die allen Entschlüssen vorausliegt und von Ewigkeit zu Ewigkeit besteht, sind Vater, Sohn und Heiliger Geist der eine Gott. Die Gottheit des Vaters ist auch die des Sohnes und des Geistes: ein Wesen in drei Personen. Nach Gregor von Nazianz ist die Unerzeugheit (ἀγεννησία) charakteristisch für den Vater; das innergöttliche Erzeugtsein (γέννησις) für den Sohn und das Herausgehen (ἐκπόρευσις) für den Heiligen Geist.[380]

Die Gleichewigkeit von Vater, Sohn und Geist kommt im Schöpfungswerk zum Ausdruck: Gott schafft als der Vater durch das Wort in der Kraft des Geistes. Die Gleichewigkeit von Vater, Sohn und Geist ist aber auch die unabdingbare Voraussetzung des Werkes der Versöhnung und Erlösung sowie der Heilszueignung und Vollendung. Das Motiv, warum Athanasius den Arianern vehement widersprochen hat, liegt in der Soteriologie begründet,[381] die für ihn – wie bei Johannes – mit der Christologie untrennbar zusammengehört. Dieses Motiv liegt aber auch den pneumatologischen Auseinandersetzungen zugrunde: Athanasius argumentiert, dass der Heilige Geist kein Geschöpf sein könne; denn wäre er Geschöpf, könnte uns „durch ihn keine Gemeinschaft mit Gott zuteil werden"[382]. Aber er wirkt als der Schöpfergeist die Gemeinschaft mit Gott, die der Vater durch den stellvertretenden Tod[383] und die Auferweckung des Sohnes als das eschatologische Heil ein für allemal heraufgeführt hat, indem er hier und heute den Glauben an das Wort von der Versöhnung wirkt, durch das die Tat der Versöhnung verkündigt wird, und schenkt dadurch das neue Leben. Der Heilige Geist ist der „Lebensspender" (NC 30); er „ist Leben um der Gerechtigkeit willen" (Röm 8,10).

---

[379] Or. c. Ar. I, 22.
[380] Gregor von Nazianz, Or. XXV, 16 u.a.
[381] Nachweise s.o. Anm. 158 ff.
[382] Athanasius, Serap. I, 24.
[383] Vgl. dazu z.B. Athanasius, De inc. (s.o. Anm. 177).

Im NC ist der Glaube durch den Gegenstand des Glaubens selbst, den dreieinigen Gott, zur Entfaltung gebracht worden. Gott *ist* Vater, Sohn und Heiliger Geist. Er war, wie noch einmal zu unterstreichen ist, nicht etwa erst Gott und dann auch Vater, Sohn und Geist. Vielmehr ist Gott nie anders denn als Vater, Sohn und Geist Gott gewesen, bevor er sich heilsökonomisch als Vater, Sohn und Geist offenbart hat. Gott ist der Vater; er ist der Sohn, der in Jesus Christus Mensch geworden ist und als der menschgewordene Sohn für uns gekreuzigt wurde; er ist der Heilige Geist, der das neue Leben spendet und das Leben der kommenden Welt verbürgt.

Die Erkenntnis Gottes ist Heilsgeschehen. Das ist sie deshalb – und nur deshalb –, weil sie die Erkenntnis des dreieinigen Gottes ist, der als der Heilige Geist in die Gemeinschaft mit Gott hineinstellt, die der Sohn durch das Werk der Versöhnung nach dem Willen des Vaters heraufgeführt hat.

Die Dreiheit von Vater, Sohn und Geist ist wie die Einheit von Vater, Sohn und Geist im Neuen Testament bezeugt. Besonders im Johannesevangelium sind die Relationen, in denen, Vater, Sohn und Geist zueinander stehen, theologisch reflektiert. Das trinitarische Dogma gründet sich auf das biblische Zeugnis und hat die Linien, die im Neuen Testament angelegt sind, weiter ausgezogen. Das war notwendig geworden, weil die Gottheit des Sohnes durch den Arianismus und die Gottheit des Heiligen Geistes durch die Pneumatomachen und damit der Vollzug und die Zueignung des eschatologischen Heils selbst in Zweifel gezogen worden waren. Das trinitarische Glaubensbekenntnis, das in dem Nicaeno-Constantinopolitanum von 381 vorliegt, ist über das 4. Jahrhundert hinaus gültig in der ganzen Christenheit auf Erden und wird mit Recht in der gesamten Ökumene anerkannt.

Gotteserkenntnis und Heilserkenntnis bei Luther

„Wir glauben, dass *ein* Gott (*unicus deus*) ist: Vater, Sohn und Heiliger Geist. Und dieser Artikel ist unser Hauptstück ... Wenn ein Artikel fehlt, ist alles verloren."[1]

Diese Sätze aus der Predigt am Trinitatissonntag 1531 lassen keinen Zweifel darüber zu, dass Luther das trinitarische Dogma rezipiert hat. Er scheut sich nicht, in der Gemeindepredigt auf Arius zu sprechen zu kommen.[2] Die Wittenberger Gemeinde weist er darauf hin, dass die Juden unter Berufung auf 5. Mose 6,4 und die Türken (Muslime) darüber anders denken.[3] Dem hält Luther entgegen: „Es ist gewiß niemand auf Erden, der wüßte, was Gott ist und was er in sich selber ist. Daher müssen wir es von ihm selbst hören und es mit seinen Worten sagen."[4] Wie bei Athanasius hat auch bei Luther die Soteriologie den Ausschlag gegeben: „Das ewige Leben und die Vergebung der Sünden sollst du haben, wenn du an den Vater, Sohn und Heiligen Geist glaubst. Dieser Glaube gibt alles, was im Glaubensbekenntnis enthalten ist. Denn wenn der Sohn und der Heilige Geist nicht Gott wäre (*non esset deus*), dann hättest du weder Vergebung der Sünden noch ewiges Leben."[5]

Luther hat das trinitarische Dogma von Anfang an vorausgesetzt; die produktive theologische Aneignung erfolgte aber später. Die Trinitätslehre als Niederschlag der Lehre von Gott wird bei Luthers Auslegung des Apostolikums zu behandeln sein. Zuvor ist die Aufgabe gestellt, Luthers Lehre von Gott aus seinem theologischen Denkansatz heraus zu entfalten.

---

[1] Luther, Predigt am Trinitatissonntag (4.06.) 1531, WA 34 I, 498, 18 f. 20. Aus der Nachschrift von G. Rörer. Zu diesem s. M. Stefan / C. Speer, Georg Rörer (1492–1557), Leipzig 2012.
[2] WA 34 I, 498, 20 ff.
[3] WA 34 I, 499, 3 ff.
[4] WA 34 I, 500, 12 f.: „... quid deus und was er sey an yhm selber ..."
[5] WA 34 I, 502, 11–13.

„Gott war für Luther in allem das Erste und das Letzte, sein ein und alles, der Eine, um dessen Sache es ihm ging."[6] Der Umstand, dass es Luther immer um Gott ging, macht die Beschränkung auf das Wesentliche angesichts des gewaltigen Umfangs seines Werkes zu einer Herausforderung. Um ihr ansatzweise gerecht zu werden, halte ich mich an die grundlegende Fragestellung, ob und inwiefern die Erkenntnis Gottes das Heil in sich birgt.

Gotteserkenntnis - Sündenerkenntnis - Selbsterkenntnis

Gotteserkenntnis, Sündenerkenntnis und Selbsterkenntnis sind bei Luther korrelativ aufeinander bezogen. Das geht aus seiner Auslegung von Röm 3,4 (f.) in seiner Vorlesung über den Römerbrief 1515/16 hervor.[7]

Zunächst ist in Erinnerung zu rufen: Paulus behandelt in Röm 1,18–3,20 die Offenbarung des Zornes Gottes über Heiden und Juden und führt den Beweis, dass alle unter der Sünde sind (3,9). In 3,4 geht er auf Einwände seiner Gegner ein, weist eine gegnerische Position schroff zurück und führt als theologische Begründung an,[8] es möge dabei bleiben: „Gott ist wahrhaftig, jeder Mensch aber ein Lügner; wie geschrieben steht (Ps 50,6 LXX): ‚Damit du recht behältst in deinen Worten und siegst, wenn man mit dir rechtet.'"

Gottes Wahrhaftigkeit ist nicht abhängig von dem Verhalten und Urteil der Menschen. Aus der Wahrnehmung, dass einige der Juden dem Evangelium nicht glauben (Röm 3,3), darf nicht geschlossen werden, Gottes Treue und Verheißung seien hinfällig. Vielmehr steht die Verheißung Gottes – und das ist das „Ent-

---

[6] H. Beintker, Luthers Gotteserfahrung und Gottesanschauung, in: H. Junghans (Hg.), Leben und Werk Martin Luthers von 1526 bis 1546, Bd. I, Berlin/Göttingen 1983, 39–62, 39.

[7] WA 56, 212–234. Luthers Auslegung ist sehr umfangreich und exegetisch „unausgewogen", weil er anlässlich dieses Verses mit einem grundsätzlichen theologischen Problem befasst ist, nämlich ob und wie Gott zu seinem Recht kommt. Formal zeigt sich die Unausgewogenheit der Argumentation, in der sich die Leidenschaftlichkeit des Ringens widerspiegelt, in der Aneinanderreihung von „Zusätzen".

[8] Vgl. z.St. E. Lohse, Der Brief an die Römer, KEK IV, Göttingen 2003, 115 ff., bes. 117.

scheidende" für Luther an dieser Stelle[9] – trotz des Unglaubens der Menschen fest.

Luther beginnt seine Ausführungen zu Röm 3,4 mit der Feststellung: „Gott kann an sich selbst von niemandem gerechtfertigt werden, weil er selbst die Gerechtigkeit ist. So kann er auch nicht gerichtet werden, weil er selbst das ewige Gesetz, das Gericht und die Wahrheit ist. Er siegt auch in sich selbst über alles"[10] und bedarf keiner Ermutigung oder Unterstützung. Gegenüber Gott selbst, dem absoluten Gott (*Deum ipsum absolute*),[11] gibt es weder Stellungnahme noch Widerspruch, sondern allenfalls „sinnlose Empörung oder willenlose Unterwerfung"[12]. Deshalb geht Luther von einer Differenzierung aus, die grundlegender Art ist: „Es ist allerdings ein Unterschied, ob man einfach sagt: ‚Gott wird gerechtfertigt' oder ob man sagt: ‚Gott wird in seinen Worten oder in seinen Werken gerechtfertigt'."[13] Bei der Auslegung von Röm 3,4 geht es Luther allein darum, dass Gott, der sich offenbart hat, in seinen Worten und Werken gerechtfertigt wird. Das geschieht allerdings unter der Voraussetzung, dass der sich ewig gleichbleibende Gott, wie er in sich selbst ist, „eben der redende, sich kundgebende Gott (ist)"[14].

Der Schlüsselbegriff dieses Abschnitts der Vorlesung über den Römerbrief ist *Deum iustificare / Gott rechtfertigen* oder *Gott recht geben*.[15] Vorausgesetzt wird: Gott hat sich in Christus offenbart und durch seine Offenbarung eindeutig festgelegt, und

---

[9] So mit Recht L. Grane, Modus loquendi theologicus. Luthers Kampf um die Erneuerung der Theologie (1515–1518), AThD XII, Leiden 1975, 72.

[10] WA 56, 212, 22–24: „Quia Iustificari Deus in seipso a nullo potest, cum sit ipsa Iustitia, Sic neque Iudicari, cum sit ipse eterna lex et Iudicium ac veritas, Sed et vincit in seipso omnia ..."

[11] WA 56, 217, 19 f.

[12] H. J. Iwand, Glaubensgerechtigkeit nach Luthers Lehre, (1941) ⁴1964, in: ders., Glaubensgerechtigkeit. GAufs. II, hg.v. G. Sauter, TB 64, München 1980, 11–125, 27 (z.St.).

[13] WA 56, 212, 19 f. Wiedergegeben nach der Übersetzung von E. Ellwein, in: M. Luther, Vorlesung über den Römerbrief 1515/1516. Ausgewählte Werke, hg.v. H. H. Borcherdt / G. Merz, München ³1965, 82.

[14] R. Hermann, Das Verhältnis von Rechtfertigung und Gebet nach Luthers Auslegung von Römer 3 in der Römerbriefvorlesung, 1925, in: ders., Gesammelte Studien zur Theologie Luthers und der Reformation, Göttingen 1960, 11–43, 16, Anm. 13.

[15] Vgl. Iwand, Glaubensgerechtigkeit (s. Anm. 12), 21 ff.

das tut er durch sein von den Aposteln verkündigtes Wort als unmissverständliches Urteil kund. Durch Weghören wird der Urteilsspruch nicht ungültig. Er gilt vielmehr unverbrüchlich und ist zu hören. Im Hören entscheidet es sich, ob Gott in seinen Worten gerechtfertigt wird oder nicht: „Dann wird Gott in seinen Worten gerechtfertigt, wenn sein Wort von uns als gerecht und wahrhaftig anerkannt und angenommen wird."[16] Wie geschieht das? „Das geschieht durch den Glauben an sein Wort."[17] Gott rechtfertigen heißt also Gott glauben. Diesen Sachverhalt unterstreicht Luther durch die Gegenbegriffe von „rechtfertigen" und „glauben", nämlich „richten" und „nicht glauben": „Dann aber wird er in seinen Worten gerichtet, wenn sein Wort für falsch und lügnerisch gehalten wird; das geschieht durch den Unglauben ..."[18]

Aus den angeführten Belegen, die sich vermehren ließen, da sich Luther zu Röm 3,4 f. häufig wiederholt, wird deutlich: *Deum iustificare* ist ein Begriff, den er gebildet hat, um die Buß- und Umkehrpredigt des Paulus in Röm 1,18–3,20, die sachlich wiederum dem Bußruf Jesu entspricht, aufzunehmen und theologisch zu interpretieren. Nach seinem Schriftverständnis zielt jedes Wort der Schrift und alles, was Gott tut, darauf, den Sinn des Menschen zu ändern.[19] Daher ergibt sich für ihn aus dem Psalmwort „An dir allein habe ich gesündigt" (Ps 51,6a), das er zusätzlich aufnimmt, führt Paulus in Röm 3,4 doch lediglich Ps 51,6b an, das Bekenntnis: „Ich gebe meine Gerechtigkeit und meinen Sinn preis, der deinen Worten widersteht und sie verdammt, und ich bekenne, dass ich ein Sünder bin, ungerecht und lügenhaft, damit deine Worte in mir Raum haben und gerechtfertigt werden, wahr sind und wahr werden, so dass sie in uns so werden, wie sie in sich selbst sind."[20] Gott mag in sich gerecht

---

[16] WA 56, 212, 26 f.: „... tunc Iustificatur Deus in sermonibus suis, quando sermo eius a nobis Iustus et verax reputatur et suscipitur."

[17] WA 56, 212, 27 f.: „quod fit per fidem in eloquia eius."

[18] WA 56, 212, 28 f.: „Tunc autem Iudicatur in sermonibus suis, quando sermo eius ut falsus et mendax reputatur, quod fit per incredulitatem ..."

[19] WA 56, 233, 8 f.

[20] WA 56, 226, 17–20: „cedo Iustitiam meam et sensum meum, qui resistit et damnat tuos sermones, et fateor me peccatorem et iniustum et mendacem, Ut tui sermones in me locum habeant et Iustificentur ac veri sint et fiant, Ut tales fiant in

und wahrhaftig sein, er ist es nicht in uns, bis wir bekennen: „An dir allein habe ich gesündigt" (Ps 51,6a).[21] „Auch meine Wahrheit ist vor ihm Lüge."[22] Die sich nicht als Sünder vor ihm bekennen, widersprechen Gott (*contradicunt Deo*), richten ihn (*eum iudicant*) und machen ihn zum Lügner.[23] Dieser Widerspruch ist Ausdruck von Gottlosigkeit und Stolz;[24] er kommt aus dem Hochmut des menschlichen Herzens, in dem sich der Unglaube manifestiert.[25] Stolz und Unglaube äußern sich in Aufruhr (*rebellio*) gegen Gott.[26] Gerechtfertigt wird Gott daher allein bei denen, die ihren eigenen Sinn aufgeben und ihm glauben (*sensu suo cedunt et huic credunt*).[27] Die Intention von Ps 51 ist ja nicht, zu sagen, dass unsere Sünde, sondern vielmehr, dass das Bekenntnis und die Anerkenntnis unserer Sünde Gott rechtfertigt.[28]

Die Sünde ist zwar allgemein und alltäglich, aber Anerkenntnis und Bekenntnis der Sünde sind dies keineswegs. Der Mensch gibt den Worten nicht recht, die ihn als Sünder bezeichnen, „sondern verdammt und verurteilt sie. Er glaubt ihnen nicht, weil er sie nicht für wahr hält. Er hält sie aber darum nicht für wahr, weil er seinen eigenen Sinn, dem jene Worte entgegengesetzt sind, für wahr hält."[29] Er will also unter allen Umständen bleiben, der er ist, und stellt sein eigenes Urteil über das Urteil, das Gott in seinen Worten über ihn spricht. Er übernimmt aber nicht nur Gottes Urteil über sich nicht, sondern verwirft es vielmehr ausdrücklich, indem er seinerseits Gottes Wort beurteilt und als lügenhaft und ungerecht ausgibt.[30]

---

nobis, quales sunt in seipsis." Ebenso argumentiert Luther WA 56, 214, 19–21; s.a. WA 3, 289, 31 ff.; WA 55 I, 396 f.
[21] WA 56, 214, 18–20.
[22] WA 56, 216, 23: „... etiam veritas mea coram ipso sit mendacium."
[23] WA 56, 217, 2 f.
[24] WA 56, 217, 16 f.
[25] WA 56, 226, 7.
[26] WA 56, 226, 12.
[27] WA 56, 213, 4 f.
[28] WA 56, 215, 2 f.: „Psalmus autem non intendit, Quod peccatum nostrum Iustificet Deum, Sed Confessio et agnitio peccati ..."
[29] WA 56, 226, 8–10.
[30] WA 56, 226, 10 f.

Im Gegensatz dazu gilt es, dem Urteil Gottes stillzuhalten und seinen Worten zu glauben.[31] „Auch wenn wir keine Sünde bei uns erkennen, müssen wir doch glauben, dass wir Sünder sind."[32] Luther spricht sogar davon, „dass wir Sünder werden müssen"[33]. Selbstverständlich meint er nicht, wir sollten uns in etwas hineinsteigern, was wir nicht sind, sondern wir sollen vielmehr erkennen, wer wir in Wahrheit sind.[34] Denn Gott hat uns offenbart, was er über uns denkt und wie er über uns urteilt, nämlich dass alle in Sünden sind.[35] „Dieser seiner Offenbarung, das heißt seinen Worten, müssen wir daher Raum geben und glauben und sie so rechtfertigen und verifizieren."[36] Dieses Gott-recht-Geben, durch das wir uns in den Gegensatz zu unserer Selbsteinschätzung und Selbstbewertung bringen, ist „ein geistliches Geschehen, kein physisches oder natürliches"[37].

In dem Gott-recht-Geben siegt Gott in seinem Wort und macht uns zu Menschen, die so sind, wie sein Wort ist, nämlich gerecht, wahr und weise.[38] Darauf folgt eine Formulierung Luthers, in der eine der Grundeinsichten der frühen Reformation festgehalten ist: *Et ita nos in verbum suum, non autem verbum suum in nos mutat.*[39] (Und so wandelt er uns in sein Wort, nicht aber sein Wort in uns.) Diese Wandlung geschieht, wenn wir glauben, dass sein Wort gerecht und wahr ist.[40] Denn damit ist eine Gleichförmigkeit beim Wort und beim Glaubenden (*similis forma est in verbo et in credente*) hergestellt, nämlich in der

---

[31] WA 56, 231, 11 f.: „Ideo Iudicio Dei standum et sermonibus eius credendum."
[32] WA 56, 231, 6 f.
[33] WA 56, 229, 9 f.: „Nos oportere peccatores fieri ..."
[34] WA 56, 229, 13 f.: „Ac sic tales efficimur in nobis ..., quales sumus extra nos (i. e. coram Deo)."
[35] WA 56, 229, 28 f.
[36] WA 56, 229, 29–31: „Huic ergo reuelationi sue siue sermonibus suis debemus cedere et credere ac sic Iustificare et verificare eos ..."
[37] WA 56, 230, 2 f.: „Ista itio spiritualis est, Non physica seu naturalis." *Itio* heißt wörtlich *das Gehen* (K. E. Georges, Ausführliches Lateinisch-Deutsches Handwörterbuch, Bd. II, 1916–1919, Nachdr. Darmstadt 1995, 474).
[38] WA 56, 227, 2–4: „.... Vincit enim in verbo suo, dum nos tales facit, quale est verbum suum, hoc est Iustum, verum, Sapiens etc."
[39] WA 56, 227, 4 f.
[40] WA 56, 227, 5 f.

Wahrheit und Gerechtigkeit.[41] „Also: Indem er gerechtfertigt wird, rechtfertigt er, und indem er rechtfertigt, wird er gerechtfertigt."[42]

Diejenigen, die Gott in seinen Worten recht geben, dass sie Sünder sind und vor ihm nicht bestehen können, rechtfertigt er durch seine Gerechtigkeit; denn Paulus redet hier nicht von der Gerechtigkeit, durch die Gott selbst gerecht ist, sondern durch die er gerecht ist und uns rechtfertigt.[43] Bei denen aber, die ihm in seinen Worten widersprechen, weil sie auf ihrer eigenen Wahrheit und Gerechtigkeit beharren,[44] kann Gott nicht als *Iustificator* wirksam werden,[45] so wenig wie ein Arzt bei Widerstand seine ärztliche Kunst erweisen kann.[46] Mit dem Richten und Verwerfen, das Gott in seinem Wort widerfährt, sprechen sie aber das Gericht über sich selbst.[47] Denn: „Gott bleibt Sieger in seinen Worten."[48] Nicht die Unbußfertigkeit, die Unwahres verteidigt, sondern die Buße, die der Wahrheit recht gibt, führt zur Rechtfertigung. „Die Wahrheit nämlich behält den Sieg über alles."[49]

Der Wahrheit, die den Sieg behält, recht geben, darin liegt auch der Schlüssel zur Erkenntnis. Einschlägig zur Erkenntnisproblematik ist die folgende Stelle: „Und so führt uns Gott durch sein Aussichherausgehen zur Einkehr in uns selbst, und durch die Erkenntnis seiner wirkt er in uns die Erkenntnis unserer selbst. Denn wenn Gott nicht zuerst aus sich herausginge und in uns wahr zu werden suchte, könnten wir nicht bei uns selbst einkehren und Lügner und Ungerechte werden. Hätte doch der Mensch nicht aus sich selbst wissen können, dass es so mit ihm

---

[41] WA 56, 227, 6 f. Zum Verständnis der Gleichförmigkeit vgl. Iwand, Glaubensgerechtigkeit (s. Anm. 12), 27 ff.

[42] WA 56, 227, 7 f.: „Ergo dum Iustificatur, Iustificat, et dum Iustificat, Iustificatur."

[43] WA 56, 215, 16 f.: „... Sed qua Iustus est et nos Iustificat."

[44] WA 56, 217, 4 ff.

[45] Gott ist der „allein Gerechte" und als solcher „unser Rechtfertiger" (WA 56, 221, 34: „quia solus Iustus et Iustificator noster").

[46] WA 56, 217, 11–15.

[47] WA 56, 213, 14 f.

[48] WA 56, 217, 26 f.

[49] WA 56, 213, 3 f.: „Veritas enim super omnia vincit."

vor Gott bestellt ist, wenn ihm dies nicht Gott selbst offenbarte."[50]

Zum Verständnis sind folgende Unterstreichungen und Erläuterungen hilfreich: Der Initiator ist Gott, der nicht verborgen bleibt, sondern in seinem Wort aus sich herausgeht. Sein Wort besteht aus dem Bußruf und dem Evangelium. Es bringt Menschen dazu, dass sie in sich gehen. Dabei ist es zuerst Gott, der aus sich herausgeht; er bewirkt, dass Menschen bei sich selbst einkehren. Denn offenbarte er sich nicht, könnten Menschen nicht wissen, wie er über sie urteilt und welches Ziel er verfolgt. Das Urteil lautet, dass sie vor ihm nicht bestehen können, weil sie unwahr und ungerecht sind. Das bringt der Bußruf zum Ausdruck. Das Ziel seines Aussichherausgehens ist, dass er in uns Menschen zu werden sucht, was er ist und mit seinem Wort zuzueignen vermag: Wahrheit und Gerechtigkeit. Das ist der Inhalt des Evangeliums. Die Wirkung der Offenbarung Gottes ist entweder Unglaube und Verstockung oder Glaube und Umkehr. Glaube und Umkehr bestehen in dem Gott-recht-Geben durch das Bekenntnis der Sünde, nämlich vor ihm unwahr und ungerecht zu sein, und der Annahme des Evangeliums, dessen Inhalt die Gerechtigkeit Gottes ist, die dem Glaubenden zum Heilswiderfahrnis wird (Röm 1,16 f.).

Für die Erkenntnisproblematik ergibt sich daraus: Erkenntnis Gottes, Erkenntnis der Sünde und Selbsterkenntnis des Menschen gehören zusammen und erfolgen gleichzeitig in demselben Erkenntnisgeschehen. Dieses ist ein geistliches Geschehen, das durch Gottes Offenbarung hervorgerufen wird, der sich durch sein Wort zu erkennen gibt, um Menschen in die Wahrheit und Gerechtigkeit zu stellen. Die Erkenntnis besteht in der Urteilskonformität des Glaubenden mit dem Wort Gottes, und zwar mit diesem als dem Gerichtswort als auch mit ihm als dem Vergebungs- und Heilswort. Das Erkenntnisgut, das dem Glauben zuteil wird, und zwar diesem allein, ist das eschatologische Heil, das Gott durch das Kreuz und die Auferstehung Jesu Christi,

---

[50] WA 56, 229, 20–25: „Et ita Deus per suum exire nos facit ad nos ipsos introire Et per sui cognitionem infert nobis et nostri cognitionem. Quia Nisi Deus ita prius exiret et verax fieri quereret in nobis, Nos non possemus introire ad nos et mendaces ac Iniusti fieri. Non enim potuit homo ex seipso scire, Quod talis esset coram Deo, nisi ipse Deus hoc ipsum reuelaret."

seines Sohnes, heraufgeführt hat und das er durch das Evangelium als das Wort von der Versöhnung und Rechtfertigung in der Kraft seines Geistes verkündigen lässt.

Die unbedingte Priorität Gottes

Bei Hosea gründet die Erkenntnis Gottes in der Anerkennung der unbedingten Priorität Gottes, der befreiend an Israel gehandelt hat.[51] Auf diesem Handeln beruht die Tora, in deren Zentrum der Dekalog steht, der wiederum von der Präambel umfasst und regiert wird: „Ich bin der HERR, dein Gott, der ich dich aus Ägyptenland, aus der Knechtschaft, geführt habe." (2. Mose 20,2) Die Erkenntnis Gottes erwächst aus dem Geltenlassen der Tora, in der die unbedingte Priorität Gottes vor „anderen Göttern" (20,3) unüberhörbar zum Ausdruck gebracht ist.

Auch im neuen Bund gründet die Erkenntnis Gottes in der Anerkennung der unbedingten Priorität Gottes. Dieser hat im neuen Bund im Unterschied zum alten Bund jedoch nicht nur an Israel, so gewiss der heilsgeschichtliche Vorrang Israels gewahrt bleibt, sondern an der ganzen Welt versöhnend gehandelt. „Denn Gott war in Christus und versöhnte die Welt mit sich selber und rechnete ihnen ihre Sünden nicht zu und hat unter uns aufgerichtet das Wort von der Versöhnung." (2. Kor 5,19) Die Erkenntnis Gottes beruht im neuen Bund auf der Urteilskonformität des Glaubens mit dem Wort Gottes, und zwar sowohl mit dem Bußruf als auch mit dem Wort von der Versöhnung, also – nach Luthers reformatorischer Fundamentalunterscheidung – auf dem Geltenlassen von Gesetz und Evangelium.

In der Unterscheidung von Gesetz und Evangelium hat Luther eine unbedingte Notwendigkeit gesehen, weil darin die Summe der ganzen christlichen Lehre enthalten sei.[52] Sie hat ihm nicht nur die Theologie des Paulus, sondern die ganze Schrift erschlossen und umfasst Altes und Neues Testament, Bußruf und

---

[51] Vgl. o. S. 13.
[52] In epistolam S. Pauli ad Galatas Commentarius, (1531) 1535; WA 40 I, 209, 16 f.: *Is locus de discrimine legis et Evangelii scitu maxime necessarius est, quia continet summam totius Christianae doctrinae.*

Heilsverkündigung Jesu Christi, Gesetz und Evangelium *von* Jesus Christus im Corpus Paulinum und die Unterscheidung zwischen Mose und Christus (s. Joh 1,17) in den johanneischen Schriften. Ein Beispiel dafür bietet seine Auslegung der Frage nach dem höchsten Gebot in den synoptischen Evangelien (Mt 22,34–40 / Mk 12,28–34 / Lk 10,25–28).

Markus schildert ein Schul- oder Lehrgespräch, das bei Matthäus den Charakter eines Streitgesprächs annimmt. Lukas hat die Szene unter der Leitfrage nach dem ewigen Leben dargestellt. Jesus sieht sich mit der Frage konfrontiert, welches Gebot das höchste von allen sei?[53] Es gab Gründe, eine solche Frage zu stellen, hatte doch die Schriftgelehrsamkeit die Tora in 613 Satzungen zerlegt, davon 248 Gebote und 365 Verbote. Jesus antwortete unter ausdrücklicher Bezugnahme auf das *Sch'ma Israel*: „'Höre, Israel: Der Herr ist unser Gott, der Herr ist einzig![54] Du sollst den Herrn, deinen Gott, lieben von ganzem Herzen, von ganzer Seele, von ganzem Gemüt und von allen deinen Kräften.'[55] Das andere ist dieses: ‚Du sollst deinen Nächsten lieben wie dich selbst.'[56] Es ist kein anderes Gebot größer als diese."[57]

Aus dieser Antwort wird deutlich: „Jesus lebt im Alten Testament."[58] Denn in der Antwort sind der Anfang des Urdeuteronomiums (5. Mose 6,4 f.)[59] und ein Spitzensatz aus dem Heiligkeitsgesetz (3. Mose 19,18), nämlich „der Höhepunkt des singularischen Dekalogs von Lv 19"[60], zusammengestellt und dadurch beide Seiten der Toratradition zu Wort gebracht. Das *Sch'ma* ist

---

[53] Mt 22,36: ποία ἐντολὴ μεγάλη ἐν τῷ νόμῳ; Mk 12,28 hat statt μεγάλη πρώτη.

[54] Mk 12,29b; 5. Mose 6,4 LXX. Übersetzung unter Berücksichtigung des hebr. Textes.

[55] Mk 12,30; Mt 22,37; Lk 10,27. Paraphrase von 5. Mose 6,5 LXX. Bei Mt fehlt die Schlusswendung „und von allen deinen Kräften"; bei Lk steht diese Wendung vor „und von ganzem Gemüt". Das hebr. *Sch'ma* ist nicht vier-, sondern dreigliedrig. Die Erweiterung im Griechischen soll der Verdeutlichung dienen; vgl. A. Schlatter, Der Evangelist Matthäus, Stuttgart ⁵1959, 656.

[56] Mk 12,31; Mt 22,39 (mit anderer Einleitungsformel); Lk 10,27 (ohne Einleitungsformel). Schriftzitat aus dem „Heiligkeitsgesetz" (3. Mose 19,18 LXX).

[57] Mk 12,31b. Mt 22,40: „In diesen beiden Geboten hängt das ganze Gesetz und die Propheten."

[58] J. Jeremias, Neutestamentliche Theologie I, Gütersloh 1971, 198.

[59] Vgl. H. D. Preuß, Deuteronomium, EdF 164, Darmstadt 1982, 100 f.

[60] H. Gese, Das Gesetz, in: ders., Zur biblischen Theologie, Tübingen ³1989, 55–84, 68.

das Grundbekenntnis Israels zur Einzigkeit und Einzigartigkeit JHWHs. Der Israelit betete es zweimal täglich und brachte damit den Gehorsam des Glaubens zum Ausdruck.[61] Es birgt zugleich Geschichtserinnerung, Anbetung und Zukunftsvergewisserung in sich. Das Nächstenliebegebot, das wohl bekannteste Wort aus dem Buch Leviticus, zielt auf eine grundsätzliche Einstellung gegenüber dem anderen Menschen, die nicht von Hass, sondern vielmehr von Liebe bestimmt sein soll.[62] Bezieht sich 3. Mose 19,18 auf die Glieder des Volkes Israel,[63] ist diese Begrenzung im Neuen Testament aufgehoben, was die Beispielsgeschichte vom barmherzigen Samariter Lk 10,30–37 im Anschluss an 5. Mose 6,5 und 3. Mose 19,18 in Lk 10,27 unmissverständlich vor Augen führt.

Jesu Antwort lässt seine tiefe, unverbrüchliche Bindung an den Liebeswillen Gottes, wie er in dem Doppelgebot zusammengefasst ist, aber zugleich die Souveränität seines Umgangs mit der Gesetzesüberlieferung erkennen. Auch Philo von Alexandrien hat von zwei Grundlehren gesprochen, deren eine die Gottesverehrung und deren andere die Menschenliebe betrifft.[64] Aber die exklusive Zusammenordnung des Grundbekenntnisses Israels mit dem Nächstenliebegebot, das universale Geltung beanspruchen kann, ist „als das Besondere der Verkündigung Jesu zu bezeichnen"[65]. Diese Fokussierung der Tora geht auf Jesus selbst zurück.[66] Sie bildet das Fundament für die unterschiedliche Ausgestaltung bei den Synoptikern.

---

[61] Die Rezitation des Sch'ma wird „in der rabbinischen Theologie als ein Aufsichnehmen der Herrschaft Gottes bezeichnet" (W. Bousset / H. Gressmann, Die Religion des Judentums im späthellenistischen Zeitalter, HNT 21, Tübingen ³1926, 190, Anm. 1).

[62] Vgl. z.St. E. S. Gerstenberger, Das 3. Buch Mose. Leviticus, ATD 6, Göttingen 1993, 242–249, bes. 246 f.

[63] Schon im AT trägt das Nächstenliebegebot eine Tendenz zur Ausweitung auf den „Fremdling" in sich (3. Mose 19,33 f.; vgl. H. J. Boecker, Wegweisung zum Leben. Recht und Gesetz im Alten Testament, Stuttgart 2000, 86–92, bes. 91).

[64] Philo, SpecLeg II, 63.

[65] G. Bornkamm, Das Doppelgebot der Liebe, in: ders., Geschichte und Glaube I, BEvTh 48, München 1968, 37–45, 38. S.a. A. Nissen, Gott und der Nächste im antiken Judentum, Tübingen 1974, 394.

[66] Mit P. Stuhlmacher, Biblische Theologie des Neuen Testaments I, Göttingen ³2005, 79 u. 100; F. Hahn, Theologie des Neuen Testaments I, Tübingen ²2005, 99. S.a. E. Schweizer, Jesus Christus I, TRE, Bd. 16, 1987, 670–726, 717, 23.

Bei Markus ist in 12,29b auch 5. Mose 6,4 angeführt, und zwar in der Übersetzung der Septuaginta. Hebräisch lautet der Vers:

שְׁמַע יִשְׂרָאֵל יְהוָה אֱלֹהֵינוּ יְהוָה אֶחָד

Höre, Israel: JHWH ist unser Gott, JHWH ist einzig![67]

Der Vers besteht aus einem Höraufruf, ausgedrückt mit einer paränetischen Formel, die auch sonst im Deuteronomium begegnet (5,1; 9,1 u.a.), und einer Bekenntnisaussage in einem bzw. zwei Nominalsätzen.[68] Der erste *JHWH ist unser Gott* ist das Grundbekenntnis Israels schlechthin, „monolatrisch wie der erste Satz des Dekalogs"[69]. Dazu tritt als zweiter Nominalsatz *JHWH ist Einer* bzw. *JHWH ist einzig*. Nicht an eine abstrakte Einheitsvorstellung von Gott ist gedacht, sondern an Gott als den Einen, der in Israel gehandelt hat und in dem alles beschlossen liegt. Das *Sch'ma* ist im Sinne des ersten Gebotes zu verstehen, dass JHWH (Luther: *Der HERR*) „dein Gott" (5. Mose 5,6) ist und keineswegs auch „andere Götter" (5,7). In der Sache impliziert das *Sch'ma* wie das erste Gebot das monotheistische Bekenntnis zur Einzigkeit Gottes.[70]

Die Gottesliebe und die Nächstenliebe sind in der Antwort Jesu koordiniert, werden von ihm aber keineswegs im Sinne einer Koinzidenz aufgefasst. Bei ihm steht das Gebot der Gottesliebe vielmehr eindeutig voran, wie aus Mt 22,38 hervorgeht: „Dies ist

---

[67] Zur Übersetzung mit zwei Nominalsätzen s. die folgende Anm. Diese Übersetzung vertritt z.B. auch die Neue Jerusalemer Bibel. Luther übersetzte: *Hore Israel / der HERR unser Gott ist ein einiger HERR.*

[68] Vgl. G. Quell, κύριος, ThWNT, Bd. III, 1938, 1056–1080, 1079, 26 f.: „Grammatisch ist die Annahme zweier Nominalsätze die leichtere." Zur Übersetzung von 5. Mose 6,4 s.a. T. Veijola, Das Bekenntnis Israels, 1992, in: ders., Moses Erben, BWANT 149, Stuttgart 2000, 76–93, 82 ff.; O. Loretz, Des Gottes Einzigkeit. Ein altorientalisches Argumentationsmodell zum „Schma Jisrael", Darmstadt 1997, 62 ff.

[69] Quell, ThWNT III, 1079, 28 f.

[70] Mit T. Veijola ist festzustellen, dass es in 5. Mose 6,4b um „das zentrale Anliegen des Ersten Gebots (geht)" (Das 5. Buch Mose. Deuteronomium, ATD 8, 1, Göttingen 2004, 178). Aber gegen ihn einzuwenden ist, dass das *Sch'ma* wie das erste Gebot sehr wohl das monotheistische Bekenntnis zur Einzigkeit Gottes einschließt (vgl. W. Eichrodt, Theologie des Alten Testaments, Teil 1: Gott und Volk, Berlin [7]1963, 145 f.).

das höchste und größte Gebot."[71] Grundlegend ist die Gottesrelation und das Gebot der Gottesliebe. Das Fehlen der Liebe zu Gott kann durch keine Nächstenliebe kompensiert werden. Gottesliebe und Nächstenliebe gehören untrennbar zusammen und sind *beide* unbedingt zu üben! Das doppelte Liebesgebot erschließt die ganze Tora, aber gemeint ist mithin nicht, dass die Gottesliebe in der Nächstenliebe aufginge oder umgekehrt die Nächstenliebe um der Gottesliebe willen entfiele. Innerhalb des Doppelgebotes der Liebe besteht aber insofern ein hierarchisches Gefälle, als alle Gebote, auch das Nächstenliebegebot, nichts sind „als eine große Explikation des Gebotes, Jahwe zu lieben und ihm allein anzuhangen (Dt. 6,4 f.)"[72]

Luther hat in dem *Sch'ma* und dem auf es folgenden Liebesgebot die „Summe der ganzen Weisheit und Wissenschaft"[73] gesehen. Exemplarisch für sein Verständnis des höchsten Gebotes ist eine Predigt über Mt 22,34 ff. aus dem Jahr 1523.[74] Er setzt mit der Feststellung ein, dieses Evangelium bestehe aus zwei Teilen, nämlich aus der Lehre des Gesetzes Gottes, zu der auch die gehören, die es mit eigenen Kräften zu halten vermeinen, und zweitens, wie man das Gesetz erfüllen soll. Beides habe die Gemeinde schon oft gehört.[75]

Im Blick auf die Lehre des Gesetzes Gottes (*doctrina legis dei*) unterstreicht Luther, das Gebot, Gott von ganzem Herzen, von ganzer Seele und von ganzem Gemüt zu lieben (5. Mose 6,5; Mt 22,37), sei unzweifelhaft das vornehmste Gebot.[76] Aber er knüpft daran – im Unterschied zu mittelalterlichen, aber auch zu modernen Auslegern – sogleich die entscheidende Frage, wer es denn zu halten vermöge? Die Antwort darauf lautet peremptorisch: „Niemand hat jemals auch nur den kleinsten Teil von

---

[71] Auch für Josephus (Ant III, 91 u.a.) und Philo (Virt 34 u.a.) ist das Gebot der Gottesliebe das erste.

[72] G. v. Rad, Theologie des Alten Testaments, Bd. I, München ⁶1969, 243.

[73] Predigten über das 5. Buch Mose, 5.09.1529; WA 28, 622, 5: „... est summa totius sapientiae et scientiae". Nachschrift von G. Rörer.

[74] Predigt am 18. Sonntag nach Trinitatis, 4.10.1523; WA 11, 187–191. Nachschrift Rörer. Vgl. dazu M. Luthers Evangelien-Auslegung, hg.v. E. Mülhaupt, Teil 2, Göttingen ⁴1973, 755–759.

[75] WA 11, 187, 21–23.

[76] WA 11, 187, 29: „... praecipuum mandatum est."

diesem Gebot gehalten."[77] Dieses Problem zu behandeln, erfordert die Perikope nicht; es steht allerdings im Hintergrund. Luther rückt es in den Vordergrund, weil er in der Frage, ob der Mensch Gottes Gebot aus eigener Kraft zu halten vermag, die Grundfrage des Menschen überhaupt sieht. Sie hat er in Vorlesungen und Disputationen ausführlich behandelt;[78] nun konfrontiert er die Gemeinde mit ihr, weil sie über dieser alles entscheidenden Frage nicht im Unklaren gelassen werden darf. Das höchste Gebot ist das höchste Gebot; durch es wird jedem Menschen die Wahrheitsfrage gestellt, aber es bestätigt keinem Menschen, dass er in der Wahrheit steht. Im Gegenteil: „Durch dieses Gesetz wird die ganze Welt unter der Sünde verschlossen."[79]

In diesem Zusammenhang kommt Luther mit einer Nebenbemerkung auf die Pharisäer zu sprechen, die Jesus die Frage nach dem höchsten Gebot gestellt hatten. In der Darstellung des Matthäus dient diese Frage als Vorwand; denn sie stellten sie nicht, weil sie das von Jesus zu wissen begehrten, sondern weil sie ihn zu Fall bringen wollten.[80] Auf ihr Manöver lässt sich Luther aber nicht ein, fragt vielmehr umgekehrt, ob sie wirklich diejenigen seien, die Christus eine solche Frage stellen könnten, und glossiert ironisch: „Da seht ihr, wie die Pharisäer die rechten Heiligen gewesen sind, die meinten, sie erfüllten das Gesetz mit ihren Kräften."[81] Was für die Pharisäer außer Frage stand, schlossen sie doch aus dem Besitz des Gesetzes auf das Vermögen, es halten zu können, ist in Wahrheit die Frage, die den Menschen in die Krisis führt. Pharisäer scheinen wie Paulus vor seiner Bekehrung von Zweifeln, ob die Tora erfüllbar sei, nicht existentiell angefochten worden zu sein.[82] Der Pharisäer Saul ist ein Beispiel dafür, wie man durch bundesgemäßes Verhalten und gesetzeskonforme Frömmigkeit die innere Übertretung des Gesetzes, besonders des ersten und höchsten Gebotes, zudecken kann.

---

[77] WA 11, 188, 3 f.: „Nemo servavit unquam minimum de hoc mandato."

[78] Zusammenfassend in: Quaestio de viribus et voluntate hominis sine gratia disputata, 1516, WA 1, (142) 145−151.

[79] WA 11, 188, 2: „Per hanc legem concluditur totus mundus sub peccato."

[80] Einer von ihnen, ein „Gesetzeslehrer" (νομικός), „versuchte ihn" (Mt 22,35: πειράζων αὐτόν).

[81] WA 11, 187, 24 f.: „Hic videtis pharisaeos sanctos veros fuisse, qui putabant se legem implere suis viribus ..."

[82] Vgl. o. S. 29 ff.

Die Grundfrage der Menschheit – und nicht allein des Judentums – ist, wie sich der Mensch zu Gott verhält und ob er ihn zu lieben vermag, und zwar so, wie es in 5. Mose 6,5 gefordert wird, nämlich „von ganzem Herzen, von ganzer Seele und von ganzem Gemüt"? 5. Mose 6,5 steht dreimal כָּל, das in Mt 22,37 mit dreimaligem ἐν ὅλῃ übersetzt wird. Dadurch soll die Ganzheitlichkeit der Bindung an Gott, die Ungeteiltheit von Herz, Seele und Gemüt zum Ausdruck gebracht werden. „Herz" ist das Zentrum der Person, aus ihm, nicht aus einem Nebenbereich, soll die Liebe kommen. Welches Menschenherz ist ungeteilt auf Gott gerichtet? Mit „Seele" wird die Relationalität und die Bewegtheit des Menschen auf jemanden hin ausgedrückt. Welche Seele ist ganz auf Gott hin ausgespannt? „Gemüt" meint hier zugleich den Sinn und den Verstand. Welches Gemüt ist zuerst und vor allem mit Gott befasst und denkt gern an ihn? In 5. Mose 6,5 wird keine akademische Frage behandelt, auch nicht die nach dem rechten Gesetzesverständnis, wie die Schriftgelehrten in den synoptischen Evangelien meinen, in 5. Mose 6,5 ist vielmehr die Frage enthalten, die das Leben selbst an den Menschen stellt. Luther argumentiert: „Wenn das Leben, der gute Ruf und die Güter genommen werden, dann siehst du erst, ob du Gott liebst und geduldig bist."[83] Das ist für Luther nur eine rhetorische Frage; denn die Antwort ist klar: „Aber so ist niemand!"[84] Daraus ist wiederum zu schließen: „Also erfüllt niemand auch nur ein Tüpfelchen dieses Gesetzes."[85] Im direkten Anschluss daran stellt Luther die Frage: „Wozu dann viele andere Gesetze ausdenken und die Menschen damit plagen?"[86] Denn was nicht auf der Basis und im Rahmen des obersten Gebotes geschieht, das ist alles vergeblich (*frustra*), nämlich andere Gebote zu haben und dieses erste nicht einzuhalten vermögen, in dem doch alle beschlossen sind.[87]

Daraus ist festzuhalten: Die Einübung in die Liebe zu Gott ist die Praxis des Glaubens an Gott, der als der Schöpfer „alles in

---

[83] WA 11, 188, 32 f.: „Si vita, fama, bona eripiuntur, hic primum vides, an diligas deum et patiens sis ..."
[84] WA 11, 188, 33: „... sed nullus talis est ..."
[85] WA 11, 188, 33 f.: „... ergo nullus se apicem quidem huius legis implet."
[86] WA 11, 188, 34 f.
[87] WA 11, 188, 35–37.

seiner Hand hat"[88]. *Das* „heist got erkennen"[89]. Gott schafft und erhält, indem er regiert. An ihn glauben, ihn erkennen und lieben ist der Vollzug der Wahrnehmung Gottes als des Einen, der die Wirklichkeit als der Schöpfer in seiner Hand hält, und aus ihr entgegennehmen, was geschieht. Zur Einzigkeit Gottes gehört unabdingbar, dass er alles regiert, und er regiert die Welt wunderbar.[90] Auf den einen, wirklichen Gott ist die Liebe, von der in 5. Mose 6,5; Mt 22,37 Par. die Rede ist, gerichtet, nicht auf das Phantasieprodukt einer religiösen Scheinwelt.

Gott ist der Eine und Einzige. Darin liegt seine unbedingte Priorität vor allem und über alles begründet. Die Einzigkeit Gottes zieht die Ungeteiltheit und Unbedingtheit der Liebe auf Gott. Diese Liebe zu üben, ist der homo naturaliter, auch und gerade als homo religiosus, nicht imstande. Aber es ist und bleibt die Bestimmung des Menschen, Gott von ganzem Herzen, von ganzer Seele und von ganzem Gemüt zu lieben. Das hat Jesus ausdrücklich bekräftigt. Was bedeutet unter der Voraussetzung der unbedingten Geltung des höchsten Gebotes der Glaube an Jesus Christus und das Wirken des Heiligen Geistes? Die Näherbestimmung des Verhältnisses von Gesetz und Evangelium, Schöpfung und Erlösung, Erlösung und Heiligung hat Luther „in der Mitte seines Lebens"[91] vorgenommen und die bündige, zusammenfassende Antwort mit den Katechismen gegeben.

Der dreieinige Gott als Lebensgrund und Heil

Luthers Katechismen beruhen auf der Einsicht in die Notwendigkeit der umfassenden Erneuerung des christlichen Glaubens und Lebens in Kirche, Haus und Schule. Das Fundament bildete die Heilige Schrift, die nach der Wiederentdeckung des Evangeliums durch Schriftauslegung auf der Grundlage der Unterschei-

---

[88] WA 11, 188, 8 f.: „Cognoscimus ex fide creationis, quod omnia in manu sua habeat ..."
[89] WA 11, 188, 30.
[90] WA 11, 188, 24: „... mirabiliter deus regit mundum."
[91] Formuliert nach H. Bornkamm, Martin Luther in der Mitte seines Lebens. Das Jahrzehnt zwischen dem Wormser und dem Augsburger Reichstag, hg.v. K. Bornkamm, Göttingen 1979.

dung zwischen Gesetz und Evangelium in der Konzentration auf die „Hauptstücke" in verbindlicher Lehre entfaltet wurde. Hervorgewachsen ist die aus der Schrift erhobene reformatorische Lehre der Katechismen aus Reihenpredigten, die Luther 1528 in der Wittenberger Stadtkirche als Vertreter des zur reformatorischen Neuordnung in Braunschweig weilenden Stadtpfarrers Johannes Bugenhagen gehalten hat.[92] Die Entstehung der Katechismen fällt also in das Ende der zweiten Phase der Gottesdienst-, Gemeinde- und Kirchenreform.[93]

Am 23. April 1529 ist Luthers *Deudsch Catechismus* erstmals versendet worden.[94] Seit 1541 wird er zur Unterscheidung vom *Kleinen Katechismus* als *Der Große Katechismus* (GrKat) bezeichnet. Luthers bedeutendstes Buch in deutscher Sprache,[95] ist er der Inbegriff der christlichen Glaubenslehre. Sein Thema ist Gott, der den Menschen durch seine Offenbarung als der Vater, der Sohn und der Heilige Geist gnädig zugewandt ist. Behandelt werden die Zehn Gebote Gottes, der Glaube nach dem trinitarischen Aufbau des Apostolikums, das Vaterunser, die Taufe und das Abendmahl; außerdem im Anhang seit der zweiten Auflage eine kurze Vermahnung zur Beichte. Luther versteht den Katechismus als „der leien biblia, darin der gantze inhalt christlicher

---

[92] Die erste Reihe der Katechismuspredigten begann Luther am 18.05.1528; sie endete am 30.05.1528 (WA 30 I, 2–27). Die zweite Predigtreihe fand vom 14.–25.09.1528 statt (WA 30 I, 27–52). Dritte Predigtreihe: 30.11.–19.12.1528 (WA 30 I, 57–122). Er predigte jeweils an 4 Nachmittagen in der Woche und behandelte den gesamten Katechismusstoff mehrere Male. Nicht nur die Eltern, auch das Gesinde und die Kinder ermahnte er zur Teilnahme. Vgl. im Überblick J. Schilling, Katechismen, in: Das Luther-Lexikon, hg.v. V. Leppin u. G. Schneider-Ludorff, Regensburg 2014, 336–338. Ausführlich zur Entstehungsgeschichte: G. Wenz, Theologie der Bekenntnisschriften der evangelisch-lutherischen Kirche, Bd. 1, Berlin 1996, 233 ff.; N. Slenczka, Theologie der reformatorischen Bekenntnisschriften, Leipzig 2020, 519 ff.

[93] Die erste Phase beginnt mit den Invokavitpredigten 1522 und reicht bis 1524; die zweite beginnt nach dem Ende des Bauernkrieges 1525 und setzt die Eindrücke der ersten kursächsischen Visitation voraus (vgl. R. Schwarz, Luther, Göttingen ²1998, 189 ff.; C. Peters, Visitation I, TRE, Bd. 35, 2003, 151–163, bes. 154 ff.).

[94] WA 30 I, (1910) 2005, 123–238; BSLK, (1930) ¹¹1992, 543–733; BSELK, 2014, 912–1162 (Text nach dem Konkordienbuch 1580; lat. 1584; bearb. v. R. Kolb).

[95] An W. Capito, 9.09.1537, WA.B 8, 99, 7 f. Indirekt gemeint ist auch der KlKat. Als seine wichtigste lateinische Schrift bezeichnet er ebd. *De servo arbitrio* (1525) gegen Erasmus von Rotterdam.

lehre, so einem iden christen tzuer seligkeit tzu wissen notig, begrieffen"[96].

Mitte Mai 1529 erschien *Der kleine Catechismus* (KlKat) als Buch.[97] Zuvor war er in Plakatform, nämlich in Einblattdrucken, die man bei der Unterrichtung an die Wand heften konnte, erschienen. Der Kleine Katechismus war „nicht von Anfang an geplant, sondern erst durch die trüben Erfahrungen der Visitation veranlaßt"[98]. Luther liebte es durchaus, viele Worte zu machen. Vielleicht ist ihm die Formulierung der Glaubenssätze, bei denen Überflüssiges gemieden werden und jedes Wort die Sache genau treffen und zugleich einprägsam sein musste, schwerer gefallen als die Niederschrift des GrKat. Aber die Großartigkeit und auch Einzigartigkeit des vorliegenden Ergebnisses lässt alle Mühen gerechtfertigt erscheinen. Der KlKat ist das meistgebrauchte Buch der Reformation geworden. Luther sagt in ihm dasselbe wie im GrKat, aber in noch komprimierterer Form.[99] Der KlKat erweist immer wieder aufs neue, dass das Elementare zugleich das Tiefgründige ist. Das erschließt sich freilich erst dann, wenn man täglich zu den geschriebenen Worten zurückkehrt, um sie sich zu Herzen zu nehmen. Die Wahrheit des Glaubens steht allen offen; durch Hochmut schließt man sich selbst von ihr aus.

Der Wahrheit des Glaubens, wie sie Luther in den Katechismen entfaltet hat, soll nun die Aufmerksamkeit gelten. Zu unterstreichen ist vorweg, dass nicht eine Kommentierung der Katechismen beabsichtigt ist, sondern dass ich mich von der Frage nach der Zusammengehörigkeit von Gotteserkenntnis und Heilserkenntnis, wie sie in den Katechismen zum Ausdruck gekommen ist, leiten lasse. Dabei müssen beide Katechismen in ihrer Gesamtheit in den Blick genommen werden, aber es muss nicht alles zur Darstellung kommen.

---

[96] WA.TR 5, 581, 30–32 (Nr. 6288; A. Lauterbach). S.a. WA 7, 204, 8–18 (1520); WA 19, 76, 7 (1526); WA 30 I, 27, 26 (1528).

[97] WA 30 I, 239–425; BSLK 499–542; BSELK 852–910.

[98] J. Meyer, Historischer Kommentar zu Luthers Kleinem Katechismus, Gütersloh 1929, 62.

[99] Es handelt sich um einen „Verdichtungsprozess, dem auch die Katechismus-Lieder entspringen" (H.-J. Fraas, Katechismus I/1, TRE, Bd. 17, 1988, 710–722 (Lit.), 712, 12).

Das erste Gebot

Der Dekalog ist die Zusammenfassung „alles dessen, was Jahwe für Israel war, gewährte und wollte. Glauben und Handeln Israels fanden in der Grundstruktur des Dekalogs gültigen Ausdruck: Alle Gebote hängen am 1. Gebot, dieses aber an der Präambel ‚Ich bin Jahwe, dein Gott, darum sollst du ...'"[100] Entsprechend hohe Bedeutung hat der Dekalog im Judentum. Zwar ist die ganze Tora im Judentum Wort Gottes, aber das gilt „doch in vollstem Sinn nur vom Dekalog, bzw. noch enger nur von dessen Anfang"[101].

Luther hat in den zehn Geboten „die höchste Weisheit" gesehen, „wie sie auch der weiseste Mensch nicht erdenken kann"[102]. In der Vorrede zum GrKat hebt er hervor: „Wer die zehn Gebote wohl und ganz kann, der muss die ganze Schrift können."[103] Was für den Dekalog insgesamt gilt, gilt in Besonderheit wiederum vom ersten Gebot: Es ist „die Quelle der Weisheit, allen Glaubens und Verstandes"[104]. Diese Zitate, die sich vermehren ließen, belegen Luthers Hochschätzung des Dekalogs sowie die Schlüsselfunktion, die er dem ersten Gebot zuerkannt hat. Aber diese Einschätzung setzt den radikalen Bruch mit der Bewertung des Gesetzes als Heilsweg voraus, wie er im neuen Bund vollzogen ist. Beide Aspekte, die Hochschätzung des Gesetzes und besonders des Dekalogs als des vollkommenen Ausdrucks des Willens Gottes einerseits und die resolute, kompromisslose Zurückweisung des Gesetzes als Heilsweg andererseits, bestimmen Luthers Denken in höchstem Maße. Sein Verhältnis zur Mosetora ist von der Paradoxie gekennzeichnet, dass er sie durch Christus völlig außer Kraft gesetzt sieht, was ihre Heilsmittlerschaft betrifft, und dass er sie aus der Freiheit des Glaubens an Christus für das Zusammenleben fruchtbar zu machen versucht hat wie

---

[100] L. Perlitt, Dekalog I, TRE, Bd. 8, 1981, 408–413, 412, 19–22.

[101] G. Stemberger, Wort Gottes III, TRE, Bd. 36, 2004, 311–315, 313, 14 f.

[102] Predigt über Lk 10,23–37, 22.08.1529, WA 29, 521–531, 526, 2–4: „... 10 praecepta, quae maxima sunt sapientia, quae nullus sapientissimus potest erdencken." Nachschrift Rörer.

[103] WA 30 I, 128, 32 f.

[104] Pred. über 5. Mose 5, 15.08.1529, WA 28, 600, 10 – 601, 1. Übers. der Nachschrift Rörers.

keiner vor ihm,[105] was ihre Rechtserheblichkeit bei der Befolgung des Doppelgebotes der Liebe betrifft.

In Luthers Übersetzung des ersten Gebots 2. Mose 20,2–3 ist der Hauptsatz der Präambel des Dekalogs durch Großbuchstaben und Fettdruck hervorgehoben: **ICH bin der HERR, dein GOTT** (20,2a).[106] Der sich anschließende Relativsatz *der ich dich aus Egyptenland, aus dem Diensthause gefürt habe* (20,2b) steht dagegen in Normalschrift. In Fettdruck folgt dann das Verbotswort **DU solt kein andere Götter neben mir haben** (20,3). Darin spiegelt sich eine theologische Grundentscheidung der Reformation wider, die in der Mitte der 1520er Jahre gefallen ist. Sie hat Luther bewogen, den Text der Präambel – Hauptsatz wie Nebensatz – in beiden Katechismen wegzulassen und mit dem Verbotswort einzusetzen, dem sich die Erklärung unmittelbar anschloss.[107]

Luthers Entscheidung ist von Gewicht und bedarf der Erläuterung. Aufschlussreich ist seine Auslegung des ersten Gebots in den Predigten über das 2. Buch Mose 1524–1527.[108] Zuerst ist zu „merken", dass „uns Heyden und Christen die Zehen gebot nicht betreffen"[109]. Sie betreffen vielmehr allein die Juden, die Gott aus Ägypten herausgeführt hat. Und wenn sie die Heiden und Christen dann doch auch betreffen, dann deshalb, weil sie denselben einen Gott haben, erkennen und verehren, wie dies aus „dem gesetz der natur" hervorgeht.[110] Die Rezeption der Mosetora beruht also auf der Übereinstimmung „mit dem natürlichen gesetz"[111]. Wie die Juden haben auch die Christen ein gewisses Zeichen oder Wort, an dem sie Gott erkennen und ergreifen können. Was für die Juden die Herausführung aus der Sklaverei in Ägypten ist, das ist für die Christen das erlösende Handeln Gottes in und durch Christus. An die Stelle der Herausführung aus Ägypten ist daher für die Christen das Christusgeschehen

---

[105] Vgl. A. Peters, Kommentar zu Luthers Katechismen, hg.v. G. Seebaß, 5 Bd., Göttingen 1990–1994; Bd. 1: Die Zehn Gebote, 1990, 53. 62 ff.
[106] WA.DB 8, 261 (1545).
[107] Vgl. WA 30 I, 132, 31 ff. u. 243, 11 ff.
[108] Predigten am 17.09., 24.09. u. 1.10.1525, WA 16, 423–464.
[109] WA 16, 424, 12. Nach der Bearbeitung von J. Aurifaber.
[110] WA 16, 424, 16 ff., bes. 22.
[111] WA 16, 424, 25 f.

getreten, das Luther mit dem Apostolikum folgendermaßen zusammenfasst: „Gott, Schöpfer des Himmels und der Erde, der du deinen Sohn Jesus Christus für mich in die Welt gesandt hast, dass er für mich gekreuzigt würde, stürbe und am dritten Tage wieder auferstünde, gen Himmel führe, dass er da sitzen sollte zu deiner Rechten und alles in seiner Hand haben und seinen Geist senden (sollte), dass wir warten sollten auf seine Zukunft zu richten beide, die Lebendigen und Toten, und also mit ihm erlangen das ewige Reich, unser Erbteil, das du uns durch ihn geben willst. Dazu, o Herr Gott, hast du uns gegeben und eingesetzt die Taufe und das Sakrament des Leibes und Blutes deines Sohnes. Denn an diese seine Sakramente hat er uns Christen gebunden und sich uns darin offenbart. Wenn wir ihn da ergreifen, haben wir ihn gewisslich getroffen. Das andere aber alles, das uns nicht befohlen ist, sollen wir fahren lassen ... Diesen Titel sollen wir also führen, wie die Juden ihren Titel führten, da sie aus Ägypten geführt (worden) sind aus dem Diensthaus."[112]

Die theologischen Implikationen dieser Argumentation sind:
– Christologisch: Christus gehört in das erste Gebot hinein,[113] und zwar in die Präambel.
– Soteriologisch: Das Befreiungshandeln Gottes besteht nicht mehr nur in der Entbindung von der Sklaverei in Ägypten, sondern ist weltumspannend und besteht in der Erlösung von den Mächten Sünde, Tod und Teufel.[114]
– Eschatologisch: „Christus ist das Ende des Gesetzes; wer an den glaubt, der ist gerecht" (Röm 10,4). Daher gilt: „Mose ist tot, sein Regiment ist aus."[115] Der Geist ist entbunden und ausgegossen. Das Volk Gottes besteht aus Juden *und* Heiden. Das Heilsgut ist nicht das Land Kanaan, sondern das „ewige Reich".

Dadurch wird die grundsätzliche Frage aufgeworfen, warum der Dekalog überhaupt beibehalten werden soll? Zu dieser Frage hat sich Luther 1525 im Rahmen derselben Predigreihe unter

---

[112] WA 16, 425, 22–35. Sprachlich behutsam geglättet wiedergegeben.
[113] Vgl. Pred. über 5. Mose 5, 15.08.1529, WA 28, 601, 32 u. 604, 21–25.
[114] Vgl. WA 28, 604, 15 f.: „... aus Egypten, das ist: aus sünden." Zur Trias Sünde, Tod und Teufel bzw. Hölle s. z.B. WA 16, 382, 23 f.
[115] WA 16, 373, 27 f.

dem Titel *Ein unterrichtung wie sich die Christen ynn Mose sollen schicken*[116] wegweisend geäußert.

Exkurs: Unterrichtung über den Umgang mit Mose

Die „Unterrichtung" ist eine Themapredigt, die Luther wenige Monate nach dem Bauernkrieg am 27. August 1525 gehalten hat. Er legt in ihr dar, wie Christen sachgerecht mit Mose bzw. den Büchern Mose umzugehen haben, und zwar vor dem Hintergrund des biblizistischen und gesetzlichen Missbrauchs dieser biblischen Schriften durch „Rottengeister" und „Bilderstürmer".[117] Drei Grundaspekte sind in den Büchern Mose differenziert wahrzunehmen: 1. Das Gesetz, 2. die Verheißungen, 3. die Beispiele des Glaubens und Unglaubens.

Zu 1.: Gott hat sich grundlegend zweimal öffentlich kundgetan, einmal am Sinai im Gesetz (363, 21 ff.),[118] zum anderen am Pfingsttag mit dem Evangelium (364, 29 ff.); beim dritten Mal wird er selber persönlich kommen mit göttlicher Herrlichkeit (366, 24 f.). Das Gesetz gebietet und fordert von uns, was wir tun sollen, und ist allein auf unser Tun gerichtet (366, 31 f.). Das Evangelium dagegen verkündigt, was Gott dir getan hat (367, 23), nämlich „dass er seinen Sohn für dich ins Fleisch gesteckt hat, ihn um deinetwillen hat erwürgen lassen und dich von Sünde, Tod, Teufel und Hölle errettet hat" (367, 24 f.). Über der Gesetzesoffenbarung steht: „Ich bin der Herr, dein Gott, der ich dich aus Ägyptenland, aus dem Diensthaus geführt habe" (2. Mose 20,2; 369, 20 f.). Über der Offenbarung des Evangeliums hingegen steht: „Ich bin euer Gott, der ich euch selig machen will durch meinen allerliebsten Sohn" (369, 22 f.). Daraus folgt im Blick auf das Gesetz: Das Gesetz Moses geht die Juden an, es bindet uns nicht mehr; denn es ist allein dem Volk Israel

---

[116] WA 16, 363–393; auch in WA 24, 2–24. Vorzüglich bearbeitet von H. F. Geißer, in: M. Luther, Ausgewählte Schriften, hg.v. K. Bornkamm u. G. Ebeling, Bd. II, Frankfurt/M. ²1983, 206–224.

[117] Zu dieser wichtigen Phase der Reformationsgeschichte und Luthers Haltung in den Entscheidungsjahren 1524/1525 vgl. im Überblick Schwarz, Luther (s. Anm. 93), 164 ff.

[118] Seiten- und Zeilenangaben nach WA 16, 363, 19 – 393, 31 (A).

gegeben (371, 28 f.). Aus der Präambel des Dekalogs selbst, nämlich 2. Mose 20,2b, geht klar hervor, dass uns auch die zehn Gebote nichts angehen; denn er hat uns ja nicht aus Ägypten geführt, sondern allein die Juden (373, 32 f.). Dieses Argument wendet Luther zunächst gegen die Schwarm- und Rottengeister; danach wertet er es positiv aus. Die Schwarmgeister achten den Glauben für gering, bringen etwas Neues auf, rühmen sich und geben vor, es stehe im Alten Testament, wollen nach den Buchstaben des Gesetzes Moses das Volk regieren, als wenn man's zuvor nie gelesen hätte (372, 28–30). Den Rottengeistern muss man „das Maul stopfen"; wenn sie sagen: ‚So spricht Mose, da steht's bei Mose geschrieben', dann sprich du: ‚Mose geht uns nichts an!' (373, 20–22). Denn wenn ich Mose in einem Gebot annehme, dann muss ich den ganzen Mose annehmen (373, 22 f.). Daraus würde die Beschneidung folgen, die Waschungen und die Einhaltung aller Satzungen (373, 23–27). Aber dem Regiment des Mose ist durch Christus ein Ende gesetzt (373, 27 f.). Wir wollen Mose nicht mehr zum Regenten oder Gesetzgeber haben, ja, auch Gott selbst (!) will es nicht haben (372, 33 f.). Die Rottengeister wollen uns Mose mit allen Geboten auf den Hals legen (374, 19). Das wollen wir nicht: Mose wollen wir für einen Lehrer halten, aber für unseren Gesetzgeber wollen wir ihn nicht halten, es sei denn, dass er mit dem neuen Testament und dem natürlichen Gesetz übereinstimmt (374, 20–22).

In der Übereinstimmung mit dem natürlichen Gesetz im Horizont des neuen Bundes (s. Röm 1,19 f.; 2,14 f.) liegt das Kriterium für die Rezeption der Mosetora. Denn einen Gott haben, ihn anrufen, Vater und Mutter ehren, nicht töten, nicht stehlen, nicht ehebrechen, nicht falsches Zeugnis geben – diese Gesetze hat die Natur auch (379, 20–25; s.a. 372, 22 f.). Daher lesen wir Mose nicht darum, weil er uns betrifft, so dass wir ihn halten müssten, sondern weil er übereinstimmt mit dem natürlichen Gesetz und besser abgefasst ist, als die Heiden es je hätten tun können (390, 26–29). Wegen der Vorzüglichkeit der Mosetora – „der Juden Sachsenspiegel" (378, 23)[119] – könnten auch andere Gesetze, z.B. das über das Halljahr oder Erlassjahr (3. Mose 25), über-

---

[119] S.a. Wider die himmlischen Propheten, 1525, WA 18, 67 ff., bes. 81, 14 f.

nommen werden (377, 27 ff.); jedoch nicht aus gesetzlichem Zwang, sondern in politischer Rezeption auf der Grundlage rationaler Erwägung, zu der die Freiheit des Glaubens ausdrücklich ermutigt.

Luther geht in der „Unterrichtung" nur auf den *primus usus legis (civilis, politicus)* ein. Der *secundus usus legis (elenchticus)* ist nicht das Thema dieser Lehrpredigt. Er streift ihn lediglich: So sind die zehn Gebote ein Spiegel für unser Leben, darin wir sehen, woran es uns fehlt (390, 29 f.).

Zu 2.: Nach dem Gesetz nennt Luther an zweiter Stelle die Verheißungen und Zusagen, die man bei Mose findet (381, 18 f.). Auch sie gelten Israel; die Ausweitung ins Universale erfolgte erst durch Christus selbst. Die „Verheißungen und Zusagen von Christo" (381, 19) gelten in Christus aber nicht nur den Juden, sondern auch den Heiden. Die Verheißungen sind im Grunde „das Beste" im „ganzen Mose" (381, 20); denn sie sind etwas, das nicht von Natur in die Herzen der Menschen geschrieben ist, sondern vielmehr vom Himmel „herabkommt" (381, 20 f.). Sie sind von grundlegend anderer Art als das Gesetz; denn im Unterschied zu den Geboten fordern sie nicht von uns, was wir tun oder lassen sollen, „sondern es sind tröstliche, fröhliche Verheißungen Gottes (!), die wir annehmen und auf die wir uns kühn (*kecklich*) verlassen sollen wider alle Anfechtungen der Sünde, des Todes, des Teufels und der Hölle" (381, 23–27).

Durch den Glauben an die Verheißungen, die Christus bezeugen, „erfassen" die Christen „Gott als den, der ihnen seinen Sohn ‚zur Weisheit und zur Gerechtigkeit und zur Heiligung und zur Erlösung' (1. Kor 1,30) gemacht hat" (374, 26–28). „Auf alle Gottesverheißungen" ist in Christus „das Ja" (2. Kor 1,20). Luther führt einige aus dem Pentateuch an, z.B. 1. Mose 3,15, das „Protevangelium" (382, 19 ff.), und 5. Mose 18,15 f. 18 f. (382, 31 ff.). Durch „die Zusagen Gottes" wird „der Glaube gestärkt und erhalten" (382, 18 f.). Gott wiederum wird in seinen Worten gerechtfertigt, wenn man ihm die Erfüllung der Verheißung im Evangelium glaubt.[120]

Nicht in der „Unterrichtung", aber in demselben Sachzusammenhang, nämlich in Predigten und Glossen zum Dekalog, hat

---

[120] Vgl. WA 56, 225, 15 ff. (zu Röm 3,4).

Luther die das ganze Leben umspannende Verheißung, die in der Präambel des ersten Gebotes „Ich bin der HERR, dein Gott" gegeben ist, herausgestrichen. Sie ist „die Verheißung aller Verheißungen, die Quelle aller Religion und das Haupt aller Weisheit, die Zusammenfassung des im Evangelium verheißenen Christus"[121]. „Ich bin der HERR, dein Gott" (2. Mose 20,2a) ist die Grundzusage Gottes schlechthin; denn auch Gott kann nicht mehr zusagen als sich selbst. Sie ist die Grundlage aller Verheißungen. Diese entfalten und konkretisieren, was in jener enthalten ist.

Hier ist mit zwei Predigten Luthers über das erste Gebot klarzustellen: Der Name und Titel HERR in der Präambel schließt im neuen Bund Jesus Christus ein. „HERR Gott, himmlischer Vater, der du deinen Sohn für mich hast Mensch werden lassen, sterben, begraben usw., in desselben Namen rufe ich dich an."[122] Denn: „Ich muss ihn anrufen und ergreifen mit dem Wort und Zeichen, das mich angeht, nämlich so: ‚Herr, der du mich erlöst hast durch das Blut deines Sohnes Jesus Christus.' Dieses Wort geht mich an, das durchdringt den Himmel; mit diesem Wort treffe ich gewiss Gott; daran hat er sich gebunden."[123] Unter dieser Perspektive erschließt sich auch der volle Gehalt der Selbstzusage der Präambel „dein Gott". Das „Wörtlein Dein, das sieh genau an; denn es liegt die größte Macht an dem Wörtlein"[124]. Denn in ihm wird die Zusage gegeben: „Ich will mich euer aller und eines jeden in Sonderheit annehmen, als wäre nur einer allein und sonst keiner auf Erden."[125] Wer „selig werden will, der soll so gesinnt sein, als sei kein Mensch sonst auf Erden als er allein"[126]. Erst in der persönlichen Inanspruchnahme der Selbstzusage Gottes durch den Glauben kommt diese zu dem Ziel, das ihr von Gott in der Präambel des ersten Gebotes gesetzt ist. Das ist ebenso großartig wie tiefgründig! Luther bezieht sich

---

[121] Glossen zum Dekalog, 1530, WA 30 II, 358, 2–5: „Promissio omnium promissionum fons & omnis religionis & sapiencie caput, Euangelium Christum promissum complectens."

[122] Predigt über das erste Gebot, 17.09.1525, WA 16, 426, 27–29 (A). S.a. 428, 27–30.

[123] WA 16, 429, 10–13.

[124] Predigt über das erste Gebot, 24.09.1525, WA 16, 432, 30 f.

[125] WA 16, 432, 32–34.

[126] WA 16, 433, 23 f.

dabei ausdrücklich auf Augustin,[127] nämlich auf diese Stelle aus den *Confessiones*: ... *o tu bone omnipotens, qui sic curas unumquemque nostrum, tamquam solum cures, et sic omnes, tamquam singulos?*[128] Luther spielt in seiner Predigt darauf nur an; er hat keine genaue Übersetzung gegeben.[129] Diese lautet: „... o du Guter, Allmächtiger, der du dich sorgst um jeden von uns, als sorgtest du dich um den einen allein, und dich doch sorgst um alle, als wären sie nur einer."[130]

Es kann nicht überraschen, dass sich Luthers Predigten über das erste Gebot mit der „Unterrichtung" vielfach berühren, sind jene doch, nur wenige Wochen später gehalten, ebenfalls gegen den biblizistischen Missbrauch der Heiligen Schrift gerichtet. Wie bei den Geboten ist auch bei den Verheißungen zuerst zu klären, wem sie gelten. In den Predigten wie in der „Unterrichtung" insistiert Luther bei der Auslegung der Schrift auf der einfachen, aber unverzichtbaren hermeneutischen Leitfrage, an wen ein Wort der Schrift gerichtet ist. Diejenigen, die mit der formalen Autorität der Bibel gewaltsamen Aufruhr rechtfertigen wollen, konfrontiert er mit der lapidaren, aber entwaffnenden Feststellung: „Liebe Rottengeister, es ist wahr, Gott hat es Mose geboten und hat so zum Volk geredet. Aber wir sind nicht das Volk, zu dem es der Herr redet." (WA 16, 384, 22 f.) „Gottes Wort hin, Gottes Wort her, ich muß wissen und achthaben, zu wem das Wort Gottes geredet wird." (384, 27 f.) Gegenüber der Schrift besteht die unbedingte Verpflichtung, sorgfältig mit ihr umzugehen (384, 33): „Du mußt auf das Wort sehen, das dich betrifft, das zu dir geredet wird, und nicht auf das, was einen anderen betrifft." (385, 24 f.) Das Wort, das mich betrifft, ist das Evangelium (386, 30). Dieses soll „aller Kreatur" (Mk 16,15) gepredigt werden (386, 31 f.). An seine Verkündigung ist die Verheißung geknüpft: „Wer da glaubt und getauft wird, der wird gerettet werden" (Mk 16,16a; 387, 18). „Diese Worte betreffen auch mich, denn ich bin eine von allen Kreaturen." (387, 19 f.)

---

[127] WA 16, 434, 36 ff.
[128] Augustin, Conf. III, 11; CChr. SL 27, 38, 19 f.
[129] Vgl. WA 16, 435, 13 f.
[130] In dieser auf den Einzelnen gerichteten *cura Dei* liegt die christliche Seelsorge begründet. Sie gilt allen, stellt aber den Einzelnen in den Mittelpunkt, als gäbe es nur ihn. Von keinem wird der Mensch so ernst genommen wie von Gott!

„So glaube ich denn dem Wort, es gehe mich an; ich gehöre auch unter das Evangelium und in den neuen Bund." (387, 29 f.) Das „Evangelium geht durch die ganze Welt ...; niemand wird ausgenommen" (390, 22 f.). Darum soll und kann sich alle Welt des Evangeliums annehmen, und zwar so, „als ob es einem jeden in Sonderheit vorgetragen sei" (390, 24 f.). Darin eingeschlossen ist das Liebesgebot (Lk 10,36 f.; 387, 18 f.; ferner 1. Joh 3,23; 390, 25);[131] „denn es geht alle an, die zum Evangelium gehören" (390, 26).

Zu 3.: Schließlich „lesen wir Mose wegen der schönen Exempel des Glaubens, der Liebe und des Kreuzes bei den lieben heiligen Vätern Adam, Abel, Noah, Abraham, Isaak, Jakob, Mose ... Daran sollen wir lernen, Gott zu vertrauen und ihn zu lieben" (391, 19–22). Auch das Gegenteil, der Unglaube und die Beispiele des Unglaubens wie z.B. Kain, gehören dazu (391, 22 ff.). Damit spricht Luther das an, was man in der neueren Bibelexegese die „typologische Auslegung"[132] nennt.

Die Auslegung im Großen Katechismus

Luthers Auslegung des ersten Gebotes im GrKat gehört zu den aufschlussreichsten, klassischen Texten der Gotteslehre. Sie besteht in einem komprimierten, geschlossenen, gut nachvollziehbaren Gedankengang. Dieser erstreckt sich über 6 ½ Seiten und ist folgendermaßen gegliedert:[133]

132, 32	Verbotswort (2. Mose 20,3)
132, 33	Erklärung (These)
132, 34 – 133, 16	I. Erläuterung der These
133, 1–8	1. Analyse
133, 9–16	2. Paränese
133, 17 – 134, 29	II. Exemplifizierung

---

[131] Vgl. dazu Jeremias, Ntl. Theologie (s. Anm. 58), 204 f.

[132] Vgl. dazu L. Goppelt, Typos, 1939, Nachdr. Darmstadt 1973; v. Rad, Theol. AT II (s. Anm. 2), 388 ff.; S. G. Hall, Typologie, TRE, Bd. 34, 2002, 208–224 (Lit.); bes. 215.

[133] WA 30 I, 132, 31 – 139, 12. Die Seiten- und Zeilenangaben in der folgenden Darstellung beziehen sich auf diesen Fundort. Andere Textausgaben (s. Anm. 94) sind zum Vergleich herangezogen worden.

133, 17–34	1. Mammon
133, 35 – 134, 6	2. Klugheit, Gewalt u.a.
134, 7–17	3. Heiligenanrufung / Bund mit dem Teufel
134, 18–29	Schluss
134, 30 – 135, 27	III. Anwendung auf die Praxis
134, 30–38	1. Gottesdienst
135, 1–16	2. Abgötterei der Heiden
135, 17–27	3. Abgötterei der Werkheiligen
135, 28 – 136, 26	IV. Anwendung auf die Gotteslehre
135, 28 – 136, 3	1. Gott als Geber und Bewahrer
136, 4–17	2. Gott gibt durch Kreaturen
136, 18–26	3. Beichtfrage zur Übung des Gebotes
136, 27 – 139, 12	Anhang: Drohung und Verheißung (2. Mose 20,5 f.)

132, 32 Der Auslegung vorangestellt ist das Verbotswort „Du sollst nicht andere Götter haben" aus 2. Mose 20,3 (5. Mose 5,7); „neben mir" (Vulgata: *coram me*) aus 20,3 ist so wenig angeführt wie die Präambel 20,2. Doch das „neben mir" ist in dem „mich alleine" der folgenden Zeile sachlich enthalten. Die Präambel ist in der Fassung von 2. Mose 20,5 (= 20,2a; ohne 20,2b) mit dem ausdrücklichen Hinweis, sie beziehe sich „auf alle Gebote" (137, 1), in 136, 32 zitiert.

132, 33 „Das ist, du sollst mich alleine fur deinen Gott halten." Das ist die kurzgefasste Erklärung des ersten Gebots, die Luther an den Beginn seiner Auslegung gestellt hat. Was danach folgt, sind Erläuterungen, Präzisierungen, Veranschaulichungen, Abgrenzungen und Verwerfungen. Jedes Wort des Eingangssatzes ist bedacht und hat Gewicht.

Das *Du* ist das Du der Relation zwischen Gott und dem Menschen. Gott setzt diese Relation, indem er den Menschen schafft (1. Mose 1,26 f.) und – im Unterschied zu den anderen Geschöpfen – zu ihm spricht (1. Mose 2,16), so dass dieser sich vor ihm zu verantworten hat (1. Mose 3,9 ff.). Diese Relation ist die grundlegende Dimension des Menschseins und umfasst alle anderen Beziehungen, in denen der Mensch steht. Dieser schöpfungstheologische Aspekt steht im Hintergrund. 2. Mose 20,2.3 ist der offenbarungstheologische Aspekt in den Blick genommen, dass Gott Israel angeredet hat. Durch diese Anrede wird das Volk Gottes konstituiert, und zwar so, dass jedes Glied des Volkes Gott als Du gegenübergestellt und ihm verantwortlich ist.

Das Verbot, keine anderen Götter[134] zu haben, gilt unbedingt.[135] Gott kann das fordern, weil er der Schöpfer aus dem Nichts ist, und er kann diese Forderung durch das „du *sollst*" erneuern und untermauern, weil er das Volk Gottes aus der Sklaverei befreit hat und ihm in Liebe zugewandt ist.[136] Bevor er fordert, sagt er sich selbst, seine Gegenwart und Durchhilfe, zu (2. Mose 20,2a).

Der Mensch stellt die Relation zu Gott nicht her, sondern findet sich in ihr vor und erkennt sich als von Gott bestimmt, wenn und sofern er Gott erkennt. Wo immer ein Mensch versucht, die Relation zu Gott eigenmächtig herzustellen, ist das ein Indiz dafür, dass er Gott fern ist und sich in Abgötterei verstrickt hat. Für die Relation Schöpfer – Geschöpf gilt, dass Gott dem Geschöpf grundsätzlich voraus ist. Aber das gilt ebenso für die Offenbarung: Gott eignet die unbedingte Priorität vor seinem Volk; indem er sein Wort ergehen lässt, setzt er in Beziehung zu sich. „Gott muß den ersten Stein legen und anfangen in dir ..."[137] Wenn Luther formuliert, „du sollst *mich* allein für deinen Gott halten", denkt er an Gott, der mich geschaffen und durch sein Wort angeredet hat. „So ist nun das die Meinung dieses Gebots, ‚Du sollst nicht andere Götter haben': weil ich allein dein Gott bin, sollst du auf mich allein deine ganze Zuversicht, Vertrauen und Glauben setzen und auf niemand anderen."[138]

Mit *alleine* betont und bekennt sich Luther gleich im ersten Satz seiner Auslegung zur Einzigkeit Gottes (s. 5. Mose 6,4 f.).[139] Neben ihm hat nichts Platz; unter ihm die ganze Schöpfung.

Von Gewicht ist auch die Näherbestimmung „für *deinen* Gott". Die ausschließliche Bindung an den Schöpfer des Alls, der sich in Israel und abschließend in seinem Sohn offenbart hat,

---

[134] Luther hat die übliche Wiedergabe „fremde Götter" durch „andere Götter" ersetzt (WA 1, 250, 3 u.a.; vgl. Peters, Komm. I (s. Anm. 105), 99, Anm. 4).

[135] Zum apodiktischen Recht vgl. A. Alt; zitiert o. S. 14, Anm. 21.

[136] Vgl. dazu O. Kaiser, Der Gott des Alten Testaments. Theologie des Alten Testaments I, Göttingen 1993, 315.

[137] Adventspostille, 1522, WA 10 I, 28, 30–29, 1. S.a. WA 30 I, 158, 14.

[138] Pred. über das 1. Gebot, 1.10.1525, WA 16, 464, 5–7. Nach Aurifaber; sprachlich geglättet.

[139] Vgl. dazu die Predigten über 5. Mose 6, 1529, WA 28, 614 ff.

nimmt konkrete Gestalt in der persönlichen Bindung jedes einzelnen Menschen an Gott an. Gott hat alles geschaffen, jeder Mensch ist sein Ebenbild (s. 1. Mose 1,26 f.), das Evangelium gilt aller Kreatur (Mk 16,15), aber nicht so, dass es über alle hinweggehe, sondern so, dass jeder bei seinem Namen gerufen wird (s. Jes 43,1).[140]

Nicht für eine ins Überdimensionale gesteigerte Kreatur, sondern für *Gott* sollst du mich halten. Das schließt ein: Gott ist allmächtig[141] und allgegenwärtig,[142] aber weil er das ist, ist er schlechthin unverfügbar und allein dem Glauben fassbar. Als der Allgegenwärtige, aber Unverfügbare, nicht als etwas Kreatürliches, ist Gott „für das höchste Gut (zu) achten"[143] und „alles gehen und fahren (zu) lassen, was nicht Gott ist" (136, 22 f.).

Gott „hat niemand, der ihm gleich ist"[144]. Was nun Gott in seiner Schöpfung und Offenbarung ist, dafür sollst du mich *halten*, nämlich „für deinen Gott".

132, 34 – 133, 16 Wie ist diese Erklärung zu verstehen? Das erläutert Luther im ersten Teil der Auslegung in zwei Abschnitten. In dem grundlegenden ersten Abschnitt klärt er, was es heißt, einen Gott zu haben bzw. was Gott ist (*quid sit Deus*).

133, 1–8 Die Antwort auf die Frage, was Gott sei, lautet: „Gott heißt das, von dem man alles Gute erwarten und zu dem man Zuflucht in allen Nöten nehmen soll." (133, 1 f.)[145] Luthers Erläuterung ist ein „Meistergriff"[146]; denn sie beruht nicht auf der abstrakten Auswertung widersprüchlicher oder analoger religionsgeschichtlicher, philosophischer oder literarischer Aussagen über Gott, sondern auf der für jeden nachvollziehbaren Analyse der menschlichen Existenz unter der Leitfrage, worauf

---

[140] Vgl. Pred. über das 1. Gebot, 24.09.1525, WA 16, 430 ff. und die Zitate daraus o. Anm. 124 ff.
[141] WA 16, 196, 29; u.a.
[142] Vgl. WA 19, 219, 28–32; u.a.
[143] WA 6, 226, 17.
[144] WA 12, 612, 16.
[145] 133, 1 f. lautet wörtlich: „Ein Gott heisset das, dazu man sich versehen sol alles guten und zuflucht haben ynn allen noeten." Vgl. z.St. G. Ebeling, Was heißt einen Gott haben oder was ist Gott, in: ders., Wort und Glaube, Bd. 2, Tübingen 1969, 287–304.
[146] Bornkamm, Mitte (s. Anm. 91), 528.

er vertraue, worin er verwurzelt sei, worin seine Existenz gründe? Versucht man, Luthers Erläuterung nachzubuchstabieren, ergibt sich: Gott ist nicht ein Abstraktum, sondern der personhafte Grund allen Seins, das Leben des Lebens, und dies als der Schöpfer, der immerfort wirkt. Er ist das, worin und worauf das Sein und Leben aller Kreaturen gründet, also „die Quelle des Lebens" (Ps 36,10), die Ursache für die Hoffnung, dass einem im Leben und Sterben schließlich das Gute zuteil wird, sowie der Fels und Zufluchtsort in Nöten, und zwar nicht nur in einigen, sondern in „allen". Für den einstmaligen Augustiner-Eremiten ist und bleibt Gott das „höchste Gut"[147] (*summum bonum*) als der das Leben spendende, tragende, erhaltende und vollendende Seinsgrund. Er ist in allem das Erste, das den Ausschlag gibt, die Orientierung und Kraft in allem, was geschieht, und das Letzte, auf das alles bezogen ist.

Aus der Feststellung, was Gott sei, folgert Luther: „Also ist einen Gott haben nichts anderes, als ihm von Herzen trauen und glauben; wie ich oft gesagt habe, dass allein das Vertrauen und Glauben des Herzens beide macht: Gott und Abgott." (133, 2–4; sprachlich geglättet.) Zum sachgerechten Verständnis dieser Stelle ist es notwendig, sich Luthers Sprachgebrauch zu vergegenwärtigen. Bei der Sprachfigur *Deum iustificare* geht Luther davon aus, dass Gott ist und dass er als der absolute Gott nicht gerechtfertigt werden kann, aber sehr wohl als der in Christus offenbar gewordene Gott, nämlich durch die Zustimmung zu seinem Wort im Glauben.[148] In sprachlicher und sachlicher Analogie dazu meint Luther weder hier noch an einer anderen Stelle, Gott werde durch den Glauben „gemacht".[149] Das ist Nonsens

---

[147] Nachweis s.o. Anm. 143.

[148] Dazu s.o. Anm. 11–16.

[149] Das ist Luther von L. Feuerbach unterstellt worden. Dieser kannte Luthers Schriften zwar weitaus besser als seine philosophischen Zeitgenossen (s. bes. L. Feuerbach, Erläuterungen und Ergänzungen zum „Wesen des Christentums". III. Luther-Studien, 1844, in: ders., Sämtliche Werke, hg.v. W. Bolin / F. Jodl, Stuttgart 1903–11, Bd. VII, 310–389). Aber er hat sich von dem grotesk anmutenden Ziel leiten lassen, Luther für sein Denksystem vereinnahmen zu wollen, das in völligem Gegensatz zu Luthers eigenem Denkansatz stand. Nach Feuerbachs Projektionstheorie ist „Gott ... eine leere Tafel, auf der nichts weiter steht als was du selbst darauf geschrieben" (SW VII, 369). Das steht zunächst im Gegensatz zu 2. Mose 20/5. Mose 5 selbst, sind die zehn Gebote doch für menschliches Empfinden höchst

und wäre für Luther geradezu blasphemisch. Vielmehr setzt er voraus, dass Gott *ist*, nämlich der Schöpfer alles dessen, was ist, der sich in Israel und abschließend in Christus offenbart hat. Ihm wird im Herzen durch den Glauben Raum gegeben, oder er wird durch den Unglauben aus dem Herzen herausgehalten, weil das Herz bereits durch etwas anderes, einen Abgott, den Mammon oder was auch immer, besetzt ist. Darum allein geht es an dieser Stelle: Gott ist Gott; als solcher will er, dass ihm vertraut und im Herzen des Menschen geglaubt werde. Dadurch wird eine Krisis hervorgerufen, die sich in einer Auseinandersetzung mit den Mächten niederschlägt, die das Menschenherz besetzt halten. Im Zuge dieser Auseinandersetzung zwischen Gott und Abgott im Menschenherzen redet Luther bei der Auslegung des ersten Gebotes von „machen", wie er zu Röm 3,4 von „Gott rechtfertigen" geredet hat.

Luthers Ausführungen zum ersten Gebot werden durch die Worte Gott (*Deus*) – Herz (*cor*) – Vertrauen (*fiducia*) – Glaube (*fides*), die korrelativ aufeinander bezogen sind und sich gegenseitig auslegen, strukturiert und inhaltlich bestimmt. Für diese Schwerpunktsetzung und Argumentationsstruktur legt er im ersten Abschnitt den Grund; aber diese Stichworte kehren immer wieder und strukturieren die gesamte Auslegung des ersten Gebotes. Daher wird stets auf sie zurückzukommen sein. Das Verständnis, das Luther in allen Abschnitten voraussetzt, ist: *Gott* ist der Schöpfer, der unablässig wirkt, der befreiend an Israel und schließlich an der ganzen Menschheit in Jesus Christus gehandelt hat, indem er durch dessen stellvertretenden Tod und Auferste-

---

unbequem und erregt doch das Gesetz Zorn (Röm 4,15). Sodann steht es in striktem Gegensatz zu Luthers Denken, für den die zehn Gebote und insbesondere das erste Gebot eine radikale Kampfansage an menschliche Kreaturvergötterung und Abgötterei darstellen. Feuerbachs Projektionsthese ist allenfalls gegen subtile Formen menschlicher Abgötterei anwendbar. Aber eine Theologie, für die der GrKat in Geltung steht, ist ihrer nicht bedürftig: Luthers Religionskritik ist klarer und resoluter als die Feuerbachs, vor allem ist sie theologisch stringent und nicht bodenlos, wie es die Feuerbachsche ist (vgl. E. v. Hartmann, Geschichte der Metaphysik. Ausgewählte Werke XI f., Leipzig 1900, 444). Man sollte im Protestantismus damit aufhören, mit Feuerbachs Religionskritik zu kokettieren, wie es seit K. Barth (Die Theologie und die Kirche, Zürich o.J. (1928), 212 ff.; ders., Die protestantische Theologie im 19. Jahrhundert, Zürich ³1960, 484–489) üblich geworden ist.

hung die Verderbensmächte entmachtete.[150] *Herz* ist das Personzentrum des Menschen, in dem Wille und Vernunft verankert sind. *Vertrauen* ist eine Näherbestimmung von Glauben. Mit *Glaube* bezeichnet Luther die Grundrelation des Menschen zu Gott, die allen anderen Relationen vorausliegt und sie umfasst. „Denn die zwei gehören zuhauf (zusammen), Glaube und Gott" (133, 7). Vor allem Tun ist der Mensch also auf Gott ausgerichtet; der „Ort", wo sich dies niederschlägt, ist das Herz; der Vollzug der Beziehung besteht in Vertrauen und Glauben.

Diesen Vollzug spricht Luther unmittelbar auf die Beantwortung der Frage, was es heißt, einen Gott zu haben, an: „Ist der Glaube und (das) Vertrauen recht, so ist auch dein Gott recht, und wiederum: wo das Vertrauen falsch und unrecht ist, da ist auch der rechte Gott nicht." (133, 5 f.) Was Gott ist, ist klar und steht hier nicht zur Diskussion, aber zu klären ist, worauf der Mensch sein Vertrauen setzt? Setzt er es allein auf Gott, der sich in der Präambel selbst vorgestellt hat? Oder setzt er es noch auf etwas anderes, etwa auf sein Gottvertrauen, das in der Lebenspraxis nur eine Spielart seines Selbstvertrauens ist? Setzt er es auf Gott selbst, dann ist sein Vertrauen recht, dann hat er den rechten Gott (*Deum rectum*). Die Probe darauf ist, ob er alles Gute von Gott erwartet (133, 1)? Erwartet er es nicht von Gott allein, schreibt er das Gelingen des Lebens in Wahrheit seiner Lebenskunst zu. Nimmt er seine Zuflucht zu Gott allein „in allen Nöten" (133, 2)? Wenn nicht auf Gott allein, ist „das Vertrauen falsch" (133, 6), und der rechte Gott ist nicht auf dem Plan, wenn er in einer Liste von diversen Nothelfern geführt wird.

Die Ausführungen münden in die den Abschnitt zusammenfassende Feststellung ein: „Wor(an) du nun (sage ich) dein Herz hängst und (worauf du dich) verläßt, das ist eigentlich dein Gott." (133, 7 f.) Glaube und Gott gehören zusammen (133, 7), und zwar so, dass zwischen beiden schlechterdings nichts Platz hat. Der Adel des Menschen liegt mithin darin, dass er vor allen Bezügen auf die kreatürliche Welt auf Gott bezogen ist. Das gilt es gegenüber allen Relationen im Glauben durchzuhalten! Nicht um Gottes Gottsein an sich geht es, sondern darum, dass der Mensch Gott in seinem Herzen für Gott halte und ihm im Glau-

---

[150] Ein Schlüsselbeleg ist WA 16, 425, 22–35; zitiert o. Anm. 112.

ben die Priorität zuerkenne, die er innehat. Das geschieht dadurch, dass er Gott mit ungeteiltem Herzen anhängt und sich auf ihn verlässt. In der Folge davon bleibt Gott im Menschen, was er in sich selbst ist. Verlässt sich der Mensch aber auf etwas anderes als auf Gott, dann richtet er dieses andere, wer oder was es auch sei, in seinem Herzen zu einem Abgott auf, und dann „ist (das) eigentlich dein Gott" (133, 8).

133, 9–16 Auf die thetische Erklärung und die sie erläuternde theologische Analyse folgt die paränetische Anwendung, die in der dringlichen Mahnung gipfelt: „Siehe zu und lasse mich allein deinen Gott sein und suche ja keinen anderen!" (133, 11 f.) Was das heißt, hat Luther bereits gesagt, aber er wiederholt es ausdrücklich, um seelsorglich zu ermutigen: „Was dir mangelt an Gutem, dessen versieh dich zu mir und suche es bei mir; und wo du Unglück und Not leidest, da kriech und halte dich zu mir. ICH, ich will dir genug geben und aus aller Not helfen." (133, 12–15) Am Schluss des Abschnitts steht als Zuspitzung der Paränese: „Laß nur dein Herz an keinem anderen hängen noch (bei ihm) ruhen."[151] (133, 15 f.)

Der Dreischritt These (Erklärung) – Analyse – Paränese hat sich nach und nach aus Luthers mehrmaliger Auslegung des ersten Gebotes herausgebildet[152] und im GrKat seine feste Form gefunden. Gerade die Ausführungen zu Beginn der Gebotsauslegung sind ebenso unprätentiös, wie sie treffend in der Sprache und präzise in der Sache sind. Als Intention des ersten Gebots stellt Luther heraus: „Darum ist nun die Meinung dieses Gebots, dass es rechten Glauben und Zuversicht des Herzens fordert, welche den rechten, einzigen Gott treffe und an ihm allein hänge." (133, 9–11)

---

[151] Der auf Gott hin geschaffene Mensch kann nach Augustin seine Ruhe nur in Gott finden: ... *inquietum est cor nostrum, donec requiescat in te.* „... ruhelos ist unser Herz, bis es seine Ruhe hat in dir" (Conf. I, 1; CChr.SL 27, 1, 7).

[152] Wichtige Stationen der Auslegung sind: WA 1, 250, 4–6 (1518); WA 1, 258, 4–7 (1518); WA 1, 398, 6 ff. (1518); WA 2, 60, 36–39 (1519); WA 6, 204, 13 ff. (1520); WA 7, 205, 8–18 (1520); WA 10 II, 377 f. (1522); WA 11, 30–33 (1523); WA 16, 423 ff. (1525); WA 30 I, 2–4. 27–29, bes. 57–61 (1528).

133, 17 – 134, 29 Im zweiten Teil der Auslegung folgen Erläuterungen, in denen Luther an „Exempeln des Widerspiels" (133, 18) den positiven Gehalt der Erklärung, was Gott sei, durch negative Beispiele aus dem Alltagsleben deutlich macht. Er gibt dafür mehrere Beispiele. Am Schluss fasst er zusammen, worauf das erste Gebot von Gott her zielt.

133, 17–34 Im ersten Beispiel nimmt Luther das Vertrauen auf Geld und Gut in den Blick, das an die Stelle des Gottvertrauens tritt. Gegen Geld und Gut ist nichts einzuwenden, solange sie als Sachwerte im Alltagsleben lediglich gebraucht werden. Aber es ist sehr viel und mit äußerstem Nachdruck dagegen einzuwenden, das Vertrauen in sie zu setzen, ein Vertrauen, das man in Gott niemals investiert hat und das das Vertrauen in Gott, ohne dass man sich dessen bewusst sein muss, faktisch verdrängt und schließlich ersetzt. Manch einer „meint, er habe Gott und alles genug, wenn er Geld und Gut hat" (133, 18–20). Geld und Gut als „Gott haben" heißt: er „verläßt" sich darauf und „brüstet" sich damit „so steiff und sicher, das(s) er auff niemand nichts gibt" (133, 20–22). „Siehe, dieser hat auch einen Gott, der heißt Mammon, das ist Geld und Gut, darauf er sein ganzes Herz setzt" (133, 22–24).

Luther greift mit „Mammon" ein Stichwort aus der Verkündigung Jesu auf.[153] Jesus hat ein Entweder-oder gesetzt: „Niemand kann zwei Herren dienen: entweder er wird den einen hassen und den anderen lieben, oder er wird an dem einen hängen und den anderen verachten. Ihr könnt nicht Gott dienen und dem Mammon." (Mt 6,24; s.a. Lk 16,13) Luther hat dieses Entweder-oder in seinen Predigten aufgenommen und durchgehalten.[154] Repräsentativ ist die folgende Stelle: „Das Gewissen des menschlichen Herzens ist so eng, dass der Mammon und Gott nicht zugleich in ihm wohnen können."[155]

---

[153] Es gehört zur aramäischen Grundlage der Jesuslogien (vgl. Jeremias, Ntl. Theologie (s. Anm. 58), 17).

[154] Mt 6,24 gehört zum Evangelium des 15. Sonntags nach Trinitatis, über das Luther oft gepredigt hat (vgl. z.B. WA 1, 81–85 (1516); WA 17 I, 414–418 (1525); WA 27, 346 f. (1528); WA 37, 530–533 (1534)).

[155] Predigt am 15. S. n. Trin., 4.09.1524, WA 15, 675–679, 676, 19 f.: „Conscientia cordis hominis est tam angusta, ut mammon et deus simul non possit in ea habitare."

Warum ist der Mammon der allgemeinste „Abgott" auf Erden (133, 25)? „Wer Geld und Gut hat, der weiß (fühlt) sich sicher, ist fröhlich und unerschrocken, als sitze er mitten im Paradies" (133, 25–28). Besitz suggeriert Sicherheit und Geborgenheit, so dass sich der Mensch in seinem Herzen auf ihn verlässt. Und welcher Mensch verlässt sich nicht auf Besitz, wenn er ihn hat; umgekehrt: wer ist nicht „verzagt" (133, 29), wenn er nicht da ist? Durch das Sichverlassen auf Geld und Gut „macht" der Mensch sich einen Abgott, der in seinem Herzen die Stelle des einen, wahren Gottes einnimmt. Der Mammon lässt es nicht zu, Gott zu vertrauen, sondern er drängt Gott aus dem Herzen hinaus, um den Status und die Funktion Gottes zu usurpieren. Das scheint unglaubhaft zu sein, dass so etwas Gemeines und Hässliches wie der Mammon das Menschenherz in Beschlag nimmt, doch das spiegelt den alltäglichen Befund wider. „Es klebt und hängt der Natur an bis in die Grube" (133, 33 f.).

133, 35 – 134, 6 Zu den „Exempeln des Widerspiels" zählt Luther außerdem „grosse kunst, klugheit, gewalt, gunst, freundschafft und ehre" (133, 36 – 134, 1). „Große Kunst" (*ingenium*) ist große Begabung, großes Wissen, ja Genie. „Klugheit" (*eruditio, sapientia*) meint gelehrte Bildung, aber auch Weisheit. Bei „Gewalt" (*potentia*) ist an Macht gedacht, vornehmlich an politische unter Einschluss militärischer Gewalt, aber hier wohl kaum an wirtschaftliche Macht. „Gunst" (*favor*) ist die Beliebtheit, das Begünstigtsein. „Freundschaft" (*amicitia*) meint die „Gesamtheit der Verwandten"[156]. „Ehre" (*dignitas*) ist die hohe Würde, der Rang, auf den man sich verlässt.

Dass hohe Begabung, Gelehrsamkeit und Weisheit in Ansehen stehen, ist nur recht und billig. Auch die anderen Größen Macht, Gunst, Freundschaft und Ehre sind respektabel und keineswegs verwerflich. Aber dass der Mensch „darauf traut und trotzt" (133, 35) und sich ihrer „rühmt" (Jer 9,22 f.), als gewährten sie das Leben und erhielten seine Existenz, darin kommt ein Missbrauch dieser Gaben und Werte zum Vorschein, der zwar weniger gemein ist als die Verehrung des Mammons, aber nicht weniger verwerflich. Denn an die Stelle des Vertrauens auf den Geber aller Gaben ist das Vertrauen auf die Gaben selbst getre-

---

[156] BSELK 932, Anm. 99.

ten, und diese werden zum Gegenstand der Verehrung, ja des Kultes. Das entlarvt Luther als subtile Abgötterei: „Der hat auch einen Gott, aber nicht diesen rechten, einzigen Gott." (134, 1 f.) Die subtile Form der Abgötterei wird wahrnehmbar am Verhalten derer, die ihr erlegen sind; denn sie werden dadurch „vermessen, sicher und stolz" (134, 2). Wie das Vertrauen auf die Gaben das Vertrauen auf den Geber untergräbt, so verbürgt umgekehrt allein das gänzliche Vertrauen des Herzens auf Gott (134, 5 f.) den rechten Gebrauch der Gaben.

134, 7–17 Zu den „Exempeln des Widerspiels" gehören schließlich die Abgötterei mit den Heiligen sowie das Vertrauen in widergöttliche Mächte. Dass das Vertrauen auf Geld und Gut und auf personbezogene Gaben das Gottvertrauen untergräbt, wenn es an die erste Stelle rückt, dürfte der überwiegenden Mehrheit selbst verborgen bleiben. Das gilt ebenso für die Anrufung der Heiligen als Schutzhelfer in Not und Gefahr. Man wähnte sich dabei im Einklang mit der Praxis der Kirche. Die hingegen, die einen Bund mit dem Teufel eingehen, taten und tun dies in bewusster Absage an Gott.

Im Blick auf die Anrufung der Heiligen spricht Luther ausdrücklich von „der Blindheit unter dem Papsttum" (134, 7 f.). Er selbst war lange und tief in den Heiligenkult involviert.[157] Der Umschwung von der Feststellung, es sündige nicht, wer die Heiligen nicht anrufe, zu der Aussage, es sündige und treibe Abgötterei, wer sie anrufe, erfolgt relativ spät. Ein Meilenstein auf dem Weg dahin ist diese Stelle im GrKat. An ausgewählten Beispielen illustriert Luther die Abgötterei der Heiligenanrufung (134, 9 ff.)[158] und bezeichnet es als „greuel" (134, 11), wenn „ein jeder seinen Heiligen (aus)wählt, anbetet und anruft, (ihm) in Nöten zu helfen" (134, 12).

Andere „(treiben) es gar zu grob und (machen) mit dem Teufel einen Bund" (134, 13 f.). Wie Luther hier bei der Auslegung des ersten Gebots auf den Teufel zu sprechen kommt, so handelt er über ihn im Hauptartikel von Christus und der Rechtfertigung

---

[157] Nachweise in W. Führer, Die Schmalkaldischen Artikel, KSLuth 2, Tübingen 2009, 142–145, bes. 143, Anm. 385.
[158] Vorbereitet wurden die Ausführungen in 134, 9 ff. von Luther in der Predigt über das 1. Gebot am 18.05.1528 (WA 30 I, 3, 4 ff.) Zur Identifizierung der angegebenen Heiligen vgl. BSLK 562, Anm. 1–3; BSELK 934, Anm. 100–104.

in den Schmalkaldischen Artikeln sowie im wichtigsten Artikel des dritten Teils über die Sünde.[159] Daraus wird deutlich, dass die Vorstellung vom Teufel nicht an der Peripherie steht, sondern in das Zentrum seiner Theologie gehört.[160] Aber nicht nur sein Denken, auch seine Biographie ist ohne sie nicht darstellbar.[161]

Welche Vorstellung vom Teufel kommt hier zur Sprache? Menschen sind so unverfroren, dass sie mit dem Teufel einen Bund schließen, weil ihr Vorhaben, z.B. Geld in Fülle zu bekommen oder zu einer Liebschaft zu gelangen (134, 14),[162] von vornherein gegen Gottes Willen gerichtet ist. Der Teufel ist also hier als die personale Macht gedacht, welche die Aufrichtung des prinzipiell Widergöttlichen im Alltagsleben gewährleistet. Um dieses Ziel zu erreichen, nämlich die Herrschaft des Bösen als des prinzipiell Gottwidrigen in der Welt, gehen Menschen einen Bund mit dem Teufel ein, und zwar nicht aus Versehen, sondern aus Vorsatz.[163] Mithin ist der Teufel die prinzipiell gegen Gott gerichtete Verkörperung des Bösen, zu dem Menschen ihre Zuflucht nehmen und mit dem sie als einer personhaften Macht willentlich einen Bund schließen, um mit allen Mitteln und unter allen Umständen zu verhindern, dass Gottes Wille, der auf das Gute gerichtet ist, in der Welt geschehe. Der Teufel ist nicht böse, weil er Böses tut, sondern er tut Böses und sinnt ausschließlich auf Böses, weil er böse ist und Gott, der das Gute ist und der sich im ersten Gebot offenbart, negiert.

Der den Abschnitt beschließende Satz „Diese alle richten ihr Herz und Vertrauen anderswohin als auf den wahrhaftigen Gott,

---

[159] ASm II, 1, WA 50, 199, 32; ASm III, 1, WA 50, 221, 6. Vgl. dazu Führer, Artikel (s. Anm. 157), 102 f. u. 187.

[160] Mit H.-M. Barth, Der Teufel und Jesus Christus in der Theologie Martin Luthers, FKDG 19, Göttingen 1967, bes. 208 ff.; s.a. G. Ebeling, Lutherstudien II, 3, Tübingen 1989, 260 ff.

[161] Vgl. die Biographie von H. A. Oberman, Luther. Mensch zwischen Gott und Teufel, Berlin ²1983.

[162] Die Vorlage von 134, 13 f. ist WA 30 I, 3, 8–10 (1528).

[163] Wahrscheinlich dachte Luther in 134, 13 f. und 15 („schwarzkünstige" = solche, die schwarze Magie treiben) auch an die ihm bekannte Überlieferung von Dr. Faust (s. BSLK 562, Anm. 6), die Goethes *Faust* zugrunde lag (Abschluss von „Faust I" 1807) und an die Th. Mann in seinem Altersroman *Doktor Faustus* (1947) angeknüpft hat.

erwarten nichts Gutes von ihm, suchen's auch nicht bei ihm" (134, 16 f.; geglättet) fasst zusammen, was Luther über die, welche die Heiligen anrufen und ihr Vertrauen auf widergöttliche Mächte setzen, ausgeführt hat. Aber in der Sache gilt dieses Urteil für alle „Exempel des Widerspiels".

134, 18–29 Im Schlussabschnitt wertet Luther die „Exempel des Widerspiels" aus und stellt den Ertrag für das Verständnis des ersten Gebots heraus. Anhand der Gegenbeispiele lässt sich „leichtlich" (134, 18) verstehen, was es fordert, „nämlich das ganze Herz des Menschen und alle Zuversicht auf Gott allein und niemand anders" (134, 18–20). So hoch wird der Mensch geschätzt: Gott teilt sich das Menschenherz nicht mit anderen Mächten, sondern er fordert das ganze Herz ungeteilt und ausschließlich. Das Gottvertrauen ist nicht mit dem Vertrauen auf die Kreaturen in Harmonie zu bringen, vielmehr fordert das erste Gebot „alle Zuversicht auf Gott allein". Denn nichts ist Gott gleich; die Schöpfung steht nicht neben, sondern unter ihm. Deshalb ist auch schlechterdings nichts neben ihn zu stellen! An dem Nachvollzug des Allein hängt das Verständnis des ersten Gebotes und mit ihm die Erkenntnis Gottes und das Gelingen des Lebens.

Gott lässt sich nicht „mit Fingern ergreifen" noch „in einen Beutel stecken" oder „in einen Kasten schließen" (134, 20 f.). Luther gebraucht diese drastischen Wendungen, um den dunklen Drang, über Gott Macht zu gewinnen, als nichtig und vergeblich zurückzuweisen und der Lächerlichkeit preiszugeben. Durch keine Magie, aber auch durch keine Gedankenarbeit ist „Gott zu haben" (134, 20). Vielmehr heißt *das* Gott erfassen, „wenn ihn das Herz ergreift" und im Glauben „an ihm hängt" (134, 22 f.). „Mit dem Herzen aber an ihm hängen ist nichts anderes als sich gänzlich auf ihn verlassen." (134, 23 f.) „Gott zu haben" wird also Ereignis in der vorbehaltlosen Hingabe des Herzens an ihn im Glauben.

Was will Gott; worauf zielt er mit dem ersten Gebot? Die die Gebotsauslegung zusammenfassende Antwort lautet: „Darum will er uns von allem anderen abwenden, das außer ihm ist, und zu sich ziehen, weil er das einzige, ewige Gut ist." (134, 24–26) Dieser Spitzensatz ist Wort für Wort nachzubuchstabieren: Gott, er selbst, will von allen Geschöpfen, die ohne ihn, den Schöpfer, gar nicht wären, abwenden, um zu sich, der Quelle allen Lebens, zu ziehen. Gemeint ist die Bewegung, die das Vertrauen von allen kreatürlichen Mächten löst und es auf den Schöpfer selbst richtet, der einzig, unvergänglich und unvergleichlich ist, kurz, das „ewige Gut". Diese Bewegung muss im Menschen selbst stattfinden und nicht etwa außerhalb seiner; aber sie geschieht, um ihn außerhalb (*extra*) seiner zu versetzen, nämlich in Gott selbst. Das ist eine Bewegung der Umkehr und Neuorientierung, von Gott durch sein Gebot hervorgerufen, „als wollte er sagen: ‚Was du zuvor bei den Heiligen gesucht oder wozu du auf den Mammon und sonst etwas vertraut hast, das erwarte alles von mir und halte mich für den, der dir helfen und mit allem Guten reichlich überschütten will'" (134, 26–29; geglättet). Es geht bei dieser Bewegung darum, das falsche Vertrauen auf Kreaturen aufzugeben und Gott im Herzen für den zu halten, der er ist: der Durchhelfer in Nöten und großzügige Spender aller Güter. Indem der Mensch in seinem Herzen das Vertrauen auf Kreaturen aufgibt, wird er auf Gott ausgerichtet, so dass sein Lebenszentrum in Gott hinein versetzt wird. Es ist ein Paradox, dass gerade das Versetztwerden in Gott den Grund dafür legt, dass Gott das Menschenherz regiert.

134, 30 – 135, 27 Aus den Ausführungen in den Teilen I–II ergibt sich klar, worin rechter Gottesdienst besteht. Das stellt Luther zu Beginn des dritten Teils assertorisch heraus. Aus der dadurch eröffneten Perspektive beleuchtet er sodann kritisch die Religion der Heiden sowie die im Christentum aufgekommene Werkheiligkeit.
134, 30–38 Die Frage nach dem rechten Gottesdienst ist – außer für Ignoranten – keine Randfrage, sondern vielmehr eine Frage von unvergleichlichem Gewicht; denn mit ihr wird über Heil oder Unheil entschieden. Deshalb stellt Luther assertorisch fest, der „Gottesdienst", „der Gott gefällt, welchen er auch bei ewigem Zorn gebietet", gründe sich darauf, dass „das Herz von keinem anderen Trost noch Zuversicht wisse als zu ihm"; es „lasse sich auch nicht davon (weg)reißen, sondern wage darüber und setze hintan alles, was auf Erden ist" (134, 30–33). Das ist die mit dem ersten Gebot aufgerichtete Entscheidung, die es im Herzen über das ganze Leben hin in glaubendem Vertrauen

durchzuhalten gilt. Glaube und Vertrauen sind auf Gott, den Schöpfer und Herrn der Geschichte, gerichtet, der sich in der Präambel selbst als „der HERR, dein Gott" (2. Mose 20,2a) vorgestellt hat. In die Präambel ist Jesus Christus, der einziggeborene Sohn Gottes, einbezogen,[164] weil sich in ihm Gott abschließend offenbart hat. Der Glaube an Gott ist in seinem Kern Glaube an Jesus Christus, wie umgekehrt der Glaube an Jesus Christus Glaube an Gott ist, der sich in ihm offenbart hat. Daher ist es nur folgerichtig, wenn Luther den Glauben an Christus als das „erste und höchste, alleredelste gute Werk"[165] bezeichnet. Der Glaube an Gott, der in Jesus Christus offenbar geworden ist, ist die Erfüllung des ersten Gebotes. Die Erfüllung des ersten Gebotes wiederum ist die Quelle und Grundlage des Gottesdienstes im neuen Bund. Darin liegt es begründet, warum Luther im ersten Gebot „das Hauptstück unseres ganzen Christentums"[166] gesehen hat.

Von dieser Position aus lässt sich „leicht (ein)sehen und (be)urteilen, wie die Welt lauter falschen Gottesdienst und Abgötterei treibt" (134, 34 f.). Denn eine religionslose Welt gibt es nicht. In Wirklichkeit „ist nie ein Volk so ruchlos gewesen, dass es nicht einen Gottesdienst aufgerichtet und gehalten habe" (134, 35 f.).

135, 1–16 Als Beispiel führt Luther Götter der heidnischen römischen Antike an: Jupiter, Herkules, Merkur, Venus, Diana u.a. (135, 2 ff.).[167] Man „machte" den „zum Gott, zu dem ihn sein Herz trug" (135, 5 f.). Die Grundrelation Gott – Vertrauen war auch im Heidentum gegeben (135, 6 f.), aber ins Gegenteil verkehrt: das Vertrauen war „nicht auf den einzigen Gott" gerichtet (135, 8), sondern wurde vielmehr von Wunschvorstellungen bestimmt. „Darum machen die Heiden eigentlich ihren selbstdichteten Dünkel und Traum von Gott zum Abgott und verlassen sich auf das lautere Nichts" (135, 9–11; geglättet). Die Abgötte-

---

[164] Vgl. WA 16, 425, 22 ff. (zitiert o. Anm. 112); ferner WA 28, 601 u. 604 (s.o. Anm. 113 f.).
[165] Von den guten Werken, 1520, WA 6, 204, 25 f.
[166] WA 28, 601, 10.
[167] Vorbereitet ist 135, 1 ff. von Luther in der Predigt über das 1. Gebot am 14.09.1528, WA 30 I, 27 ff., bes. 28, 15 f. Zum Hintergrund von 135, 1 ff. vgl. Cicero, Ad familiares XVI, 24, 1.

rei beruht also auf dem Dünkel des Herzens, das religiös produktiv ist[168] und Hilfe und Trost bei zu Göttern stilisierten Kreaturen sucht (135, 11–14).

135, 17–27 Luther gebraucht die Trias Kreaturen – Heilige – Teufel (135, 14) und setzt die in der Kirche verbreitete Abgötterei der Werkheiligen, die „Hilfe, Trost und Seligkeit in eigenen Werken suchen" (135, 20), in Analogie zur heidnischen Kreaturvergötterung in der Antike.[169] Die Analogie besteht darin, dass sich beide, wenn auch in sehr unterschiedlicher Weise, Gott so zurechtlegen, wie sie ihn haben wollen, und dadurch „Gott zum Abgott" (135, 10) bzw. „aus Gott einen Götzen" (135, 25) machen. Die subtilere Form der Abgötterei aber ist die Abgötterei der Werkheiligen. Sie ist die „höchste Abgötterei, die wir bisher getrieben haben und die noch immer in der Welt regiert; auf die auch alle geistlichen Stände gegründet sind" (135, 17–19). Sie „(betrifft) allein das Gewissen" (135, 19). Die Abgötterei der Werkheiligen „vermißt sich, Gott den Himmel abzuzwingen" (135, 20 f.). Sie beruht auf der völligen Verkehrung des Gottesverhältnisses ins Gegenteil und zielt darauf, Gott durch Werkheiligkeit in die Abhängigkeit vom Menschen zu bringen. In der Praxis geschieht das so, dass das Gewissen Rechnung darüber führt, „wie viel es gestiftet, gefastet, Messe gehalten hat usw." (135, 21 f.). Darauf „verläßt" es sich vor Gott „und pocht darauf, als wolle es nichts von ihm geschenkt nehmen, sondern alles selbst erwerben oder mit überschüssigen (guten Werken) verdienen, gerade als müßte er uns zu Diensten stehen und unser Schuldner, wir aber seine Lehnsherren sein" (135, 22–25). Diese Ausführungen Luthers werden verkannt, wenn man sie ausschließlich als gegen die spätmittelalterliche Frömmigkeit gerichtet versteht. In Wahrheit führen sie jede Religiosität, ob heidnische oder christliche, in die Krise, die Frömmigkeit als Mittel benutzt, Gott in Schach zu halten. Dieser finstere Drang liegt in Wirklichkeit aller Abgötterei zugrunde.

---

[168] Luther spricht von „machen" (135, 5. 11); s.o. zu 133, 2–4 und dazu Anm. 149.
[169] Vgl. Predigt über 5. Mose 5 (1. Gebot), 29.08.1529, WA 28, 607 ff., bes. 609, 32 ff. u. 610, 22 ff. (Aurifaber).

135, 28 – 136, 26 Im vierten Teil wird das dem ersten Gebot gemäße Gottesverständnis zusammengefasst. In sachlichem Zusammenhang damit steht die darauf folgende Näherbestimmung des Wirkens und Gebens Gottes durch die Kreaturen. Den Abschluss dieses Teils und der Gebotsauslegung überhaupt bildet die Aufforderung zur Selbsterforschung durch die Anwendung der Beichtfrage, die mit dem ersten Gebot gestellt ist.

135, 28 – 136, 3 Gott ist der Seinsgrund und Lebensquell, jedoch nicht als anonymes Es, sondern als personhaftes Ich, das, selbst nicht gesetzt, alles setzt; das, selbst ungeschaffen, alles schafft, erhält und vollendet. Den lebendigen Gott erfassen heißt: „Gott allein vertrauen"[170] und nur Gutes von ihm erwarten (135, 29 f.). Denn Gott ist der, „der uns Leib, Leben, Essen, Trinken, Nahrung, Gesundheit, Schutz, Frieden und alles Nötige an zeitlichen und ewigen Gütern gibt; dazu vor Unglück bewahrt und, wenn uns etwas widerfährt, errettet und heraushilft" (135, 30–33). Konstitutiv für das Verständnis Gottes ist das „allein" (*solus*), weswegen es Luther ausdrücklich wiederholt (135, 33). Was ist also der Eine Gott? Gott ist „ein ewiger Quellbrunn, der von lauter Güte überfließt und von dem alles, was gut ist und heißt, herausfließt" (136, 2 f.).

136, 4–17 Dass das Gute, das uns widerfährt, von Menschen und der kreatürlichen Welt kommt, steht nicht im Widerspruch zur Alleinwirksamkeit Gottes.[171] Vielmehr wirkt und gibt dieser durch jene, und zwar „alles" (136, 2, in 136, 5. 9 ausdrücklich wieder aufgenommen). „Denn die Kreaturen sind nur die Hand, das Rohr, die Mittel, durch die Gott alles gibt" (136, 8 f.). Gott wirkt und gibt als der Schöpfer also in und durch die Geschöpfe, die sich nicht „selbst machen" können (136, 11 f.). In den Geschöpfen ist sein Schöpfungsbefehl gemäß der von ihm gesetzten Ordnung wirksam (136, 5 f.). So ist z.B. den „Eltern" (136, 6. 10) der „Befehl" zur Versorgung der Kinder eingestiftet, dem sie sich nicht entziehen können und in der Regel auch nicht entziehen wollen. Es wäre „Vermessenheit", die kreatürliche Vermitt-

---

[170] BSLK 565, 27/BSELK 939, 9: *Deo soli fidamus*.
[171] Zu 136, 4–17 vgl. die Pred. über das 1. Gebot, 18.05.1528, WA 30 I, 3, 34–4, 9 (Rörer).

lung auszuschlagen und „andere Weisen und Wege zu suchen" (136, 15 f.).

136, 18–26 Am Schluss mahnt Luther zur angemessenen Schätzung des ersten Gebotes. Wie kann sie zum Ausdruck gebracht werden? Nicht nur durch allgemeine Hochachtung, sondern vielmehr dadurch, dass „ein jeder bei sich selbst" darauf sieht, „dass man dieses Gebot vor allen Dingen groß und hoch achte" (136, 18 f.). Fehlt die Hochschätzung, mit der man es sich vor allen Dingen persönlich zu Herzen nimmt, bleibt es ungehört, unverstanden und ungetan. Dass es sich die überwiegende Mehrheit in den Wind geredet sein lässt, sagt indessen nichts über das erste Gebot, denn es gilt apodiktisch, aber sehr viel darüber, wie es um die Mehrheit coram Deo bestellt ist.

Das erste Gebot gehört zum Beichtspiegel. Wird es zu Gehör gebracht, ist darin die Aufforderung zur Selbstprüfung enthalten: „Frage und erforsche dein eigenes Herz gründlich, so wirst du wohl finden, ob es allein an Gott hängt oder nicht" (136, 19–21). Luther lässt offen, was die Selbstprüfung ergibt. Er sagt niemandem auf den Kopf zu, sein Herz hänge nicht allein an Gott. Vielmehr lässt er jeden das Urteil über die Ausrichtung seines Herzens selbst finden. Das geschieht so, dass er die Eingangsfrage, was es heißt, einen Gott zu haben (132, 34), hier am Schluss wieder aufnimmt und sie zum Kriterium der Beichtfrage erhebt: „Hast du ein solches Herz, das nichts als Gutes von ihm erwarten kann, besonders in Nöten und Mangel, dazu alles gehen und fahren lassen will, was nicht Gott ist, so hast du den einzigen rechten Gott. Umgekehrt, hängt es an etwas anderem, von dem es sich mehr Gutes und Hilfe erhofft als von Gott, und läuft es nicht zu ihm, sondern flieht vor ihm, wenn es ihm übel geht, so hast du einen Abgott" (136, 21–26; geglättet). Diese Zuspitzung Luthers ist ebenso subtil wie großartig: Die wichtigste und schwierigste Frage, die sich der Mensch stellen kann, soll er sich selbst beantworten, weil sich zweifelsfrei erheben lässt, ob er Gott allein vertraut oder nicht.

136, 27 – 139, 12 Aus dem Anhang sei hervorgehoben: Drohung und Verheißung (2. Mose 20,5 f.) sind auf alle Gebote bezogen, gelten aber zuerst für das „Hauptgebot" (137, 1 f.). Aus dem Droh- und Verheißungswort ist zu lernen, „wie zornig Gott über die ist, die sich auf irgend etwas außer ihm verlassen; umgekehrt, wie gütig und gnädig er denen ist, die ihm allein von ganzem Herzen vertrauen und glauben" (137, 5–7). Mit dem ersten Gebot ist ein Entweder-oder aufgerichtet: entweder ewiger Segen, Glück und Seligkeit oder ewiger Zorn, Unglück und Herzeleid (138, 7 f.).

Der Glaube an den dreieinigen Gott nach dem Kleinen Katechismus

Luthers Auslegung des ersten Gebots steht mit der des ersten Glaubensartikels von der Schöpfung in engstem sachlichem Zusammenhang. Es ist aber deutlich geworden, dass das auch für den zweiten Glaubensartikel gilt, weil Jesus Christus, der Sohn Gottes, in das erste Gebot hineingehört. Ferner ist festzustellen, dass Gebotsauslegung und Pneumatologie bei Luther sachlich miteinander verbunden sind; denn wo immer die Frage nach der Erfüllbarkeit des ersten Gebotes gestellt wird, ist die Frage nach dem Heiligen Geist und seinem Wirken aufgeworfen.

Luther hat den Glauben nach dem trinitarischen Aufbau des Apostolischen Glaubensbekenntnisses[172] ausgelegt. Das ist im Gegensatz zur mittelalterlichen Katechetik geschehen, die das Apostolikum nach der legendären altkirchlichen Tradition in zwölf Artikeln gemäß der Zwölfzahl der Apostel dargeboten hat.[173] In der Katechismuspredigt am 10. Dezember 1528 erklärt Luther der Gemeinde, dass der „Glaube"[174] „in 3 articulos secundum personas divinitatis"[175] ausgelegt werde.

Bei der folgenden Interpretation lege ich den KlKat zugrunde. Von diesem Fundament aus versuche ich, die Verbindungslinien zur gesamten Theologie Luthers in den Blick zu bekommen.

---

[172] Textausgaben: BSLK 21; BSELK 42 f. (nach dem Konkordienbuch); EG 804 (für den gottesdienstlichen Gebrauch). Zur trinitarischen Struktur vgl. R. Jansen, Studien zu Luthers Trinitätslehre, Frankfurt/M. 1976, 144 ff.

[173] Vgl. Th. Harnack, Katechetik I, Erlangen 1882, 54 ff.; Meyer, Komm. (s. Anm. 98), 70 ff.; Peters, Komm. (s. Anm. 105), Bd. 2: Der Glaube, 1991, 18 ff.

[174] „Glaube" ist Kurzbezeichnung für Glaubensbekenntnis gemäß der altkirchlichen Kurzbezeichnung πίστις oder *fides*.

[175] WA 30 I, 86, 24 f.

Dabei strebe ich keine Vollständigkeit im Sinne einer Gesamtdarstellung an, sondern konzentriere mich vielmehr auf das Verhältnis von Gotteserkenntnis und Heilserkenntnis, wie es sich aus dem Zusammenhang seines Denkens ergibt.

Ich gehe bei der theologischen Auslegung des zweiten Hauptstücks im KlKat von dem heutigen revidierten Text aus.[176] Von ihm aus frage ich zurück bis hin zum Text von 1529.[177] Nur die sprachlichen Abweichungen, die inhaltliche Relevanz haben, werden diskutiert.

Der erste Artikel

1 Ich glaube, dass mich Gott geschaffen hat samt allen Kreaturen,
2 mir Leib und Seele, Augen, Ohren und alle Glieder,
Vernunft und alle Sinne gegeben hat und noch erhält;
3 dazu Kleider und Schuh, Essen und Trinken, Haus und Hof,
Weib und Kind, Acker, Vieh und alle Güter;
4 mit allem Notwendigen und Nahrung dieses Leibes und Lebens mich reichlich und täglich versorgt,
5 in allen Gefahren beschirmt
und vor allem Übel behütet und bewahrt;
6 und das alles aus lauter väterlicher, göttlicher Güte und Barmherzigkeit,
ohn all mein Verdienst und Würdigkeit:
7 für all das ich ihm zu danken und zu loben
und dafür zu dienen und gehorsam zu sein schuldig bin.
8 Das ist gewißlich wahr.

Die Erklärung aller drei Artikel des Glaubensbekenntnisses besteht jeweils aus einem einzigen Satz. Luther ging es darum, „den jeweiligen Artikel als ein großes Ganzes herauszustellen"[178]. Das Subjekt des Satzes ist „Ich", das Prädikat „glaube";

---

[176] EG 806.2.
[177] Außer auf die Textausgaben (s. Anm. 97) WA 30 I, 247 ff.; BSLK 510–512; BESLK 870–873 sei bes. verwiesen auf die vorbildliche textkritische Ausgabe bei Meyer, Komm. (s. Anm. 98), 27–30.
[178] K. Schwarzwäller, Fülle des Lebens. Luthers Kleiner Katechismus. Ein Kommentar, Münster-Hamburg-London 2000, 92.

die ganze Satzperiode wird von diesen beiden Worten regiert. Das „Ich glaube" wird im dritten Artikel des Apostolikums wiederholt; der zweite Artikel schließt mit „Und" an das „Ich glaube" des ersten Artikels an. Die Satzperiode ist jeweils sprachlich genau durchgefeilt und bewusst so gestaltet; inhaltlich ist sie geradezu überladen. Nicht erst heutige Konfirmandengenerationen sind von der Sprache und dem Aussagegehalt überfordert, vielmehr dürfte das von Anfang an so gewesen sein. Das war aber wohl einkalkuliert. Durch das Auswendiglernen dieser drei Sätze sollte der Vollgehalt des christlichen Glaubens eingeprägt werden. Er erschließt sich heute wie damals durch beständiges Wiederholen.

1 Luthers Erklärung des ersten Artikels des Apostolischen Glaubensbekenntnisses[179] beginnt wie dieses selbst mit „Ich glaube" (*Credo*). Bekanntlich ist darin ein Unterschied zu der Pluralform des Bekenntnisses von Nicaea-Konstantinopel zu sehen, der sich schon vor dem Apostolikum im altrömischen Symbol herausgebildet hat.[180] Mit der Einleitung des Bekenntnisses in der ersten Person Singular meinte man, den Charakter eines Taufbekenntnisses besser wahren zu können. Luther steht in dieser westlichen Tradition; ihm ist bewusst, dass das Apostolikum das Taufbekenntnis der Kirche ist. Zu diesem gehörte von Anfang an der Glaube an Gott, den Schöpfer. Der erste Artikel beruht nicht auf „natürlicher" Theologie, sondern auf dem biblischen Offenbarungsverständnis und ist Bestandteil des Taufkatechumenats.

Das Ich ist das Ich des Geschöpfes Mensch, das durch den Glauben zu Gott, dem Schöpfer, in Beziehung tritt. Zwar ist der Mensch in jedem Fall ein Geschöpf, das vor Gott steht, aber durch den Unglauben wird die Relation zu Gott negiert. Das Ich, das glaubt, ist das Ich des sich Gott zuwendenden Menschen.

Das Glauben wird zwar im Ich vollzogen, aber nicht vom Ich hervorgebracht, sondern vielmehr vom Inhalt des Glaubens selbst: durch das, was und an wen geglaubt wird. Dadurch wird

---

[179] Der Wortlaut des Apostolikums wird hier nicht wiedergegeben; s. die Textausgaben Anm. 172.
[180] Nachweise s.o. S. 111 f.

das Ich in Beziehung zum „Gegenstand" des Glaubens gesetzt, nämlich zu Gott, der nun freilich kein verfügbarer Gegenstand ist, sondern ein lebendiges Gegenüber: Der, der alles schafft und erhält und der als personhaftes Ich, das Ich des Schöpfers, dem Ich des Geschöpfes Mensch gegenübersteht.

Der Mensch, der bekennt „Ich glaube, dass mich Gott geschaffen hat samt allen Kreaturen" wird durch diesen Glaubensinhalt sich selbst zum Anschauungsobjekt, in dem sich die Schöpfung der Welt widerspiegelt. Durch den ersten Satz seiner Erklärung beantwortet Luther die Frage, was unter dem Glauben „an Gott, ..., den Allmächtigen, den Schöpfer des Himmels und der Erde" zu verstehen ist, und veranschaulicht dies dadurch, dass er „mich" zum Objekt erhebt,[181] in dem sich Gottes Schöpferhandeln spiegelt, so dass ich mich durch den Glauben als Geschöpf vor Gott zu erkennen und anzunehmen beginne. Luthers grundlegender Satz der Erklärung des ersten Artikels ist seine Schöpfungslehre in nuce,[182] durch die der zu Unterrichtende als Demonstrationsobjekt in den Unterricht einbezogen wird, damit er Gott den Schöpfer im Spiegel seiner eigenen Geschöpflichkeit wahrzunehmen lernt.

2 Was nimmt der, der glaubt, dass ihn Gott geschaffen hat, an sich selbst wahr? Dass Gott „gegeben" hat. Wem? „Mir". Er hat „mich", den er geschaffen hat, „mir" gegeben, indem er mir „Leib und Seele, Augen, Ohren und alle[183] Glieder, Vernunft und alle Sinne gegeben hat". So ist aus dem Objekt des Schöpfers ein Subjekt in der Schöpfung geworden mit leiblichseelischer Grundausstattung. Aber Gott hat diese nicht nur gegeben, er „erhält" sie „noch".

Was wird damit über Gott ausgesagt? Nimmt man die Frage aus der Erklärung des ersten Gebotes im GrKat wieder auf, was es heißt, einen Gott zu haben,[184] dann lautet die Antwort aus der

---

[181] Das „mich" ist in dem Satzgefüge von Luther mit Absicht vorangestellt.

[182] Das lässt sich aus den Katechismuspredigten erheben; vgl. z.B. WA 30 I: 9, 25 ff.; 44, 32 ff.; 86, 31 – 87, 20 ff.

[183] „Alle" kommt sehr häufig vor; vgl. dazu Peters, Komm. II (s. Anm. 173), 68: „In dem zehnmaligen ‚All' des KK wird das Substantivattribut ‚omnipotens' aufgenommen."

[184] WA 30 I, 132, 34 – 133, 2.

Erklärung des ersten Artikels eindeutig: Gott haben heißt den allmächtigen Schöpfer haben; nicht Gott den Schöpfer haben heißt dagegen: Gott gar nicht haben. Denn der Erweis der Gottheit Gottes ist die *creatio ex nihilo*, und zwar nicht nur bei der Erschaffung des Himmels und der Erde im unvorgreiflichen Anfang (1. Mose 1,1), sondern fortwährend und unablässig durch Geben und Erhalten vor dem Zurücksinken ins Nichts. Andere Gottheiten (*Alii dii*), die nicht aus dem Nichts schaffen und vor dem Nichts erhalten, sind keine Gottheiten (*non sunt dii*).[185] Gott ist der, der schafft, was nicht ist, also *ex nihilo*; der gibt, was ohne ihn nicht wäre; der erhält, was ohne ihn ins Nichts zurücksänke. Was den Geschöpfen im zeitlichen Nacheinander des Geschaffenseins und Erhaltenwerdens widerfährt, gründet in der Unvorgreiflichkeit des Schöpferhandelns Gottes, das keiner Veränderung der Zeit oder des Ortes unterworfen ist,[186] sondern auf der Einheit von Schaffen und Erhalten beruht. Luther unterscheidet hier zwar zwischen Erschaffung (*creatio*) und Erhaltung (*conservatio*), aber unter der Voraussetzung ihrer Zusammengehörigkeit. Beide sind durch den Gedanken der *creatio continua* verbunden: Gott ist für Luther „wirkende Macht und stetige Tätigkeit, die ohne Unterlaß im Schwange geht und wirkt"[187].

Was wird, wenn Gott der Allwirksame ist, damit über den Menschen ausgesagt? Dass er „Gottes Geschöpf" ist,[188] das alles, was es ist und hat, dem Schöpfer verdankt. „Also hat man aus diesem Artikel zu lernen, dass keiner von uns das Leben noch alles, was jetzt aufgezählt ist und aufgezählt werden kann, von sich selbst hat noch erhalten kann, wie klein und gering es ist. Denn es ist alles in das Wort ‚Schöpfer' gefaßt."[189] Der allwirk-

---

[185] Predigt über das Symbolum Apostolicum, 23.05.1528, WA 30 I, 9, 25 f. S.a. GrKat, 1. Art.: „Außer diesem einzigen halte ich nichts für Gott, denn sonst ist keiner, der Himmel und Erde erschaffen könnte." (WA 30 I, 183, 24 f.)
[186] Vgl. aus der Genesis-Vorlesung 1535 ff. die Auslegung von Gen 2,2, WA 42, 56, 35–58, 10, bes. 57, 42–58, 2: *Non enim apud Deum sunt prius et posterius, citius aut tardius, sed omnia sunt eius oculis praesentia. Est enim simpliciter extra temporis rationem.* „Denn bei Gott sind nicht vorher oder nachher, eher oder langsamer, sondern alles steht vor seinen Augen und ist Gegenwart. Es ist nämlich außerhalb des Modus (der Grenzen) der Zeit."
[187] Das Magnificat, 1521, WA 7, 574, 29 f.; geglättet.
[188] GrKat, 1. Art., WA 30 I, 183, 32.
[189] WA 30 I, 184, 14–23; geglättet.

same Schöpfer wirkt durch Menschen und Kreaturen und in der Kooperation mit ihnen. Menschen und Kreaturen sind „Mittelursachen"[190] und nicht selbst die letzten Verursacher des Geschehens. So werden Kinder durch ihre Eltern ins Leben gebracht, aber das Leben gibt Gott selbst.[191]

Weil Luther Gottes Schöpfung an „mir" exemplifiziert, steht der Mensch im Zentrum seiner Erklärung und nicht der Kosmos. Aber der Mensch ist selbstverständlich Teil der Welt. Er stellt eine leiblich-seelische Einheit dar und ist begabt mit „Vernunft und Verstand"[192]. Durch die Sprache unterscheidet er sich von der Pflanzen- und Tierwelt. Seine Stellung in der Welt ist dadurch bestimmt, dass er *vor* allen Dingen auf Gott bezogen ist und das *dominium terrae* (s. 1. Mose 1,28) in der Verantwortung vor Gott auszuüben hat.

3 Von dem, über das der Mensch als Geschöpf Gottes seit seiner Geburt verfügt und zum Leben hat, schreitet Luther in seiner Erklärung weiter zu dem, was er zum Leben braucht: Kleider, Schuhe, Nahrung, Besitz, Familie, Beruf. Das alles sind Gaben des Schöpfers, mit denen dieser seine Fürsorge und Güte erweist. Er erweist sie mittelbar, nämlich durch ein Wirtschaftsleben, in dem die Bedürfnisse des Alltags gedeckt werden. Als Beispiel führt Luther die Haus und Hof, Acker und Vieh besitzende (klein)bürgerliche Familie an, die den Großteil der Bedürfnisse durch eigenen Besitz und selbständige Arbeit decken konnte.

4 Dieser Satz gehört in den Sachzusammenhang des vorangehenden Satzes, wird aber sprachlich nicht mehr von „gegeben

---

[190] Meyer, Komm. (s. Anm. 98), 275.

[191] Zwischen dem Erscheinen des GrKat und des KlKat ist Luther durch die Geburt der Tochter Magdalena Anfang Mai 1529 unmittelbar vor Augen geführt worden, dass Kinder eine Gabe des HERRN sind (Ps 127,3). Zum Hintergrund vgl. M. Brecht, Martin Luther, Bd. 2: Ordnung und Abgrenzung der Reformation 1521–1532, Stuttgart 1986, 194 ff., bes. 202.

[192] GrKat, WA 30 I, 184, 1. Im KlKat steht nur „Vernunft", die höchste Gabe (vgl. B. Lohse, Ratio und Fides. Eine Untersuchung über die ratio in der Theologie Luthers, FKDG 8, Göttingen 1958, 55 ff.), die aber „Verstand" bei Luther mit umfasst.

hat", sondern von dem Verb „versorgt" regiert.[193] Die Wendung „notturfft und narung" ist bereits im Mittelalter als Doppelausdruck gebraucht worden.[194] Das ist bei der Wiedergabe von „mit aller notturfft und narung dis leibs und lebens" durch „mit allem, was not tut für Leib und Leben" (EG 806.2) im heutigen revidierten Text offenbar nicht gesehen worden. Mit „notturfft" ist „das Notwendige, Unentbehrliche"[195] gemeint. Angemessen wiedergegeben werden könnte der Passus heute durch „mit allem Notwendigen und Nahrung dieses Leibes und Lebens".

Die Sachaussage ist klar: Gott der Schöpfer, der so Großes wie „Leib und Seele", die „Vernunft und alle Sinne gegeben hat", der wird auch für das, was geringer ist, nämlich das, was im Alltag unentbehrlich ist und notwendig gebraucht wird, sorgen, und zwar „reichlich und täglich". Gedacht ist hier an die Nahrung des Leibes und an alles Lebensnotwendige – in der Begrenzung des irdischen Lebens. Luther gebraucht die Substantive „Schöpfer", „Allmächtiger", „Vater" als Attribute Gottes in seiner Erklärung nicht. Aber wie er das Schöpfersein und die Allmacht Gottes durch den Satz „dass mich Gott geschaffen hat samt allen Kreaturen" expliziert, so beginnt er hier das Vatersein Gottes durch die Wendung „mich reichlich und täglich versorgt" zu explizieren.

Die Zuversicht auf die tägliche Versorgung aus väterlicher Fürsorge und Güte ist zwar durchaus ein „Rückschluß aus dem Schöpferglauben"[196], aber – und das wird in den Kommentaren nicht klar genug herausgestellt – aus der Perspektive des Evangeliums! An dieser Stelle der Erklärung wird durch den Gebrauch des Verbs „versorgt" deutlich, warum Luther in dem Artikel von der Schöpfung den Fluch, von dem er doch weiß und über den er nach Augustin wie kein anderer unter Bezugnahme auf Gen (1–)3 geredet hat, unerwähnt lässt: Weil er den Artikel von der Schöpfung für Getaufte erklärt, die unter der Verheißung des Evangeliums stehen. Über der Erklärung des ersten Artikels

---

[193] Vgl. die Diskussion der Struktur und Disposition bei Meyer, Komm. (s. Anm. 98), 285 f.
[194] Vgl. O. Dibelius, Das Vaterunser. Umrisse zu einer Geschichte des Gebets in der alten und mittelalterlichen Kirche, Gießen 1903, 84 f.
[195] C. Baufeld, Kleines frühneuhochdeutsches Wörterbuch, Tübingen 1996, 180.
[196] Meyer, Komm. (s. Anm. 98), 291.

steht die Warnung Jesu vor der Sorge einerseits, wie sie im Heidentum herrscht, und die Versicherung und Zusage Jesu andererseits, dass „euer himmlischer Vater weiß, dass ihr all dessen bedürft" (Mt 6,32). Versteht Luther das Glaubensbekenntnis als Antwort und Bekenntnis der Christen auf das erste Gebot,[197] dann ist der hier vorliegende Satz seiner Erklärung die Antwort auf die Übertretung des ersten Gebotes durch den Dienst am Mammon, dem allergemeinsten Abgott auf Erden,[198] und die Ermutigung zum Glauben an Gottes väterliche Fürsorge unter dem offenen Himmel Jesu.

5 In diesem Satz stehen drei Verben: „beschirmen", „behüten", „bewahren". Aber der Satz ist nicht drei-, sondern zweigliedrig aufzufassen, weil „behüten" und „beschirmen" synonym gebraucht werden. Luther greift hier die Sprache der Psalmen auf, z.B. Ps 17,8: „Behüte mich wie einen Augapfel im Auge, / beschirme mich unter dem Schatten deiner Flügel." Gedacht ist an umfassenden Schutz, durch den Gott, der Allwirksame, „allerley ferlickeit (Gefahr) und unfall abwendet"[199]. Im zweiten Satzglied ist mit „Übel" auf die siebente Bitte des Vaterunsers angespielt,[200] aber in der Bedeutungsnuance, dass Gott nicht allen *von* dem Übel erlöse, sondern auch schon „fur" (*vor*) allem Übel bewahre.

Angesichts der Fülle von Gefahren, denen der Mensch von Geburt an ausgesetzt ist, ist es keineswegs selbstverständlich, erwachsen oder gar alt zu werden, vielmehr ist dies Gottes Vorsehung und Behütung zuzuschreiben. Luther weiß, dass nicht alle alle Gefahren überstehen.[201] Es geht ihm bei der Erklärung des ersten Artikels darum, die Glaubenszuversicht auf Gott, den allwirksamen Schöpfer, zu gründen. Aus der Zuversicht des

---

[197] GrKat, 1. Art., WA 30 I, 183, 20 f.
[198] GrKat, 1. Gebot, WA 30 I, 133, 23–25.
[199] So in der Parallele im GrKat, WA 30 I, 184, 29 f.
[200] Luther hat ἀπὸ τοῦ πονηροῦ (Mt 6,13) mit (erlöse uns) „von dem Übel" übersetzt (WA.DB 6, 32/33; s.a. WA 30 I, 210, 16).
[201] Während der Katechismuspredigten ist Luthers Tochter Elisabeth am 3.08.1528, kaum neun Monate alt, gestorben (vgl. Brecht, Luther II (s. Anm. 191), 202). In einem Brief an N. Hausmann bekennt er zwei Tage später, sein Herz sei davon krank geworden und „beinahe weibisch" (*paene muliebrem*) (WA.B 4, 511, 4 f.; Nr. 1303).

Glaubens erwächst ein Lebensmut, der sich der Lebensangst zu erwehren weiß. Über das Kreuz hat Luther an anderer Stelle geredet.

6 Das „alles" – erschaffen (1), geben und erhalten (2), versorgen (4), beschirmen, behüten und bewahren (5) – geschieht „aus lauter väterlicher, göttlicher Güte und Barmherzigkeit". Mit „lauter" ist gemeint: nichts als, ausschließlich aus. Hat Luther in 4 das Vatersein Gottes durch seine reichliche und tägliche Fürsorge expliziert, erläutert er es hier durch die adjektivische Wendung „väterliche, göttliche Güte und Barmherzigkeit". Das Wort „Güte" begegnet am häufigsten im Psalter: Gottes „Güte" ist unermesslich; sie „reicht, so weit der Himmel ist" (Ps 36,6; 57,11). Auch bei „Barmherzigkeit" ist wohl zuerst an die Psalmen zu denken, z.B. an Ps 23,6: „Gutes und Barmherzigkeit werden mir folgen mein Leben lang." Im GrKat sagt Luther statt „Güte und Barmherzigkeit": „Und solches alles aus lauter liebe und güte"[202].

Der Beweggrund für die Erschaffung, Erhaltung, Fürsorge und Behütung liegt ausschließlich und allein in der Schöpfer- und Vaterliebe Gottes, die ihrerseits in nichts begründet liegt als in ihr selbst. Denn ein „Motiv"[203] für die Liebe Gottes, das außerhalb ihrer selbst läge, gibt es nicht. Die Liebe Gottes ist so unvorgreiflich wie Gott selbst. Denn: „Gott ist die Liebe" (1. Joh 4,8.16).

Luther war es wichtig, ausdrücklich zu unterstreichen, dass Gottes Schöpfung, Erhaltung und Fürsorge „on alle mein verdienst und wirdigkeit" geschieht. Diesen Passus hat er der Sprache der paulinischen Gnaden- und Rechtfertigungslehre entlehnt (s. z.B. Röm 3,24; 9,12; 11,6). Die Erklärung des ersten Artikels ist also sprachlich und sachlich mit der des zweiten und – wie sich noch zeigen wird – des dritten Artikels verknüpft.

---

[202] WA 30 I, 184, 30.
[203] Meyer, Komm. (s. Anm. 98), 294 spricht von „Motiv" bei der Erklärung von Z. 6. Ich gebe „Beweggrund" den Vorzug, bin mir aber bewusst, dass es für diesen Beweggrund keinen Beweggrund gibt.

7 Am Schluss der Erklärung folgt noch einmal ein „all(es)", mit dem Luther auf die vielfältigen Gaben, über die der Mensch als Geschöpf verfügt, sowie auf die Versorgung und Bewahrung blickt, die Gott in seiner Güte gewährt, um festzustellen, dass sich der Mensch als Geschöpf ganz und gar Gott verdankt. Er, der sich Gott verdankt, ist schuldig, diesen Dank auch zum Ausdruck zu bringen, das Lob Gottes zu singen, ihm zu dienen und gehorsam zu sein.

Dank zu sagen, scheint eine Bagatelle zu sein. Tatsächlich kostet die Danksagung keine Anstrengung. Aber unbegreiflicherweise unterbleibt sie und wird verweigert. Aber wer Gott den Dank verweigert, nimmt für sich in Anspruch, er sei selbst der Grund des Lebens und verdanke sich sich selbst. Das jedoch ist keine Bagatelle, es ist vielmehr die Lebenslüge schlechthin! In der Verweigerung von Dank aus Stolz, Hochmut und Trotz kommt der Abfall von Gott zum Ausdruck, die Verfehlung der geschöpflichen Bestimmung des Menschen, die sich im Verfall an das Nichtige auswirkt. „Denn obwohl sie Gott erkannt haben, haben sie ihn nicht als Gott gepriesen noch ihm gedankt, sondern sie sind dem Nichtigen verfallen in ihren Gedanken, und ihr unverständiges Herz ist verfinstert." (Röm 1,21)

Die Beziehung Gott – Mensch ist die Grundrelation des Menschseins, von der Religion und Sittlichkeit, Gelingen oder Misslingen des menschlichen Lebens bestimmt werden. Der Dank an Gott gehört in die von dieser Grundrelation geprägte Dimension des Lebens, die allem Tun vorausliegt. Ist dieser Dank doch keine Höflichkeitsfloskel, der sich nach Moral und gesellschaftlichen Konventionen zu richten hätte. Vielmehr ist er etwas Ursprüngliches und Elementares, eine Richtungsentscheidung ohnegleichen. In dem Dank an Gott erfolgt nämlich die Ratifizierung der Geschöpflichkeit des Menschen, der sich mit der Fülle seiner Gaben, aber auch in seiner geschöpflichen Begrenzung als von dem Schöpfer geschaffen und gewollt annimmt. Die Verweigerung des Dankes an den Schöpfer dagegen ist die Mittelpunktsetzung des Geschöpfes Mensch, der sich durch diese Verweigerung selbst zum Grund und Ziel des Lebens und der Schöpfung erhebt. Er erkennt sich nicht als von Gott gesetzt an, sondern will sich selbst setzen. Statt Gott beginnt er nun Kreaturen, besonders aber sich selbst „über alle Dinge zu fürchten, zu lieben und zu vertrauen".

Dagegen gilt es, „mit Danken vor sein Angesicht (zu) kommen" (Ps 95,2) und Gott zu „loben, solange ich bin" (Ps 104,33; 146,2). „Beten, loben und danken" zählt Luther bei der Erklärung des zweiten Gebotes zur unerlässlichen Pflicht, aber auch zum befreienden Recht, von dem man „in allen Nöten" Gebrauch machen kann.[204] Der Dank an Gott „von ganzem Herzen" (Ps 9,2; 86,12; 111,1; 138,1), in der Stille oder „mit lauter Stimme" (Ps 26,7) dargebracht, also im öffentlichen Gottesdienst, sowie der Lobpreis, mit dem der Mensch Gott selbstvergessen um Gottes willen preist und anbetet, ist der höchste Ausdruck des Glaubens. Während die Verweigerung von Dank und Lob die Liebe zu eitlen Dingen nach sich zieht und zu Verblendung und Abgötterei führt, „bewahrt die Dankbarkeit die Liebe zu Gott, und so bleibt das Herz auf ihn gerichtet. Dadurch wird es aber auch erleuchtet."[205]

Nach Dank und Lob werden im zweiten Satzglied Dienst und Gehorsam genannt. Während Heiden „Gottes Wahrheit in Lüge verkehrt und das Geschöpf verehrt und ihm gedient haben statt dem Schöpfer" (Röm 1,25), hat das Volk Gottes dem HERRN „von ganzem Herzen und von ganzer Seele" zu dienen (5. Mose 10,12 u.a.). Nur das ganze Herz ist gehorsam und dient Gott ungeteilt. Das ist die Voraussetzung, von der Luther ausgeht. Über den Vollzug des Dienstes stellt er in einer Predigt heraus: „Gott dienen heißt seinem Willen gehorchen, der sagt, dass wir dem Nächsten dienen und ihn lieben sollen wie uns selbst."[206]

Luther beschränkt sich hier darauf, die Dienst- und Gehorsamspflicht gegenüber Gott dem Schöpfer zu unterstreichen. Vorausgesetzt wird das reformatorische Verständnis der „drei Orden oder Stände"[207] und die Neufassung des Berufsgedankens.

---

[204] KlKat, WA 30 I, 244; EG 806.1.
[205] WA 56, 179, 22 f.: „Econtra gratitudo conseruat amorem Dei et sic manet cor in eum directum. Quare et hinc illuminatur."
[206] Predigt über Lk 16,1 ff., 21.06.1528, WA 27, 205, 5 f.: „Servire deo est obedire eius voluntati, quae dicit, ut serviamus proximo et diligamus ut nos." Nachschrift Rörer.
[207] Vgl. vor allem Vom Abendmahl Christi. Bekenntnis, 1528, WA 26, 504, 30 f. (Dr): „Aber die heiligen orden und rechte stiffte von Gott eingesetzt sind diese drey: Das priester ampt, Der Ehestand, Die weltliche oberkeit." S.a. schon WA 2,

Noch auf der Wartburg 1521/22 hat Luther den Berufsgedanken zu entfalten begonnen.[208] Dieser ist mit der Drei-Stände-Lehre verbunden, durch welche die drei von Gott eingesetzten Orden, Stände oder Hierarchien als der institutionelle Rahmen für den Dienst am allgemeinen Wohl gemäß dem Liebesgebot angewiesen werden. Die Grundintention der Drei-Stände-Lehre ist, das gesamte Leben der Gläubigen in allen Lebensbereichen und Berufen auf Gottes Wort und Gebot[209] hin auszurichten und es gerade durch diese Neuausrichtung zu entklerikalisieren, jedoch keineswegs zu säkularisieren, stellen doch für Luther Gott „zu danken und zu loben" und „zu dienen und gehorsam zu sein" eine unauflösliche Einheit dar.

8 Luther beschließt die Erklärung aller drei Glaubensartikel mit der deutschen Wiedergabe von „Amen" durch „Das ist gewisslich wahr". Es ist gewiss und wahr, dass sich Gott, der Vater, als der Schöpfer mit allen Kreaturen, die er geschaffen hat, „ausgeschüttet" hat.[210] Deshalb ist es auch gewiss und wahr, dass sich der Mensch wie alle anderen Geschöpfe ganz und gar Gott verdankt. Mit der Vergewisserungsformel erkennt der Bekennende den Inhalt des Glaubensbekenntnisses für sich persönlich als gewiss und wahr an und gründet sein Leben im Glauben auf den, der im Bekenntnis bezeugt wird: Gott, den Vater, den Allmächtigen, den Schöpfer des Himmels und der Erde.

734, 24–27 (1519). Lit. zur Drei-Stände-Lehre in: K.-H. zur Mühlen, Luther II, TRE, Bd. 21, 1991, 566 f.; L. Schorn-Schütte, Drei-Stände-Lehre, in: Das Luther-Lexikon, hg.v. V. Leppin / G. Schneider-Ludorff, Regensburg 2014, 174–176. Hervorgehoben aus neueren Veröffentlichungen sei R. Schwarz, Martin Luther – Lehrer der christlichen Religion, Tübingen 2015, 153 ff.

[208] Vgl. z.B. WA 10 I, 1, 306, 17 f. und dazu K. Holl, Die Geschichte des Worts Beruf, in: ders., Gesammelte Aufsätze zur Kirchengeschichte, Bd. III, Tübingen 1928, 189–219, bes. 204 ff.; G. Wingren, Luthers Lehre vom Beruf, FGLP 10,3, München 1952, 10 ff.; W. Conze, Beruf, GGB, Bd. 1, (1972) 2004, 490–507, bes. 493–496.

[209] Gott ist zu dienen, „wie er durch die Zehn Gebote fordert und befohlen hat" (GrKat, WA 30 I, 184, 37 f.; geglättet).

[210] Predigt über das Symbolum, 21.09.1528, WA 30 I, 44, 36: „Pater hat sich ausgeschutt cum omnibus creaturis, quas creavit."

Der zweite Artikel[211]

1 Ich glaube, dass Jesus Christus,
wahrhaftiger Gott vom Vater in Ewigkeit geboren
und auch wahrhaftiger Mensch von der Jungfrau Maria geboren,
mein HERR *ist,*
2 der mich verlornen und verdammten Menschen erlöst hat,
erworben, gewonnen von allen Sünden,
vom Tode und von der Gewalt des Teufels,
3 nicht mit Gold oder Silber,
sondern mit seinem heiligen, teuren Blut
und mit seinem unschuldigen Leiden und Sterben,
4 damit ich sein eigen sei
und in seinem Reich unter ihm lebe und ihm diene
in ewiger Gerechtigkeit, Unschuld und Seligkeit,
5 gleichwie er ist auferstanden vom Tode,
lebt und regiert in Ewigkeit.
6 Das ist gewisslich wahr.

Luthers Erklärung des zweiten Artikels im Kleinen Katechismus ist der schönste, aber wohl auch inhaltsreichste Satz der deutschen Sprache. Die Hauptaussage ist einfach und lautet: Ich glaube, dass Jesus Christus mein HERR ist. Alle anderen Aussagen explizieren, was in ihr impliziert ist. Impliziert ist die Analogielosigkeit der Person Jesu Christi, denn er ist „wahrhaftiger Gott" und „wahrhaftiger Mensch" in einer Person. Auf ihr wiederum beruht die Analogielosigkeit seines Werkes, durch das er die Verderbensmächte entmachtet und die „ewige Gerechtigkeit" heraufgeführt hat, und zwar nicht für sich, sondern für „mich verlornen und verdammten Menschen". Das biblische Zeugnis über die Person und das Werk Jesu Christi, also die Christologie und Soteriologie, *und* der Artikel von der Rechtfertigung des „verdammten Menschen" bilden bei Luther eine unauflösliche Einheit. Mit dem Artikel von der Rechtfertigung entfaltet er, was

---

[211] Als Text des zweiten Artikels des Apostolischen Glaubensbekenntnisses – hier nicht angeführt – dient EG 804; Textgrundlage: BSLK 21; BSELK 42. Text der Erklärung des zweiten Artikels nach EG 806.2 (mit leichten Korrekturen) auf der Grundlage von WA 30 I, 249, 6–22; Meyer, Komm. (s. Anm. 98), 28 f.; BSLK 511, 22–38; BSELK 872, 1–10.

in dem Werk Jesu Christi aufgrund der Einzigartigkeit der Person Jesu Christi in der Bezogenheit auf „mich" enthalten ist. In der Erklärung des zweiten Artikels im Kleinen Katechismus hat der Reformator mit einem einzigen Satz das Zentrum des christlichen Glaubens ins Licht gestellt und das Spezifikum des Christentums zur Aussage gebracht, und zwar klar in der Sache, eindeutig in der Sprache, theologisch stringent, aber ohne einen einzigen theologischen Fachterminus zu gebrauchen.

Überblickt man die Satzperiode, gibt Luther in Teil 1 Antwort auf die Frage, *wer* der Herr Jesus Christus ist, an den ich glaube, nämlich wahrer Gott und wahrer Mensch in einer Person. Auf dieser Grundlage stellt er in Teil 2 heraus, *was* der Herr getan bzw. erlitten hat und *warum* dies zur Errettung von den Verderbensmächten notwendig war. In Teil 3 wird klargestellt, *womit* dies geschehen ist: „nicht mit Gold oder Silber, sondern mit seinem heiligen, teuren Blut ..." In Teil 4 nennt Luther das Ziel des rettenden Handelns Christi und beantwortet die Frage, *wozu* es geschehen ist: „damit ich sein eigen sei ..." Im abschließenden Teil 5 gibt er Aufschluss darüber, *worauf* das rettende Handeln beruht, nämlich auf der Auferstehung Jesu Christi vom Tode, der nun „lebt und regiert in Ewigkeit". Luther geht von der Präexistenz bzw. Gottheit Jesu Christi aus und nennt sodann die Stationen des Weges, den dieser zur Errettung des Menschengeschlechts von den Verderbensmächten durchschritten hat, von der Menschwerdung über die Kreuzigung bis zur Auferstehung und Erhöhung. Die Einzelinhalte der Erklärung des zweiten Artikels sind vom christologischen Bekenntnis umrahmt (1 und 5) und werden von Luther mit einem Relativsatz (2 und 3) und einem Finalsatz (4) durch Verbalaussagen entfaltet. Die beiden ersten Worte „Ich glaube" sind Subjekt und Prädikat; darauf folgt das Objekt in einem mehrzeiligen Dass-Satz. Asyndetisch angehängt ist wie in den Erklärungen der beiden anderen Artikel die Vergewisserungsformel (6).

1 Der Glaube an Jesus Christus ist nicht der Glaube an eine Christusidee, deren Träger Jesus gewesen wäre, sondern vielmehr Glaube *an* den gekreuzigten Jesus Christus, der „auferstanden (ist) vom Tode, lebt und regiert in Ewigkeit" (5). Der Glaube an Jesus Christus ist also Glaube an die Person Jesus Christus, die freilich – weil Gott und Mensch in einer Person – eine Person ohnegleichen ist, nämlich die zweite Person der Trinität.

„Jesus" ist Person- und Eigenname und als solcher Ausdruck des Menschseins Jesu von Nazareth. „Jesus" heißt „Retter", „Heiland".[212] Der Titel „Christus",[213] schon sehr früh – in Antiochien vor Paulus – mit dem Eigennamen verschmolzen, ist Cognomen. Er dient als Cognomen dazu, die Exklusivität Jesu als des von Gott durch die Auferweckung beglaubigten messianisch-endzeitlichen Heilsbringers zu unterstreichen. Auch wenn Luther nur den Namen „Jesus" nennt, denkt er stets an den einen, ganzen Jesus Christus.[214] Umgekehrt ist bei der Verwendung von „Christus" immer und ausschließlich Jesus gemeint, wie er in den Evangelien und apostolischen Briefen bezeugt wird. Eine von diesem Zeugnis abstrahierbare Größe gibt es für Luther nicht. Sie kann es auch nicht geben, weil es außer dem Neuen Testament keine nennenswerten Quellen gibt.

Der Glaube gründet sich mithin nicht auf einen erdachten, freihändig konstruierten Jesus Christus, sondern er kommt aus der Verkündigung des Evangeliums, die auf dem Wort Christi beruht (s. Röm 10,17) und die aus festumrissenen, unauswechselbaren Glaubensinhalten besteht. Deshalb erklärt Luther den Glauben „*an* Jesus Christus" (Apostolikum) durch „Ich glaube, *dass* Jesus Christus ..." Mit dem Dass-Satz expliziert er die Glaubensinhalte, in denen der Glaube an Jesus Christus zum Ausdruck kommt und durch die er eindeutig identifiziert werden kann.

Grundlegend ist die Wendung „wahrhaftiger Gott vom Vater in Ewigkeit geboren und auch wahrhaftiger Mensch von der Jungfrau Maria geboren", mit der Luther die biblisch fundierte altkirchliche Christologie in ihrer Zuspitzung auf die Zwei-Naturen-Lehre aufgenommen und zusammengefasst hat. Diese ist keine theologische Abstraktion, die gegebenenfalls auch entbehrlich wäre, sondern vielmehr so elementar, dass schon bei

---

[212] Vgl. Predigt am Tag der Beschneidung, 1.01.1531, WA 34 I, 13, 14–16. 18–20.

[213] Vgl. Predigten des Jahres 1529, WA 29, 664, 22: „Griechisch ein Gesalbter."

[214] So hat er den Namen „Jesus" über einige seiner Schriften drucken lassen (vgl. z.B. WA 2, 183, 1 u. 685, 1; WA 7, 678, 5), will das aber keineswegs jesulogisch verstanden wissen.

der Unterweisung der Jugend nicht auf sie verzichtet werden kann. Die Leitbegriffe „wahrhaftiger Gott" / *verus Deus*, „vom Vater in Ewigkeit geboren" / *a Patre ante saecula genitus (natus)* und „von der Jungfrau Maria geboren" / *natus ex Maria virgine* sind Luther aus den altkirchlichen Symbolen vertraut, besonders aus dem Nicaeno-Constantinopolitanum in seiner lateinischen Fassung,[215] ferner aus dem Athanasianum,[216] das wiederum das Dogma von Chalcedon voraussetzt, mit dem die christologischen Streitigkeiten der Alten Kirche im Oktober 451 entschieden worden waren.[217] Die strikte Unterscheidung zwischen den beiden Naturen der Gottheit und Menschheit in der einen Person Jesus Christus unter der Voraussetzung ihrer untrennbaren Zusammengehörigkeit und Einheit geht sachlich auf das Chalcedonense zurück. Einschlägig aus der Lehrformel von Chalcedon ist:

ἕνα καὶ τὸν αὐτὸν Χριστὸν υἱὸν κύριον μονογενῆ,
ἐν δύο φύσεσιν
ἀσυγχύτως ἀτρέπτως ἀδιαιρέτως ἀχω–
ρίστως γνωριζόμενον

ein und derselbe Christus, Sohn, Herr, Einziggeborener,
in zwei Naturen
unvermischt, unverwandelt, ungetrennt, ungesondert erkennbar.[218]

Mit dem Zitat ist die zentrale christologische Aussage der Definitio Chalcedonensis wiedergegeben, die von der Vollversammlung des Konzils am 25. Oktober 451 angenommen worden ist.[219] Es handelt sich um die Näherbestimmung der Person Jesu Christi durch eine dogmatische Grenzziehung. Diese beruht nicht auf Willkür, sondern gibt dem biblischen Christuszeugnis Raum.[220] Nach dem Johannesprolog, einem Hauptbeleg, ist Jesus

---

[215] DH 150 / BSLK 26 f. / BSELK 49 f.

[216] BSLK 28–30 / BSELK 57–60.

[217] Acta conciliorum oecumenicorum (ACO) II, 1, 2, S. 126–130.

[218] ACO II, 1, 2, S. 129. S.a. DH 302; L. R. Wickham, Chalkedon, TRE, Bd. 7, 1981, 668–675, 672, 12–16.

[219] Zum Hintergrund und Verlauf vgl. A. Grillmeier/H. Bacht (Hg.), Das Konzil von Chalkedon, Bd. 1–3, Würzburg ⁵1979; A. M. Ritter, Dogma und Lehre in der Alten Kirche, in: HDThG I, 1989, 99–283, 261 ff.; K. Beyschlag, Grundriß der Dogmengeschichte, Bd. II, 1, Darmstadt 1991, 77 ff., bes. 115–130; u.a. Zur Aktualität vgl. z.B. Th. Nikolaou, Glaube und forsche, St. Ottilien 2012, 233 ff., bes. 246 ff.

[220] Vgl. ACO II, 1, 2, S. 130.

Christus infolge der Fleischwerdung des ewigen Logos (Joh. 1,14), der Gott selbst war (1,1) und durch den alles geschaffen wurde (1,3), die eine und einzige Person, in der Gott und Mensch eine Einheit bilden, ohne dass Gott und Mensch in ihm aufhörten, Gott und Mensch zu sein. Das Chalcedonense unterstreicht die analogielose Vereinigung von Gottheit und Menschheit in dem einen und selben Jesus Christus mit Nachdruck. Es bestimmt diese Einheit der zwei Naturen der Gottheit und Menschheit näher durch vier negative Adverbien:[221] Gottheit und Menschheit haben sich in Jesus Christus nicht vermischt oder verwandelt, so dass aus ihm ein Halbgott oder Übermensch geworden wäre, vielmehr sind beide in ihm ganz, was sie sind. Aber Gottheit und Menschheit sind in seiner Person auch nicht voneinander getrennt oder gesondert, vielmehr ist Jesus Christus nur erkennbar, wenn Gottheit und Menschheit in seiner Person als ungetrennt und ungesondert (unzerteilt) wahrgenommen werden. Und das ist Jesus Christus nicht nach und nach geworden, das war er von Anfang an. Treffend hat Cyrill von Alexandrien, auf den sich das Konzil von Chalcedon bezogen hat, etwa zwei Jahrzehnte zuvor festgestellt: „Niemals hat Jesus als bloßer Mensch existiert vor der Gemeinschaft und Einigung des Logos mit ihm."[222]

Adolf von Harnack hat die christologische Näherbestimmung des Chalcedonense als zutiefst „irreligiös" bezeichnet, vor allem im Blick auf die vier „kahlen, negativen Adverbien"[223]. Aber in seinem Urteil kommt eine Verkennung der Intention des Dogmas zum Ausdruck. Denn es ist nicht religiös und will dies nicht sein,

---

[221] Die Adverbien sind paarweise gegen den Eutychianismus („unvermischt"/"unverwandelt") und den Nestorianismus („ungetrennt"/"ungesondert") gerichtet. Besonders die drei ersten sind „allgemein bräuchliche logische Formeln gewesen" (R. Seeberg, Lehrbuch der Dogmengeschichte, Bd. II, Erlangen/Leipzig ³1923, 233, Anm. 2).

[222] Cyrill von Alexandrien, ACO I, 1, 7, S. 20, 34 f. (PG 76, 260 B). Übers. aus dem Griech. Cyrill starb 444 (s. E. R. Hardy, Cyrillus von Alexandrien, TRE, Bd. 8, 1981, 254–260, 256). Zur Bezugnahme des Symbols von Chalcedon auf Cyrill und außerdem auf Leo den Großen vgl. A. Grillmeier, Jesus der Christus im Glauben der Kirche, Bd. 1: Von der Apostolischen Zeit bis zum Konzil von Chalcedon (451), Freiburg/Br. ²1979, 754 ff.; Wickham, Chalkedon (s. Anm. 218), 671 ff.; Beyschlag, DG II, 1, 122 ff.

[223] A. v. Harnack, Lehrbuch der Dogmengeschichte, Bd. II, Tübingen ⁵1931, Nachdr. Darmstadt 1983, 397.

sondern es will vielmehr die Grenze markieren, an der sich Christusglaube und Christusspekulation voneinander scheiden. Innerhalb der Grenzziehung öffnet sich das weite Feld der Auslegung des biblischen Christuszeugnisses und des Glaubens an Jesus Christus. Bei Überschreitung der Grenze beginnen dagegen Irrglaube und Häresie. Sachgerechte Schriftauslegung und Christusverkündigung können nicht auf Dauer in der Schwebe lassen, wer Jesus Christus ist, ob Gott, Mensch oder Gott und Mensch in einer Person.

Luther hat die beiden Hauptaspekte des Chalcedonense, die Zweiheit der Naturen und die Einheit der Person Jesu Christi, ohne Vorbehalt rezipiert: „gott und mensch ynn eynem Christo ist eyn person."[224] Die biblische Grundlage bildet außer Joh 1,1–18 z.B. Gal 4,4 und vor allem der Christushymnus Phil 2,6–11, nach welchem Christus „zugleich in der Gestalt Gottes und in der Gestalt des Knechtes"[225] war. Das Chalcedonense öffnet und umgrenzt durch die Zwei-Naturen-Lehre den Zugang zum Persongeheimnis Jesu Christi. Luther hat es aufgenommen und als heuristisches Prinzip gebraucht, das davor bewahrte, aus Jesus Christus etwas anderes zu machen, als er nach dem biblischen Zeugnis war.

Wie sehr das Chalcedonense auf dem Nicaenum und dem Nicaeno-Constantinopolitanum beruht, wird dadurch deutlich, dass das Verhältnis von Gott, dem Vater, und Gott, dem Sohn, mit denselben Worten bestimmt wird: ἐκ τοῦ πατρὸς γεννηθέντα *aus dem Vater gezeugt (geboren)*.[226] Luther nimmt das ausdrücklich auf und beginnt die Erklärung des zweiten Artikels mit der Bekenntnisformel „wahrhaftiger Gott vom Vater in Ewigkeit geboren". Damit stellt er sich von vornherein auf die Seite der Bekenntnisse des 4. und 5. Jahrhunderts und gegen Arius, den Arianismus und andere Häresien. In der Sache ist ausgesagt: Jesus Christus ist als der Sohn Gottes nicht geschaffen, als wäre er das erste und vorzüglichste Geschöpf, sondern er ist mit Gott,

---

[224] Kirchenpostille 1522, WA 10 I, 1, 618, 13 f. Eine Fülle weiterer Belege ist in WA 64, 410 angegeben.

[225] Tractatus de libertate christiana, 1520, WA 7, 50, 4: ... *simul in forma dei et in forma servi*.

[226] DH 125 (N; andere Wortstellung); DH 150 (NC); DH 301 (Chalc.; dieselbe Wortstellung wie NC). Vgl. dazu o. S. 127 ff.

dem Vater, „wesenseins der Gottheit nach",[227] also nicht dem Wesen, sondern der Person nach dem Vater untergeordnet. Das Bekenntnis zu Jesus Christus schließt das Bekenntnis zu seiner Gottheit unabdingbar ein. Christen werden als Christen daran erkannt, dass sie hier Schibboleth sagen; kommt nur ein Sibboleth heraus (s. Ri 12,5 f.), bleibt das durchaus nicht unbemerkt. Für Luther war das Bekenntnis zur Gottheit Jesu Christi nicht Bestandteil einer Arkandisziplin, sondern gehörte in den christlichen Elementarunterricht hinein und war grundlegend für die Praxis des Glaubens: Jesus Christus ist „wahrhaftiger Gott", das heißt „der Herr Zebaoth, / und ist kein andrer Gott"[228].

Ebenso unverbrüchlich gilt: „... und auch wahrhaftiger Mensch ..." Jesus wurde „geboren von einer Frau und unter das Gesetz getan" (Gal 4,4). Er gehörte zur Menschheit, deren Stammbaum auf Adam zurückgeführt wird (Lk 3,23−38), und wuchs in einer jüdischen Handwerkerfamilie in Galiläa auf (Mk 6,3). Er „nahm zu an Weisheit und Alter" (Lk 2,52). Ihn hungerte (Mt 4,2); er hatte Durst (Joh 4,10); er war müde (Joh 4,6) und schlief (Mk 4,38). Er litt nicht scheinbar, sondern wirklich und war verzagt vor seinem Tod (Mt 26,37). Als er am Kreuz starb, schrie er laut (Mt 27,50). Nach seinem gewaltsamen Tod wurde er begraben (Mt 27,57−61). Kurz, er war in allem den Menschen gleich (Phil 2,7), ausgenommen in der Sünde (Hebr 4,15 u.a.). Wie man in der Moderne an dem Bekenntnis zur Gottheit Jesu Christi Anstoß nimmt, so hat man in der Antike eher an der Menschheit Jesu Anstoß genommen. Aber Jesus Christus war *zugleich* wahrer Gott und wahrer Mensch in ein und derselben Person. Die spätantiken kirchlichen Bekenntnisse haben das mit Nachdruck hervorgehoben; Luther folgt ihnen darin.

Außerdem war es Luther wie den altkirchlichen Bekenntnissen wichtig, ausdrücklich zu betonen, dass Jesus „von der Jungfrau Maria geboren" worden ist. Das wäre nicht geschehen, wenn es nicht biblisch begründet und theologisch substantiell wäre. Die theologische Spitzenaussage bei der Ankündigung der Geburt Jesu nach Lukas lautet: „Der Heilige Geist wird über dich

---

[227] Chalc.: ὁμοούσιον τῷ πατρὶ κατὰ τὴν θεότητα (ACO II, 1, 2, S. 129).
[228] Ein feste Burg ist unser Gott, 1529, AWA 4, 248; zitiert nach EG 362.2. Weitere Belegstellen s.u. Anm. 250.

kommen" (Lk 1,35b).[229] Gott, der Schöpfergeist, setzt mit seiner Allmacht etwas schlechthin Neues. Er setzt ins Dasein, was die Möglichkeiten des Menschengeschlechts übersteigt. Jesu Ursprung liegt in Gott selbst; seine Empfängnis ist von dem Heiligen Geist gewirkt worden. Vermöge der Allmacht des Geistes Gottes ist in Maria das Leben des angekündigten Sohnes entstanden, in dem Gott und Mensch eine nie dagewesene, einzigartige Verbindung eingegangen sind. Die Verbindung der zwei Naturen der Gottheit und Menschheit in dem einen Jesus Christus lässt sich nicht aus der Schöpfung begründen und auf die ihr innewohnenden Möglichkeiten zurückführen, sondern sie beruht auf dem unableitbaren Wirken des allmächtigen Gottes, der mit der Geburt Jesu Christi von der Jungfrau Maria einen neuen Anfang setzt. Die Zweiheit der Naturen in der einen Person des Christus Jesus stellen ein Wunder dar, aber kein zweites neben dem der Jungfrauengeburt, vielmehr gehören beide zusammen. Das ist der ausschlaggebende christologische Grund, weswegen die altkirchlichen Bekenntnisse und ebenso Luther die Geburt Jesu von der Jungfrau Maria ausdrücklich hervorheben.

In engstem Zusammenhang damit steht der soteriologische Aspekt. „Euch ist heute der Heiland[230] geboren" (Lk 2,11), lautet die zentrale Botschaft in der Geburtsgeschichte des Lukas. Nicht erst der Leib und das Blut des auf den Tod am Kreuz zugehenden Jesus wird „für euch gegeben" (Lk 22,19) und „für euch vergossen" (22,20), schon seine Geburt ist zum Heil geschehen und trägt die Signatur des „für euch". Das Fundament des Füreuch wird mit der Geburt gelegt. Auch in der Geburtsgeschichte des Matthäus wird der Grund für die Geburt des vom Heiligen Geist Erzeugten (Mt 1,20) präzise benannt: „er wird sein Volk retten von ihren Sünden" (1,21).[231] Wie Jesus von Anfang an geistgezeugt ist, so besteht sein Auftrag von Geburt an in der Rettung seines Volkes von den Sünden. Denn in der Sünde liegt die eigentliche Gefangenschaft des Volkes beschlossen; sie ist es, aus der alles Unheil kommt.

---

[229] Vgl. z.St. W. Führer, Ursprung und Geburt Jesu Christi, Berlin 2017, 273 ff. 376 f. (Lit.).
[230] Lk 2,11: σωτήρ.
[231] Mt 1,21b: αὐτὸς γὰρ σώσει τὸν λαὸν αὐτοῦ ἀπὸ τῶν ἁμαρτιῶν αὐτῶν.

In dem christologischen und soteriologischen Zeugnis der synoptischen Geburtsgeschichten liegt der hohe Rang begründet, den die Glaubensbekenntnisse der Alten Kirche der Geburt Jesu von der Jungfrau Maria zugewiesen haben. Auf der Grundlage der Zusammengehörigkeit von Christologie und Soteriologie beginnt der soteriologische Abschnitt im Nicaeno-Constantinopolitanum mit dem Bekenntnis zur Fleischwerdung des präexistenten Gottessohnes „aus Heiligem Geist und Maria, der Jungfrau" (NC 17).[232] Dieser Zusammenhang wird im Chalcedonense vorausgesetzt; die „zwei Naturen" beruhen auf der Geburt des ewigen Sohnes aus dem ewigen Vater „der Gottheit nach" sowie auf der Geburt desselben „am Ende der Tage" ... „unseretwegen und um unseres Heiles willen aus Maria der Jungfrau, der Gottesgebärerin, der Menschheit nach"[233].

In Luthers Werk lässt sich kein Beleg finden, in dem er die Geburt Jesu von der Jungfrau Maria für unerheblich gehalten oder gar bestritten hätte. Die bei Lukas und Matthäus vorliegende Einheit von christologischem und soteriologischem Zeugnis ist Ausgangspunkt und Gegenstand seiner Auslegung. Als Beispiel diene die Predigt am Heiligabend 1528, die er etwa einen Monat vor der Veröffentlichung des KlKat über Mt 1,18−25 gehalten hat.[234] Es liege in dem Text selbst begründet, dass Jesus empfangen sei vom Heiligen Geist und geboren von der Jungfrau Maria.[235] Damit sei alle natürliche Mitwirkung ausgeschlossen; Maria sei unbefleckt geblieben.[236] Die Einheit von Person und Werk Jesu Christi, von christologischem und soteriologischem Zeugnis, lasse sich aus dem Namen „Immanuel" (Mt 1,23; Jes 7,14) erschließen: „Dieser Name Immanuel beschreibt eigentlich die Person mit ihrem Amt."[237] Gemeint ist: Gott ist mit uns; er ist in unser Fleisch eingegangen.[238] „Wenn er Gott ist und mit uns, so muß er uns erlösen."[239] „Er ist nicht darum mit uns, dass

---

[232] Vgl. o. S. 146 f.
[233] ACO II, 1, 2, S. 130; TRE 7, 672, 7 ff.
[234] WA 27, 474−486.
[235] WA 27, 474, 13 ff.
[236] WA 27, 475, 9 f.
[237] WA 27, 479, 9 f.: „Hoc nomen Emmanuel describit eigentlich personam mit yhrem ampt." Nachschrift Rörer.
[238] WA 27, 480, 1 f.
[239] WA 27, 480, 4 f. Übers. und modernisiert wiedergegeben.

wir ihm dienen, sondern vielmehr umgekehrt, ‚dass er diene und gebe sein Leben zu einer Erlösung für viele' (Mt 20,28) ... Wir können nicht zu ihm kommen, darum muss er zu uns kommen. Folglich muss er sich unser annehmen und uns erlösen ... ‚Wenn Gott für uns ist' (Röm 8,31) ... stehen wir wohl. In dem Wort Immanuel steht mit allen Buchstaben geschrieben der Name Jesus."[240] Mit dem Immanuel hat sich uns Gott zu eigen gegeben; Satan, Tod und Sünde müssen „nun weichen"[241].

Aus der Predigt wird deutlich: Die Erlösung des Menschengeschlechts hängt daran, dass Gott „yn unser fleisch gekrochen (ist)"[242]. Der „Dienst", den Jesus Christus tut, nämlich die Dahingabe seines Lebens zur Erlösung für viele (Mt 20,28 Par.), setzt seine Menschwerdung voraus, könnte er doch ohne diese das Werk der Stellvertretung nicht durchführen. Das Werk der Stellvertretung setzt aber ebenso unabdingbar voraus, dass er Gott und Mensch in einer Person ist; denn „der mensch Christus, ßo er ledig und on gott were, were er keyn nutz"[243]. Er könnte dann niemanden retten, bedürfte vielmehr selbst eines Retters.[244]

Festzuhalten ist: Die Bekenntnisaussage „‚wahrhaftiger Gott vom Vater in Ewigkeit geboren und auch wahrhaftiger Mensch von der Jungfrau Maria geboren", von Luther als Apposition zu „Jesus Christus" in den Katechismustext eingeflochten, hat maßgebliche theologische Bedeutung und ist für ihn von außerordentlichem Gewicht. Die leichtfertige Preisgabe des Bekenntnisses zur Geburt Jesu von der Jungfrau Maria würde die Zwei-Naturen-Christologie aushöhlen; ohne diese aber verlöre die Versöhnungs- und Rechtfertigungslehre ihr Fundament und obendrein ihre theologische Plausibilität.

Am Schluss des ersten Teils der Satzperiode, das Zentrum der ganzen Erklärung des zweiten Artikels bildend, steht „sey[245] mein HERR". Der Duktus der Aussage ist klar: Jesus Christus,

---

[240] WA 27, 480, 5–11.
[241] WA 27, 481, 6 f. 8 f.
[242] WA 27, 480, 1 f.
[243] Zu Joh 1,1–14, Kirchenpostille 1522, WA 10 I, 1, 198, 23 f. S.a. 208, 23 f.
[244] Vgl. Predigt am Tage Mariä Verkündigung, 1538, WA 46, 225 ff., bes. 231, 24–27.
[245] Nach meinen Erfahrungen in Schule, Universität und Kirche ist „sei" ein Stolperstein. Selbst Erwachsene behindert die Verwendung der Konjunktivform heute dabei, zu verstehen, was gemeint ist.

näher bestimmt durch die Apposition und durch diese eindeutig identifizierbar, gibt es doch keine andere Person, die zugleich wahrer Gott und wahrer Mensch wäre, ist mein HERR.

Wie die Erklärung des zweiten Artikels das Zentrum des KlKat bildet, so stehen die Worte „sey (ist) mein HERR" gleichsam im Zentrum des Zentrums; sie fassen die vorangehende Aussage über die Person Jesu Christi zusammen und leiten zu den folgenden Aussagen über das Werk Jesu Christi über. Auf das Bekenntnis „Jesus Christus – mein HERR" ist der ganze Inhalt des zweiten Artikels hingeordnet; dadurch ist die „Sache" der Reformation abbreviaturartig zum Ausdruck gebracht.[246]

Luther hat mit HERR das Tetragramm wiedergegeben.[247] Der Gebrauch des Titels HERR für Jesus Christus setzt die Verknüpfung des Grundbekenntnisses Israels mit dem Grundbekenntnis des Christentums voraus, wie sie z.B. in 1. Kor 8,6 vorliegt,[248] und schließt ein, dass Jesus Christus Gott (JHWH) gleichgestellt ist und als der Herr (Zebaoth) angerufen und gepriesen wird.[249] Für Luther ist Jesus Christus der menschgewordene „Herr Zebaoth"[250], der „Herr des Himmels und der Erde"[251]. Er trägt den Titel und Namen HERR /*Dominus*[252]; denn „HERR" ist „der einige rechte name des rechten natürlichen Gotts"[253]. Er kann für jede der drei Personen des dreieinigen Gottes gebraucht werden.

Mit dem Titel HERR ist nicht etwas Arrogantes oder gar Despotisches gemeint, sondern ganz im Gegenteil, dass Jesus Christus „mich erlöset hat von sunde, vom Teuffel, vom tode und allem unglück"[254]. Weil er „mich" erlöst hat, darum ist er „mein

---

[246] Mit E. Wolf, „Jesus Christus, mein HERR" – die „Sache" der Reformation, in: Vierhundertfünfzig Jahre lutherische Reformation. FS für Franz Lau, Berlin 1967, 416–425. Ähnlich wie Wolf urteilt Schwarzwäller, Fülle (s. Anm. 178), 111 ff. Vgl. außerdem Peters, Komm. II (s. Anm. 173), 93. 98 ff.

[247] Aus der Fülle der Stellen sei auf Ps 110,1 verwiesen: BHS יְהוָה; LXX (109,1) κύριος; Vulgata (109,1) *Dominus*; Lutherbibel HERR (s. WA.DB 10 I, 476 f.); King James Version LORD.

[248] Angeführt sei lediglich 1. Kor 8,6c: καὶ εἷς κύριος Ἰησοῦς Χριστὸς.

[249] Vgl. z.B. WA 50, 196, 32 ff.

[250] AWA 4,248 (zitiert o. Anm. 228); WA 8, 13, 25 f.; WA 37, 50, 35 ff.; WA 43, 463, 7–9; u.a.

[251] WA 2, 205, 15: „Christus solus sit dominus coeli et terrae." S.a. WA 64, 411.

[252] Zahlreiche Nachweise in WA 65, 168.

[253] Der Prophet Sacharja ausgelegt, 1527, WA 23, 545, 34 f.

[254] GrKat (2. Art.), WA 30 I, 186, 12 f.

HERR". In dieser Benennung liegt etwas Inniges, geradezu Zärtliches. Sie stammt aus dem Sprachschatz der Liebe. In ihr schwingt der Jubel des unverhofft Geretteten mit. In ihrem personalen Bezug kommt die Unbedingtheit des Vertrauens zum Ausdruck. Durch sie wird der Herzschlag des Glaubens zu Gehör gebracht.

In dem sich an „HERR" anschließenden Relativsatz erweist Luther, dass kein anderer Hoheitstitel so geeignet ist wie der Kyriostitel, die Einheit von Person und Werk Jesu Christi zu bezeugen. Denn der Kyriostitel umschließt die Person und das Werk und steht für die personale Einheit des gekreuzigten mit dem auferstandenen, des irdischen (erniedrigten) mit dem erhöhten Christus.

2 Die Frage, wer Christus ist, birgt die Frage in sich, wer ich bin? Ein Mensch, – aber „verloren und verdammt".

„Verloren" sein heißt abhanden gekommen sein. Das „verlorene Schaf" ist dem Hirten abhanden gekommen und den Gefahren der Wüste schutzlos ausgeliefert (Lk 15,1–7). Der „verlorene Sohn" ist aus der Gemeinschaft mit dem Vater herausgetreten und in der Fremde verloren gegangen (Lk 15,11–32). Er war „tot" und „verloren" (15,24.32). Das sind Worte, „die ganz unbildlich unsere Lage vor Gott beschreiben"[255]. Verloren sein heißt von Gott geschieden sein. Der Abfall von Gott zieht den Tod nach sich.

Dass der Mensch vor Gott verloren ist (Röm 2,12 u.a.), schließt ein, dass er so, wie er ist, auf „ein hoffnungsloses Todesgeschick"[256] zugeht. Dass es so um den Menschen coram Deo steht, daran hat Luther keinen Zweifel gelassen. Am Ende seiner Schrift gegen Erasmus von Rotterdam stellt er als „summa" heraus: „Wenn wir glauben, dass Christus die Menschen durch sein Blut erlöst hat, dann werden wir zu dem Eingeständnis genötigt, dass der ganze Mensch verloren gewesen ist. Andernfalls würden wir Christus entweder unnötig oder zum Erlöser des

---

[255] J. Schniewind, Das Gleichnis vom verlorenen Sohn, in: ders., Die Freude der Buße, hg.v. E. Kähler, KlVR 32, Göttingen ²1960, 34–87, 65.
[256] A. Oepke, ἀπόλλυμι, ThWNT, Bd. I, 1933, 393–396, 395, 21.

minderwertigsten Teiles machen, was blasphemisch und gottlos wäre."[257]

Daraus ist festzuhalten: Die Verlorenheit besteht nicht darin, dass ein Teil des Menschen, sondern dass vielmehr der ganze Mensch (*totus homo*) durch sein Abgewandtsein von Gott bestimmt wird. Denn der Mensch ist durch die Sünde von Gottes Bild, von der Erkenntnis Gottes und aller Kreaturen in Gotteslästerung, Hass, Verachtung und Feindschaft gegen Gott gefallen.[258] Die Gemeinschaft mit Gott, in der sich die Bestimmung des Menschen erfüllt, ist in eine Fluchtbewegung von Gott weg verkehrt und äußert sich in Hass und Feindschaft.[259]

Das zweite Stichwort, das Luther zur Kurzcharakterisierung dessen verwendet, den Christus erlöst hat, ist „verdammt". Den biblischen Hintergrund bildet neben 1. Mose 3 vor allem Röm 5,12–21.[260] Nach 5,16 hat das Urteil Gottes über die Sünde zur Verurteilung des Sünders geführt. Gemeint ist in 5,16 und 18 das Verdammungsurteil zum Tode.[261] Christus hat „mich" erlöst, weil „ich" als Mensch vor Gott nicht nur verloren, sondern vor dem Forum Gottes rechtmäßig verurteilt und verworfen (verdammt) bin. Die Relation Gott – Mensch beruht nicht auf vagen Vermutungen, sondern auf klaren, rechtmäßigen Urteilen.

Die Verwendung von „verloren" und „verdammt" an dieser Stelle des Katechismus erklärt sich auch aus dem soteriologischen Zusammenhang, in dem sie im Neuen Testament stehen. Zu Luthers meistgebrauchten und geliebtesten Stellen zählt Joh 3,16: „Also hat Gott die Welt geliebt, dass er seinen eingeborenen Sohn gab, damit alle, die an ihn glauben, nicht verloren werden, sondern das ewige Leben haben."[262] Gott liebt die Welt,

---

[257] De servo arbitrio, 1525, WA 18, 786, 17–20. Übers. aus dem Lat. Luther spricht hier von *totum hominem ... perditum*; in der lat. Fassung des KlKat ist dementsprechend von *perditum ... hominem* (BSELK 873, 4) die Rede.

[258] Zu 1. Mose 3,1, 1535 ff., WA 42, 107, 7–9: „... homo ab imagine Dei, a noticia Dei, a noticia aliarum creaturarum omnium, ... in blasphemias, in odium, in contemtum Dei, Imo quod plus est, in inimiciam ergo Deum lapsus est."

[259] Vgl. WA 42, 124, 20 f. u. 128, 18 f.

[260] Vgl. dazu WA 56, 52, 15 ff. u. 309, 20 ff.

[261] Vgl. z.St. O. Hofius, Die Adam-Christus-Antithese und das Gesetz, in: ders., Paulusstudien II, WUNT 143, Tübingen 2002, 62–103, 71 f., Anm. 52.

[262] „Jeder Christ sollte sich solche Worte geläufig machen und sich im Herzen täglich einmal vorsprechen" (WA 37, 409, 7–9; z.St.; geglättet).

die ihn hasst, so sehr, dass er seinen Sohn und mit ihm sich selbst gibt.[263] Durch diese Tat der Liebe erwirkt er den Verlorenen das ewige Leben.

Bei dem soteriologischen Hintergrund von „verdammt" ist an Röm 8,3c.d zu denken: Gott „sandte seinen eigenen Sohn in der Gleichgestalt des Fleisches der Sünde und um der Sünde willen und verdammte (κατέκρινεν) die Sünde im Fleisch." Er, der sündlose Christus, ist um der Sünde willen verdammt und in den Tod gegeben worden – nicht die Sünder, die nach Gottes Gesetz den Tod verdient hätten. Er hat also das über die Sünder verhängte Todesurteil stellvertretend auf sich genommen und ist in Person die Sühnung der Sünde.

Wichtiger noch als Röm 8,3 ist für Luther Gal 3,13 gewesen: „Christus hat uns erlöst von dem Fluch des Gesetzes, da er zum Fluch wurde für uns; denn es steht geschrieben (5. Mose 21,23): ‚Verflucht ist jeder, der am Holz hängt.'"[264] Das Gesetz legt der Sünde wegen einen Fluch auf den sündigen Menschen. Mit dem Fluch ist dieser in das todbringende Verderben dahingegeben, das in dem Getrenntsein von Gott besteht. Das todbringende Verderben des Fluches hat Christus stellvertretend auf sich genommen, indem er durch seinen Tod am Kreuz „für uns zum Fluch wurde" (γενόμενος ὑπὲρ ἡμῶν κατάρα). „Das sind keine nichtigen Worte bei Paulus: ‚Christus ist für uns zum Fluch geworden.'"[265] Vielmehr gilt: Christus ist der, „der da hat und trägt alle Sünden aller Menschen an seinem Leibe"[266]. Dass Christus „mich verlornen und verdammten Menschen erlöst hat", gründet sich also darauf, dass Christus an die Stelle der Verlorenen und Verdammten getreten ist und am Kreuz für sie zum Fluch wurde.

Mit der stellvertretenden Übernahme der Verlorenheit und Verdammnis am Kreuz hat Christus alle Menschen und darunter „mich" „erworben" und „gewonnen". „... erworben, gewonnen" bildet den Gegensatz zu „verloren" und „verdammt". Das Wort-

---

[263] WA 37, 410, 24.
[264] Vgl. z.St. bes. Luthers Vorlesung über den Galaterbrief von 1531, WA 40 I, 432–453.
[265] WA 40 I, 434, 36 f. Übers. aus dem lat. Druck.
[266] WA 40 I, 433, 32: „... qui habet et portat omnia omnium peccata in corpore suo."

paar „erworben, gewonnen" findet sich – in umgekehrter Reihenfolge – in Jes 40,10b / Jes 62,11b: „Siehe, was er gewann, ist bei ihm, und was er sich erwarb, geht vor ihm her." Die Erworbenen und Gewonnenen sind die Frucht des Todes Jesu Christi und stellen sein rechtmäßiges Eigentum dar. Daher ermahnt der scheidende Apostel Paulus die Vorsteher der Gemeinde von Ephesus, „die Gemeinde Gottes zu weiden, die er durch sein eigenes Blut erworben hat" (Apg 20,28). Durch die Hingabe seines Leibes und Blutes hat Christus die „Reinigung von den Sünden" gewirkt (Hebr 1,3) und ist „durch sein eigenes Blut ein für allemal in das Heiligtum eingegangen und hat eine ewige Erlösung erworben" (Hebr 9,12). Die Tat der Erlösung ist die Grundlage und zugleich der Inhalt des Wortes von der Erlösung, des Evangeliums, durch das die Apostel und Evangelisten „viel Volk für den Herrn gewonnen haben" (Apg 11,24).

Wovon hat Christus „erlöst", „erworben" und „gewonnen"? Aus der Knechtschaft der Sünde, des Todes und des Teufels. Diese Trias steht für die Verderbensmächte – zu denen Luther auch das Gesetz und die Welt zählen kann –, denen der Mensch schuldhaft unterworfen ist. Zuerst genannt wird „von allen Sünden" (*ab omnibus peccatis*). „Sünde" ist ein genuin theologischer Begriff. Die schriftgemäße Lehre von der Sünde steht bei Luther in Korrelation zum Hauptartikel von Christus und der Rechtfertigung[267] und bildet zusammen mit diesem das eigentliche Thema der Theologie.[268] Ohne sie bleibt Christus, seine Geburt, erst recht sein Tod am Kreuz, unverstanden. Ohne Christus aber bleibt wiederum die Schrift verschlossen. Daher rechnet Luther die Lehre von der Sünde zu den hervorragenden Lehren, ohne die es unmöglich ist, die Heilige Schrift richtig zu verstehen.[269] Auch für das sachgerechte Verständnis des Katechismus nimmt die Lehre von der Sünde eine Schlüsselstellung ein. Denn es ist

---

[267] Vgl. ASm II,1 (WA 50, 198, 24–200, 5) mit ASm III, 1 (221, 1–223, 27) und dazu Führer, Artikel (s. Anm. 157), 89 ff. u. 180–236.

[268] Enarratio Psalmi LI., 1532 (1538), WA 40 II, 328, 17 f.: *Nam Theologiae proprium subiectum est homo peccati reus ac perditus et Deus iustificans ac salvator hominis peccatoris.* „Denn das eigentliche Thema der Theologie ist der der Sünde schuldige und verlorene Mensch und der rechtfertigende Gott und Retter des sündigen Menschen."

[269] WA 40 II, 383, 34 ff., bes. 385, 28 f.: „... sine qua impossibile est Scripturam recte intelligi."

die Sünde und erst nach ihr der Tod, „der Sünde Sold" (Röm 6,23), welche das Erlösungswerk des Sohnes Gottes notwendig macht.

Aus Luthers Lehre von der Sünde können in diesem Rahmen nur einige wichtige Aspekte hervorgehoben werden. Die biblischen Hauptbelege, auf die sich seine Lehre von der Sünde gründet, sind 1. Mose 3, Ps 51 und Röm 5,12−21, aber diese nicht in isolierter Betrachtung, sondern in ihrer sachlichen Zusammengehörigkeit mit dem Hauptartikel von Christus und der Rechtfertigung. Aus dieser Zusammengehörigkeit ergibt sich die Lehre vom *peccatum originale*, durch die der Reformator in Anlehnung an Augustin das biblische Zeugnis über die Sünde theologisch stringent zusammengefasst hat. Das Dogma von der „Erb- oder Hauptsünde"[270] steht so wenig in der Heiligen Schrift wie das Dogma von der Trinität, aber beide Dogmen fassen zusammen, was in ihr steht und was in der Kirche über Gott und den Menschen gelehrt werden und Geltung beanspruchen muss, weil es das richtige Verständnis der Schrift verbürgt und vor Fehldeutungen bewahrt.[271]

Der Ursprung der Sünde liegt im Menschen. Denn die Sünde gehört nicht zur Schöpfung Gottes, sondern sie ist durch *einen* Menschen in die Welt hineingekommen (Röm 5,12). Adam hat der Sünde durch seine Tat des Ungehorsams das Tor zur Menschenwelt geöffnet. Die Frage nach dem Warum des Bösen darf daher nicht von der Frage nach dem Menschen, durch den die Sünde in die Welt gekommen ist und dessen Ungehorsam gegen Gott die wahre Ursache des Übels ist,[272] gelöst werden. Das Rätsel der Sünde und des Bösen ist das Rätsel des Menschen und umgekehrt.[273] Im Unterschied zu Leibniz und der Neuzeit stellt sich die Theodizeefrage für den Reformator als Anthropodizeefrage dar.

---

[270] ASm III,1, WA 50, 221, 7. „Heubtsunde" ist eine Alternativbezeichnung zu „Erbsunde" und dieser bei Luther in der Regel nachgeordnet (s. z.B. WA 10 II, 260, 35; WA 12, 602, 14; WA 41, 519, 19). Ich gebe „Hauptsünde" den Vorzug, weil „Erbsünde" falsche Assoziationen weckt.

[271] Diese Lehre ist in der Kirche aufs höchste nötig (WA 40 II, 384, 30 f.).

[272] Vgl. WA 42, 73, 20: „... inobedientia erga Deum. Haec est vera causa mali ..."

[273] Vgl. dazu H. J. Iwand, „Sed originale per hominem unum", 1946/47, in: ders., Glaubensgerechtigkeit (s. Anm. 12), 171−193, bes. 187.

Die Sünde besteht in der Abwendung des Menschen von Gott. Grundlegend für Luther ist 1. Mose 3: Adam und Eva erliegen der Versuchung, die in der unverfänglich erscheinenden Frage „Sollte Gott gesagt haben?" (3,1) beschlossen liegt.[274] Sie übertreten das Gebot (3,6),[275] mit dem ihnen Gott eine Grenze gezogen hat (2,16 f.). Die Abwendung von Gott (*aversio a Deo*) und die Trennung von Gott (*discessia a Deo*), die in der Übertretung des Gebotes Gottes des Schöpfers zum Ausdruck kommt, ist die Sünde schlechthin.[276] Die in nichts begründete Weigerung, auf Gott zu hören, ihm zu glauben und zu vertrauen, die in der Tat des Ungehorsams konkrete Gestalt annimmt, ist der Vollzug des Abfalls von Gott. In dem Fall aus dem Glauben in den Unglauben liegt die Ursache für die Verfehlung der Bestimmung des Menschen. Der Sündenfall ereignete sich ohne jeden Grund, aber bewusst und mit Willen. Er ist nicht Schicksal, sondern Schuld.

Die Abwendung von Gott im Unglauben, die in der Ungehorsamstat Adams manifest geworden ist, ist keine auf einer vorübergehenden Willensentscheidung beruhende Einzeltat, die korrigierbar wäre. Vielmehr sind alle Menschen durch Adams Ungehorsam „sünder worden"[277]. Der Abfall von Gott *ist* geschehen; hinter ihn lässt sich nicht wieder zurückgehen, sondern durch ihn sind alle Menschen unausweichlich bestimmt. Das ergibt sich aus 1. Mose 3,23 f. und Röm 5,16.19. Durch den Abfall von Gott ist das Sein des Menschen verkehrt worden, so dass er nicht mehr aus dem Bezogensein auf Gott heraus existiert. Diese Verkehrung der Seinsstruktur ist irreparabel und bestimmt das Menschsein. Denn die Abwendung von Gott ist das Heraustreten aus dem Vertrauensverhältnis zu Gott und damit zugleich die Pervertierung der Gottebenbildlichkeit. Sie hat zur Folge, dass der Mensch Gott nicht sucht und sich nicht

---

[274] In dem versteckten Angriff auf Gottes guten Willen hat Luther die allerhöchste und heftigste Versuchung und Anfechtung gesehen (WA 42, 110, 3 ff., bes. Z. 8).
[275] Vgl. z.St. WA 42, 120, 22 – 122, 19. Dieses Gebot war für Adam der Kultus und der Gehorsam, den er Gott in Unschuld erweisen konnte (WA 42, 110, 18–20).
[276] Vgl. WA 42, 129, 14 f.
[277] WA 50, 221, 5. Vgl. WA 56, 311, 32 und WA 39 I, 52, 33 f.

um Gott kümmert; dass er ohne Vertrauen ist in Trübsalen und Widerwärtigkeiten sowie ohne Gottesfurcht im Glück.[278]

Die Sünde wurzelt daher nach dem Fall im Sein oder, wie Luther sagt, in der „Natur"[279] des Menschen; nicht in seinen Taten, in ihnen manifestiert sie sich vielmehr.[280] Aus Ps 51,7 erkennt er das Verstricktsein in Sünde und Schuld vor allem Tun, im Wurzelgrund der menschlichen Existenz.[281] Durch die Bindung an den Wortlaut des Psalmverses sieht er zugleich den bequemen Ausweg versperrt, die Schuld der Sünde auf ein tragisches Schicksal oder auf etwas Überpersönliches zurückzuführen. Denn der Beter des Psalms erkennt zwar, dass die Sünde einen Vorsprung vor ihrer bewussten Wahrnehmung hat, aber er bekennt sie nicht als eine fremde, sondern als seine eigene Sünde. Diese Sünde ist die gemeinsame Sünde aller Menschen, unter die er mit seiner Geburt eintritt. Sie wird seine eigene jedoch nicht durch den Vorgang der Geburt, sondern dadurch, dass er ihr zustimmt, mit seinem Ich, aus dem Zentrum seiner Person, und sie sich durch seinen Willen zu eigen macht. Mit dem Eintritt in das Menschengeschlecht übernimmt jeder Mensch nach reformatorischem Verständnis im Zentrum seiner Person durch innere Zustimmung und willentlich die Grundausrichtung des Menschengeschlechts, auf die dieses durch den Abfall von Gott gegen Gott festgelegt ist. Und das geschieht nicht aus Zwang, wäre doch der Mensch dann gegenüber dieser von der Sünde bestimmten Grundausrichtung in seinem Inneren frei, sondern vielmehr aus dem Grunde des menschlichen Herzens.[282] Die Sünde ist „das Lebenselement des Ich"[283].

Nicht die Scheidung, aber sehr wohl die Unterscheidung zwischen *peccatum originale* und *peccata actualia* ist zur Erfassung des Wesens der Sünde notwendig. Sie wird von dem Reformator 1515/16 bei der Auslegung von Röm 5,12−21 in voller Klarheit

---

[278] Zu Ps 51,6, WA 40 II, 372, 23 f.
[279] Zu diesem Begriff vgl. Führer, Artikel (s. Anm. 157), 193 f.
[280] Schon 1515/16 hat Luther gegen die „Schultheologen" kritisch eingewandt, sie hätten die Sünde und die Erkenntnis der Sünde nur auf die bösen Taten eingeschränkt (WA 56, 276, 6−9).
[281] Vgl. WA 56, 286, 11 ff.; WA 40 II, 379, 30 ff.
[282] Vgl. Vorr. Röm., WA.DB 7, 5 u. 7.
[283] Iwand, Glaubensgerechtigkeit (s. Anm. 12), 74.

vertreten[284] und seitdem beibehalten.[285] Ohne diese Differenzierung bliebe die Sünde auf ihren Tatcharakter eingeschränkt. Die Folge davon wäre, dass die Sklaverei, in welche die Sünde führt und unter der das ganze menschliche Geschlecht steht, unerkannt bliebe.

Das *peccatum originale*, die Erbsünde oder Hauptsünde „ist eine so ganz tiefe, böse Verderbnis der Natur, dass sie die Vernunft nicht erkennt, sondern sie muss aus der Schrift (als) Offenbarung geglaubt werden"[286]. Die Erkenntnis des verborgenen Grundes der Sünde ist eine Erkenntnis, die nicht aus der Erfahrung gewonnen werden kann, weil sie aller Erfahrung vorausgeht. Sie ist also eine Erkenntnis a priori, um einen Begriff aus der Erkenntnistheorie Immanuel Kants zu gebrauchen, die sich von der auf der Erfahrung beruhenden, phänomenologischen Erkenntnis unterscheidet, der das eigentliche Wesen der Sünde verborgen bleibt. Die Erkenntnis des Wurzelgrundes und eigentlichen Wesens der Sünde ist ein Offenbarungsgeschehen und erfolgt durch das Gesetz und das Evangelium oder die Verheißung.[287]

Die Sünde ist das „grosse gefengnis"[288], in dem die ganze Menschheit gefangen gehalten wird. Das ist ihr aber keineswegs bewusst. Vielmehr meint der Mensch, „daß sein Tun der Sünde ein Ausfluß seiner Freiheit sei"[289]. Aber diese Selbsttäuschung beruht auf der Verblendung, die von der Sünde hervorgerufen wird, und ist ein Indiz für die tiefe Verborgenheit und verführerische Macht der Sünde. In Wirklichkeit ist „die ganze Natur durch die Sünde verderbt und dem ewigen Tod unterworfen"[290].

---

[284] Vgl. z.B. WA 56, 310, 2–4.
[285] Vgl. in Auswahl: WA 1, 86, 15 f.; WA 2, 45, 34; WA 39 I, 399, 15; WA 40 III, 271, 5 f.; WA 42, 89, 15.
[286] ASm III, 1, WA 50, 221, 24–27: „Solche Erbsünde ist so gar [ein] tieff bose verderbung der natür, das sie kein vernunfft nicht kennet, sondern mus aus der schrifft offenbarung gegleubt werden."
[287] Zu Ps 51,6, WA 40 II, 369, 29 f.: „Fit autem haec peccati revelatio per legem et per Euangelion seu promissionem."
[288] ASm III, 3, WA 50, 227, 24.
[289] H. J. Iwand, Gesetz und Evangelium, hg.v. W. Kreck, NW 4, München 1964, 41. Die „Erkenntnis der Sünde haben, heißt: Ich bin unter die Sünde verkauft ..." (42).
[290] Zu Ps 51,2, WA 40 II, 322, 24 f.: „Nam tota natura primum per peccatum corrupta et aeternae morti subiecta est."

Mit der Verderbnis der Natur ist die Verkehrung der Grundausrichtung des Menschen, die in der Relation zu Gott besteht, ins Gegenteil gemeint. An die Stelle des Gottesbezuges ist die Selbstbezogenheit getreten,[291] in der der Mensch seine Erfüllung sucht, ohne sie je zu finden. Außerdem sind die zwischenmenschlichen Beziehungen, besonders die zwischen Mann und Frau, sowie die Bezüge zur außermenschlichen Kreatur durch die Sünde vergiftet. Der ganze Mensch wird durch sein Abgewandtsein von Gott bestimmt, und das ist nicht Ausdruck seiner Freiheit, sondern seiner schmachvollen Gefangenschaft unter der Sünde.

Mit Luthers biblisch wohlbegründeter Lehre ist festzuhalten, „dass die ganze Welt der Sünde schuldig ist" und dass sie „durch keine Anstrengungen, Bemühungen und Werke aus der Sünde befreit werden kann"[292]. Vor diesem Hintergrund wird deutlich, wer Jesus Christus ist. Es wird nachvollziehbar, warum seine Sündlosigkeit von Anbeginn an die unabdingbare Voraussetzung seines Werkes der Befreiung von den Sünden ist. Es lässt sich – wenn auch nur annäherungsweise – ermessen, was es bedeutet und was es einschließt, dass er sich der an die Sünde verlorene und versklavte Welt ausgesetzt hat, um von den Sünden zu retten (Mt 1,21). Luther hebt im KlKat hervor, er habe „von allen Sünden" „erlöst", „erworben" und „gewonnen". Der Akzent liegt auf „allen": Christus hat von der Menschheitssünde, dem *peccatum originale*, und allen Tatsünden aller Menschen erlöst.

Außer von der Sünde hat Christus „vom Tode" (*a morte*) erlöst. Beides steht in untrennbarem Zusammenhang; denn Luther versteht den Tod mit 1. Mose 2–3 und Paulus als Straffolge der Sünde.[293] Infolge der Sünde herrscht der Tod, bevor er leiblich eintritt: „Durch den Unglauben war sie (sc. Eva) vom Wort in Lüge abgefallen; daher war sie vor Gottes Augen schon tot."[294]

---

[291] Anstatt Gott zu fürchten und zu lieben, lebt der Mensch nun ganz in Selbstbezogenheit (WA 40 II, 384, 20 f.).

[292] Zu Ps 51,6, WA 40 II, 367, 35–37: „... quod totus mundus sit reus peccati et ... non posse mundum a peccato liberari ullis suis conatibus, studiis aut operibus ..."

[293] 1. Mose 2,17; 3,4.19; Röm 5: 12.14.17.21; 6,23; 1. Kor 15,21. Vgl. WA 42, 161, 10 ff. (zu 1. Mose 3,19); WA 56, 316, 10 f. (zu Röm 5,14); WA 41, 689, 31 – 690, 2.

[294] Zu 1. Mose 3,4 f.; WA 42, 120, 11 f.: „Per incredulitatem a verbo in mendacium ruerat. Itaque coram oculis Dei iam mortua."

Gott der Schöpfer ist das Leben des Geschöpfes Mensch, das er durch seine Anrede (1. Mose 1,28 u.ö.) in eine besondere Relation zu sich gesetzt hat. Deshalb ist das Getrenntsein von Gott durch den Abfall von ihm Totsein. Im leiblichen Tod vollzieht sich die Verendgültigung des Getrenntseins von Gott. Neben dem geistlichen Tod als Verlust der Gemeinschaft mit Gott, der Quelle des Lebens (Ps 36,10), und dem leiblichen Tod kennt Luther den ewigen Tod[295] als endgültige Scheidung von Gott.

Ist es möglich, dass Menschen ihre Sünden vor sich selbst verbergen, so sollte das doch nicht auch von dem Tod gelten! Aber die Menschheit verkennt ihre Lage. Sie glaubt nicht, dass sie von Gott um der Sünde willen an den Tod dahingegeben ist, obwohl sie es an der Vergänglichkeit und Hinfälligkeit des Lebens wahrnehmen könnte. Sie verbirgt sich vielmehr ihren wirklichen Zustand vor sich selbst. Luther hat in seiner Vorlesung über Psalm 90 (1534/35) ausgeführt, das Menschengeschlecht erkenne weder Gott noch sich selbst; es verstehe auch das Unglück nicht, das es fühlt und erleidet.[296] „So tief ist das Elend der Hauptsünde."[297] Es ist die Wirkung des *peccatum originale*, dass es zu dem faktischen Elend, dem Dahingegebensein an Sünde und Tod, die Verkennung des Elends hinzufügt.

Schließlich hebt Luther in diesem Zusammenhang hervor, Christus habe „von der Gewalt des Teufels" (*a potestate Satanae*) erlöst. An eminent wichtigen Stellen, im Hauptartikel von Christus und der Rechtfertigung (ASm II, 1) und im Artikel über die Hauptsünde (ASm III, 1), ist vom Teufel die Rede.[298] Wie in den Schmalkaldischen Artikeln soll auch hier zum Ausdruck gebracht werden: Die Sünde, nicht durch den Teufel, sondern durch den Ungehorsam des Menschen in die Welt gekommen (Röm 5,12), ist eine durch diese Tat inthronisierte, den Menschen in seinem Herzen – aus dem die unreinen Begierden kommen (Mk 7,20–23) – beherrschende Unheilsmacht, die ihn an die Verderbensmächte Tod und Teufel ausgeliefert hat. Infolge der Sünde ist die Menschheit nicht nur deren Übermacht,

---

[295] Vgl. WA 40 II, 322, 25 (zitiert o. Anm. 290); u.a.
[296] WA 40 III, 484, 7 – 485, 2 (Hs).
[297] WA 40 III, 485, 2 f.: „Tanta est miseria originalis peccati."
[298] In seinen lat. Schriften gebraucht Luther „Satan(as)" (hebr.) und „diabolus/diabolos" (griech.); in den dt. Schriften verwendet er zumeist „Teuf(f)el".

sondern auch deren Willkürregiment und Tyrannenherrschaft unterworfen.

In der Auslegung von Gen 3 weist Luther wiederholt auf die zutiefst widersprüchliche und geradezu groteske Situation hin, in die sich die Menschen durch die Sünde gebracht haben: Gott, der sie geschaffen hat, sind sie ungehorsam, aber dem Satan, dem sie nichts zu verdanken haben, gehorchen sie.[299] Was könnte schlimmer und törichter sein?[300] Dahin hat sie der Unglaube oder Zweifel an Gott und seinem Wort gebracht.[301] Er führt dazu, dass sie vor Gott fliehen, aber vor dem Satan fliehen sie nicht.[302] Vielmehr erliegen sie der Faszination der Versuchung zum Bösen, die aus der Schlange spricht. Darüber sind sie nicht Gott gleich geworden, wie der Versucher suggeriert hatte (1. Mose 3,5), sondern vielmehr dem Satan selbst.[303]

Der Mensch steht unter der „Gewalt" (*potestas*) des Satans, weil er von Gott abgefallen und nach dem Gesetz vor ihm schuldig ist: „Qui legi schuldig ist, ille sub potestate Satanae."[304] In der Vorlesung über den 1. Johannesbrief (1527) stellt Luther resümierend fest: „Die Gewalt des Teufels ist der Tod, die Sünde, das schlechte Gewissen, durch die er regiert."[305] Nicht, dass dem Satan an Schuld und Gewissensnot gelegen wäre, sie dienen ihm vielmehr als Instrumente, die Sünde aufzublähen, so dass es dem Menschenherzen scheint, Gott werde es verwerfen.[306] Der *adversarius potentissimus*[307] tritt als Anwalt auf, um Menschen ihrer Sünde wegen zu verklagen (Sach 3,1; Offb 12,10). Er zielt mitnichten auf Gerechtigkeit, sondern vielmehr darauf, zu zermürben und zu quälen und plagt „mit trawrigem geist"[308]. Seine

---

[299] Zu 1. Mose 3,1, WA 42, 111, 25: „... inobedientem esse Deo et obedire Satanae?"

[300] WA 42, 111, 24 f.: „Quid enim potest esse peius ...?"

[301] WA 42, 111, 23 f.: „In summa, omnia mala sequuntur incredulitatem seu dubitationem de verbo et Deo." S.a. 111, 2 u.a.

[302] Zu 1. Mose 3,8, WA 42, 128, 16–18.

[303] Zu 1. Mose 3,22, WA 42, 166, 29–31: „... sit ipsi Satanae factus similis."

[304] Predigt am 1.01.1530, WA 32, 1, 28 f. Vgl. WA 13, 273, 12; WA 40 III, 632, 27; u.a.

[305] WA 20, 658, 36 f.: „Potestas diaboli mors est, peccatum, mala conscientia, per quae regnat."

[306] Zu Sach 3,1, 1524, WA 13, 578, 29 f. (lat.) und WA 23, 542, 30 f. (dt.; 1527).

[307] WA 29, 683, 17 f. u.ö. (s. WA 68, 77).

[308] ASm III, 3, 1, WA 50, 231, 2.

Werke sind erschrecken, heimsuchen, töten, zerschmettern, verblenden usw.[309]

Die Vorstellung vom Teufel steht nicht an der Peripherie, sondern gehört in das Zentrum der Theologie Luthers, wie an dieser Stelle noch einmal zu unterstreichen ist.[310] In der Relation zu Gott dem Schöpfer ist er Geschöpf, ein gefallener Engel, der in der Wahrheit nicht bestanden hat;[311] er ist deren Oberster.[312] Im Verhältnis zu der ursprünglich geschaffenen Welt, zu der er so wenig gehört wie die Sünde und der Tod, ist er der „Fürst dieser Welt"[313], der *princeps mundi*[314] bzw. *princeps et deus mundi*[315]. Er ist kein ihr zugehöriger oder gar gewählter, sondern ein eingedrungener Beherrscher, dem die Sünde das Tor zur Welt geöffnet hat. Seine Herrschaft besteht in Mord und Lüge (Joh 8,44)[316] und ist durch und durch willkürlich, destruktiv und tyrannisch.

Jesus Christus hat nach Mt 4,1–11 / Lk 4,1–13 die Versuchung des Teufels, ob er Gottes Sohn sei, mit dem schlichten Gehorsam gegen Gott, den Vater, und sein Gebot bestanden und dadurch den Teufel entmachtet. Auf diese Entmachtung des Teufels (Satans) durch den menschgewordenen Sohn Gottes ist die Kirche gegründet. Die Versuchungen des Satans in der Zeit der Kirche zielen darauf, die Entmachtung des Satans durch Jesus Christus (s.a. Lk 10,18), wie sie im Evangelium verkündigt wird, wieder ungültig und unwirksam zu machen. Das spiegelt sich mit besonderer Intensität in der Zeit der Reformation wider. Denn nicht etwas Nebensächliches oder Randständiges hat der Satan angefochten, sondern den Kern der Sache: Er bekämpft den Artikel von der Rechtfertigung und das Evangelium aufs

---

[309] Predigt am 24.03.1538; WA 46, 219, 29 f.: „Diaboli opera sunt terrere, affligere, occidere, contundere, excaecare." Weitere Belege in WA 65, 90 f.
[310] S.o. Anm. 160.
[311] Zu 1. Mose 3,19, WA 42, 163, 2: „... nec stetisse in veritate."
[312] WA 6, 337, 34: „Princeps demonum." S.a. WA 68, 78.
[313] Ein feste Burg ist unser Gott, 1529, AWA 4, 248 (EG 362.3).
[314] WA 11, 106, 27; u.a.
[315] WA 17 I, 467, 12; WA 29, 370, 20; 682, 24 f.; u.a.
[316] Joh 8,44 ist ein biblischer Hauptbeleg für Luther; vgl. z.B. WA 25, 96, 11 f.; WA 39 I, 53, 9 f.; WA 42, 163, 1 f.

heftigste.[317] Er hasst das Wort,[318] sucht es zu verfälschen[319] oder ganz wegzunehmen.[320] Widerstünde er nicht Gottes Wort, würde die gesamte Menschheit durch eine einzige Predigt Gottes bekehrt werden.[321] Man versteht Luther nicht, wenn man nicht wahrnimmt, dass er sich in die vom Evangelium heraufgeführte letzte Stunde der Geschichte hineingestellt sah,[322] um mit der allein an die Schrift gebundenen Lehre dem Papst, den Fürsten und Königen *und* dem Teufel, dem Fürsten dieser Welt, zu „trotzen".[323] Wenn er im KlKat „von der Gewalt des Teufels" spricht und – in demselben Jahr 1529, also auf der Höhe seines Werkes – über „gros macht und viel list" des „alt böse(n) feind(es)"[324], dann berührt das das zentrale Anliegen seines theologischen Denkens. Luthers Rede vom Teufel ist biblisch wohlbegründet und genuin reformatorisch.

3 In der Mitte – formal und inhaltlich – der Erklärung des zweiten Artikels führt Luther aus, womit die Rettung der Verlorenen und Verdammten von den Verderbensmächten Sünde, Tod und Teufel geschehen ist: „nicht mit Gold oder Silber, sondern mit seinem heiligen, teuren Blut und mit seinem unschuldigen Leiden und Sterben". Die Formulierung lehnt sich an den Wortlaut von 1. Petr 1,18–19 an und steht repräsentativ für das ganze biblische Zeugnis von dem stellvertretenden Erlösungs- und Versöhnungshandeln Gottes in seinem Sohn Jesus Christus am Kreuz.

Nach dem 1. Petrusbrief ist Jesus Christus das untadelige und unbefleckte Lamm, dessen Blut kostbar ist und sühnende Kraft

---

[317] WA 20, 755, 6 f.: „Satan articulum de iustificatione maxime impugnat ..." Vgl. WA 34 II, 416, 14 f.; WA 40 I, 35, 19–32 u. 53, 16–18; u.a.
[318] Vgl. WA 1, 135, 17; WA 25, 184, 24; u.a.
[319] Vgl. WA 42, 112, 3–8 u. 113, 9 f.
[320] Vgl. WA 17 II, 154, 17 ff.; u.ö.
[321] De servo arbitrio, 1525, WA 18, 659, 31–33: „Ni Satanas faceret, uno sermone Dei semel audito totus mundus hominum converteretur ..."
[322] Vgl. dazu Oberman, Luther (s. Anm. 161), 223 ff.
[323] Vgl. bes. WA 23, 29, 5 f.
[324] AWA 4, 247 (EG 362.1).

hat.³²⁵ Sein Tod ist zur Sühnung der Sünden geschehen;³²⁶ durch seine Auferstehung hat er an dem neuen Leben vor Gott Anteil gegeben, nämlich uns nach seiner großen Barmherzigkeit wiedergeboren zu einer lebendigen Hoffnung.³²⁷ Luther mahnt in der Auslegung von 1. Petr 1,18–19, „dass ihr daran denkt, wieviel es gekostet hat, dass ihr erlöst seid"³²⁸. Gefangen „unter dem Teufel" gewesen, hat Gott euch nun „aus solchem Wesen gerissen und in einen anderen Stand gesetzt"³²⁹. „Und seht, wie Gott so große Kost(en) an euch gewendet hat und wie groß der Schatz ist, mit dem ihr erkauft seid und dahin gebracht, dass ihr Gottes Kinder würdet."³³⁰ Welches ist dieser Schatz? „Nicht vergängliches Gold oder Silber, sondern das teure Blut Christi, des Sohnes Gottes. Der Schatz ist so köstlich und edel, dass es keines Menschen Sinn oder Verstand begreifen kann, (nämlich) so, dass nur ein Tröpflein von diesem unschuldigen Blut übergenug gewesen wäre für aller Welt Sünde. Doch hat der Vater seine Gnade so reichlich über uns ausschütten wollen und sich's so viel kosten lassen, dass er seinen Sohn Christus all sein Blut hat vergiessen lassen und uns den Schatz ganz geschenkt hat."³³¹

1. Petr 1,18–19 ist Bestandteil der Erklärung des zweiten Artikels geworden, aber keineswegs die einzige Stelle, auf die sich Luther stützt. Vom Blut Christi ist im Neuen Testament vielfach die Rede.³³² Einige dieser Stellen haben für Luthers theologisches Denken eine große Bedeutung erlangt und sollen zum

---

³²⁵ 1. Petr 1,18–19: εἰδότες ὅτι οὐ φθαρτοῖς, ἀργυρίῳ ἢ χρυσίῳ, ἐλυτρώθητε ἐκ τῆς ματαίας ὑμῶν ἀναστροφῆς πατροπαραδότου9 (19) ἀλλὰ τιμίῳ αἵματι ὡς ἀμνοῦ ἀμώμου καὶ ἀσπίλου Χριστοῦ. S.a. 1,2.
³²⁶ 1. Petr 2,24a: ὃς τὰς ἁμαρτίας ἡμῶν αὐτὸς ἀνήνεγκεν ἐν τῷ σώματι αὐτοῦ ἐπὶ τὸ ξύλον. S.a. 3,18.
³²⁷ 1. Petr 1,3b: ὁ κατὰ τὸ πολὺ αὐτοῦ ἔλεος ἀναγεννήσας ἡμᾶς εἰς ἐλπίδα ζῶσαν δι' ἀναστάσεως Ἰησοῦ Χριστοῦ ἐκ νεκρῶν.
³²⁸ (Erste) Epistel S. Petri gepredigt und ausgelegt, 1523, WA 12, 291, 2 f. In heutigem Deutsch wiedergegeben (vgl. M. Luthers Epistel-Auslegung, Bd. 5, hg.v. H. Günther u. E. Volk, Göttingen 1983, 204).
³²⁹ WA 12, 291, 3–5.
³³⁰ WA 12, 291, 6–8.
³³¹ WA 12, 291, 10–17.
³³² Vgl. außer 1. Petr 1,2.(18–)19 bes. aus der Abendmahlsüberlieferung: Mt 26,28; Mk 14,24; Lk 22,20; 1. Kor 11,25 und dazu Joh 6,53–56 u. 1. Kor 10,16; ferner Joh 19,34; Apg 20,28; Röm 3,25; 5,9; Eph 1,7; 2,13; Kol 1,20; 1. Joh 1,7; 5,6.8; Hebr 9,12.14; 10,19.29; 12,24; 13,12.20; Offb 1,5; 5,9; 7,14; 12,11.

besseren Verständnis des Kernsatzes im KlKat mit herangezogen werden.

Grundlegend ist Röm 3,24–25: „... und werden ohne Verdienst gerechtfertigt aus seiner Gnade durch die Erlösung, die durch Jesus Christus geschehen ist. Den hat Gott öffentlich hingestellt für den Glauben als Sühne durch sein Blut zum Erweis seiner Gerechtigkeit, indem er die Sünden vergibt ..." Die Gnade hat nach dieser Stelle ihren realen Grund darin, dass Gott Christus zur Erlösung der von den Verderbensmächten Versklavten dahingegeben und am Kreuz öffentlich hingestellt hat. In der Glosse zu Röm 3,24 hebt Luther hervor, Gott gebe die Gnade nicht deshalb umsonst, weil sie wohlfeil wäre, sondern darum, weil er Christus, damit er für uns genugtäte, für uns dahingegeben hat.[333] Das heißt: Gott hat die Sühne für die Sünde durch die Dahingabe seines Sohnes in der Willens- und Handlungseinheit mit diesem selbst erbracht. Die Auslösung[334] aller aus der unentrinnbaren Schuldverfallenheit an die Sünde liegt in der „Sühnung für die Sünden"[335] durch die stellvertretende Dahingabe Jesu Christi begründet, der als der Gekreuzigte durch sein Blut der „Gnadenstuhl" geworden ist.[336] Die universal geltende Sühne ist durch das am Kreuz vergossene Blut Jesu Christi, des Sohnes Gottes, ein für allemal erbracht worden und beruht auf diesem.[337] Das sühnkräftige Blut Jesu Christi ist also der Realgrund der Gnade Gottes sowie der Rechtsgrund der Vergebung der Sünden, durch die der Gottlose zum Erweis der den Sünder nicht aus-, sondern einschließenden Gerechtigkeit Gottes gerechtfertigt wird.

---

[333] WA 56, 37, 26–28, bes. 27 f.: „Sed satisfactorem Christum pro nobis dedit, Ut sic satisfaciendibus per alium ipsis tamen gratis gratiam daret."

[334] Röm 3,24: ἀπολύτρωσις *Erlösung, Auslösung, Loskauf* (aus der Sklaverei). 1. Petr 1,18 wird das Verb λυτρόω *erlösen, loskaufen* gebraucht.

[335] Glosse zu Röm 3,25, WA 56, 38, 16. „Sühnung" ist die Übersetzung von „propitiatio". Unter „propitiatio" ist auch „Versöhnung" zu verstehen.

[336] WA 56, 38, 18–20. Röm 3,25 Vulgata: *propitiatorium*; NTG: ἱλαστήριον (für hebr. *kapporaet*). Paulus hat Röm 3,25 eine judenchristliche Tradition aufgenommen (vgl. z.St. P. Stuhlmacher, Der Brief an die Römer, NTD 6, Göttingen ²1998, 57; u.a.). Luther hat das Wort mit „Gnadenstuel" übersetzt; in der Revisionsausgabe 1984 steht „Sühne" (wörtlich „Sühnestätte" bzw. „Sühnemittel").

[337] Vgl. WA 56, 38, 18 u. 22 f.

In den Schmalkaldischen Artikeln, mehr als zwei Jahrzehnte nach der Vorlesung über den Römerbrief 1515/16, gehört Röm 3,(23−)25 zu den ausgewählten biblischen Belegen, auf die Luther den Artikel von Christus und der Rechtfertigung gegründet hat.[338] Der Akzent liegt in den ASm wie im KlKat auf der Zusammengehörigkeit von Christus und der Rechtfertigung, Christologie, Soteriologie und Rechtfertigungslehre. Luther versteht den Sühnetod Jesu Christi als den wirklichen − und nicht etwa nur bildlichen − Vollzug der Versöhnung zwischen Gott und dem Menschen: „Durch dieses Faktum ist die ganze Welt gereinigt und von allen Sünden entsühnt."[339] In dem am Kreuz auf Golgatha vergossenen Blut Jesu Christi, des Sohnes Gottes, liegt für Luther wie für Paulus (Röm 3,24 f.; 5,9) der unaustauschbare Grund sowie das sühnkräftige Mittel der Rechtfertigung des Gottlosen aus Gnade allein, weil *Gott* in Christus war und die Welt mit sich selbst versöhnt hat (2. Kor 5,19).

Am häufigsten ist im Hebräerbrief vom Blut Christi die Rede. Ein Hauptbeleg: Christus ist „durch sein eigenes Blut ein für allemal in das Heiligtum eingegangen und hat eine ewige Erlösung erworben" (Hebr 9,12). Christus ist nach dem Hebräerbrief Priester und Opfer in einer Person, der sich zur Aufhebung der Sünde durch den ewigen Geist selbst als Opfer ohne Fehl Gott dargebracht hat (9,14.26),[340] um als himmlischer Hoherpriester mit Bezug und unter Berufung auf seine einmal (9,28) auf Erden geschehene Selbstdarbringung „jetzt für uns vor dem Angesicht Gottes zu erscheinen" (9,24). Das Blut Christi ist das Mittel und zugleich die Essenz seiner Selbstdarbringung. In ihm liegt die Reinigung von den Sünden (1,3) sowie unserer Gewissen von den toten Werken beschlossen (9,14).

Luther hat den Hebräerbrief 1517/18 in einer Vorlesung behandelt und einzelne Textabschnitte in Predigten ausgelegt. Ich konzentriere mich hier auf seine Auslegung von Hebr 9,11 ff.,

---

[338] ASm II, 1, WA 50, 199, 2−4.
[339] Zu Gal 3,13 (1531) 1535, WA 40 I, 438, 13 f.: „Hoc facto totus mundus purgatus et expiatus est ab omnibus peccatis."
[340] Vgl. bes. Hebr. 9,14: πόσῳ μᾶλλον τὸ αἷμα τοῦ Χριστοῦ, ὃς διὰ πνεύματος αἰωνίου ἑαυτὸν προσήνεγκεν ἄμωμον τῷ θεῷ, καθαριεῖ τὴν συνείδησιν ἡμῶν ἀπὸ νεκρῶν ἔργων εἰς τὸ λατρεύειν θεῷ ζῶντι.

lege dabei die Vorlesung zugrunde,[341] lasse mich aber von der Predigt über Hebr 9,11–16 aus der Fastenpostille 1525 leiten.[342] Luther führt aus, Christus habe nicht „Böcke oder Kälber" geopfert, „sondern seinen eigenen Leib und Blut, und das ... geistlich ... durch den Heiligen Geist"[343]. Er „opferte sich selbst im Herzen vor Gott, dass es niemand sah noch merkte; darum ist sein leibliches Fleisch und Blut ein geistliches Opfer"[344]. Damit ist zum Ausdruck gebracht: Christus hat bewusst und willentlich im Einklang mit Gott, dem Vater, sich selbst dargebracht – nicht mit Absichtserklärungen und Beteuerungen, sondern unter Einsatz seines Leibes und Blutes. Es „geschah alles durch seinen Geist"[345], das heißt seine leibliche Selbstdarbringung ist ein geistliches Geschehen, und zwar ein geistliches Geschehen ohnegleichen. Durch es hat Christus „die rechte geistliche Vergebung, Heiligung und Absolution, die vor Gott gilt"[346], erwirkt. „Denn sein Blut hat uns erworben eine Vergebung, die ewiglich besteht vor Gott, weil Gott uns vergeben will unsere Sünde um seines Blutes willen."[347] „Dasselbe gilt und ruft für uns um Gnade"; „darum sind wir dadurch ewiglich heilig und selig vor Gott. Das ist die Summe und Meinung dieser Epistel ..."[348] Sollten wir wieder in Sünde fallen, „so sind wir doch gewiß: das Blut Christi fällt und sündigt nicht, sondern bleibt vor Gott fest und sühnt immer und ewiglich"[349]. Also tritt Christus mit seinem Leib und Blut stellvertretend für die an die Sünde Verlorenen ein; er „(ver)mittelt mit seinem Blut, dass wir davon erlöst werden im Gewissen vor Gott, weil Gott verheißen hat, den Geist durchs Blut Christi zu geben"[350].

Einige wichtige Aspekte sind zu unterstreichen. Zunächst der theologische Aspekt: Gott *will* unsere Sünden um des Blutes

---

[341] WA 57 III, 48, 7 ff. (Glossen) und 206, 6 ff. (Scholien).

[342] WA 17 II, 227–231.

[343] WA 17 II, 228, 7 f. 9 f. Sprachlich behutsam geglättet; so auch die folgenden Zitate.

[344] WA 17 II, 228, 14–16.

[345] WA 17 II, 228, 25.

[346] WA 17 II, 229, 9 f.

[347] WA 17 II, 229, 11–13.

[348] WA 17 II, 229, 13 f. 14–16.

[349] WA 17 II, 230, 16 f.

[350] WA 17 II, 230, 34 f.

Christi willen vergeben. Ohne den ausdrücklichen Heilswillen Gottes wäre nicht geschehen, was geschehen ist. Die Vergebung der Sünden um des Blutes Christi willen ist Gottes Heilssetzung, und zwar diese als weltenwendende, Neues schaffende Tat. Damit verbunden ist der christologische und soteriologische Aspekt: Christus, der präexistente Sohn Gottes (Hebr 1,2 ff.), ist nach Gottes Willen Mensch geworden und hat, „obwohl er Gottes Sohn war, doch an dem, was er litt, Gehorsam gelernt" (5,8) und sich im Gehorsam gegen Gott, selbst ohne Sünde (4,15), als „Opfer für die Sünden dargebracht" (10,12). Durch die Selbstdarbringung seines eigenen Leibes und Blutes am Kreuz hat Christus stellvertretend für die Sünder Sühne geschaffen, durch die Sühne wiederum den durch die Sünde verschlossenen Zugang zu Gott geöffnet und mit der Vergebung der Sünden das ewige Heil heraufgeführt. Daraus ergibt sich pneumatologisch-eschatologisch: Durch seine Selbstdarbringung am Kreuz in der Willens- und Handlungseinheit mit Gott, dem Vater, und dem ewigen Geist (9,14) hat Christus diesen Geist entbunden, der schon jetzt das Leben aus Gott, vor Gott und für Gott im Glauben ermöglicht; denn er reinigt unsere Gewissen um des Blutes Christi willen von den toten Werken und macht frei zum Dienst des lebendigen Gottes (9,14). Zugleich verbürgt der Geist Gottes die Teilhabe am ewigen Heil, weil die von dem Blut Christi gewirkte Sühne, auf die er bezogen bleibt, ewig gilt.

Angesichts des Befundes, dass sich Christus ein für allemal für die Sünden des Volkes opferte (Hebr 7,27) und dass wir ein für allemal durch das Opfer des Leibes Jesu Christi geheiligt sind (10,10), stellt sich allerdings die Frage, wie und auf welchem Weg die einmal (9,28) und ein für allemal (7,27; 10,10)[351] stellvertretend am Kreuz gewirkte Sühne den Nachgeborenen zugute kommt? Mit dieser Frage hat sich Luther bereits in der Vorlesung über den Hebräerbrief 1517/18 befasst;[352] er geht ferner auf sie ein bei der Auslegung von 1. Petr 1,2 (1523)[353] und in der Vorlesung über den 1. Johannesbrief (1527). Wegweisend ist die

---

[351] Hebr 7,27 und 10,10 wird ἐφάπαξ *ein für allemal* und 9,28 ἅπαξ *einmal* gebraucht.

[352] Nachweise in W. Führer, Das Wort Gottes in Luthers Theologie, GTA 30, Göttingen 1984, 30–32. 189 f.

[353] WA 12, 263, 12 ff.

Auslegung von 1. Joh 5,6:[354] „Dieser ist's, der gekommen ist durch Wasser und Blut, Jesus Christus; nicht im Wasser allein, sondern im Wasser und im Blut; und der Geist ist's, der das bezeugt, denn der Geist ist die Wahrheit."

Die Ausgangsfrage der Vorlesung über diese Stelle lautet, „auf welchem Weg Christus zu uns komme, damit wir an ihn glauben können"?[355] Die Antwort, die Luther gibt, ist zu ausführlich, als dass sie hier vollständig wiedergegeben werden könnte. Ich muss mich auf die stichhaltigsten Argumente beschränken. Grundlegend ist die Unterscheidung zwischen der leiblichen Ausgießung des Blutes Jesu Christi, die einmal am Kreuz geschah, und der geistlichen Aussprengung (*spargitur spiritualiter*): „Das Blut ist vergossen am Kreuz, aber wenn es nicht ausgesprengt würde durch die Predigt, dann käme der Nutzen dieses Blutes nicht zu mir. Das geschieht aber, wenn er durch das Wort zu uns kommt und im Glauben angenommen wird, und so reinigt mich der Geist."[356] Die Hauptargumente sind: Das Kreuzesgeschehen ist in das Wort vom Kreuz gefasst und wird durch die Predigt vom Kreuz „ausgesprengt",[357] aus welcher der Glaube kommt,[358] durch den der Geist das Werk der Reinigung vollzieht. Zu unterstreichen sind drei Aspekte: Christus selbst, nicht eine Vorstellung von ihm, kommt durch das Wort; er selbst wird im Glauben angenommen; der Geist reinigt, indem er im Glauben an das Wort vom Kreuz den Nutzen oder Brauch (*usus*) dieses Blutes (*istius sanguinis*) entbindet. Christus, sein sühnkräftiges Blut als der Ertrag seines Todes am Kreuz, kommt also durch das Wort vom Kreuz zu denen, die diesem Wort glauben: „Wenn du glaubst, dass das Blut Christi für dich vergossen ist, wirst du gerettet."[359]

---

[354] WA 20, 776, 20 – 780, 20. Luther hat diese Vorlesung am 30.10.1527 gehalten.

[355] WA 20, 776, 21 – 777, 1: „... qua via veniat ad nos Christus, ut possimus in eum credere." Nachschrift Rörer.

[356] WA 20, 777, 19 – 778, 3: „Sanguis quidem effusus in cruce, nisi vero aspergeretur per praedicationem, non veniret ad me usus istius sanguinis, qui est, quando per verbum venit ad nos et recipitur per fidem, et sic spiritus mundat me."

[357] Luther bezieht sich auf 1. Petr 1,2 (WA 20, 777, 19).

[358] Luther stützt seine Argumentation ausdrücklich auf Röm 10,13–15 (WA 20, 777, 3 ff.).

[359] WA 20, 778, 7: „Si credis Christi sanguinem fusum pro te, salvus eris."

Vor dem Hintergrund der Zusammengehörigkeit des Kreuzes Christi mit dem Evangelium als dem Wort vom Kreuz interpretiert Luther das „Wasser" in 1. Joh 5,6 als die Taufe auf Christi Tod. Er kommt zu dem Schluss: „Summa summarum: Christus kommt zu uns so, wenn das Evangelium gepredigt wird; dadurch wird das Wasser der Taufe und das Blut Christi über uns gesprengt. Aus dem Hören dieses Wortes werden wir als Kinder Gottes geboren und erlangen den weltüberwindenden Glauben (s. 1. Joh 5,4). Folglich erlangt man den Glauben durch das Evangelium; das Evangelium kommt durch Christus und besprengt uns mit Wasser und Blut durch sein Wort. Das heißt: Er, Christus, kommt als gepredigter."[360]

Es ist deutlich geworden, was Luther meint, wenn er von dem heiligen, teuren Blut Christi spricht: Die Rede vom Blut Christi umfasst das sühnende Handeln Gottes in der stellvertretenden Dahingabe seines Sohnes am Kreuz in der Willenseinheit mit diesem zur Reinigung von den Sünden *und* das Evangelium von der Vergebung der Sünden, das das einmal und ein für allemal geschehene Heilshandeln am Kreuz zum Inhalt hat. Dem Glauben an das Evangelium von der Vergebung der Sünden wird die Sühne zu eigen, die Christus am Kreuz durch sein Blut erwirkt hat. Darauf gründet sich der Zugang zu Gott im Glauben und die Gabe des ewigen Heils.

Ich schließe diesen Abschnitt mit zwei Zitaten aus Luthers Auslegung von 1. Joh 1,7b „... und das Blut Jesu, seines Sohnes, macht uns rein von aller Sünde". Das erste Zitat belegt die Zusammengehörigkeit von Tat und Wort Gottes bei Luther, die zu den theologischen Voraussetzungen auch und gerade des KlKat gehört: „(Die Sühnekraft) seines Blutes ist mit jenen, die bei seinem Wort bleiben; die haben das Blut als Heilsmittel, das nicht zuläßt, dass Christen verzweifeln."[361] Das zweite Zitat ist ein Beleg für die Wirkung und Hochschätzung des Blutes Christi: „Und das Blut Christi ist über dir, du wirst nicht verdammt,

---

[360] WA 20, 779, 4–9. Übers. aus dem Lat.
[361] WA 20, 618, 23–619, 1: „Sanguis est cum illis, qui manent in suo verbo, habent remedium sanguinem, qui non sinit Christianos desperare."

Christus nimmt dich an, er kann dich nicht verlassen. Siehe, was für ein großer Schatz: Das Blut des Sohnes Gottes."[362]

Neben dem „heiligen, teuren Blut" nennt Luther außerdem das „unschuldige Leiden und Sterben" Christi. Diese zweite soteriologische Näherbestimmung ist die allgemeinere und umfasst die spezifisch sühnetheologische vom Blut Christi. Sie tritt aber keineswegs an deren Stelle, sondern steht insofern im Zusammenhang mit ihr, als sie das Leiden und Sterben Christi ausdrücklich als ein „unschuldiges" bestimmt. Die Rede vom unschuldigen Leiden und Sterben Christi ist eine Abbreviatur der Theologie des Kreuzes und insbesondere der Passionsverkündigung Luthers. Sie steht im Zentrum seines Denkens und Verkündigens. Gerade für die Erkenntnisfrage besitzt sie außerordentlich große Relevanz. Sie in diesem Zusammenhang ausführlich darstellen zu wollen, würde den Rahmen sprengen. Würde sie aber andererseits übergangen, bliebe lediglich ein Rahmen ohne Bild übrig. Es muss also eine Auswahl getroffen werden.[363] Ich lege die Karfreitagspredigt aus dem Veröffentlichungsjahr der Katechismen 1529 zugrunde.[364]

Wie ist das Leiden und Sterben Christi zu verstehen? „Wir sollten sie so ansehen, wie die Prophetie der heiligen Propheten, besonders Jesaja, sie angesehen hat: dass die Passion Christi eine Strafe für unsere Sünden ist."[365] Auf Jes 53, worauf sich Luther bezieht, ohne dass er die Stelle nennt, ist später zurückzukommen. Zunächst ist der Predigt zu folgen. Sie lässt sich von der Intention leiten, zwischen dem Leiden Christi und dem Leiden der Menschen zu unterscheiden. Diese Differenzierung ist fundamental und unverzichtbar, weil „jeder Mensch dazu geneigt ist, auf seine eigenen Werke zu bauen und sich selber fromm zu

---

[362] WA 20, 619, 8 f.: „Et sanguis Christi est super te, non damnaberis, Christus suscipit te, non potest te deserere. Vide, quantus thesaurus: filii dei sanguis."

[363] Eine Übersicht über die Fülle der Passionspredigten Luthers gibt E. Mülhaupt in: M. Luther, Evangelien-Auslegung, Bd. 5, Göttingen ⁴1969, 9–32.

[364] Predigt am Karfreitag (Vormittag), 26.03.1529, WA 29, 226–233. Nachschrift Rörer.

[365] WA 29, 226, 16 f.: „Sed ut prophetiae sanctorum prophetarum inspexerunt, praesertim Esaiam, quod passio Christi sit ein straff pro peccatis nostris."

machen"[366]. Davon sei die ganze Welt durchdrungen; wer viel leidet, meint, er verdiene damit viel.[367] Daher seien die Mönchsorden gekommen.[368] Deren Gründung fällt in das Mittelalter, aber was Luther ausspricht, ist „seer tieff eingewurtzelt in cordibus hominum"[369] und nicht an eine Epoche gebunden. In der Neuzeit hat man keine Mönchsorden gegründet, aber die Theodizeefrage so gestellt, als wenn ein Anspruch auf ungestörtes Wohlergehen bestünde; mit dem Leiden also einen Anspruch gegenüber Gott begründet und dabei die mittelalterliche Eschatologie durch eine säkularisierte ersetzt. Aber das alles ist ganz und gar abwegig. Das Leiden hat so wenig soteriologischen Wert wie die Werke; es gehört wie diese nicht in die Eschatologie, sondern auf die Erde. Daher ist ein Unterschied zu machen zwischen den Passionen![370]

Der Unterschied ist dadurch gegeben, dass „alle Passionen, die wir erleiden, nicht genug sind, auch nur eine einzige läßliche Sünde zu büßen"[371]. Diese Leiden haben allenfalls den pädagogischen Wert, dass sie zur Eindämmung der Begierden des Fleisches dienen.[372] Aber das Entscheidende vermögen sie nicht: in ein rechtes Verhältnis zu Gott zu bringen. Vielmehr schlägt sich in ihnen nieder, dass dieses Verhältnis gestört ist und der Mensch abgewandt von Gott existiert. Leiden beheben diese Kluft nicht, sondern vertiefen sie eher. Also: „Laß dein Leiden ein irdisches sein, Christi Leiden dagegen ein himmlisches, das Werk der Rechtfertigung (*Iustificacionis opus*).[373]

Durch diese Differenzierung macht Luther den Blick frei auf das biblische Zeugnis. Zuerst nennt er Joh 1,29 und stellt fest: „Leid hin, Leid her. Es steht geschrieben: ‚Siehe, das ist Gottes

---

[366] WA 29, 226, 18 f.: „... quod quilibet homo inclinatus edificare auff sua opera und sich from zu machen." Dieser Gedanke taucht in der Predigt in mehreren Variationen auf.

[367] WA 29, 227, 1 f.: „... qui multa patitur, putat se multa mereri."

[368] WA 29, 227, 2 f.

[369] WA 29, 227, 5.

[370] WA 29, 227, 10 f.: „Fac ergo discrimen inter passiones ..."

[371] WA 29, 228, 12 f.: „Omnes passiones quae patimur, non satis sunt, ut solvent unum peccatum veniale ..." S.a. 227, 15 f.: „Omnes illae passiones non vermugen ein tegliche sund zu pussen."

[372] WA 29, 228, 11 f. 32.

[373] WA 29, 228, 15 f. 32 f. Übers.

Lamm'; da liegt die Sünde der Welt."³⁷⁴ Gemäß diesem Zeugnis muss über die Passion gepredigt werden, so dass jedem deutlich wird: „Das gilt uns!"³⁷⁵ Und: „Das sind meine Sünden!"³⁷⁶ Es muss klar und eindeutig verkündigt werden: „Die Passion, die von Sünden erlöst, steht keinem zu als diesem Mann."³⁷⁷ „Denn es steht geschrieben, dass Christi Passion die Sünden trägt. Christi Passion ist es, die in Wahrheit Sünde und Tod verschlingt. Diese Ehre ist ihr zu geben!"³⁷⁸

Die biblischen Belege, die Luther außer Joh 1,29 anführt, sind vor allem Jes 53 entnommen.³⁷⁹ Luther schätzt dieses Kapitel hoch; beinahe die ganze andere Schrift habe nicht eine diesem Kapitel ähnliche Stelle.³⁸⁰ Er legt es als eine Meditation der Passion Christi aus – im Sinnzusammenhang mit anderen biblischen Belegen; im Hauptartikel über Christus und die Rechtfertigung in den Schmalkaldischen Artikeln z.B. im Horizont von Röm 4,25 zusammen mit Röm 3,23–25 und Joh 1,29.³⁸¹ Sein wohl ausgereiftetes Verständnis des Leidens und Sterbens Christi hat er in der Auslegung von Jes 53 in der Fastenzeit 1544 dargelegt.³⁸² Sie soll abschließend zur Überprüfung und Zusammenfassung herangezogen werden.

Fragt man unter der Voraussetzung der Unvergleichbarkeit des Leidens und Sterbens Christi, wer es verursacht hat, gibt Luther zur Antwort: Die Ursache dafür, dass Christus gelitten hat, ist unsere Sünde.³⁸³ Mit dieser Antwort stellt er 1544 resümierend heraus, was er zuvor in den Karfreitagspredigten und

---

[374] WA 29, 228, 21 f.
[375] WA 29, 229, 2 f.
[376] WA 29, 229, 4: „haec mea peccata sunt."
[377] WA 29, 229, 20 f.: „... passio quae a peccatis redimet, nulli detur quam isti viro."
[378] WA 29, 229, 22 f.: „Sed scriptum, quod Christi passio ferat peccata. Christi est passio, est vere voratrix peccati, mortis. Is honor dandus ei."
[379] Vgl. WA 29, 227, 23 f.; 229, 2 f. 27 f.; 230, 7. S.o. Anm. 365.
[380] WA 40 III, 686, 30 – 687, 1. Aus der *praefatio* zu der u. Anm. 382 genannten Auslegung.
[381] ASm II, 1, WA 50, 198, 24 – 200, 5, bes. 199, 1.
[382] Enarratio 53. capitis Esaiae, (1544) 1550, WA 40 III, (683) 685–746.
[383] Zu Jes 53,5, WA 40 III, 715, 6 f.: „„... Esaias ostendit causam, propter quam passus est, quia scilicet ‚peccavimus' ..." Ferner 717, 3 f. „Petrus recte allegat causam passionis Domini nostri Iesu Christi: causa est ‚peccatum nostrum' (1. Petr 2,24) ..."

mit Bezug auf dieselbe Jesaja-Stelle 1519 im *Sermon von der Betrachtung des heiligen Leidens Christi* unterstrichen hat: Dass „seyne wunden und leyden seyn deyn sunde, das er sie trage und bezale"[384]. Die Sünde ist die von Gott trennende, versklavende Unheilsmacht, von der wir uns nicht selbst – so wenig wie vom Tod und der Gewalt des Teufels – befreien konnten.[385]

In terminologischem – Luther gebraucht dasselbe Substantiv *causa* – und sachlichem Zusammenhang damit steht die andere Näherbestimmung der Ursache für das Leiden und Sterben Christi: „Die wahre Ursache für das Leiden des Sohnes Gottes ist gewesen, dass er nach dem Willen des HERRN gelitten hat. Gott hat es so gewollt."[386] Die menschlichen Akteure der Passion, die jüdischen Hohenpriester und der Pöbel, zielten mit Absicht und Willen darauf, Jesus durch die Kreuzigung zu entehren und zu beseitigen.[387] Dafür tragen sie die Verantwortung. Aber ihr Handeln ist von dem Willen Gottes umfasst, der wollte, dass Jesus „das Opfer für uns wäre"[388]. „Dies ist der Wille Gottes gewesen, dass er das (Sühn)opfer, die Versöhnung, das Lösegeld, die Erlösung, die Bezahlung für die Sünden sein sollte."[389] Jesus ist „das von Anfang der Welt vorherbestimmte Lamm"[390].

Was hat Gott bewogen, das zu wollen und so zu handeln? Wenn das Werk der Versöhnung Gottes mit der Welt auf dem stellvertretenden Leiden und Sterben Christi beruht, der sich in Gethsemane mit dem Willen Gottes in Einklang gebracht hat (Mk 14,36 ff. Par.), so dass das Werk der Versöhnung in der Willens- und Handlungseinheit Gottes mit seinem Sohn voll-

---

[384] WA 2, 140, 7 f. Außer auf Jes 53,5 f. bezieht sich Luther auch hier auf 1. Petr 2,24, ferner auf 2. Kor 5,21. Repräsentativ für die Karfreitagspredigten ist z.B. WA 29, 229, 4 (zitiert o. Anm. 376); s. außerdem 232, 6: „cogita tuum peccatum esse."

[385] WA 40 III, 715, 7 f.: „... nec potuimus ipsi nos a peccato, morte et potestate Diaboli liberare."

[386] Zu Jes 53,10, WA 40 III, 731, 32 f.: „Verum haec fuit causa passionis Filii Dei, scilicet, quod volente Domino passus est. Deus sic voluit."

[387] Vgl. WA 40 III, 731, 33 ff.

[388] WA 40 III, 731, 36 – 732, 1: „... ut esset victima pro nobis."

[389] WA 40 III, 732, 20 f.: „Haec fuit Dei voluntas, ut esset victima, placatio, ἀντίλυτρον, redemptio, precium pro peccatis." Aus 1. Tim 2,6 ist ἀντίλυτρον (Lösegeld) wörtlich übernommen worden.

[390] Zu Jes 53,12, WA 40 III, 743, 21: „... ,agnus' ab initio mundi praecognitus." In Anspielung auf Joh 1,29 Vulg. formuliert.

bracht worden ist, dann ist am Kreuz Gottes verborgene Heilsabsicht offenbar und sein unverbrüchlicher Heilswille vollzogen worden. Der letzte und eigentliche Beweggrund dafür kann dann nur die in nichts – außer in ihr selbst – begründete Liebe Gottes sein. Nachdrücklich hebt Luther deshalb hervor, dass Christus alle Sünden der Welt seine eigenen nennt und sie auf sich nimmt, um die der Sünde verfallene Welt durch sein Blut und sein Opfer in unaussprechlicher *Liebe* zu erlösen.[391] Denn: „Unsere Sünde ist etwas, das ihm fremd gewesen ist. Er hatte sie nicht noch tat er sie. Er hat sie sich zu eigen gemacht wegen der Liebe, mit der er uns umfing."[392] Hat man das wahrgenommen, dann „steige" man „weiter durch Christi Herz zu Gottes Herz (auf) und sehe, dass Christus dir diese Liebe nicht hätte erzeigen mögen, wenn es Gott nicht in ewiger Liebe hätte haben wollen"[393].

Es ist an dieser Stelle zu unterstreichen, dass Luther den Zugang zur Liebe Gottes durch das Leiden und Sterben Christi am Kreuz gefunden hat und dass der Begriff der Liebe Gottes aus dem Wort vom Kreuz, das Gottes Handeln am Kreuz entfaltet, erwachsen ist. Zum Wort vom Kreuz gehören aber die Rede vom Blut Christi und das Zeugnis vom Sühnetod und stellvertretenden Strafleiden Christi unabdingbar hinzu, ja es besteht aus ihnen. Luther hat keineswegs ein allgemeines Vorverständnis von Liebe an das Kreuzesgeschehen herangetragen, sondern vielmehr aus diesem selbst den Begriff der Liebe Gottes gebildet. Deshalb entspricht dies dem biblischen Zeugnis und ist dies allein jenem theologisch adäquat: Gottes Handeln am Kreuz, wie es durch das Wort vom Kreuz bezeugt wird, durch die Theologie des Kreuzes im Blick auf „mich", wie es im KlKat geschieht, also durch den Artikel von der Rechtfertigung, zu interpretieren. Dagegen entspricht es nicht dem biblischen Befund und ist nicht reformatorisch, sondern neuprotestantisch, von Liebe und Ver-

---

[391] Zu Jes 53,1, WA 40 III, 706, 18 f., bes. Z. 31 f.: „... nisi sanguine et victima mea redemptus inenarrabili amore."

[392] Zu Jes 53,12, WA 40 III, 743, 18 f.: „Nostrum peccatum est, quod ei fuit alienum, non habuit nec fecit; factum est ei proprium propter charitatem, qua nos complexus est."

[393] WA 2, 140, 36 f. (leicht geglättet). Die Schriftbelege, die den Hintergrund dieser Argumentation bilden, sind auch 1519 Jes 53,6; 1. Petr 2,24; 2. Kor 5,21 und Röm 4,25 (140, 6 ff.).

gebung zu reden, ohne stringent darzulegen, dass diese im stellvertretenden Leiden und Sterben Christi am Kreuz begründet liegen. Denn gründet sich die Vergebung nicht auf die Erfüllung des Gesetzes durch den stellvertretenden Tod Jesu Christi, ist sie nur ein leeres Wort der Selbsttröstung, dem jeder Realitätsgehalt fehlt. Sie steht dann im Widerspruch zur Bergpredigt (Mt 5,18): „Bis Himmel und Erde vergehen, wird nicht vergehen der kleinste Buchstabe noch ein Tüpfelchen vom Gesetz, bis es alles geschieht." Sie steht außerdem im Gegensatz zum Denken des Apostels Paulus, der lehrt: „Gott war in Christus und versöhnte die Welt mit sich selbst" (2. Kor 5,19), indem er deren Abfall von Gott und deren Feindschaft gegen Gott seinem menschgewordenen Sohn, der ohne Sünde war (5,21),[394] aufgeladen und an diesem am Kreuz statt an den Sündern geahndet hat. Das war heilsnotwendig, weil die Menschheit ohne das Todesgericht über die Sünde der Sünde und der Macht des Todes sowie des Teufels unterworfen geblieben wäre.

Fazit: Die wirkliche und nicht nur scheinbare Überwindung der Sünde, des Todes und des Bösen durch die stellvertretende Übernahme des von dem Menschengeschlecht verschuldeten Todesurteils Gottes über die Sünde und das Böse durch das unschuldige Leiden und Sterben Jesu Christi am Kreuz zur Rechtfertigung der Gottlosen im Einklang mit dem Heils- und Liebeswillen Gottes ist der besondere Artikel des christlichen Glaubens, wie Luther in der Auslegung von Jes 53 hervorhebt,[395] und die tiefste Tiefe der Erkenntnis Gottes,[396] zu der es in der

---

[394] Zur Sündlosigkeit und Unschuld Jesu Christi vgl. aus der Vorlesung über Jes 53: WA 40 III, 715, 28 ff.; 732, 22 f.; 743, 20 f.; bes. aber 737, 32–34: „Est innocens, ‚agnus immaculatus', conceptus e Spiritu sancto sine omni peccato; sed sibi non servabit hanc iusticiam hic servus ‚paciens'." Deutsch: „Er ist unschuldig, ein ‚unbeflecktes Lamm', empfangen vom Heiligen Geist ohne jede Sünde; aber dieser ‚leidende' Knecht wird diese Gerechtigkeit nicht für sich selbst bewahren."
[395] WA 40 III, 687, 9 f.: „Iste est articulus fidei et confessiones nostrae praecipuus ..." Zu Jes 53,11 („... er trägt ihre Sünden") schreibt Luther nieder, diese Stelle fasse das ganze Evangelium zusammen (739, 26: „complectitur enim in summa totum Euangelion"). Ohne diesen Artikel stehe die Kirche nicht (739, 32: „sine isto articulo non stat Ecclesia"). Mohammed und der Papst hätten die Lehre vom Glauben verdunkelt, aber wo dieser Artikel blieb, dort habe Gott die Kirche bewahrt (739, 32–34).
[396] Vgl. dazu WA 40 III, 734, 34 – 735, 2 und 739, 13–16.

ganzen Religions- und Philosophiegeschichte keinerlei Analogie gibt.

4 Wozu hat Christus „mich verlornen und verdammten Menschen erlöst"? „Damit ich sein eigen sei." Das Geschöpf Mensch ist Eigentum des Schöpfers Gott und bleibt dies auch nach dem Sündenfall. Aber nach dem Abfall von Gott liegt darin für den Menschen kein Trost, sondern es löst vielmehr die Angst aus, dass er sich dafür vor Gott wird rechtfertigen müssen. Vor diesem Hintergrund gewinnt das Wort vom „Lösegeld", das Jesus durch die stellvertretende Dahingabe seines „Lebens" entrichtet hat (Mk 10,45; Mt 20,28), und das Bild vom teuren Erkauftsein, das Paulus 1. Kor 6,20; 7,23 gebraucht, seine Leuchtkraft. Der Verlorene ist gefunden, der Verdammte freigesprochen, „erworben" und „gewonnen" von allen Verderbensmächten. Der verlorene und verdammte Mensch, der sich an die Sünde verkauft hat, ist rechtmäßig freigekauft; der Preis ist bezahlt; er ist unanfechtbar und unbestreitbar Eigentum Jesu Christi und gehört zum heiligen Volk, zum „Volk des Eigentums" (2. Mose 19,5 f.; 1. Petr 2,9; Tit 2,14).

In der Auslegung von Jes 53,5 unterscheidet Luther zwischen der „Frucht" und dem „Nutzen" des Handelns Gottes in dem stellvertretenden Leiden und Sterben seines Sohnes am Kreuz: „Was ist die Frucht? Dass wir freigekauft sind von allen unseren Sünden. Der Nutzen: (Gebrauch): Dass wir ihn als unseren Herrn und Erretter (an)erkennen und dass wir an ihn glauben und durch den Glauben an seinen Namen das ewige Leben erlangen."[397] Luther hat damit zur Aussage gebracht: Der Freikauf von allen unseren Sünden, also die Erlösung von allen Verderbensmächten, denen die Sünde Anlass gegeben hatte, die Menschen zu versklaven, ist am Kreuz ein für allemal vollzogen. Der Nachvollzug, die Ingebrauchnahme (*usus*) des einmal vollbrachten Erlösungswerkes, erfolgt im Glauben. Der Inhalt des Glaubens ist die Person des Christus selbst, der sich durch die stellvertretende Überwindung und Entmachtung der Verderbens-

---

[397] WA 40 III, 715, 8–11: „Qui fructus? ut liberaremur ab omnibus peccatis nostris. Usus: ut agnoscamus eum Dominum ac Redemptorem nostrum et credamus in eum ac per fidem in nomine eius aeternam vitam consequamur."

mächte als der Herr und Erretter erwiesen hat.[398] Der Glaube ist auf den Herrn und seinen Namen bezogen, nicht auf ein Geschehen der Vergangenheit, und wenn doch auch und gerade auf das Kreuz von Golgatha, dann insofern, als das einmal geschehene Werk mit der Person des Christus unlösbar verbunden ist, nämlich in seinem Namen unverlierbar einbezogen und als Tat der Versöhnung im Wort von der Versöhnung gegenwärtig. Durch den Glauben an den Namen Jesu Christi aufgrund der Verkündigung des Evangeliums wird hier und jetzt in Geltung gesetzt, was ein für allemal am Kreuz geschehen ist. Die „Konsequenz" (*consequamur*) ist das Leben „in seinem Reich" und die Gabe des ewigen Lebens.

Das angeführte Zitat ist sehr aufschlussreich für die Erkenntnisproblematik. Die Erkenntnis Gottes liegt in dem *usus* der Erkenntnis und gleichzeitigen Anerkenntnis Jesu Christi als des Herrn und Retters von den Verderbensmächten beschlossen.[399] Sie besteht in dem Gewahrwerden der Erlösung von den Verderbensmächten durch das Blut Christi und durch sein unschuldiges Leiden und Sterben am Kreuz. Erkenntnis *Gottes* ist sie insofern, als Gott in Christus war (2. Kor 5,19) und durch dessen stellvertretendes Leiden und Sterben die Rettung der an die Sünde verlorenen Menschheit heraufgeführt hat. Die Erkenntnis Gottes erschließt sich durch den Glauben an den Namen Jesu Christi und ist in ihrem Kern die Erkenntnis des ewigen Heils, das Gott durch Christus und in ihm bereitet hat, sowie der Liebe, die Gott zu der Dahingabe seines Sohnes bewogen hat. Der Weg zur Erkenntnis Gottes nimmt seinen Ausgang bei Christus und steigt von der Erkenntnis der Liebe Christi zur Erkenntnis der Liebe Gottes auf.[400]

Im Hintergrund des Satzes „damit ich sein eigen sei" steht der Anspruch und die Verheißung des ersten Gebotes. In sachlicher Anlehnung an das Kyriosbekenntnis wird mit ihm ausgesagt, dass Christus die das Leben hier und jetzt bestimmende Ret-

---

[398] „Herr" ist für Luther gleich „Erlöser, Erretter" (s. WA 30 I, 90, 16; 186, 12 f. 29 f.; z.T. zitiert o. Anm. 254).

[399] Mit dem Verb *agnoscamus*, das Luther in WA 40 III, 715, 9 gebraucht, ist mit dem Erkennen zugleich das Anerkennen Jesu Christi als des Herrn und Retters ausgesagt.

[400] Vgl. WA 2, 140, 36 f.; zitiert o. Anm. 393.

tungs- und Heilsmacht ist. Man muss den Jubel mithören, der durch die Erkenntnis der Herrschaft des gekreuzigten und auferstandenen Christus über alle Mächte des Verderbens ausgelöst wird. In diesem Jubel kommt die Freude über die Überwindung der Sinnlosigkeit des menschlichen Lebens und der Vergeblichkeit des menschlichen Handelns unter der Herrschaft der Mächte sowie über die Wiedergewinnung der eigentlichen Bestimmung des Menschen, Gott zu gehören und zu leben, zum Ausdruck. Das ist nicht enthusiastisch gedacht, sondern genuin reformatorisch.[401] In der dritten Reihe der Katechismuspredigten hat Luther der Wittenberger Gemeinde gepredigt: „Denn vorher habe ich keinen König und Herrn gehabt. Sondern der Teufel war unser Herr und König; Blindheit, Tod, Sünde, Fleisch und Welt waren unsere Herren, denen wir gedient haben ... Jetzt (gilt): Christus befreit uns vom Tod, vom Teufel und von Sünden; er gibt Gerechtigkeit, Leben, Glauben, Macht, Heil, Weisheit usw. Durch diesen Artikel heißen wir Christen. Denn die Christus erkennen und anrufen, werden Christen genannt."[402]

Weil der sündige Mensch Christus durch dessen stellvertretendes Leiden und Sterben am Kreuz rechtmäßig zu eigen geworden ist, vollzieht sich im Glauben an das Evangelium von Jesus Christus ein Herrschaftswechsel, und zwar nicht ein gedachter, sondern ein wirklicher, durch den die Bindung an die versklavenden Mächte gelöst wird und der Glaubende in den Herrschaftsbereich Jesu Christi eintritt, damit er „in seinem Reich unter ihm lebe und ihm diene". Dieser Herrschaftswechsel ist insofern ein Befreiungsgeschehen ohnegleichen, als die ver-

---

[401] Vgl. dazu auch die Antwort auf die Frage 1 im Heidelberger Katechismus (1563), was der einzige Trost im Leben und Sterben sei: „Dass ich mit Leib und Seele, im Leben und im Sterben nicht mein, sondern meines getreuen Heilands Jesu Christi eigen bin, der mit seinem teuren Blut für alle meine Sünden vollkömmlich bezahlt und mich aus aller Gewalt des Teufels erlöst hat ..." (Die Bekenntnisschriften der reformierten Kirche, hg.v. E. F. K. Müller, 1903, Nachdr. Waltrop 1999, Bd. 2, 682, 22 ff.; Wiedergabe in Anlehnung an EG 807). Vgl. dazu N. Slenczka, Bekenntnisschriften (s. Anm. 92), 542 ff., bes. 546 f.

[402] WA 30 I, 89, 10–12. 19–22 (Rörer): „Nam antea non habui Regem, Dominum. Sed diabolus erat noster dominus, Rex, blindheit, tod, peccatum, caro, mundus erant domini nostri, his serviebamus ... Iam Christus liberat nos a morte, diabolo, peccatis, dat iusticiam, vitam, fidem, potentiam, salutem, sapientiam etc. De illo articulo dicimur Christiani. Nam qui Christum agnoscunt et invocant, dicuntur Christiani."

sklavenden, vernichtenden und verklagenden Mächte Sünde, Tod und Teufel ihresgleichen nicht haben. Das Reich Christi beruht auf der Entmachtung von Sünde, Tod und Teufel durch das Kreuz und die Auferstehung Jesu Christi. Die Verderbensmächte haben ihren Anspruch auf den Menschen durch die am Kreuz erwirkte Vergebung der Sünden verloren. Auf die Vergebung der Sünden ist daher das Reich Christi gegründet.[403] Es ist nicht „ein weltliches Reich", sondern Christus hat ein „geistliches Reich" heraufgeführt, „darin man göttliche, ewige Güter suchen und finden soll"[404]. Christus regiert in ihm „als ein König der Gerechtigkeit, des Lebens und der Seligkeit"[405].

„... unter ihm lebe ..." Nicht unter der Macht der Sünde zu verharren, sondern unter dem „König der Gerechtigkeit, des Lebens und der Seligkeit" zu leben, das ist die Bestimmung der Gerechtfertigten. Doch was heißt „unter ihm leben"? In einem Satz gesagt, unter Berücksichtigung beider Katechismen, heißt das: Im Gehorsam des Glaubens an das Wort Gottes aus der Kraft des Heiligen Geistes sein Leben zu führen. Diese geistliche Existenz wird primär durch zwei Merkmale geprägt. Einmal, dass Gott, der in Christus offenbar geworden ist, in allen Belangen des Lebens vor diesen selbst gehört und in ihnen *seinem* Willen gefolgt wird. Daraus ergibt sich gemäß dem Wort aus der Bergpredigt alles andere: „Trachtet zuerst nach dem Reich Gottes und nach seiner Gerechtigkeit, so wird euch das alles zufallen." (Mt 6,33) Das andere Hauptmerkmal ist, dass das neue Leben unter Christus und mit Christus in der noch fortbestehenden alten Welt zu führen ist, die für eine geistliche Existenz keinerlei Verständnis hat und sie an den Rand oder ganz aus ihr herauszudrängen versucht. Zur besonderen Anfechtung wird das, wenn die Institution Kirche, wie in der Reformation geschehen, an der Verächtlichmachung der geistlichen Existenz aus Glauben allein mitwirkt oder sogar ihre treibende Kraft ist.

„... und ihm diene ..." Auf Gott bezogen zu leben, ihm zu gehören und zu dienen, darin liegt die Bestimmung, Ehre und

---

[403] Vgl. WA 12, 688, 20–24; u.a.
[404] WA 22, 122, 13. 15 f.
[405] WA 30 I, 198, 11 f. Aus der Erklärung der zweiten Bitte des Vaterunsers im GrKat; s.a. die entsprechende Erklärung im KlKat.

Würde des Geschöpfes Mensch von Beginn der Schöpfung an. Pharao soll Israel aus dem Sklavendienst freigeben, damit das Volk Gott diene: „Israel ist mein erstgeborener Sohn; und ich gebiete dir, dass du meinen Sohn ziehen lässt, dass er mir diene." (2. Mose 4,22 f.) Durch den Exodus soll die Freiheit und damit auch die Bestimmung des Menschen wiederhergestellt werden. Aber Freiheit ist für Israel niemals Freiheit von Gott; Freiheit vom Dienst an Gott ist vielmehr Abfall und führt zum Götzendienst (s. 2. Kön 17,12 u.a.). Ungehorsam gegen Gott ist „wie Abgötterei und Götzendienst" (1. Sam 15,23). „Du sollst Gott allein dienen", hält Jesus daher dem Versucher entgegen (Mt 4,10/Lk 4,8; 5. Mose 6,13). Vor diesem Hintergrund wird Herrenlosigkeit, in der Moderne zum Ideal geworden, als Illusion enthüllt. Herrenlosigkeit, die den Bezug des Menschen auf Gott negiert, führt nicht in die Freiheit, sondern vielmehr in verdeckten Sklavendienst, etwa am „Mammon" (Mt 6,24; Lk 16,13) oder in den Dienst an Begierden (s. 1. Petr 1,14).

Demgegenüber geschieht der Dienst im Reich Christi „in ewiger Gerechtigkeit, Unschuld und Seligkeit". Der Unterschied zum Sklavendienst unter den Mächten ist frappant. Er geschieht nicht zur Erfüllung der Gerechtigkeit, sondern vielmehr aufgrund der von Christus erfüllten Gerechtigkeit. Er ist nicht nichtig und hinfällig wie der Dienst, dessen Endzweck die Verherrlichung der Geschöpfe ist (s. Röm 1,25), sondern er ist auf Gott bezogen und steht unter der Perspektive der Ewigkeit. Er geschieht nicht aus Schuld oder schlechtem Gewissen und wird nicht erzwungen, sondern er geschieht freiwillig in der Unschuld der Kinder Gottes (s. Gal 4,7), die auf der Teilhabe an Christi Blut und Gerechtigkeit beruht. Schließlich geschieht er nicht in Bangigkeit oder aus Verzweiflung, sondern in Seligkeit und aus der Freude am Gerettetsein.

Der Dienst „in ewiger Gerechtigkeit, Unschuld und Seligkeit" beruht darauf, dass der Erlöste ausschließlich Christus gehört. Aus der Gebotsauslegung in den Katechismen wird auf der anderen Seite deutlich, dass der Dienst nicht allein den Christen, sondern allen Menschen gilt und die ganze Schöpfung umfasst. Er geschieht deswegen nicht in der schwärmerischen Missachtung der Institutionen in Staat und Gesellschaft, sondern in der Bindung an sie, sofern sie nicht in ausdrücklichem Gegensatz zu

Gottes Geboten stehen. Zur sachgerechten Ausübung dieses Dienstes gehört daher die Unterscheidung zwischen dem Reich Gottes bzw. Christi, in das uns Gott „versetzt hat" (Kol 1,13), und dem Reich der Welt. Diese Unterscheidung ist unverzichtbar.[406] Luthers Erklärung des zweiten Artikels lässt sich allerdings unmissverständlich entnehmen, dass Christi Erlösungswerk geschehen ist, „damit ich sein eigen sei". Danach gehört der Christ nicht zwei Herren oder zwei Reichen, sondern er gehört ausschließlich dem einen Herrn Jesus Christus und seinem Reich, aber er lebt noch in beiden Reichen, was ihm Gelegenheit gibt, seine ausschließliche Zugehörigkeit zu Christus in beiden Reichen zu erweisen.

5 Der Schlusssatz der Erklärung des zweiten Artikels ist von formelhafter Kürze, aber von großem sachlichen Gewicht. Denn alles, was Luther über die zwei Naturen der Person Jesu Christi und sein stellvertretendes Leiden und Sterben zur Errettung von den Verderbensmächten, die zum Leben und Dienst in ewiger Gerechtigkeit, Unschuld und Seligkeit führt, dargelegt hat, gründet sich darauf, dass Jesus Christus vom Tod auferstanden ist und „lebt und regiert in Ewigkeit". Wenn das stellvertretende Leiden und Sterben am Kreuz nicht durch die Auferstehung und Erhöhung Jesu Christi in Kraft gesetzt worden ist, dann war und ist alles vergeblich und ohne jeden Sinn und Wert, zunächst der Tod Jesu am Kreuz selbst, sodann die Verkündigung der Apostel, schließlich die Gründung und Ausbreitung der Kirche. „Ist Christus nicht auferstanden, so ist unsere Predigt vergeblich, so ist auch euer Glaube vergeblich ... Ist Christus nicht auferstanden, so ist euer Glaube nichtig, so seid ihr noch in euren Sünden" (1. Kor 15,14.17). Dass Christus auferstanden ist, ist für Luther daher „das Hauptstück christlicher Lehre", wie er in einer Predigt über diese Stelle sagt.[407] Wer diesen Artikel leugnet, „muss das ganze Evangelium und alles, was man von Christus und von

---

[406] Aus der Fülle der Literatur zur Zwei-Reiche-Lehre Luthers sei verwiesen auf: H. H. Schrey (Hg.), Reich Gottes und Welt, WdF 107, Darmstadt 1969; Harald Diem, Luthers Lehre von den zwei Reichen, in: Zur Zwei-Reiche-Lehre Luthers, hg.v. G. Sauter, TB 49, München 1973, 1–173; TRE 36, 2004, 776–793 (R. Anselm; W. Härle; M. Kroeger); Das Luther-Lexikon, 2014, 788–792 (V. Manthey).

[407] Predigt über 1. Kor 15,12–15, 22.09.1532, WA 36, 524, 32 f.

Gott predigt, auf einen Haufen verleugnen"[408]. In der darauf folgenden Predigt stellt Luther mit kaum verhohlener Empörung fest: „Wenn dieser Artikel falsch und es nichts wäre mit jenem Leben, so wäre es die größte Täuscherei, die je auf Erden gekommen wäre."[409]

Was versteht Luther unter „er ist auferstanden vom Tode"? Zunächst ist festzustellen, dass er sich Spekulationen über die Auferstehung Jesu selbst verbietet und als Ausleger der Schrift argumentiert: „Summa: nostri articuli sthen auff der schrifft."[410] Allein das im Neuen Testament überkommene Zeugnis der apostolischen Augenzeugen, die sowohl den am Kreuz gestorbenen als auch den aus dem Grab auferstandenen Jesus gesehen haben und die Identität seiner Person bezeugen konnten, öffnet den Zugang zum Verständnis der Auferstehung Jesu Christi. Am Ende seiner Predigt über 1. Kor 15,1 ff. stellt Luther mit Bezug auf 15,3 ff., dem ältesten Zeugnis über die Auferstehung Jesu, summarisch fest: „Das Evangelium ist die Predigt, in der man lehrt, dass Christus gestorben ist für unsere Sünden und auferstanden ist von den Toten nach der Schrift ... Das ist die wahre Lehre und der wahre Glaube. Das sind die Hauptartikel im Evangelium; durch sie steht ihr und werdet ihr gerettet."[411]

Bei der Verkündigung der Auferstehungsbotschaft pflegt Luther zwischen der Darstellung des Hergangs (*historia*) und des Nutzens (*usus*) oder der Frucht (*fructus*) der Auferstehung Jesu zu unterscheiden.[412] Er geht wie Paulus in 1. Kor 15 von der Tatsächlichkeit der Auferstehung Jesu aus und sperrt sich grundsätzlich gegen Abschwächungen, Verkürzungen und Umdeutungen: „Christus ist auferstanden! Das soll unser Trost sein: Er ist lebendig und lebt im ewigen Leben und hat den Tod besiegt und ist herausgekrochen aus dem Loch, wo er begraben lag."[413] In

---

[408] WA 36, 525, 11−13 (leicht geglättet wiedergegeben).

[409] Predigt über 1. Kor 15,17−20, 6.10.1532, WA 36, 535, 21 f.

[410] Zu 1. Kor 15,3 ff., 11.08.1532, WA 36, 504, 10 f. Nachschrift Rörer. Dieser Quellenbeleg steht stellvertretend für viele andere.

[411] WA 36, 506, 10 − 507, 1. 4 f. Übersetzung der Nachschrift Rörers.

[412] Vgl. z.B. Predigt über Mk 16,1−8, 16.04.1525, WA 17 I, 178−192, bes. 178, 22 ff. u. 183, 29 ff.; s. ferner die Osterpredigt am 13.04.1533, WA 37, 27−32, bes. 28, 9.

[413] Zu 1. Kor 15,20, 13.10.1532, WA 36, 544, 14−16. Übers. der Nachschrift Rörers.

der Frage der Tatsächlichkeit der Auferstehung Jesu sind auch alle anderen neutestamentlichen Zeugen eindeutig, einhellig und kompromisslos: Jesu Auferstehung beruht nicht auf dem Glauben der Jünger, sondern auf Gottes schöpferischer Machttat, durch die der gekreuzigte, zu Tode gemarterte Jesus am dritten Tag aus dem Grab, das von Josef von Arimathäa zur Verfügung gestellt worden war (Mt 27,57–61), auferweckt worden ist. „Die Evangelisten beschreiben alle dieselbe Sache, aber nicht in derselben Ordnung mit denselben Worten."[414] Die Auferstehung Jesu ist nicht in Gedanken, Vorstellungen, Wünschen oder Visionen, sondern an und in dieser Person geschehen.[415] „In dieser einen Person liegt der Sieg, nicht allein über die Sünde, sondern auch den Tod."[416] Luther interpretiert die Auferstehung Jesu Christi als ein wirkliches Geschehen in Raum und Zeit, das freilich ein solches ist, in dem Raum und Zeit zugleich überschritten worden sind. Seine Auferstehungspredigten wollen nicht originell sein; ihm genügt es, dass sie schriftgemäß sind.

Zur Schriftgemäßheit der Auferstehungsbotschaft gehört die Verkündigung des Nutzens und der Frucht der Auferstehung Jesu Christi unabdingbar hinzu. Beides gehört zusammen wie die Früchte mit dem Baum verbunden sind, auf dem sie wachsen. Es ist deshalb „nicht genug, zu wissen, dass er (sc. Christus) aus dem Felsengrab herausgegangen ist, bevor der Stein entfernt war usw. Du mußt weiter kommen, dass du die Frucht und den Nutzen der Auferstehung wahrnimmst."[417] Dazu zieht Luther Röm 4,25 heran: „Da siehst du, wie er (sc. Paulus) die Auferstehung verkündigt. Er sagt nicht: ‚Christus ist gestorben; er ist auferstanden; das ist wunderbar!' Sondern er sagt: ‚Er ist gestorben – wozu (*ad quid*)? Um unserer Sünden willen.' *Den* Spruch fasse, damit du die Frucht seines Todes und seiner Auferstehung ergreifst. Viel begreifen diese Worte in sich: ‚um unserer Sünden willen dahingegeben und um unserer Rechtfertigung willen auferweckt' [Röm 4,25]. In dieser Schriftstelle ist alles begriffen,

---

[414] Zu Mk 16,1–8, 1525, WA 17 I, 179, 4. Übers. aus der Nachschrift Rörers.
[415] WA 17 I, 190, 2 f.: „Et haec omnia facta in hac persona."
[416] WA 17 I, 190, 4 f. Übers. aus der Nachschrift Rörers. Auch die folgenden Zitate sind aus Rörers Nachschrift übersetzt.
[417] WA 17 I, 183, 9–11.

was über Christus gepredigt werden kann."[418] Die Konsequenz daraus ist, dass Luther im zweiten Teil dieser Predigt fast ausschließlich über Röm 4,25 redet. Dieser Predigtteil ist von sachlicher Relevanz, weil Luther dabei den Zusammenhang von Kreuz und Auferstehung mit der Erkenntnis Christi berührt.

Nach Röm 4,25 – im Hintergrund steht Jes 53 – ist Christus an unsere bzw. meine Stelle getreten: „Christus wirt ich und ich Christus."[419] Das heißt: „Christus trägt die Sünde, die er nicht hatte, und erleidet die Strafe, die er nicht verdient hatte."[420] Die Sünde hat ein solches Gewicht, dass der ins Mittel treten musste, der alles geschaffen hat.[421] Das ist am Kreuz geschehen: „Christus ist am Kreuz gestorben, und der Tod nahm an, dass er gesiegt habe. Aber der Tod bedachte nicht, dass Christus auferstehen und sagen würde: ‚Wo bist du nun, Tod?' Ich habe dich verschlungen."[422] Die Auferstehung Jesu Christi verstehen heißt demnach, den allumfassenden Sieg Christi über Sünde und Tod durch dessen stellvertretende Übernahme der Sünde und des Todes in Kreuz *und* Auferstehung erkennen und im Glauben daran unsere bzw. meine Rechtfertigung vor Gott finden. „Wer das fassen kann, der ist selig!"[423] Dass wir das erkennen, darum haben wir zu predigen und zu studieren;[424] „und Petrus und Paulus wünschen, dass wir vollkommen würden in der Erkenntnis Christi"[425]. Es kommt darauf an, „von Tag zu Tag gewisser zu werden, dass du einer von denen bist, die sagen ‚unser', weil er (sc. Christus) alles für *dich* tut"[426]. Geschieht das, dann kommt es dazu, „dass du ein Lehrer der ganzen Welt wirst und urteilen kannst über alle Papstanhänger und Doktoren"[427].

Auf die Auferstehungsaussage folgt unmittelbar die Erhöhungsaussage: „er (sc. Christus) ... lebt und regiert in Ewigkeit".

---

[418] WA 17 I, 184, 7–11. 185, 1.
[419] WA 17 I, 187, 9.
[420] WA 17 I, 185, 5 f.: „Christus ergo peccatum fert, qui non habuit, et poenam passus, quam non meruit."
[421] WA 17 I, 187, 4 f.: „... quia omnia condidit."
[422] WA 17 I, 10–12.
[423] WA 17 I, 190, 9: „Qui hoc potest capere, beatus est."
[424] WA 17 I, 190, 10.
[425] WA 17 I, 190, 11.
[426] WA 17 I, 190, 12 f.
[427] WA 17 I, 190, 13 f.

Mit ihr hat Luther im KlKat formelhaft zusammengefasst, was in den Evangelien über die Erscheinungen des Auferstandenen berichtet wird und im Apostolikum und Nicaeno-Constantinopolitanum ausdrücklich angeführt ist, nämlich die Himmelfahrt, das Sitzen zur Rechten Gottes und die Wiederkunft Christi zum Gericht.

Die Auferstehung und die Erhöhung Jesu Christi gehören zusammen. Die Zusammengehörigkeit, aber auch die Unterschiedenheit der Auferstehung und Erhöhung werden im Neuen Testament an den Erscheinungsgeschichten deutlich. Über sie hatte Luther zu Ostern und zu Himmelfahrt zu predigen. Aus ausgewählten Predigten soll ermittelt werden, was er darunter versteht, dass Christus „lebt und regiert".

Zuerst die Predigt über Joh 20,11−18 am Osterfest 1535:[428] Jesus erscheint als der Auferstandene Maria von Magdala, die am Grab steht und weint. Für seine Person habe es Christus nicht nötig gehabt, in Erscheinung zu treten.[429] Vielmehr ist das geschehen, damit die Seinen der Tatsächlichkeit seiner Auferstehung inne werden. „Denn sie ist faktisch Ereignis geworden, damit es nicht allein in der Verheißung, sondern in der Tat und in Wirklichkeit wahr sei. Denn das Haupt, Christus, ist bereits hinauf (erhöht), nicht wie zuvor im Buchstaben und Wort nur als auferstanden (angekündigt), sondern er ist persönlich auferweckt; er ist de facto Herr über den Tod und hat den Tod in sich selbst besiegt."[430] Das bedeutet: „Das himmlische Reich hat angefangen, die Auferstehung (Christi) ist geschehen, das Haupt ist schon heraus; und wir sind durch den Glauben mit der Seele heraus, es fehlt nur noch der Leib."[431] Also sind die Christen „dessen Brüder (und Schwestern), der nicht mehr im Grab liegt, der nicht unter dem Tod und der Sünde steht, sondern der selbst

---

[428] WA 41, 51−55 (Rörer).

[429] WA 41, 51, 27: „Pro sua persona non opus, ut manifestetur."

[430] WA 41, 52, 12−15: „... quia facta, ut ita verum non solum in promissione, sed that et opere, quia caput Christus ist bereit hin auff, non ut prius im buchstaben und wort aufferstanden, sed personlich suscitatus, quod factus dominus nostris et vicit mortem in seipso."

[431] WA 41, 55, 1 f. Übertragung der Nachschrift Rörers.

der Herr ist, der den Tod unter sich gelassen und die Sünde verdammt hat"[432].

Außerdem soll eine Predigt über Lk 24,13–35 herangezogen werden:[433] Jesus, der Auferstandene, gesellt sich zu zwei Jüngern, die, von der Kreuzigung erschüttert und aller Hoffnung beraubt, auf dem Weg von Jerusalem nach Emmaus sind. Luther behandelt in dieser Predigt nicht die Erscheinungsweise des Auferstandenen, sondern er lässt sich von einem zutiefst seelsorglichen Anliegen leiten. Aber gerade dadurch gibt er Auskunft darüber, dass Christus lebt und wie er regiert. Folgende Predigtgedanken seien hervorgehoben: Die Initiative liegt ganz bei Christus: Christus selbst erweist sich als der Lebendige.[434] Es ist derselbe Christus, den sie so oft gesehen und gehört haben und sehr wohl kennen, und doch kennen sie ihn jetzt gar nicht.[435] Was tut er? „Siehe, wie er sich dieser zwei Schwachgläubigen mit großem Fleiß annimmt, für sie sorgt und alles tut, um ihrer Schwachheit aufzuhelfen und ihren Glauben zu stärken."[436] Damit hat uns Christus zur Lehre vor Augen stellen wollen, „wie sein Regiment nach seiner Auferstehung in seiner Christenheit ausgeübt werden solle, nämlich so, dass er die schwachgläubigen, ja auch die irrigen und unverständigen oder sonst gebrechlichen, ängstlichen und verzagten Herzen und Gewissen nicht verwerfen oder von sich stoßen, sondern vielmehr an ihnen die Kraft seiner Auferstehung üben und beweisen will"[437]. Der auferstandene Christus ist der Herr, der lebt und regiert – aber auf einzigartige Weise. „Denn obwohl er für seine Person durch seine Auferstehung in göttlicher Gewalt und Macht ist, ein Herr über Himmel und Erde, regiert er seine liebe Christenheit doch so, dass er die Kraft seiner Auferstehung an seinem armen, schwachen Häuflein übt und beweist und ihnen mit seiner Gewalt und Macht dient, um sie zu trösten und zu stärken."[438]

---

[432] WA 41, 54, 7–9: „... des brudere, qui non iacet in sepulchro, non sub morte, peccato, sed ipse dominus, qui mortem sub se, peccatum damnat."
[433] WA 21, 221–229 (aus Crucigers Sommerpostille 1544).
[434] WA 21, 222, 35 f.
[435] WA 21, 223, 25 f.
[436] WA 21, 226, 1–3. Leicht geglättet wiedergegeben. So auch die beiden folgenden Zitate.
[437] WA 21, 226, 20–25.
[438] WA 21, 227, 13–18.

Schließlich soll noch eine Predigt zum Himmelfahrtsfest über Mk 16,14 ff. in die Urteilsfindung einbezogen werden.[439] Zu Beginn der Predigt unterstreicht Luther, Christus habe nicht für seine eigene Person gehandelt, vielmehr gelte seine *ascensio* „euch"; darin liege auch der Grund (*causa*) für sein Sitzen zur Rechten Gottes.[440] Nun habe Christus, der auferstandene Gekreuzigte, dieselbe Macht wie Gott.[441] In der Ausübung dieser Macht gibt er seinen Jüngern den Auftrag zur weltweiten Verkündigung des Evangeliums (Mk 16,15 f.).[442] Das Evangelium ist der Bote (*nuntius*), der dem Jüngsten Tag vorangeht, wie Johannes der Täufer dem Herrn voranging.[443] Angesichts dieser Beauftragung muss zwischen dem Reich Christi und dem Reich der Welt unterschieden werden.[444] Die äußere weltliche Ordnung ist notwendig, aber sie ist nicht um der Gläubigen, sondern um der Gesetzesübertreter willen eingesetzt.[445] Die Christen dagegen „stehen vor Gott; Jesus Christus sitzt zu seiner Rechten, dass er König und Herr sei. Was gehört dazu? Nichts außer: glaube, dass es wahr sei ... Allein durch den Glauben ergreifst du es. Das Wort ertönt in den Ohren; durch den Glauben wird es im Herzen erfasst. Folglich ist es durch und durch ein geistliches Reich, weil hier allein der Glaube regiert."[446]

Das Bekenntnis zur Auferstehung und Erhöhung Jesu Christi am Schluss der Erklärung des zweiten Artikels ist für Luther wie ein Siegel auf alles, was er zuvor dargelegt hat. Mit ihm ist impliziert: Derselbe Jesus Christus, wahrhaftiger Gott, weil vom Vater in Ewigkeit geboren, der durch sein teures Blut und sein stellvertretendes Leiden und Sterben am Kreuz die Verderbensmächte überwunden und den verlorenen Menschen wiedergewonnen hat, ist am dritten Tag auferstanden, seinen Jüngern

---

[439] Predigt am Himmelfahrtstag, 25.05.1525, WA 17 I, 256–259 (Rörer).
[440] WA 17 I, 256, 5–7.
[441] WA 17 I, 256, 8: „Christus eandem potestatem habet, quam deus."
[442] WA 17 I, 257, 11.
[443] WA 17 I, 257, 30 f.
[444] WA 17 I, 258, 13: „Hic segreganda Regna Christi et mundi."
[445] WA 17 I, 258, 13 f.
[446] WA 17 I, 258, 14–16. 17 f.: „Sed coram deo, Iesus Christus sedet ad dexteram, ut sit rex et dominus, quid pertinet ad hoc? nihil nisi crede, quod verum sit ... sola fide apprehendis. Verbum sonat in auribus etc. fide corde etc. ergo penitus spirituale regnum, quia sola fides hic regnat."

erschienen, um sie mit der Verkündigung des Evangeliums von Jesus Christus neu zu beauftragen, und ist zur Rechten Gottes[447] erhöht, lebt und regiert in Ewigkeit. Mit der Erhöhung ist das Erlösungswerk, das Christus am Kreuz vollbracht hat (Joh 19,30), in immerwährende Geltung und Kraft gesetzt. Durch die Erhöhung des Menschgewordenen und Gekreuzigten ist die Menschheit von Gott leibhaftig angenommen. Die Erhöhung ist außerdem die Entgrenzung der Gegenwart Christi: „Da er auf Erden war, war er uns fern; jetzt ist er uns nahe."[448] Jesu Christi „Leiden, Auferstehung, Verherrlichung und Sitzen zur Rechten des Vaters hat diesen finalen Grund, dass wir ihn als den Erhöhten erkennen und verkündigen"[449].

Der dritte Artikel[450]

1 Ich glaube, dass ich nicht aus eigener Vernunft noch Kraft an Jesus Christus, meinen Herrn, glauben oder zu ihm kommen kann;
2 sondern der Heilige Geist hat mich durch das Evangelium berufen, mit seinen Gaben erleuchtet, im rechten Glauben geheiligt und erhalten;
3 gleichwie er die ganze Christenheit auf Erden beruft,
sammelt, erleuchtet, heiligt
und bei Jesus Christus erhält im rechten, einigen Glauben;
4 in welcher Christenheit er mir und allen Gläubigen täglich alle Sünden reichlich vergibt
5 und am Jüngsten Tag
mich und alle Toten auferwecken wird

---

[447] Luther setzt seine Sakramentsschriften voraus und versteht unter der rechten Hand Gottes nicht einen besonderen Ort, sondern vielmehr die allmächtige Gewalt Gottes, welche zugleich nirgends und doch an allen Orten sein muss (WA 23, 132, 19–22).
[448] Himmelfahrtspredigt 1523, WA 12, 562, 25 f.
[449] WA 40 III, 692, 3–5: „... quia passio, resurrectio, glorificatio, sessio ad dexteram Patris habet hanc finalem causam, ut agnoscamus et praedicamus eum esse talem."
[450] Text des dritten Artikels des Apostolischen Glaubensbekenntnisses in: BSLK 21; BSELK 43; EG 804. Textgrundlage der Erklärung im KlKat: WA 30 I, 250, 1–8; Meyer, Komm. (s. Anm. 98), 29 f.; BSLK 511, 45 – 512, 13; BSELK 872, 15–24. Textvorlage: EG 806.2.

6 und mir samt allen Gläubigen in Christus
ein ewiges Leben geben wird.
Das ist gewißlich wahr.

Auch die Erklärung des dritten Artikels besteht aus einem einzigen Satz, der wie die Erklärungen der beiden anderen Artikel mit „Ich glaube, dass ..." beginnt. Unmittelbar darauf folgt aber nicht die Nennung der jeweiligen Person der Trinität wie im ersten und zweiten Artikel, sondern zunächst eine Negation (1), bevor der Heilige Geist ausdrücklich genannt wird (2). Der Heilige Geist ist das Subjekt des Handelns, durch das er

2 *mich* berufen hat	3 die ganze Christenheit beruft
erleuchtet (hat)	erleuchtet
geheiligt (hat)	heiligt
im Glauben erhalten (hat)	im Glauben erhält

An der Parallelität der Verbalaussagen wird der rhetorische Gestaltungswille des Autors sowie die Schönheit der Komposition des Hauptteils der Erklärung des dritten Artikels erkennbar. In 4, wo Luther „Christenheit" aus 3 wieder aufnimmt, beginnt der zweite Teil der Satzperiode, in dem die vom Heiligen Geist bestimmte Gegenwart der Christenheit (4) – Luther vermeidet bewusst das Wort „Kirche" – sowie deren vom Geist gewirkt werdende eschatologische Zukunft und Vollendung (5–6) behandelt wird.

1 1520 hat Luther assertorisch festgestellt: „... niemant (kann) kummen noch ettwas desselben (sc. dessen, was von Christus gesagt ist) erlangen ... on des heyligen geysts werck."[451] Der Heilige Geist „ist das, da mit der vatter durch Christum und ynn Christo alles wirckt und lebendig macht"[452]. Doch wirkt er nicht als bloßes Instrument, vielmehr ist er der eine wahrhaftige Gott „mit dem Vater und Sohn"[453]. Mit diesen knappen Ausführungen zum dritten Teil des Glaubensbekenntnisses ist der Sachzusammenhang aufgezeigt, der zwischen dem trinitarischen Dogma, dem Artikel von Christus und der Rechtfertigung und dem drit-

---

[451] Eine kurze Form ..., WA 7, 218, 27 f.
[452] WA 7, 218, 31 f.
[453] WA 7, 218, 25 f.

ten Artikel besteht. Wohlgemerkt: er besteht; das heißt er wird nicht theologisch konstruiert, sondern lediglich nachvollzogen.

Die Formulierung der Erklärung des dritten Artikels im KlKat steht am Ende von Luthers Ringen um die sachgerechte sprachliche und theologische Gestalt des Artikels über den Heiligen Geist.[454] In dem ersten Satz der Erklärung ist die prinzipielle Negation des Menschen ausgesprochen, der sich vermisst, die Relation zu Gott aus eigener Vernunft und Kraft wiederherzustellen, obwohl er von Gott abgefallen ist und von der Sünde bestimmt wird; unter Einschluss der Negation des „christlichen" *homo religiosus*, der dazu auch und gerade Christus und sein Werk in eigener Regie zu instrumentalisieren versucht. Mit dieser Negation wendet Luther auf den dritten Artikel an, was er für den ersten Artikel voraussetzt und was er sich bei dem Ringen um die Gerechtigkeit Gottes in seinen theologischen Anfängen über den Artikel von Christus und der Rechtfertigung erarbeitet hat.[455]

Was die Leute über Jesus sagen, ist nicht uninteressant, aber es erschließt nicht das Geheimnis seiner Person (s. Mt 16,13–15 Par.). Dass Jesus der Christus ist, der Sohn des lebendigen Gottes (Mt 16,16), das ist eine Erkenntnis, die nicht Fleisch und Blut, sondern vielmehr Gott selbst, Jesu Vater im Himmel, offenbart (Mt 16,17). Was von dem Christusbekenntnis gilt, gilt ebenso von dem Kyriosbekenntnis: „Niemand kann Jesus den Herrn nennen außer durch den Heiligen Geist" (1. Kor 12,3).

Luther sagt nicht: „Ich glaube, dass ich nicht glauben kann." Der Mensch kann sehr wohl glauben aus eigener Vernunft und Kraft und tut dies unentwegt; er glaubt sogar Widervernünftiges. Luther sagt vielmehr, „dass ich nicht aus eigener Vernunft noch Kraft an Jesus Christus, *meinen Herrn*, glauben oder zu ihm kommen kann". Dem Glauben, dass Jesus der Kyrios ist, steht das Geheimnis der Person und des Werkes Jesu Christi offen; er

---

[454] Wichtige Stationen nach 1520 bis zu den Katechismen sind: WA 11, 53 f.; WA 26, 505 f.; WA 30 I: 10 f. 45 f. 91–94 (!). Vgl. Meyer, Komm. (s. Anm. 98), 340 ff.; Peters, Komm. II (s. Anm. 173), 175 ff.

[455] Zu denken ist besonders an die Disputation über das Vermögen und den Willen des Menschen ohne die Gnade, 1516 (WA 1, 145–151) und die Heidelberger Disputation 1518 (WA 1, 353–374). Vgl. W. Führer, Gott und die Schrift Gottes, Bd. I: Die Erkennbarkeit Gottes, Göttingen 2021, 67 ff.

erkennt das Für-uns des Kreuzes und der Auferstehung Jesu und sieht sich in dieses weltenwendende Handeln Gottes einbezogen. „Fleisch und Blut", „Vernunft" und „Kraft" nehmen dagegen davon nichts wahr; sie sind dem alten Äon verhaftet. Das hat Luther zu Beginn seiner Erklärung ausdrücklich hervorgehoben. Diese Negation muss auch ausgesprochen und im Glauben nachvollzogen werden. Es gehört zum Glauben an Christus, dass das, was ihm im Weg steht, glaubend weggeräumt wird: „Ich *glaube*, dass ich nicht aus eigener Vernunft noch Kraft ..."

2–3 Der Hauptteil der Erklärung des dritten Artikels wird durch „sondern" (2) einerseits und „gleichwie" (3) andererseits strukturiert. Luther verfährt hier wie bei der Erklärung der anderen Artikel – er exemplifiziert an „mir", wie und wodurch der Heilige Geist wirkt. Sein Wirken gilt mir, als wäre ich allein auf der Welt, aber genau so handelt er an allen: „gleichwie" (*quemadmodum*) er die ganze Christenheit auf Erden beruft ..." Wer immer zur Christenheit gehört, den hat der Heilige Geist durch das Evangelium berufen. Das schöpferische Handeln des Geistes Gottes ist immer gleich, vom ersten Jahrhundert bis heute, aber kein Christ gleicht dem anderen. Der Heilige Geist bringt keine Kopien, sondern Originale hervor.

„Ich glaube an den Heiligen Geist ..." Mit dem „an" (lat. *in*) ist die Gottheit des Heiligen Geistes ausgesprochen. Denn Glaube und Vertrauen sind nach dem ersten Gebot exklusiv auf Gott allein zu richten.[456] Glaube an Geschöpfe oder Geschöpfliches, der dem Gottvertrauen nicht untergeordnet ist, führt dagegen zu Kreaturvergötterung und in Götzendienst. Das setzt Luther bei seiner Erklärung voraus. Vorausgesetzt wird außerdem, dass der Heilige Geist die dritte Person der Trinität ist,[457] dass er – gemäß der Trinitätslehre Augustins und der abendländischen Christenheit – „vom Vater und son ewiglich kompt"[458] und dass er heilsökonomisch durch Christi Leiden und Sterben[459] sowie seine

---

[456] WA 30 I, 9, 30: „Non est fidendum neque credendum nisi soli deo."
[457] WA 7, 128, 25 f. (zitiert o. Anm. 453). Aus der Fülle von Belegen vgl. außerdem WA 11, 53, 17; WA 14, 101, 18–20; WA 17 I, 43, 6–9; WA 28, 487, 24 f.; WA 30 I, 19, 19–21.
[458] Bekenntnis, 1528, WA 26, 505, 30; u.ö. (s. WA 68, 247 unter *filioque*).
[459] Vgl. WA 2, 237, 29; WA 16, 332, 5; WA 28, 46, 9; u.a.

Auferstehung[460] zu kirchengründendem Wirken entbunden worden ist.

Mit dem Satz, dass der Heilige Geist „mich" (2) wie „die ganze Christenheit" (3) durch das Evangelium beruft, legt Luther das Fundament für die folgenden Ausführungen. Denn fehlt die Berufung, kann es auch keine Erleuchtung, Heiligung und Erhaltung im Glauben geben. In dem Satz, der Heilige Geist berufe durch das Evangelium, ist daher die zentrale Aussage der Erklärung des dritten Artikels zu sehen. Ebenso bedeutsam wie die erstmalige Nennung des Heiligen Geistes ist das Stichwort Evangelium, das im KlKat nur hier vorkommt. Dieses Stichwort weckt eine Fülle von Assoziationen. In ihm verbindet sich das Ringen um die Gerechtigkeit Gottes in den Anfängen der Theologie Luthers mit den Auseinandersetzungen der 1520er Jahre, die zur Abgrenzung gegen die „Rottengeister" geführt hat. Zum sachgerechten Verständnis der grundlegenden pneumatologischen Aussage gehört deshalb die Näherbestimmung des Evangeliums, die Luther hier voraussetzt.

In der Glosse zu Röm 1,16, einem Hauptbeleg für das Evangelium, stellt Luther 1515 fest: „Das Evangelium ist die Macht zur Errettung aller, die glauben, das heißt es ist das Wort, das mächtig ist, alle zu erretten, die an es glauben. Und das durch Gott und aus Gott."[461] Im Anschluss an diese Näherbestimmung des Evangeliums schreibt er in der Scholie zu Röm 1,17, der Stelle, der er den Durchbruch zur reformatorischen Erkenntnis verdankt,[462] zum Inhalt des Evangeliums nieder: „Allein im Evangelium wird die Gerechtigkeit Gottes offenbart, (das heißt wer und auf welche Weise einer gerecht ist und gerecht wird vor Gott), nämlich allein durch den Glauben, mit dem man dem Wort Gottes glaubt."[463] Das Evangelium als Träger der Gerech-

---

[460] Vgl. WA 2, 455, 25–29; WA 28, 82, 8 f.; WA 29, 384, 16 f.; u.a.
[461] WA 56, 10, 16 f.: „... est potentia saluandum omnes credentes, siue est verbum potens saluare omnes credentes ipsum. Et hoc per Deum et ex Deo."
[462] Vgl. WA 54, 185, 12 ff.
[463] WA 56, 171, 28 – 172, 1: "Sed in solo euangelio reuelatur Iustitia Dei (i. e. quis et quomodo sit et fiat Iustus coram Deo) per solam fidem, qua Dei verbo creditur."

tigkeit Gottes eignet somit denen, die an es glauben, die Gerechtigkeit Gottes als „die Ursache des Heils" zu.[464]

Dieses Verständnis des Evangeliums bildet die Grundlage bei dem Ablassstreit mit Rom sowie bei den Auseinandersetzungen der 1520er Jahre mit so unterschiedlichen Kontrahenten wie Karlstadt, Müntzer, Erasmus von Rotterdam oder Zwingli. Jede Auseinandersetzung enthielt die Herausforderung, die Heilige Schrift neu zu befragen und sie im Horizont des wiederentdeckten Evangeliums durch den Artikel von Christus und der Rechtfertigung auf den jeweiligen theologischen Kontroverspunkt anzuwenden. In Analogie dazu sind die Katechismen die Anwendung der vom Evangelium erschossenen Schrift auf die in den Visitationen ernüchternd deutlich gewordene Gemeindesituation. Das Stichwort Evangelium taucht zwar erst bei der Erklärung des dritten Artikels auf, aber die Erklärung aller Artikel, besonders des zweiten und dritten Artikels, beruht auf der Grundlage des wiederentdeckten Evangeliums.

Der Inhalt der Erklärung des zweiten Artikels ist, wie hier in Erinnerung gebracht werden muss, Jesus Christus, wahrhaftiger Gott und wahrhaftiger Mensch in einer Person, der durch sein sühnendes Blut und stellvertretendes Leiden und Sterben von den Verderbensmächten errettet hat, um ein Leben in seinem Reich in ewiger Gerechtigkeit, Unschuld und Seligkeit heraufzuführen. Das ist nichts anderes als die Entfaltung des christologischen und soteriologischen Inhalts des Evangeliums von Jesus Christus als eschatologisches Rettungs- und Heilsgeschehen, wie es Luther von Paulus gelernt hat, unter dem katechetischen Leitbegriff der Erlösung.

Daran knüpft Luther bei der Erklärung des dritten Artikels unter ausdrücklicher Nennung des Evangeliums an. Das Evangelium, das Gottes Tat der Versöhnung am Kreuz Christi als Wort von der Versöhnung zum Inhalt hat, birgt die „Kraft Gottes" (Röm 1,16) in sich – zur Berufung, Erleuchtung, Sammlung, Heiligung und Bewahrung. Diese Kraft wird vom Heiligen Geist entbunden und fruchtbar gemacht, wo das Evangelium gehört und ihm geglaubt wird. Der Heilige Geist hebt den Schatz, der im Evangelium verborgen liegt, indem er hier und heute die

---

[464] WA 56, 172, 3: „Iustitia enim Dei causa salutis."

Entscheidung, die am Kreuz Christi gefallen ist, in Geltung setzt und Christi Tod am Kreuz, einmal für uns geschehen, an uns und in uns heilskräftig macht. Es muss der Heilige Geist auf den Plan treten, weil der natürliche Mensch, und zwar dieser auch und gerade als der homo religiosus, gegen Gott und sein Wort verschlossen ist und ihm „aus eigener Vernunft und Kraft" widerstrebt. Der Glaube an das Evangelium, der in seinem innersten Kern Glaube an Christus ist, den das Evangelium bezeugt, greift Platz und wird mächtig, wenn der Heilige Geist als der allgegenwärtige und allmächtige Gott diese Verschlossenheit durchbricht. Wenn er das nicht tut, bleibt die am Kreuz geschehene und im Evangelium verkündigte Versöhnung ohne Nutzen und Wirkung. „Christus hat die Herrschaft durch den Tod erworben. Aber wie komme ich dazu? Wenn das Werk verborgen bleibt, so ist's verloren. Damit also Christi Tod und Auferstehung nicht verborgen bleiben, kommt der Heilige Geist und predigt. Das heißt, dass der Heilige Geist dich zum Herrn führt, der dich frei macht."[465]

Für die Frage nach der Zusammengehörigkeit von Gotteserkenntnis und Heilserkenntnis ist Luthers Verständnis des dritten Artikels von kaum zu überschätzender Bedeutung. Die Grundlage bildet die Erkenntnis, dass der Heilige Geist in dem und durch das Evangelium heilswirksam ist. Diese Erkenntnis setzt die theologische Fundamentalunterscheidung zwischen Gesetz und Evangelium voraus,[466] aus der sich pneumatologisch ergibt, dass der Heilige Geist nicht durch das Gesetz, sondern vielmehr durch das Evangelium gegeben wird.[467] Aber im Evangelium tritt er

---

[465] Predigt über den dritten Artikel, 10.12.1528, WA 30 I, 91, 11–15 (Rörer): „Christus acquisivit dominium per mortem. Sed wie kom ich dazu? Si opus manet occultum, so ists verlorn. Ut ergo Christi mors et resurrectio occulta non maneret, venit spiritus sanctus, praedicat, das heisst, quod spiritus sanctus te ducat ad dominum, qui te liberat." Diese Predigt ist ein Meilenstein in Luthers Entfaltung der Pneumatologie. Der Gedanke, dass der von Christus erworbene Schatz verborgen bliebe und verloren wäre, wenn ihn der Heilige Geist nicht durch die Predigt des Evangeliums zueignete, ist im GrKat aufgenommen und stellt einen Kernsatz der Erklärung des dritten Artikels dar (s. WA 30 I, 188, 9–17).

[466] Als repräsentativer Beleg sei WA 7, 502, 34 f. angeführt: „... pene universa scriptura totiusque Theologiae cognitio pendet in recta cognitione legis et Euangelii ..."

[467] Vgl. WA 26, 574, 13 f.: „Der heilige geist wird on gesetz gegeben allein durchs Euangelion allen den, so da gleuben." Zahlreiche weitere Belegstellen in WA 69, 756 und WA 70, 344.

nicht scheinbar, sondern wirklich auf den Plan. Daraus wiederum folgt die Abgrenzung gegen die „Rottengeister", die vorgeben, den Heiligen Geist ohne das Wort zu haben.[468] Die Abgrenzung gegen den Enthusiasmus zählt zu den wichtigsten theologischen Wegentscheidungen, die Luther getroffen hat und an der er mit Entschiedenheit festhält.[469] In dem durch die freie Bindung des Heiligen Geistes an das Evangelium gesetzten Rahmen hat Luther die Erkenntnis Gottes und Christi als Heilsgeschehen dann breit entfaltet. Hervorgehoben seien drei häufig wiederkehrende Spitzenaussagen, die deutlich machen, wie Luther die Relation Evangelium – Heiliger Geist aufgefasst hat. Erstens geht er davon aus, das Evangelium habe die Verheißung, dass der Heilige Geist kommt.[470] Weil der Heilige Geist durch es wirksam ist, bringt es – zweitens – „die frucht des sieges Christi, nemlich vergebunge und erlosunge von den sunden"[471]. Drittens: Es ist Heilsgeschehen im Vollzug, wenn in der Verkündigung des Evangeliums Christus als Gott durch die Offenbarung des Geistes erkannt wird.[472]

Nicht die Kirche, auch nicht der Prediger, der das Evangelium verkündigt, „sondern – Luther will die Zeile wörtlich aufgefasst wissen – der Heilige Geist hat mich durch das Evangelium berufen". Durch das „Evangelium Gottes" (Röm 1,1) spricht also Gott selbst; er stellt durch seinen Geist eine Beziehung zu mir her, und zwar dadurch, dass dieser in mir den Glauben an das Evangelium von Jesus Christus wirkt. Der Urheber der Berufung ist Gott, „durch den ihr – schreibt Paulus an die Korinther – berufen worden seid zur Gemeinschaft mit seinem Sohn Jesus Christus, unserem Herrn" (1. Kor 1,9). Vollzogen wird die Berufung durch Gottes heiligen Geist, der dazu ermächtigt, Jesus den Herrn zu nennen (1. Kor 12,3). Der Niederschlag der Berufung ist der Glaube als „die Gemeinschaft mit Christus"[473]. Gedacht

---

[468] WA 31 I, 341, 32: „... Rottenses, qui volunt Spiritum sanctum habere sine verbo." Vgl. WA 23, 730, 26; WA 25, 250, 36–39; u.a.
[469] Vgl. ASm III, 8, 1, WA 50, 245, 1 – 247, 4 und z.St. Führer, Artikel (s. Anm. 157), 340 ff.
[470] Vgl. WA 41, 417, 19 f.; ferner WA 20, 750, 9; WA 28, 32–34; u.a.
[471] WA 19, 139, 5–7. Vgl. WA 12, 675, 4–7. 676, 7 f. 688, 11 f.; u.a.
[472] Vgl. WA 15, 529, 5–9.
[473] G. Martens, Der Kleine Katechismus Martin Luthers, Berlin 2014, 53 (z.St.).

ist von Luther hier an die allgemeine Berufung zum Christenstand, wie sich aus der parallelen Wendung in 3a klar ergibt. Davon zu unterscheiden ist die spezielle Berufung in ein Amt.

Auf die den Grund legende Berufung durchs Evangelium erfolgt die Erleuchtung „mit seinen (sc. des Heiligen Geistes) Gaben". Es ist hier nicht an die verbreitete mittelalterliche Tradition von den *septem dona spiritus sancti* zu denken;[474] auch nicht an den *ordo salutis* der späteren Orthodoxie. Aus dem Kontext der Erklärung des Artikels ergibt sich eindeutig, dass das Wirken des Heiligen Geistes darauf ausgerichtet ist, „an Jesus Christus, meinen Herrn, glauben oder zu ihm kommen" (1) zu können und „im rechten Glauben geheiligt und erhalten" (2c) zu werden. Der Heilige Geist erleuchtet, indem er erschließt und zu erkennen gibt, wer Jesus Christus ist. Das geschieht von innen her, aber keineswegs ohne das äußere Wort des Evangeliums oder über dessen Wortsinn hinaus. Erleuchtung heißt bei Luther nicht, über das geschriebene und verkündigte Evangelium hinauszukommen, sondern vielmehr dieses selbst zu erfassen und zu verstehen,[475] nämlich, dass nicht die Verderbensmächte, sondern dass Jesus Christus durch seinen Tod am Kreuz und seine Auferstehung den Sieg davongetragen hat und *mein* Herr ist.

Wie die Erleuchtung die Berufung durch das Evangelium voraussetzt, so ist der Glaube an das Evangelium wiederum die Voraussetzung für das Wirksamwerden der Gaben des Geistes.[476] Denn niemand kann ein Christ sein, der nicht an das Evangelium glaubt;[477] aber die Gläubigen haben nicht alle dieselben Gaben. Im Zusammenhang mit „erleuchten" (*illuminare*) ist besonders an die Charismen der „Weisheit" und der „Erkenntnis" (1. Kor 12,8) zu denken. In einer Predigt über 1. Kor 12,1–11 versteht Luther darunter: „'Weisheit' ist die Erkenntnis,

---

[474] Gegen Meyer, Komm. (s. Anm. 98), 341 f.

[475] Der Durchbruch der reformatorischen Erkenntnis bei Luther besteht nach seinem Selbstzeugnis nicht darin, dass er über die *connexio verborum*, wie sie in Röm 1,17 bezeugt ist, hinausgewachsen wäre und jenseits von ihr die Gerechtigkeit Gottes entdeckt hätte, sondern vielmehr darin, dass er auf sie achtete (WA 54, 186, 3 f.: *attenderem*) und gemäß dem Wortlaut von Röm 1,17 verstand, was *iustitia Dei* ist.

[476] Grundlegend für Luthers Verständnis von „Gabe(n)" ist seine Unterscheidung zwischen *gratia* und *donum* nach Röm 5,15.17 in der Schrift gegen Latomus aus dem Jahr 1521: WA 8, (36)43–128, bes. 106–112. S.u. Anm. 503 ff.

[477] WA 30 I, 352, 3 f. S.a. WA 7, 594, 5; WA 16, 312, 19.

durch die man von Gott und Christus weiß, wie er gegen uns gesinnt ist ... Wer das zu sagen weiß, was Gott tut und tun wird, das ist Weisheit. Hier ist der Heilige Geist ... am Werk."[478] Ich belasse es bei diesem einen Hinweis. Resümierend kann zu der Wendung „mit seinen Gaben erleuchtet" (2b) festgestellt werden: Durch die „Erleuchtung des Heiligen Geistes lerne ich das Wort Gottes erkennen, fassen und in mich aufnehmen"[479].

Nach der Berufung und Erleuchtung führt Luther als weitere Werke des Heiligen Geistes die Heiligung und die Erhaltung „im rechten Glauben" (2c) oder − im Blick auf „die ganze Christenheit" − „im rechten, einigen Glauben" (3c) an. Nur hier, abgesehen von der Überschrift über das zweite Hauptstück, gebraucht er das Substantiv „Glaube". Doch der Glaube ist das Thema der Reformation schlechthin; von ihm ist auch die Rede, wenn der Terminus ungenannt bleibt. „Denn an dem Glauben ist alles gelegen."[480] Die „Reformation wendet sich gegen eine Deformation des Glaubens"[481], die Luther darauf zurückführt, dass der Antichrist die Kirche verwüstet und den Glauben entstellt hat.[482] Was unter „rechtem Glauben" zu verstehen ist, ergibt sich klar aus dem Kontext: Rechter Glaube ist allein der Glaube an das Evangelium, das seinerseits durch die Einzigartigkeit und Unaustauschbarkeit seines Inhalts eindeutig bestimmt wird, nämlich durch Jesus Christus, Gott und Mensch in einer Person, der mich mit seinem unschuldigen Leiden und Sterben von den Verderbensmächten erlöst hat und also der Kyrios ist. Der Heilige Geist beruft, erleuchtet, heiligt und erhält „mich" (2a) und „die ganze Christenheit auf Erden" (3a), indem er „bei Jesus Christus erhält im rechten, einigen Glauben" (3c).

Während Luther die Heiligung bei der Erklärung des dritten Artikels im GrKat von Beginn an thematisiert,[483] beschränkt er sich im KlKat darauf, das Stichwort „heiligen" zweimal im Zusammenhang mit der Erhaltung im rechten Glauben zu erwäh-

---

[478] Predigt am 4.06.1524; WA 15, 607, 13 f. 16 f. Übers. der Nachschrift Rörers.
[479] F. Brunn, Erklärung des Kleinen Katechismus Dr. Martin Luthers, ²1892, Nachdr. Groß Oesingen 1989, 302 (z.St.).
[480] WA 16, 262, 19. Ebd. in Fettdruck.
[481] R. Slenczka, Glaube VI, TRE, Bd. 13, 1984, 318−365, 320, 16 f.
[482] WA 7, 763, 21: „... vastat Ecclesiam, corrumpit fidem ..."
[483] WA 30 I, 187, 21 ff.

nen. Beschreibt er im GrKat die Heiligung als das Zu-Christus-Bringen durch den Heiligen Geist,[484] legt er im KlKat den Akzent auf das Bei-Christus-Erhalten. Das sind zwei Seiten ein und derselben Sache: Das Werk des Heiligen Geistes besteht darin, dass er zu Christus bringt, und zwar in der Bindung an das Evangelium, dass er durch das Wort des Evangeliums erleuchtet, nämlich erschließt, wer Christus ist, und dass er bei Christus erhält im Glauben. Dieses Werk ist vonnöten; denn der homo naturaliter kann nicht nur nicht aus eigener Vernunft und Kraft zu Christus kommen, er ist auch außerstande, bei Christus auszuharren.

Es ist der Heilige Geist, der die ganze Christenheit auf Erden „sammelt" (3b). Dabei handelt er in der Freiheit, Macht und Souveränität Gottes, der schafft, erhält und vollendet. Wenn der Heilige Geist auf die fällt, die dem Wort des Evangeliums zuhören (s. Apg 10,44), gibt er sich selbst als Gabe und ist in der Gegenwart wirksam, aber das ist er und kann er nur sein, weil er die göttliche Majestät ist und bleibt. Deshalb ist zwischen dem Heiligen Geist in seiner Majestät und ihm als Gabe zu unterscheiden.[485] Gerade in dieser Unterscheidung liegt die Gewähr, dass alle, die er durch das Evangelium berufen hat und die zum Glauben an Christus kommen, nicht in Vergessenheit geraten und schließlich verloren gehen, sondern dass er sie sammelt und aufbewahrt für das ewige Leben.

Luther spricht vom „einigen Glauben" (3c). „Einig" hat eine große Bedeutungsbreite; es kann im Sinn von „einzig", „alleinig", aber etwa auch im Sinn von „übereinstimmend" verstanden werden.[486] Hier liegt wohl die Bedeutung von „einzig", „alleinig" vor.[487] Dann wird in 3c ausgesagt: Der Heilige Geist erhält bei Jesus Christus im rechten, *einen* Glauben (s. Eph 4,4–6).

---

[484] WA 30 I, 188, 15 f. Vgl. dazu R. Prenter, Spiritus Creator, FGLP 10, 6, München 1954, 42 ff.

[485] Vgl. WA 39 II, 415 (zu 370, 23. 25): „Sed distinguendum est inter Spiritum sanctum in sua maiestate et quantum est donum." S.a. WA 39 I, 389, 30 ff.

[486] Vgl. H. Paul, Deutsches Wörterbuch, bearb. v. W. Betz, Tübingen ⁸1981, 155.

[487] Das entspräche der lat. Übersetzung von „einigen Glauben" mit „unicam fidem" (BSLK 512, 7 f. / BSELK 873, 26).

4 Der Heilige Geist erweist sich als der Herr, wenn er das gegenwärtige Leben bei „mir und allen Gläubigen" trägt und bestimmt, indem er „täglich alle Sünden reichlich vergibt". Die Vergebung der Sünden ist durch kirchliche Trivialisierung entwertet worden und scheint etwas Wohlfeiles zu sein. Doch was sie in Wirklichkeit ist, wird in der Geschichte von der Heilung des Gelähmten (Mk 2,1–12; s.a. Mt 9,1–8; Lk 5,17–26) deutlich. Als Jesus dem Gelähmten die Vergebung seiner Sünden zuspricht (Mk 2,5), sehen die anwesenden Schriftgelehrten darin eine Blasphemie; denn „wer kann Sünden vergeben außer einem: Gott?" (Mk 2,7) Aber Jesus, der Menschensohn, hat die Vollmacht, auf Erden Sünden zu vergeben (Mk 2,10); denn er ist zugleich Gottes Sohn (Mk 1,1 u.ö.), der gekommen ist, zu dienen und sein Leben hinzugeben für viele (Mk 10,45 Par.). Die Vergebung der Sünden ist das eschatologische Heilsgut, das Jesus durch seine stellvertretende Hingabe für alle erwirkt hat, „die Gabe der Gottesherrschaft"[488], nämlich der ungehinderte, beständige „Zugang zu Gott"[489].

Die Frage, was die Vergebung der Sünden ist, war für Luther von Anfang an virulent: Zunächst im Erfurter Kloster durch die Psalmgebete der Mönche und die Beichtpraxis; sodann für den Wittenberger Theologen, der als Schriftausleger um das sachgerechte Verständnis der Gerechtigkeit Gottes gerungen hat; schließlich im Ablassstreit, in dem an den Tag kam, dass Vergebung durch Ablassbriefe käuflich erworben werden könne. Man muss dies ins Auge fassen, um den außerordentlichen Stellenwert, den der Artikel des Glaubens von der Vergebung der Sünden[490] für Luther gehabt hat, ermessen zu können. Die Antwort, was die Vergebung der Sünden ist, hat die Schriftauslegung in Predigt und Lehre gegeben.

---

[488] J. Schniewind, Das Evangelium nach Markus, NTD 1, Göttingen (1936) 1963, 59 (zu Mk 2,5). Vgl. ferner O. Hofius, Jesu Zuspruch der Sündenvergebung. Exegetische Erwägungen zu Mk 2,5b, in: ders., Neutestamentliche Studien, WUNT 132, Tübingen 2000, 38–56.

[489] Schniewind, a.a.O., 61. Schniewind verweist auf Röm 3,25; 4,5; 5,2 und merkt dazu an: „mit solchen Worten verkünden die ersten Christen, was durch Jesus erschienen sei" (ebd.).

[490] Die *remissio peccatorum* behandelt Luther als *articulus fidei* (z.B. WA 4, 713, 14 f.; s.a. WA 20, 658, 4 (*caput doctrinae*); WA 29, 464, 20).

In einer Predigt, gehalten im Advent 1516, stellt Luther heraus: „Folglich ist dies das Evangelium: die Botschaft des Friedens, der Vergebung der Sünden, der Gnade und des Heils in Christus."[491] Aus dem Zitat wird deutlich: Luther sieht, dass Vergebung der Sünden im Bezugsrahmen des Evangeliums steht und komplementär zu Frieden, Gnade und Heil zu verstehen ist. Die vom Evangelium eröffnete Perspektive bildet die Grundlage für das sachgerechte Verständnis der Vergebung der Sünden. Die Näherbestimmung der Vergebung der Sünden erfolgt sodann im Zuge der Unterscheidung zwischen Gesetz und Evangelium. Das belegt die Auslegung von Gal 1,11 f. aus dem Jahr 1519: Während aus dem Gesetz die Erkenntnis der Sünde kommt (Röm 3,20), „(predigt) das Evangelium, dass die Sünden vergeben sind und dass alles erfüllt und getan ist. Denn das Gesetz spricht: ‚Bezahle, was du mir schuldig bist!' [Mt 18,28]; das Evangelium dagegen: ‚Deine Sünden sind dir vergeben!' [Mk 2,5]."[492] Daraus ergibt sich: „Siehe, die Predigt von der Vergebung der Sünden durch den Namen Christi, das ist Evangelium."[493] Hier gilt es aber, die Zusammengehörigkeit des Wort- und Tataspekts des Evangeliums zu beachten, wie Luther es in der Exegese von Gal 1,11 f. tut: Das Evangelium ist das Heilswort von der Vergebung der Sünden, *weil* „das Evangelium die gute Botschaft, die Verkündigung des Friedens von dem Sohn Gottes ist, der Fleisch geworden ist, gelitten hat und auferweckt worden ist durch den Heiligen Geist zu unserem Heil, wie es Röm 1(3 f.) geschrieben steht"[494]. Beachtet man diesen Zusammenhang, dann ist die Vergebung der Sünden die Nichtanrechnung der Sünden vor Gott aus Gnade allein, die auf der Anrechnung des zu unserem

---

[491] WA 1, 105, 37 f.: „Igitur hoc est Euangelium, nunciatio pacis, remissionis peccatorum, gratiae et salutis in Christo."

[492] In epistolam Pauli ad Galatas commentarius, 1519, WA 2, 466, 5–7: „Euangelium autem remissa peccata et omnia impleta factaque. Lex enim dicit ‚Redde quod debes', Euangelium autem ‚Dimittuntur tibi peccata tua'."

[493] WA 2, 466, 12 f.: „Ecce praedicatio remissionis peccatorum per nomen Christi, hoc est Euangelium."

[494] WA 2, 467, 12 f.: „Euangelium enim est sermo bonus, nuncius pacis de filio dei incarnato, passo, resuscitato per spiritum sanctum in salutem nostram, ut Rhoma 1 describitur ..."

Heil geschehenen Werkes Jesu Christi beruht.[495] Die Vergebung der Sünden ist mithin der Ertrag des Handelns Gottes in dem stellvertretenden Leiden und Sterben Christi am Kreuz und insofern der Inbegriff des Evangeliums.

Ist die Vergebung der Sünden der Inbegriff des Evangeliums, dann ist der Glaube daran der Inbegriff und der Vollzug der Heilserkenntnis. Der Glaube an die Vergebung der Sünden – aller Sünden, wie Luther betont – versetzt in fassungsloses Staunen und schließlich in Glückseligkeit. Denn der Zugang zu Gott, verschlossen durch die Sünde, steht wieder offen! Dadurch ist alles verwandelt und das Leben auf eine Grundlage gestellt, die es sich selbst nicht geben konnte, sowie auf ein Ziel ausgerichtet, das unerreichbar war. Die bedrückende Tyrannenherrschaft der Sünde; das böse Gewissen, das sie verursacht; der Tod, den sie als „Sold" (Röm 6,23) für lebenslangen Sklavendienst auszahlt – das alles hat sein Recht und seine Macht über den, der glaubt, verloren. Vergebung der Sünden heißt für Luther daher, dass Christus uns den Himmel geöffnet und das ewige Leben geschenkt hat.[496]

Christus hat die Vergebung der Sünden erworben und den Himmel geöffnet; aber es ist das Werk des Heiligen Geistes, dass der Sünder an die Vergebung seiner Sünden glaubt und durch diesen Glauben in die Gemeinschaft mit Gott eintritt: „spiritus sanctus der richtets auß."[497] Ohne das Werk des Geistes würden wir vom Vater und Sohn hören, aber es würde nichts nützen.[498] „Dem Heiligen Geist gebührt die Ehre, dass er der lebendig machende Geist genannt wird, weil er das, was gepredigt wird, schafft, dass es in den Herzen zum Leben entfacht wird."[499]

---

[495] Die Schriftgrundlage für die Imputationslehre ist Röm 4,4.7 f. (Ps 32,1 f.). 10.24; 5,13; 2. Kor 5,19. Vgl. vor allem WA 56, 268 ff. und zur Lehre der Imputation bei Luther H. J. Iwand, Rechtfertigungslehre und Christusglaube, TB 14, (1930) München ³1966, 55–76.

[496] Predigt am 6.08.1525, WA 17 I, 378, 6 f.: „Christum nobis aperuisse coelum, et donavit remissionem peccatum, aeternam vitam."

[497] Predigt über das Symbolum, 6.03.1523, WA 11, 54, 1–3, bes. 2 f. S.a. die Erklärung der zweiten Bitte im KlKat, WA 30 I, 251 f.

[498] WA 11, 53, 13–15: „Audimus ..., sed non prodest ..."

[499] WA 11, 53, 9–11: „Spiritui sancto datur honor, quod dicitur spiritus vivificans, quia id quod praedicatur, facit ut vivat in cordibus."

Wie im Vaterunser – in der vierten und fünften Bitte – um das tägliche Brot und um die Vergebung unserer Schuld gebeten wird, so „versorgt" Gott, der Vater, „mich reichlich und täglich" (Erster Artikel) und „vergibt" der Heilige Geist „mir und allen Gläubigen täglich alle Sünden reichlich" (Dritter Artikel). Der Glaube umspannt das ganze Leben, Tag um Tag; Gottes Barmherzigkeit „ist alle Morgen neu" (Klgl 3,23). „Täglich" (*quotidie*) ist um die Vergebung der Sünden zu bitten.[500] Die Vergebung *aller* Sünden wird in der Taufe geschenkt;[501] täglich aufs neue in der Erhörung des Vaterunsers, sodann im Abendmahl, im *mutuum colloquium* und in der Beichte durch die Absolution, also überaus „reichlich". Wo die „äußeren Zeichen" (*externa signa*) sind, ist der Vater, der Sohn und der Heilige Geist gegenwärtig und die Vergebung der Sünden in Kraft.[502]

Luther setzt bei der Erklärung des dritten Artikels das Verständnis von Rechtfertigung und Heiligung, Fleisch und Geist, Gnade und Gabe sowie der These „Gerecht und Sünder zugleich" (*simul iustus et peccator*) voraus, das er sich zwischen 1515 und 1521 durch Schriftauslegung erarbeitet hat. Es steht im Hintergrund seiner Ausführungen über die Vergebung der Sünden. Wenn es hier auch nicht in extenso dargelegt werden kann, müssen zur präzisen Erfassung der Erklärung des dritten Artikels doch die theologischen Verbindungslinien aufgezeigt werden. Dabei gehe ich von der Schrift gegen den Löwener Theologen Jacob Latomus (um 1475–1544) aus, die Luther während seiner Zeit auf der Wartburg verfasst hat.[503]

Luther unterscheidet in terminologischer Anknüpfung an *charis* und *charisma* (Röm 5,15.17) zwischen Gnade und Gabe (*gratia et donum*).[504] Diese Unterscheidung ergibt sich aus der

---

[500] WA 30 I, 105, 20 f.: „... quotidie orandum pro remissione peccatorum." Vgl. WA 1, 369, 25 – 370, 7; WA 8, 474, 34–36; WA 30 I, 190, 27; WA 40 II, 352, 15–17.

[501] WA 8, 102, 34: „... quod credimus in baptismo omnium peccatorum remissionem donari ..." Vgl. WA 6, 530, 29–31; WA 17 I, 98, 12–14.

[502] WA 11, 54, 7–10.

[503] Rationis Latomianae confutatio, 1521, WA 8, (36)43–128. S.a. M. Luther, LDStA 2, 2006, 187–399 (J. Schilling; R. Mau). Eine gute Übersetzung bietet auch R. Frick in: M. Luther, Ausgewählte Werke, hg.v. H. H. Borcherdt/G. Merz, Ergänzungsreihe Bd. 6, München ³1961.

[504] WA 8, 103, 35–112, 15.

Erkenntnis der Sünde unter dem Gesetz einerseits und dem Sieg über die Sünde unter dem Evangelium andererseits. Gesetz und Evangelium sind die zwei Testamente, die Gott zu unserem Heil eingesetzt hat, damit wir von der Sünde befreit werden.[505] Die durch das Gesetz kommende Erkenntnis der Sünde (Röm 3,20; 7,7) lehrt zweierlei, die Verderbnis der Natur und den Zorn Gottes.[506] Also offenbart das Gesetz ein doppeltes Übel, ein inneres und ein äußeres.[507] Auch das Evangelium lehrt zweierlei, die Gerechtigkeit und die Gnade Gottes.[508] Durch die Gerechtigkeit, die Gottes Gabe ist, wirksam im Glauben an Christus, heilt es die Verderbnis der Natur.[509] Dem Glauben oder der Gerechtigkeit ist als Begleiter (*comes*) die Gnade, Barmherzigkeit oder Gunst Gottes (*favor dei*) an die Seite gestellt, die den Zorn Gottes, den Begleiter der Sünde, aufhebt.[510] So ist der Glaube die Gabe und das innere Gut, das im Gegensatz zur Sünde steht, von der es reinigt.[511] Die Gnade aber ist das äußere Gut, das im Gegensatz zu Gottes Zorn, dem äußeren, größeren Übel,[512] steht.[513]

Die Unterscheidung zwischen Gnade und Gabe hält Luther für so essentiell, dass er sie auch in der Vorrede auf den Römerbrief für Bibelleser im Sinne seiner Schrift gegen Latomus behandelt.[514] Das theologische Sachproblem, das mit der „bleibenden Sünde" (*peccatum remanens*) gegeben ist, berührt schließlich jeden Christen. Dieser muss wissen, was Gnade ist und wie sich Gnade zur Sünde und Sündenvergebung verhält.

Gnade ist im strengen Sinn des Wortes Gnade *Gottes* und nicht etwa eine Eigenschaft der menschlichen Seele (*qualitas animi*).[515] Sie beruht auf der Anrechnung des stellvertretenden

---

[505] WA 8, 103, 36 f.: „Haec sunt duo testamenta dei ordinata ad salutem nostram, ut peccato liberemur."

[506] WA 8, 103, 39: „... cognitio docebat duo, corruptionem naturae et iram dei."

[507] WA 8, 104, 22: „Igitur duplex malum lex revelat, internum et externum ..."

[508] WA 8, 105, 39: „... Euangelium etiam duo praedicat et docet, iustitiam et gratiam dei."

[509] WA 8, 106, 1 f.

[510] WA 8, 106, 6 f.

[511] WA 8, 106, 20 f.: „... fides est donum et bonum internum oppositum peccato, quod expurgat."

[512] WA 8, 104, 20: „... maius malum ..."

[513] WA 8, 106, 22.

[514] WA.DB 7: 8, 10–22 (1522) und 9, 10–22 (1546).

[515] WA 8, 106, 10 f.

Erlösungswerkes Jesu Christi als Gerechtigkeit, die vor Gott gilt,[516] zugunsten des sündigen Menschen, beinhaltet also dessen bedingungslose Annahme durch Gott um Christi willen (*propter Christum*). Gnade ist nicht teilbar, sondern sie erstreckt sich über den ganzen Menschen.[517] Durch die Gnade ist die Relation Gott – Mensch auf eine völlig neue Grundlage gestellt worden. Sie wirkt den Frieden des Herzens, so dass der Mensch inne wird, er habe einen gnädigen Gott.[518] Sie schenkt ein fröhliches Gewissen, so dass der Mensch alles wagt und im Vertrauen auf die Gnade Gottes sogar den Tod verspottet.[519]

In dem von der Gnade gesetzten Rahmen entfaltet der Heilige Geist seine Wirksamkeit. Luther argumentiert: Wir sind in das Reich des Glaubens gerufen durch die Gnade der Taufe; das Reich der Sünde ist in unserer Gewalt, seine Machtmittel sind zerschlagen; nur in den Gliedern bleiben Reste (*reliquiae*), die dagegen aufbegehren (*remurmurantes*).[520] Die „ganze Sünde ist wirklich aufgehoben, dass sie fortan nicht mehr herrsche"[521]. Das gilt uneingeschränkt. Aber daraus ist nicht die Verharmlosung der verbleibenden Sünde zu folgern, als wäre sie Schwachheit oder Unvollkommenheit,[522] vielmehr ist sie wirklich Sünde ihrer Natur nach.[523] „Denn ganz dieselbe Regung des Zorns und der Begierde ist im Frommen und im Gottlosen, dieselbe vor der Gnade und nach der Gnade, wie das Fleisch dasselbe ist vor der Gnade und nach der Gnade. Aber (im Bereich) der Gnade vermag sie nichts, außerhalb der Gnade hat sie (dagegen) die Vor-

---

[516] Der unumstößliche Grund und Inhalt der Gnade ist Christus selbst als Sühnopfer oder „Gnadenstuhl" (Röm 3,25) (WA 8, 114, 17 ff.).

[517] WA 8, 107, 2–4. Ferner WA.DB 7, 9, 18–21: „... die Gnade (tut) so viel, dass wir ganz und für völlig gerecht vor Gott gerechnet werden ... (Sie) nimmt uns ganz und gar auf in die Huld, um Christi, unseres Fürsprechers und Mittlers willen ..." (leicht geglättet).

[518] WA 8, 106, 11–13, bes. Z. 12 f.: „... etiam propitium deum habere se sentiat."

[519] WA 8, 106, 13–15.

[520] WA 8, 89, 6–8.

[521] WA 8, 89, 34 f.: „... vere enim totum peccatum abolitum est, ut prorsus nihil regnet amplius."

[522] WA 8, 101, 34–37. Das ist ein Hauptkontroverspunkt zwischen Luther, der Paulus und Augustin folgt, und Latomus, der den „Vätern" folgt: „tu patres sequeris" (Z. 36).

[523] WA 8, 91, 36 f.: „... vere peccatum est naturaliter ..."

macht."⁵²⁴ Luther verweist auf Röm 8,2: „Das Gesetz des Geistes, der lebendig macht in Christus Jesus, hat dich frei gemacht von dem Gesetz der Sünde und des Todes."⁵²⁵ Das heißt: Christus hat ein für allemal alle von der Sünde und dem Tod erlöst und frei gemacht, als er uns das Gesetz des Geistes, der lebendig macht, erworben hat.⁵²⁶ Das Ein-für-allemal der Erlösung steht unverbrüchlich in Geltung. Aber es wirkt sich nicht als sofortige Verwandlung der Welt aus, vielmehr bestehen bis zu deren Ende, das ihr Gott gesetzt hat, Sünde und Tod fort. In dieser Todeswelt nun ist der Geist, der lebendig macht, durch das Erlösungswerk Christi entbunden worden und auf den Plan getreten. Er ist der Geist der Freiheit und des Lebens und wirkt befreiend und lebendig machend: „Er hat von dem Gesetz der Sünde und des Todes frei gemacht, das heißt von der Herrschaft der Tyrannei der Sünde und des Todes, so dass die Sünde zwar da ist, aber sie hat ihre tyrannische Macht verloren und vermag nichts mehr, und der Tod steht zwar noch bevor, aber er hat seinen Stachel verloren und kann nichts schaden noch schrecken."⁵²⁷

Nach der Behandlung weiterer Schriftstellen, die hier übergangen werden müssen, kommt Luther zu dem Schluss, „dass die Vergebung aller Sünden geschehen ist, ohne dass ein Zweifel besteht, aber ... (nicht) auch die Vernichtung aller Sünden und ihre gänzliche Ausräumung"⁵²⁸. Derselbe Sachverhalt lautet aus der Perspektive der erkenntnisleitenden Unterscheidung zwischen Gnade und Gabe: „Es ist alles vergeben durch die Gnade, aber es ist noch nicht alles geheilt durch die Gabe."⁵²⁹ Während die Gnade *extra nos* als Anrechnung Gottes (*reputatio dei*) in Geltung steht, ist die Gabe *in nobis* wirksam: „Die Gabe ist

---

⁵²⁴ WA 8, 91, 37–40: „Nam idem prorsus est motus irae et libidinis in pio et impio, idem ante gratiam et post gratiam, sicut eadem caro ante gratiam et post gratiam, sed in gratia nihil potest, extra gratiam praevalet."
⁵²⁵ WA 8, 91, 40 – 91, 1.
⁵²⁶ WA 8, 92, 3–5.
⁵²⁷ WA 8, 92, 7–10. „Sed a lege peccati et mortis liberavit, hoc est, a regno et tyrannide peccati et mortis, ut peccatum quidem assit, sed amissa tyrannide nihil possit, et mors quidem instet, sed amisso stimulo nihil nocere neque terrere possit."
⁵²⁸ WA 8, 96, 8 f. 10: „Credimus enim remissionem peccatorum omnium factam absque dubio, sed ... etiam omnium peccatorum abolitio et omnimoda evacuatio."
⁵²⁹ WA 8, 107, 21: „Remissa sunt omnia per gratiam, sed nondum sanata per donum."

eingegossen; ... sie arbeitet daran, die Sünde auszutreiben, die der Person schon vergeben ist, und den bösen Gast zu vertreiben, ist ihr doch die Vollmacht gegeben, ihn hinauszuwerfen."[530] Diese Gabe ist der Glaube an Christus, der die Sünde stellvertretend getragen und die uns einschließende Gerechtigkeit Gottes heraufgeführt hat, die im Evangelium offenbart wird (Röm 1,16 f.). Mit dem Glauben an das Evangelium wird die Kraft Gottes, die im Evangelium liegt, der Sünde, die noch da ist, entgegengesetzt. Das ist das Ende ihres Herrschaftsanspruchs und ihrer Machtausübung. Infolge der Gabe des Glaubens wird somit aus der herrschenden Sünde eine beherrschte,[531] tote, unschädliche Sünde.[532]

An dieser Stelle ist eine Erläuterung anzufügen. Der Mensch ist Fleisch (*caro*); daher ist die Sünde, für Luther untrennbar mit dem menschlichen Ich verbunden, Personsünde. Dann aber kann sie nur dadurch ausgefegt werden, dass der alte, fleischliche Mensch stirbt. Vor Gott muss es „zu eynem undergang komen mit eynem iglichen menschen"[533]. Genau das ereignet sich im Glauben; denn mit dem Glauben als der Gabe Gottes ist es so bestellt, dass er daran arbeitet, die Wurzel zu töten, nicht einzelne Handlungen zu reinigen, sondern vielmehr die Person selbst.[534] Das „geschieht durch die Gabe des Glaubens, der den alten Menschen der Sünde, wie der Apostel sagt [Röm 6,6], tötet, kreuzigt und mit mancherlei Leiden übt"[535]. Treffender noch als im Anti-Latomus und überdies an alle Bibelleser gerichtet hat Luther ein Jahr später in der Vorrede auf den Römerbrief herausgestellt: „Glaube ist ein göttlich(es) Werk in uns, das uns

---

[530] WA 8, 107, 22–24: „Donum etiam infusum est, ... laborat, ut peccatum expurget, quod iam personae indultum est, et hospitem malum extrudat, cui licentia facta est eiiciendi."

[531] WA 8, 94, 1 ff., bes. Z. 4 f.: „... ut aliud scias esse ‚peccatum regnare' et alind ‚peccatum regnari'." Ferner Z. 13 f.: „Lutherus nunquam de regnante peccato dixit, quod in sanctis esset." Vgl. dazu R. Hermann, Luthers These „Gerecht und Sünder zugleich", 1930, Nachdr. Darmstadt 1960, 67.

[532] WA 8, 107, 25 f.: „... peccatum mortuum, peccatum innoxium ..."

[533] Zu Ps 6,3, 1517/1525, WA 1, 160, 14 f. / WA 18, 480, 37 f. Zitiert nach der 2. Aufl. 1525.

[534] WA 8, 110, 2 f.: „... sic donum dei, quod radices mortificare laborat, et non actus, sed ipsam personam purgat ..."

[535] WA 8, 110, 6–8: „... fit per donum fidei mortificantis, crucifigentis et passionibus variis exercentis veterem istum peccati hominem, ut Apostolus vocat."

wandelt und neu gebiert aus Gott ... und tötet den alten Adam, macht aus uns ganz andere Menschen von Herzen, Mut, Sinn und allen Kräften und bringt den Heiligen Geist mit sich."[536]

In der Systematik der Schrift gegen Latomus wird die Vergebung der Sünden und der Friede der Gnade Gottes zugewiesen, dem Glauben aber die Heilung der Verderbnis.[537] Das liegt sachlich darin begründet, dass die Vergebung die Lossprechung von den Sünden vor dem Forum Gottes ist und dass diese Lossprechung auf der Anrechnung der Gerechtigkeit Christi beruht, der die Sünden stellvertretend auf sich genommen hat. Die Unterscheidung zwischen Gnade und Gabe hat es Luther ermöglicht, das imputative Verständnis der Rechtfertigung, wie er es von Paulus gelernt hat, auch in der Lehre von der Heiligung durchzuhalten, aber in dieser gleichzeitig jeden Kompromiss mit der Sünde kategorisch auszuschließen. Für den Artikel von der Vergebung der Sünden ergibt sich daraus, dass die Vergebung der Sünden infolge ihrer Bindung an die Gnadenmittel in den Fokus des Glaubenslebens rückt.

Nach den Ausführungen zu Gnade und Gabe zum besseren Verständnis der Sünde zurück zum Text des KlKat: Luther gebraucht „Christenheit" (3 und 4), nicht „Kirche". Das Wort „Kirche" lasse sogleich an ein „geweihtes Haus oder Gebäude" denken.[538] Davon ist im dritten Artikel aber überhaupt nicht die Rede. Das einzige Thema des dritten Artikels ist der Heilige Geist. Er ist das Subjekt der Berufung durch das Evangelium, der Erleuchtung, Sammlung, Heiligung, Erhaltung bei Jesus Christus im Glauben sowie der täglichen Sündenvergebung. Über die „Christenheit" wird hier nur zweierlei gesagt, nämlich erstens, dass sie sich über die ganze Erde erstreckt (3a), und zweitens, dass sie die Wirkungsstätte des Heiligen Geistes ist (3 und 4). Nirgendwo in Luthers Erklärung tritt die „Christenheit" als Subjekt des Handelns in Erscheinung. Die Geschichte des Christentums zeigt aber zur Genüge, dass die „Kirche" das gern wäre und dass sie oft genug der Versuchung erlegen ist, das Heft des Han-

---

[536] WA.DB 7, 10, 6–9. Leicht geglättet.
[537] WA 8, 106, 18–20: „Nam remissio peccatorum et pax proprie tribuitur gratiae dei, sed fidei tribuitur sanitas corruptionis."
[538] WA 30 I, 189, 12 f.

delns selbst in die Hand zu nehmen und den Namen des Herrn lediglich als Dekoration zu benutzen, unter der das eigenmächtige Anliegen der „Kirche" verborgen wird. Dafür hat Luther den Blick geschärft, und das gilt es aufzunehmen! Denn nicht darauf kommt es an, dass er im KlKat das Wort „Christenheit" benutzt und im GrKat oder den Schmalkaldischen Artikeln das Wort „Kirche", löst doch eine andere Nomenklatur kein Sachproblem, sondern dass das Problembewusstsein aktiviert wird, das in seinem theologischen Ansatz, die Heilige Schrift über die Kirche zu stellen, beschlossen liegt.

So wenig ausführlich sich Luther im KlKat über die Christenheit äußert, so ist doch seine Zurückhaltung durchaus beredt. Auffällig ist vor allem: Christenheit oder Kirche ist kein selbständiges Thema. Luther setzt voraus, dass sich aus ihrem empirischen Gegebensein keine belastbaren Schlüsse auf ihr Wesen ziehen lassen. Das ist ihm seit der Leipziger Disputation 1519 mit Johannes Eck klar und wird von ihm in den kontroverstheologischen Schriften über den Kirchenbegriff gegen Augustin von Alveldt 1520 und Ambrosius Catharinus 1521 offensiv vertreten. Die kurzen Ausführungen über die „Christenheit" im KlKat und über die „Kirche" im GrKat setzen die Wende im Verständnis der Kirche voraus, die Luther in den Jahren 1519–1521 herbeigeführt hat. Sie kommt darin zum Ausdruck, dass die Christenheit (Kirche) aus den Bezügen bestimmt wird, in die sie eingebunden ist. Ein Beispiel dafür ist der KlKat: Christenheit wird aus dem Bezug auf den Heiligen Geist bestimmt. Luther kennt selbstverständlich noch andere Bezüge. Die wichtigsten sind der Bezug auf Jesus Christus, das Haupt seines Leibes, dessen Glieder die Gläubigen sind, und der Bezug auf das Wort Gottes, in dem die Kirche ihr Leben und ihre Substanz hat.[539] Sie setzt er voraus, entfaltet sie im KlKat aber nicht. In diesem beschränkt er sich auf die Relation, in der die Christenheit zum Heiligen Geist steht. Aus ihr ergeben sich aber präzise Näherbestimmungen, die jene anderen Bezüge berühren.

Zuerst ist zu nennen, was sich aus dem Gesamtduktus der Erklärung des dritten Artikels ergibt: Die Christenheit verdankt ihr

---

[539] Vgl. Ad librum eximii Magistri Nostri Magistri Ambrosii Catharini, 1521, WA 7, 721, 12 f.: „... tota vita et substantia Ecclesiae est in verbo dei ..."

Dasein dem schöpferischen Wirken des Heiligen Geistes, der durch das stellvertretende Handeln Gottes in Christus entbunden worden ist. Ohne das Wirken des Heiligen Geistes, der sich stets auf Jesus Christus zurückbezieht, wäre sie nicht nur etwas anderes, sondern überhaupt nicht da. Auch die Erinnerung an Jesus selbst wäre verblasst und käme der Erinnerung an Johannes den Täufer gleich, wäre Jesus nicht vom Tod auferstanden und hätte er nicht nach der Auferstehung seine Jünger neu beauftragt und für ihren Dienst den Heiligen Geist verheißen (Apg 1,5). Die Christenheit ist zu Pfingsten entstanden, als alle von dem Heiligen Geist erfüllt wurden (Apg 2,4).

Für Luther bedeutet das, dass die Christenheit eine geistliche Realität ohne jede Analogie ist,[540] näher zu bestimmen als „neue Schöpfung Gottes"[541]. Die Christenheit ist *creatura verbi dei*,[542] aber nicht des Gesetzes, das kein Leben schaffen kann, sondern vielmehr des Evangeliums,[543] durch das Gott den neuen Bund gestiftet hat. Die *ecclesia* als *creatura Euangelii* ist die theologische Näherbestimmung von „Kirche", die der im KlKat gebrauchten Wendung „durch das Evangelium berufen" (2a) zugrunde liegt. Sowohl über den Heiligen Geist als auch über die Christenheit wird durch die Formel *creatura Euangelii* etwas Grundlegendes zur Aussage gebracht, das normative Geltung besitzt: Der Heilige Geist handelt in der Bindung an die Gnadenmittel Evangelium, Taufe, Altarsakrament. Wo die Gnadenmittel sind und dem Evangelium gemäß gebraucht werden, dort ist der Heilige Geist auf dem Plan und schafft und erhält „Kirche." Das gilt exklusiv und heißt im Umkehrschluss: Wo die Gnadenmittel nicht sind und nicht dem Evangelium gemäß gebraucht werden, dort wirkt der Heilige Geist nicht und dort ist die Kirche nicht.

---

[540] Vgl. WA 7, 719, 26 f. S.a. E. Wolf, Die Einheit der Kirche im Zeugnis der Reformation, 1938, in: ders., Peregrinatio, München ²1962, 146–182, bes. 158.

[541] WA 6, 130, 26: „Hac est Ecclesia sanctorum, nova creatura dei ..." Vgl. WA 55 II, 156, 20 f.; WA 25, 319, 18 f.; u.a.

[542] Vgl. schon aus einem Sermon des Jahres 1512, WA 1, 13, 38 f.: „Stat fixa sententia, ecclesia non nasci nec subsistere in natura sua, nisi verbo Dei." Vgl. WA 2, 191, 34 f.; u.a.

[543] WA 2, 430, 6 f.: „Ecclesia enim creatura est Euangelii." Vgl. WA 6, 560, 33 ff.; WA 12, 191, 16–18; WA 42, 334, 12; u.a.

Dass der Heilige Geist durch das Evangelium beruft, und zwar den Einzelnen (2a) wie die ganze Christenheit (3a), die Kirche also *creatura Euangelii* im strengen Sinn des Wortes ist, das schließt ein, dass das Wort Gottes *über* der Kirche steht: „Verbum dei enim supra Ecclesiam est."[544] Alles, was in der Kirche geschieht, muss seine Autorität aus der Heiligen Schrift haben.[545] Das ist 1520 gegen den anmaßenden Machtanspruch des Papsttums gerichtet, konkret gegen die Bulle Leos X. Aber es ist über diese geschichtliche Konstellation hinaus verallgemeinerbar, dass der Kirche prinzipiell keine Autorität über die Heilige Schrift zugestanden werden kann.[546] An der Anerkennung der Priorität der Heiligen Schrift vor der Kirche entscheidet es sich, ob die Kirche ihren Dienstcharakter wahrt oder ob sie sich eine eigenmächtige Rolle in der Geschichte anmaßt. Zweifellos ist die Kirche geschichtsmächtig, aber das ist sie als Dienerin des Wortes Gottes, nicht als Herrin über das Wort. Die Reformation ist ein Beispiel dafür, was der Dienst am Evangelium in der Geschichte zu bewegen vermag.

Gerade weil Luther Kirche aus den Relationen versteht, in denen sie steht, weiß er, dass sie schlechthin unentbehrlich ist. Der Zugang zu Gott, das eschatologische Heil, ist nur in ihr gegeben; denn nirgendwo sonst gibt es die Gnadenmittel, durch die der Heilige Geist „täglich alle Sünden reichlich vergibt" (4). „Ynn dieser Christenheit, und wo sie ist, da ist vergebung der sunden, das ist, ein ko(e)nigreich der gnaden ... Und ist auch Christus und sein geist und Gott da selbs. Und ausser solcher Christenheit ist kein heyl noch vergebung der sunden, sondern ewiger tod und verdamnis."[547] Luther hat den Satz „Salus extra ecclesiam non est" des Cyprian von Karthago (Märtyrertod im Jahr 258)[548] aufgenommen, aber strikt auf die Gnadenmittel bezogen, die es

---

[544] WA 6, 560, 36. Dieses Zitat aus *De captivitate Babylonica ecclesiae praeludium*, 1520, steht repräsentativ für unzählige andere (s. WA 65, 204).

[545] WA 7, 134, 3 f.: „,... omnia, quae in ecclesia fiunt, e scripturis sanctis autoritatem ... habere debent ..."

[546] WA 40 III, 434, 13: „Non concedimus Ecclesiae autoritatem ullam supra scripturam." Vgl. WA 11, 304, 12 f.; u.a.

[547] Vom Abendmahl Christi. Bekenntnis, 1528, WA 26, 507, 7 f. 10–12. S.a. eine Vorstufe dieser Bekenntnissätze in WA 7, 219, 6 f. 17–19 und ihre Fassung im GrKat (WA 30 I, 190, 26 ff., bes. Z. 32 f.).

[548] Cyprian, Epist. 73, 21; CSEL 3 II, 795, 3 f.

allein in der Kirche gibt. Die das Evangelium durch die ausschließliche Bindung an die Schrift verkündigende und die Sakramente evangeliumsgemäß verwaltende Kirche „ist die mutter, so ein yglichen Christen zeugt und tregt durch das wort Gottes"[549].

Aus dem Gebrauch des Stichworts „sammeln" (*congregare*)[550] wird deutlich, dass der Heilige Geist zwar „mich" durch das Evangelium beruft, aber nicht dazu, dass ich für mich sei, sondern dass ich zur ganzen Christenheit auf Erden gehöre und in ihr lebe. Der Heilige Geist „sammelt" die Christen „unter dem einen Haupt Christus"[551] um die Gnadenmittel zur Bildung und Erhaltung der Christenheit.

Unter der „Christenheit" versteht Luther „die ganze Christenheit auf Erden" (3a). Dieser – sehr treffende – Ausdruck steht bei dem Reformator für die Katholizität, Universalität oder auch Ökumenizität der Kirche. Die Kirche begegnet zwar immer zuerst vor Ort, umfasst aber gemäß dem Missionsbefehl des auferstandenen Christus immer zugleich „alle Völker" (Mt 28,19). Luther hat die Universalität der Kirche nie bestritten, sondern stets betont.[552] Der Konflikt mit dem Papsttum hat in dem Jahrzehnt zwischen der Leipziger Disputation 1519 und der Veröffentlichung der Katechismen 1529[553] zur prinzipiellen Bestreitung des Ausschließlichkeitsanspruchs der *ecclesia Romana*[554] bzw. der *ecclesia Papistica*[555] geführt. Der ekklesiologische Ertrag dieser Auseinandersetzung ist, dass Jesus Christus selbst das Haupt der ganzen Christenheit auf Erden ist,[556] dass die Institution des Papsttums nicht zur Kirche Jesu Christi

---

[549] GrKat (3. Art.), WA 30 I, 188, 24 f. Ähnlich in der Katechismuspredigt am 10.12.1528, WA 30 I, 91, 19 f.
[550] Die Substantive „Versammlung" (*congregatio*) und „Gemeinde der Heiligen" (*communio sanctorum*) gebraucht Luther im KlKat nicht; s. dazu den GrKat, WA 30 I, 189, 6 – 190, 17.
[551] WA 30 I, 190, 5 f.
[552] Vgl. zum Sprachgebrauch z.B. WA 55 I, 60, 9 f.; WA 1, 685, 21; WA 2, 190, 39 f. 198, 38 u.ö.; WA 39 I, 186, 24–28; WA 50, 341, 10.
[553] Wichtige Stationen sind WA 7, 219, 1–5; WA 11, 54, 1; WA 26, 506, 30 ff.; WA 30 I, 9, 35. 190, 5 (GrKat).
[554] Vgl. WA 7, 709, 17 ff. u.ö.
[555] Vgl. WA 7, 710, 14. 722, 20; WA 8, 443, 26; WA 39 I, 17, 3–7.
[556] Vgl. bes. WA 6, 297, 37–40.

gehört[557] und dass das Kirchesein der Kirche an der Urteilskonformität mit dem Wort Gottes, also an der Schriftgemäßheit der Verkündigung und Sakramentsverwaltung, erkennbar ist.[558] Der institutionelle Aspekt von Kirche, den Luther selbstverständlich kennt, ist von so untergeordneter Bedeutung, dass er ihn bei der Unterrichtung der Heranwachsenden unerwähnt lässt. Luthers reformatorisches Handeln beruht auf der Gewissheit, dass Jesus Christus der Herr der Welt und das Haupt der Kirche ist[559] und dass der Heilige Geist die ganze Christenheit auf Erden durch das Evangelium „beruft, sammelt, erleuchtet, heiligt und bei Jesus Christus erhält im rechten, einigen Glauben". Die Gestaltung des äußeren Kirchenwesens ist deswegen keineswegs gleichgültig, hätte es doch, wäre sie es, keine Reformation gegeben; aber sie ist entdogmatisiert.

5–6 Der Schluss der Erklärung ist kein Anhang, der gegebenenfalls auch fehlen könnte, sondern vielmehr ein notwendiger Bestandteil, ohne den die ganze Erklärung ins Leere liefe. Eine Theologie ohne Eschatologie gleicht einem Fluss, der die Mündung nicht erreicht, sondern unterwegs versickert, weil ihm das Wasser ausgegangen ist.

Was die Evangelien über Jesus berichten, zugespitzt im Evangelium nach Johannes (s. bes. 14,6), dass in ihm das Leben selbst in Menschengestalt über die Erde geschritten ist, nämlich das Leben ohne Sünde, in völligem Einvernehmen mit Gott dem Vater, das führt die Welt, in der Sünde und Tod herrschen, radikal in die Krise. So gesehen „ist bereits das irdische Dasein Jesu ein eschatologisches Geschehen"[560]. Es greift von vornherein über die bestehende Welt hinaus und zielt auf die Heraufkunft

---

[557] Zusammenfassend dargelegt in ASm II, 4, WA 50, 213, 1–219, 21.

[558] Vgl. WA 25, 97, 32 f.: „Unica enim perpetua et infallibilis Ecclesiae nota semper fuit Verbum." Von diesem einen Kennzeichen kann Luther weitere herleiten; vgl. WA 50, 628 ff.; WA 51, 479 ff.

[559] Zur Unterscheidung zwischen Herr und Haupt s. WA 6, 301, 30 – 302, 3.

[560] P. Brunner, Eschata, in: ders., Bemühungen um die einigende Wahrheit, Göttingen 1977, 269–291, 276. Weitere Literatur in Auswahl: U. Asendorf, Eschatologie bei Luther, Göttingen 1967; F. Beißer, Hoffnung und Vollendung, HST 15, Gütersloh 1993; G. Sauter, Einführung in die Eschatologie, Darmstadt 1995; M. Mühling, Grundinformation Eschatologie, Göttingen 2007; R. Slenczka, Ziel und Ende, Neuendettelsau 2008.

des Reiches Gottes, schon hier und jetzt, in der Gewissheit seiner schließlichen Vollendung.

Gründet Luthers theologisches Denken in der Frage, wie er als sündiger Mensch vor Gott bestehen kann, und hat er die Antwort auf die Heilsfrage durch Schriftauslegung erhalten, so zeigt sich daran, dass er Theologie von Beginn an im Horizont der Eschatologie getrieben hat. Tatsächlich hat die eschatologische Grundfrage, wie der Sünder vor dem Forum Gottes bestehen kann, seiner gesamten Theologie den Stempel aufgedrückt. Darauf wird zurückzukommen sein; hier sei festgestellt: Luthers Theologie ist a priori eschatologisch, und weil sie das ist, mündet sie in eschatologische Aussagen ein.

Diese Aussagen beschränken sich im KlKat auf die Anführung erkenntnisleitender Stichworte. Jede Ausmalung der Letzten Dinge fehlt. Der Jüngste Tag wird zuerst genannt, danach die Auferweckung aller Toten, schließlich das ewige Leben. Der umfassendste eschatologische Terminus ist der Jüngste Tag; denn mit ihm wird das Ende der bestehenden Welt durch die Parusie Christi zum Ausdruck gebracht; Luther kann mit ihm aber auch „die Auferstehung aller Toten *am* Jüngsten Tage" aussagen, wie er es im Bekenntnis 1528 tut;[561] außerdem wird mit ihm das Jüngste Gericht, also das Endgericht, assoziiert.

Überblickt man die Zeilen am Ende der Erklärung des dritten Artikels, fällt zweierlei sofort ins Auge. Zunächst: Subjekt der Eschata ist der Heilige Geist, und zwar dieser als die dritte Person der Trinität, die in der unvorgreiflichen Einheit mit Gott dem Vater, der allein von jenem Tag weiß (Mt 24,36 Par.), und mit dem Sohn, der an jenem Tag kommen wird, „zu richten die Lebenden und die Toten", wie die Christenheit im zweiten Artikel des Apostolikums bekennt. Der Heilige Geist, der an den Lebenden „sein Werk ohne Unterlaß bis auf den Jüngsten Tag (treibt)"[562], ist auch der, der alle Toten auferwecken wird. Sodann: Luther bleibt seinem Ansatz bis zum Schluss treu, an „mir" deutlich zu machen, was für alle gilt. Die Unabsehbarkeit der Zahl der Toten und der Gläubigen macht den Einzelnen vor Gott nicht gesichtslos: Der Heilige Geist wird „mich" auferwe-

---

[561] WA 26, 509, 13.
[562] GrKat, 3. Art., WA 30 I, 191, 19 f.

cken (5) und „mir samt allen Gläubigen in Christus ein ewiges Leben geben" (6).

Der Jüngste (Letzte) Tag, typologisch vorgebildet in dem „Tag JHWHs",[563] ist der Tag der Parusie Jesu Christi, an dem dieser Weltzeit das Ende gesetzt wird.[564] Gedacht ist nicht an das schließliche Ende, das allem, was endlich ist, ohnehin inhärent ist, weil es in Raum und Zeit existiert, mag es auch unendlich groß und unermesslich alt sein. Gemeint ist vielmehr das Ende, das Gott dieser Zeit und dieser Welt in seiner Freiheit und Allmacht an dem von ihm festgelegten Tag (Mt 24,36 / Mk 13,32) durch die Wiederkunft Christi setzen wird. Dieses Ende ist kein Übergang, sondern ein unvermittelter, jäher Abbruch. Dieser Abbruch markiert nicht nur das Ende der Zeit, sondern von Zeit überhaupt. Alles ist von ihm betroffen; niemand vermag sich ihm zu entziehen. Nichts, was ist, hat Bestand. Alles vergeht.

Der Jüngste Tag umfasst aber nicht nur das Vergehen und abrupte Ende der bestehenden Welt, sondern auch die Auferweckung aller Toten. Diese beruht auf dem schöpferischen Handeln des Heiligen Geistes aus der Allmacht Gottes. Luther betont, es sei derselbe Heilige Geist, der heilige, durch den auch alles Fleisch, nämlich alle Menschen, die Frommen und Bösen, auferweckt werde.[565] Es ist Schöpfung aus dem Nichts, aber im Unterschied zur Schöpfung am Anfang ist die Schöpfung am Ende die Auferweckung aller, die einmal waren, aber vergangen sind.

Zum besseren Verständnis sind drei Aspekte besonders zu unterstreichen. Zuerst ist in Erinnerung zu rufen, dass der Tod für Luther nach 1. Mose 3 und Röm 5,12 ff. nicht zur ursprünglichen Schöpfung gehört. Vielmehr ist das Menschengeschlecht durch die Sünde in den Tod gefallen und dem Reich des Satans unterworfen worden.[566] Der Tod ist so wenig auf das Schöpferhandeln

---

[563] Vgl. G. v. Rad / G. Delling, ἡμέρα, ThWNT, Bd. II, 1935, 945–956; H. D. Preuß, Theologie des Alten Testaments, Bd. 2, Stuttgart 1992, 293–295.

[564] Vgl. aus dem NT vor allem die synoptische Apokalypse Mt 24,1–36; Mk 13,1–37; Lk 21,5–36; daraus bes. Mt 24,3, wo „Parusie" und „das Ende der Weltzeit" (συντελείας τοῦ αἰῶνος) zusammen genannt werden.

[565] WA 7, 219, 26–30; WA 26, 509, 13–15; u.a.

[566] Zu 1. Mose 3,14, 1535, WA 42, 139, 4 f.: „… primi Homines per peccatum lapsi in mortem et subiecti regno Satanae." S.a. 144, 16 u.a.

Gottes zurückzuführen[567] wie die Sünde, sondern er ist die Straffolge der Sünde (Röm 6,23): „Alle Menschen sind unter der Sünde und dem ewigen Tod."[568] Das Rätsel des Todes liegt in der Sünde beschlossen und ist in Wahrheit der Mensch selbst, der ohne Grund im Unglauben von Gott abgefallen ist.[569] Nun herrscht der Tod (Röm 5,14); er ist allmächtig und Gebieter über die ganze Welt.[570] Niemand kann sich seiner Macht entziehen: „Was ist der Mensch gegen den Tod?"[571] Es ist eine auf uneingestandener Verzweiflung beruhende Selbsttäuschung, in dem Tod ein „natürliches Los" zu sehen, wie es die Heiden tun.[572] Mit Recht wird dagegen in Ps 90,11 die Frage gestellt: „Wer erkennt die Macht deines Zorns ...?" Die Menschheit verkennt ihre Lage; denn sie glaubt nicht, dass sie unter Gottes Zorn steht und von ihm der Sünde wegen dahingegeben ist, so dass am Ende der Tod steht, der alles Lebende verschlingt, obwohl dies an der Vergänglichkeit und Eitelkeit des Lebens wahrnehmbar ist. In seiner Vorlesung über Psalm 90 hat Luther ausgeführt, das Menschengeschlecht erkenne weder Gott noch sich selbst; es verstehe auch das ihm widerfahrende Unglück nicht.[573]

Die Auferweckung der Toten ist nach Luther also nicht eine Hoffnung, die sich aus der Lage der Menschheit ableiten und sich aus ihren Möglichkeiten begründen ließe. Es spricht nichts dafür, dass ein verwesender Leichnam wieder auferstehen würde, vielmehr spricht nach innerweltlichen Kriterien alles dagegen. Diese Feststellung führt zu dem zweiten Aspekt, der in diesem Zusammenhang zu beleuchten ist. Für Luther liegt die Auferstehung der Toten einzig und allein in der schon geschehenen Machttat Gottes, der Auferweckung des gekreuzigten Jesus Christus, begründet. Die Hoffnung auf die Totenauferstehung,

---

[567] WA 36, 680, 5: „Deus non creavit mortem." S.a. WA 57 III, 127, 23–25. Vgl. Weish 1,13.

[568] WA 39 I, 406, 9: „... quod omnes homines sint sub peccato et morte aeterna ..." S.a. WA 40 II, 224, 33; WA 42, 223, 4.

[569] Der Unglaube ist nach Luthers Auslegung von 1. Mose 3,1 die Ursache und der Ursprung der Sünde (WA 42, 111, 2; 112, 20 u.ö.).

[570] WA 40 I, 439, 28: „Mors quae est omnipotens Imperatrix totius mundi."

[571] WA 40 I, 442, 2 f.: „Quid est homo contra mortem?"

[572] So Luther in der Predigt über 1. Kor 15,22 ff. 1532, WA 36, 557, 1–3.

[573] WA 40 III, 484, 7 ff. (Hs). Zur Überlieferung und Theologie dieser Vorlesung vgl. M. Schlicht, Luthers Vorlesung über Psalm 90, FKDG 55, Göttingen 1994.

die am Schluss des dritten Glaubensartikels zum Ausdruck gebracht ist, ergibt sich mit innerer Notwendigkeit aus dem christologischen und soteriologischen Zeugnis, das Luther in der Erklärung des zweiten Artikels rechtfertigungstheologisch entfaltet hat, und beruht auf der Verheißung, dass Gott das in Christus begonnene Werk vollenden wird. Die innere Notwendigkeit gründet darin, dass Christus von vornherein nicht für sich selbst gehandelt hat, sondern dass er „gestorben ist für unsere Sünden nach der Schrift ... und dass er auferstanden ist am dritten Tage nach der Schrift" (1. Kor 15,3 f.). Das Für-uns des Todes und der Auferstehung Jesu Christi bildet das unumstößliche Fundament für die Auferstehung der Toten: „Wie sie in Adam alle sterben, so werden sie in Christus alle lebendig gemacht werden" (1. Kor 15,22). Weil Gott in Christus war (2. Kor 5,19), ist die Auferstehung Christi „der Ursprung der Auferstehung"[574] aller. Alle werden durch Christus „wieder auffahren und leben, ob sie gut oder böse sind"[575]. Die Wiederkunft Christi am Jüngsten Tag wird die Auferstehung aller nach sich ziehen. Dadurch wird endgültig offenbar werden, was in der Auferstehung Christi verborgen liegt. Daran, dass das geschieht, hängt die Ehre Gottes.

Drittens: Wenn die Totenauferweckung das gesamte Menschengeschlecht umfasst, wie werden die Toten auferstehen? Der Heilige Geist wird in seiner Allmacht „das selb fleysch", also denselben Leib, der „gestorben, begraben, verwest und auf mancherlei Weise umgekommen ist, wieder hervorkommen und lebendig werden" lassen.[576] Die „Erde wird die Toten herausgeben" (Jes 26,19). Was „verscharrt" war, wird „herrlich hervorkommen"![577] Die Identität des verstorbenen und auferstandenen Leibes ist bei Luther nicht auf einen immateriellen personalen Kern reduziert, sondern an den einzelnen Körperteilen wahrnehmbar. Diese müssen verwesen; „so sols sein"[578], wie Luther bei der Auslegung von 1. Kor 15,42 f. feststellt. Aber was ver-

---

[574] Predigt über 1. Kor 15,22 ff., 1532, WA 36, 565, 5: „... origo Resurrectionis."
[575] WA 36, 558, 2 (Rörer).
[576] Kurze Form, 1520, WA 7, 219, 27. 29 f. S.a. WA 11, 54, 26 f.: „Credimus enim hoc corpus, quod iam habemus, iterum nos habituros."
[577] GrKat, WA 30 I, 191, 1 f.
[578] Predigt über 1. Kor 15,39–44, 1533, WA 36, 655, 8.

weslich gesät wird, „wird auferstehen unverweslich" (1. Kor 15,42). Dass sie auferstehen, heißt: „Die Gebeine werden wiederkommen, das Fleisch, das Haar, die Haut, die Finger, die Zunge, der Mund, die Zähne; aber so, dass sie nicht mehr verweslich sind; es wird nicht mehr sterben."[579] Die Auferstehung der Toten erfolgt durch die schöpferische Verwandlung des natürlichen Leibes in einen geistlichen Leib (1. Kor 15,44). Die Verwandlung des „stinkenden Madensacks" in einen geistlichen Leib[580] am Jüngsten Tag ist der Erweis der Gottheit Gottes in der Erfüllung seiner Verheißung. „Wenn das nicht geschieht, ist er (sc. Christus) vergeblich gestorben und auferstanden."[581]

Zum Jüngsten Tag gehört das Jüngste Gericht. Luther kommt in der Erklärung des dritten Artikels nur insofern auf das Endgericht zu sprechen, als er den Jüngsten Tag ausdrücklich nennt, entfaltet den Gedanken des Gerichts hier aber nicht. Der Gerichtsgedanke stand bekanntlich im Fokus seines Ringens um die Gerechtigkeit Gottes. Er verlor nach dem Durchbruch der reformatorischen Erkenntnis seine beklemmende Wirkung, aber nicht seine theologische Bedeutung. Um sie zu erfassen, muss freilich Luthers Ringen im Blick bleiben.

Wie er als sündiger Mensch vor dem gerechten und heiligen Gott bestehen kann, ist die Lebensfrage Luthers. Die Antwort erschließt sich ihm durch Schriftauslegung. Beispielhaft ist seine Auslegung von Röm 2,15 in der Vorlesung über den Römerbrief 1515/16. Der zweite Teil des Verses „dazu auch die Gedanken, die einander anklagen oder auch entschuldigen" wirft bei ihm die bange Frage auf: „Woher werden wir also die Gedanken nehmen, die uns entschuldigen?"[582] Die Antwort lautet: „Von niemandem als von Christus und in Christus."[583] In der Situation der Anfechtung, die dadurch gekennzeichnet ist, dass einen das eigene Herz der Sünde wegen verklagt, nimmt der Angefochtene seine Zuflucht zu Christus und spricht:[584] „Er aber hat genug

---

[579] WA 36, 655, 10 f. Wiedergabe nach der lateinisch-deutschen Nachschrift Rörers.
[580] Predigt über 1. Kor 15,50−53, 1545, WA 49, 729, 1 f. Nach Rörer.
[581] WA 49, 729, 3: „Si non fit, frustra mortuus et resurrexit."
[582] WA 56, 204, 14. Aus dem Lateinischen übersetzt.
[583] WA 56, 204, 15: „Non Nisi a Christo et in Christo."
[584] WA 56, 204, 16 f.

getan, er ist gerecht, er ist meine Verteidigung, er ist für mich gestorben, er hat seine Gerechtigkeit zu der meinigen gemacht und meine Sünde zu der seinigen. Hat er meine Sünde zu der seinigen gemacht, so habe ich sie nicht mehr und bin frei. Hat er aber seine Gerechtigkeit zu der meinigen gemacht, so bin ich gerecht in derselben Gerechtigkeit wie er."[585] Luther legt hier dar, wie der Sünder im Gericht vor Gott bestehen kann. Dieses Bestehenkönnen liegt in dem Tausch der Sünde des sündigen Menschen mit der Gerechtigkeit Jesu Christi unter der Voraussetzung des Für-uns seines Heilswerkes begründet. Durch den Tausch ist aus dem Ankläger der Verteidiger geworden, der selbst an die Stelle des Angeklagten getreten ist und dessen Schuld durch stellvertretenden Tod gesühnt hat. Daraus ergibt sich mit Notwendigkeit der Freispruch des Angeklagten. Dieser Freispruch ist die Rechtfertigung des Sünders vor Gott, erwirkt durch den stellvertretenden Sühnetod Jesu Christi am Kreuz (*hic pro me mortuus est*), ausgesprochen durch das Evangelium. Daraus folgert Luther mit Paulus: „'Wer will die Auserwählten Gottes beschuldigen?' [Röm 8,33b] Keiner. Weswegen? Weil ‚Gott es ist, der rechtfertigt.' [Röm 8,33b] ‚Wer will verdammen?' [Röm 8,34a] Keiner. Weswegen? Weil ‚Christus Jesus hier ist' (der auch Gott ist), ‚der gestorben ist, ja vielmehr, der auch auferweckt ist ...' [Röm 8,34b] Also: ‚Ist Gott für uns, wer kann wider uns sein?' [Röm 8,31]."[586]

Der entscheidende Gesichtspunkt für Luther ist, dass das in der Rechtfertigung ergangene Urteil vor Gott unverbrüchlich gilt. Es gilt hier und jetzt, wo immer es im Glauben angenommen wird. Aber es gilt ebenso im Jüngsten Gericht, weil Gott der Vater alles Gericht dem Sohn übergeben hat (Joh 5,22), der wiederum von Gott um unserer Sünden willen dahingegeben und um unserer Rechtfertigung willen auferweckt ist (Röm 4,25).

---

[585] WA 56, 204, 17−21: „Hic autem satisfecit, hic Iustus est, hic mea defensio, hic pro me mortuus est, hic suam iustitiam meam fecit et meum peccatum suum fecit. Quod si peccatum meum suum fecit, iam ego illud non habeo et sum liber. Si autem Iustitiam suam meam fecit, iam Iustus ego sum eadem Iustitia, qua ille."

[586] WA 56, 204, 25−29: „,Quis accusabit aduersus electos Dei?' q. d. Nullus. Quare? Quia ‚Deus est, qui iustificat.' ‚Quis est, qui condemnet?' Nullus. Quare? Quia ‚Christus Ihesus est' (qui etiam Deus est), ‚qui mortuus est, immo qui et resurrexit' etc. ‚Si ergo Deus pro nobis, qui contra nos?'"

Ungültig kann es nur der Unglaube machen, durch den Christi Tod am Kreuz „für unsere Sünden" (1. Kor 15,3) als überflüssig und belanglos hingestellt wird.

Es ist herauszuschreiben und zu unterstreichen: Christus, der Richter aller Lebenden bei seiner Wiederkunft sowie aller Toten, ist der, der hingerichtet worden ist, um die, die ihrer Sünde wegen dem Gericht verfallen und zum Tod verurteilt sind, durch die stellvertretende Übernahme dieses Urteils in seinem Tod am Kreuz auszulösen und freizusprechen. Dass der Richter der Welt der von Gott um unserer Sünden willen Dahingegebene und Gerichtete ist, das ist das höchste Paradox. Aber es ist nicht ausgedacht, sondern apostolisch bezeugt und beruht auf Schriftauslegung. In ihm liegt ein unvergleichlicher Schatz, nämlich die Rechtfertigung des Gottlosen vor Gott um Christi willen aus Gnade allein. Daraus quillt die frohe Zuversicht des Glaubens, durch nichts und niemanden, weder durch Trübsal noch durch Angst, weder durch Gegenwärtiges noch durch Zukünftiges, von der Liebe Gottes in Christus geschieden werden zu können (Röm 8,35.38 f.) und also auch im Jüngsten Gericht bestehen zu werden.

Das Jüngste Gericht wird erweisen, dass die Mächte Sünde, Tod und Teufel durch Christus überwunden sind und dass das Böse ganz und gar getilgt ist und in Gottes neuer Welt keinen Platz hat. Am Jüngsten Tag werden alle Menschen ihr Urteil empfangen (Mt 10,15; 12,41 f.; 25,31−46). Sie werden ohne Ansehen der Person nach ihren Werken gerichtet (Röm 2,6−10; 2. Kor 5,10 u.a.). Dabei ist zu beachten, dass für Luther nur die Werke gut sind, die Gott geboten hat, und dass das erste, höchste und alleredelste gute Werk der Glaube an Christus ist.[587] Er allein erfüllt das erste Gebot; auf ihn folgen die anderen Werke, wie der gute Baum gute Früchte hervorbringt (Mt 7,17−19; 12,33). Das Urteil, das Christus spricht, wird unwidersprechlich feststellen, worauf das ganze Menschenleben gegründet und ausgerichtet war, ob auf den dreieinigen Gott in Glaube, Liebe, Hoffnung − oder ob das Ich des Menschen an erster und letzter Stelle gestanden hat. „An der Frucht erkennt man den Baum" (Mt 12,33; s.a. Lk 6,44). Das Urteil Jesu Christi ist letztgültig.

---

[587] Von den guten Werken, 1520, WA 6, 204, 13 f. 25 f.

Die Vorstellung einer Allversöhnung hat Luther schroff zurückgewiesen.[588]

Am Schluss kommt Luther gemäß der letzten Zeile des Apostolischen Glaubensbekenntnisses auf das ewige Leben zu sprechen: „... und mir samt allen Gläubigen in Christus ein ewiges Leben geben wird" (6). Niemand kann sich das ewige Leben selbst nehmen; der Heilige Geist wird es „geben". Er wird es einzig und allein „in Christus" geben, der das Leben selbst ist (Joh 14,6), und zwar „mir samt allen Gläubigen", die Christus „erlöst hat, erworben, gewonnen von allen Sünden, vom Tode und von der Gewalt des Teufels".

Dass das ewige Leben mit dem Jüngsten Tag und der Totenauferweckung genannt wird und in sachlichem Zusammenhang mit diesen steht, schließt es aus, dass der Mensch jemals aufhört, Geschöpf vor Gott zu sein. Das ewige Leben besteht also nicht in der Aufhebung der Geschöpflichkeit. Der Mensch bleibt vielmehr Individuum, das der Menschheit angehört, aber er geht nach dem Tod nicht in dem Kollektivum Menschheit auf. Er zerfließt nicht ins All, um mit ihm eins zu werden, sondern er bleibt vor Gott ein Teil des Alls, das er jederzeit auffinden kann. Er kann nicht zum Nichts werden, das Gott entzogen wäre. Er wird zwar zum Staub, aber darin ist Gott selbst wirksam. Die Berufung auf die immaterielle Welt des Geistes und der Ideen verbürgt nicht, dass er Gottes Geist entfliehen könnte. „Wohin soll ich gehen vor deinem Geist, / und wohin soll ich fliehen vor deinem Angesicht?" (Ps 139,7)

Das ewige Leben ist Sein vor Gott, aber es wird im fundamentalen Unterschied zu dem irdischen Leben nicht durch die Sünde und den durch sie ausgelösten Impuls, sich vor Gott zu verstecken (1. Mose 3,8), bestimmt. Es beruht vielmehr auf der Vergebung der Sünden um Christi willen und hat Anteil an dem Tod und der Auferstehung Jesu Christi. Die Geschöpflichkeit des neuen Menschen kann man sich in Analogie zu dem Leib des auferstandenen Christus bei seiner Erscheinung vor den Jüngern denken. Nach 1. Petr 1,4 wird den durch die Auferstehung Jesu

---

[588] Bekenntnis, 1528, WA 26, 509, 16−18 (s.a. StA 4, 256, 26−28, Anm. 3416).

Christi Wiedergeborenen ein unvergängliches, unbeflecktes und unverwelkliches Erbe im Himmel zuteil.[589]

Lebt der Mensch, auch und gerade der am Jüngsten Tag mit verklärtem Leib von den Toten auferweckte neue Mensch, coram Deo, dann bedeutet das doch, dass der dreieinige Gott selbst und nicht Kreaturen der eigentliche Inhalt des ewigen Lebens ist. Die Argumentation des Paulus in 1. Kor 15,20–28 mündet in den Satz ein, „dass Gott sei alles in allem"[590]. Aus einer Predigt über diese Stelle wird deutlich, wie Luther über das ewige Leben gedacht hat.[591] Ihr soll am Schluss die Aufmerksamkeit gelten.

1. Kor 15,27 gibt Luther Anlass, im ersten Teil der Predigt zwischen dem Reich Christi (*regnum Christi*) und dem Reich Gottes (*regnum Dei*) zu unterscheiden, aber unter der Voraussetzung, dass es *ein* Reich ist.[592] Das Reich Christi ist das Reich des Glaubens, gewiss da und wirksam, aber verborgen. In ihm regiert Christus durch Wortverkündigung und Sakramentsverwaltung bis zum Jüngsten Tag.[593] Dann wird Christus dem Vater sein Reich übergeben, und das Reich Gottes beginnt, das im Unterschied zu jenem nicht auf den Glauben, sondern auf das Schauen gestellt ist, weil in ihm alles in unverhüllter Klarheit wahrgenommen werden kann.[594] Mit der Unterscheidung zwischen dem Reich Christi und dem Reich Gottes stellt Luther also den Unterschied zwischen der Herrschaft Gottes in der noch fortbestehenden Welt und der Herrschaft Gottes nach dem Ende der Welt heraus. Der Reformator lässt sich nicht zu dem – falschen – Schluss verleiten, in 1. Kor 15,24 ff. einen Beleg für eine subordinatianische Christologie zu sehen. Christus bleibt vielmehr nach der Übergabe seines Reiches an Gott, den Vater, der Herr und König, weil es *ein* Gott ist, Vater und Sohn.[595] Während im Reich Christi der Glaube noch angefochten wird, wird es

---

[589] 1. Petr 1,4: εἰς κληρονομίαν ἄφθαρτον καὶ ἀμίαντον καὶ ἀμάραντον τετηρημένην ἐν οὐρανοῖς εἰς ὑμᾶς.

[590] 1. Kor 15,28: ... ἵνα ᾖ ὁ θεὸς [τὰ] πάντα ἐν πᾶσιν.

[591] Predigt über 1. Kor 15,27–29, 10.11.1532, WA 36, 591–605. Die Rörer-Nachschrift der Predigt hat E. Ellwein bearbeitet in: M. Luther, Epistel-Auslegung, Bd. 2: Die Korintherbriefe, Göttingen 1968, 244–250.

[592] WA 36, 592, 2 ff. (Rörer) / 592, 23 ff. (Dr).

[593] WA 36, 592, 15 f.: „... usque ad extremum diem."

[594] WA 36, 592, 7 ff.

[595] WA 36, 592, 11.

Reich Gottes keine Anfechtung mehr geben: „Dort werden wir dann sehen, dass der Vater und der Sohn mit dem Heiligen Geist *ein* wahrer Gott ist."[596]

Unmittelbar darauf, bei der Erklärung des Schlussteils von 1. Kor 15,28, folgt eine Aussage, die zu den aufschlussreichsten in Luthers Eschatologie gehört: Im ewigen Reich, wenn Gott „alles in allem" ist, „wird ein jeder an Gott selbst haben, was er sonst außer Gott an allem hat; das heißt an Leib und Seele werden wir genug haben und selig sein"[597]. Gott wird an die Stelle der Geschöpfe treten und ohne geschöpfliche Vermittlung selbst alles sein. Luther veranschaulicht, was er meint, durch die Gegenüberstellung „irdisches Leben hier" – „ewiges Leben dort": Hier müssen wir Eltern haben, Freunde, Essen, Getränke, Kleidung und das weltliche und geistliche Regiment.[598] „Dort aber werden wir von Gott allein (alles) haben; keine Speise wird so köstlich sein wie dort der Anblick Gottes."[599] Der *aspectus dei* bringt stetig die Unvergänglichkeit und das Wohlleben derer hervor, die von ihm durchleuchtet werden.[600] Verglichen damit sind alle Güter dieser Welt, auch die höchsten, „kot"[601]. Aber nicht Unkörperlichkeit wird vorherrschen, sondern es wird ein „corpus" da sein, aber ein verklärter, heller und schöner als Sonne und Mond.[602] Alle werden „alles an ihm allein genug haben"; auch „alle geistlichen Güter"; „niemand mehr wird erschrecken"[603]. „Summa: was wir jetzt bei allen Kreaturen hin und her, einzeln und stückweise nehmen müssen, wiewohl es auch von ihm herkommt und gegeben wird, dafür werden wir ohne Mittel ihn allein haben, ohne allen Mangel und ohne Aufhören."[604]

---

[596] WA 36, 593, 1 f.: „Ibi tum videbimus, quod pater et filius cum spiritu sancto 1 verus deus."

[597] WA 36, 593, 4–6: „unusquisque wird an Gott haben selbs, quod alioqui extra deum in omnibus i.e. an leib und seel satis habebimus et salvi."

[598] WA 36, 593, 6 ff.

[599] WA 36, 593, 12 f.: „Illic habebimus a deo allein, nullus cibus so kostlich sein ut illic dei aspectus."

[600] WA 36, 593, 13 ff. (Rörer) / 35 ff. (Dr).

[601] WA 36, 593, 14/37.

[602] WA 36, 593, 13 ff./36 ff.

[603] WA 36, 593, 15 ff./41 ff. Wiedergabe nach dem Druck.

[604] WA 36, 594, 15–18 (Dr; leicht geglättet).

Luther ist bewusst, dass „die Welt" und „die groben Leute" das nicht verstehen, weil sie in den Angelegenheiten dieses Lebens „stecken".[605] Daher versucht er, die Spitzenaussagen seiner Predigt zu verdeutlichen. Er weist darauf hin, dass die materiellen Güter auch im irdischen Leben Gaben Gottes sind: „Wenn uns jetzt Gott nicht erhielte durch sein Wort, das Brot allein würde es nicht tun."[606] Daraus, dass Gott hier nährt und kleidet (s. Mt 6,24 ff.), schließt er, dass das Nicht-mehr-nötig-Haben von Nahrung und Kleidung im ewigen Leben nicht ein Ausdruck von Mangel, sondern vielmehr von Fülle ist: „Was will daher erst dort werden, wo Gott offenbar ist (*ubi deus manifestus*)!"[607] „Da werden wir kein Brot noch Wein ansehen und keiner Apotheke noch Arznei mehr bedürfen und begehren, sondern genug haben an dem Anblick und Anschauen Gottes."[608] Darauf folgt die Zuspitzung: „Aber der Anblick (Gottes) wird den (neuen) Leib erhalten. Nicht wir, sondern so ist es: Alles wird Gott erhalten, Leib und Seele."[609] Weltliches und geistliches Regiment wird aufgehoben sein, ebenso Geschlechtlichkeit und Kinderaufzucht: „Alle werden in vollkommenem Alter sein."[610]

Aus dem anderen Teil der Predigt können nur einige Aspekte hervorgehoben werden. Mit Nachdruck unterstreicht Luther, Gott bedürfe der Kreaturen nicht, er habe an sich selbst genug.[611] Deshalb gibt es auch keinen Mangel bei denen, für die Gott alles in allem ist.[612] Die dagegen Gott nicht wollen, werden aller Dinge ermangeln.[613] In der Abgewandtheit von Gott zu leben, aber nicht leben zu können, weil Gott das Leben ist, das ist die Hölle.[614] Wie der Glaube das ewige Leben antizipiert, so antizipiert der Unglaube, der in der Gleichgültigkeit und Verachtung gegenüer dem Wort Gottes zum Ausdruck kommt, das ewige Verderben. „Es gibt keine größere Plage als die, wenn das Herz

---

[605] WA 36, 594, 2 ff./19 ff.
[606] WA 36, 594, 7 f. Unter Verweis auf Mt 4,4 (5. Mose 8,3).
[607] WA 36, 594, 12 (nach Rörer).
[608] WA 36, 594, 13 f./38–40. Wiedergabe nach dem Druck.
[609] WA 36, 595, 3 f. (nach Rörer).
[610] WA 36, 595, 8 f.: „Sed omnes in perfecta aetate."
[611] WA 36, 596, 1 ff.
[612] WA 36, 597, 6 f.
[613] WA 36, 596, 12 f. (Rörer).
[614] Vgl. WA 36, 596, 10 ff.

sich (gegen das Wort) verschließt."[615] Denn: „Paulus redet durch Gott und Gott durch ihn. Darum lügt er nicht."[616]

Vor der Wittenberger Gemeinde bekennt der Prediger Luther: „Ich habe nichts, aber ich warte (auf das ewige Leben) und traue der Verheißung, dass Christus den Feind, den Tod, erwürgen und mich aus der Erde (hervorrufen) will."[617] So gilt für alle Christen: „Du Christenmensch, du sollst an ihm (sc. Gott) alles finden ... Nichts Süßeres gibt es zu finden als das (ewige) Leben."[618]

Am Ende der Predigt betont Luther die personale Identität des Versterbenden und des am Jüngsten Tag Auferstehenden.[619] Sie besteht gemäß der Identität, die zwischen dem geborenen und auferstandenen Christus besteht.[620] Der Reformator beschließt die Predigt mit einer eindringlichen Warnung gegen die leichtfertige Preisgabe der Hoffnung auf das ewige Leben: „Wenn dieser Artikel (von der Auferstehung) verloren ist, ist es mit allen anderen nichts. Denn dass Christus gestorben ist, dass er gelitten hat, das ist alles geschehen, damit ein anderes Leben komme."[621]

Der Vollzug der Gottes- und Heilserkenntnis

Es ist deutlich geworden, dass die Erkenntnis Gottes nach Luther auf der Urteilskonformität des Glaubenden mit dem Wort Gottes beruht, und zwar sowohl mit dem Gerichtswort im Bußruf als auch mit dem Wort von der Versöhnung, also auf dem Geltenlassen von Gesetz und Evangelium. Inhaltlich erschließt sich die Erkenntnis Gottes durch den Glauben an den Namen Jesu Christi, der durch das Evangelium verkündigt wird. Sie ist in ihrem Kern die Erkenntnis des ewigen Heils, das Gott, der in Christus war (2. Kor 5,19), durch dessen stellvertretendes Leiden

---

[615] WA 36, 596, 8 (nach Rörer).
[616] WA 36, 597, 7 f.: „Paulus loquitur per deum, et deus per ipsum, ideo non mentitur."
[617] WA 36, 598, 1–3 (nach Rörer).
[618] WA 36, 599, 2.3 (nach Rörer).
[619] WA 36, 604, 4 f.
[620] WA 36, 605, 1 f.
[621] WA 36, 605, 3 f. (nach Rörer).

und Sterben zur Rettung der an die Verderbensmächte Sünde, Tod und Teufel verlorenen Menschheit heraufgeführt hat. Diese Tat der Versöhnung ist der Inhalt des Wortes von der Versöhnung, des Evangeliums, dessen Inbegriff um der stellvertretend geschehenen Versöhnungstat willen die Vergebung der Sünden ist. Der Glaube an die Vergebung der Sünden ist Heilsgeschehen als Gotteserkenntnis und wiederum Gotteserkenntnis als Heilsgeschehen.

Aus alledem geht hervor, dass die Erkenntnis Gottes und die Erkenntnis des Heils keine Gegebenheiten sind, auf die der Mensch nach Belieben zurückgreifen könnte. „Natürlich" gegeben ist vielmehr die in der ganzen Völkerwelt herrschende Pervertierung der Bezogenheit auf Gott und die daraus resultierende Verfallenheit an widergöttliche, versklavende Mächte sowie die sittliche Pervertierung. Das steht für Luther seit seiner Vorlesung über den Römerbrief 1515/16 fest.[622] Die Erkenntnis Gottes gewährleistet allein das Evangelium als das Wort vom Kreuz, durch das die von Christus am Kreuz erworbene Vergebung ausgeteilt wird.[623] Der Vollzug der Gottes- und Heilserkenntnis ist mithin an die Verkündigung des Evangeliums, und zwar nicht eines ausgedachten, sondern des in der Schrift bezeugten, und an die dem Evangelium gemäße Sakramentsverwaltung gebunden. Die Gottes- und Heilserkenntnis wird Ereignis, wenn das Wort Gottes ergeht; sie wird zum Widerfahrnis im Glauben an das Evangelium; ihr Ort ist der Gottesdienst.

Weil die Erkenntnis Gottes im Status corruptionis eine immer schon verwirkte ist und außerhalb der Möglichkeiten des Menschen steht wie das Heil des Menschen, muss sie von Gott selbst gewirkt werden. Der „Ort", wo sich Gott zu erkennen gibt, ist der Gottesdienst. Im Gottesdienst wird inmitten der Welt Wirklichkeit, was alle innerweltlichen Möglichkeiten übersteigt.

Die Reformation impliziert die Reform des Gottesdienstes. Diese ist aber so wenig geplant und in Gang gesetzt worden wie etwa die Reform des Schulwesens. Sie ergab sich vielmehr als unabweisbare Konsequenz aus dem wiederentdeckten Evangeli-

---

[622] Vgl. Führer, Erkennbarkeit (s. Anm. 455), 58 ff.
[623] Theologische Fundamentalunterscheidung nach *Wider die himmlischen Propheten*, 1525, WA 18, 202, 28 – 204, 9, bes. 202, 34 ff. 203, 27 ff. u. 204, 3 f.

um. Ab etwa 1520 hat sie konkrete Gestalt angenommen. Zum Verständnis der wechselseitigen Beziehung von Gotteserkenntnis und Gottesdienst müssen einige grundlegende Aspekte der Lehre Luthers vom Gottesdienst beleuchtet werden.

Luther hat den „Gottesdienst"[624] nicht isoliert betrachtet, sondern aus der Grundrelation Wort Gottes – Glaube heraus. Dementsprechend hat er den Gottesdienst als den Inbegriff des Lebens aus dem Glauben an Gottes Wort aufgefasst. Unter dem wahren, rechten Gottesdienst versteht er den Glauben,[625] und zwar nicht den Glauben an ein Numinosum, sondern vielmehr an das Wort Gottes, das als Gesetz und Evangelium einen unverwechselbaren Inhalt hat. Deshalb dringt er darauf, dass Gottes Wort täglich gehört, geübt und getrieben werde;[626] denn der Glaube „weidet" sich an Gottes Wort[627] und ist täglich neu auf die Weisung und Vergewisserung durch das Wort angewiesen. Das, was den Gottesdienst zum Gottesdienst macht, ist, „dass unser lieber Herr selbst mit uns redet durch sein heiliges Wort, und wir wiederum mit ihm reden durch Gebet und Lobgesang"[628].

Indem Luther den Glauben an das Wort, durch das Gott mit uns redet, als den wahren Gottesdienst bezeichnet, führt er die durch das Tun der Werke, den Ruhm der Leistung und die durch Opferdarbringung gekennzeichnete Religion des natürlichen Menschen, auch und gerade in ihrer verchristlichten Gestalt, in die Krise. Denn das den Gottesdienst bestimmende Geschehen kann dann nicht ein Dienst sein, den der Mensch Gott erweist, sondern das ist vielmehr der Dienst Gottes am Menschen. Dieser Dienst beruht auf Gottes vorbehaltloser Zuwendung zum Menschen in Christus und besteht inhaltlich in dem „fröhlichen

---

[624] Das Wort stammt aus dem Althochdeutschen; Luther bezeichnet mit ihm den „cultus Dei" (vgl. H.-C. Schmidt-Lauber, Die Zukunft des Gottesdienstes, Stuttgart 1990, 359). Zur Entfaltung des Gottesdienstverständnisses aus dem Zentrum der Theologie Luthers vgl. V. Vajta, Die Theologie des Gottesdienstes bei Luther, FKDG 1, Göttingen 1952 (^{3}1959), bes. 34.

[625] WA 2, 749, 30–35; WA 6, 216. 370, 24 f.; WA 7, 595 f.; WA 8, 172, 3; WA 10 I, 1, 39, 10. 675, 6–15; u.ö.

[626] WA 6, 373, 10 f.; WA 12, 36, 7 f.; u.a.

[627] WA 6, 363, 27–29.

[628] Predigt bei der Einweihung der Schlosskirche zu Torgau, 5.10.1544, WA 49, 588, 16–18 (geglättet).

Wechsel"[629] von Sünde und Gerechtigkeit: Dem Menschen, der glaubt, wird die Sünde vergeben, zu deren Sühne Christus den Tod am Kreuz erlitt, und Christi Gerechtigkeit als die ihm geschenkte Gerechtigkeit vor Gott angerechnet. Das, was der Gottesdienst, dessen „lebendige Mitte" das Abendmahl ist,[630] zueignet, ist also das Leben aus Gott vor Gott um Jesu Christi willen.

Dass der Gottesdienst das Leben aus Gott vermittelt, weil in ihm den Glaubenden zugeeignet wird, was Christus für sie erwirkt hat, fasst Luther mit dem Begriff des Testaments zusammen. Das „klein wörtlein ‚Testament' (ist) ein kurtzer begriff aller wunder und gnaden gottis durch Christum erfüllet"[631]. Es handelt sich nicht um ein Testament, das auch einmal wieder überholt oder überboten werden könnte, sondern um „ein new, ewig (!) testament yn seynem eygen bluet zur vorgebung der sund, damit er auffhebt das alte testament"[632]. Dieses Testament ist konstitutiv für den christlichen Gottesdienst.[633] Fehlt es, dann wirken die Gottesdienstteilnehmer wie Erben, denen ein ungeheures Vermögen zugefallen ist, die aber nicht wissen, wie sie an es herankommen sollen. Werden die verba testamenti dagegen im Gottesdienst laut, dann wird denen, die ihnen glauben, die stellvertretende Lebenshingabe Jesu am Kreuz zu eigen – und mit seinem Leib und Blut zugleich die Kraft seiner Auferstehung. Denn in den verba testamenti liegt die ganze Kraft der Messe,[634] die Summe des Evangeliums, nämlich die Vergebung der Sünden,[635] „ein grosser, ewiger, unaussprechlicher schatz"[636].

---

[629] Die Figur des „fröhlichen Wechsels" steht im Zentrum von Luthers Christologie und Soteriologie; s. z.B. WA 7, 25, 32–34. 26, 1–10; WA 56, 204, 17–19; WA 10 I, 1, 53, 6–9; WA 25, 328, 20; WA 31 II, 435, 26–29; WA 40 I, 285. Der „fröhliche Wechsel" ist „das zentrale Geschehen im Christenleben" (Oberman, Luther (s. Anm. 161), 195).

[630] P. Brunner, Zur Lehre vom Gottesdienst der im Namen Jesu versammelten Gemeinde, 1954, neu hg.v. J. Stalmann, Leiturgia NF 2, Hannover 1993, 185. Das ist nach wie vor die wichtigste Monographie zum Verständnis des ev. Gottesdienstes.

[631] Ein Sermon von dem neuen Testament, das ist von der heiligen Messe, 1520, WA 6, 357, 26 f.

[632] WA 6, 357, 29 f.

[633] Vgl. WA 6, 356, 7 f.

[634] De captivitate Babylonica ecclesiae praeludium, 1520, WA 6, 512, 34: „... vis, natura et tota substantia Missae." S.a. 517, 34.

[635] WA 6, 525, 36–38: „... summa et compendium Euangelii. Quid est enim universum Euangelium quam bonum nuntium remissionis peccatorum?"

Der Rückbezug auf das reformatorische Gottesdienstverständnis erhärtet, dass eine Wechselbeziehung zwischen Gotteserkenntnis und Gottesdienst besteht. Diese ist dadurch gegeben, dass sich die Erkenntnis Gottes innerhalb und keinesfalls außerhalb der Relation Wort Gottes – Glaube vollzieht und dass diese Relation zugleich das Zentrum des Gottesdienstes bildet. Die Wechselbeziehung zwischen Gotteserkenntnis und Gottesdienst liegt also im Wort Gottes selbst begründet. Darin ist eine doppelte Näherbestimmung enthalten. Für die Erkenntnis Gottes ergibt sich aus der Zusammengehörigkeit mit dem Gottesdienst, dass sie nicht nur Erkenntnis ist, sondern als Erkenntnis vielmehr Heilsgeschehen. Sie partizipiert an dem sakramentalen gottesdienstlichen Geschehen, das da auf dem Plan ist, wo die *verba Christi* laut werden.[637] Für die Bewertung des Gottesdienstes wird durch die Zusammengehörigkeit mit der Erkenntnis Gottes jeder Selbstzwecksetzung des Gottesdienstes gewehrt; denn wahr ist nur der Gottesdienst, der auf Gott selbst bezogen bleibt und der zur Erkenntnis Gottes führt.

Abschließend lässt sich feststellen: Die Erkenntnis Gottes setzt ein mit der Erkenntnis dessen, der mich richtet.[638] Der von seiner Schuld vor Gott Überführte flieht aber nicht vor dem Richter, was doch vergeblich wäre (s. Ps 139,7 ff.). Vielmehr richtet er den Blick auf den, der das Todesgericht Gottes über die Sünde aus Liebe stellvertretend für die Sünder auf sich genommen hat. In diese Bewegung eintreten heißt die Gotteserkenntnis vollziehen, die in ihrem Kern Heilserkenntnis ist. Die Gotteserkenntnis als Heilserkenntnis vollziehen ist aber wiederum nichts anderes als die Teilhabe an dem Grundgeschehen des Gottesdienstes, nämlich das „neue, ewige Testament in seinem eigenen Blut zur Vergebung der Sünde"[639] gelten zu lassen und im Glauben daran den fröhlichen Wechsel, den Tausch von Sünde und Gerechtigkeit, nachzuvollziehen, der am Kreuz auf Golgatha

---

[636] WA 6, 358, 15 f.

[637] Vgl. Predigt am 25.12.1519, WA 9, 440, 9 f.: „... verba Christi sunt sacramenta, per que operatur salutem nostram."

[638] Vgl. P. Brunner, Gotteserkenntnis, 1955, in: ders., Pro ecclesia (I), Berlin/Hamburg 1962, 96–107, 97.

[639] WA 6, 357, 29 f. (s.o. Anm. 632).

vollzogen ist. Das geschieht „nicht aus eigener Vernunft noch Kraft", sondern durch das Wirken des Heiligen Geistes.[640]

---

[640] S.o. S. 303 ff.

Schluss

Zusammenfassende Thesen zur Erkenntnis Gottes

I, 1

1. Aus Hos 4,1–3 ergibt sich: Gott erkennen heißt: Gottes Willen erkennen und tun. Es gibt keine Begegnung mit Gott ohne die Begegnung mit der *Tora*, dem „Gesetz"[1], das zu Gottes heiligem Willen in Beziehung setzt. Die Erkenntnis Gottes hat die Anerkenntnis seines Willens zur unabdingbaren Voraussetzung; ohne diese ist jene eine leere Spekulation.

1.1 In Israel gilt: Gott, der Schöpfer, wird *allgemein* aus den Werken der Schöpfung erkannt und *besonders* aus seiner Offenbarung, die sich auf sein befreiendes Handeln in der Geschichte gründet und sich in der Tora verdichtet hat. Wie bei der Präambel des Dekalogs und dem ersten Gebot (2. Mose 20,2 f.) beruht das Wissen um Gott und das Ausschließlichkeitsgebot bei Hosea auf Gottes Geschichtshandeln: „Ich bin JHWH, dein Gott, vom Land Ägypten her; du kennst keinen Gott neben mir, es gibt keinen Helfer als allein mich." (Hos 13,4)

1.2 Die Erkenntnis Gottes gründet nach Hosea also in der Anerkennung der unbedingten Priorität Gottes (JHWHs). Sie erwächst aus dem Hören auf sein Wort und dem Geltenlassen seines in ihm offenbarten Willens, in dem sich die Priorität Gottes Ausdruck verschafft hat und immer wieder neu zu verschaf-

---

[1] „Gesetz" ist ein *nomen generale* mit einem weiten Bedeutungsspektrum. Luther hat *Tora* mit „Lex, ein gesetz" wiedergegeben (Vorlesung über das Deuteronomium, 1523/24, WA 14, 582, 3 f.; zum Sprachgebrauch s.a. WA 31 I, 2, 26 f.; WA 66, 269).

fen sucht. Nicht durch hochfliegende Spekulationen über Gott, sie seien noch so geistreich, sondern durch die Erkenntnis seines Willens, dessen Inbegriff nach Hos 13,4 das erste Gebot ist, wird Gott erkannt. Insofern ist die „Gotteserkenntnis" bei Hosea „also etwas, das gelehrt und gelernt werden muß"[2].

2. Dass die Erkenntnis Gottes in der Erkenntnis seines Willens begründet liegt und im Gehorsam gegen ihn zum Durchbruch kommt, gehört zum alttestamentlichen Erbe, das im Neuen Testament aufgenommen ist. Dieses Erbe ist aber durch Jesus Christus selbst und sodann durch das Evangelium von Jesus Christus erheblich modifiziert worden.

2.1 Jesus war den Sündern und Zöllnern in Liebe zugewandt (Mk 2,1–11; 2,14 ff. Par.; s.a. Lk 7,36 ff., bes. 48), aber nicht, weil er die Sünde gebilligt hätte, sondern weil er die Menschen von ihrer versklavenden Macht befreien wollte. Sein Umkehrruf galt allen in Israel; aber dieser setzte das Wirken Johannes des Täufers voraus, in dessen Taufe das Todesurteil über den von Gott abgefallenen und geschiedenen Menschen ausgesprochen war.[3] Auch die „Bergpredigt ist nicht das Programm der ‚sittlichen Forderungen Jesu', sondern sie ist der Bußruf Jesu, in entscheidenden Worten zusammengefasst, die jeden Hörer ausnahmslos zum Tode verurteilen, aber das Todeswort hineinschließen in das Wort der Zusage, der Vergebung, der Verheißung, und diese Verheißung ist Jesus selbst als der *eine* Sohn Gottes"[4].

2.2 In der Sache knüpft die apostolische Umkehrpredigt an den Umkehrruf Jesu Christi an, ist aber im Unterschied zu diesem nicht von Christus selbst, sondern im Auftrag des auferstandenen Christus und überdies auch unter den Heiden, also in universaler

---

[2] R. Rendtorff, Theologie des Alten Testaments, Bd. 2, Neukirchen 2001, 180; zitiert o. S. 20, Anm. 44.

[3] Mit J. Schniewind, Was verstand Jesus unter Umkehr?, in: ders., Die Freude der Buße. Zur Grundfrage der Bibel, hg.v. E. Kähler, KlVR 32, Göttingen ²1960, 19–35, 25 f.

[4] Schniewind, a.a.O., 25. Zu Schniewinds Interpretation der Bergpredigt vgl. H.-J. Kraus, Julius Schniewind. Charisma der Theologie, Neukirchen 1965, 180 ff.

Weite, ausgerichtet worden. Was Paulus in Röm 1,18–3,20 ausführt, ist aus seiner Missionsarbeit erwachsen und gehört zur apostolischen Umkehrpredigt, die er aus der Perspektive des Evangeliums, jedoch nicht unter Instrumentalisierung des Evangeliums, zum Schuldaufweis aller vor Gott (Röm 3,9.19) den Christen in Rom dargelegt hat. Wie aus dem Briefabschnitt deutlich wird, hat Gottes heiliger Wille, wie er im Gesetz und den Propheten manifest geworden ist, im Zentrum der apostolischen Umkehrpredigt gestanden. Dabei ist jedoch nicht an eine gegenüber der Verkündigung des Evangeliums von Jesus Christus isolierte Gesetzes- und Umkehrpredigt zu denken, sondern vielmehr an die Indienstnahme des Gesetzes durch das Evangelium zu dem Zweck, dass das Gesetz seine eigentliche Funktion, bloßgelegt durch das Evangelium, wahrnehmen kann, nämlich zur Erkenntnis der Sünde zu führen (Röm 3,20; s.a. 7,7).

2.3 Wie bei Jesus Christus das Todesurteil Gottes über den Sünder mit dem Lebensurteil Gottes verschlungen ist, das in der Unbedingtheit der Liebe Jesu und der Vorbehaltlosigkeit seines Vergebungszuspruchs beschlossen liegt, so steht das Urteil des Apostels, alle, Juden wie Griechen, seien unter der Sünde (Röm 3,9), im Horizont des Evangeliums, das die Kraft zur Rettung aller ist, die an es glauben (Röm 1,16). Nach Ostern ist aus dem Evangelium, das Jesus in Verbindung mit dem Umkehrruf verkündigt hat (Mk 1,14 f. Par.), das für Juden und Heiden geltende Evangelium *von* Jesus Christus geworden, in dem die rettende Gerechtigkeit Gottes offenbart wird (Röm 1,17), weil es auf Gottes eschatologischem Heilshandeln beruht, der Jesus „um unserer Sünden willen dahingegeben und um unserer Rechtfertigung willen auferweckt" hat (Röm 4,25).

3. Die Verortung der Erkenntnis Gottes in der Erkenntnis seines Willens schließt ein, dass die Erkenntnis Gottes ohne das Gesetz, in dem der Mensch Gottes heiligem Willen begegnet, prinzipiell nicht erlangbar ist. Das Gesetz Gottes ist also ein schlechthin unverzichtbarer, grundlegender Bestandteil der Gotteserkenntnis.

3.1 Zur Zeit des Propheten Hosea hat die Erkenntnis Gottes durch die Erkenntnis seines Willens nicht zum Ziel geführt, weil der konkrete Ungehorsam, wie er im Verfluchen, Lügen, Morden, Stehlen und Ehebrechen offenbar geworden war (Hos 4,2), den Zugang zu Gott versperrt hatte. Der Mensch war in die Verkehrtheit seines sündigen Wesens verstrickt.

3.2 Zur Erkenntnis Gottes ist es unabdingbar notwendig, dass das Evangelium zum Gesetz hinzutritt. Das ist grundlegend durch Jesus Christus selbst und sodann durch das Evangelium von Jesus Christus mit der Stiftung des neuen Bundes geschehen, der einerseits in der Kontinuität zum alten Bund steht und andererseits etwas unableitbar Neues setzt. Gott wird nun erkannt durch die Predigt der Umkehr, die auf der Auslegung des Gesetzes beruht, die aber im Horizont der Predigt des Evangeliums ausgerichtet wird. Gemeint ist nicht, dass das hinzugetretene Evangelium die tödliche Wirkung des Gesetzes abmildern würde, sondern ganz im Gegenteil, dass das Gesetz nun erst seine volle Wirkung entfalten kann, nämlich zur Erkenntnis der Sünde und zur Annahme des Todesurteils Gottes über den Sünder zu führen, weil am Horizont das Evangelium sichtbar wird, durch das die Sünde um Christi willen vergeben wird und dem Tod die Macht genommen (s. 2. Tim 1,10) ist. Das Gesetz, das tötet, arbeitet dem Evangelium in die Hand, das durch das Wirken des Geistes Gottes lebendig macht. Das ist das grundlegende Heilsgeschehen im neuen Bund, das zur Erkenntnis Gottes führt.

I, 2

4. An Paulus wird deutlich, dass und wie Umkehr und Hinwendung zu Christus zum Vollzug der Gotteserkenntnis gehören. Exemplarisch sind nicht die Umstände seiner Bekehrung durch die außerordentliche Erscheinung des auferstandenen Christus und die Berufung des Paulus zum Apostel; denn diese sind einmalig und nicht wiederholbar. Exemplarisch ist vielmehr seine Abkehr von der eigenen Gerechtigkeit, die er im Gesetz hatte, zur Gerechtigkeit Gottes, die er im Glauben gewann, aufgrund der Erkenntnis Christi.

4.1 Paulus war nach der Gerechtigkeit, die das Gesetz fordert, untadelig (Phil 3,6). Er hat der Untadeligkeit des Wandels im Gesetz nach der Ordnung der Pharisäer auf der Grundlage der mit der Beschneidung gegebenen Zugehörigkeit zum Gottesvolk Heilsrelevanz beigemessen. Durch diese soteriologische Zielbestimmung, die dem Gesetz durch die Gesetzesobservanz untergelegt worden ist, ist das Heil vor Gott in die Abhängigkeit von menschlicher Leistung gebracht worden. Doch in dem „Seinsvertrauen", das sich auf die „Heilsträchtigkeit der eigenen Leistung (gründet)"[5], kommt die Übertretung des ersten Gebotes zum Vorschein, durch die Gott im Herzen des Menschen zum Abgott gemacht wird.

4.2 Die Gerechtigkeit, die aus Gesetzesobservanz erwächst, ist ein Irrweg, der den Zugang zu Gott nicht öffnet, sondern im Gegenteil verschließt. Diese befreiende Erkenntnis hat Paulus nicht aus der Gesetzesgerechtigkeit selbst gewonnen, sondern vielmehr erst aus der Erkenntnis Christi, die ihm enthüllte, dass, was ihm als „Gewinn" erschienen war, „um Christi willen für Schaden gehalten" werden muss (Phil 3,7). Die Erkenntnis Christi schließt die entschiedene Absage an die Gesetzesgerechtigkeit und damit zugleich die Negation der ihr gemäßen Erkenntnis Gottes, die aus Gott einen Abgott macht, mit Notwendigkeit ein. In dieser Absage besteht die Umkehr, die Paulus im Zuge der Erkenntnis Christi vollzogen hat.

4.2.1 Die Abwendung von der eigenen Gerechtigkeit und die Hinwendung zur Gerechtigkeit Gottes, die auf dem stellvertretenden Werk Jesu Christi beruht und durch das Evangelium verkündigt wird, so dass die Gerechtigkeit Gottes allein dem Glauben zu eigen wird, ist das Heilsgeschehen des neuen Bundes. Es erstreckt sich über alle Epochen. Die Abwendung und Umkehr ist also nicht etwa auf die geschichtliche Erscheinungsform des Pharisäismus beschränkt oder auf die christliche Variante der Werkgerechtigkeit im mittelalterlichen Mönchtum, der Luther in der Reformation entgegengetreten ist. Mit dem Glauben an Christus bzw. an das Evangelium von Jesus Christus, der

---

[5] G. Klein, Gesetz III, TRE 13, 1984, 68.

zuvor nicht da war (s. Gal 3,23), wird vielmehr der Mensch als solcher in die Krisis geführt und nicht nur der *homo religiosus*. Denn aus dem Glauben an Christus wird offenbar, was Menschsein heißt, nämlich sich aus seinem Werk bewerten und seinen Selbstwert vor Gott aus den Werken gewinnen. Das gilt für alle Menschen, Juden wie Heiden, im *status corruptionis*. Doch der Rückbezug auf die Werke vor Gott macht lediglich offenbar, dass man in sich selbst gefangen und in die Sünde des Abfalls von Gott verstrickt ist. Mit der Selbstbewertung aus seinen Werken hat der Mensch nach Luther – ohne dass es ihm bewusst wäre – Gottes Gottheit usurpiert: „Wie es blasphemisch ist zu sagen, dass man selbst sein eigener Gott, sein Schöpfer oder Erzeuger sei, so blasphemisch ist es (anzunehmen), man werde gerechtfertigt durch seine Werke."[6] Die Wende, die Paulus und später Luther vollzogen haben, beruht auf der Erkenntnis der Person und des Werkes Jesu Christi und impliziert die Negation des Menschen als des Gestalters und Bildners seiner selbst vor Gott. Diese Negation ist nicht durch die jeweiligen Zeitumstände bedingt, sondern sie liegt vielmehr in der Christologie und Soteriologie selbst begründet, die Paulus und in dessen Gefolge Luther rechtfertigungstheologisch entfaltet haben.

5. Jesus Christus hat sich Paulus in einer Christophanie in der Nähe von Damaskus (Apg 9,3), einer nachträglichen, außerordentlichen und darin einmaligen Ostererscheinung (1. Kor 15,8), selbst namentlich zu erkennen gegeben (Apg 9,5) und ihm das Evangelium offenbart (Gal 1,12). Anzumerken ist aus den Quellen: Paulus hat Jesus den Christustitel nicht beigelegt, sondern ausdrücklich abgesprochen; er hat Jesus nicht zu dem gemacht, was er ist, sondern er hat ihn vielmehr verwünscht; er hat ihn nicht herbeigesehnt, sondern im Gegenteil verfolgt (Apg 9,4). Also ist Jesus, was er ist, nämlich der Christus und Kyrios (Phil 3,8 u.ö.), aus sich selbst heraus; es liegt in der Analogielosigkeit

---

[6] Th. 71 der 1. Disp. über Röm 3,28, 1535, WA 39 I, 48, 28–30: „Quam blasphemum igitur est dicere, Se ipsum esse sui ipsius Deum, creatorem seu generantem, tam blasphemum est suis operibus iustificari." Vgl. z.St. P. Althaus, Gottes Gottheit als Sinn der Rechtfertigungslehre Luthers,1931, in: ders., Luther und die Rechtfertigung, Darmstadt 1971, 9–31, bes. 22; ferner H. J. Iwand, Rechtfertigungslehre und Christusglaube, TB 14, München ³1966, 1–9. 18 ff. 38 ff.

seiner Relation zu Gott, dem Vater, begründet und wird durch den Heiligen Geist erschlossen (1. Kor 12,3).

5.1 Ist Jesus Christus, was er ist, aus sich selbst heraus, dann beruht die Erkenntnis Christi auf seiner Selbsterschließung durch sein Wort und seinen Geist und ist ein Offenbarungsbegriff. Dieser Begriff impliziert: Christus gibt sich allein durch die Offenbarung seiner selbst aus der Relation zu Gott, dem Vater, durch das Wirken des Heiligen Geistes zu erkennen; für „Fleisch und Blut" (Mt 16,17), Vernunft und alle Sinne, philosophische Erkenntnistheorie und empirische Methodik ist das Geheimnis seiner Person unerschließbar.

5.2 Paulus spricht Phil 3,8 – und so prononciert nur an dieser Stelle – von der „Unüberbietbarkeit der Erkenntnis Christi Jesu, meines Herrn".[7] Die Unüberbietbarkeit der Erkenntnis Christi gründet sich nicht auf den Erkenntnismodus, sondern auf den Erkenntnisinhalt. Der Inhalt der Offenbarung Jesu Christi, der zugleich der Inhalt des Evangeliums ist, auf dem die Erkenntnis Christi beruht, ist die Person des Kyrios Jesus Christus selbst. Das Charakteristikum der Erkenntnis Christi ist, dass Christus zu erkennen nicht eine Durchgangsstation zu höheren Erkenntnisstufen darstellt, sondern dass er als Person in seinem Werk selbst das unüberbietbare Ziel der Erkenntnis ist.

5.3 Jesus Christus ist der Träger des Gottesnamens „Kyrios". Mit diesem Titel ist seine unvergleichlich hohe Würde zum Ausdruck gebracht. Jesus Christus erkennen heißt ihn als Herrn erkennen. Ihn, der Herr ist über alles (Phil 2,10 f.), nennt Paulus „mein Herr" (Phil 3,8). Die Universalität der Herrschaft Jesu Christi ist mit diesem persönlichen Bekenntnis auf den Punkt gebracht. Paulus meint den erhöhten „Kyrios Jesus Christus" (Phil 2,11), der sich ihm bei Damaskus nach der Darstellung des Lukas mit „Ich bin Jesus" (Apg 9,5) selbst vorgestellt[8] und ihn, den Verfolger, zu seinem Apostel berufen hat. Die Erkenntnis

---

[7] Zur Übersetzung s.o. S. 32 f.
[8] Das steht in sachlicher Entsprechung zur Präambel des Dekalogs 2. Mose 20,2 Par.

des erhöhten Kyrios Jesus Christus ist Heilserkenntnis, weil der erhöhte Kyrios der ist, der am Kreuz „gestorben ist für unsere Sünden nach der Schrift" und der „auferstanden ist am dritten Tage nach der Schrift" (1. Kor 15,3b.4b). Die Geschichte des Leidens, Sterbens und Auferstehens Jesu Christi gehört unverlierbar zu seiner Person und erschließt sich dem Glauben an das Für-unsere-Sünden seines Todes und seiner Auferstehung. Der Kyriostitel umfasst den Status der Erniedrigung und der Erhöhung ein und derselben Person des Christus Jesus.

6. Dass in dem Kyrios Jesus Christus das Heil beschlossen liegt, hat Paulus rechtfertigungstheologisch durch die Unterscheidung zwischen der „Gerechtigkeit, die aus dem Gesetz kommt", und der „Gerechtigkeit", „die durch den Glauben an Christus kommt" (Phil 3,9), entfaltet. Den soteriologischen Gegensatz zwischen dem Gesetz und Christus bzw. zwischen Gesetz und Evangelium durch den Gegensatz zwischen Gesetzes- und Glaubensgerechtigkeit im Blick auf das Bestehenkönnen des Menschen vor Gott zu erfassen, das heißt den Artikel von der Rechtfertigung zu verstehen und in das Zentrum der Theologie vorzudringen. Dieser Gegensatz tritt nämlich dann hervor, wenn das christologische und soteriologische Zeugnis von Christus durch den Artikel von der Rechtfertigung entfaltet wird. Allein die Entfaltung durch den Artikel von der Rechtfertigung verbürgt, dass es gleichzeitig zur Erkenntnis der Sünde durch das Gesetz und zur Erkenntnis der Gerechtigkeit Gottes durch das Evangelium kommt. Die Erkenntnis der Gerechtigkeit Gottes aber ist die Erlangung des eschatologischen Heils, das auf dem stellvertretenden Tod und der Auferstehung Jesu Christi beruht. Im Glauben an das Evangelium, das die Versöhnungstat Gottes in Christus zum Inhalt hat, steht der Sünder in derselben Gerechtigkeit wie Gott. Er lebt aus ihr als der um Christi willen aus Glauben Gerechte in der Gemeinschaft mit Gott.

7. Wenn durch die Erkenntnis Christi erschlossen wird, dass man im Glauben um seinetwillen vor Gott gerecht dasteht, gibt man für sie alles andere hin und hält es für „Dreck" (Phil 3,8). Die Besonderheit der Erkenntnis Christi zeigt sich daran, dass sie stets auf Vertiefung aus ist und dazu anleitet, Christus zu „ge-

winnen" und in ihm „befunden" zu werden (Phil 3,8 f.), um wiederum „ihn zu erkennen, und zwar die Kraft seiner Auferstehung und die Teilhabe an seinen Leiden" (Phil 3,10).

7.1 Zuerst gilt es, „die Kraft seiner Auferstehung" zu erkennen. Denn Christus ist nicht ein Gegenstand der Erkenntnis neben anderen innerweltlichen Erkenntnisgegenständen. Vielmehr ist er ohne jede Analogie; denn er hat im Unterschied zur ganzen kreatürlichen Welt, die ausnahmslos auf den Tod zugeht, den Tod überwunden und hinter sich gelassen. Wer Christus auf eine innerweltliche Erscheinung reduziert, findet keinen Zugang zu ihm, weil er ihn auf etwas festzulegen sucht, was bereits hinter ihm liegt. Aber Christus lebt nun in der Kraft Gottes (2. Kor 13,4). Diese Kraft Gottes ist zugänglich gemacht im Evangelium Gottes (Röm 1,1), das die Kraft Gottes ist zur Rettung für jeden, der glaubt (Röm 1,16). Christus in der Kraft seiner Auferstehung zu erkennen, gründet im Glauben an das Evangelium, durch das er als der Auferstandene verkündigt wird.

7.2 Der auferstandene Christus ist derselbe wie der, „der sich selbst für unsere Sünden dahingegeben hat, dass er uns errette von dieser gegenwärtigen, bösen Welt nach dem Willen Gottes, unseres Vaters" (Gal 1,4). Die Erkenntnis der „Kraft seiner Auferstehung" führt daher keineswegs vom Kreuz weg, sondern erschließt vielmehr dessen zentrale, die Zeiten übergreifende Heilsbedeutung, nämlich die „Teilhabe an seinen Leiden", die Gleichgestaltung mit „seinem Tod" (Phil 3,10). Gemeint ist die reale Teilhabe an Christi Leiden und Tod. Nach der Sachparallele Röm 6,3 ff. ist darunter das Mitgekreuzigtsein und Mitgestorbensein mit Christus aller auf ihn Getauften zu verstehen. In Röm 6,6 gebraucht Paulus wie in Phil 3,10 das Verb γινώσκω: „Wir erkennen (wissen), dass unser alter Mensch mitgekreuzigt ist ..." Der Ermöglichungsgrund für das reale Einbezogensein aller Menschen in den Tod Christi liegt darin, dass der Tod Jesu Christi, des Sohnes Gottes, am Kreuz stellvertretend für die an die Sünde verfallene Menschheit geschehen ist. Das ist nicht ausgedacht und bringt keinen Wunsch zum Ausdruck. Es ist keine Metapher, mit der sich die Sterblichen gegenseitig vertrösten. Das geht vielmehr auf Gott selbst zurück (2. Kor 5,18). Es beruht auf „dem Willen Gottes, unseres Vaters" (Gal 1,4), den dieser in Christus zur Versöhnung der Welt mit sich selber zur Ausführung gebracht hat (2. Kor 5,19). Es ist vollzogene Tat der Versöhnung, so gewiss vollzogen, wie Jesus Christus am Kreuz nicht scheinbar, sondern wirklich gestorben und „begraben worden ist" (1. Kor 15,4).

7.3 Die Erkenntnis Christi ist nicht vollständig, wenn sie nicht die Erkenntnis einschließt, dass durch seinen stellvertretend geschehenen Tod und durch seine Auferstehung der alte Mensch gerichtet und aufgehoben und der neue Mensch auf den Plan getreten ist. Denn die das Menschengeschlecht einbeziehende Existenzstellvertretung Jesu Christi ist ein für allemal geschehen und vollzogen. Das von Christus *extra nos* heraufgeführte Heil wird *in nobis* nachvollzogen durch den Glauben an das Evangelium, in dem der Mensch im Blick auf sich selbst gelten lässt, dass er der Sünde gestorben ist und Gott lebt in Christus Jesus (Röm 6,11). Indem der Glaube für wahr hält, was das Evangelium verkündigt, nimmt der Glaubende für sich selbst in Anspruch, was das Evangelium bringt, nämlich die Freiheit von der Sünde (Röm 6,7), für die Christus stellvertretend gestorben ist (1. Kor 15,3), die Freiheit vom Gesetz, das ihm durch den Leib (!) Christi getötet ist (Röm 7,4), und die Freiheit vom Tod, dem Christus „die Macht genommen und das Leben und ein unvergängliches Wesen ans Licht gebracht hat durch das Evangelium" (2. Tim 1,10). Im Glauben an das Evangelium von Jesus Christus allein gründet daher die wahre Freiheit! Denn frei ist nicht, wer das Gesetz, die Sünde und den Tod ausblendet, weil er vor ihrer Übermacht resigniert, sondern frei ist allein, wer die Verderbensmächte durch den stellvertretenden Tod und die Auferstehung Jesu Christi überwunden sieht und das im Glauben für die eigene Person gelten lässt.

7.4 In der realen Anteilhabe am Leiden und Tod des gekreuzigten und auferstandenen Christus liegt die Hoffnung auf die Auferstehung von den Toten begründet (Phil 3,11). Die Erkenntnis Christi schließt die Erkenntnis ein, dass die Auferweckung Jesu die Auferstehung von den Toten in sich begreift. Diese wird mit dem In-Erscheinung-Treten des Reiches Gottes durch die Parusie

Jesu Christi bei der Heraufkunft eines neuen Himmels und einer neuen Erde (s. Jes 65,17; 66,22; Offb 21,1) Wirklichkeit werden. Die Erwartung der Vollendung ist ein integrierender Bestandteil des Bekenntnisses, dass Jesus Christus der Kyrios ist. Ohne sie fehlt nicht etwas, sondern alles; denn ohne sie wäre Jesus Christus nicht Herr über die Zukunft, sondern diese über ihn.

7.5 Die Erkenntnis Christi steht in rechtfertigungstheologischem Bezugsrahmen und ist deshalb immer zugleich Sündenerkenntnis und Selbsterkenntnis. Darin aber ist sie auch zugleich Gotteserkenntnis; denn durch sie wird der Zugang zum Reich Gottes geöffnet, der wegen der Sünde verschlossen war, weil und sofern sie die Erkenntnis dessen ist, der in Christus war, um die Welt mit sich selber zu versöhnen (2. Kor 5,19). Die Erkenntnis des Kyrios Jesus Christus ist in ihrem innersten Kern Gotteserkenntnis als Heilserkenntnis und Heilsgeschehen.

I, 3

8. Das Heilsgeschehen der Gottes- und Christuserkenntnis beruht auf Erleuchtung und führt zur Neuschöpfung. Aus dem theologischen Fundamentalsatz des Paulus 2. Kor 4,6 wird deutlich, dass die Erkenntnis Gottes ein schöpferisches Geschehen ist, durch das der Erkennende eine neue Kreatur wird. Gott erkennen heißt: ein neuer Mensch werden, der durch Erleuchtung in die Herrlichkeit Gottes einbezogen wird, die sich auf dem Angesicht Jesu Christi spiegelt.

9. In Analogie zur Schöpfung des Lichtes am Anfang der Welt (1. Mose 1,3) hat es Gott an einem neuen Tag, dem „Tag des Heils" (2. Kor 6,2), „Licht werden lassen in unseren Herzen, zum Aufstrahlen der Erkenntnis der Herrlichkeit Gottes im Angesicht Jesu Christi" (2. Kor 4,6). Diese Erkenntnis versetzt in ein neues Sein und ist von jeder Art innerweltlicher Erkenntnis prinzipiell unterschieden. Dass sie eine Erkenntnis sui generis ist, liegt in ihrem Ursprung (9.1); in dem Mittel, durch das sie bewirkt wird (9.2); in dem Objekt, auf das sie bezogen ist (9.3);

in ihrem „Ort" (9.4) und schließlich in ihrem Ziel (9.5) begründet.

9.1 In Gott, dem Schöpfer, liegt der Ursprung; er selbst ist der Initiator des Erleuchtungs- und Erkenntnisgeschehen, das eine „neue Kreatur" (2. Kor 5,17; s.a. Gal 6,15) hervorbringt. Der Schöpfungsaussage in 1. Kor 4,6a korrespondiert die Neuschöpfungsaussage in 4,6b. Beide, die Schöpfung am Anfang wie die Neuschöpfung, geschehen dadurch, dass Gott spricht. Indem er spricht, ereignet sich Schöpfung aus dem Nichts und wird, was vorher nicht war und ohne sein Sprechen nicht wäre. Es ist der eine und einzige Gott, der sich durch die Schöpfung des Lichts zu erkennen gibt. Aber im Unterschied zur Schöpfung am Anfang, bei der er aus seinen Werken erkannt wird (Röm 1,19), gibt er sich in der Neuschöpfung in „Jesus Christus, durch den alles ist und wir durch ihn" (1. Kor 8,6c.d), der also in der Seins- und Handlungseinheit mit ihm steht, durch seinen Geist (s. 2. Kor 3,3.6.8.17 f.) zu erkennen.

9.2 Das Mittel, durch das die Erkenntnis bewirkt wird, ist das Evangelium.[9] Das Evangelium ist wirksam, weil es das „Evangelium Gottes" (Röm 1,1; 2. Kor 11,7) ist, nämlich „das Wort von der Versöhnung", das „Gott unter uns aufgerichtet (hat)" (2. Kor 5,19). Es ist schöpferisches Wort, die Kraft Gottes zur Rettung (Röm 1,16), und durchbricht die Verschlossenheit des menschlichen Herzens gegenüber Gott. Es macht lebendig, weil der „Geist des lebendigen Gottes" (2. Kor 3,3) in ihm wirkt, und lässt es „Licht werden in unseren Herzen" (2. Kor 4,6).

9.3 Das „Objekt", auf das sich die Erkenntnis bezieht, ist die Herrlichkeit Gottes. Mit „Herrlichkeit Gottes" ist 2. Kor 4,6 das Wesen Gottes gemeint, und zwar dieses, wie es in seiner Offenbarung in Erscheinung tritt. In Erscheinung getreten ist am Kreuz Christi die stellvertretende Übernahme von Sünde und Tod zur Versöhnung Gottes mit der von ihm abgefallenen Welt, also die Unbedingtheit der Liebe Gottes, und in der Auferstehung Christi die Inkraftsetzung der Versöhnung durch die unbegrenzte Schöp-

---

[9] Vgl. dazu o. S. 74 ff.

fermacht Gottes, die den toten und begrabenen Jesus auferweckt und lebendig gemacht hat.

9.4 Die Herrlichkeit Gottes ist im Angesicht Jesu Christi in Erscheinung getreten. Unter „Angesicht" versteht Paulus – vor alttestamentlichem Hintergrund – die ganze Person des Christus Jesus. Aber das Erscheinungsbild der Person fokussiert sich im Angesicht. Gemeint ist das menschliche Angesicht im eigentlichen und keineswegs im übertragenen Sinn: Paulus, der in 2. Kor 4,6 wie in Phil 3,4–11 und anderen Stellen auf seine außerordentliche Berufung zum Apostel anspielt, hat das Angesicht des Gekreuzigten bei der Christophanie vor Damaskus gesehen, aber dieses in der verklärten Gestalt des Auferweckten und Erhöhten. Der Lichtglanz, den die Auferweckung und Erhöhung auf das Angesicht des gekreuzigten Jesus Christus geworfen haben, hat Paulus erschlossen, wer Jesus Christus in Wahrheit ist: der „Herr der Herrlichkeit" (1. Kor 2,8). Was Paulus einmal und unwiederholbar bei Damaskus widerfuhr, bildet den Abschluss der Ostererscheinungen. Die Herrlichkeit Gottes auf dem Angesicht Jesu Christi tritt fortan durch die Verkündigung des Evangeliums von Jesus Christus in Erscheinung. Derselbe Christus, der Paulus bei Damaskus erschienen ist, ist der Inhalt des Evangeliums. Kam Paulus durch die Christophanie zum Glauben, dass Jesus der Herr ist, kommen die Christen nach ihm durch den Glauben an das Evangelium zu derselben Erkenntnis und bekennen: „Herr ist Jesus!" (1. Kor 12,3; Röm 10,9; Phil 2,11). Das kann niemand sagen – „außer durch den Heiligen Geist" (1. Kor 12,3).

9.5 Das Ziel des neuschaffenden Handelns Gottes ist das „Aufstrahlen der Erkenntnis der Herrlichkeit Gottes". Nicht das Aufstrahlen der Herrlichkeit Gottes wird ausgesagt; denn diese liegt bereits seit der Erhöhung auf dem Angesicht Jesu Christi, aber das gottabgewandte, verfinsterte menschliche Herz vermag sie nicht wahrzunehmen. Es kommt vielmehr „zum Aufstrahlen der *Erkenntnis* der Herrlichkeit Gottes im Angesicht Jesu Christi" (2. Kor 4,6b). Diese Erkenntnis besteht in der Wahrnehmung, ἐν Χριστῷ, *in Christus*, versetzt und dadurch eine καινὴ κτίσις, *eine neue Kreatur*, zu sein (2. Kor 5,17). Sie ist die Erkenntnis Jesu Christi als des „Herrn der Herrlichkeit" (1. Kor 2,8), in der zugleich die Erkenntnis des Heils beschlossen liegt, insofern dem Glaubenden aufgeht, dass er in Jesu Christi Tod und Auferstehung einbezogen ist, um an seiner Herrlichkeit teilzuhaben.

10. Nicht am Rand, im Zentrum der Person, nämlich „in unseren Herzen", kommt es „zum Aufstrahlen der Erkenntnis". Das verfinsterte Menschenherz (Röm 1,21), das von Gott abgewandt und der Abgötterei sowie den sündigen Leidenschaften erlegen ist (Röm 1,23 ff.), wird durch das Licht der neuen Schöpfung auf Gott bezogen, der den Gottlosen in Christus nicht seinen Rücken, sondern sein Angesicht zugekehrt hat. Gott hat in Christus die Relation zum Menschen unter das Vorzeichen der Gnade und Barmherzigkeit gestellt. Diese Erkenntnis, um Christi willen von Gott als Person vor allem Tun in Gnade angenommen zu sein, lässt Gott im Herzen derer aufstrahlen, die an das Evangelium von Jesus Christus glauben.

I, 4

11. Bei Johannes sind Erkenntnis Gottes und ewiges Leben zueinander in Beziehung gesetzt. Das ewige Leben besteht nach Joh 17,3 in der Erkenntnis des allein wahren Gottes, des Schöpfers, und des von ihm gesandten Jesus Christus, seines einziggeborenen Sohnes, der aus der unvorgreiflichen Seinseinheit mit Gott als der Fleischgewordene in der Übereinstimmung des Rates, Willens und Handelns mit ihm, dem Vater, sein Leben „für das Leben der Welt" (Joh 6,51) dahingegeben hat.

11.1 Das ewige Leben ist nicht der Erkenntnisakt oder der Erkenntnismodus, sondern der Erkenntnisinhalt: Gott selbst in seiner Offenbarung in seinem Sohn. Aber weil das ewige Leben Gott selbst in Christus ist, darum heißt ihn erkennen: das ewige Leben haben.

12. Die Erkenntnis des allein wahren Gottes und die Erkenntnis Jesu Christi, den er gesandt hat, gehören bei Johannes untrennbar zusammen. Er stellt das Wirken und die Botschaft Jesu Christi unter der Perspektive der Einheit Jesu Christi als des einziggebo-

renen Sohnes mit Gott dem Vater dar.[10] Die Einheit zwischen Vater und Sohn impliziert aber die personale Unterschiedenheit zwischen Gott, dem Vater, und dem fleischgewordenen Logos; denn nicht der Vater, sondern der Logos bzw. Sohn ist Fleisch geworden, aber dies in der völligen Übereinstimmung mit dem Vater und im Gehorsam gegen seinen Willen. Die Einheit zwischen Gott, dem Vater, und dem Sohn Gottes unter Berücksichtigung ihrer personalen Unterschiedenheit und die personale Unterschiedenheit wiederum unter der Voraussetzung ihrer wesenhaften Einheit zu erfassen, das führt nach Johannes zur Erkenntnis Gottes und zur Erlangung des ewigen Lebens.

13. Die theologischen Grundlagen sind im Prolog gelegt worden. Im Unterschied zu Himmel und Erde, die Gott im Anfang geschaffen hat (1. Mose 1,1), wurde der Logos nicht geschaffen, sondern er *war* (Joh 1,1a); „und das Wort war bei Gott, und Gott war das Wort" (1,1b.c). Der Logos partizipiert an Gottes Präexistenz vor aller Schöpfung. Gott und der Logos haben niemals anders existiert als in der aller Zeit und Schöpfung vorgegebenen Unterschiedenheit, aber auch Zusammengehörigkeit von Gott und Logos bzw. von Vater und Sohn (1,14d). Hätte Gott das Wort im Anfang hervorgebracht, wäre auch das Wort Geschöpf, wenn auch das erste und hervorragendste, aber nicht das Wort, durch das alles geschaffen ist (1,3). Doch durch das Wort, das im Anfang bei Gott war, sind alle Dinge geworden (1,2.3). Im Prolog wird also ausgesagt: Gott ist Gott und Logos; er wurde dies nicht vor der Zeit oder gar in der Zeit, sondern er ist und war Gott *und* Logos, bevor alles wurde; und er war niemals nicht Gott und Logos, sondern er ist und existiert in der unvorgreiflichen Einheit, aber auch Unterschiedenheit von Gott und Logos. Vor diesem Hintergrund wird ein Ereignis von beispielloser Tragweite berichtet: „Das Wort ward Fleisch und wohnte unter uns" (1,14a.b). Das Wort hörte nicht auf zu sein, was es war, aber durch die Fleischwerdung ist auf den Plan getreten, was vorher nicht da war[11] und vom Fleisch nicht hätte hervorgebracht werden können: Jesus Christus, Gott und Mensch in ein und

---

[10] Joh 10,30: ἐγὼ καὶ ὁ πατὴρ ἕν ἐσμεν. *Ich und der Vater sind eins.*
[11] Formuliert in Anlehnung an J. A. Bengel (s.o. S. 86, Anm. 35).

derselben Person, durch den die Gnade und Wahrheit geworden ist (1,17).

14. Mit der Inkarnation ist etwas grundlegend Neues und Analogieloses gesetzt worden. Sie beruht, wie aus dem Prolog hervorgeht, auf der Einheit Gottes mit dem Fleischgewordenen bei personaler Unterschiedenheit zwischen beiden und besteht wiederum in der Einheit des ewigen Logos mit der Geschöpflichkeit des Menschen Jesus in ein und derselben Person. Darunter versteht Johannes aber nicht die Verwandlung des Logos in den Menschen Jesus oder des Menschen Jesus in den Logos, so dass dieser weder Gott noch Mensch gewesen wäre, sondern entweder ein Halbgott oder ein Scheinmensch. Vielmehr war er Gott und Mensch ganz und unverkürzt in einer Person. Nach Joh 1,14b ist der Logos nicht vorübergehend und episodenhaft Fleisch geworden, sondern ein für allemal und unumkehrbar. Er weilte leibhaftig unter den Menschen mit dem Namen Jesus zu Beginn der nach ihm benannten Zeitrechnung in Galiläa und Jerusalem.

14.1 Die Voraussetzung der johanneischen Aussagen über Gott ist das Grundbekenntnis Israels zu dem *einen* Gott (5. Mose 6,4). Dieses Bekenntnis kann implizit vorausgesetzt oder explizit zum Ausdruck gebracht werden wie in Joh 17,3 mit der formelhaften Wendung „der allein wahre Gott". Er allein, der Schöpfer, der sich in Israel offenbart hat, ist der wahre, wirkliche, eigentliche Gott im Unterschied und im Gegensatz zu den nichtigen Göttern der Heiden.

14.2 In 1. Kor 8,6 ist das Grundbekenntnis Israels „*einer* ist Gott" (5. Mose 6,4; 1. Kor 8,6a) mit dem christlichen Grundbekenntnis „*einer* ist Herr, Jesus Christus" (1. Kor 8,6c) verknüpft worden. Diese Verknüpfung liegt auch in Joh 17,3 vor. Johannes vertritt an dieser Stelle wie das älteste binitarische Bekenntnis der Christenheit 1. Kor 8,6 einen binitarischen Monotheismus. In der Sache wird zum Ausdruck gebracht: Einer ist Gott, aber dies ist er in der Unterschiedenheit zwischen dem Vater und dem Sohn. Der Sohn ist mit dem Vater eins, aber er kann nicht einfach mit ihm identifiziert werden, weil er im Unterschied zum

Vater Mensch geworden ist. Jesus Christus ist in das Sein und Wesen des einen Gottes einbezogen und gehört wie Gott, der Vater, in das erste Gebot hinein, wäre doch ansonsten seine Anrufung im Gottesdienst Abgötterei.

15. War Gott im Anfang Gott und das Wort (Joh 1,1 f.), war Gott also niemals *nicht* Gott und das Wort, dann ist die Erkenntnis des Wortes, das Fleisch wurde und unter uns wohnte (1,14a.b), nämlich die Erkenntnis des Einziggeborenen vom Vater (1,14d), den dieser gesandt hat (17,3b), nicht etwas Zweites neben der Erkenntnis des allein wahren Gottes (17,3a). Vielmehr ist die Erkenntnis beider in ihrer unauflöslichen Zusammengehörigkeit, aber personalen Unterschiedenheit die eine Gotteserkenntnis, in der das ewige Leben besteht. Durch den, den er gesandt hat, wird der, der sendet, allererst erkannt (14,7.9). Aber auch der Gesandte wird nur erkannt, wenn man die Wesens- und Handlungseinheit wahrnimmt, in der er mit dem Sendenden steht (10,30). Die Fleischwerdung des Wortes bedeutet nicht nur eine Zäsur für die Gotteserkenntnis, sondern vielmehr ihre Konkretisierung, Präzisierung und Erfüllung: „Ich bin die Tür; wenn jemand durch mich hineingeht, wird er gerettet werden und wird ein- und ausgehen und Weide finden." (10,9)

16. Aus dem Kontext von Joh 17,3 wird deutlich, dass zur Erkenntnis Gottes die Erkenntnis des Heiligen Geistes gehört. Dieser wird vom Vater gesandt in Jesu Namen (Joh 14,26). Er ist es, der die Verschlossenheit des fleischlichen Menschen gegenüber Gott durchbricht, indem er Jesu Wort in Erinnerung bringt, durch es anredet, das Verständnis der Person und des Werkes Jesu Christi sowie den Glauben an ihn wirkt und in ein lebendiges Verhältnis zu Gott versetzt. Das tut er nicht als ein geschöpfliches Instrument, sondern als der Schöpfergeist, der in der Einheit mit dem Vater und dem Sohn steht, aber in personaler Unterschiedenheit von ihnen handelt. Er handelt, indem er die Erkenntnis des allein wahren Gottes sowie des von ihm gesandten Jesus Christus und eben dadurch das ewige Leben wirkt. Weil er durch die Verkündigung des Wortes Gottes die Erkenntnis Gottes des Vaters, des Sohnes und des Heiligen Geistes in der Gegenwart wirkt, indem er den Glauben hervorruft, in die

Wahrheit stellt und mit der Liebe Gottes umfängt, ist die Erkenntnis Gottes Heilsgeschehen.

II, 1

17. Mit dem Bekenntnis stellt das Volk Gottes heraus, dass es das Evangelium von Jesus Christus, wie es in der Heiligen Schrift bezeugt wird, gehört hat und es für die Erkenntnis Gottes, in der das Heil beschlossen liegt, als verbindlich anerkennt. Das Bekenntnis ist in seinem innersten Kern das Bekenntnis zu Jesus Christus selbst und besteht in der Anerkennung seines Hoheitsanspruchs durch die Zustimmung zu seinen „Worten" (s. Mk 8,38; Lk 9,26), und zwar „vor den Menschen" (Mt 10,32 f. Par.), also in der Öffentlichkeit. Von Anfang an bestand die Notwendigkeit, das Bekenntnis zu Jesus Christus gegen Irrlehren durch inhaltliche Näherbestimmungen zu präzisieren (s. z.B. 1. Joh 4,1−6; 2. Joh 7). Das ist dadurch geschehen, dass dem Bekenntnis zu Christus ein Bekenntnissatz an die Seite gestellt wurde, der eine antihäretische Sachaussage zum Ausdruck brachte. Durch sie ist expliziert worden, was in dem Bekenntnis zu Jesus Christus impliziert ist.

18. Auch und gerade die in der ganzen Christenheit bekannt gewordenen Bekenntnisse wie das Nicaenum (325) und das Nicaeno-Constantinopolitanum (381), in denen der christliche Glaube kurz und bündig entfaltet worden ist, haben ihren letzten und eigentlichen Grund und Bezugspunkt in dem Bekenntnis zu dem Kyrios Jesus Christus. Das wird deutlich an der Rolle, die der christologische Leitbegriff ὁμοούσιος *wesenseins* in den theologischen Auseinandersetzungen des 4. Jahrhunderts gespielt hat. Er war unverzichtbar bei der Näherbestimmung des Verhältnisses von Gott, dem Vater, und Jesus Christus, dem einziggeborenen Sohn Gottes, und hat schließlich auch bei der Verhältnisbestimmung zwischen Vater, Sohn und Heiligem Geist, die zum trinitarischen Dogma geführt hat, im Hintergrund gestanden.

19. Die Konzentration auf das Bekenntnis zu Christus ist keine Verengung, sie öffnet vielmehr den Blick auf die Weite und uner-

messliche Fülle des Glaubens. Das Nicaeno-Constantinopolitanum ist ein Beispiel dafür, wie der Glaube durch den Gegenstand des Glaubens selbst zur Entfaltung gebracht wird. Das Glaubensbekenntnis bringt zum Vorschein, dass in Christus „alle Schätze der Weisheit und der Erkenntnis (verborgen liegen)" (Kol 2,3).

20. Die Grundlage und formale Voraussetzung des Glaubensbekenntnisses bildete die Heilige Schrift, und zwar die ganze Schrift des Alten und Neuen Testaments. Cyrill von Jerusalem hat aus der Schrift erhoben, wer Gott ist, und die Schrift wiederum durch ihre *res*, Gott, ausgelegt. Das Glaubensbekenntnis – das Taufsymbol von Jerusalem (J)[12] – stellte für ihn eine Zusammenfassung der Schrift dar; es beinhalte in wenigen Worten das ganze Alte und Neue Testament.[13] Die Schrift stand im 4. Jahrhundert in allerhöchstem Ansehen. Athanasius von Alexandrien hat sein wegweisendes Verständnis der Inkarnation und Erlösung allein auf das Christuszeugnis der Schrift gegründet. Sie galt ihm als „inspiriert" und „ganz klar".[14] Schließlich ist noch zu unterstreichen, dass das ausdrückliche Festhalten am trinitarischen Taufbefehl in Mt 28,19 für Basilius von Caesarea die Grundlage seiner Pneumatologie darstellte,[15] die wiederum zu den Voraussetzungen des trinitarischen Dogmas gehört.

21. Der im Bekenntnis bezeugte Glaube stellt eine Lebensmacht dar, die Menschen aus ihren gottwidrigen Bindungen löst und zu einem glaubensgemäßen Wandel ermächtigt. Das wird deutlich aus dem Sitz im Leben des Glaubensbekenntnisses in der Taufunterweisung. Denn nicht eine religiöse Weltanschauung wird durch das Glaubensbekenntnis vermittelt, vielmehr ist in ihm das Wort von der Rettung des Menschen durch Gott in Christus bündig zusammengefasst. Mit der Annahme des Glaubensbekenntnisses war daher die Abwendung von Götzendienst, Irrtum und Häresie unlöslich verbunden. Der Übergabe des Glaubensbekenntnisses durch den Katecheten entsprach die Übergabe des

---

[12] DH 41.
[13] Cyrill, Cat. V, 12 f.
[14] Athanasius, De inc. 33; PG 25, 153 A.
[15] Vgl. o. S. 169 f., bes. Anm. 298, und S. 180 f., Anm. 332 ff.

Katechumenen an den Glauben in der Taufe. Der Glaube ist ein „Schatz zum Leben"[16], der durch die Taufe übereignet wird und den es zu bewahren gilt. Denn die Taufe ist „den Gefangenen Befreiung; Vergebung der Sünden; Tod der Sünde; Wiedergeburt der Seele"[17]. Es war die Taufe, die sich den Glaubenden als Fundament ihres Christseins unauslöschlich eingeprägt hat. Ihnen war bewusst, dass sie sich durch den Empfang der Taufe von allen Nichtchristen unterschieden.

22. Wie die Taufe nicht aufgehört hat, ein Sakrament zu sein, als die Praxis der Kindertaufe zum Normalfall wurde, und wie das Evangelium geblieben ist, was es von Anfang an war, nämlich die Kraft Gottes zur Rettung für alle, die glauben (Röm 1,16), so haben auch die Glaubensbekenntnisse des 4. Jahrhunderts die Tradition der antihäretischen Bekenntnisse fortgesetzt. Mit der konstantinischen Wende waren allerdings ganz neue Voraussetzungen entstanden: Aus den Bekenntnissen mit lokalem und regionalem Geltungsbereich waren Bekenntnisse geworden, die den Anspruch auf universale Geltung in der gesamten Ökumene erhoben haben. Das Nicaeno-Constantinopolitanum aus dem Jahr 381 erhebt diesen Anspruch bis heute und hält ihm auch stand. Es ist das einzige Bekenntnis, das von allen Kirchen in der ganzen Ökumene anerkannt wird.

23. Das Nicaeno-Constantinopolitanum beginnt – unter Aufnahme des Grundbekenntnisses Israels (5. Mose 6,4; s.a. Mk 10,18; 12,29 f. Par.) – mit dem Bekenntnis zu dem „*einen* Gott" (NC 2). Sachlich wird mit dem Bekenntnis zur Einzigkeit Gottes ausgesagt und dem Glaubensbekenntnis vorangestellt: Gott ist *einer* als der Schöpfer, Erlöser und Vollender. Wäre er das nicht, wäre der Erlösergott ein anderer als der Schöpfergott wie in gnostischen Strömungen, dann müsste die Schöpfung in ihrer Gesamtheit unerlöst bleiben, und dem Erlöser fehlte, guten Willen vorausgesetzt, die Macht zur Durchführung des Erlösungswerkes. Die ausdrückliche Aufnahme der Monotheismusformel zu Beginn des ersten Glaubensartikels legt das Fundament für

---

[16] Cyrill, Cat. V, 13.
[17] Cyrill, Cat. II, 16.

die binitarische und trinitarische Entfaltung des Bekenntnisses zu dem *einen* Gott im zweiten und dritten Artikel. Die neutestamentliche Grundlage dafür bilden 1. Kor 8,6 und Eph 4,5–6.

24. Gott ist der *Vater*. Der Vater-Titel wird in allen drei Artikeln des NC für Gott gebraucht. Wie sich aus dem Kontext von NC 1–4 ergibt, ist im ersten Artikel an die kosmologische Aussage gedacht, Gott, der Vater, sei der Schöpfer des Alls. In dieser Bekenntnisaussage ist die Negation der gnostischen Vorstellung enthalten, das All sei von einem Demiurgen geschaffen worden. Auch die Meinung, es gehe auf blinden Zufall zurück, eine Meinung, in der sich antiker und moderner Agnostizismus und Nihilismus berühren, ist mit dem Glauben an Gott, den Vater, unvereinbar. Unter Gott, dem Vater, ist von vornherein der Vater Jesu Christi gemeint, nicht etwa Zeus-Jupiter.[18] Das erhärten die neutestamentlichen Hauptbelege Eph 4,6 und 1. Kor 8,6. Der Satz „*Einer* ist Gott, der Vater" (1. Kor 8,6a) wird in dem von Paulus aufgenommenen Bekenntnis in doppelter Hinsicht näher bestimmt. Zum einen durch die kosmologische Aussage „von dem alles ist" (6ba), die den Vater als den Schöpfer des Alls prädiziert, und zum anderen durch die sich anschließende soteriologische Aussage „und wir zu ihm" (6bb), die den einen Gott und Vater zugleich als den Schöpfer des neuen Seins in Christus bekennt. Beide Bekenntnisaussagen können unterschieden, aber nicht voneinander getrennt werden. Das NC leitet zur Differenzierung an, indem es den Glauben in drei Artikeln entfaltet.

25. Gott ist der *Allmächtige*. Allmacht ist nicht so sehr eine Eigenschaft Gottes als vielmehr das Gottsein Gottes in seinem gottheitlichen Vollzug. Gott erweist seine Macht in allem, indem er es als der Allmächtige umfasst, nach seinem verborgenen Willen lenkt und beherrscht. Er ist in allem Geschaffenen gegenwärtig, aber gottheitlich, der als der Allmächtige ohne Unterlass wirkt und alles zu dem Ziel führt, das er ihm gesetzt hat. „Nichts steht außerhalb der Macht Gottes."[19] Würde etwas seiner Macht entzogen sein, wäre er nicht Gott, sondern ein Götze, der

---

[18] Mit J. Becker, Paulus, Tübingen ²1992, 114.
[19] Cyrill, Cat. VIII, 5.

in Abhängigkeit von anderen Mächten stünde und sich mit ihnen ins Benehmen setzen müsste. Aber: „Heilig, heilig, heilig ist Gott der Herr, der Allmächtige, der da war und der da ist und der da kommt." (Offb 4,8)

26. Gott ist der *Schöpfer*. Alles, Himmel und Erde, ist von Gott geschaffen (1. Mose 1,1), und zwar durch sein Wort (Joh 1,1–3); existiert in Gott und durch Gott. Über Gott wird damit ausgesagt: Gott ist der *eine* Ungeschaffene, sein Sein ist Schaffen; er existiert nicht in der Abhängigkeit von etwas anderem, sondern in sich selbst; er erweist sich als allmächtig durch die Schöpfung aus dem Nichts sowie in der Erhaltung vor dem Nichts. Nichts existiert neben ihm, unter ihm dagegen alles, das Winzigste wie das unermesslich Große. Er ändert sich nicht, indem er schafft, sondern bleibt immer derselbe; aber indem er schafft, ändert sich alles und steht in fortwährendem Wandel.

26.1 Gott bedarf in seiner Allmacht nicht eines Grundstoffes für die Erschaffung des Himmels und der Erde. Bei der Annahme eines Grundstoffes – Thales von Milet dachte an das Wasser, Anaximenes an die Luft – wird die Ursache von allem Sein in die Elemente gelegt, wie Basilius von Caesarea scharfsinnig gesehen hat.[20] Sein Einwand gegen die antike Philosophie bleibt auch gültig gegen die moderne Vorstellung einer sich selbst schaffenden Natur. Das ist ein Mythos; darin liegt eine sublime Form der Kreaturvergötterung.

26.2 Gott ist ewig und existiert außerhalb der Zeit. Die Zeit ist mit der Schöpfung entstanden und ist die Existenzweise der Geschöpfe. Es gibt wohl eine Erstreckung der Zeit ins Unermessliche, aber es ist ein Irrtum, daraus auf eine Welt ohne Anfang und Ende zu schließen. Das hat Basilius von Caesarea gegen Platon, Aristoteles und andere theologisch mit Recht eingewandt.[21]

---

[20] Basilius, Hex. I, 2.
[21] Basilius, Hex. I, 3 u.ö.

26.3 In NC 4 wird eigens unterstrichen, Gott sei der Schöpfer „alles Sichtbaren und Unsichtbaren", also nicht nur der sichtbaren, sondern auch der unsichtbaren Welt. Das beruht auf Kol 1,16, wo Christus als der Schöpfungsmittler prädiziert wird. Dieser Aspekt ist im zweiten Glaubensartikel (NC 13) wieder aufgenommen. Das spricht für die Einheit Gottes bei der Unterschiedenheit der Personen sowie für die Zusammengehörigkeit aller Artikel im Glaubensbekenntnis. Ausgesagt wird mit dem Christushymnus Kol 1,15−20 in NC 4, dass die kosmischen Mächte und Gewalten, die überirdischen Wesen und Kräfte in, durch und auf Christus hin geschaffen sind (Kol 1,16). Sie stehen über der sichtbaren Welt, aber unter Christus. Sie sind keine Emanationen Gottes, sondern vielmehr geschaffen, wie Irenäus von Lyon um 180 gegen die Gnosis der Valentinianer hervorgehoben hat.[22]

26.4 Gott ist der Schöpfer – das ist die zentrale Prädikation Gottes und die Hauptaussage des ersten Artikels. In einem Bekenntnis kann und muss nicht alles über Gott gesagt werden, aber diese Aussage darf nicht fehlen;[23] sie ist grundlegend für alle drei Artikel. Wer ist Gott, wenn er der Schöpfer ist? Die Quelle des Lebens; der Gegenstand der Furcht, des Vertrauens und der Liebe; „die heißersehnte Schönheit", „das Licht des Geistes" und „die unbegreifliche Weisheit".[24]

27. Der Beginn des zweiten Artikels ist dem des ersten Artikels parallel gestaltet: „Und an den einen Herrn Jesus Christus" (NC 5). Die biblische Grundlage dafür bildet 1. Kor 8,6. Dieses Bekenntnis ist der älteste Beleg für die explizite Verknüpfung des Bekenntnisses Israels zu dem *einen* Gott mit dem christlichen Grundbekenntnis zu dem *einen* Herrn Jesus Christus. *An* den einen Herrn Jesus Christus wird geglaubt, weil der eine Gott in ihm in Erscheinung getreten ist – nicht als ein Zweiter neben

---

[22] Irenäus, Haer. I, 5, 1.
[23] Sie steht auch im Zentrum des ersten Artikels in den Glaubensbekenntnissen vor dem NC (s. DH 40 ff.).
[24] Nach Basilius, Hex. I, 2.

dem Ersten und Einen, sondern als ein und derselbe Gott, aber in der personalen Unterschiedenheit von Vater und Sohn.

27.1 Der Kyriostitel ist mit großer Wahrscheinlichkeit bereits von dem griechischsprachigen Teil der Urgemeinde in Jerusalem, den sogenannten „Hellenisten", nach Ostern auf Jesus angewandt worden. Auch die Verschmelzung des Namens Jesus mit dem Christustitel dürfte auf sie zurückgehen. Die Nennung des Kyriostitels vor dem Namen Jesus Christus findet sich exemplarisch in dem vorpaulinischen Christushymnus Phil 2,(6−)11. Durch die Verwendung im Gottesdienst war der Kyriostitel allseits bekannt. Kein anderer Titel ist so geeignet, die Einzigkeit der Person und die Einzigartigkeit des Werkes Jesu Christi zusammenfassend zum Ausdruck zu bringen. Es ist wohlbegründet, dass er am Anfang des zweiten Artikels steht. Er enthält die christologischen und soteriologischen Aussagen des Artikels schon wie eine Überschrift in sich.

27.2 Jesus Christus ist geschichtlich eindeutig identifizierbar, aber er ist keine Person der Vergangenheit wie alle anderen Verstorbenen. Vielmehr ist durch seine Auferweckung und Erhöhung die Macht des Todes gebrochen, so dass nicht mehr die Zeit über ihn, sondern er über die Zeit herrscht. Das ist es, was mit dem Titel Kyrios zum Ausdruck gebracht wird. Aus der Erhöhung zum Kyrios folgt aber keineswegs die Entwertung des Todes Jesu am Kreuz, als wenn er nur eine Durchgangsstation auf dem Weg der Erlösung gewesen wäre, sondern ganz im Gegenteil die Inkraftsetzung des Todes Jesu am Kreuz als der die Zeit übergreifenden Tat der Versöhnung; „denn *Gott* war in Christus und versöhnte die Welt mit sich selber" (2. Kor 5,19). Durch die Auferweckung des Gekreuzigten und die Erhöhung des Erniedrigten zum Kyrios ist das Kreuz auf Golgatha zum Inhalt des Wortes von der Versöhnung sowie zum Bezugs- und Fixpunkt des kommenden Weltgerichtes und Reiches Gottes geworden.

27.3 Die Anwendung des Kyriostitels auf Jesus Christus beruht auf der Voraussetzung der Identität der Person des gekreuzigten mit der des auferstandenen Jesus Christus. Bei der Anrufung des

Kyrios, der als der Erniedrigte „gestorben ist für unsere Sünden nach der Schrift" (1. Kor 15,3) und aufgrund des Für-uns seines Todes am Kreuz als der Erhöhte nun „reich ist für alle, die ihn anrufen" (Röm 10,12), erweist sich diese Identität immer wieder aufs neue. Der Kyrios wird mit seinem Namen Jesus (Christus) angerufen; denn Gott hat dem, der sich selbst erniedrigte (Phil 2,8), durch die Erhöhung zum Kyrios den Namen gegeben, „der über alle Namen ist" (Phil 2,9). Dadurch ist der unaussprechliche Gottesname (2. Mose 3,14) aussprechbar und anrufbar geworden.[25]

28. Auf den Kyriostitel in der Eingangszeile folgt die zentrale christologische Aussage des zweiten Artikels: Jesus ist der „Sohn Gottes" (NC 6). Das geschieht unter Aufnahme des wichtigsten Hoheitstitels Jesu im Neuen Testament. Weil es die Frage nach Jesu Ursprung und Wesen zu beantworten gilt, dominiert im NC der metaphysische Sohn-Gottes-Begriff im Unterschied zum messianischen Sohn-Gottes-Begriff.[26] Was in dem metaphysischen Sohn-Gottes-Begriff impliziert ist, wird in einer Reihe von Näherbestimmungen ausgeführt (NC 7–13).

28.1 Der Glaube ist auf Jesus als „den Einziggeborenen" (NC 7) gerichtet. „Einziggeborener" ist ein exklusives „Hoheitsprädikat Jesu"[27], durch das die Analogielosigkeit des Verhältnisses Gott – Sohn Gottes unterstrichen und dezidiert ausgesagt wird: Jesus allein gebührt das Gottessohn-Prädikat. Warum? Weil er und nur er, er aber wirklich, der fleischgewordene Logos ist (Joh 1,14), in dem Gott, der Vater, sichtbar in Erscheinung getreten ist (Joh 14,9).

28.2 Der Sohn Gottes ist „aus dem Vater gezeugt vor aller Zeit" (NC 8). Mit dieser Hauptaussage des zweiten Artikels wird die analogielose Relation Gott Vater – Sohn Gottes näher bestimmt. Sie wird in NC 9 durch die Lichtmetapher veranschaulicht, in NC 10 theologisch vertieft, durch die Wiederaufnahme des

---

[25] Mit H. Vogel, Das Nicaenische Glaubensbekenntnis, Berlin 1963, 47.
[26] Zu dieser Unterscheidung vgl. o. S. 125 f., Anm. 93.
[27] F. Büchsel, ThWNT IV, 1942, 748, 22.

Stichworts „gezeugt" in NC 11 präzisiert und in NC 12 mit antiarianischer Zuspitzung zusammengefasst. Die christologische Spitzenaussage ist zugleich grundlegend für die Gotteslehre und einschlägig für die Erkenntnis Gottes.

28.3 Für die Lehre von Gott, vor dem Konzil vehement vertreten von Athanasius,[28] ist konstitutiv: Gott *ist* Vater, Sohn und – in Vorwegnahme des dritten Artikels – Heiliger Geist. Gott war also nicht erst und danach auch Vater, Sohn und Geist; vielmehr ist Gott nie anders Gott denn als Vater, Sohn und Geist gewesen. Im Umkehrschluss gesagt: Gott war niemals nicht der Vater, der Sohn und der Heilige Geist, sondern er war vor aller Zeit, ist jetzt und wird in Ewigkeit der eine Gott sein in der unvorgreiflichen Einheit und personalen Unterschiedenheit von Vater, Sohn und Heiligem Geist.

28.4 Die genaue Bestimmung des Verhältnisses von Gott und Sohn Gottes ist im arianischen Streit unabweisbar notwendig geworden, weil Arius dem Sohn Gottes die Gleichewigkeit mit Gott dem Vater strikt abgesprochen hatte. Der Sohn Gottes habe nicht Anteil an dem anfanglosen Sein Gottes, vielmehr müsse gesagt werden, er habe einen Anfang, Gott aber sei ohne Anfang.[29] Diese mit Paulus, etwa 1. Kor 8,6, und dem Johannesprolog unvereinbare Bestreitung der Gottgleichheit des Sohnes hat nach langem Ringen schließlich zu den christologischen Spitzenaussagen in NC 8–13 geführt. In ihnen wird assertorisch festgestellt und bekannt: Der Sohn Gottes ist Gott aus Gott. Mit dem Gedanken des Gezeugtseins vor aller Zeit wird nicht etwa die Abstammung, sondern vielmehr die Wesensherkunft *aus* und die Wesenseinheit *mit* Gott dem Vater *in* dem einen Gott zum Ausdruck gebracht. Es ist also nicht an ein zeitliches Nacheinander oder eine ontologische Abstufung gedacht, vielmehr werden gerade diese beiden Aspekte von den Bekenntnisaussagen als unsachgerecht abgewiesen. Denn der Sohn steht nicht in einem Verhältnis des zeitlichen Nacheinanders zum Vater, wäre er doch dann ein Geschöpf, wenn auch das erste, sondern er ist mit

---
[28] Nachweise s.o. S. 139 f., Anm. 165 ff.
[29] Nachweis o. S. 128, Anm. 102.

ihm a priori da vor aller Zeit und bildet mit ihm eine Gemeinschaft, die nicht irgendwann gestiftet worden ist, sondern die unvorgreiflich immer da war vor aller Zeit und die da ist und aus der heraus Gott unablässig wirkt und schafft.

28.4.1 Gott war nie Gott, der Vater, ohne Gott, den Sohn (Athanasius).[30] Der mit der Präposition ἐκ *aus* (NC 8) bezeichnete Ursprung des Sohnes Gottes in Gott dem Vater bringt die Priorität des Vaters in der innergöttlichen Relation zwischen dem Vater und dem gleichewigen Sohn zum Ausdruck. Es besteht ein Unterschied der Personen, aber kein Wesensunterschied. Das NC geht von der Seins- und Handlungseinheit der drei Personen in dem *einen* Gott aus. Diese Einheit beruht nicht auf ihrem Willen, sondern liegt in ihrem Wesen begründet, das ewig ist, schlägt sich aber selbstverständlich in ihrem Willen nieder.

28.4.2 Mit der Aufnahme des Gedankens der Schöpfungsmittlerschaft hat auch Arius die Präexistenz des Sohnes Gottes vertreten. Als biblischer Hauptbeleg diente ihm Spr 8,22 f., wo die Präexistenz der Weisheit bezeugt wird. Die Präexistenz des Sohnes ist zwar traditionsgeschichtlich und typologisch in der Präexistenz der Weisheit vorgebildet, aber die Präexistenz des Sohnes ist im Unterschied zu ihr eine absolute Präexistenz wie die Gottes des Vaters selbst – gemäß dem metaphysischen Sohn-Gottes-Begriff. Das Beispiel des Arius zeigt, dass man mit Spr 8,22 f., dem locus classicus, Christus die Präexistenz im Sinne der Weisheit zugestehen konnte, ihm aber zugleich mit aller Entschiedenheit die Gottgleichheit und Gleichewigkeit im Sinne der absoluten Präexistenz Gottes bestritten hat. Doch Jesus Christus, der Sohn Gottes, war nicht im Sinne der alttestamentlich-jüdischen Weisheit präexistent, sondern im Sinne von Phil 2,6–8; 1. Kor 8,6; Gal 4,4–5; Röm 8,3–4; Kol 1,15 f.; Hebr 1,1–4 und Joh 1,1–18.[31] Das ist im NC theologisch sachgerecht zum Ausdruck gebracht.

---

[30] Nachweis o. S. 139, Anm. 165.
[31] Vgl. dazu o. S. 129 f. mit Anm. 113.

28.5 Außer für die Gotteslehre und Christologie ist das NC auch und gerade für die Erkenntnis Gottes wegweisend. Mit der Person des Christus Jesus ist die Erkenntnis des wahren Gottes und zugleich das ewige Leben (s. Joh 11,25) gegeben. Denn mit ihm, dem „Licht vom Licht" (NC 9) ist „das Leben der Menschen" (Joh 1,4) in die Welt gekommen (Joh 3,19 u.a.). Aus der arianischen Kontroverse ist festzuhalten, dass ein biblizistischer, popularphilosophischer Monotheismus den Zugang zur Erkenntnis des in Christus offenbar gewordenen Gottes keineswegs öffnet, sondern vielmehr versperrt. Der Monotheismus, der heidnische wie jüdische oder der spätere islamische, führt für sich genommen durchaus nicht zur Erkenntnis, wer der eine Gott in Wirklichkeit ist, nämlich der Vater, der Sohn und der Heilige Geist. Vielmehr verbaut er sich selbst den Zugang zur Erkenntnis Gottes dadurch, dass er die Einzigkeit Gottes zum Prinzip erhebt und dieses gegen die Offenbarung wendet, in der und durch die sich der allein wahre Gott als der dreieinige Gott, der er in Wirklichkeit ist, zu erkennen gibt.

28.6 Die formelhafte Zusammenfassung der Christologie des NC besteht in der Bekenntnisaussage: Der Sohn Gottes ist „wesenseins mit dem Vater" (NC 12). Das Personengeheimnis Jesu Christi, aber auch das Personengeheimnis Gottes selbst gründet in der Einzigartigkeit und Unvergleichlichkeit der Relation Gott Vater – Sohn Gottes. Von entscheidender Bedeutung für das sachgerechte Verständnis dieser Relation ist die Einsicht, dass sie nicht irgendwann hergestellt worden ist, als wenn es sie einmal nicht gegeben hätte, sondern dass sie a priori da war, bevor alles wurde, was geworden ist – so wie der Schöpfer vor aller Schöpfung war und ist. Der Begriff ὁμοούσιος steht nicht im Neuen Testament, aber mit ihm wird stringent zusammengefasst, was in ihm über die Relation Gott Vater – Sohn Gottes steht. Er ist für die Theologie unverzichtbar, weil sie ohne die Näherbestimmung des Verhältnisses Gott – Sohn Gottes im Vorläufigen, Unentschiedenen verharren würde und mannigfacher Spekulation ausgeliefert bliebe. Den Nachweis dafür haben die verschiedenen Phasen des arianischen Streites erbracht. Deshalb hat diese Formel, in der das christologische Zeugnis der Schrift auf einen

Nenner gebracht ist, über den konkreten Anlass ihrer Entstehung hinaus in Geltung zu stehen.

28.6.1 In dem Gegensatz „gezeugt, nicht geschaffen" (NC 11) – „durch den alles geworden ist" (NC 13) wird der qualitative, onotlogische Unterschied zwischen Schöpfer und Geschöpf herausgestellt: Gottes Sein ist Schaffen, das Sein aller Geschöpfe das Geschaffensein. Nach 1. Kor 8,6 ist Gott der Vater der Urheber und der Kyrios Jesus Christus der Mittler der Schöpfung und der Erlösung. Der Unterschied zwischen beiden besteht nicht im Sein, sondern in der Funktion, und zwar unter der Voraussetzung der unvorgreiflichen Einheit des Seins und Wesens.

29. Christologie und Soteriologie bilden im NC eine Einheit. Unter der Voraussetzung ihrer Zusammengehörigkeit beginnt in NC 14 der erste soteriologische Abschnitt, in dem die Menschwerdung des präexistenten Gottessohnes bezeugt wird.

29.1 Der Mensch ist der Grund für die Menschwerdung des Sohnes Gottes, jedoch nicht die Vorzüglichkeit des Menschen, sondern im Gegenteil die Ausweglosigkeit seiner Situation coram Deo. Diese ist dadurch bestimmt, dass er von Gott abgefallen ist und *extra paradisum* existiert (1. Mose 3,24). Die Rettung aus dieser ausweglosen Verlorenheit des Menschengeschlechts coram Deo hat den Ausschlag für die Menschwerdung gegeben und den Menschgewordenen „für uns" (NC 19) ans Kreuz gebracht.

29.1.1 Das NC hat diesen Zusammenhang nicht konstruiert, sondern vielmehr den in der Schrift bezeugten Fall des Menschen und die rettende Gnade in Christus (s. bes. Röm 5,12–21) vorausgesetzt. Die Beschönigung oder gar Leugnung der von der Sünde geprägten Situation des Menschen coram Deo ist gleichbedeutend mit der Negation der Notwendigkeit der Sendung des Sohnes Gottes. Die Leidenschaftlichkeit des Ringens um die Wesenseinheit des Sohnes Gottes mit Gott gründet in der Überzeugung von der Notwendigkeit, aber auch Tragfähigkeit der Rettung, die in der Fleischwerdung und Kreuzigung des Gottessohnes beschlossen liegt.

29.2 Heil kommt nicht durch innerweltliche Entwicklung zustande. Hinter dieser unkritischen Prämisse des Fortschrittsgedankens verbirgt sich der in der Neuzeit wieder mächtig gewordene Glaube des Menschen an sich selbst als des Gestalters und Vollenders seiner Möglichkeiten. Dieser Glaube steht im Bezugsrahmen der Werkgerechtigkeit, hat aber im Unterschied zum Mittelalter die religiöse Zielsetzung durch eine säkulare ersetzt. In schroffem Gegensatz zur Werkgerechtigkeit, welcher Art sie auch immer ist, steht die Glaubensgerechtigkeit, die das Heil des Menschen ausschließlich von Gott und seiner freien, geschichtlich unableitbaren Initiative erwartet. Diese Initiative hat Gott ergriffen und das Heil der von ihm abgefallenen Menschenwelt durch die Fleischwerdung seines präexistenten Sohnes in Erscheinung treten lassen.

29.2.1 Gott ist der Sünde wegen für den Menschen unerreichbar. Es bedarf der Bewegung von Gott zu dem Menschen hin. Diese ist in der Sendung des Sohnes geschehen; er ist „herabgekommen vom Himmel" (NC 15). Der physische Himmel dient als Metapher für die Unzugänglichkeit des metaphysischen Himmels. Aus dem allem Geschöpflichen entzogenen metaphysischen Himmel, der den Gesetzen von Raum und Zeit nicht unterliegt, ist der Sohn Gottes gekommen. Wie wenig die Gottesvorstellung an die Kategorie des Raumes gebunden ist, belegt das folgende Zitat aus den antiarianischen Reden des Athanasius: „Nichts ist dem Ort nach fern von Gott, sondern nur der (Gott abgekehrten) Natur nach ist alles fern von ihm."[32]

29.2.2 Das NC vertritt die Lehre von der Präexistenz Jesu Christi, wie sie zur wahren Gottheit des Sohnes Gottes unabdingbar gehört (s. These 28.4.2). Nach Athanasius wollte Gott, der Vater, die Erlösung der Welt in dem durchführen, durch den er sie erschaffen hat.[33]

---

[32] Or. c. Ar. III, 22.
[33] De inc. 1; PG 25, 98 C.

29.3 Der Logos (Sohn), der im Anfang bei Gott war (Joh 1,1 f.), durch den alles geworden ist (1,3), ist Fleisch geworden (1,14). Die Fleischwerdung ist ein Geschehen von unabsehbar großer Tragweite. Sie ist der Vollzug von Gottes Heilswillen, durch den der Grund für den neuen Bund gelegt worden ist. Das NC hat die Fleischwerdung an zentraler Stelle des Bekenntnisses (NC 16) hervorgehoben. Diese Hervorhebung ist sachgerecht, steht die unermessliche Bedeutung der Fleischwerdung doch im Kontrast zur äußeren Unscheinbarkeit der Geburt des Sohnes Gottes, in der sie konkrete Gestalt angenommen hat.

29.4 Auf die auf Joh 1,14 beruhenden Inkarnationsaussage folgt in NC 17 – im Unterschied zu N – eine summarische Zusammenfassung der Geburtsgeschichten von Matthäus und Lukas mit der Herausstellung der Geistgewirktheit und Jungfrauengeburt Jesu gemäß Mt 1,20c und Lk 1,35b. Bei der Empfängnis Jesu in Maria ist Gott selbst mit der Schöpferkraft seines heiligen Geistes initiativ geworden und hat etwas schlechthin Neues und Einzigartiges gesetzt. Vermöge seiner Allmacht ist in Maria, der Jungfrau, das Leben des ihr angekündigten Sohnes geworden, in dem Gott und Mensch eine nie dagewesene Verbindung eingegangen sind.

29.4.1 Bei der Fleischwerdung des Logos in der Geburt Jesu Christi hat der Logos die Gattung oder menschliche Natur angenommen, und zwar dadurch, dass er der Mensch geworden ist, der den Namen Jesus erhalten sollte (Mt 1,21; Lk 1,31; 2,21).

29.4.2 Nicht zum Schein, sondern in Wahrheit, nicht besuchsweise, sondern unumkehrbar ist der ewige Sohn Gottes Mensch geworden. „Nicht ist er durch die Jungfrau wie durch einen Kanal gegangen, sondern er hat wahrhaft aus ihr Fleisch angenommen."[34]

29.4.3 Der Sohn Gottes ist Fleisch geworden, aber keineswegs fleischlich. Vielmehr hat er in der Seinssphäre des Fleisches, dessen Kennzeichen die Gottabgewandtheit, Hinfälligkeit und

---

[34] Cyrill von Jerusalem, Cat IV, 9.

Vergänglichkeit sind (s. 1. Mose 6,3.12; Jes 40,6 u.a.), aus der Kraft des Geistes ein allein auf Gott, den Vater, bezogenes Leben geführt und das ihm aufgetragene Werk vollbracht. Das vermochte er, weil der Heilige Geist in ihm nicht nur wirksam war wie in Johannes dem Täufer (Lk 1,15), sondern weil er aus ihm hervorgegangen war (Lk 1,35). So ist in Jesus – und in ihm allein – das Leben selbst (s. Joh 14,6) in Erscheinung getreten.

30. Der zweite soteriologische Abschnitt des NC über den stellvertretenden Kreuzestod Jesu Christi ist nicht nur weniger ausführlich als der erste ausgefallen,[35] er ist auch inhaltlich auf das Wesentlichste reduziert. Das zentrale Anliegen im zweiten Artikel des NC ist die Bezeugung der Inkarnation des präexistenten Gottessohnes, der in der Wesenseinheit mit Gott dem Vater steht. Das beruht auf biblischer Grundlage; aber unverkennbar ist der Akzent der Soteriologie im NC vom Kreuzesgeschehen auf die Inkarnation verschoben worden. Der im Johannesevangelium feststellbare Trend, dass die Christologie die Soteriologie in sich aufnimmt, hat sich bei Athanasius fortgesetzt und das NC geprägt.

30.1 Summarisch wird festgestellt: Jesus Christus, der Sohn Gottes, „wurde für uns gekreuzigt" (NC 19). Durch das Für-uns, das auch die folgenden Bekenntnisaussagen „hat gelitten" (NC 20) „und ist begraben worden" (NC 21) umfasst, wird das Leiden und Sterben Jesu am Kreuz als stellvertretendes Erlösungs- und Versöhnungsgeschehen gekennzeichnet. Es ist ein- für allemal „unter Pontius Pilatus" (NC 19) geschehen; das heißt es steht in Kraft und Geltung und bedarf nicht der Wiederholung. Allein Christus war wegen seiner Sündlosigkeit[36] zu dieser stellvertretenden Sühne und Versöhnung imstande.[37]

30.1.1 Der Zusammenhang von Menschwerdung und Erlösung, der dem NC zugrunde liegt, ist ein Leitmotiv in der Theologie des Athanasius. Nach diesem hat der fleischgewordene Logos-

---

[35] Zur Reihenfolge der Bekenntnisaussagen in NC 19–21 s.o. S. 147.
[36] Vgl. Epiphanius, Ancoratus, 374; DH 44.
[37] Nach Athanasius, De inc. 7; PG 25, 109 A.

Sohn durch sein stellvertretendes Opfer das Entgelt für das Leben aller entrichtet und die Schuld mit seinem Tod beglichen.[38] Der Logos-Sohn ist „das Leben aller, der wie ein Schaf zum Heil aller seinen Leib als Entgelt dem Tod überantwortete"[39]. So starb er „zur Sühne für alle"[40] und hat die „ewige Gerechtigkeit" gebracht.[41]

30.1.2 Die Einheit von Gott und Sohn Gottes unter der Voraussetzung der Unterschiedenheit der Personen schließt ein, dass „Gott in dem gekreuzigten Sohn die Schuld und die Not der Welt auf sich selbst gezogen hat und daß hierin die Bürgschaft der Erlösung liegt"[42].

31. Die Bezeugung der Auferstehung Jesu in NC 22–23 ist 1. Kor 15,4 nachgebildet und theologisch so zentral und gewichtig wie die soteriologische Aussage über das Sterben Jesu für unsere Sünden (1. Kor 15,3b; s. NC 19). Die Auferstehung Jesu ist ein wirkliches Geschehen in Raum und Zeit gewesen, aber zugleich ein Geschehen, in welchem Raum und Zeit überschritten worden sind. Jesus ist durch die Auferstehung mit seinem gekreuzigten Leib in Gottes unzerstörbares Leben einbezogen und zum Kyrios erhöht worden.

31.1 In NC 23 ist im Unterschied zu N die Formel „nach der Schrift" (1. Kor 15,3b.4b) in das Bekenntnis aufgenommen worden. Dadurch wurde unterstrichen, dass der stellvertretende Tod und die Auferstehung Jesu Christi gemäß dem in der Schrift bezeugten Heilswillen Gottes geschehen sind. In dem stellvertretenden Tod und der Auferstehung Jesu Christi liegt die auf Vollendung im Reich Gottes angelegte Erfüllung der universal geltenden Heilsverheißung Gottes.

---

[38] De inc. 9; PG 25, 112 A-C.
[39] De inc. 37; PG 25, 161 A.
[40] De inc. 21; PG 25, 133 C.
[41] De inc. 39; PG 25, 164 B.
[42] W. Elert, Die Theopaschitische Formel, ThLZ 75 (1950), 195–206, 206 (im Blick auf Athanasius).

31.2 In der Kirche des 4. Jahrhunderts ist die Auferstehung Jesu als grundlegendes Heilsgeschehen angesehen und als Befreiung aus der Ausweglosigkeit „des Todesgefängnisses, in welches das unglückselige Menschengeschlecht eingesperrt ist"[43], geglaubt worden.

32. Die Himmelfahrt markiert den endgültigen Abschluss der Erscheinungen des Auferstandenen vor den Jüngern zur Unterweisung im Evangelium *von* Jesus Christus durch die Aufnahme Jesu Christi in die verborgene Herrlichkeit Gottes.

32.1 Die Aufnahme Jesu Christi in die Herrlichkeit Gottes ist nicht die Aufnahme in die Ruhe, die Gott den Seinen nach dem Tod gewährt, sondern die einzigartige Erhöhung des auferstandenen Gekreuzigten[44] zur Rechten Gottes, des Vaters, gemäß Ps 110,1.

32.2 Jesus Christus hat Anteil an Gottes Hoheit, Allmacht, Allgegenwart und Herrlichkeit und herrscht in der Einheit und Gemeinschaft mit ihm über alles.

32.3 Christus hat die von seiner Person nicht ablösbare Geschichte, die er als der Menschgewordene durchlaufen und die ihn ans Kreuz gebracht hat, mit in den gottheitlichen Status aufgenommen, den er als der zur Rechten Gottes Erhöhte innehat.

32.4 Die Erhöhung ist die zeitübergreifende Inkraftsetzung seiner am Kreuz gewirkten Sühne zur „Reinigung von den Sünden" (Hebr 1,3c). Nicht der „historische Jesus", der Erhöhte gibt Anteil an dem eschatologischen Heil, das er als der Gekreuzigte und Auferstandene heraufgeführt hat, und zwar durch die Evangeliumsverkündigung und Sakramentsverwaltung in seinem Namen.

32.5 Mit der Erhöhung des menschgewordenen, gekreuzigten und auferstandenen Jesus Christus zur Rechten des Vaters ist das

---

[43] Gregor von Nyssa, Oratio catechetica magna 35, 4.
[44] Vgl. dazu o. S. 154 f., Anm. 230 ff.

Menschengeschlecht vor Gott gestellt und um Christi willen von Gott angenommen. Denn Christus ist „als Mensch um unseretwillen und für uns erhöht worden, damit wir, wie wir in seinem Tod alle in Christus starben, ebenso in Christus auch selbst wieder erhöht würden, indem wir von den Toten auferweckt werden"[45].

33. Christus „wird wiederkommen in Herrlichkeit" (NC 26). Die Parusie ist die endzeitliche Wiederkunft des erhöhten Jesus Christus am „Tag des Herrn", der „kommen wird wie ein Dieb in der Nacht" (1. Thess 5,2; s.a. Mt 24,42−44 Par.).

33.1 Im Neuen Testament ist die Erwartung der Parusie nicht auf einzelne Zeugen beschränkt, sondern sie durchdringt alle. Alles, die Verkündigung und Mission, das Gebet, das Abendmahl, die Paraklese, ist auf die Vollendung des Reiches Gottes ausgerichtet. Diese wird nicht durch innergeschichtliche Entwicklung erreicht, sondern durch die Parusie Christi mit der Herabkunft eines neuen Himmels und einer neuen Erde (Jes 65,17; 2. Petr 3,13; Offb 21,1).

33.2 Das Bekenntnis zur Parusie Christi steht nicht am Rand, sondern berührt das Zentrum des Glaubens. Denn mit der Leugnung der Parusie wird Jesus Christus de facto abgesprochen, dass er der Kyrios ist, der Herr der Welt, der, wesenseins mit Gott, als der Erhöhte über den Gesetzen von Raum und Zeit steht.

33.3 Die Herrschaft Christi über die Welt ist eine − oft unter ihrem Gegenteil − verborgene Herrschaft. Dass der Herr der Herrlichkeit gekreuzigt wurde, ist nicht nur ein untrügliches Zeichen für die Blindheit der Herrscher dieser Welt (1. Kor 2,8), sondern daraus lässt sich auch auf die tiefe Verborgenheit der Herrlichkeit und Herrschaft Christi schließen. Aber dass sie verborgen ist, heißt nicht, dass sie unwirklich wäre und dass das Reich Gottes nicht vollendet werden würde. Als der Apostel Paulus wahrnahm, dass er wie „der Abschaum der Menschheit" (1. Kor 4,13) behandelt wurde, hat ihn das an seinem Auftrag

---

[45] Athanasius, Or. c. Ar. I, 41.

und der Hoffnung auf das Heil nicht irre gemacht, sondern vielmehr um so gewisser. Das ist ein Erweis der Wirksamkeit und Unwiderstehlichkeit der verborgenen Herrschaft Jesu Christi.

33.4 Die Preisgabe der Parusieerwartung erwächst aus dem Unglauben, Christus habe nicht die Macht, das begonnene Werk zur Vollendung zu führen. Mit dem Verlust der Hoffnung auf Vollendung wird aber nicht nur ein entbehrliches Teilstück des Glaubens an Christus aufgegeben, vielmehr erlischt dieser selbst. Dann muss die „Sache" Jesu Christi von der „Kirche" in die eigene Regie genommen werden. Die Kirche des 4. Jahrhunderts ist dieser Versuchung jedoch nicht erlegen. Allerdings verdankt sie es der Erinnerung an Justin den Märtyrer, der das Bekenntnis zur Parusie für unverzichtbar hielt,[46] dass die Klausel über die Parusie Christi in das NC aufgenommen worden ist.

34. Jesus Christus ist „von Gott zum Richter der Lebenden und der Toten bestimmt" (Apg 10,42; s.a. Joh 5,22). Bei seiner Wiederkunft wird er den Thron einnehmen – nicht einen irdischen, sondern er wird „sitzen auf dem Thron seiner Herrlichkeit, und alle Völker werden vor ihm versammelt werden" (Mt 25,31b.32a). Er wird das Weltgericht halten und die endgültige Scheidung vollziehen (Mt 25,32b).

34.1 In NC 27 ist eine bereits in neutestamentlicher Zeit geprägte Bekenntnisformel aufgenommen. Sie findet sich bei den Apostolischen Vätern wie in den Glaubensbekenntnissen vor dem NC.[47]

34.2 Die Aussageintention und der Aussagegehalt dieser Klausel ist klar: Jesus Christus eignet das eschatologische Richteramt, weil er der Kyrios ist. Er spricht das Urteil über alle bei seiner Wiederkunft Lebenden wie über alle verstorbenen Menschen, und zwar nach ihren Werken (Mt 25,35 ff.). Der Evidenz, Rechtmäßigkeit und Unbestechlichkeit seines Urteils wird kein Mensch – wenn nicht mit dem Verstand, so doch im Herzen –

---

[46] Justin, Dial. c. Tryph. 54; 1. Apol. 52, 3.
[47] Nachweise s.o. S. 156 f., Anm. 245 f.

die Anerkennung verweigern können. Der Kyrios hat die Macht, den Urteilsspruch unverzüglich zu vollziehen (s. Mt 25,46).

34.3 Fehlt diese Bekenntnisaussage, ist das nicht Ausdruck einer originellen theologischen Interpretation, sondern vielmehr einer krassen Fehlinterpretation. Denn durch die Preisgabe des Gerichtsgedankens wird die Heilsnotwendigkeit von Kreuz und Auferstehung Jesu Christi untergraben und das Evangelium überflüssig, durch das die Rettung aus Sünde, Tod und Gericht verkündigt wird.

35. Der Glaube an den Herrn Jesus Christus schließt ein, dass seiner Herrschaft kein Ende sein wird (NC 28). Die Unbegrenztheit seiner Herrschaft ergibt sich zwar bereits aus den Klauseln 25–27, wird aber am Schluss des zweiten Artikels noch einmal ausdrücklich unterstrichen.

35.1 In der Aufnahme dieser Klausel, die in N fehlt, spiegelt sich die theologische Abgrenzung gegen Marcell von Ancyra wider, der an einem monarchianischen, einpersönlichen Gottesverständnis festgehalten hatte. Die ausdrückliche Ablehnung dieser Ansicht durch das Konzil 381 hat sich in NC 28 niedergeschlagen.

35.2 Die Formulierung von NC 28 beruht auf der wörtlichen Übernahme von Lk 1,33b: Das Reich oder die Herrschaft Jesu, dessen Geburt in Lk 1,26–38 angekündigt wird, „wird kein Ende haben" (1,33b). Sie ist keineswegs irdischer Art, aber mit Jesus auf die Erde gekommen. Lukas versteht unter ihr die Herrschaft des Auferstandenen (23,42 f.; 24,26), der zur Rechten Gottes erhöht ist und den Geist auf die Seinen herabsendet (24,48), um sie bis zur Vollendung des Reiches durch die Parusie zu leiten. Mit der Parusie ändert sich die Herrschaftsform, aber sie wird nicht das Ende, sondern die Vollendung der Herrschaft Jesu Christi sein.

36. Zu Beginn des dritten Artikels wird wie zu Beginn des ersten und zweiten Artikels die Präposition εἰς *an* gebraucht: Der Heilige Geist ist Gegenstand und Inhalt des Glaubens und Vertrau-

ens wie Gott, der Vater, und der Sohn Gottes, *an* den selbst geglaubt wird, wie nach dem ersten Gebot allein an den *einen* Gott geglaubt wird.

36.1 Der dritte Glaubensartikel bildet das Spezifikum des NC. Er hält den Ertrag des theologischen Ringens fest, das schließlich zur Formulierung des trinitarischen Dogmas geführt hat. Der Hauptertrag ist: Der Heilige Geist ist keine anonym wirkende Kraft, sondern Person, aber als solche kein Geschöpf, sondern vielmehr Gott selbst, an die wie an den Vater und den Sohn als an den dreieinigen Gott geglaubt wird.

36.2 Das Fundament für die Dogmatisierung der Gottheit des Heiligen Geistes im Rahmen der Ausbildung des trinitarischen Dogmas bildet das neutestamentliche Zeugnis. Dieses ist sehr komplex; es können nur einige Aspekte hervorgehoben werden.

36.2.1 Grundlegend ist die Relation Jesus Christus – Heiliger Geist. Mit Jesus, den Maria vom Heiligen Geist empfangen hat (Mt 1,20; s. NC 17), der, als er gestorben und begraben war, vom Heiligen Geist aus dem Tod auferweckt worden ist (Röm 1,4; 1. Petr 3,18; 1. Tim 3,16), ist die Zeit des Geistes angebrochen. Christus hat ihn durch seinen stellvertretenden Sühnetod für alle entbunden und den neuen Bund gestiftet.

36.2.2 Der Heilige Geist setzt die Kraft Gottes frei, die mit dem Evangelium von Jesus Christus zur Rettung aller auf den Plan getreten ist. Er durchbricht die Verschlossenheit des natürlichen Menschen gegenüber Gott und seinem Wort, indem er in der Verkündigung des Evangeliums wirksam ist und – unter Bedrängnis – die Gewissheit des Glaubens an Christus schenkt (1. Thess 1,5 f.). Er gibt Christus zu erkennen und ermächtigt dazu, ihn Kyrios zu nennen (1. Kor 12,3) und anzurufen. Der Geist „ist Leben um der Gerechtigkeit willen" (Röm 8,10).

36.2.3 Nach Johannes wird der Heilige Geist von Gott, dem Vater, im Namen Jesu gesandt (Joh 14,26a). Er kommt aus der unvorgreiflichen Einheit, die zwischen dem Vater und dem Sohn besteht und an der er partizipiert. Er ist von diesen als selbständige Person zu unterscheiden, die aber „ihrem Wesen nach auf die Seite des Vaters und des Sohnes gehört"[48]. Sein Wirken besteht darin, die Jünger zu lehren und an Jesu Wort zu erinnern (Joh 14,26b). Er bringt nicht eine neue Offenbarung, sondern erschließt und vergewissert vielmehr, dass Jesu Wort und Werk die abschließende Offenbarung Gottes ist. Sein Lehren und Erinnern ist schöpferisches Wirken, durch das er an dem eschatologischen Heil, das Gott in Christus heraufgeführt hat, Anteil gibt, indem er den Glauben schafft und die Glaubenden zur Gemeinschaft zusammenschließt.

36.3 Das Verständnis des Heiligen Geistes und das trinitarische Dogma beruhen bei den führenden Theologen vor dem Konzil auf dem neutestamentlichen Zeugnis. Durch die Pneumatomachen sind sie aber zu Zuspitzungen und Konsequenzen genötigt worden, die zwar im Neuen Testament enthalten sind, doch dreihundert Jahre zuvor nicht gezogen werden mussten. Das soll an zwei Beispielen schlaglichtartig aufgezeigt werden.

36.3.1 Die Pneumatomachen hielten, wie aus den Briefen des Athanasius an Serapion hervorgeht, den Heiligen Geist, darin den Arianern geistesverwandt, für ein Geschöpf.[49] Dagegen hat Athanasius grundsätzlich eingewandt, dass allein die Erkenntnis des Sohnes Gottes auch die richtige Erkenntnis des Heiligen Geistes gewinnen lasse,[50] dass also die Pneumatologie in unlöslichem Zusammenhang mit der Christologie und Soteriologie steht und nur aus diesem Zusammenhang heraus entfaltet werden kann. Unter ausdrücklicher Bezugnahme auf Gal 4,6; Joh 15,26; 1. Kor 2,11 f. und andere Stellen hat Athanasius dargelegt, dass der Heilige Geist keinesfalls Geschöpf genannt werden dürfe.[51] Der Geist ist kein Geschöpf, sondern vielmehr sowohl am Werk der Schöpfung als auch am Werk der Versöhnung gottheitlich beteiligt.[52] Die Verurteilung derer, die den Heiligen Geist ein Geschöpf nennen und ihn vom Wesen Christi trennen, war daher

---

[48] H.-C. Kammler; zitiert o. S. 161, Anm. 261.
[49] Athanasius, Serap. I, 3 (PG 26, 530 ff.).
[50] Serap. III, 2.
[51] Ebd.
[52] Serap. III, 5; Serap. I, 28. 31.

nur folgerichtig.[53] Die theologische Sachargumentation des Athanasius war konsequent und ist nachvollziehbar: Wenn der Heilige Geist auf die Seite Gottes des Vaters und des Sohnes gehört, dann war nicht zuerst Gott der Vater und danach auch der Sohn und der Geist, wären diese doch dann Geschöpfe, wenn auch die hervorragendsten, sondern dann war Gott vielmehr nie Vater ohne den Sohn und ohne den Geist. Gott *ist* Vater, Sohn und Heiliger Geist – vor aller Zeit, jetzt und in Ewigkeit. Das steht so nicht im Neuen Testament, gibt aber zusammenfassend wieder, was in ihm über Gott und die unvorgreifliche Einheit und Gemeinschaft von Vater, Sohn und Heiligem Geist steht.

36.3.2 Das vertiefte theologische Verständnis des Heiligen Geistes, das zur Erweiterung des dritten Artikels im NC und zum trinitarischen Dogma geführt hat, repräsentiert neben Athanasius vor allem Basilius von Caesarea. Seine wegweisende Schrift *De Spiritu sancto* (375) ist gegen die Pneumatomachen in Kleinasien und deren Wortführer Eustathius von Sebaste gerichtet, welche die Gleichstellung des Heiligen Geistes mit Gott und Christus in der Doxologie entschieden abgelehnt haben.[54] Dass ihnen Basilius widersprochen hat, dafür hat sein beharrliches Festhalten an dem trinitarischen Taufbefehl Mt 28,19 den Ausschlag gegeben,[55] wird in diesem doch die Dreiheit von Vater, Sohn und Geist ausdrücklich erwähnt. In Mt 28,19 ist nur von *einem* Namen die Rede, den der Vater, der Sohn und der Heilige Geist gemeinsam haben. Partizipiert aber der Heilige Geist wie der Vater und der Sohn an dem Namen Gottes und ferner an den „Eigenschaften" (*attributa*) Gottes wie der Unräumlichkeit, Allgegenwart, Allmacht und Ewigkeit[56] – wie sollte er dann in der gottesdienstlichen Doxologie dem Vater und dem Sohn nicht gleichgestellt sein? Das ist für Basilius nur eine rhetorische Frage; in der Sache ist er eindeutig. Dementsprechend heißt es in NC 32, dass der Heilige Geist „mit dem Vater und dem Sohn angebetet und gepriesen wird".

---

[53] Athanasius, Tomus ad Antiochenos 3, 1, 362; PG 26, 800 A.
[54] Vgl. o. S. 163 f., bes. Anm. 276 f.
[55] Nachweise s.o. S. 169 f., Anm. 298 ff.
[56] Vgl. o. S. 164 f., Anm. 279 ff.

37. Die für das sachgerechte Verständnis des Heiligen Geistes fundamentale theologische Distinktion zwischen Schöpfer und Geschöpf, wie sie besonders Athanasius durchgeführt hat, stellt die Voraussetzung des dritten Artikels des NC dar: Der Glaube „an den Heiligen Geist" (NC 29) ist nicht der Glaube an eine geschöpfliche Kraft, sondern an den Geist des einen Gottes und also an Gott selbst, „den Herrschenden und Lebensspender" (NC 30).[57] Dabei hat man sich stets aus dem ersten und zweiten Artikel in Erinnerung zu rufen: Gott ist der „Schöpfer des Himmels und der Erde" (NC 3), der in Christus „Fleisch geworden" ist (NC 16) und der als „Sohn Gottes" (NC 6) „für uns gekreuzigt" wurde (NC 19). Nicht die Schöpfung aus dem Nichts unter Mitwirkung des Geistes Gottes (1. Mose 1,2), erst das stellvertretende Heilshandeln Gottes in Christus ist der Grund dafür, dass Gottes Geist in der gefallenen Welt „Leben um der Gerechtigkeit willen" ist (Röm 8,10). Um der Gerechtigkeit willen, die Christus heraufgeführt hat, ist mit dem Heiligen Geist inmitten der Todeswelt der auf dem Plan, „der lebendig macht" (Joh 6,63),[58] und zwar nicht als anonym wirkende Kraft, sondern als der „Herrschende" (NC 30).

38. Gemäß der Fundamentalunterscheidung zwischen Schöpfer und Geschöpf gehört der Heilige Geist auf die Seite Gottes des Vaters und des Sohnes Gottes. Zur Näherbestimmung seines innertrinitarischen Ursprungs wird in NC 31 auf der Grundlage von Joh 15,26 herausgestellt, dass der Heilige Geist „aus dem Vater hervorgeht", also, nach der Interpretation dieser Bibelstelle durch Basilius, „ungeschaffen aus Gott stammt"[59].

38.1 Der Heilige Geist wird im NC wie in den johanneischen Abschiedsreden personal gedacht: Der Heilige Geist ist eigenständige Person, vom Vater und Sohn unterschieden; er geht vom Vater aus (Joh 15,26b) und wird vom Vater (14,16.26) oder vom Sohn (15,26a; 16,7) gesandt. Er steht in der unvorgreifli-

---

[57] Zur Übersetzung von NC 30 s.o. S. 164, Anm. 284.
[58] Vgl. z.St. Basilius, De Spir. 56.
[59] Basilius, Epist. 125, 3.

chen Einheit mit Gott dem Vater und dem Sohn und handelt aus dieser Einheit heraus in völligem Einvernehmen mit ihnen als die dritte Person des dreieinigen Gottes.

38.1.1 In Joh 15,26 liegt die Näherbestimmung des Ursprungsverhältnisses von Vater und Geist beschlossen. Die Sendung des Geistes, die auf der Handlungseinheit von Vater und Sohn beruht und im Einvernehmen mit dem Geist selbst geschieht, gibt keine Auskunft über die innergöttliche Ursprungsrelation. Diese wird vielmehr durch „Ausgehen/Hervorgehen aus dem Vater" (Joh 15,26b; NC 31) zum Ausdruck gebracht. Die Formulierung des griechischen Originals von NC 31 ist sachgerecht. Die lateinische Fassung von NC 31, die durch *Filioque* erweitert worden ist, ist dagegen exegetisch und trinitätstheologisch nicht korrekt.[60]

39. Was das Nicaenum 325 durch das Bekenntnis zur Wesenseinheit des Sohnes mit dem Vater im zweiten Glaubensartikel herausgestellt hat, das bringt das NC 381 durch das Bekenntnis zur Homotimie des Heiligen Geistes mit dem Vater und dem Sohn im dritten Artikel zum Ausdruck. Der Heilige Geist wird nicht „angebetet und gepriesen" (NC 32), als wenn er Gott wäre, sondern *weil* er Gott ist wie der Vater und der Sohn in der ewigen Einheit und Gemeinschaft mit ihnen. Anbetung steht allein Gott zu (5. Mose 6,13; Mt 4,10 / Lk 4,8; 1. Tim 1,17). Sie ist auf Gott selbst bezogen und nicht auf seine Gaben. Die Anbetung ist der praktische Vollzug der Erkenntnis des dreieinigen Gottes im Glauben. Sie ist die intimste Äußerung des Glaubens, weil der Mensch in ihr unverhüllt und selbstvergessen zu erkennen gibt, woran er in seinem Herzen hängt, worauf er sich gründet und wem er vertraut, und sie ist zugleich das öffentliche Bekenntnis, dass allein in dem dreieinigen Gott das Heil begründet liegt.

40. Die Gottheit des Heiligen Geistes erweist sich darin, dass er nicht stumm bleibt wie die Götzen (s. Ps 115,5 u.a.), sondern dass er „gesprochen hat durch die Propheten" (NC 33) und dass er täglich redet, jedoch nicht freischwebend, sondern in der Bin-

---

[60] Vgl. o. S. 169, mit Anm. 295.

dung an das Wort der Propheten und Apostel im Alten und Neuen Testament. Durch ihn sind die Worte Jesu „Leben" (Joh 6,63). Der Heilige Geist ist die Gegenwart Gottes im Wort Gottes.

41. Aus dem Zusammenwirken von Wort Gottes und Geist Gottes wird Kirche hervorgebracht. Sie ist die Gemeinschaft der durch das Wort Gottes in der Kraft des Geistes Gottes Angeredeten, die sich unter dem Evangelium von Jesus Christus versammeln und an Christus glauben. Die Kirche ist nicht auf einen Ort beschränkt, sondern infolge des Missionsauftrags des auferstandenen Christus, *alle* Völker zu Jüngern zu machen und sie auf den Namen des Vaters und des Sohnes und des Heiligen Geistes zu taufen (Mt 28,19), in der ganzen Ökumene verbreitet.

41.1 Der Gebrauch der Präposition εἰς in NC 34 ist eine sprachliche Leichtfertigkeit, die das Missverständnis hervorrufen kann, es sei ein fiduziales Verhältnis zur Kirche gemeint. Es war daher sachgerecht, dass die lateinische Fassung das Äquivalent „in" weggelassen hat (DH 150). Rufin von Aquileia hat mit Recht klargestellt, dass im Glaubensbekenntnis nur den drei Personen der Trinität die Präposition εἰς *in* (deutsch *an*) vorangestellt sei; „Kirche" gehöre nicht zum Gegenstand, sondern vielmehr zum Inhalt des Glaubens.[61]

42. Weil die Kirche die Gemeinschaft derer ist, die auf das Evangelium hören und ihm glauben, ist sie auf den bezogen, den das Evangelium verkündigt: Jesus Christus, den erhöhten Herrn. Bis zur Parusie Christi ist sie ein eschatologisches Provisorium; denn sie existiert in der Welt, ist aber nicht von der Welt. In NC 34 sind vier Attribute genannt, durch die sich Kirche als Kirche näher bestimmen lässt: Einheit, Heiligkeit, Katholizität und Apostolizität.

42.1 Die Einheit der Kirche scheint sich von selbst zu verstehen, aber in Wahrheit ist sie am schwersten nachzuvollziehen. Was in NC 34 auf der Grundlage des neutestamentlichen Zeugnisses

---

[61] Rufin, Expositio symboli 34; CChr.SL 20, 169 f.

gemeint ist, erschließt sich am ehesten bei der Konzentration auf folgende Fragen: 1. Worauf gründet sich die Einheit? 2. Worin besteht die Einheit? 3. Welcher Art ist die Einheit? 4. Wie wird die Einheit erhalten?

42.1.1 Nach Joh 17,20−23 gründet sich die Einheit der Kirche auf das Einssein von Gott und Sohn Gottes. Dieses Einssein beschreibt Johannes als wechselseitige Einwohnung des Vaters im Sohn und des Sohnes im Vater. Im Blick ist nicht ein irgendwann hergestelltes, sondern ein ursprünglich bestehendes Einssein, nämlich die Wesenseinheit von Vater und Sohn. An ihr teilzugeben, bittet Jesus den Vater (17,20). Die Bitte findet ihre Erfüllung in der Gabe der Herrlichkeit: „Und ich habe ihnen die Herrlichkeit gegeben, die du mir gegeben hast, damit sie eins seien, wie wir eins sind: Ich in ihnen und du in mir, damit sie vollkommen eins seien" (17,22 f.). Die Einheit der Kirche beruht also nicht auf dem Willen und Wunsch der Jünger zur Einheit, sondern sie ist auf Christus selbst gegründet, der ihnen an seiner Wesensgemeinschaft mit dem Vater Anteil gibt. Dass im NC diese Wesenseinheit und nicht eine bloße Willens- oder Gesinnungseinheit gemeint ist, gehört zum ekklesiologischen Ertrag der christologischen Auseinandersetzungen des arianischen Streits und der sich daran anschließenden pneumatologischen Vertiefung.

42.1.2 Die Einheit der Kirche entsteht wie die Kirche selbst durch die Verkündigung des Wortes Gottes und besteht in dem vom Geist Gottes bewirkten Glauben an Christus. Durch den Glauben wird der Glaubende mit Christus zu einer Einheit verbunden und in die Wesenseinheit von Vater und Sohn einbezogen. In dieser Einheit stehen alle, die auf Christus im Namen des dreieinigen Gottes getauft sind. Im Glauben sind alle wie Glieder eines Leibes eins und sowohl mit dem Haupt, Christus, als auch untereinander verbunden.

42.1.3 Die in der Wesenseinheit von Vater und Sohn gründende und vom Geist im Glauben bewirkte Einheit ist eine vorgegebene, organische und nicht eine durch Beschluss und Vereinbarung herbeigeführte Einheit. Sie wird nicht hergestellt, in sie wird hineingestellt. Die Einheit der Kirche ist eine pneumatische, eschatologische Größe ohnegleichen, ohne Analogie in der geschöpflichen und geschichtlichen Welt.

42.1.4 Weil die Einheit der Kirche in der Wesenseinheit von Vater und Sohn gründet und vom Geist durch die Verkündigung des Evangeliums gewirkt wird, kann sie nicht durch organisatorischen Zusammenschluss, sondern allein durch das Bleiben in der Wahrheit gewahrt werden. Tatsächlich ist eine organisatorische Einheit bei Johannes überhaupt nicht im Blick. Sie gibt auch im 4. Jahrhundert keineswegs den Ausschlag. Exemplarisch ist die Bezugnahme auf Joh 17,20−23 bei Athanasius in seiner Auseinandersetzung mit den Arianern.[62] Indem er den Arianern um der Wahrheit des biblischen Christuszeugnisses willen widersprach, hat er die Einheit der Kirche nicht verletzt, sondern gewahrt bzw. wiederhergestellt. Ebenso haben die Kappadozier die Einheit der Kirche durch die Zurückweisung der Pneumatomachen erhalten. Die Kirche ist in ihrem Wesen keine Organisation, so gewiss sie eine Organisation hat und diese auch braucht; aber die Organisationsfragen sind in ihr der Wahrheitsfrage prinzipiell untergeordnet.

42.2 Die Heiligkeit der Kirche beruht darauf, dass Jesus Christus sich selbst für die Seinen geheiligt hat, damit auch sie geheiligt seien in der Wahrheit (Joh 17,19). Sie ist in dem Ruf zum Glauben enthalten, durch den die, die den Ruf hören, Heilige sind in Christus Jesus (Phil 1,1); sie wird zugeeignet in der Taufe (Röm 6,3−11). Christus ist uns von Gott zur Heiligung gemacht (1. Kor 1,30); die Gläubigen dürfen nun nicht mehr leben, „wie die Heiden leben in der Nichtigkeit ihres Sinnes" (Eph 4,17).

42.2.1 Mit dem Mönchtum ist im 4. Jahrhundert das Heiligkeitsideal eines „engelgleichen Lebens" aufgekommen. Dadurch ist der Akzent von dem Glauben und der Taufe in der Heiligung gemäß Röm 6,3 ff. auf die Werke in der Askese verschoben

---

[62] Or. c. Ar. III, 17 ff.

worden. Vorreiter war der ägyptische Mönch Antonius, dessen Leben Athanasius dargestellt hat.[63]

42.3 Die Katholizität gehört zum Wesen der Kirche und ist der empirischen ebenso vorgegeben wie die Einheit, Heiligkeit und Apostolizität. Dass sie ein Wesensmerkmal der Kirche ist, liegt in dem dreieinigen Gott selbst beschlossen. Er ist der Schöpfer; ihm gehört die ganze Erde (Ps 24,1; 1. Kor 10,26). Christus, dem Sohn Gottes, ist Adam und nicht ein Religionsstifter gegenübergestellt (Röm 5,12−21); durch ihn ist „für alle Menschen die Rechtfertigung gekommen, die zum Leben führt" (5,18). Der Heilige Geist ist der Schöpfergeist und nicht ein Sektengeist. Deshalb ist die Kirche auf alle Menschen in der ganzen Welt ausgerichtet.

42.4 Die Kirche ist „erbaut auf den Grund der Apostel und Propheten, da Jesus Christus der Eckstein ist" (Eph 2,20). Der Einmaligkeit und Endgültigkeit der Offenbarung Gottes in Christus entspricht die Einmaligkeit und Unwiederholbarkeit der Apostel. Ihr Zeugnis ist unersetzbar. Die Kirche setzt es nicht fort, sondern vielmehr als grundlegend voraus. Die Abweisung der Häresien der Arianer und Pneumatomachen beruht auf der Bindung an die Heilige Schrift. Die Wahrung der Apostolizität ist eine unbedingte Notwendigkeit und ein Wesensmerkmal der Kirche.

43. Die Taufe ist heilsnotwendig; sie ist *eine*, also nicht wiederholbar; sie geschieht zur Vergebung der Sünden. Diese drei tauftheologischen Leitgedanken sind in NC 35 zusammenfassend zum Ausdruck gebracht. Durch *Wir bekennen die eine Taufe* wird die Heilsnotwendigkeit der Taufe hervorgehoben. Mit der Formel *eine Taufe* (Eph 4,5) wird ihre Einmaligkeit und Unwiederholbarkeit unterstrichen. Durch die geprägte Wendung *zur Vergebung der Sünden* wird herausgestellt, dass die Taufe das eschatologische Heilsgut vermittelt.

43.1 Während die Taufe im Nicaenum keine Rolle spielt, wird sie in NC 35 ausdrücklich hervorgehoben. Das liegt daran, dass

---

[63] Vgl. o. S. 175, Anm. 320 ff.

sie erst ab etwa 360 mit den pneumatologischen Streitigkeiten in den Fokus geriet. Das beharrliche Festhalten am trinitarischen Taufbefehl hat bei Basilius mit dem Verständnis der Gottheit des Heiligen Geistes zugleich das Verständnis der Taufe vertieft.

44. Die Auferstehung der Toten ist der Machterweis Gottes, der am Ende der Zeit und zu Beginn der kommenden Welt steht, nämlich des neuen Himmels und der neuen Erde, die Gott schaffen wird, so dass man die vorigen „nicht mehr zu Herzen nehmen wird" (Jes 65,17). Grund und Bezugspunkt der Hoffnung, dass die Verstorbenen auferstehen werden, ist Gottes unvergleichliche Machttat der Auferweckung des gekreuzigten Jesus (1. Thess 4,13 f.). Das Leben aus der Auferstehung der Toten in der kommenden Welt ist neues Leben, das Gottes Geist schafft. Es wird den Erweis erbringen, dass Jesus Christus, der Sohn Gottes, den der Vater gesandt hat, das Leben ist (Joh 14,6).

44.1 Der Glaube an „die Auferstehung der Toten und das Leben der kommenden Welt" (NC 36–37) ist die Probe auf den Glauben an die Gottheit Gottes, „der die Toten lebendig macht und ruft das, was nicht ist, dass es sei" (Röm 4,17). Ohne diesen Glauben ist das Bekenntnis der Kirche leer.

44.2 Das ewige Leben ist „die unendliche Freude, das Bleiben in Gott"[64]. Dieser wird als der Dreieinige „unmittelbar evident sein"[65].

II, 2

45. Luther ging es allein um Gott und darum, wie er, ein sündiger Mensch, vor ihm bestehen könne. Er hat das trinitarische Dogma vorausgesetzt, aber der Ansatz seines Denkens gründet in der Theologie des Paulus. Dieser Ansatz ist durch das Ringen um das sachgerechte Verständnis der Gerechtigkeit Gottes nach

---

[64] Basilius, De spir. 23.
[65] Vogel, Glaubensbekenntnis (s. Anm. 25), 211 (zu NC 36–37).

Röm 1,17 ab etwa 1515 schrifttheologisch zur Entfaltung gebracht worden. Das Kriterium für die Rezeption des altkirchlichen Dogmas bildet der Artikel von Christus und der Rechtfertigung, und zwar dieser in der Zusammengehörigkeit von Christuszeugnis und Rechtfertigungsbotschaft (s. ASm II, 1). Den Ausschlag für die Rezeption hat die Heilsfrage gegeben. Doch das Heil ist nicht ein Abstraktum, sondern der Heiland selbst; die Rettung ist der Retter, Jesus Christus. Die Einheit von Christologie und Soteriologie, die sich daraus ergibt, ist johanneisch, wurde von Athanasius vertreten und war Luther wohlvertraut.

46. Bei der Auslegung von Röm 3,4 (f.) 1515/16 hat Luther den Begriff *Deum iustificare* (Gott recht geben) gebildet. Mit diesem Begriff hat er die Umkehrpredigt des Paulus in Röm 1,18–3,20 aufgenommen, die in der Sache an den Bußruf Jesu anknüpft, der wiederum den Bußruf Johannes des Täufers voraussetzt.

46.1 Luther war bewusst, dass ein Christentum ohne Buße dem biblischen Befund widerspricht und eine Karikatur darstellt. Es ist aber von entscheidender Bedeutung, zu sehen, wie er den Bußruf aufgenommen hat. Als er am 2. Juli 1505 in der Nähe von Stotternheim bei einem Gewitter durch einen Blitzschlag in Lebensgefahr geriet, gelobte er, ein Mönch zu werden.[66] Der Klostereintritt in Erfurt war mit der Erwartung verbunden, durch die Befolgung der Mönchsgelübde von der Angst, im Gericht vor Gott nicht bestehen zu können, frei zu werden und sich die Seligkeit zu verdienen.[67] Als er 1521 die Mönchsgelübde einer vernichtenden theologischen Kritik unterzog,[68] beruhte das nicht etwa darauf, dass er die Gelübde nicht hätte einhalten können, sondern vielmehr auf dem reformatorischen Verständnis der Rechtfertigung und Buße, wie es sich bei der Auslegung von Röm 3,4 anbahnt: Buße beginnt nicht mit der Selbstverpflichtung zu einem besseren Leben, also mit dem Ausweichen vor dem göttlichen Urteil durch die Flucht in den sittlichen Appell

---

[66] Vgl. z.B. WA.TR 4, 440, 9 f. (Nr. 4707): „Hilff du, S. Anna, ich wil ein Monch werden!" Zum biographischen Hintergrund s. M. Brecht, Martin Luther, Bd. I, Stuttgart ³1990, 55–58; u.a.

[67] Vgl. WA 40 II, 460, 6–8; WA 45, 698, 28–30; WA 47, 90, 35 f. 575, 39–42; u.a.

[68] De votis monasticis Martini Lutheri iudicium, 1521, WA 8, (564) 573–669.

oder in Gelübde, sondern vielmehr mit dem Geltenlassen des Todesurteils, das Gott im Gesetz über den Sünder ausspricht und das in der Taufe vollzogen wird. Diese Buße steht im Horizont des Evangeliums, das den zum Tod verurteilten Sünder um Christi willen aus Gnade allein freispricht, und beruht darauf, dass Gottes Freispruch durch das Evangelium ebenso unbedingt gilt wie sein Gerichtswort. Beiden, dem Todesurteil des Gesetzes wie dem Freispruch des Evangeliums, vorbehaltlos zustimmen, das heißt Gott recht geben, ihn in seinen Worten rechtfertigen und ein Gerechter werden, der aus dem Glauben lebt (Röm 1,17; Hab 2,4).

46.1.1 Aus der reformatorischen Perspektive ist der Klostereintritt zwar eine Umkehr gewesen, aber eine selbsterbrachte Umkehr, die – ohne dass es dem jungen Luther bewusst gewesen sein dürfte – darauf zielte, Gottes unbedingtem Urteil zuvorzukommen, um das eigene Leben zu erhalten und durch gesteigerte Religiosität vor Gott zu behaupten. In der Buße der christlichen Mönche besteht eine Parallele zur Buße der Pharisäer zur Zeit Jesu. Wie Paulus die innere Zielsetzung der pharisäischen Gesetzesobservanz erst nach seiner Bekehrung bei Damaskus zu erkennen vermochte, so hat Luther seinen Klostereintritt erst nach seiner Entdeckung des Evangeliums theologisch angemessen bewerten können.

47. Gott recht geben ist der Schlüssel zur Erkenntnis Gottes und damit zur Theologie überhaupt. Die Voraussetzung ist: Gott, der ewig sich Gleichbleibende, der alles erschaffen hat und erhält, aber unter seinem Schaffen verborgen bleibt, der *Deus absolutus*, ist aus sich herausgegangen, nicht allein in seinem Schöpfungswerk, sondern in seinem Wort, durch das er sich offenbart hat. Das ist im alten Bund durch die Tora, das Gesetz geschehen; im neuen Bund durch Jesus Christus, das fleischgewordene Wort (Joh 1,14), durch den die Gnade und Wahrheit geworden ist (Joh 1,17), dessen Sühnetod „für unsere Sünden" (1. Kor 15,3) und dessen Auferstehung „am dritten Tag nach der Schrift" (15,4) der Inhalt des Evangeliums *von* Jesus Christus ist.

47.1 Die Verkündigung des Evangeliums schließt die Buß- und Umkehrpredigt ein, wie sie Paulus in Röm 1,18−3,20 beispielhaft entfaltet hat. Im Horizont des Evangeliums wird deutlich, dass das Gesetz nicht gegeben ist, das Urteil über die Sünde in der Schwebe zu lassen, sondern dass durch das Gesetz vielmehr die Erkenntnis der Sünde kommt (Röm 3,20; 7,7). Luther hat mit Paulus seine auf Gesetzesauslegung im Horizont des Evangeliums beruhende Umkehrpredigt in dem Urteil zusammengefasst, dass alle unter der Sünde sind (Röm 3,9) und dass alle Welt vor Gott schuldig ist (Röm 3,19). Dieses Urteil ist unmissverständlich; durch es ist Eindeutigkeit und Klarheit hergestellt.

47.2 Ebenso klar ist der Freispruch des Evangeliums. Im Blick auf die Eindeutigkeit des Urteils sind sich Gesetz und Evangelium gleich; hinsichtlich des Inhalts aber sind beide entgegengesetzt. Denn das Gesetz stellt das Nichtbestehenkönnen des Menschen vor Gott seiner Sünde wegen fest und spricht dadurch das Todesurteil über ihn; das Evangelium dagegen ist die Kraft Gottes zur Rettung (Röm 1,16), denn in ihm wird die Gerechtigkeit Gottes offenbart (1,17), durch die Gott *so* gerecht ist, dass er „uns rechtfertigt"[69].

47.3 Gott hat sich eindeutig durch seine Offenbarung festgelegt. Wie verhält man sich dazu? Folgende Wege werden beschritten. Erstens: Man hört darüber hin, als ginge es einen nichts an. Aber das Urteil über die Sünde wird für den Sünder nicht dadurch ungültig, dass er es ignoriert. Es steht fest und wird dermaleinst vollzogen. Zweitens: Man weicht dem Urteil aus, indem man es aus der Gegenwart in die Zukunft verlegt, um Zeit zu gewinnen, die man durch gute Werke auszufüllen sich vornimmt, auf die man sich dann im Gericht zu berufen gedenkt. Aber das ist ein Ausweichmanöver, das kein irdisches Gericht akzeptiert, geschweige denn coram Deo Erfolg haben kann. Drittens: Man widerspricht dem Urteil, hält es für ungerecht und falsch. Dadurch wird ein „kriegerischer Gerichtshandel"[70] ausgelöst, der coram Deo zu nichts führen kann. Denn dadurch wird der

---

[69] Zu Röm 3,4, WA 56, 215, 16 f.: „... Iustitia ... qua Iustus est et nos Iustificat."
[70] Die sieben Bußpsalmen, 1517, WA 1, 187, 24 f. (zu Ps 51,5).

Mensch nur bei sich selbst festgehalten, obwohl doch Gott in seinem Sohn das Gericht über die Sünde stellvertretend getragen hat. Zielführend ist allein die Zustimmung zu Gottes Urteil über die Sünde durch das freimütige Bekenntnis der Sünde *und* die Zustimmung zum Evangelium durch den Glauben an die Vergebung der Sünde um Christi willen.

47.4 Die Zustimmung zum Gerichtsurteil des Gesetzes, aber ebenso zum Vergebungs- und Heilswort des Evangeliums ist der Vollzug der Erkenntnis Gottes als Heilserkenntnis. Sie beruht auf dem Wirken des Heiligen Geistes und ist in ihrem Ursprung wie in ihrem Vollzug „ein geistliches Geschehen"[71]. In der Urteilskonformität mit dem Wort Gottes durch das Gott-recht-Geben wird zum Ausdruck gebracht, dass Gottes stellvertretendes Handeln in Christus heilsnotwendig war. Die Erkenntnis der Heilsnotwendigkeit des Kreuzestodes Jesu „für unsere Sünden" (1. Kor 15,3) ist der Durchbruch zur Heilsgewissheit und die Quelle der Heilsfreude.

47.5 Im Blick auf die Erkenntnisproblematik ist festzuhalten: Erkenntnis Gottes, Erkenntnis der Sünde und Selbsterkenntnis des Menschen gehören zusammen und erfolgen gleichzeitig in demselben Erkenntnisgeschehen. Indem sich Gott offenbart, wird der Mensch vor sich selbst als Sünder offenbar, der er coram Deo ist. Das ist kein isolierter Erkenntnisakt, sondern ein geistliches Geschehen, durch das der Mensch wird, was er vor Gott ist. Allein die Gleichzeitigkeit von Gottes-, Sünden- und Selbsterkenntnis verbürgt die Ursprünglichkeit, Echtheit und Wahrheit des Erkenntnisgeschehens.

47.5.1 Wo hingegen Gottes-, Sünden- und Selbsterkenntnis nicht zusammenfallen, sondern in einem zeitlichen Nacheinander aufeinander angewandt werden, liegt kein ursprüngliches Verhältnis zur Offenbarung und Wahrheit Gottes vor, sondern „ein nur nachempfindendes"[72]. Um ein Beispiel zu geben: Die Gottesvorstellung des Paulus wird historisch präzise erforscht und in

---

[71] WA 56, 230, 2 f.
[72] Iwand, Rechtfertigungslehre (s. Anm. 6), 6.

einem zweiten Schritt sodann auf die Gegenwart angewandt. Aber daraus wird keine Gotteserkenntnis gewonnen, die sich in Sünden- und Selbsterkenntnis niederschlägt, sondern ein historisches Konstrukt gebildet, das man auf eine andere Epoche anwendet. Keine noch so subtile hermeneutische Reflexion kann verdecken, dass es sich in Wahrheit um ein Surrogat handelt. Die Erkenntnis Gottes ist die Erkenntnis Gottes selbst, welche die Sünden- und Selbsterkenntnis einschließt, oder sie wird verfehlt und durch das Surrogat einer Gottesvorstellung ersetzt.

47.6 Durch die Unterscheidung zwischen dem absoluten Gott und dem in seinem Wort offenbaren Gott hat Luther eine Verstehens- und Argumentationshilfe für die Bewertung des Atheismus an die Hand gegeben. Die Leugnung des absoluten Gottes ist ein völlig sinnloses Unterfangen, weil dieser schlechthin verborgen ist und weder gerichtet noch gerechtfertigt, verneint oder bejaht werden kann. Die Leugnung des in seinem Wort offenbaren Gottes ist dagegen möglich und ist zu allen Zeiten geübt worden, und zwar nicht nur in der heidnischen Umgebung des Gottesvolkes, sondern auch und vor allem in diesem selbst. Den letzten, eigentlichen Grund dafür hat Luther in seiner Auslegung von Röm 3,4 enthüllt: Der Mensch gibt dem Wort, das ihn beurteilt und als Sünder bezeichnet, von sich aus nicht nur nicht recht, sondern verdammt und verurteilt es vielmehr,[73] dreht den Spieß um und beurteilt dieses Wort seinerseits als lügenhaft und ungerecht.[74] Warum? Weil er unter allen Umständen bleiben will, der er ist. Darin kommt die Selbstbehauptung und Selbstrechtfertigung aus Hochmut und Stolz zum Vorschein,[75] in denen sich wiederum der Unglaube manifestiert.[76] Dieser kann in verstecktem Hass auf Gott verharren oder in offener Rebellion gegen Gott zum Ausbruch kommen.[77]

47.6.1 In der Leugnung Gottes durch die Ablehnung des Evangeliums, das doch zur Rechtfertigung des Gottlosen verkündigt

---

[73] WA 56, 226, 8: „Sed condemnat atque Iudicat ..."
[74] WA 56, 226, 10 f.
[75] Vgl. WA 56, 217, 16 ff.
[76] WA 56, 226, 7.
[77] Vgl. WA 56, 226, 12.

wird, kommt die paradoxe Art zum Vorschein, in der Gott seinen unabänderlichen, aber verborgenen Heilsratschluss in der Zeit durchführt und schließlich zur Vollendung bringt. Von seiner Geburt an ist Jesus Christus „gesetzt zum Fall und zum Aufstehen für viele in Israel und zu einem Zeichen, dem widersprochen wird" (Lk 2,34). Er wird in den schmachvollsten Tod, vollzogen durch die grausamste Hinrichtungsart der Antike, dahingegeben, aber seine Passion steht bis ins kleinste Detail, zum Beispiel das Auffinden des Esels vor dem Einzug in Jerusalem (Mt 21,2 Par.), unter der Vorsehung Gottes, des Vaters. Er stirbt am Kreuz (Mk 15,37 Par.), aber durch seinen Tod hat Gott das Werk der Versöhnung vollbracht – unüberholbar und unumkehrbar. Auch die Verkündigung der Versöhnung steht unter demselben Vorzeichen: Die Apostel werden „wie der Abschaum der Menschheit" (1. Kor 4,13) behandelt, aber es unterliegt für sie keinem Zweifel, dass das Evangelium, das sie verkündigen, der Sieg gegen jeden Widerstand und über alle Widersacher ist: „Gott aber sei gedankt, der uns allezeit (!) Sieg gibt in Christus" (2. Kor 2,14).

47.6.2 Wie Gott in und durch seinen Sohn und danach durch die Apostel gehandelt hat, so handelt er auch in der Kirche. Die Kirche steht allerdings in der Versuchung, die Art seines Handelns umzukehren, nämlich das Evangelium der Unkenntnis und Missachtung anheimzugeben, aber dafür die „Kirche" und ihre „Diener" mit Privilegien und weltförmigen Titeln auszustatten und ihnen eine Rolle in der Welt zuzuweisen. Davon hebt sich die Reformation wohltuend ab; denn sie wurde durch einen unbekannten Mönch am Rande der westlichen Zivilisation ausgelöst, der die Wahrheit des Evangeliums über die Kirche und gegen ihre antichristlichen Institutionen gestellt hat.

47.6.3 Zu dem Antichristentum innerhalb der Kirche ist in der Neuzeit ein Antichristentum hinzugekommen, das sich gegen Christus und Christentum überhaupt stellt. Als Prototyp kann Friedrich Nietzsche (1844–1900) gelten.[78] Es ist aufschlussreich,

---

[78] F. Nietzsche, Werke. Kritische Gesamtausgabe, hg.v. G. Colli / M. Montinari, Berlin / New York 1967 ff. Vgl. M. Fleischer, Nietzsche, TRE, Bd. 24, 1994,

die Kriterien, die Luther bei der Auslegung von Röm 3,4 entfaltet hat, auf diesen Denker der Neuzeit anzuwenden. Nach Luther gilt unterschiedslos für alle Menschen, dass im Hören auf Gottes Wort zur Entscheidung kommt, ob Gott in seinen Worten gerechtfertigt wird oder nicht.[79] Der Glaube gibt Gott recht, der Unglaube widerspricht ihm. Aber indem er widerspricht, „verdammt und verurteilt"[80] er seinerseits Gott, der in seinem Wort aus sich herausgegangen ist. Bei Nietzsche ist die Verdammung und Verurteilung Gottes und des Wortes, in dem ein Urteil über ihn selbst enthalten ist, weit über den üblichen „Gerichtshandel"[81] hinausgegangen und zu einer Obsession geworden. Nietzsche hat in *Also sprach Zarathustra* (1883−85) gezielt einen Gegenentwurf zu Jesus und seiner Verkündigung konzipiert, um den Wahrheitsanspruch Jesu Christi, des Offenbarers, zu destruieren. Er hat sich keineswegs nur gegen die bürgerliche Moral des 19. Jahrhunderts gewandt, die er für christlich hielt, sondern zuerst und zuinnerst gegen Jesus Christus selbst, den *Deus revelatus*, und gegen seine Zeugen, besonders gegen den Apostel Paulus.[82] Von Luther her geurteilt ist Nietzsches Denken schon im Ansatz und nicht erst im Ergebnis antichristlich. Ihm ist Christus selbst zum Anstoß und Ärgernis geworden (s. Mt 11,6 Par.), nicht nur das Christentum seiner Zeit. Weil er gegen Christus selbst eingenommen war, sind auch seine Urteile über Christliches so verzerrt und bisweilen grotesk. Ist es doch nicht nur unzutreffend, sondern Nonsens zu behaupten, das Christentum lasse „*nur* moralische Werthe gelten"[83]. Das ist ein grobes Fehlurteil, das auf der Nichtunterscheidung von Gesetz und Evangelium beruht und das spezifisch Christliche verkennt. Es ist außerdem nicht nur falsch, sondern eine bösartige Unterstellung, das Christentum als „lebensfeindlich" auszugeben, bestimmt durch „den ingrimmigen rachsüchtigen Widerwillen gegen das

---

506−524 (Lit.). Zur Einführung vgl. z.B. R. Safranski, Nietzsche. Biographie seines Denkens, München 2000.

[79] WA 56, 212, 26 f.

[80] WA 56, 226, 8 (s.o. Anm. 73).

[81] WA 1, 187, 24 f.

[82] Vgl. dazu J. Salaquarda, Dionysos gegen den Gekreuzigten. Nietzsches Verständnis des Apostels Paulus, in: ders., (Hg.), Nietzsche, WdF 521, Darmstadt 1980, 288−322.

[83] Nietzsche, Werke (s. Anm. 78), Bd. III, 1, 12 f.

Leben selbst"[84]. In Wahrheit bringt Jesus das Leben und gibt Anteil an dem Leben, das den Tod überwunden hat. Die Lehre von der ewigen Wiederkehr des Gleichen, die Nietzsche Zarathustra in den Mund gelegt hat,[85] schlösse dagegen auch die Wiederkehr des hoffnungslosen Todesgeschicks des Menschen ein.

47.7 Der Glaube, der Gott in seinem Wort recht gibt, zieht die kritische Infragestellung von Religion und Religiosität nach sich, die sich ohne Gottes Wort herausgebildet hat. Dafür ist Luthers Kritik am Mönchtum und an der Kirche seiner Zeit, besonders an der überkommenen Messe, ein Beispiel. Aber auch umgekehrt gilt: Der Unglaube, der Gott, der in seinem Wort aus sich herausgegangen ist, verneint, ist religiös bzw. pseudoreligiös produktiv. Das belegt das Spätwerk Nietzsches, insbesondere der *Zarathustra*.

47.7.1 Wie der dem Nichtigen verfällt, dem die Erkenntnis Gottes nichts bedeutet (Röm 1,21), so erliegen alle der Macht der Verführung, die der Wahrheit nicht glauben (2. Thess 2,11 f.).

47.8 Zu diesem Punkt ist abschließend festzuhalten: Ob Gott recht gegeben wird oder nicht, entscheidet über das ewige Geschick des Menschen. Durch das Gott-recht-Geben wird alles gewonnen; durch die Verneinung Gottes, der in seinem Wort offenbar geworden ist, wird alles verloren. Wer sich an Christus nicht aufrichtet, der kommt an ihm zu Fall (s. Lk 2,34). Jede Kasuistik ist aufgehoben; es gilt ein einfaches, für jedermann nachvollziehbares Entweder-oder: Wer glaubt, wird gerettet; wer nicht glaubt, wird verdammt (Mk 16,16). So, in dieser Zuspitzung, regiert Gott die Menschheit durch die Zeiten hin und vollzieht seinen ewigen Heilsratschluss.

48. Die Voraussetzung der Offenbarung Gottes in Gesetz und Evangelium ist die Einzigkeit Gottes. Durch das Gott-recht-

---

[84] Nietzsche, Werke III, 1, 12.
[85] Vgl. dazu K. Löwith, Nietzsches Philosophie der ewigen Wiederkehr des Gleichen, Stuttgart [4]1986.

Geben – des Gesetzes wie des Evangeliums – wird die unbedingte Priorität Gottes, die in der Einzigkeit Gottes begründet liegt, als Grundlage der Erkenntnis Gottes und ebenso der Theologie anerkannt.

48.1 Die Anerkennung der Einzigkeit Gottes ist in der Frage nach dem höchsten Gebot thematisiert worden. Jesus hat die Frage nach dem höchsten Gebot durch die Zusammenstellung des Grundbekenntnisses Israels zur Einzigkeit Gottes (5. Mose 6,4) mit dem Nächstenliebegebot (3. Mose 19,18) beantwortet (Mk 12,29–31 Par.). Beide, Gottesliebe und Nächstenliebe, sind unbedingt zu üben! Innerhalb des Doppelgebotes der Liebe besteht aber insofern ein hierarchisches Gefälle, als alle Gebote, auch das der Nächstenliebe, nichts sind „als eine große Explikation des Gebotes, Jahwe zu lieben und ihm allein anzuhangen (Dt. 6,4 f.)"[86].

48.2 Luther hat in dem *Sch'ma* und in dem auf es folgenden Liebesgebot die „Summe der ganzen Weisheit und Wissenschaft" gesehen.[87] Er unterstreicht, Gott von ganzem Herzen, von ganzer Seele und von ganzem Gemüt zu lieben (5. Mose 6,5; Mt 22,37 Par.), sei ohne Zweifel das vornehmste Gebot.[88] Durch es wird jedem Menschen die Wahrheitsfrage gestellt; aber es bestätigt keinem Menschen, dass er in der Wahrheit steht. Denn: „Niemand hat jemals auch nur den kleinsten Teil von diesem Gebot gehalten."[89] So wird gerade durch das höchste Gebot „die ganze Welt unter der Sünde verschlossen"[90].

48.2.1 Dieses Verständnis des höchsten Gebotes setzt Luthers Fundamentalunterscheidung von Gesetz und Evangelium voraus, wie er sie z.B. 1522 in der Vorrede auf den Römerbrief zusammenfassend dargelegt hat. Das höchste Gebot fordert die Liebe zu Gott aus ungeteiltem Herzen, ungeteilter Seele und ganzer

---

[86] G. v. Rad, Theol. AT I, 1969, 243 (zit. o. S. 209, Anm. 72).
[87] WA 28, 622, 5.
[88] Predigt am 4.10.1523, WA 11, 187, 29.
[89] WA 11, 188, 3 f.
[90] WA 11, 188, 2.

Kraft, also aus „des hertzen grund"[91]. Es lässt sich „an Worten nicht genügen, sondern straft vielmehr die Werke, ohne Herzens Grund getan, als Heuchelei und Lügen"[92]. Das Gesetz ist „geistlich" (Röm 7,14); ihm tut „niemand genug, es gehe denn von Herzensgrund alles, was du tust"[93]. Ein „solches Herz gibt niemand als Gottes Geist"[94]. Dieser aber „wird nicht anders als allein in, mit und durch den Glauben an Jesus Christus gegeben"[95]. Der Glaube wiederum kommt nicht, „außer allein durch Gottes Wort oder Evangelium, das Christus predigt, wie er Gottes Sohn und Mensch ist, gestorben und auferstanden um unseretwillen"[96]. Darin liegt es begründet, „dass allein der Glaube rechtfertig macht und das Gesetz erfüllt, denn er bringt den Geist aus Christi Verdienst"[97].

48.2.2 Die Unterscheidung zwischen Gesetz und Evangelium enthält die Summe der ganzen christlichen Lehre.[98] Durch sie wird der Zugang zu dem einen Gott erschlossen, der derselbe ist im Gesetz wie im Evangelium, der aber durch das Evangelium im Gegensatz zum Gesetz handelt. Dieser Gegensatz liegt in seinem stellvertretenden Handeln in Christus begründet, durch das wiederum der Heilige Geist entbunden wird, in dem sich Gott als der Lebendige erweist, der tötet und lebendig macht (1. Sam 2,6).

48.2.3 Gott offenbart sich in Gesetz und Evangelium in entgegengesetzter Weise, weil er in seinem fleischgewordenen Sohn an die Stelle aller Sünder zur Sühnung ihrer Sünden getreten ist und infolge dieser weltumspannenden Versöhnungstat durch seinen Geist in der Bindung an sein Wort als der Gegenwärtige heilswirksam handelt. Daraus ergibt sich für Luther die trinitarische Entfaltung des Glaubens an den einen Gott, der sich in der

---

[91] WA.DB 7, 2, 23 f.
[92] WA.DB 7, 4, 1 f.; zitiert nach: Luthers Vorreden zur Bibel, hg.v. H. Bornkamm, KlVR 1550, Göttingen ³1989, 178.
[93] WA.DB 7, 4, 31 f. (Bornkamm, 179).
[94] WA.DB 7, 4, 32.
[95] WA.DB 7, 6, 15 f.
[96] WA.DB 7, 6, 17–19.
[97] WA.DB 7, 6, 20 f.
[98] WA 40 I, 209, 16 f.

Präambel des Dekalogs seinem Volk selbst vorgestellt und zugesagt hat.

49. Eine Schlüsselrolle bei der trinitarischen Entfaltung des Glaubens kommt dem Dekalog und in diesem wiederum dem ersten Gebot zu.

49.1 Luther hat in den zehn Geboten „die höchste Weisheit" gesehen.[99] Insbesondere gilt vom ersten Gebot, dass es „die Quelle der Weisheit, allen Glaubens und Verstandes" ist.[100]

49.2 Zu der Hochschätzung der zehn Gebote als des vollkommenen Ausdrucks des Willens Gottes tritt als zweite ausschlaggebende Komponente des reformatorischen Gesetzesverständnisses hinzu, dass Luther die Zurückweisung des Gesetzes als Heilsweg im neuen Bund, besonders in der Theologie des Paulus, bewusst nachvollzogen und als befreiende Erkenntnis empfunden hat. Sein Verhältnis zur Mosetora ist von der Paradoxie bestimmt, dass er sie durch Christus völlig außer Kraft gesetzt sieht, was ihre Heilsmittlerschaft betrifft, und dass er sie andererseits aus der Freiheit des Glaubens an Christus für das menschliche Zusammenleben fruchtbar gemacht hat wie wohl kaum ein anderer, was ihre Rechtserheblichkeit bei der Befolgung des Doppelgebotes der Liebe betrifft.

49.3 Die zehn Gebote betreffen die Heidenchristen nicht;[101] denn Gott hat nicht sie, sondern allein die Juden aus Ägypten herausgeführt.[102] Aber weil sie „mit dem natürlichen gesetz" übereinstimmen,[103] darum stehen sie in universaler Geltung.

49.4 Wie die Juden (Israeliten) haben auch die Christen ein gewisses Zeichen oder Wort, an dem sie Gott erkennen und ergreifen können. An die Stelle der Herausführung aus Ägypten ist das Christusgeschehen getreten: Gott hat „seinen Sohn für dich ins

---

[99] WA 29, 526, 2 ff.
[100] WA 28, 600, 10 f.
[101] WA 16, 424, 12.
[102] WA 16, 371, 28 f. u. 373, 32 f.
[103] WA 16, 424, 25 f.

Fleisch gesteckt, hat ihn um deinetwillen erwürgen lassen und dich von Sünde, Tod, Teufel und Hölle errettet"[104]. Über der Offenbarung des Evangeliums im neuen Bund steht daher: „Ich bin euer Gott, der ich euch selig machen will durch meinen allerliebsten Sohn."[105]

49.5 Theologisch ist darin impliziert: Christus gehört in das erste Gebot hinein,[106] und zwar in die Präambel, denn er ist der Kyrios. Das Rettungshandeln Gottes beschränkt sich nicht auf die Befreiung aus der Sklaverei in Ägypten, sondern ist universal und besteht in der Erlösung von den Verderbensmächten Sünde, Tod und Teufel.[107] Das Regiment des Mose ist „aus"[108]; denn „Christus ist das Ende des Gesetzes; wer an den glaubt, der ist gerecht" (Röm 10,4). Der Geist ist entbunden und ausgegossen. Das Volk Gottes besteht aus Juden *und* Heiden. Das Heilsgut ist nicht das Land Kanaan, sondern das „ewige Reich".

49.6 Luther hat die Linien theologisch konsequent ausgezogen, die in der Fundamentalunterscheidung zwischen Gesetz und Evangelium angelegt sind. Das war unumgänglich, weil dem biblizistischen und gesetzlichen Missbrauch des Alten Testaments durch „Rottengeister" und „Bilderstürmer" ein Riegel vorgeschoben werden musste. Seine Ausführungen sind so radikal, dass sie die Frage aufwerfen, warum der Dekalog überhaupt beibehalten werden soll? Für die Beibehaltung hat der Reformator drei Hauptgründe angeführt.

49.6.1 Gegen die „Schwarm- und Rottengeister", die den Christen Mose mit allen Geboten auf den Hals legen wollen,[109] hat Luther den grundsätzlichen Einwand erhoben, dass Mose der Gesetzgeber der Juden, aber keineswegs der Christen ist: Mose wollen wir für einen Lehrer halten, aber für unseren Gesetzgeber

---

[104] WA 16, 367, 24 f. S.a. 425, 22 ff.
[105] WA 16, 369, 22 f.
[106] Vgl. WA 28, 601, 32 u. 604, 21 ff.
[107] Vgl. WA 28, 604, 15 f.; s.a. WA 16, 382, 23 f.
[108] WA 16, 373, 27 f.
[109] WA 16, 374, 19.

wollen wir ihn nicht halten.[110] Das Kriterium für die Rezeption und Beibehaltung der Mosetora ist die Übereinstimmung mit dem natürlichen Gesetz im Horizont des neuen Bundes (s. Röm 1,19 f.; 2,14 f.). Zu dem „natürlichen Gesetz" gehört auch und zuerst „einen Gott haben"[111], also das erste Gebot, nicht allein die Gebote der zweiten Tafel.

49.6.2 Nach dem Gesetz nennt Luther an zweiter Stelle die Verheißungen und Zusagen, die man bei Mose findet.[112] Auch sie gelten zunächst Israel; aber die „Verheißungen und Zusagen von Christo"[113] gelten in Christus nicht nur den Juden, sondern auch den Heiden. Die Verheißungen sind „das Beste im ganzen Mose", erwachsen sie doch nicht aus dem Herzen der Menschen, sondern sind von Gott gegeben.[114] An den Verheißungen richten sich die Angefochtenen auf; denn „auf alle Gottesverheißungen" ist in Christus „das Ja" (2. Kor 1,20).

49.6.3 Drittens ist Mose bzw. das Alte Testament beizubehalten wegen der Beispiele des Glaubens und Unglaubens, wie sie Adam, die Patriarchen auf der einen Seite, Kain und andere auf der anderen Seite gegeben haben.[115] An ihnen kann man lernen, Gott zu vertrauen und ihn zu lieben.[116]

50. Ein Beispiel, wie der Dekalog aufzufassen ist, hat Luther in den Katechismen gegeben. Die Auslegung des ersten Gebotes ist grundlegend. Die Erklärung im GrKat gehört − unter Einschluss der Kurzfassung im KlKat − zu den klassischen Texten der Gotteslehre.

50.1 Die Grundlage der Erklärung bildet die Präambel, und zwar diese in ihrer christologischen Präzisierung (s. These 49.4): Gott, der in seinem fleischgewordenen Sohn offenbar geworden ist, ist

---

[110] WA 16, 374, 20 f.
[111] WA 16, 379, 20.
[112] WA 16, 381, 18.
[113] WA 16, 381, 19.
[114] WA 16, 381, 20 f.
[115] WA 16, 391, 19 ff.
[116] WA 16, 391, 22.

„der HERR, dein Gott". Das Verbotswort des ersten Gebots (2. Mose 20,3), das Luther seiner Auslegung vorangestellt hat, gilt im Blick auf ihn unbedingt. Luthers Erklärung, mit der er die Auslegung beginnt, lautet kurzgefasst: „Du sollst mich alleine für deinen Gott halten."[117]

50.1.1 Das „Du" ist das Du der Relation zwischen Gott und dem Menschen, die Gott setzt, indem er ihn anredet. Diese Relation ist die den Menschen als Menschen konstituierende Relation, die vor allen anderen Relationen steht und sie umfasst. Mit dem „alleine" ist die Einzigkeit Gottes (5. Mose 6,4 f.) zum Ausdruck gebracht. Gott, der in seinem Sohn offenbar geworden ist, nämlich der Vater, der mit seinem Sohn eins ist (Joh 10,30), ist allein für Gott zu halten. „Deinen Gott" heißt: Du sollst „auf mich allein deine ganze Zuversicht, Vertrauen und Glauben setzen und auf niemand anderen"[118]. Durch das Du, mit dem Gott den Menschen anredet, lernt dieser „ich" zu sagen. Erst in der persönlichen Inanspruchnahme der Selbstzusage Gottes durch den Glauben erweist sich dieser als Glaube.

50.2 In der Erläuterung seiner Erklärung greift Luther nicht auf religionsgeschichtliches Material zurück, sondern auf die Analyse der menschlichen Existenz unter der Leitfrage, worauf er vertraue und worin seine Existenz gründe. Daraus ergibt sich als Antwort auf die Frage, was Gott sei: „Gott heißt das, von dem man alles Gute erwarten und zu dem man Zuflucht in allen Nöten nehmen soll."[119] Gott ist der personhafte Grund allen Seins, die „Quelle des Lebens" (Ps 36,10), und dies als der allmächtige Schöpfer, der immerfort wirkt. Er „hat niemand, der ihm gleich ist"[120].

50.2.1 In der Präambel „Ich bin der HERR, dein Gott" (2. Mose 20,2a) ist „die Verheißung aller Verheißungen (enthalten), die Quelle aller Religion und das Haupt aller Weisheit, die Zusam-

---

[117] WA 30 I, 132, 33.
[118] WA 16, 464, 6 f.
[119] WA 30 I, 133, 1 f.
[120] WA 12, 612, 16.

menfassung des im Evangelium verheißenen Christus"[121]. Setzt der Mensch allein auf Gott sein Vertrauen, der sich in der Präambel selbst vorgestellt hat? Die Probe darauf ist, ob er alles Gute von Gott erwartet und in allen Nöten seine Zuflucht zuerst zu Gott nimmt. Die Relation zu Gott steht vor und über allen anderen. Bezieht sich der Mensch im Glauben nicht zuerst auf Gott allein, verfehlt er Gott – und mit ihm zugleich seine eigentliche Bestimmung. Bei Luther folgt auf die Erklärung und theologische Analyse sogleich die Paränese: „Siehe zu und lasse mich allein deinen Gott sein und suche ja keinen anderen!"[122] Denn: „ICH, ich will dir genug geben und aus aller Not helfen."[123]

50.3 Im zweiten Teil der Auslegung des ersten Gebots führt Luther „Exempel des Widerspiels" an,[124] um zu verdeutlichen, was es heißt, das Vertrauen allein auf Gott zu setzen.

50.3.1 Mit „Mammon" hat Luther ein Stichwort aus der Verkündigung Jesu (Mt 6,24; Lk 16,13) aufgegriffen. Durch das Vertrauen, das der Mensch in Geld und Gut setzt, erhebt er dieses zum „Abgott"[125], der in seinem Herzen die Stelle des einen, wahren Gottes einnimmt. Der Mammon lässt es nicht zu, Gott zu vertrauen, sondern er drängt Gott aus dem Herzen, um den Status und die Funktion Gottes zu usurpieren. Dieses Urteil scheint auf Übertreibung zu beruhen; aber eine im Mammonismus erstorbene Welt bestätigt es auf die abstoßendste Weise. In der Neuzeit hat der Mammonismus globale Ausmaße angenommen, die in der Reformation noch unvorstellbar waren.

50.3.2 Hohe Gaben wie Gelehrsamkeit, Macht und Ehre werden dem Menschen zum Fallstrick, wenn er „darauf traut und trotzt"[126] und sich ihrer „rühmt" (Jer 9,22 f.), als gewährten sie das Leben. Was in der bürgerlichen Welt als höchste Erschei-

---

[121] WA 30 II, 358, 2–5.
[122] WA 30 I, 133, 11 f.
[123] WA 30 I, 133, 14 f.
[124] WA 30 I, 133, 17 – 134, 29.
[125] WA 30 I, 133, 25.
[126] WA 30 I, 133, 35.

nungsform der Zivilisiertheit angesehen wird, kann auf subtiler Abgötterei beruhen. Das wird wahrnehmbar an Vermessenheit, Sicherheit und Stolz. Allein das gänzliche Vertrauen des Herzens auf Gott[127] verbürgt den rechten Gebrauch der Gaben.

50.3.3 Als drittes Beispiel führt Luther die Anrufung der Heiligen und den Bund mit dem Teufel an. „Diese alle richten ihr Herz und Vertrauen anderswohin als auf den wahrhaftigen Gott."[128]

50.3.4 Am Schluss des Abschnitts stellt Luther fest, anhand der Gegenbeispiele lasse sich „leichtlich"[129] verstehen, was im ersten Gebot gefordert wird, „nämlich das ganze Herz des Menschen und alle Zuversicht auf Gott allein"[130] zu setzen. Denn Gott will „uns von allem anderen abwenden, das außer ihm ist, und zu sich ziehen, weil er das einzige, ewige Gut ist"[131].

50.4 Aus der Anwendung der Erklärung und der Auswertung der Gegenbeispiele auf die Praxis ergibt sich die Unterscheidung zwischen dem rechten Gottesdienst gemäß dem ersten Gebot und der Abgötterei. Diese Unterscheidung führt zur Kritik an der Abgötterei der Heiden sowie der Abgötterei der Werkheiligen.

50.4.1 Der „Gottesdienst", der „Gott gefällt", gründet sich darauf, dass „das Herz von keinem anderen Trost noch Zuversicht wisse als zu ihm"[132]. Das ist die mit dem ersten Gebot aufgerichtete Entscheidung: Glaube und Vertrauen sind allein auf Gott, den Schöpfer und Herrn der Geschichte, der in seinem Sohn Mensch geworden ist und in ihm befreiend gehandelt hat, zu richten. Der Glaube an Gott ist in seinem Kern Glaube an Jesus Christus, wie umgekehrt der Glaube an Jesus Christus Glaube an Gott ist, der sich in ihm offenbart hat. Es ist deshalb nur konsequent, wenn Luther den Glauben an Christus als das „erste und

---

[127] WA 30 I, 134, 5 f.
[128] WA 30 I, 134, 16 f.
[129] WA 30 I, 134, 18.
[130] WA 30 I, 134, 19 f.
[131] WA 30 I, 134, 24–26.
[132] WA 30 I, 134, 30–32.

höchste, alleredelste gute Werk"[133] bezeichnet. Dieser Glaube ist die Erfüllung des ersten Gebotes und darin der Gottesdienst, der Gott gefällt.

50.4.2 Von dieser Position aus lässt sich „leicht (ein)sehen und (be)urteilen, wie die Welt lauter falschen Gottesdienst und Abgötterei treibt"[134]. Luther teilt nicht die moderne Illusion einer religionslosen Welt. Wer Gott in Christus nicht glaubt, bleibt der heidnischen Abgötterei und Kreaturvergötterung verhaftet, die in seinem Umfeld grassiert, oder er wird in eine pseudochristliche Abgötterei dahingegeben wie z.B. die Werkheiligen, die „Hilfe, Trost und Seligkeit in eigenen Werken suchen"[135]. Sie legen sich Gott so zurecht, wie sie ihn haben wollen – die Heiden wie die Werkheiligen, wenn auch unter unterschiedlichen Voraussetzungen – und machen „aus Gott einen Götzen"[136].

50.5 Im letzten Abschnitt spitzt Luther die Auslegung auf das Gottesverständnis zu. Die Einheit von Lehre und Leben, aus der heraus er argumentiert, wird daran erkennbar, dass er am Schluss die Beichtfrage zu Gehör bringt, die durch das erste Gebot gestellt ist.

50.5.1 Gott ist der Seinsgrund und Lebensquell, jedoch nicht als anonymes Es, sondern als personhaftes Ich. Selbst ungeschaffen, schafft er alles, erhält und vollendet es. Er ist der Lebendige schlechthin. Ihn erkennen heißt, ihn vor allem und in allem von Herzen vertrauen und nichts als Gutes von ihm erwarten: Versorgung, Schutz, Durchhilfe, Frieden und das ewige Leben.[137]

50.5.2 Gott wirkt als der allmächtige Schöpfer in und durch die Geschöpfe. Diese sind die „Mittel", durch die „Gott alles gibt"[138]. Das Gute, das Menschen von Menschen und der krea-

---

[133] WA 6, 204, 25 f.
[134] WA 30 I, 134, 34 f.
[135] WA 30 I, 135, 20.
[136] WA 30 I, 135, 25.
[137] Vgl. WA 30 I, 135, 29–34.
[138] WA 30 I, 136, 9.

türlichen Welt widerfährt, kommt von Gott und beruht letztlich auf der Alleinwirksamkeit Gottes.[139]

50.5.3 Das erste Gebot gehört zum Beichtspiegel. Es lässt sich zweifelsfrei erheben, ob ein Mensch Gott allein vertraut oder nicht. Darum „erforsche dein eigenes Herz gründlich, so wirst du wohl finden, ob es allein an Gott hängt oder nicht"[140].

50.6 Mit dem ersten Gebot ist ein Entweder-oder aufgerichtet: entweder ewiger Segen, Glück und Seligkeit oder ewiger Zorn, Unglück und Herzeleid.[141]

50.7 Es ist das erste Gebot, aber dieses im Horizont des Evangeliums von Jesus Christus, das Luther veranlasst hat, schon bei der Gebotsauslegung und nicht erst bei der Auslegung des Apostolikums, binitarisch und, wenn es um die Erfüllung der Gebote geht, implizit trinitarisch zu argumentieren. Der Gott, der sich in der Präambel selbst vorstellt, ist Gott, der Vater, der Schöpfer, der sich in Israel offenbart hat, in der unlöslichen Einheit mit seinem einziggeborenen Sohn, in dem und durch den das universal geltende Werk der Erlösung von den Verderbensmächten vollbracht worden ist, sowie in der Einheit mit seinem Geist, in dem er gegenwärtig ist und handelt.

51. Den Glauben hat Luther nach dem trinitarischen Aufbau des Apostolischen Glaubensbekenntnisses ausgelegt. Diese Auslegung steht in engstem sachlichen Zusammenhang mit der des ersten Gebotes. Die Erklärung aller drei Artikel des Glaubensbekenntnisses besteht im KlKat aus jeweils einem einzigen Satz. In dieser Sprachgestalt spiegelt sich wider, dass Luther die Schöpfung, Erlösung und Heiligung als thematische Einheiten des sie umfassenden Glaubens an den dreieinigen Gott aufgefasst wissen will.

---

[139] Vgl. WA 30 I, 3, 34 ff. u. 136, 4 ff.
[140] WA 30 I, 136, 20 f.
[141] WA 30 I, 138, 7 f.

52. Der erste Artikel beruht nicht auf „natürlicher" Theologie, sondern auf dem biblischen Offenbarungsverständnis und ist ein unverzichtbarer Bestandteil des Taufkatechumenats. Luthers Erklärung des ersten Artikels ist seine Schöpfungslehre in nuce. Durch die Erklärung im KlKat wird der zu Unterrichtende als Demonstrationsobjekt in den Unterricht einbezogen, damit er Gott den Schöpfer im Spiegel seiner eigenen Geschöpflichkeit zu erkennen lernt.

52.1 Gott ist der Schöpfer, der „mich geschaffen hat samt allen Kreaturen".

52.1.1 Gott ist der Allmächtige. Der Erweis seines Gottseins ist die *creatio ex nihilo*. Er schafft, was ohne ihn gar nicht wäre, und erhält, was ohne ihn ins Nichts zurücksänke. „Wenn er spricht, so geschieht's" (Ps 33,9a).

52.1.2 Gott ist „wirkende Macht und stetige Tätigkeit, die ohne Unterlaß im Schwange geht und wirkt"[142]. Wohl ist zwischen Erschaffung (*creatio*) und Erhaltung (*conservatio*) zu unterscheiden, aber unter der Voraussetzung ihrer Zusammengehörigkeit. Beide Aspekte sind durch den Gedanken der *creatio continua* verbunden.

52.1.3 Gottes Schöpferhandeln geschieht „außerhalb des Modus der Zeit"[143]. Bei ihm gibt es kein Vorher oder Nachher, vielmehr „steht alles vor seinen Augen und ist Gegenwart"[144].

52.1.4 Gott ist der Vater. Er schafft, indem er „Leib und Seele", „alle Glieder" und „alle Sinne" gibt. Dass die Geschöpfe leben, beruht darauf, dass Gott sie am Leben „erhält" und dass er sie – nicht unmittelbar, sondern mittelbar – versorgt mit allem Lebensnotwendigen aus „väterlicher, göttlicher Güte und Barmherzigkeit".

---

[142] WA 7, 574, 29 f.
[143] WA 42, 58, 2: „... extra temporis rationem."
[144] WA 42, 58, 1 f.: „... sed omnia sunt eius oculis praesentia."

52.1.5 Gott ist die Liebe. Der Beweggrund für die Erschaffung, Erhaltung, Fürsorge und Behütung liegt ausschließlich und allein in der Schöpfer- und Vaterliebe Gottes, die ihrerseits in nichts begründet liegt als in ihr selbst.

52.2 Der Mensch ist Geschöpf. Das ist die Grundaussage der theologischen Anthropologie. Dass er ein Naturwesen ist, das in leiblich-seelischer Einheit existiert und mit Vernunft und Verstand begabt ist, das sind Bestimmungen, welche die Theologie mit anderen Wissenschaften teilt und im Diskurs mit diesen näher auszuführen hat.

52.2.1 Die Beziehung Gott – Mensch ist die Grundrelation des Menschseins. Von ihr werden Religion und Sittlichkeit, Gelingen oder Misslingen des menschlichen Lebens bestimmt. Diese Grundrelation wird durch den Glauben, der sich im Dank an Gott äußert, oder durch den Unglauben, der den Dank verweigert, mit Leben erfüllt oder aber der Mensch wird dem Nichtigen anheimgegeben (s. Röm 1,21). In der Danksagung erfolgt die Ratifizierung der Geschöpflichkeit des Menschen, der sich mit der Fülle seiner Gaben, aber auch in seiner geschöpflichen Begrenzung als von dem Schöpfer geschaffen und gewollt annimmt. In der Verweigerung des Dankes an den Schöpfer kommt dagegen die Mittelpunktsetzung des Menschen zum Ausdruck, der sich durch diese Verweigerung selbst zum Grund und Ziel des Lebens und der Schöpfung erhebt. Das zieht die Verfehlung der Bestimmung des Menschen nach sich.

52.2.2 Die Stellung des Menschen in der Welt ist dadurch bestimmt, dass er *vor* allen Dingen auf Gott bezogen ist und das *dominium terrae* (s. 1. Mose 1,28) im Dienst und Gehorsam gegen Gott unter der gnädigen Vorsehung Gottes auszuüben hat.

52.2.3 Dass der Mensch Gottes Geschöpf ist, heißt also, dass er alles, was er ist und hat, dem Schöpfer verdankt und dass in der Bezogenheit auf Gott die Quelle seines Lebens und die Gewähr des Gelingens seines Lebens liegt.

53. Der zweite Artikel hat eine klare, aber in seiner Klarheit auch Anstoß erregende Hauptaussage: Jesus Christus ist mein HERR. Die anderen Aussagen der Erklärung explizieren, was in jener impliziert ist. Impliziert ist die Analogielosigkeit der Person Jesu Christi, auf der wiederum die Analogielosigkeit seines Werkes beruht, durch das er die Verderbensmächte entmachtet und die „ewige Gerechtigkeit" heraufgeführt hat, und zwar nicht für sich, sondern für „mich verlornen und verdammten Menschen". Luther hat mit dem Artikel von der Rechtfertigung in einem einzigen Satz dargelegt, was in dem Werk Jesu Christi aufgrund der Einzigartigkeit der Person Jesu Christi mit Bezug auf „mich" enthalten ist. Theologisch stringent, aber ohne die theologische Fachterminologie zu gebrauchen, hat er in der Erklärung des zweiten Artikels das Zentrum des christlichen Glaubens ins Licht gestellt und das Spezifikum des Christentums ausgesagt.

53.1 Der Glaube an Jesus Christus ist nicht der Glaube an eine Christusidee, deren Träger Jesus gewesen wäre, sondern vielmehr Glaube an die Person Jesus Christus. Dieser ist eine Person ohnegleichen, weil sich in ihr Gott und Mensch vereinigt haben.

53.1.1 Jesus Christus ist „wahrhaftiger Gott vom Vater in Ewigkeit geboren". Er ist als der Sohn Gottes nicht geschaffen, als wäre er das erste und vorzüglichste Geschöpf, sondern er ist mit Gott, dem Vater, „wesenseins der Gottheit nach"[145], mithin als zweite Person der Trinität nicht dem Wesen, sondern der Person nach dem Vater untergeordnet.

53.1.2 Jesus Christus ist „auch wahrhaftiger Mensch von der Jungfrau Maria geboren". Jesus Christus war in allem den Menschen gleich (Phil 2,7), ausgenommen in der Sünde (Hebr 4,15). Seine Empfängnis ist von dem Heiligen Geist gewirkt worden. Vermöge der Allmacht des Geistes Gottes ist in Maria das Leben des ihr angekündigten Sohnes entstanden, in dem Gott und Mensch eine einzigartige Verbindung eingegangen sind. Die Verbindung der zwei Naturen der Gottheit und Menschheit in dem einen Jesus Christus lässt sich nicht aus der Schöpfung

---

[145] ACO II, 1, 2, S. 129.

begründen, sondern sie beruht auf dem unableitbaren Wirken des allmächtigen Gottes, der mit der Geburt Jesu von der Jungfrau Maria einen neuen Anfang setzt.

53.1.2.1 Luther hat die biblisch fundierte altkirchliche Christologie in ihrer Zuspitzung auf die Zwei-Naturen-Lehre aufgenommen. Diese hielt er für so elementar, dass schon bei der Unterweisung der Jugend nicht auf sie verzichtet werden kann. Mit dem Chalcedonense (451) lehrt er: Gottheit und Menschheit haben sich in Jesus Christus nicht vermischt oder verwandelt, so dass aus ihm ein Halbgott oder Übermensch geworden wäre, vielmehr sind beide in ihm ganz, was sie sind. Aber Gottheit und Menschheit sind in seiner Person auch nicht voneinander getrennt oder gesondert, vielmehr ist Jesus Christus nur erkennbar, wenn Gottheit und Menschheit in seiner Person als ungetrennt und ungesondert wahrgenommen werden. Und das ist Jesus Christus nicht nach und nach geworden, das war er von Anfang an.

53.1.3 Jesus Christus, wahrhaftiger Gott und wahrhaftiger Mensch, ist „mein HERR". Er ist „der Herr Zebaoth, / und ist kein andrer Gott"[146]. Er wird im „Kämmerlein" (Mt 6,6) wie in der Öffentlichkeit angerufen; „das Feld muß er behalten" (EG 362.2).

53.2 Jesus Christus hat von Sünde, Tod und Teufel erlöst. Das erlösende Werk, das Christus vollbracht hat, setzt voraus, dass er Gott und Mensch in einer Person war. Hätte er doch, wäre er nichts als Mensch gewesen, niemanden retten können, sondern er hätte vielmehr selbst eines Retters bedurft.[147] Wäre er auf der anderen Seite nicht Mensch geworden und den Menschen in allem gleich, außer in der Sünde, hätte er den an die Sünde und den Tod verfallenen Menschen als Menschen nicht der Vernichtung entreißen können. Denn wäre die Gerechtigkeit, die vor Gott gilt, nicht durch die Stellvertretung des menschgewordenen Christus hergestellt worden, könnte der Mensch vor Gott nicht

---

[146] Ein feste Burg ist unser Gott, 1529, AWA 4, 248 (EG 362.2).
[147] Vgl. WA 10 I, 1, 198, 23 f. 208, 23 f.; WA 46, 231, 24–27; u.a.

als Mensch leben, sondern er bliebe in Ewigkeit der Macht der Sünde und des Todes sowie der Willkürherrschaft des Satans unterworfen.

53.2.1 Jesus Christus hat „mich" erlöst. Wäre nicht Gott in Christus gewesen, könnte sein Werk mich nicht betreffen. Da aber Gott in Christus war, um die Welt mit sich selber zu versöhnen (2. Kor 5,19), bin ich in das Werk der Erlösung und Versöhnung einbezogen.

53.2.2 Mich „verlornen und verdammten Menschen". „Verloren" heißt von Gott geschieden und „tot" sein (Lk 15,24.32). Mit „verdammt" ist die rechtmäßige Verurteilung des Menschen seiner Sünde wegen vor dem Forum Gottes gemeint. „Erlöst" umfasst sowohl die Befreiung aus dem hoffnungslosen Todesgeschick, dem alle Menschen unterworfen sind, als auch die Umwandlung des Todesurteils in einen Freispruch coram Deo.

53.2.3 „... erworben, gewonnen". Den Gegensatz zu „verloren" und „verdammt" bildet das Wortpaar „erworben, gewonnen". Etwas „erwerben" heißt den Kaufpreis entrichten. „Gewonnen" wird ein Kampf oder ein Prozess.

53.2.4 „... von allen Sünden". Die Sünde ist das „grosse gefengnis"[148]. Der ganze Mensch ist „durch die Sünde verderbt und dem ewigen Tod unterworfen"[149]. Die Grundausrichtung des Menschen, die in der Relation zu Gott besteht, ist durch die Sünde ins Gegenteil verkehrt. Der Mensch in allen seinen Bezügen wird durch sein Abgewandtsein von Gott bestimmt. Die „ganze Welt ist der Sünde schuldig"; sie kann „durch keine Anstrengungen, Bemühungen und Werke aus der Sünde befreit werden"[150].

53.2.5 „... vom Tode". Infolge der Sünde herrscht der Tod, und zwar bevor er leiblich eintritt. Im leiblichen Tod vollzieht sich

---

[148] ASm III, 3, WA 50, 227, 24.
[149] Zu Ps 51,2, WA 40 II, 322, 24 f.
[150] Zu Ps 51,6, WA 40 II, 367, 35–37.

die Verendgültigung des Getrenntseins von Gott. Aber das Menschengeschlecht versteht das Unglück nicht, das es fühlt und erleidet.[151] Es ist eine Auswirkung der Hauptsünde (*peccatum originale*), dass zu dem faktischen Elend des Dahingegebenseins an Sünde und Tod die Verkennung des Elends hinzukommt.

53.2.6 „... von der Gewalt des Teufels". Der Teufel (Satan) ist kein aus der Welt kommender, sondern in sie eingedrungener Gewaltherrscher, dem die Sünde das Tor geöffnet hat. „Die Gewalt des Teufels ist der Tod, die Sünde und das schlechte Gewissen, durch die er regiert."[152] Seine Herrschaft besteht in Mord und Lüge (Joh 8,44) und ist willkürlich, destruktiv und tyrannisch.

53.3 Jesus Christus hat nicht mit dem Begehrtesten dieser Welt, Gold oder Silber, sondern unter dem Einsatz seines eigenen Leibes und teuren Blutes und mit seinem unschuldigen Leiden und Sterben die Rettung des verlorenen und verdammten Menschengeschlechts von den Verderbensmächten Sünde, Tod und Teufel vollbracht.[153]

53.3.1 „... mit seinem heiligen, teuren Blut". Luthers Formulierung lehnt sich an den Wortlaut von 1. Petr 1,18−19 an und steht repräsentativ für das ganze biblische Zeugnis von dem stellvertretenden Erlösungs- und Versöhnungshandeln Gottes in seinem Sohn Jesus Christus am Kreuz. Durch das am Kreuz vergossene Blut Christi ist die universal geltende Sühne nach Röm 3,24−25 ein für allemal erbracht worden. Das sühnkräftige Blut Christi ist der Realgrund der Gnade Gottes sowie der Rechtsgrund der Vergebung der Sünden, durch die der Gottlose zum Erweis der den Sünder nicht aus-, sondern einschließenden Gerechtigkeit Gottes gerechtfertigt wird. Dem Glauben an das Evangelium von der Vergebung der Sünden wird die Sühne zu eigen, die Christus für die Sünden aller am Kreuz durch sein Blut erwirkt hat.

---

[151] Über Ps 90, WA 40 III, 484, 7 ff.

[152] WA 20, 658, 36 f. (1527).

[153] Die soteriologischen Aussagen stehen formal und inhaltlich in der Mitte von Luthers Erklärung des zweiten Artikels und haben theologisch ein ebenso großes Gewicht wie die Zwei-Naturen-Christologie zu Beginn seiner Ausführungen.

53.3.2 „... mit seinem unschuldigen Leiden und Sterben". Diese zweite soteriologische Näherbestimmung, die Luther in der Erklärung gebraucht, ist die allgemeinere und umfasst die spezifisch sühnetheologische vom Blut Christi. Ausgesagt wird im Zusammenhang mit der ersten: Christus ist sündlos und stirbt deshalb unschuldig. Sein Leiden und Sterben geschieht in Stellvertretung für das Menschengeschlecht, das durch die Sünde des Abfalls von Gott das Todesurteil Gottes auf sich gezogen hat. Es ist die stellvertretende Übernahme des Todesurteils über die Sünde durch das stellvertretende Erleiden der Strafe für die Sünde im Tod am Kreuz. Das Werk der Erlösung und Versöhnung besteht also darin, dass sich Christus selbst dahingegeben und geopfert hat für die Sünde der Welt (Joh 1,29), und zwar im Einklang mit dem Heils- und Liebeswillen Gottes, des Vaters (s. Mk 14,36 ff. Par.), zur Heraufführung der Gerechtigkeit Gottes als des eschatologischen Heils, das durch das Wort von der Versöhnung, das Evangelium, zur Rechtfertigung des Sünders aus Gnade allein verkündigt und im Glauben ergriffen wird.

53.4 Jesus Christus hat mich erlöst, „damit ich sein eigen sei". Der verlorene und verdammte Mensch, der sich an die Sünde verkauft hat, ist „teuer erkauft" (1. Kor 6,20; 7,23). Durch die Dahingabe seines „Lebens" hat Christus das „Lösegeld" für ihn entrichtet (Mk 10,45 Par.). Der Sünder ist „erworben" und „gewonnen" von allen Verderbensmächten und gehört zum „Volk des Eigentums" (2. Mose 19,5 f.; 1. Petr 2,9).

53.4.1 Der Freikauf von den Verderbensmächten ist am Kreuz Christi ein für allemal geschehen. Die persönliche Inanspruchnahme erfolgt durch den Glauben an das Evangelium. Der Glaube bezieht sich nicht eigenmächtig auf das Kreuzesgeschehen in der Vergangenheit, sondern auf den Namen des Herrn Jesus Christus, der durch das Evangelium verkündigt wird. Steht doch geschrieben: „... ihr seid gerechtfertigt worden durch den Namen unseres Herrn Jesus Christus und durch den Geist unseres Gottes" (1. Kor 6,11b). Im Namen des Herrn ist das Werk der Versöhnung am Kreuz Gegenwart. Dieses wird nicht etwa durch eigenmächtige Bezugnahme auf die Vergangenheit „vergegenwärtigt". Die Bezugnahme auf das Kreuz am Wort vom Kreuz vorbei ist Unglaube und bleibt Unglaube, auch wenn sie sich als „Forschungsvorhaben" tarnt.

53.4.2 Man muss die Freude und den Jubel mithören, die in dem Finalsatz „damit ich sein eigen sei" zum Ausdruck gebracht werden. Denn in der Wiedergewinnung der Bestimmung des Menschen durch Christus, Gott zu gehören und ihm zu leben, ist zugleich die Befreiung von der Sinnlosigkeit des Lebens infolge der Vergeblichkeit des Strebens und Handelns unter den Verderbensmächten ausgesagt. Durch den Glauben an das Evangelium vollzieht sich ein Herrschaftswechsel, in dem die Bindung an die versklavenden Mächte gelöst wird und der Glaubende unter die Herrschaft Jesu Christi kommt, die durch den Heiligen Geist ausgeübt wird.

53.4.3 In „seinem Reich unter ihm lebe(n) und ihm diene(n)" ist die Praxis der Freiheit des Glaubens. Diese nimmt Gestalt an im Gehorsam gegen Gottes Wort in der Kraft des Heiligen Geistes. Vor diesem Hintergrund wird die in der Moderne zum Ideal erhobene Herrenlosigkeit als Illusion enthüllt. Denn die Negation des Bezuges des Menschen auf Gott beseitigt nicht die Geschöpflichkeit des Menschen, sondern lässt vielmehr ein Vakuum entstehen, das unverzüglich von anderen Mächten gefüllt wird, die den Menschen versklaven, wie z.B. der „Mammon" (Mt 6,24; Lk 16,13) oder die Begierden (s. 1. Petr 1,14).

53.4.4 Zur sachgerechten Ausübung des Dienstes „in ewiger Gerechtigkeit, Unschuld und Seligkeit" gehört die Unterscheidung zwischen dem Reich Gottes bzw. Christi, in das uns Gott „versetzt hat" (Kol 1,13), und dem Reich der Welt. Der Christ gehört nicht zwei Herren oder zwei Reichen, sondern er gehört ausschließlich Christus und seinem Reich, aber er lebt noch in beiden Reichen. Das gibt ihm Gelegenheit, im Tun der Liebe aus dem Glauben seine ausschließliche Zugehörigkeit zu Christus im Dienst an allen Menschen und der ganzen Schöpfung unter Berücksichtigung der weltlichen Berufe und Institutionen zu erweisen.

53.5 Jesus Christus „ist auferstanden vom Tode, lebt und regiert in Ewigkeit". Alles, was Luther über die Person und das Werk Jesu Christi ausgeführt hat, ist darauf gegründet, dass Jesus Christus vom Tod auferstanden ist, lebt und regiert. Wenn das stellvertretende Leiden und Sterben am Kreuz nicht durch die Auferstehung und Erhöhung in Kraft gesetzt worden ist, dann war und ist alles vergeblich, wert- und sinnlos, zunächst der Tod Jesu am Kreuz selbst, sodann die Verkündigung der Apostel, schließlich die Gründung und Ausbreitung der Kirche (s. bes. 1. Kor 15,14.17). Dass Christus auferstanden ist, ist für Luther daher „das Hauptstück christlicher Lehre"[154].

53.5.1 Luther argumentiert und predigt als Ausleger der Schrift und beteiligt sich nicht an Spekulationen. Bei der Frage nach der Tatsächlichkeit der Auferstehung Jesu ist er kompromisslos wie die Apostel und Kirchenväter und lehnt Abschwächungen, Verkürzungen und Umdeutungen prinzipiell ab. Jesu Auferstehung beruht nicht auf dem Glauben der Jünger, sondern auf Gottes schöpferischer Allmacht. Sie ist nicht in Vorstellungen und Visionen geschehen, sondern an und in der Person des gekreuzigten und begrabenen Jesus[155] am dritten Tage. „In dieser einen Person liegt der Sieg, nicht allein über die Sünde, sondern auch den Tod."[156]

53.5.2 Die Auferstehung und die Erhöhung Jesu Christi gehören zusammen. Mit der Erhöhung ist das Erlösungswerk, das Christus am Kreuz vollbracht hat, in immerwährende Geltung und Kraft gesetzt. Durch die Erhöhung des Menschgewordenen und Gekreuzigten ist die Menschheit von Gott leibhaftig angenommen. Außerdem ist die Erhöhung die Entgrenzung der Gegenwart Christi: „Da er auf Erden war, war er uns fern; jetzt ist er uns nahe."[157]

---

[154] Predigt über 1. Kor 15,12–15, 1532, WA 36, 524, 32 f.
[155] Zu Mk 16,1–8, 1525, WA 17 I, 190, 2 f.; u.a.
[156] WA 17 I, 190, 4 f. Übers. aus der Nachschrift Rörers.
[157] Himmelfahrtspredigt 1523, WA 12, 562, 25 f.

54. Der dritte Artikel steht in unlöslichem Sachzusammenhang mit dem zweiten Artikel. Gleich zu Beginn seiner Erklärung bezieht sich Luther auf „Jesus Christus, meinen Herrn" zurück. Der Artikel bliebe ohne den Bezug auf den zweiten Artikel völlig unverständlich. Aber genau das gilt auch umgekehrt: Jesus Christus bliebe gänzlich unverstanden, wenn der Heilige Geist das Verständnis seiner Person und seines Werkes nicht erschlösse.[158] In der Erschließung des Evangeliums von Jesus Christus und dem schöpferischen Handeln durch das Evangelium wirkt der Heilige Geist aber nicht als bloßes Instrument, sondern vielmehr als der eine wahrhaftige Gott „mit dem Vater und Sohn"[159]. Es besteht ein sachlicher Zusammenhang mit dem zweiten Artikel, aber ebenso mit dem trinitarischen Dogma, den Luther nicht konstruiert, den er vielmehr aufgefunden und in seiner Erklärung nachvollzogen hat.

54.1 „Niemand kann Jesus den Herrn nennen außer durch den Heiligen Geist" (1. Kor 12,3). Menschen glauben vieles aus eigener Vernunft und Kraft, was sie besser nicht glauben sollten. Aber dass Jesus Christus der Kyrios ist und als der Herr der Welt „mein Herr", das glaubt niemand „aus eigener Vernunft noch Kraft". „Vernunft" und „Kraft" sind dem alten Äon verhaftet und wollen nicht wahrhaben, dass Jesus Christus das Ende der bestehenden Todeswelt und damit zugleich das Ende des alten Menschen, der ich bin, heraufgeführt hat. Die Vernunft ist vielmehr darauf bedacht, Jesus Christus in die noch bestehende Welt einzuordnen. Aber der Stein ist vom Grab „weggewälzt" (Mk 16,4 Par.); Jesus „ist auferstanden, er ist nicht hier" (16,6). Es gehört zum Glauben an Jesus Christus, den „Glauben", den sich die Vernunft über Jesus bildet, um ihn beherrschbar zu halten, zu negieren. Und das geschieht aus der Kraft des Heiligen Geistes, der Jesus als den Kyrios zu erkennen gibt.

54.2 Die zentrale Aussage der Erklärung des dritten Artikels ist, der Heilige Geist berufe durch das Evangelium. Er entbindet die „Kraft Gottes" (Röm 1,16), die das Evangelium in sich birgt, und

---

[158] Vgl. z.B. WA 7, 218, 27 f.; WA 30 I, 91, 11 ff.
[159] WA 7, 218, 25 f.

macht sie fruchtbar, wo das Evangelium gehört wird. Menschen, die gegen Gott verschlossen sind, werden durch das Wirken des Geistes verwandelt und suchen seine Nähe. Die zuvor weggehört haben und stolz darauf waren, hören nun mit gespanntester Aufmerksamkeit auf das Evangelium und machen sich im Glauben seinen Inhalt, Christus selbst, uns von Gott gemacht zur Weisheit, Gerechtigkeit, Heiligung und Erlösung (1. Kor 1,30), zu eigen. „Das heißt, dass der Heilige Geist dich zum Herrn führt, der dich frei macht."[160]

54.3 Auf die Berufung durch das Evangelium folgt die Erleuchtung. Der Heilige Geist erleuchtet, indem er das Geheimnis der Person Jesu Christi und die Heilskraft seines Werkes erschließt. Das geschieht durch inneres Gewahrwerden im Glauben, aber nicht ohne das *verbum externum*, sondern vielmehr durch dieses. Das geschriebene und verkündigte Evangelium selbst, nicht etwas außer ihm, wird durch das Wirken des Heiligen Geistes für wahr gehalten und als das rettende, im Glauben gewiss machende Wort erfasst.

54.4 Nach der Berufung und Erleuchtung führt Luther als weitere Werke des Heiligen Geistes die Heiligung und Erhaltung im rechten Glauben an. Das Bei-Christus-Erhalten ist genauso essentiell wie das Zu-Christus-Bringen. Nur weil der Heilige Geist im rechten Glauben erhält, gibt es die Christenheit und wird es sie immer geben (s. Mt 16,18).

54.5 Der Heilige Geist beruft, sammelt, erleuchtet und heiligt die ganze Christenheit auf Erden und erhält sie bei Jesus Christus im rechten, einigen Glauben. Das Handeln des Heiligen Geistes, das Luther an „mir" exemplifiziert, gilt allen an allen Orten zu allen Zeiten.

54.5.1 Der Heilige Geist, die dritte Person der Trinität, also Gott selbst, ist Subjekt. Die Christenheit tritt nirgendwo in Luthers Erklärung als Subjekt in Erscheinung. Luther vermeidet im KlKat mit Bedacht das blinde Wort „Kirche". Aber was er über

---

[160] WA 30 I, 91, 14 f. Übers. der Nachschrift Rörers.

die Christenheit sagt, indem er sagt, was der Heilige Geist tut, ist grundlegend für sein Kirchenverständnis. Das ist zweierlei, nämlich erstens, dass sich die Christenheit über die ganze Erde erstreckt, und zweitens, dass sie nicht auf sich selbst gegründet ist, nicht aus sich selbst lebt und kein Selbstzweck ist, sondern dass sie vielmehr die Wirkungsstätte des Heiligen Geistes auf Erden ist, der sie auf Jesus Christus gründet, bei ihm erhält und auf ihn ausrichtet.

54.6 Der Heilige Geist erweist sich als der lebendige Herr und gnädige Gott dadurch, dass er „mir und allen Gläubigen täglich alle Sünden reichlich vergibt".

54.6.1 Die Vergebung der Sünden ist das eschatologische Heilsgut, das Jesus Christus durch seine stellvertretende Hingabe für alle erwirkt hat. Es beruht auf der Teilhabe an der Überwindung der Verderbensmächte und besteht in dem ungehinderten Zugang zu Gott unter dem offenen Himmel Jesu. Steht der Zugang zu Gott, verschlossen gewesen durch die Sünde, durch die Vergebung wieder offen, dann wird durch die Vergebung der Sünden alles von Grund auf verwandelt und das Leben auf ein Fundament gestellt, das es sich selbst nicht geben kann. Das Leben aus der Vergebung aller Sünden ist die Praxis des Glaubens an das Evangelium in der Kraft des Heiligen Geistes.

54.7 Der Heilige Geist, der an den Lebenden „sein Werk ohne Unterlaß bis auf den Jüngsten Tag (treibt)"[161], ist auch der, der „am Jüngsten Tag mich und alle Toten auferwecken wird". Er ist das Subjekt der Eschata, und zwar in der unvorgreiflichen Einheit mit Gott, dem Vater, der allein von jenem Tag weiß (Mt 24,36), und mit dem Sohn, der an jenem Tag kommen wird (Mt 24,29-31 Par.).

54.7.1 Mit dem Jüngsten Tag wird der bestehenden Welt ein abruptes Ende gesetzt durch die Parusie Jesu Christi.

---

[161] GrKat, 3. Art., WA 30 I, 191, 19 f.

54.7.2 Die Auferweckung der Toten beruht auf der Allmacht Gottes und wird durch das schöpferische Handeln des Heiligen Geistes vollzogen werden. Sie ist Schöpfung aus dem Nichts, aber im Unterschied zur Schöpfung am Anfang ist die Neuschöpfung am Ende die Auferweckung aller, die einmal waren. Die Verwandlung des verwesten Leichnams in einen geistlichen Leib durch den Heiligen Geist am Jüngsten Tag ist der Erweis der Gottheit Gottes in der Erfüllung seiner Verheißung.

54.7.3 Am Jüngsten Tag werden alle Menschen ihr Urteil empfangen (Mt 10,15; 12,41 f.; 25,31–46). Das Jüngste Gericht wird erweisen, dass die Mächte Sünde, Tod und Teufel durch Christus überwunden sind und dass das Böse ganz und gar getilgt ist und in Gottes neuer Welt keinen Platz hat.

54.8 Der Heilige Geist wird „mir samt allen Gläubigen in Christus ein ewiges Leben geben". Niemand kann sich das ewige Leben selbst nehmen; der Heilige Geist wird es „geben". Er wird es einzig und allein „in Christus" geben, der das Leben selbst ist (Joh 14,6), und zwar „mir samt allen Gläubigen", die Christus „erlöst hat".

54.8.1 Das ewige Leben ist Sein vor Gott und besteht nicht in der Aufhebung der Geschöpflichkeit. Aber in fundamentalem Unterschied zum irdischen Leben wird es nicht von der Sünde und den durch sie ausgelösten Impuls, sich vor Gott zu verstecken (1. Mose 3,8), bestimmt sein. Es beruht vielmehr auf der Vergebung der Sünden um Christi willen und hat Anteil an dem Tod und der Auferstehung Jesu Christi. Die Geschöpflichkeit des neuen Menschen kann man sich in Analogie zu dem verklärten Leib des auferstandenen Christus bei seiner Erscheinung vor den Jüngern vorstellen.

54.8.2 Der dreieinige Gott selbst, nicht Kreaturen, wird der Inhalt des ewigen Lebens sein. Wenn Gott „alles in allem" (1. Kor 15,28) ist, wird ein jeder an Gott selbst alles haben. Der *aspectus*

III

Gotteserkenntnis als Heilsgeschehen

55. Die Erkenntnis Gottes wird zum Heilswiderfahrnis, wenn Gott den der Sünde schuldigen und an den Tod verlorenen Menschen rechtfertigt. Das geschieht im Glauben an das Evangelium.

56. Der Glaube an das Evangelium ist Heilsgeschehen, weil „Jesus Christus, rechter Gott und Mensch, für uns gestorben und auferstanden"[163], der Inhalt des Evangeliums ist. In Jesus Christus „wohnt die ganze Fülle der Gottheit leibhaftig" (Kol 2,9), „so dass, wer nicht in Christus Gott findet oder kriegt, der soll außer Christus nimmermehr und nirgendwo Gott haben noch finden"[164].

57. Ist Gott allein in Jesus Christus, seinem einziggeborenen Sohn, leibhaftig in Erscheinung getreten und hat er diesen „um unserer Sünden willen dahingegeben und um unserer Rechtfertigung willen auferweckt" (Röm 4,25), dann ist es zur Erlangung des Heils durch den Glauben an das Evangelium unabdingbar notwendig, das Verhältnis von Gott und Sohn Gottes sowie von Gott, Sohn und Heiligem Geist um der Eindeutigkeit des Evangeliums willen näher zu bestimmen. Das ist auf der Grundlage des biblischen Christuszeugnisses in Nicaea, Konstantinopel und Chalcedon geschehen. Luther hat das trinitarische und christologische Dogma der Alten Kirche rezipiert, weil im „Neuen Tes-

---

[162] Nach WA 36, 593, 13 ff.

[163] Die drei Symbola oder Bekenntnis des Glaubens Christi, 1538, WA 50, 266, 36 f. Leicht geglättet; so auch die folgenden Zitate aus dieser Schrift.

[164] WA 50, 267, (5)6−8. Luther führt Kol 2,9 hier stellvertretend für das ganze neutestamentliche Christuszeugnis an. Seine Aussage entspricht sachlich dem Duktus seiner Argumentation in der Heidelberger Disputation zwanzig Jahre zuvor.

dei gewährleistet die Unvergänglichkeit und das stetige Wohlleben derer, die von ihm durchleuchtet werden.[162]

tament" die „heilige göttliche Dreiheit oder Dreifaltigkeit" „klärlich und gewaltiglich bezeugt (ist)"[165].

58. Das trinitarische Dogma steht so wenig in der Heiligen Schrift wie das Dogma von der Hauptsünde (*peccatum originale*). Doch wie in diesem zusammengefasst ist, was in ihr über den Menschen coram Deo steht, so ist in jenem zusammengefasst, was in ihr von Gott bezeugt wird.

59. Wird das biblische Zeugnis über Gott und den Menschen nicht konsequent zu Ende gedacht und auf den Punkt gebracht, bleibt die Theologie bei Vorläufigem stehen und unterscheidet sich nicht von Phänomenologie. Diese hat zwar ihre Berechtigung innerhalb und außerhalb der Theologie, darf aber keinesfalls an die Stelle assertorischer Aussagen über Gott und den Menschen treten. Usurpiert sie diesen Platz, bleibt die Theologie der Verkündigung schuldig, was ihr über Gott und den Menschen zu bezeugen aufgetragen ist. Die Folge wird die innere und äußere Auflösung von Theologie und Kirche sein.

60. Während die Erkenntnis Gottes aus den Werken kein Heilsgeschehen ist, wird doch durch sie die Erinnerung an unwiederbringlich Verlorenes aktiviert, ist die Erkenntnis des dreieinigen Gottes Heilsgeschehen. Sie versetzt den Glaubenden in die Gemeinschaft mit dem *einen* Gott, der als der Vater in der Wesens- und Handlungseinheit mit seinem menschgewordenen Sohn durch dessen stellvertretenden Sühnetod die Welt mit sich selbst versöhnt hat (2. Kor 5,19) und durch das Wirken seines Geistes in der Verkündigung des Wortes von der Versöhnung schöpferisch wirksam ist und eine „neue Kreatur" (2. Kor 5,17) heraufführt.

---

[165] WA 50, 283, 11–13.